Barcelona

„Hat man sich erst einmal zum Reisen entschlossen, ist das Wichtigste auch schon geschafft.

Also, los geht's!"

TONY WHEELER, GRÜNDER VON LONELY PLANET

Sally Davies, Catherine Le Nevez, Isabella Noble

Inhalt

Reiseplanung 4

Barcelona erkunden 50

Barcelona verstehen 233

Praktische Informationen 265

Cityatlas 294

OLIVER HUITSON/GETTY IMAGES ©

FERNANDO VAZQUEZ MIRAS/GETTY IMAGES ©

(links) **Tapas S. 32** Katalanische Küche genießen

(oben) **Festes de la Mercè S. 23** Eins der vielen Feste der Stadt

(rechts) **Basílica del Sagrat Cor de Jesús S. 188** Phantastische Architektur erleben

ANDRII ZABOLOTNYI/SHUTTERSTOCK ©

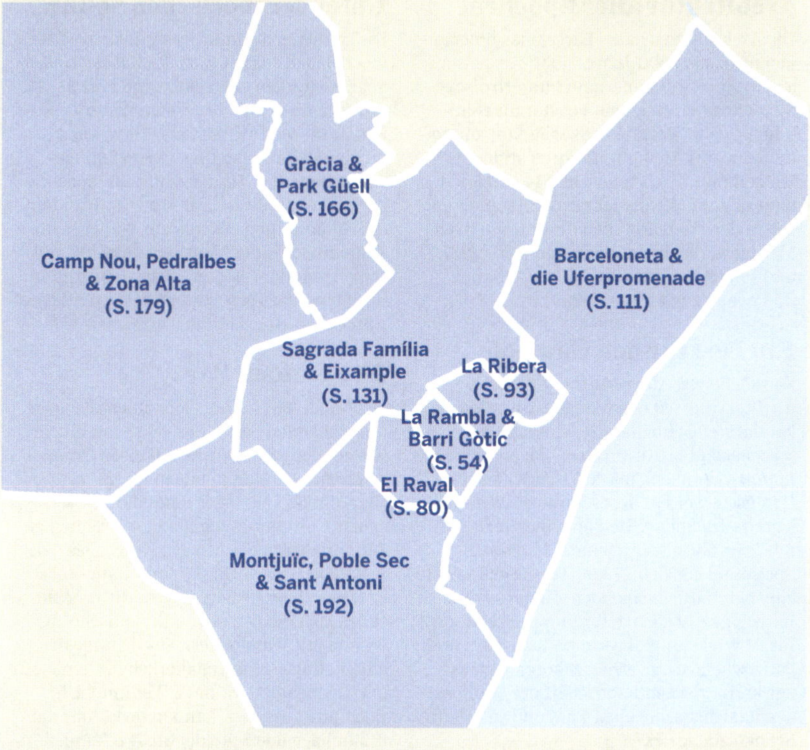

Willkommen in Barcelona

Die zauberhafte Stadt am Meer bietet nicht nur Kultur und fabelhafte Architektur im Überfluss, sondern auch eine erstklassige Bar- und Restaurantszene.

Architektur aller Epochen

Die Architekturschätze Barcelonas umspannen mehr als 2000 Jahre. Hohe Tempelsäulen, uralte Stadtmauern und unterirdische Steingänge eröffnen ein Fenster ins römische Barcino. Bei einem Spaziergang durch die schattige Altstadt mit ihren stillen Plätzen und Kirchen aus dem 14. Jh. findet man sich im Mittelalter wieder. In anderen Teilen der Stadt erblühen die einzigartigen Meisterwerke des Modernisme von Gaudí und seinen Zeitgenossen, die wunderlich und genial zugleich wirken.

Ein Fest für den Gaumen

Starköche wie Albert Adrià und Carles Abellán sind Teil einer langen Tradition katalanischer Kochkunst. Einfache, geschmacksintensive Zutaten – Meeresfrüchte, *jamón* (Schinken), marktfrisches Obst und Gemüse – werden in erstaunliche Köstlichkeiten verwandelt. Und auf einer Terrasse mit Meerblick oder in einem Jugendstil-Speisesaal aus den 1920er-Jahren schmeckt eine herzhafte Paella noch einmal so gut. Barcelonas vielfältige Restaurantszene sorgt für Abwechslung: Baskische Tapasbars und galizische Fischtavernen gehören genauso zur kulinarischen Landschaft der Stadt wie avantgardistische Sushi-Bars und sündhafte Schokoladencafés.

Unter der iberischen Sonne

Die sonnigen Strände des tiefblauen Mittelmeers laden zum Joggen, Radfahren und Spazierengehen ein, gefolgt von einem erfrischenden Bad. Oder man genießt das Panorama vom Wasser aus – vom Kajak, Stehpaddelbrett oder bei einem Sonnenuntergangstörn. Hinter der Stadt laden die bewaldeten Collserola-Berge zum Wandern und Mountainbikefahren ein. Näher beim Zentrum lockt der Hausberg Montjuïc mit seinen wunderschönen Gärten, einer alten Burg, erstklassigen Museen und grandiosen Ausblicken zu Erkundungstouren.

24 Stunden Party

Die Nacht hält in Barcelona unendliche Möglichkeiten parat. Los geht's mit einem Sonnenuntergangsdrink auf einer Panoramaterrasse oder in einem *chiringuito* (Bar) am Strand. Ist es dann dunkel, verzaubert Livemusik die Stadt: die schnellen Rhythmen des Flamenco, kehliger Jazz, der aus Kellern heraufklingt, und Indie-Rock in alten Konzertsälen. Gegen Mitternacht füllen sich die Kneipen – altmodische Tavernen mit Wandbildern aus dem 19. Jh., edle Lounges in mittelalterlichen Gemäuern oder trubelige Cava-Bars. Wer um 3 Uhr noch unterwegs ist, kann in den Clubs die schamlos wilde Seite der Stadt erkunden.

Warum ich Barcelona so liebe

Von Sally Davies, Autorin

Ich habe schon an vielen Orten in Spanien gelebt und jede Gegend hat etwas Einzigartiges. Aber als ich das erste Mal nach Barcelona kam, bezauberte mich die Stadt nicht nur durch ihre mittelalterliche Pracht, ihre endlos langen Strände und ihre spektakuläre Architektur, sondern vor allem durch ihre Exzentrizität: ihre Pappmascheeriesen, die bei jeder sich bietenden Gelegenheit durch die Straßen wandeln, ihre Feuer speienden Drachen, die wild durchs Publikum stürmen, ihre besondere Sprache, ihre Volkstänze, ihre Menschentürme. Und irgendwie, ohne dass ich es je geplant hätte, wurde sie zu meinem Zuhause.

Mehr über unsere Autoren gibt's auf S. 284

Oben: Gasse im Barri Gòtic (S. 54)

Barcelonas Top 10

1

La Sagrada Família *(S. 133)*

1 Dieses Meisterwerk des Modernisme, eines der Wahrzeichen der Stadt, ist auch 90 Jahre nach dem Tod seines Schöpfers Antoni Gaudí noch nicht fertig. Die phantastisch anmutende und vom gotischen Stil kaum gebändigte Kirche erhebt sich in spielerischer Majestät gen Himmel. Wer durch die Portale tritt, fühlt sich wie in einer Märchenwelt, in der sich Säulenwälder zur Decke hin verzweigen und Licht durch brillante Buntglasfenster schimmert. Mit ihrem Übermaß an schön gearbeiteten Details und ihrer umfassenden Symbolik lädt die Basilika zu stundenlangem Verweilen ein.

Sagrada Família & Eixample

Die neue katalanische Küche *(S. 31)*

2 Barcelonas Starköche kombinieren traditionelle katalanische Rezepte mit innovativen Kochtechniken und schaffen so kulinarische Meisterwerke. Wegweisend dafür waren Albert Adrià, Molekularküchen-Genie und Chef eines wachsenden Restaurantimperiums, und Carles Abellán, der in seinen Restaurants die kleinen Häppchen zur hohen Kunst erhob. Das Ergebnis: Barcelona gehört heute zu den wichtigsten Zielen auf der kulinarischen Landkarte – in der Stadt gibt es über 20 Sternerestaurants.

Essen

TOMASSEREDA/GETTY IMAGES ©

2

VISIONSI/SHUTTERSTOCK ©

3

4

Museu Picasso
(S. 95)

3 Das Museu Picasso beeindruckt mit der vielleicht besten Sammlung von Frühwerken des Meisters. Picasso lebte im Alter von 15 bis 23 Jahren in Barcelona und die Stadt hatte ohne Zweifel Einfluss auf sein Schaffen, von den farbenfrohen, aber einfachen Fresken im Museu Nacional d'Art de Catalunya bis zu den phantasievollen Mosaiken im *trencadís*-Stil – präkubistisch, sagen einige – von Gaudí. Reizvoll ist auch die Lage des Museums in fünf aneinandergrenzenden mittelalterlichen Häusern.

La Ribera

Bauwerke des Modernisme
(S. 158)

4 Nur wenige Städte sind so stark von ihrer Architektur geprägt wie Barcelona. Die wunderbar geschwungenen Formen von Antoni Gaudís Bauten haben zahlreiche weitere Meisterwerke des Modernisme in der ganzen Stadt beeinflusst. Im Eixample, wo im späten 19. und frühen 20. Jh. einige der schönsten Gebäude Spaniens entstanden, sind besonders viele Modernisme-Perlen zu finden, die mit schimmernden Mosaiken, verspielten Details (in Buntglas, Eisen oder Keramik) und mittelalterlichen, mythologischen und natürlichen Dekorelementen verziert sind. COLÒNIA GÜELL (S. 198)

Antoni Gaudí & der Modernisme

Camp Nou
(S. 181)

5 Für Fußballfans gibt es kaum etwas Größeres als den Besuch eines Spiels des FC Barcelona in dessen riesigem Stadion. Dank der treuen Fans und einer unglaublich talentierten Mannschaft unter Führung von Superstar Lionel Messi hat der Camp Nou immer etwas zu bieten. Auch wer's nicht zu einem Spiel schafft: Ein Besuch lohnt sich trotzdem. Die „Camp Nou Experience" umfasst ein interaktives Museum und eine Stadiontour, die durch die Umkleidekabinen und aufs Spielfeld führt – für viele Katalanen heiliges Gelände.

Camp Nou, Pedralbes & Zona Alta

Mercat de la Boqueria *(S. 82)*

6 Dieser Tempel der Versuchung ist einer der größten ständigen Lebensmittelmärkte Europas. Restaurant- und Hobbyköche, Büroangestellte und Touristen bummeln inmitten des endlosen Angebots an frischem Obst und Gemüse, glitzerndem Fisch, Rauchfleisch, aromatischem Käse, Oliven und eingelegten Paprikaschoten sowie Pralinen und anderem Naschkram. Dazwischen serviert eine Handvoll beliebter Tapasbars köstliche Kleinigkeiten. Hier gibt es fast immer Warteschlangen, aber das Warten lohnt sich!

El Raval

La Rambla *(S. 56)*

7 Natürlich ist das der touristischste Ort der Stadt, aber man kann nicht nach Barcelona kommen und nicht über den berühmten 1,2 km langen Fußgängerboulevard zum Meer hinunter flanieren. Es ist ein Fest für die Sinne, mit all den Menschen in den Straßencafés, den duftenden Blumenständen, einem oft übersehenen Mosaik von Miró und den ziemlich surrealen lebenden Statuen. Gesäumt wird die Straße von wichtigen Sehenswürdigkeiten wie dem eleganten Gran Teatre del Liceu, dem großen Mercat de la Boqueria und mehreren bedeutenden Galerien.

La Rambla & Barri Gòtic

6

7

8

Die Kathedrale *(S. 60)*

8 Wer die Ciutat Vella (Altstadt) besucht, sollte sich dieses Meisterwerk der katalanischen Gotik nicht entgehen lassen. Der schummrige, atemberaubende Innenraum birgt ein Dutzend versteckter Kapellen, eine unheimliche Krypta und einen merkwürdigen gartenähnlichen Kreuzgang, in dem 13 Gänse zu Hause sind (die schon in der Legende der hl. Eulalia, einer der Schutzheiligen der Stadt, eine wichtige Rolle spielten). Und vor der Kathedrale ist immer etwas los, von der *sardana* (Kataloniens nationalem Volkstanz) am Wochenende bis hin zu regelmäßigen Prozessionen und Märkten. Straßenmusiker zeigen in der Umgebung ihr Können.

La Rambla & Barri Gòtic

Nachtleben in Sant Antoni

(S. 206)

9 Barcelona ist dafür bekannt, sich ständig neu zu erfinden. Doch kein Stadtviertel hat sich so rasant verändert wie die einst unauffällige Gegend um den alten Mercat Sant Antoni. Alles begann mit der zaghaften Eröffnung von ein paar trendigen Cafés am Carrer del Parlament, einer Straße, die sich in den letzten Jahren zur lebhaften Bar- und Restaurantmeile entwickelt hat. Ein neues Publikum aus ausgehfreudigen Hipstern und jungen Erfolgreichen sorgte dafür, dass auch in den benachbarten Straßen zahlreiche angesagte Läden eröffneten. BAR CALDERS (S. 207)

Montjuïc, Poble Sec & Sant Antoni

9

10

Magischer Montjuïc *(S. 192)*

10 Wenn die Temperaturen steigen, lockt der Montjuïc mit frischer Luft und einer phantastischen Aussicht über die Stadt, am besten zu genießen aus einer in schwindelnder Höhe dahingleitenden Seilbahn. Der Hügel ist zu jeder Jahreszeit ein tolles Ausflugsziel mit endlosen Parklandschaften, Themengärten und Museen, die für jeden Besucher – ob sportbegeistert, kunstinteressiert oder Archäologiefan – etwas zu bieten haben. Wer Kinder im Schlepptau hat, sollte unbedingt dem Kitschwunderland des Poble Espanyol einen Besuch abstatten. CASTELL DE MONTJUÏC (S. 197)

Montjuïc, Poble Sec & Sant Antoni

Was gibt's Neues?

Imbisswagen

Barcelonas Appetit auf Streetfood ist offenbar unersättlich und so gibt es mehrere Neuzugänge bei den regelmäßig stattfindenden Pop-up-Foodmärkten: Eat Street (http://eatstreet.barcelona), All Those (www.allthose.org) und Van Van (www.vanvanmarket.com).

Gaudís verstecktes Stadthaus

An einer ruhigen Nebenstraße in Gràcia erhebt sich die spektakuläre Fassade der Casa Vicens, zu der sich Gaudí vom Mudéjar-Stil inspirieren ließ. Das lange vernachlässigte Juwel ist seit Ende 2017 für Besucher geöffnet. (S. 170)

Luxus der feinen englischen Art

Soho House, der berühmte Londoner Privatclub, hat in Barcelona einen Ableger eröffnet, in dessen umwerfendem Barbereich sich auch Normalos unter die Promis und Kreativen mischen können. (S. 226)

Craft-Bier-Kult

Im Kielwasser der Gin-Welle sind auch die Mikrobrauereien in Barcelona angekommen, mit einer ganzen Schar von Craft-Bier-Kneipen im Schlepptau. Wo man sich auch herumtreibt, der nächste unverwechselbare Gerstensaft ist nie weit entfernt.

Drei-Sterne-Küche

Endlich hat Barcelona ein Restaurant mit drei Michelinsternen: das Lasarte am Passeig de Gràcia. Wer keine Kosten scheut, bekommt mit dem Degustationsmenü ein unvergleichliches Genusserlebnis. (S. 145)

Stehpaddeln

Immer mehr Strandgäste finden Spaß daran, auf einem Stand-up-Paddleboard (SUP) übers Wasser zu gleiten. Verschiedene Anbieter in Barceloneta verleihen Ausrüstung und geben Einführungsunterricht für Anfänger.

Fleischfreie Revolution

Vegetarier und gesundheitsbewusste Esser brauchen Barcelona bei ihrer Urlaubsplanung nicht mehr auszusparen. In den letzten Jahren sind in der Stadt viele vegetarische Lokale – und sogar vegane Modeläden – aus dem Boden geschossen. (S. 36)

Tapas-Touren

Gourmet- und Weintouren sind eine tolle Möglichkeit, die Stadt ganz entspannt mit einem Einheimischen zu erkunden. Zu den kundigsten Stadtführern gehören die von Devour (www.devourbarcelonafoodtours.com), die Touren unterschiedlicher Preislage und Zeitdauer anbieten.

Die Wiedergeburt von Poblenou

Das einstige Industrieviertel ist schwer im Kommen – mit neuen Kunstgalerien, spannenden Läden und Restaurants für die kreativen Technik- und Designfreaks, die sich in letzter Zeit hier ansiedeln.

Adriàs Gourmetimperium

Kochgenie Albert Adrià betreibt jetzt sechs hoch gepriesene Restaurants in Sant Antoni, alle nur einen Katzensprung voneinander entfernt. Das neueste, Enigma, eröffnete 2017 und gilt schon jetzt als eine der besten Essadressen der Stadt. (S. 205)

Noch mehr aktuelle Tipps gibt es auf **lonelyplanet.com/spain/barcelona**

Gut zu wissen

Weiteres siehe Praktische Informationen (S. 265)

Währung
Euro (€)

Sprachen
Spanisch, Katalanisch

Einreise
EU-Bürger und Schweizer können mit ihrem Personalausweis oder Reisepass einreisen und unbegrenzt bleiben.

Geld
Geldautomaten sind weit verbreitet, z. B. an der Rambla. Die meisten Hotels, Geschäfte und Restaurants nehmen Kreditkarten.

Handy
In entsperrte Handys können spanische SIM-Karten eingesetzt werden. Ansonsten nutzt man das Roaming.

Zeit
Mitteleuropäische Zeit

Touristeninformation
Oficina d'Informació de Turisme de Barcelona
(☎93 285 38 34; www.barcelonaturisme.com; Plaça de Catalunya 17-S, Untergeschoss; ⌚8.30–21 Uhr; Ⓜ Catalunya) Bietet Karten, Infos über Sehenswürdigkeiten, Last-Minute-Unterkünfte und Tickets für Touren, Konzerte und Events.

Tagesbudget

Budget: unter 60 €
- Dormbett 17–28 €
- Mittagsteller ab 11 €
- Fahrradmiete pro Stunde 5 €

Mittelklasse: 60–200 €
- Standard-Doppelzimmer 80–140 €
- 2-Gänge-Abendessen mit Wein für 2 Personen 50 €
- Geführte Rundgänge und Touren 15–25 €

Gehoben: über 200 €
- Boutique- und Luxushotels ab 200 €
- Drei-Gänge-Mahlzeit in Spitzenrestaurants pro Person 80 €
- Konzertkarten für den Palau de la Música Catalana ca. 40 €

Vor der Reise

Drei Monate Hotel und Tisch im Spitzenrestaurant reservieren.

Ein Monat Theater- und Konzertbesprechungen durchschauen und Karten kaufen.

Eine Woche Veranstaltungskalender für Konzerte, Ausstellungen usw. durchsehen. Wellnessbehandlungen und organisierte Touren buchen.

Ein paar Tage Den Wetterbericht checken.

Websites

- **Barcelona** (www.bcn.cat) Offizielle Seite der Stadt mit jeder Menge Links.
- **Barcelona Turisme** (www.barcelonaturisme.com) Offizielle Tourismusseite der Stadt.
- **Lonely Planet** (www.lonelyplanet.com/barcelona) Infos, Hotelbuchung, Travellerforum und mehr.
- **BCN Mes** (www.bcnmes.com) Dreisprachiges Monatsmagazin für Kultur, Essen, Kunst und mehr.
- **Spotted by Locals** (www.spottedbylocals.com) Insidertipps.

REISEZEIT

Hauptreisezeit ist der Sommer (Juli/August); dann sind die Stadt und ihre Strände rappelvoll. Angenehmes Wetter herrscht im späten Frühjahr (Mai).

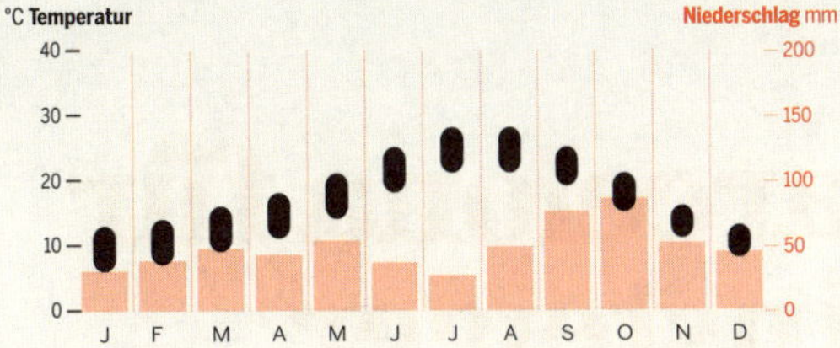

Ankunft in Barcelona

Flughafen El Prat Von 6 bis 1 Uhr fahren regelmäßig *aerobúses* in die Stadt (35 Min., 5,90 €). Ein Taxi kostet ca. 26 €.

Estació Sants Fernzüge kommen an diesem großen Bahnhof in Zentrumsnähe an; von hier fährt die Metro in andere Stadtteile.

Estació del Nord Der Busbahnhof für Überlandbusse liegt im Eixample, ca. 1,5 km nordöstlich der Plaça de Catalunya, in der Nähe der U-Bahnstation Arc de Triomf.

Flughafen Girona-Costa Brava Der von Sagalés betriebene „Barcelona Bus" (einfach/hin und zurück 16/25 €, 1½ Std.) ist zeitlich auf die Flüge von Ryanair abgestimmt und fährt direkt zur Estació del Nord in Barcelona.

Flughafen Reus Von Hispano-Igualadina betriebene Busse (einfach/hin und zurück 16/25 €, 1½ Std.) sind zeitlich auf Ryanair-Flüge abgestimmt und fahren zur Estació d'Autobuses de Sants in Barcelona.

Mehr zum Thema **Anreise** s. S. 266

Unterwegs vor Ort

Barcelona ist gut mit öffentlichen Verkehrsmitteln versorgt. Die ausgezeichnete Metro bringt einen fast überall hin; die Lücken füllen Busse und Straßenbahnen. Spät abends sind Taxis am besten.

- **Metro** Die U-Bahn ist das praktischste Verkehrsmittel. Sie fährt sonntags bis donnerstags von 5 bis 24 Uhr, freitags bis 2 Uhr und samstags rund um die Uhr. Am günstigsten sind Targetas T-10 (Zehnerkarten; 10,20 €); eine Einzelfahrt kostet 2,20 €.
- **Bus** Praktisch für Leute, die die Highlights an ein oder zwei Tagen sehen möchten, ist der Bus Turístic (S. 156) ab der Plaça de Catalunya.
- **Taxi** Man kann Taxis entweder auf der Straße heranwinken (z. B. an der Rambla, der Via Laietana, der Plaça de Catalunya und dem Passeig de Gràcia) oder zu einem Taxistand gehen.
- **Zu Fuß** Um die Altstadt zu erkunden, braucht man nur ein Paar gute Schuhe.

Mehr zum Thema **Unterwegs vor Ort** s. S. 267

Schlafen

Barcelona bietet verschiedenste Unterkünfte, von billigen Altstadthostels bis zu Luxushotels am Wasser. Preisgünstig sind kleine Wohnungen, die es in der gesamten Stadt gibt. Rechtzeitige Reservierung ist auf jeden Fall ratsam. Wer zu Weihnachten, Neujahr, Ostern oder im Sommer unterwegs ist, sollte einige Monate im Voraus ein Zimmer buchen.

Websites

- **Lonely Planet** (www.lonelyplanet.com/barcelona) Beschreibungen der einzelnen Stadtviertel plus Riesenauswahl an Hotels, Hostels, Pensionen und Apartments.
- **Oh Barcelona** (www.oh-barcelona.com) Hotels und Apartments plus Tipps zur Auswahl des Stadtviertels für die Unterkunft.
- **Barcelona Bed and Breakfasts** (www.barcelonabedandbreakfasts.com) Verzeichnisse kleinerer Unterkünfte, die man sonst leicht übersieht.

Mehr zum Thema **Schlafen** s. S. 223

Barcelona für Einsteiger

Näheres siehe Praktische Informationen (S. 265)

Checkliste

- Vor der Flugbuchung die Ticketpreise aller Fluglinien vergleichen
- Mindestens für die erste Nacht eine Unterkunft reservieren, um Stress bei der Ankunft zu vermeiden
- Veranstaltungskalender studieren
- Europäische Versichertenkarte mitnehmen bzw. Reiseversicherung abschließen

Mitnehmen

- Pass oder Personalausweis
- Führerschein
- Sprachführer
- Geldgürtel
- Handy (und Ladegerät)
- Ohrstöpsel für laute Nächte am Wochenende
- Gute Straßenschuhe
- Badeanzug/-hose
- Badehandtuch
- Sonnenbrille
- Sonnenschutzmittel
- Hut
- Lesestoff (z. B. von Carlos Ruiz Zafón oder Manuel Vázquez Montalbán)
- Regenjacke oder Schirm

Top-Tipps für den Barcelona-Trip

- Mit vorausschauender Planung lassen sich die größten Menschenmassen vermeiden. Die wichtigsten Gaudí-Stätten und das Museu Picasso besucht man am besten frühmorgens oder spätnachmittags.
- Wenn möglich Onlinetickets kaufen – so kann man lange Warteschlagen umgehen und kommt oft auch billiger weg.
- Einkäufe morgens oder spätnachmittags erledigen – zwischen 13 und 16 Uhr ist Siesta-Zeit.
- Wertsachen vor Blicken geschützt verstauen – in geschäftigen, touristischen Gegenden sind oft Taschendiebe am Werk.
- Zeit und Geld spart man in öffentlichen Verkehrsmitteln mit einer Zehnerkarte (T-10), die man in der Metro, in Bussen und der Standseilbahn nutzen kann.
- Preisgünstig sind oft die mehrgängigen Mittagsmenüs, die viele Restaurants anbieten.

Richtig angezogen

In Barcelona ist modisch fast alles erlaubt und Besucher werden sich hier selten falsch gekleidet fühlen. Die Katalanen selbst sind ziemlich trendbewusst und gut angezogen. Die meisten bevorzugen sportlich-elegante Kleidung und geben sich noch etwas mehr Mühe, wenn sie abends ausgehen.

Wer Clubs besuchen möchte, sollte sich etwas Schickeres mitbringen (Sandalen oder Sneakers gehen gar nicht!). In die Kathedrale darf man offiziell nicht mit ärmellosen Tops oder Shorts. Auch wenn die Vorschrift nicht immer durchgesetzt wird, sollte man sich daran halten.

Vorgewarnt

- Gewaltkriminalität ist in Barcelona selten, aber Bagatelldelikte (wie Handtaschenraub und Taschendiebstahl) sind verbreitet.
- Touristen mit Gepäck sind besonders leichte Beute für Diebe; vor der An- und Abreise sollte man sich deshalb gut über Wege und Verkehrsmittel informieren.
- In Menschenmengen auf Wertgegenstände aufpassen.

Geld

Barcelona wimmelt von Banken. Besonders zahlreich sind sie um die Plaça de Catalunya sowie an der Via Laietana und der Rambla. An den meisten Geldautomaten kann man mit ausländischen EC- oder Kreditkarten Geld abheben. Meist fällt bei der Nutzung von Geldautomaten im Ausland eine Gebühr an (etwa 1,5 bis 2 %).

Verbreitete Karten wie Visa, MasterCard, Maestro und Cirrus werden in vielen Hotels, Restaurants und Geschäften der Stadt akzeptiert, manchmal gilt aber ein Mindestumsatz von 5 oder 10 €.

Wer mit Kreditkarte zahlt, muss häufig einen Ausweis mit Foto vorzeigen (manchmal auch bei Zahlungen mit EC-Karte).

Weitere Infos siehe S. 273.

Steuesrn

Auf die meisten Produkte und Dienstleistungen werden 21 % Mehrwertsteuer (IVA) erhoben, in Restaurants und Hotels 10 %. In Restaurantpreisen ist die Steuer meist enthalten, bei vielen Hotelzimmerpreisen ebenfalls, aber besser bei der Buchung nachfragen!

Trinkgeld

- **Restaurants** Katalanen geben im Restaurant meist 5 % oder weniger. Mehr gibt's für besonders guten Service.
- **Taxis** Optional, aber die meisten Einheimischen runden auf den nächsten Euro auf.
- **Bars** In Bars wird selten Trinkgeld gegeben, aber ein paar Münzen sind natürlich immer gern gesehen.

ZAKHAROVA_NATALIA/GETTY IMAGES ©

Eine Bar in Gràcia

Etikette

Was die Umgangsformen im Alltag betrifft, ist Barcelona ziemlich entspannt. Folgendes sollte man jedoch beachten:

- **Begrüßung** Wie andere Spanier begrüßen Katalanen Freunde wie Fremde meist mit einem Kuss auf beide Wangen, zwei Männer verzichten eher darauf. Ausländer sind entschuldigt.
- **Essen & Trinken** Kellner erwarten nicht, dass man sich jedes Mal bedankt, wenn sie etwas bringen. In ungezwungeneren Lokalen und Bars sollte man sein Besteck für die nachfolgenden Gänge behalten.
- **Kirchenbesuche** Es gilt als respektlos, Kirchen während der Gottesdienste zu besichtigen. Das Fotografieren während einer Messe ist absolut tabu.
- **Rolltreppen** Stets auf der rechten Seite stehen, um Eilige vorbeizulassen, besonders in Metrostationen.

Sprache

Mit Englisch kommt man in Barcelona ziemlich weit – selbst Katalanen, die nur ein paar Brocken können, setzen diese meist gerne ein. Trotzdem ist es keine schlechte Idee, vor der Anreise etwas Spanisch zu lernen. Man findet sich dann nicht nur besser zurecht, sondern kommt auch leichter mit Einheimischen ins Gespräch. Noch besser ist es natürlich, ein paar Worte Katalanisch zu lernen.

In den meisten Museen (aber nicht in allen) gibt es englische Beschriftungen. Viele Restaurants haben englische oder sogar deutsche Speisekarten, einfachere Lokale nur spanische und katalanische.

Barcelona erleben

1. Tag

La Rambla & Barri Gòtic (S. 54)

Den Vormittag des ersten Tags verbringt man mit der Erkundung der engen mittelalterlichen Gassen des Barri Gòtic, inklusive der **Kathedrale** mit ihren Gänsen im Klosterhof und den malerischen Plätzen **Plaça de Sant Josep Oriol** und **Plaça Reial**. Von den Wurzeln der Stadt erzählt das faszinierende **Museu d'Història de Barcelona**. Vor dem Mittagessen bietet sich ein Bummel über die Rambla an.

Mittagessen Das schöne Federal (S. 70) zaubert köstliche Speisen.

La Ribera (S. 93)

Nachmittags geht's hinüber nach La Ribera mit Architekturjuwelen wie der majestätischen **Basílica de Santa Maria del Mar**. Im hübschen **Museu Picasso**, das sich über mehrere miteinander verbundene mittelalterliche Häuser erstreckt, lässt sich das Frühwerk eines der größten Künstler des 20. Jhs. bestaunen.

Abendessen Tapas mit globalen Akzenten im kreativen El Atril (S. 105).

La Ribera (S. 93)

Vor dem in Spanien üblichen späten Abendessen schaut man sich eine Vorstellung im **Palau de la Música Catalana** an, einem der wunderbaren Meisterwerke des Modernisme in Barcelona. Ausklingen kann der Abend mit einem tropischen Drink bei Kerzenschein im **Rubí**.

2. Tag

Eixample (S. 131)

Am zweiten Tag geht's morgens zur **Sagrada Família**, Gaudís Meisterwerk, an dem immer noch gebaut wird. Hier lohnt sich die Investition in eine Führung oder einen Audioguide, damit man das berühmteste Wahrzeichen der Stadt besser versteht.

Mittagessen Ein kreatives katalanisches Festmahl im Disfrutar (S. 145).

Eixample (S. 131)

Nach dem Mittagessen bummelt man über den **Passeig de Gràcia** im Eixample und schaut sich weitere großartige Gebäude des Modernisme an. Die drei berühmtesten Bauten bilden zusammen die **Manzana de la Discordia**. Danach empfiehlt sich ein Besuch in einem von Gaudís Hausmuseen in derselben Straße, entweder der **Casa Batlló** oder **La Pedrera** weiter die Straße hinab.

Abendessen Exzellente Weine und leckere Platten im Viblioteca (S. 175).

Camp Nou, Pedralbes & Zona Alta (S. 179)

Abends geht's zu einem Fußballspiel im **Camp Nou**, dem Heimstadion des FC Barcelona. Besonders hoch her geht es hier, wenn ein Spiel gegen den Erzrivalen Real Madrid auf dem Spielplan steht. Anschließend erkundet man unbekanntere Perlen in der Gegend wie das an einer Plaza gelegene **El Maravillas** mit tollen Tapas und Drinks oder das **Bangkok Café** mit den besten Thai-Gerichten Barcelonas.

3. Tag

Barceloneta & die Uferpromenade (S. 111)

Am dritten Tag in Barcelona ist es Zeit fürs Mittelmeer. Am besten beginnt man den Tag mit einem Lauf oder einer Radtour am Meer entlang; Restaurants und Cafés am Strand laden zu Verschnaufpausen ein.

Mittagessen Das La Cova Fumada (S. 118) ist winzig – früh da sein!

Barceloneta & die Uferpromenade (S. 111)

Dann schlendert man durch Barceloneta und schaut unterwegs im **Mercat de la Barceloneta** und in der Konditorei **Baluard** vorbei. Danach lockt ein Besuch im **Museu d'Història de Catalunya**, wo man sich auf einen interaktiven Streifzug durch die katalanische Geschichte begeben kann.

Abendessen Die Vinateria del Call bezaubert mit Mittelaltercharme (S. 71).

La Rambla & Barri Gòtic (S. 54)

Abends gönnt man sich dann in der Altstadt noch etwas Livemusik. Der **Harlem Jazz Club** und das **Jamboree** sind gute Adressen für Jazz und Weltmusik. Für einen Absacker bieten sich noch ein paar Bars abseits der ausgetretenen Pfade an wie das **L'Ascensor**, eine gemütliche Kneipe mit schön gemixten Cocktails und einem erwachseneren Publikum als in anderen Teilen des Barri Gòtic.

4. Tag

Montjuïc (S. 192)

Der Tag beginnt mit einer schönen Seilbahnfahrt auf den Montjuïc, gefolgt von einem Spaziergang vorbei an Blumen- und Skulpturengärten zum **Museu Nacional d'Art de Catalunya** mit seinen wundervollen romanischen Fresken, lebendigen gotischen Gemälden und Werken spanischer Meister des 17. Jhs.

Mittagessen Das reizende Pepa Tomate (S. 173) liegt an einem ruhigen Platz.

Gràcia (S. 166)

Vom Montjuïc geht's mit der Metro nach Gràcia zu einem Bummel durch die reizenden dörflichen Straßen. Cafés, Buchläden und Vintage-Boutiquen laden zum Verweilen und Stöbern ein. Nach Sonnenuntergang erwachen die Bars um die Plätze zum Leben.

Abendessen Im La Panxa del Bisbe (S. 173) das Probiermenü bestellen.

El Raval (S. 80)

Nun wartet das Künstlerviertel El Raval auf Erkundung. Nachdem man in Platten- und Secondhandläden gestöbert hat, schaut man sich eine Liveband im **Jazz Sí Club** oder einen Independent-Film in der **Filmoteca de Catalunya** an. Schließlich genehmigt man sich noch einen hausgemachten Wermut (oder zwei) in der **Confitería** oder beendet den Abend tanzend im beliebten Club **Moog**.

Wie wär's mit ...

Märkte

Els Encants Vells Weitläufiger Flohmarkt mit jeder Menge Schätzen und Trödel am Rande von Poblenou. (S. 127)

Mercat de la Boqueria Einer der größten Lebensmittelmärkte Europas, mit verlockenden Leckereien und Tapasbars. (S. 82)

Mercat de Sant Antoni Riesiger, vorwiegend von Einheimischen besuchter Lebensmittelmarkt, sonntags mit Flohmarkt. (S. 208)

Mercat de Santa Caterina Großer Lebensmittelmarkt in La Ribera mit gewelltem, buntem Dach und archäologischen Zeugnissen des 15. Jhs. (S. 100)

Parks & Gärten

Parc de la Ciutadella Hübsche Anlage mit eindrucksvollem Brunnen, kuriosen Skulpturen, dem Parlament Kataloniens und einem Zoo. (S. 99)

Park Güell Grünes Wunderland mit schönen Ausblicken über die Stadt und der surrealen Baukunst von Gaudí. (S. 168)

Jardí Botànic Einer der vielen üppigen Gärten auf dem Montjuïc, voller subtropischer Pflanzen. (S. 197)

Parc de la Creueta del Coll Beliebter Familienpark beim Park Güell mit Pool, Snackbar und Spazierwegen. (S. 183)

Jardins del Laberint d'Horta Malerische Gärten mit künstlichem See, Wasserfällen und Labyrinth etwas außerhalb des Stadtzentrums. (S. 187)

Der Irrgarten in den Jardins del Laberint d'Horta (S. 187)

Museen

Museu d'Història de Barcelona Ruinen des römischen Barcino und schöne Architektur der katalanischen Gotik im ehemaligen Königspalast. (S. 65)

CosmoCaixa Vergnügliches Wissenschaftsmuseum, prima für Kinder – besonders der Amazonas-Regenwald. (S. 184)

Museu-Monestir de Pedralbes Friedvolles altes Kloster mit Kreuzgang aus dem 14. Jh. und sakraler Kunst. (S. 182)

Museu Blau Großes Naturkunde- und Wissenschaftsmuseum mit interaktiven Exponaten und riesiger Tiersammlung inklusive Dinosauriern. (S. 118)

Kunst & Design

Fundació Joan Miró Ein Tempel für den großen Künstler, mit Skulpturengarten. (S. 194)

Fundació Antoni Tàpies Faszinierende Sammlung des wichtigen katalanischen Künstlers in einem Gebäude des Modernisme. (S. 138)

Centre de Cultura Contemporània de Barcelona Ausgezeichnete Ausstellungen am Puls der Kunstszene – ein Muss für alle Kunstfans. (S. 85)

Museu d'Art Contemporani de Barcelona Umfassende Sammlung von Kunst des 20. Jhs. in einem modernen Gebäude von Richard Meier. (S. 83)

Museu Nacional d'Art de Catalunya (MNAC) Beeindruckende Sammlung romanischer Kunst, die 900 Jahre zurückreicht. (S. 195)

CaixaForum In einem von Puig i Cadafalch entworfenen Gebäude des Modernisme werden phantastische Ausstellungen gezeigt. (S. 197)

Zeitgenössische Architektur

Museu del Disseny de Barcelona Das geometrische Gebäude des Designmuseums ist ein Symbol für die Wiedergeburt Poblenous. (S. 117)

Torre Glòries Jean Nouvels auffallender gurkenförmiger Turm beherrscht die neue Hightech-Zone 22@. (S. 118)

Teatre Nacional de Catalunya Das Design des stattlichen Theaters ist eine perfekte Mischung aus griechischer Antike und Modernisme. (S. 127)

Edifici Fòrum Der blaue, dreieckige Bau von Herzog & de Meuron wirkt organisch und futuristisch zugleich. (S. 118)

Schöne Aussicht

Bunkers del Carmel Rundumblick von einem Hügel, auf dem einst Flugabwehrgeschütze standen. (S. 171)

Basílica del Sagrat Cor de Jesús Der Ausflug zum Gipfel des Tibidabo wird mit einem faszinierenden Ausblick belohnt. (S. 188)

Teleférico del Puerto Grandiose Ausblicke von einer altmodischen Seilbahn. (S. 116)

Mirablau Das bekannte Mirablau am Fuß des Tibidabo bietet herrliche Ausblicke über die Stadt. (S. 189)

Parc de Collserola Riesiger Park mit wunderbarer Aussicht und Tieren wie Wildschweinen. (S. 188)

Lange Nächte

Guzzo Der Inhaber der sympathischen Bar in El Born ist selbst DJ und vor allem dem Funk zugetan. (S. 106)

Weitere Highlights:

- Essen (S. 30)
- Ausgehen & Nachtleben (S. 37)
- Unterhaltung (S. 41)
- Shoppen (S. 44)
- LGBTI in Barcelona (S. 48)

Moog Der Innenstadt-Club ist klein, fröhlich, unprätentiös und toll zum Tanzen. (S. 89)

Sor Rita Überkandidelte Kitschorgie mit spaßigem, feierfreudigem Publikum. (S. 73)

La Confitería Die Fin-de-siècle-Bar mit Wandmalereien war einmal eine Confiserie. (S. 88)

Marula Café Kleiner, tanzfreundlicher Saal im Barri Gòtic mit starker Tendenz zu Funk und Soul. (S. 74)

Mode

La Manual Alpargatera Der Geburtsort der Espadrilles ist der beste Ort der Welt, um die katalanischen Kulttreter mit Hanfsohle zu erwerben. (S. 78)

Lady Loquita Eine der vielen hippen Boutiquen in Gràcia, die Damenmode von einheimischen Designern verkaufen. (S. 177)

L'Arca Schatzkammer voll edler Secondhandmode – teils noch aus den 1920ern. (S. 77)

L'Illa Diagonal Shoppingcenter für Designermode mit gutem Gastrobereich im Untergeschoss. (S. 190)

Adolfo Domínguez Elegantes Geschäft mit erstklassiger Damen- und Herrenkonfektion am Passeig de Gràcia. (S. 154)

Bagués-Masriera Wunderschön gearbeiteter Schmuck in der architektonisch umwerfenden Casa Amatller. (S. 156)

Monat für Monat

TOP-EVENTS

Festes de Santa Eulàlia, Februar

Primavera Sound, Mai

Festival del Grec, Juli

Festa Major de Gràcia, August

Festes de la Mercè, September

Januar

Die *barcelonins* zieht es zum Skifahren in die Pyrenäen, andere erholen sich zu Hause von den Feiertagen (die Schulferien gehen bis zum 8. Januar).

Reis (Reyes)

Am 5. Januar, dem Tag vor Epifanía (Dreikönigstag), erfreuen sich die Kinder an der Cavalcada dels Reis Mags (Umzug der Heiligen Drei Könige), einem bunten Umzug mit Festwagen und Musik, bei dem Unmengen von Süßigkeiten in die Menge geworfen werden.

Februar

Im oft kältesten Monat sind kaum Besucher in der Stadt. Dabei finden jetzt einige der größten und fröhlichsten Feste statt.

Carnestoltes (Karneval)

Im Februar oder März wird bis Aschermittwoch der Karneval (http://lameva.barcelona.cat/carnaval) mit Kostümbällen, Gaudi, Feuerwerk und über 30 Karnevalszügen gefeiert. Im nahen Sitges nimmt das Treiben wüstere Formen an.

Festes de Santa Eulàlia

Das große einwöchige Winterfest (http://lameva.barcelona.cat/santaeulalia) um den 12. Februar herum ist der ersten Stadtheiligen gewidmet. Zu den zahlreichen Events zählen eine Parade mit *gegants* (Riesen), Freiluft-Kunstinstallationen, Theater, *correfocs* (Feuerläufe) und *castells* (Menschenpyramiden).

April

Der Frühling hält Einzug: Auf dem Land blühen die Wildblumen, es wird Ostern gefeiert und Schulkinder haben Ferien. Allerdings kann der Aprilregen die Stimmung trüben. Wer zu Ostern anreist, sollte weit im Voraus buchen.

Dia de Sant Jordi

Am 23. April huldigt Katalonien seinem Schutzheiligen Sant Jordi (hl. Georg). Traditionell schenken Frauen ihren Männern ein Buch und die Männer den Frauen Rosen – auf der Rambla und der Plaça de Sant Jaume gibt es deshalb Bücher- und Blumenstände.

Mai

Mit seinen schönen Sonnentagen ist der Mai ideal für eine Reise nach Barcelona. Mit der Eröffnung der *chiringuitos* (Strandbars) wappnet sich die Stadt für den Sommer.

L'Ou Com Balla

Zu Fronleichnam (Ende Mai oder Juni) sieht man auf blumengeschmückten Brunnen in der Stadt tanzende Eier (L'Ou com Balla). Am frühen Abend startet an der Kathedrale ein Umzug und es gibt katalanischen Volkstanz.

Festa de Sant Ponç

Zu Ehren des Schutzheiligen der Bienenzüchter und Kräuterkundler gibt es am 11. Mai auf dem Carrer de l'Hospital in El Raval einen Markt mit Honigspezialitäten, Kräutern u. a.

Primavera Sound

Eine Woche lang Ende Mai/ Anfang Juni ist im Parc del Fòrum ein beeindruckendes Aufgebot (www.primaverasound.com) internationaler Bands und DJs zu bewundern. In der ganzen Stadt finden weitere Konzerte statt, u. a. kostenlose Freiluftevents im Parc de la Ciutadella und auf dem Passeig Lluís Companys.

Ciutat Flamenco

Eine der besten Gelegenheiten, großartigen Flamenco zu erleben, ist dieses Festival (ciutatflamenco.com), das an vier Maitagen im Teatre Mercat de les Flors und an weiteren Veranstaltungsorten stattfindet.

Juni

Zu Beginn des Sommers schießen die Besucherzahlen in die Höhe. Musikfestivals und Freiluftevents verleihen dem Juni eine festliche Stimmung.

Festival Pedralbes

Das Sommerfestival (www.festivalpedralbes.com) bringt von Mitte Juni bis Anfang Juli in einem herrlichen Park große Namen auf die Bühne – darunter viele Veteranen der Musikwelt wie die Beach Boys, Sting oder Blondie.

La Revetlla de Sant Joan

Am 23. Juni wird die Revetlla de Sant Joan (Johannisnacht) gefeiert, feuchtfröhlich auf den Straßen oder zu Hause. Dazu gehört auch Tanz und Feuerwerk. Auf Spanisch heißt das Fest Verbena de San Juan.

Pride Barcelona

Die Schwulengemeinde (www.pridebarcelona.org) feiert Ende Juni oder Anfang Juli eine Woche lang mit Konzerten, Kulturevents und und der Gay-Pride-Parade am Sonntag.

Sónar

Das Sónar (www.sonar.es), gewöhnlich Mitte Juni, ist Barcelonas gigantisches Festival der elektronischen Musik und Technologie: mit Konzerten, DJs, Ausstellungen, Soundlabs, Plattenbörsen und Urban Art.

Juli

In der Hauptreisezeit sind die Preise hoch; dafür ist auch eine Menge los. Es warten sonnige Strandtage, Restaurantterrassen und Open-Air-Konzerte.

Festival del Grec

Die wichtigste Kulturveranstaltung des Sommers ist dieses einmonatige Festival (http://grec.bcn.cat) mit Theater, Tanz- und Musikdarbietungen an diversen Orten der Stadt, u. a. im Teatre Grec auf dem Montjuïc.

August

Jetzt wird's heiß: Die *barcelonins* flüchten in Scharen aus der Stadt, dafür kommen massenweise Touristen. Die beste Zeit für einen Strandbesuch.

Festa Major de Gràcia

Beim einwöchigen Fest um den 15. August herum in Gràcia konkurrieren die Bewohner um den Preis für die am prächtigsten geschmückte Straße (www.festamajordegracia.org). Es gibt kostenlose Open-Air-Konzerte, Straßenfeste und andere Events

Festes de Sant Roc

Mitte August gibt es auf der Plaça Nova im Barri Gòtic vier Tage lang farbenfrohe Umzüge, *correfocs* (Feuerläufe), einen Markt, traditionelle Musik und Zaubervorstellungen für Kinder.

September

Nach ihrem Urlaubsmonat gehen die *barcelonins* wieder an die Arbeit, aber mehrere große Festivals sorgen für Unterhaltung. Das Wetter bleibt bis Ende September warm und strandtauglich.

Festa Major de Sants

Das Viertel Sants richtet ein fünftägiges Fest (www.festamajordesants.net) mit Konzerten, Tanzpartys, *correfocs* (Feuerläufe) und kunstvoll geschmückten Straßen aus.

Diada Nacional de Catalunya

Der katalanische Nationalfeiertag erinnert kurioserweise an die Kapitulation Barcelonas vor den spanischen Bourbonen am 11. September 1714.

Festes de la Mercè

Bei dem großen fünftägigen Fest (www.bcn.cat/merce) wird eine der Schutzheiligen der Stadt gefeiert, mit Sportveranstaltungen, kostenlosen Konzerten, Tanzvorführungen, *castells*, Umzügen mit *gegants* und einem *correfoc* (Feuerlauf).

Festa Major de la Barceloneta

Beim großen Fest von Barceloneta wird ab dem 29. September eine Woche lang zu Ehren des örtlichen Schutzheiligen Sant Miquel getanzt und getrunken, in erster Linie am Strand.

November

Tage und Nächte werden kühler; es gibt vereinzelt bedeckte und regnerische Tage. Der November ist aber ideal, um den Besuchermassen und Preisen des Sommers ein Schnippchen zu schlagen.

Fira de Santa Llúcia

Von Ende November bis Weihnachten werden auf diesem Weihnachtsmarkt (http://en.firadesantallucia.cat) Geschenke und Deko verkauft, u. a. der *caganer* (Scheißer), eine berühmt-berüchtigte katalanische Krippenfigur.

Dezember

Der Winterbeginn bringt Weihnachtsstimmung in die adventlich geschmückte Stadt. Nur noch wenige Besucher sind unterwegs, bis sich die Stadt zu Weihnachten wieder mit auswärtigen Gästen füllt.

Silvester

Die größte Silvesterfeier findet an der Font Màgica am Montjuïc statt. Menschenmassen drängen sich auf der Avinguda Reina Maria Cristina, um die Musik- und Lightshow, *castells* und andere Darbietungen zu erleben. Um Mitternacht steigt dann das Feuerwerk.

(Oben) Ein *castell* beim Diada Nacional de Catalunya (S. 23)
(Unten) Festa Major de Gràcia (S. 23)

UB-FOTO/SHUTTERSTOCK ©

MARCIN D/500PX ©

Barcelona mit Kindern

Barcelona ist eine tolle Stadt für Kinder – hier sind sie bei vielem dabei, was anderswo Erwachsenen vorbehalten ist, wie späten Abendessen in Kneipen oder Restaurants. Babys genießen die mediterrane Herzlichkeit und Kleinkinder dürfen sich über jede Menge Aufmerksamkeit freuen.

VENIAMIN KRASKOV/SHUTTERSTOCK ©

ble Espanyol (S. 198)

Essen gehen

Barcelona ist wie ganz Spanien superfreundlich, was das Essengehen mit Kindern angeht. Die Einheimischen schleppen ihre Kinder zu jeder Tages- und Nachtzeit mit, sodass man nicht unbedingt einen Aufpasser braucht, wenn man abends essen oder etwas trinken gehen möchte.

Die spanischen Kinder essen gewöhnlich dieselbe mediterrane Küche wie ihre Eltern, aber viele Restaurants haben auch Kinderkarten mit Burgern, Pizza, Nudeln mit Tomatensauce u. Ä. Gute Tapas für Kinder sind z. B. *tortilla de patatas* (Kartoffelomelett) oder *croquetas de jamón* (Kroketten mit Schinken).

Kinderfreundliche Lokale

La Nena

Phantastisch für Schokolade und allerlei süße Leckereien. Außerdem hat das Café (S. 171) einen Spielbereich sowie in einer Ecke Spielsachen und Bücher.

Bar del Convent

Mit ihrer sicheren, verkehrsfreien Terrasse und zahlreichen Spielen und anderem Spielzeug drinnen ist die Bar del Convent (S. 106) bei jedem Wetter eine gute Option.

Filferro

Bei der Tapas- und Snackbar (S. 119) sitzen die Eltern draußen und genießen die Mit-

GUT ZU WISSEN

- **Babysitter** Babysitter vermitteln Tender Loving Canguros (https://tl-canguros.wordpress.com) oder **5 Serveis** (☎93 412 56 76; www.5serveis.com; Carrer de Pelai 50; Ⓜ Catalunya).
- **Kindersachen** Windeln, Schnuller, Cremes und Babynahrung gibt es in allen Drogerien. Windeln sind im Supermarkt billiger.
- **Metro** Die U-Bahn von Barcelona ist toll für Familien mit Kinderwagen – aber Vorsicht vor Taschendieben!
- **Zugänglichkeit** Die engen Straßen der Ciutat Vella sind mit ihrem Verkehrchaos und ihrem Kopfsteinpflaster weniger kinderwagenfreundlich als der Rest der Stadt.

telmeerbrise, während sich der Nachwuchs auf dem Spielplatz vergnügt.

Pepa Tomate
Mit seinen Buntstiften und dem kleinen Spielplatz draußen an der Plaza ist dieses nette Café (S. 173) ein echter Hit.

Granja La Pallaresa
An einer für ihre Schokoladencafés berühmten Straße ist dieses Lokal (S. 74) besonders beliebt, um knusprige *churros* in dampfende Schokolade zu stippen.

Parks & Freiflächen

Parc de la Ciutadella
Der Park (S. 99) mit Zoo, Teich und Spielplatz (vormittags und ab 16 Uhr mit tollen Spielsachen) ist ein prima Ort, um andere Eltern kennenzulernen.

Parc d'Atraccions
Der fabelhafte Jahrmarkt (S. 188) oben auf dem Tibidabo verschafft nicht nur Kindern einen Adrenalinschub.

Parc de la Creueta del Coll
Großartiger Park (S. 183) mit Planschbecken, Schaukeln und Snackbar.

Font Màgica
Am Ende dieser Lichtschau (S. 197) verlangen die Kleinen garantiert nach mehr!

Parc de Collserola
Der große Park (S. 188) in den Hügeln lockt mit Wanderwegen und Picknickplätzen.

Kinderfreundliche Museen

CosmoCaixa
Spannendes Wissenschaftsmuseum (S. 184) mit interaktiven Exponaten für jedes Alter.

Museu de la Xocolata
Hier dreht sich alles um Schokolade (S. 100). Auch die Workshops für Schokoladenmodelle sind zu empfehlen.

Zoo de Barcelona
In dem relativ kleinen Zoo (S. 101) gibt es alle möglichen Tiere zu sehen – außer gähnenden Nilpferden, trötenden Elefanten und stirnrunzelnden Gorillas auch Raubkatzen und weitere Affen.

L'Aquàrium
Das Aquarium (S. 115) ist eines der größten Europas – mit Becken um Becken voll bunt schimmernder Fische. Die Haie über sich dahingleiten zu sehen, ist ein unvergessliches Erlebnis für die ganze Familie!

Poble Espanyol
Kinder und Eltern bummeln hier zusammen durch ein Minispanien (S. 198). Dazu gibt es Spiele und Aufgaben für die Kids.

Stadtbesichtigung

Mit dem Fahrrad
Barcelona bietet unzählige Radtouren und Möglichkeiten, Fahrräder mit Kindersitzen zu leihen, u. a. bei Trixi (S. 79).

Mit dem Segway
Mit Segway Fun (S. 79) können Eltern, größere Kinder und Teenager die Stadt auf futuristischen Vehikeln entdecken.

Mit dem Bus
Für größere Kinder sind auch Stadtrundfahrten in Doppeldeckerbussen (S. 156) toll.

Mit der Seilbahn
Auf dem Luftweg von Barceloneta auf den Montjuïc – den Transbordador Aeri (S. 269) finden alle Kinder klasse.

Shoppen

Hibernian
Wenn der Lesestoff ausgeht, hält das Antiquariat unter irischer Leitung (S. 177) eine gute Auswahl englischer Bücher bereit.

Papabubble
In dem einladenden kleinen Geschäft (S. 78) in der Altstadt kann man bei der Bonbonherstellung zuschauen.

Tintin Shop
In Gràcia bietet dieser Laden (S. 177) zum Thema *Tim und Struppi* eine Riesenauswahl toller bunter Mitbringsel.

El Rei de la Màgia
Ein ganzes Kuriositätenkabinett (S. 108) für angehende Zauberer.

Wie die Einheimischen

Ob Barcelona-Anfänger oder Wiederholungstäter: Wer sich in Sachen Essen und Ausgehen an den Einheimischen orientiert, liegt selten falsch. Die Katalanen zeigen sich Besuchern gegenüber viel offener, wenn diese sich anpassen und vielleicht sogar ein paar Wörter Katalanisch sprechen.

MATT MUNRO/LONELY PLANET ©

uimet i Quimet (S. 202)

Essenszeiten

In Barcelona wird spät gegessen. Die meisten Restaurants machen abends erst um 20.30 oder 21 Uhr auf und schließen um Mitternacht oder 1 Uhr; meist wird gegen 22 Uhr gegessen. Das Mittagessen wird zwischen 13 und 16 Uhr eingenommen. Danach gibt's eine Siesta (bei gutem Wetter z. B. am Strand oder in einem der Parks). Frühstück ist nicht so wichtig – ein Croissant und ein *cortado* (Espresso mit Milch) reichen, um den Tag einzuläuten.

Wasser & Wein

Ob mittags oder abends, ein Gläschen Wein, so finden die meisten *barcelonins,* ist immer eine gute Idee. Viele Lokale bieten ein *menú del día* (Tagesmenü) mit einem Glas Weiß- oder Rotwein. Bei Stammgästen füllt der Kellner das Glas vielleicht kostenlos nach oder lässt gleich die Flasche da. Aber natürlich kann man auch ein anderes Getränk wählen.

Zum Wasser: Niemand trinkt es direkt aus dem Hahn – wer's probiert, weiß warum. Man bestellt agua mineral, entweder *con* (mit) oder *sin gas* (ohne Kohlensäure).

Tapas

Wenn am frühen Abend der Magen knurrt, gönnen sich die Einheimischen vor dem Abendessen eine tapa – eine kleine Portion Sardellen, Wurst, Tintenfisch, Pilze, gebratene Paprika oder andere Leckereien. Dazu passen Wein, Cava oder Bier.

Viele Tapasbars sind gesellige Lokale mit Stehplätzen an einer Theke. Bormuth (S. 104) oder Vaso de Oro (S. 118) sind gute Orte, um den Abend zu beginnen. Danach begibt man sich entweder zum Abendessen oder einfach in die nächste Tapasbar.

Restaurants

Die Rambla ist nett zum Bummeln, aber kein Einheimischer würde hier essen. Dasselbe gilt für den Carrer Ferran und andere Touristenstraßen im Barri Gòtic. Es gibt im Viertel aber einige versteckte Juwele, besonders in den schmalen Straßen der Ostseite, wie das Onofre (S. 72) oder das Cafè de l'Acadèmia (S. 71). Authentischere Speiseerlebnisse versprechen El Born, Barceloneta, El Raval und Gràcia.

GUT ZU WISSEN

- **Miniguide** (http://miniguide.es) Kultur, Restaurants, Nachtleben, Mode und mehr; erscheint zehnmal im Jahr.
- **Barcelona Cultura** (http:/barcelonacultura.bcn.cat) Aktuelle Kulturveranstaltungen wie Konzerte, Ausstellungen und Festivals.
- **Spotted by Locals** (www.spottedbylocals.com/barcelona) Besprechungen von Restaurants, Bars, Kinos, Galerien und mehr, verfasst von Anwohnern.
- **Barça Central** (http://barcacentral.com) Nachrichten zum FC Barcelona.
- **In & Out Barcelona** (www.inandoutbarcelona.net) Neue Restaurants, Bars, Cafés, Läden und Clubs mit schönen Fotos – nur auf Spanisch.

Wochenenden

Viele *barcelonins* kehren der Stadt am Wochenende den Rücken, im Winter zum Skifahren in den Pyrenäen, im Sommer zum Baden an der Costa Brava. Wer bleibt, steuert oft Märkte, Strände oder Parks an. Die Parks wimmeln am Wochenende von Musikern, Picknickern, Verkaufsständen und spielenden Kindern. Kulturfreunde zieht es in Ausstellungseröffnungen – z. B. im CCCB (S. 85) oder MACBA (S. 83) –, ins Kino (die Filmoteca de Catalunya, S. 90, hat ein interessantes Programm) oder zu Konzerten, z. B. im Jazz Sí Club (S. 91) oder in der Sala Apolo (S. 207).

Das Sonntagsessen

Den Sonntag nutzen viele Einheimische, um sich mit Familie oder Freunden zum Essen zu treffen. Das geschieht meist mittags und viele Restaurants bieten spezielle Sonntagsmahlzeiten. Ohnehin haben viele Lokale sonntagabends zu, sodass es sich anbietet, mittags ausgiebig zu tafeln – z. B. eine üppige Paella im Barraca (S. 120) oder Can Ros (S. 122) in Barceloneta, gefolgt von einem langen Spaziergang am Wasser.

Festivals & andere Events

Eine ideale Gelegenheit, sich unter die Einheimischen zu mischen, bieten die großen Feste der Stadt. Von Juni bis August finden im Rahmen von Musica als Parcs in einem Dutzend Parks in Barcelona rund 30 Freiluftkonzerte statt; dazu kommen kostenlose Konzerte an diversen anderen Orten. Das aktuelle Programm gibt es bei der Touristeninformation. Noch mehr tolle Open-Air-Konzerte bieten das Festival Piknic Electronik und das Festival Pedralbes.

Veranstaltungsinfos

Wer etwas Spanisch (Castellano) lesen kann, findet Infos zu aktuellen Ausstellungen, Filmvorführungen, Konzerten und anderen Events im *Guia del Ocio* (www.guiadelocio.com), *Time Out Barcelona* (www.timeout.cat) und in Tageszeitungen wie *La Vanguardia* (www.lavanguardia.com) und *El Periodico* (www.elperiodico.com). Die Wochenendveranstaltungen finden sich in den Freitagsausgaben (meist als Sonderbeilagen). Auch die städtische Website http://barcelonacultura.bcn.cat liefert aktuelle Veranstaltungstipps.

Fußball

Der FC Barcelona spielt eine wichtige Rolle in der Stadt. Bei einem Match im Camp Nou (S. 181) wird man leicht vom Fan-Fieber angesteckt, aber es kann auch Spaß machen, sich ein Spiel in einer Kneipe anzuschauen – je nach Publikum. Die treuesten Fans sind in Barceloneta, El Raval, Gràcia und Sarrià unterwegs, wo es auch entsprechend muntere Kneipen gibt. Eine täglich erscheinende Sportzeitung ist *Marca* (www.marca.com).

Tickets gibt's auf www.fcbarcelona.com oder in der FC Botiga (S. 78).

Sardana

Freunde des traditionellen katalanischen Volkstanzes Sardana treffen sich an Wochenenden vor der Kathedrale; für Musik sorgt eine zehnköpfige Band. Das Ganze findet samstags um 18 und sonntags um 12 Uhr statt und dauert etwa eine Stunde.

Barcelona gratis

Mit etwas Planung kann Barcelona ein überraschend erschwingliches Reiseziel sein. Viele Museen bieten Tage mit freiem Eintritt und vieles ist sowieso umsonst – am Strand abhängen, durch faszinierende Viertel bummeln und die Aussicht von den Hügeln genießen.

Rundgänge

Diverse Unternehmen bieten Rundgänge, für die man nach eigenem Ermessen zahlt. Viele führen durch das Barri Gòtic oder zu den Modernisme-Gebäuden des Eixample. Empfehlenswert sind zum Beispiel:

Discover Walks (www.discoverwalks.com)

Feel Free Tours (www.feelfreetours.com)

Orange Donut Tours (www.orangedonuttours.com)

Runner Bean Tours (S. 270)

Festivals & andere Events

Barcelona bietet eine Menge kostenlose Feste und Veranstaltungen, wie die **Festes de la Mercè** (www.bcn.cat/merce; ⏲Sept.) und die **Festes de Santa Eulàlia** (http://lameva.barcelona.cat/santaeulalia; ⏲Feb.). Von Juni bis August findet Música als Parcs (Musik in den Parks) statt, eine Reihe von Freiluftkonzerten in Parks und Grünanlagen der Stadt. Bei den über 40 Konzerten erklingen Klassik, Blues und Jazz. Beliebte Veranstaltungsorte sind der Parc de la Ciutadella (S. 99), der Parc de Joan Miró (S. 199) und der Parc Turó (Avenida de Pau Casals 19, Sant Gervasi). Ein Veranstaltungsverzeichnis gibt es bei der Touristeninformation oder unter www.bcn.cat.

Sehenswertes

Einige Sehenswürdigkeiten gewähren gelegentlich freien Eintritt, gewöhnlich am ersten Sonntag des Monats. Eine ganze Reihe von Attraktionen sind jeden Sonntag von 15 bis 20 Uhr gratis, andere sind sogar immer umsonst. Am interessantesten sind die hier aufgeführten Institutionen:

Immer kostenlos

- Centre d'Art Santa Mònica (S. 57)
- Basílica de Santa Maria del Mar (S. 97)
- Estadi Olímpic Lluís Companys (S. 199)
- Col·lecció de Carrosses Fúnebres (S. 201)
- Palau del Lloctinent (S. 67)
- Temple d'August (S. 62)
- Antic Hospital de la Santa Creu (S. 85)
- Font Màgica (S. 197)
- Jardins de Mossèn Cinto de Verdaguer (S. 200)
- Cementiri del Poblenou (S. 117)
- Universitat de Barcelona (S. 140)

Zu bestimmten Zeiten kostenlos

- Museu d'Història de Catalunya (S. 115)
- Museu Nacional d'Art de Catalunya (S. 195)
- Museu Picasso (S. 95)
- Kathedrale (S. 60)
- Museu Frederic Marès (S. 63)
- Castell de Montjuïc (S. 197)
- Museu-Monestir de Pedralbes (S. 182)
- Jardins del Laberint d'Horta (S. 187)
- Museu de la Música (S. 118)
- Museu d'Història de Barcelona (S. 65)
- Museu Marítim (S. 113)
- Ajuntament (S. 64)

Gegrillte Sardinen

Essen

Barcelona beeindruckt mit einer gastronomischen Szene, die geprägt ist von Weltklasseköchen, phantasievollen Rezepten und großartigen Zutaten, frisch vom Feld und aus dem Meer. International berühmte Spitzenköche wie Ferran und Albert Adrià und Carles Abellán haben die Welt der Haute Cuisine revolutioniert, während die klassisch katalanische Küche in Lokalen und Tapasbars der ganzen Stadt nach wie vor großen Anklang findet.

Escalivada (S. 34)

Neue katalanische Küche

Eine neue Generation richtungsweisender Köche hat mit Kreativität, großem Engagement für gutes Essen und außergewöhnlichen Interpretationen traditioneller Gerichte dafür gesorgt, dass die katalanische Küche heute weltweit bekannt ist.

Die neuen Küchenchefs stellten die Gourmetküche auf den Kopf: Sie kreieren delikate Schäume aus festen Stoffen, fertigen aus klassischen Zutaten mit flüssigem Stickstoff „Eiscreme" oder lassen Speisen gefriertrocknen, um sie zu Pulver verarbeiten. Dieses neue alchemistische Kochen ist als Molekularküche bekannt und die kulinarische Innovation ist ihre Triebfeder.

Feinschmecker sollten sich auf „Olivenöl-Kaviar", „Schnee" aus Gazpacho mit Sardellen, spaghettiartigen, gelierten Parmesan und andere Experimente gefasst machen.

Auch die Räumlichkeiten der Lokale haben sich verändert: Statt auf gewohnte Formen herkömmlicher Gourmetrestaurants setzt man neuerdings auf warme und lebendige Räume mit kunstvollen Design-Akzenten.

Starköche

Albert Adrià – Bruder von Ferran, dem Inhaber des berühmten, aber nunmehr geschlossenen El Bulli – hat Barcelona mit seinem wachsenden Restaurant-Imperium zu neuem kulinarischem Glanz verholfen. Sein Tickets (S. 205) strotzt von gastronomischem Schöpfergeist, mit dekonstruierten Tapas wie „flüssigen Oliven", „Luftbaguettes" (mit Ibérico-Schinken) und Zuckerwattebäumen auf Schokoladenboden.

GUT ZU WISSEN

Preiskategorien

Die Preiskategorien beziehen sich auf den Durchschnittspreis eines Hauptgerichts:

€ unter 12 €

€€ 12–20 €

€€€ über 20 €

Öffnungszeiten

Die meisten Restaurants sind von 13 bis 16 und von 20.30 bis 24 Uhr geöffnet.

Reservierung

In Mittelklasserestaurants und einfacheren Lokalen braucht man gewöhnlich keinen Tisch zu reservieren. In noblen Restaurants ist vor allem abends eine Reservierung ratsam. Besonders voll ist es donnerstags bis samstags.

Trinkgeld

Bedienungsgeld ist selten in der Rechnung enthalten. Die Katalanen sind (wie die Spanier überhaupt) keine großen Trinkgeldgeber. Bei sehr gutem Service reichen etwa 5 % Trinkgeld.

Menú de Degustación

In den teureren Lokalen gibt es gelegentlich ein *menú de degustación*, eine Zusammenstellung kleiner Portionen verschiedener Gerichte – eine großartige Möglichkeit, das Restaurantangebot kennenzulernen, und das zu einem festen Preis.

Auch andere Köche arbeiten an der Neudefinition der zeitgenössischen Küche. Der Michelin-gekrönte Carles Abellán, Schöpfer des Suculent (S. 88), des Tapas 24 (S. 147) und weiterer Restaurants, interpretiert auf spielerische Weise Tapas neu, mit Gerichten wie *melón con jamón*, einem Millefeuille aus karamellisiertem Ibérico-Schinken und dünn geschnittener Melone.

Ein weiterer Star der katalanischen Kochszene ist Jordi Vilà, der seine Gäste im Alkímia (S. 206) mit neu interpretierten Klassikern verzaubert. Interessant sind außerdem Jordi Artal im Cinc Sentits (S. 145), Xavier Pellicer im Barraca (S. 120) und das Trio Mateu Casañas, Oriol Castro und Eduard Xatruch im Disfrutar (S. 145).

MENÚ DEL DIA

Das *menú del día*, ein Komplettmenü mit Wasser oder Wein (und meist mehreren Varianten zur Auswahl), ist ein prima Mittagsangebot zum Festpreis. Die Preisspanne geht bei etwa 11 € los und reicht bis 25 € für aufwendigere Versionen.

Beim *menú del día* gelten etwas andere Tischregeln als sonst; meist behält man die ganze Mahlzeit hindurch dasselbe Besteck. Sobald die Bestellung aufgenommen ist und der erste Gang (ob eine schlichte *amanida/ensalada rusa* – russischer Salat mit Kartoffeln und Mayonnaise – oder eine raffinierte Fischspezialität) auf dem Tisch steht, kann die Bedienung unangenehm zackig werden, vor allem gegen Ende des jeweiligen Ganges. Die Kellner lauern nur darauf, den Gästen den noch nicht ganz geleerten Teller oder das Weinglas zu entreißen, dessen letzten Schluck man gerade noch auskosten wollte. Doch normalerweise reicht ein einfaches „*Encara no he terminat'/'Todavía no he terminado*" (Ich bin noch nicht fertig) und die Bedienung lässt einen mit freundlichem Lächeln in Ruhe aufessen bzw. austrinken.

Der Allererste, der Barcelona einen dritten Michelin-Stern bescherte, war aber Paolo Casagrande vom überragenden Lasarte (S. 145). Dicht auf den Fersen folgte ihm 2017 Jordi Cruz vom ABaC (S. 188).

Tapasbars

Tapas, in kleinen Portionen servierte Köstlichkeiten, sind kein typischer Bestandteil der klassischen katalanischen Küche, doch inzwischen in der ganzen Stadt verbreitet. Die meisten Tapasbars öffnen früher als die Restaurants, gewöhnlich gegen 19 Uhr – perfekt für ein frühes Abendessen. Einige machen auch schon mittags auf und bleiben dann bis zum späten Abend geöffnet.

Wie die Bezeichnung „Bar" schon andeutet, sind Tapasbars ungezwungener als Restaurants und das Trinken spielt hier eine wichtige Rolle.

Hier die Bezeichnungen einiger beliebter *tapes* (Tapas) auf Katalanisch/Spanisch:

- **bombes/bombas** große Fleisch-Kartoffel-Kroketten
- **boquerons/boquerones** weiße Anchovis in Essig – köstlich und pikant
- **carxofes/alcachofas** Artischocken
- **gambes/gambas** Garnelen, entweder *al all/al ajillo* (mit Knoblauch) oder *a la plantxa/plancha* (gegrillt)
- **navalles/navajas** Schwertmuscheln
- **patates braves/patatas bravas** Kartoffelstücke in würziger Tomatensauce, manchmal mit Mayonnaise vermischt
- **pop a feira/pulpo a la gallega** zarter Oktopus mit Paprika
- **truita de patates/tortilla de patatas** mit Kartoffeln gefülltes Omelett; mit Gemüse ist es eine *tortilla de verduras*
- **xampinyons/champiñones** Pilze

Klassische katalanische Küche

Traditionelle katalanische Rezepte bringen die Erzeugnisse des Mittelmeerraums bestens zur Geltung: Fisch, Garnelen, Tintenfisch, Schwein, Kaninchen, Wild und erstklassiges Olivenöl. Typisch sind auch ungewöhnliche Kombinationen: Tintenfisch mit Kichererbsen, Schinken mit Kaviar, Kaninchen mit Garnelen.

Gute katalanische Restaurants findet man in fast jedem Viertel der Stadt. Oft spielt das Ambiente in den Lokalen eine besondere Rolle – kerzenbeschienene Kellergewölbe in der Altstadt, modernistische Speisesäle im Eixample. Es gibt in der Stadt zwar jede Menge edle Restaurants, doch einheimische Feinschmecker speisen auch gern in bescheideneren, weniger eleganten Lokalen – die mitunter das beste Essen zaubern.

Fischrestaurants

Eine große Zahl von Restaurants hat sich auf Fisch und Meeresfrüchte spezialisiert. Vor allem Barceloneta, das dem Meer am nächsten liegt, wimmelt von Lokalen jeder Art und Größe, die lukullische Paellas, Kessel voller Schalentiere, den gegrillten Tagesfang und andere Köstlichkeiten auftischen. Direkt am Wasser thronen teure Freiluftlokale mit Meerblick, doch die wahren Perlen verstecken sich in den Gässchen, wo gut besuchte Familienbetriebe erstklassige Gerichte zu tollen Preisen servieren.

Oben: Paella
Rechts: Restaurant 7 Portes (S. 120)

RAVELCOLLECTION/ALAMY STOCK PHOTO ©

Lebensmittelmärkte

Barcelona hat einige phantastische Lebensmittelmärkte. Freunde des guten Essens werden begeistert sein vom Mercat de la Boqueria (S. 82), dem wohl besten und größten Markt Spaniens, praktisch gelegen gleich bei der Rambla. Hier gibt es alles Erdenkliche: frisches Obst und Gemüse, frisch gepresste Obstsäfte, Käse, Wurst, Fisch und Backwaren. Und das Beste sind die Tapasbars und Essensstände, wo man frisch und gekonnt zubereitete Speisen probieren kann. Weitere tolle Märkte:

- **Mercat de Sant Antoni** (S. 208)
- **Mercat de Santa Caterina** (S. 100)
- **Mercat del Ninot** (S. 153)
- **Mercat de la Llibertat** (S. 170)
- **Mercat de l'Abaceria Central** (S. 178)

Katalanische Spezialitäten

VORSPEISEN

- **Calçots amb romesco** Süße, saftige Frühlingszwiebeln vom Holzkohlengrill
- **Escalivada** Paprika, Auberginen und Zwiebeln – gegrillt, abgekühlt, geschält, in Streifen, mit einer Sauce aus Olivenöl, Salz und Knoblauch
- **Esqueixada** Salat aus *bacallà/bacalao* (Stockfisch) mit Tomaten, Paprika, Zwiebeln, weißen Bohnen, Oliven, Olivenöl und Essig

HAUPTGERICHTE

- **Arròs a la cassola** Katalanische Paella, ohne Safran zubereitet
- **Arròs negre** Reis in schwarzem Tintenfischsud
- **Bacallà a la llauna** Stockfisch mit Tomaten, Knoblauch, Petersilie, Paprika und Wein gebacken
- **Botifarra amb mongetes** Schweinswurst mit gebackenen weißen Bohnen
- **Cargols/Caracoles** Schnecken, oft mit *conill/conejo* (Kaninchen) und Chili geschmort
- **Fideuà** Wie Paella, aber mit Vermicelli als Basis. Oft wird *allioli* dazu gereicht.
- **Fricandó** Ragout aus Rinder- oder Kalbsfleisch und Gemüse
- **Sarsuela/zarzuela** Meeresfrüchtemix in *sofregit* aus Zwiebeln, Tomaten und Knoblauch
- **Suquet de peix** Fischragout mit Kartoffeln

NACHSPEISEN

- **Crema catalana** Eiercreme mit einer Kruste aus karamellisiertem Zucker
- **Mel i mató** Honig und Frischkäse

Fischauslage im Mercat de la Boqueria (S. 82)

Crema catalana (S. 34)

Top-Tipps

Disfrutar (S. 145) Das avantgardistische Restaurant ist seit seiner Eröffnung in aller Munde.

Kaiku (S. 119) Seine Paellas gehören zu den kreativsten und preiswertesten der Stadt.

Tickets (S. 205) Das gefeierte Restaurant von Albert Adrià mit der besten *nueva cocina española* Barcelonas.

Tapas 24 (S. 147) Carles Abellán kreiert einige der besten Tapas der Stadt.

La Cova Fumada (S. 118) Das nur mittags geöffnete Tapas-Lokal ist ziemlich eng und laut, aber unbedingt einen Besuch wert.

Restaurant 7 Portes (S. 120) Das elegante Restaurant ist für seine köstliche Paella bekannt.

Nach Preiskategorie

€

La Cova Fumada (S. 118) Winziges Lokal in Barceloneta mit delikaten kleinen Speisen.

Bormuth (S. 104) Leckere Tapas in Altstadtambiente.

Can Culleretes (S. 71) Katalanische Klassiker in altehrwürdigen Speisesälen.

€€

Suculent (S. 88) Carles Abelláns Bistro serviert exzellente katalanische Küche.

Casa Delfín (S. 105) Leckeres mediterranes Essen in stimmungsvollem Ambiente.

Kaiku (S. 119) Das Restaurant an der Uferpromenade kocht mit heimischen Zutaten.

€€€

Disfrutar (S. 145) Das Unerwartete erwarten – katalanische Küche in ihrer experimentellsten Ausprägung.

Lasarte (S. 145) Ultimatives Esserlebnis mit drei Michelin-Sternen.

La Barra de Carles Abellan (S. 120) Meeresfrüchte in zahllosen kreativen Zubereitungen.

Tapas

El 58 (S. 122) Lokal unter französischer Leitung an der neuerdings angesagten Rambla del Poblenou.

Quimet i Quimet (S. 202) Leckere Kleinigkeiten, zum Verzehr im Stehen.

Palo Cortao (S. 202) Hervorragende Häppchenteller im betriebsamen Poble Sec.

Bar Pinotxo (S. 86) Legendäres Lokal in der Boqueria.

Tapas 24 (S. 147) Beliebte Gourmet-Tapasbar.

Katalanisch

Vivanda (S. 186) Großartige katalanische Küche in ganzjährig geöffnetem Garten.

La Panxa del Bisbe (S. 173) Kreative Häppchenteller an einer ruhigen Straße in Gràcia.

Cafè de l'Acadèmia (S. 71) Erstklassige Gerichte – immer!

Can Culleretes (S. 71) Das älteste Restaurant der Stadt, mit preiswerter Traditionsküche.

Wie die Einheimischen

Mitja Vida (S. 185) Delikate Tapas und Wermut.

Can Lluís (S. 88) Bei den Katalanen wegen seines preiswerten Tagesmenüs beliebt.

Las Delicias (S. 171) Sonntagmorgen-Klassiker in 1a-Lage für einen Bummel im Park Güell.

La Cova Fumada (S. 118) In dem schäbigen kleinen Lokal mit überragendem Essen muss man sich seinen Tisch erkämpfen.

Architekturjuwele

Els Quatre Gats (S. 73) Feines Interieur in einem Bau, in dem schon Picasso schlemmte.

El Asador de Aranda (S. 186) Schöne Speisesäle im Stil des Modernisme.

Casa Calvet (S. 149) Stilvolles Restaurant in frühem Gaudí-Gebäude.

Enigma (S. 205) Wer eine Reservierung ergattert, erlebt umwerfend modernes Design.

Vegetarisch

Green Spot (S. 120) Speisesaal und Geschirr aus Designerhand.

Aguaribay (S. 123) Erstklassige Mittagsmenüs und abends eine kleine, aber sehr feine Karte.

Cerería (S. 72) Pizzas und Galettes in altmodischem Ambiente.

Flax & Kale (S. 88) Große, bunte Salate – sehr kreativ!

Rasoterra (S. 72) Reizendes luftiges Restaurant im Barri Gòtic.

Cafés

Bar del Convent (S. 106) Superschöner Außenbereich im einstigen Kreuzgang.

Café Godot (S. 173) Freundlich und locker, mit schmackhaften Snacks und Hauptgerichten.

Federal (S. 70) Nervtötend hip, doch das Essen ist ausgezeichnet und der Service freundlich.

La Granja (S. 73) Der beste Kakao der Stadt.

La Nena (S. 171) Kinderfreundliches Café in Gràcia.

Spät abends

Benedict (S. 70) Handfeste Kost und Cocktails in gemütlicher Umgebung.

Cafè de l'Òpera (S. 74) Spätabendlicher Imbiss an der Rambla.

Elisabets (S. 86) Freitags speisen bis 1 Uhr morgens.

Für Fleischesser

Patagonia Beef & Wine (S. 149) Argentinische Steaks für Genießer.

Bilbao (S. 174) Bewährte Anlaufstelle für Steaks und spanische Rotweine.

El Asador de Aranda (S. 186) Lammbraten im Modernisme-Ambiente.

Brunch

Federal (S. 70) Hervorragender Brunch und eine kleine Dachterrasse.

En Aparté (S. 104) Französisches Restaurant mit leckeren Brunchgerichten.

Milk (S. 70) Serviert täglich Brunch bis 16.30 Uhr.

Benedict (S. 70) Tischt außer der namengebenden Spezialität noch weitere Leckereien auf.

Copasetic (S. 142) Café mit Retromobiliar und Wochenend-Brunch.

Schokolade

Granja La Pallaresa (S. 74) Eines von vielen Schokoladencafés am Carrer de Petritxol.

Cacao Sampaka (S. 153) Schokoladen-Dekadenz in einem Geschäft mit Café im Eixample.

Museu de la Xocolata (S. 100) Zuerst die Welt der Schokolade kennenlernen, dann im Café zuschlagen.

Romantisch

La Vinateria del Call (S. 71) Flackernde Kerzen und mittelalterliche Mauern.

Can Recasens (S. 124) Romantisches Lokal mit marktfrischen Speisen in Poblenou.

Pla (S. 73) Gemütliches Ambiente und unvergessliche Mahlzeiten.

IAKOV FILMONOV/SHUTTERSTOCK ©

Plaça Reial (S. 62)

Ausgehen & Nachtleben

Barcelona ist ein Mekka für Nachteulen, mit kerzenbeleuchteten Weinlokalen, altmodischen Kneipen, stilvollen Lounges und glitzernden Nachtclubs, in denen bis zum Morgengrauen gefeiert wird. Ruhiger geht es in den stimmungsvollen Cafés und Teesalons zu – wunderbare Zufluchtsstätten an grauen Tagen.

GUT ZU WISSEN

Öffnungszeiten

- **Bars** Meist von etwa 18 bis 2 Uhr (am Wochenende bis 3 Uhr) geöffnet; viele öffnen aber auch ganztägig.
- **Clubs** Geöffnet Donnerstag bis Samstag von Mitternacht bis 6 Uhr.
- **Strandbars** April bis Ende Oktober von 10 bis ca. 24 Uhr (am Wochenende länger).

Wann gehen?

- In den Bars ist ab 23 oder 24 Uhr etwas los.
- In den Clubs wird es ab ca. 2 Uhr voll.

Preise

Der Eintritt kostet von 0 bis über 20 €. Früher am Abend ist es oft billiger. Inbegriffen ist meistens ein Getränk. Türsteher entscheiden, wer rein darf. Wer mit einer größeren Gruppe unterwegs ist, sollte sich in kleinen Grüppchen anstellen.

Szeneführer

- **Clubbingspain.com** (www.clubbingspain.com)
- **Barcelona Connect** (www.barcelonaconnect.com)
- **Miniguide** (www.miniguide.es)
- **Metropolitan** (www.barcelona-metropolitan.com)
- **enBarcelona** (www.enbarcelona.com)

Getränkeglossar

Kaffee

- *cafe con leche:* halb Kaffee, halb Milch
- *cafe solo:* kleiner Schwarzer, Espresso
- *cortado:* Espresso mit ein wenig Milch

Bier

- *cerveza:* Bier
- *caña:* kleines Bier vom Fass
- *tubo:* großes Bier vom Fass
- *jarra:* Krug Bier
- *quinto:* 200-ml-Flasche
- *tercio:* 300-ml-Flasche
- *clara:* Radler

Wein

- *vino de la casa* – Hauswein

Bars & Lounges

Barcelona verfügt über ein umwerfendes Angebot an Lokalen mit ganz unterschiedlichem Ambiente – kerzenbeschienene, mit Wandgemälden verzierte Gewölbe im mittelalterlichen Viertel, umgebaute Ladenlokale voller Antiquitäten und quirlige Räumlichkeiten im Stil des Modernisme. Aber für die Auswahl einer passenden Bar ist natürlich auch das Publikum ausschlaggebend: Trinkt man lieber zusammen mit Hipstern (Sant Antoni), einem eher unkonventionellen Publikum (El Raval) oder jungen Expats (Gràcia)?

In Barcelona gehören Essen und Trinken zusammen und so manche beliebte Bar serviert außer Drinks auch Tapas.

Wein- & Cava-Bars

Immer mehr Bars der Stadt widmen sich tollen Weinen aus Spanien und anderen Regionen. Weinlokale wie das Monvínic (S. 149) servieren zahlreiche offene Weine, mit besonderem Schwerpunkt auf herausragenden neuen Jahrgängen. Die kleinen Leckereien, die man zum Wein verzehrt, vervollkommnen den Genuss. Vielleicht teilt man sich mit mehreren Personen eine Käse- oder Wurstplatte oder ein paar Tapas.

In Cava-Bars dreht es sich gewöhnlich mehr um das festliche Ambiente als ums Getränk an sich, einen weißen oder Rosé-Schaumwein, der meist aus der katalanischen Region Penedès stammt. In den bekannteren Cava-Bars muss man sich durch die schnatternde Menge drängeln und seinen Drink im Stehen einnehmen. Zwei der angesagtesten Cava-Bars sind El Xampanyet (S. 107) in La Ribera und Can Paixano (S. 125) in Barceloneta.

Drinks mit Aussicht

Barcelona wartet mit einer Handvoll Dachbars und auf Hügeln gelegenen Lokalen auf, von denen sich ein zauberhafter Blick auf die Stadt bietet. Je nach Lage blickt man auf die Dächer der Ciutat Vella (Altstadt), den geschwungenen Strand oder die ganze Stadt mit den Collserola-Bergen und dem Tibidabo im Hintergrund. Die meisten dieser Bars befinden sich auf dem Dach oder in den oberen Etagen der Top-Hotels. Dort sind aber beileibe nicht nur ausländische Besucher anzutreffen: Immer mehr stilbewusste Einwohner der Stadt zieht es in diese Bars und spätabends trifft man sogar überwiegend Einheimische an.

Ausgehen nach Stadtvierteln

Strandbars

Im Sommer eröffnen von Barceloneta bis hinauf zur Platja de la Nova Mar Bella am Strand kleine Bars, *chiringuitos* genannt. Hier kann man mit den Zehen im Sand einen Cocktail schlürfen und den Leuten dabei zuschauen, wie sie sich am tiefblauen Mittelmeer vergnügen. *Chiringuitos* eignen sich außerdem prima für einen Imbiss – besonders die vom Sternekoch Carles Abellán geführte **Guingueta de la Barceloneta** (Karte S. 306; www.carlesabellan.com; Platja de la Barceloneta; Gerichte 6–16 €; ⌚März–Nov. 9–24 Uhr; Ⓜ Barceloneta) und Guingueta del Bogatell (S. 126). In beiden ist das beliebteste Getränk eine erfrischende *cava sangría*.

Clubs

In Barcelonas *discotecas* (Clubs) ist von Donnerstag bis Samstag am meisten los – einige öffnen auch nur an diesen Tagen. In der verwinkelten Altstadt versteckt sich eine überraschend große Bandbreite an Clubs – von plüschigen altmodischen Tanzlokalen bis zu düsteren Kellerclubs, die oft aus allen Nähten platzen.

Am Hafen herrscht ein ganz anderes Treiben: Am Port Olímpic treffen sich sonnenverbrannte Jachtbesitzer, Touristen und ein paar Einheimische zum Tanzen in einem der Clubs, die nebeneinander aufgereiht direkt am Wasser liegen.

Cafés

Die Cafészene Barcelonas ist ungeheuer lebendig und bunt. In den schmalen Gassen des Barri Gòtic finden sich charmante Teesalons, in El Raval Boheme-Lokale, im Eixample Hipsterläden und auf der Rambla Schmuckstücke des Modernisme. Hauptattraktionen sind Kaffee, Tee und vielleicht *xocolata desfeta* (heiße Schokolade), aber die meisten Cafés servieren auch Snacks und einige sogar Bier, Wein und Cocktails.

Top-Tipps

Paradiso (S. 102) Glamouröse Cocktailbar mit Flüsterkneipen-Flair.

Guzzo (S. 106) Zwanglose Bar mit tollen DJs, Livemusik und Tischen auf einem Platz in El Born.

La Caseta del Migdia (S. 206) Stimmungsvolles Freiluftlokal zwischen den Bäumen hoch oben auf dem Montjuïc.

Sor Rita (S. 73) Partystimmung in urigem Ambiente à la Almodóvar.

El Xampanyet (S. 107) Altbewährter Lieblingstreff mit preiswerter *cava rosado* zur Schinkenstulle.

Dry Martini (S. 149) Perfekte Martinis und goldfischglasgroße Gin Tonics in eleganter Bar.

Wein

Viblioteca (S. 175) Für seine Wein- und Käseauswahl bekanntes modernes Lokal.

Perikete (S. 124) Große, quirlige neue Weinbar in Barceloneta.

Monvínic (S. 149) Umwerfende 3000 Weinsorten – da sollte für jeden was dabeisein.

La Vinya del Senyor (S. 106) Ellenlange Weinkarte und Tische im Schatten der Basílica de Santa Maria del Mar.

Bier

BlackLab (S. 124) Kreative Kleinbrauerei in Meernähe.

La Cervecita Nuestra de Cada Día (S. 126) Bierkneipe in Poblenou für echte Gerstensaft-enthusiasten.

Napar BCN (S. 149) Todschicker Rahmen zur Verkostung der vor Ort gebrauten Biere.

Cat Bar (S. 104) Craft-Biere und vegane Burger bilden ein Erfolgsrezept in El Born.

El Drapaire (S. 89) Stimmungsvoller Tapas- und Craft-Bier-Laden in El Raval.

Cocktails

Paradiso (S. 102) Die mondäne Flüsterkneipe versteckt sich hinter einer Kühlschranktür.

Balius (S. 126) Schön gemixte Cocktails in Poblenou.

Elephanta (S. 175) Verweilen bei einem kreativen Mixgetränk.

Dry Martini (S. 149) Fachkundig gemixte Cocktails in edlem Ambiente.

Boadas (S. 74) Eine Institution seit den 1930er-Jahren.

Nostalgieflair

Raïm (S. 175) Altmodische Kneipe mit einem Hauch von Havanna.

Cafè de l'Òpera (S. 74) Versorgt seit Jahrzehnten die Operngäste und andere Passanten.

Bar Marsella (S. 89) Geschichtsträchtige Kneipe von 1820.

Bar Pastís (S. 89) Stimmungsvolle Bar mit französischer Varietémusik im Hintergrund.

Casa Almirall (S. 89) Eine Reise in die 1860er-Jahre in diesem Trinklokal voller Atmosphäre.

Tanzen

Marula Café (S. 74) Muntere Tanzfläche im Barri Gòtic.

Sala Apolo (S. 207) Prächtiger Tanzsaal mit abwechslungsreichem Programm aus Electro, Funk u. a.

Moog (S. 89) Kleiner Club in El Raval mit partyfreudigem Publikum.

Antilla BCN (S. 150) Top-Adresse der Stadt für Salsa-Freunde.

City Hall (S. 150) Legendärer Tanzclub im Eixample.

Szenekneipen

Gran Bodega Saltó (S. 208) Poble-Sec-Ikone mit psychedelischer Deko und buntem Publikum.

Madame George (S. 126) Winzige Bar mit theatralischer Einrichtung und DJs, die gerne Soul auflegen.

El Rouge (S. 207) Bordellhafte Lounge mit sehr interessanter Kundschaft.

Bar Marsella (S. 89) Historische Absinthbar, die schon alles und jeden gesehen hat.

Ausblick

La Caseta del Migdia (S. 206) Großartiges Lokal für einen Sundowner.

Mirablau (S. 189) Unten am Tibidabo liegt einem die ganze Stadt zu Füßen.

La Terrrazza (S. 206) Party unter Palmen im Poble Espanyol.

Martínez (S. 206) Trinken und Speisen mit Ausblick auf dem Montjuïc.

Strandlage

Santa Marta (S. 125) Tische unter freiem Himmel.

CDLC (S. 125) Früh da sein für einen Tisch am Strand und dann bleiben, bis getanzt wird.

Guingueta del Bogatell (S. 126) Am Meer weit entfernt vom Trubel.

Unterhaltung

In Barcelona wimmelt es von Bühnen, auf denen ein buntes Unterhaltungsprogramm geboten wird, vom Underground-Cabaret über die komische Oper bis zum ernsten Drama. Es gibt eine ganze Reihe von Tanzkompanien und beliebte Theatertruppen ziehen, wenn sie nicht gerade durchs restliche Spanien touren, das Publikum in ihren Bann.

Livemusik

Fast alle international bekannten Musiker und Bands treten immer wieder in Barcelona auf, im Razzmatazz (S. 127), Bikini (S. 189), Sala Apolo (S. 207) und im BARTS (S. 207); dazu kommen noch einige gute Konzertsäle mittlerer Größe. Außerdem gibt's natürlich jede Menge Gigs heimischer Künstler z. B. im CaixaForum (S. 197), in der Pedrera (S. 140) und im Ateneu (S. 76).

Klassische Musik & Oper

Barcelona kann stolz sein auf seine schönen Theater, in denen in festlichem Rahmen Konzerte, Opern und anderes stattfinden. Die beiden historischen Bühnen sind das Gran Teatre del Liceu (S. 75) und der Palau de la Música Catalana (S. 107). L'Auditori (S. 127) ist eine moderne Konzerthalle vom Allerfeinsten und Heimat des städtischen Orchesters, des OBC.

Die Hauptsaison für klassische Musik und Oper ist von September bis Juni. Im Hochsommer finden in der ganzen Stadt Freiluftfestivals und -konzerte statt – nähere Infos in der Touristeninformation.

Tanz

Neben diversen guten einheimischen Ensembles für modernen Tanz treten in Barcelona auch international renommierte Truppen auf. Die im Palau de la Virreina (S. 57) ausliegenden Flyer werben für aktuelle Stücke, zusätzlich lohnt auch der Blick in den Veranstaltungskalender. Wer Ballett und andere hochkarätige Produktionen besuchen möchte, muss schauen, ob gerade eine Tanztruppe aus dem Ausland in der Stadt weilt.

FLAMENCO

Gute Darbietungen dieses andalusischen Tanz- und Musikstils sind nicht leicht zu finden. Die wenigen *tablaos* sind touristisch und oft kitschig. Freitag- und samstagabends gibt's Flamenco im Jazz Sí Club (S. 91); bekannte Künstler gastieren zuweilen im Palau de la Música Catalana (S. 107).

Im Mai findet das Festival de Flamenco de Ciutat Vella (ciutatflamenco.com) statt. Von April bis Juli werden im Rahmen des Barcelona Guitar Festival (www.guitarbcn.com) Konzerte veranstaltet.

SARDANA

Die beste Gelegenheit, in Barcelona eine Sardana (Kataloniens nationalen Volkstanz) zu erleben, bietet sich am Sonntag um 12 Uhr und am Samstag um 18 Uhr vor der Kathedrale. Manchmal wird der Tanz auch auf der Plaça de Sant Jaume aufgeführt. Nähere Auskünfte erteilt die **Agrupació Cultural Folklòrica de Barcelona** (☎93 315 14 96; www.acfbarcelona.cat).

Theater

Die meisten Theaterinszenierungen sind auf Katalanisch oder Spanisch; auch körperbetontes Theater, wie es von der Theatergruppe La Fura dels Baus (S. 42) praktiziert wird, ist beliebt. Den Monatsführer *Butxaca* gibt's im Palau de la Virreina (S. 57).

GUT ZU WISSEN

Tickets

- Eintrittskarten *(entradas)* für die meisten Veranstaltungen sind am einfachsten bei Ticketea (www.ticketea.com) oder Ticketmaster (www.ticketmaster.es) zu bekommen. Manchmal werden auf www.atrapalo.com verbilligte Tickets angeboten.

Veranstaltungstipps

- Ausstellungen und andere Veranstaltungen sind unter www.barcelona-metropolitan.com oder www.timeout.cat zu finden, kostenlose Aktivitäten unter www.forfree.cat.
- Das Kulturinformationsbüro des Palau de la Virreina (S. 57) hat jede Menge Infos über Theater, Oper, klassische Musik und mehr.
- Gute Infos zu klassischer Musik gibt's auf www.classictic.com (auf Englisch).

Kino

Filmvorführungen im Freien finden im Sommer im Graben des Castell de Montjuïc (www.salamontjuic.org), am Strand und im Fòrum statt. Ausländische Filme in Originalfassung mit Untertiteln sind in den Kinoprogrammen mit „vo" *(versió original)* gekennzeichnet.

Fußball

Fußball ist für die meisten Menschen in der Stadt eine Art Religion und angebetet wird vor allem der FC Barcelona. Ein weniger bekannter Verein ist der RCD Espanyol. Barça wird traditionell mit Katalonien assoziiert, während Espanyol oft mit den Zuwanderern aus den anderen Landesteilen in Verbindung gebracht wird.

Ein Spiel von Barça im Camp Nou (S. 190) zu sehen, ist ein tolles Erlebnis. Die Spielzeit dauert von September bis Mai; Tickets gibt's auf www.fcbarcelona.com und in der FC Botiga. Wer es nicht zu einem Match schafft: Auch eine Stadionführung mit Besuch des Multimedia-Museums (S. 181) lohnt sich!

Radfahren

Die lange Küstenlinie lädt zum Radeln ein und der vom Straßen- und Fußgängerverkehr getrennte Radweg ermöglicht ein zügiges Vorwärtskommen – außer an Sommerwochenenden.

In der Stadt gibt es über 180 km Radwege, u. a. an wichtigen Straßen wie Passatge de Sant Joan, Carrer del Consell de Cent, Avinguda Diagonal und Ronda de Sant Pau/Carrer del Comte d'Urgell. Mountainbiker zieht es derweil hinauf in den riesigen Parc de Collserola (S. 188) mit langen Trails auf einem bewaldeten Massiv oberhalb der Stadt.

Unterhaltung nach Stadtvierteln

- **La Rambla & Barri Gòtic** (S. 54) Hier warten das Gran Teatre de Liceu und wöchentliche Sardana-Veranstaltungen.
- **El Raval** (S. 80) Gut für Theater, Jazz und – freitag- und samstagabends im Jazz Sí Club – Flamenco.
- **La Ribera** (S. 93) Wo der spektakuläre Palau de la Música Catalana ein vielfältiges Programm bietet.
- **Montjuïc** (S. 192) Mit zwei der besten Pop- und Rockbühnen, der Sala Apolo und dem BARTS.

LA FURA DELS BAUS

Augen auf: Vielleicht gibt Barcelonas exzentrische Theatertruppe La Fura dels Baus (www.lafura.com) gerade irgendwo ein Gastspiel. Sie bietet spektakuläres, oft akrobatisches Chaos-Theater, in das meist auch das Publikum mit einbezogen wird. Die mittlerweile weltbekannte Formation ging aus Barcelonas Straßentheater der späten 1970er-Jahre hervor. Obwohl sich seitdem ihr technisches Können natürlich weiterentwickelt hat und die Darbietungen nun international gefeiert werden, ist die Truppe ihren Wurzeln im spontanen Straßentheater treu geblieben.

Top-Tipps

Palau de la Música Catalana (S. 107) Das glitzernde Juwel des Modernisme, die traditionelle Bühne der Stadt für Klassik und Chormusik, ist ein Fest für die Sinne.

Gran Teatre del Liceu (S. 75) Im eleganten Opernhaus der Stadt vereint sich der Stil des 19. Jhs. mit erstklassiger Akustik.

Filmoteca de Catalunya (S. 90) Das Kulturzentrum in El Raval umfasst ein Filmarchiv, einen Buchladen, ein Café, Büros und Ausstellungsräume.

Livebands

City Hall (S. 152) Perfekter Saal mittlerer Größe für aufstrebende heimische und auswärtige Künstler.

Sala Apolo (S. 207) Gemütliche Sitznischen und warmes rotes Licht verleihen diesem beliebten Konzertsaal etwas ganz Besonderes.

BARTS (S. 207) Ein Livemusik-Neuling – super Sound und ultramoderne Ausstattung.

Bikini (S. 189) Zieht trotz der versteckten Lage hinter einem Einkaufszentrum immer noch Größen der Musikszene an.

Klassische Musik

Palau de la Música Catalana (S. 107) Modernisme-Phantasiebau – die herrliche Ausstattung stiehlt den besten Musikern die Schau.

Gran Teatre del Liceu (S. 75) Eines der prachtvollsten Opernhäuser Europas.

L'Auditori (S. 127) Ultramodernes Konzerthaus mit hauseigenem Orchester.

L'Ateneu (S. 76) Elegante alte Bibliothek, in die eigentlich nur Mitglieder hineinkommen – die gelegentlich stattfindenden Konzerte bilden eine Ausnahme.

Theater

Teatre Nacional de Catalunya (S. 127) Bestes katalanisches Theater in einem klassizistischen Bau.

Teatre Romea (S. 91) Abgedrehte (und bravere) Interpretationen moderner Klassiker.

Sala Beckett (S. 127) Teilweise Aufführungen auf Englisch.

Jazz

Harlem Jazz Club (S. 76) Nicht nur Jazz, sondern auch Funk, Blues, Bossa Nova u.v.m..

Jazz Sí Club (S. 91) Klein, lebendig, eng und immer ein Vergnügen.

Jamboree (S. 76) Gewölbekellerbar, die schon eine Menge erlebt hat.

Flamenco

Jazz Sí Club (S. 91) Winziger Club mit spontanen Sessions und manchmal großartigen Darbietungen.

Tablao Nervión (S. 108) Ein bisschen touristisch, aber besser als die meisten anderen ähnlichen Läden.

Sala Tarantos (S. 76) Gemütliches Kellerlokal, gut für aufstrebende Künstler.

Kino

Verdi (S. 176) Aktuelle Streifen, sowohl Kassenschlager als auch weniger kommerzielle Filme.

Renoir Floridablanca (S. 208) Komfortables, modernes Kino mit einer guten Auswahl aktueller Filme.

Filmoteca de Catalunya (S. 90) Das wichtigste Programmkino der Stadt, mit Filmreihen und sehr günstigen Preisen.

Méliès Cinemes (S. 152) Zeigt jetzt auch ausländische Filme in Originalfassung.

Yelmo Cines Icària (S. 127) Großes Multiplexkino mit den aktuellsten Filmen.

KSL/SHUTTERSTOCK ©

Secondhand-Mode in La Ribera

Shoppen

Barcelona ist ein echtes Einkaufsmekka. In der Ciutat Vella (Barri Gòtic, El Raval und La Ribera), im Eixample und in Gràcia reiht sich ein Laden an den anderen: unzählige Boutiquen, historische Geschäfte, originelle Läden, Gourmettempel, Weinkeller und Designershops. Was immer man möchte, hier findet sich alles, was das Herz begehrt.

Design

Ob Haushaltswaren, Geschenke oder Dekoartikel – man merkt schnell, dass Barcelona ein echtes Designerparadies ist. Und selbst die Souvenirs sind geschmackvoll. Edle Designgeschäfte finden sich v. a. im Eixample und in El Born, kreative Läden eher in El Raval, mit allem von originellen Möbeln bis zu Haushaltswaren mit dem gewissen Extra.

Lauter kleine Läden

Im Barri Gòtic wimmelte es schon immer von kleinen Geschäften, seit Mitte der 1990er-Jahre aber boomt das Viertel. In den Gassen rund um die Plaça de Sant Jaume verstecken sich faszinierende alte Läden, die etwa Hüte oder Kerzen verkaufen. Der einst schäbige Carrer d'Avinyó entwickelte sich zum Zentrum für junge Mode. Am Carrer de la Palla und Carrer dels Banys Nous finden sich viele Antiquitätenläden.

La Ribera ist das Paradies für Feinschmecker. Berühmte alte Geschäfte und verlockende Neueröffnungen bieten Spezialitäten von Kaffee und Schokolade bis zu gerösteten Nüssen. Und inmitten all der wunderbaren Düfte kümmern sich Mode- und Designerläden um die vielen Yuppies im Viertel.

Auch in Gràcia wimmelt es von skurrilen Läden. Besonders lohnend für alles von Kleidung bis Nippes ist der Carrer de Verdi.

El Raval beherbergt einzigartige Geschäfte und Künstler, die ihre eigenen Arbeiten verkaufen – von Mode bis zu Drucken.

Ketten

Spanische Ketten dominieren die Einkaufsstraßen Europas und so sind Zara, Mango, Pull and Bear, Bershka, Massimo Dutti und Zara Home (die übrigens allesamt zum Unternehmen Inditex gehören) natürlich auch in Barcelona vertreten. Erschwingliche stilvolle Damenunterwäsche gibt es bei Oysho und Women's Street und auch internationale Größen wie Primark, Uniqlo und Topshop dürfen nicht fehlen.

Kaufhäuser

Spaniens einzige verbliebene Kaufhauskette ist El Corte Inglés (S. 77) – die riesige Hauptfiliale thront über der Plaça de Catalunya. Hier gibt es alles von Büchern, Musik und Lebensmitteln bis zu Mode, Spielwaren und Elektrogeräten. In der gesamten Stadt sind noch weitere Filialen angesiedelt. Groß ist auch die französische Kette FNAC mit Büchern, CDs, DVDs, Computern und Handys.

Vintage-Mode

Das beste Viertel für Vintage-Mode ist El Raval: Hier verlocken alte Geschäfte und preiswerte Boutiquen, meistens Secondhandläden, zum Stöbern. Hauptgeschäftsstraße ist der Carrer de la Riera Baixa, auf dem von Siebzigerjahre-Utensilien bis zu gebrauchten Armeeklamotten alles zu

GUT ZU WISSEN

Wo gibt's was?

Die Hauptgeschäftsstraßen für edle Mode, Schmuck, Design und Kaufhäuser liegen in einem Bereich von der Plaça de Catalunya entlang dem Passeig de Gràcia, nach links in die Avinguda Diagonal und weiter zur Plaça de la Reina Maria Cristina. Das Gebiet zwischen der Plaça de Francesc Macià und der Plaça de la Reina Maria Cristina ist ein besonders gutes Jagdrevier.

Schlussverkäufe

Der Winterschlussverkauf beginnt direkt nach Reis (6. Jan.) und reicht teils bis weit in den Februar hinein. Der Sommerschlussverkauf fängt im Juli an, bevor alle in den Sommerurlaub verschwinden. In manchen Geschäften dauert der Schlussverkauf bis Ende August.

Öffnungszeiten

- Normalerweise sind die Geschäfte montags bis freitags von 9/10 bis 13.30/14 Uhr und dann wieder von 16/16.30 bis 20/20.30 Uhr geöffnet. Ähnliches gilt auch für den Samstag, allerdings schließen dann einige Geschäfte schon am Nachmittag.
- Die großen Supermärkte, Einkaufszentren und Kaufhäuser wie El Corte Inglés haben montags bis samstags von etwa 10 bis 22 Uhr geöffnet.
- Viele Boutiquen, Designerläden u. Ä. öffnen montags bis samstags von 10 bis 20 Uhr.
- Einige Geschäfte sind auch sonntags und an Feiertagen geöffnet, vermehrt vor wichtigen Ferien.

SHOPPING MALLS

In Barcelona herrscht kein Mangel an Einkaufszentren. Eins der ersten war **L'Illa Diagonal** (S. 190) vom spanischen Stararchitekten Rafael Moneo. Zu den neuesten gehört das **Centre Comercial Diagonal Mar** (S. 129) direkt am Meer.

Weitere Shoppingtempel sind das Centre Comercial de les Glòries (S. 129) in der ehemaligen Olivetti-Fabrik, **Heron City** (☎93 276 50 70; www.heroncitybarcelona.com; Avinguda de Rio de Janeiro 42; ⊙Geschäfte Mo–Sa 9.30–22 Uhr, Kino & Restaurants 7–1 Uhr; Ⓜ Fabra i Puig) an der Avinguda Meridiana, rund 4 km nördlich der Plaça de les Glòries Catalanes, und das **Centre Comercial Gran Via 2** (☎902 30 14 44; www.granvia2.com; Gran Via de les Corts Catalanes 75; ⊙Geschäfte Mo–Sa 9.30–21 Uhr, Restaurants & Kino 9–1 Uhr; 🚆FGC Ildefons Cerdà) in L'Hospitalet de Llobregat.

finden ist. Auf dem Carrer dels Tallers sammeln sich immer mehr Bekleidungs- und Schuhgeschäfte, noch überwiegen aber CD-Läden. Kleine Galerien, Designershops und Kunstbuchläden drängeln sich östlich des MACBA in Richtung der Rambla.

Designerläden

Das Herz des Eixample, durch das der Passeig de Gràcia verläuft, wird Quadrat d'Or (goldenes Viereck) genannt: Ein glitzernder Laden liegt hier neben dem anderen. Und der Passeig de Gràcia liest sich wie das Who's Who der internationalen Marken, ergänzt durch spanische Nobeldesignermarken wie Loewe.

El Born, besonders der Carrer del Rec, bietet in kleinen, schnörkellosen Boutiquen coole Designer wie Isabel Marant, Marni, Chloé und Hoss Intropia. Hier findet man auch Sachen von Modeschöpfern aus der Stadt selbst. Eine tolle Gegend für Leute mit genügend Kleingeld und Zeit zum Stöbern.

Märkte

Die Lebensmittelmärkte der Stadt zählen zu den besten Europas, wie der verführerische Mercat de la Boqueria (S. 82) und der Mercat de Santa Caterina (S. 100). Doch daneben hat jedes Viertel auch noch seinen eigenen Markt.

Mehrere stimmungsvolle Flohmärkte wie Els Encants Vells (S. 127) bieten Gelegenheit zum ausgiebigen Stöbern.

Einkaufsmeilen

Avinguda del Portal de l'Àngel Die breite Fußgängerzone bietet alle möglichen Läden, vom Schuhgeschäft bis zur Buchhandlung. Sie mündet in den Carrer dels Boters und den Carrer de la Portaferrissa, die von Geschäften mit Modeschmuck und junger Mode geprägt sind.

Avinguda Diagonal Auf diesem Boulevard drängeln sich die großen internationalen Modemarken und Designläden, dazwischen gibt's nette Cafés, in denen sich müde Einkäufer ausruhen können.

Carrer d'Avinyó Früher ziemlich verwahrlost, ist der Carrer d'Avinyó heute eine dynamische Straße mit junger Mode.

Carrer de la Riera Baixa Die Straße ist ein Tummelplatz für Läden mit Secondhand-Klamotten.

Carrer del Consell de Cent Zwischen dem Passeig de Gràcia und dem Carrer de Muntaner konzentriert sich die Galerieszene.

Carrer del Petritxol Perfekt für Schokolade und Kunst.

Carrer del Rec Eine weitere Modestraße mit bunten, coolen Boutiquen. Am Carrer del Bonaire und Carrer de l'Esparteria locken Discount-Outlets und originelle einheimische Designer.

Carrer dels Banys Nous Zusammen mit dem nahen Carrer de la Palla ist dies die beste Adresse für Antiquitäten.

Passeig de Gràcia Am führenden Einkaufsboulevard der Stadt liegen die schicken Läden der großen internationalen Designer.

Top-Tipps

Mercat de la Boqueria (S. 82) Einer der buntesten Lebensmittelmärkte Europas.

Vila Viniteca (S. 108) Die ausgezeichnete Weinhandlung ist ein beliebter Treff der Bacchusjünger.

Coquette (S. 109) Einfache, aber schöne Designer-Klamotten für Frauen.

Loisaida (S. 109) Herren- und Damenmode, Antiquitäten und Schallplatten.

Design & Kunsthandwerk

Drap-Art (S. 77) Herrlich schräge recycelte Kunst und Accessoires.

Arlequí Màscares (S. 109) Schöne handgefertigte Masken – bestens geeignet als Mitbringsel.

Fantastik (S. 91) Ein Tempel des Kitsches, mit Kuriositäten aus aller Welt.

Teranyina (S. 92) Das „Spinnennetz" bietet raffiniert designte Stoffe.

Mode

Coquette (S. 109) Originelle Damenbekleidung mit dem gewissen eleganten Etwas.

Holala! Plaza (S. 91) Vintage-Mode liegt voll im Trend, und nirgends gibt's bessere als bei Holala!

Bagués-Masriera (S. 156) Exquisiter Schmuck bei einem alteingesessenen Juwelier.

Custo Barcelona (S. 109) Originelle bunte Klamotten – nichts für Schüchterne!

Loisaida (S. 109) Nette, schicke und leicht retromäßig angehauchte Bekleidung für Männer und Frauen.

Märkte

Mercat de la Boqueria (S. 82) Barcelonas legendäre Markthalle.

Mercat de Santa Caterina (S. 100) Bunte Alternative zur Boqueria, nicht so voll und günstiger.

Els Encants Vells (S. 127) Großer Flohmarkt unter einem nagelneuen Dach.

El Bulevard dels Antiquaris (S. 154) Ein Labyrinth winziger Antiquitätenläden – hier lohnt es sich zu stöbern.

Souvenirs & Geschenke

Born Centre de Cultura i Memòria (S. 100) Der Shop des Ausstellungszentrums bietet geschmackvolle, schön gefertigte Souvenirs und Barcelona-Bücher.

Les Topettes (S. 91) Cremes, Öle, Parfüms und Seifen, die genauso verlockend aussehen, wie sie duften.

Sabater Hermanos (S. 76) Das göttlich duftende Geschäft verkauft handgemachte Seife in hübschen Geschenkschachteln.

MACBA (S. 83) Der Shop im Museum für zeitgenössische Kunst verkauft farbenprächtige und äußerst ansprechende Bücher und Geschenkartikel.

Lebensmittel & Wein

Casa Gispert (S. 108) Geröstete Nüsse aller Art, dazu Schokolade, Kompotte und Olivenöle.

Vila Viniteca (S. 108) Umwerfende Auswahl an Weinen aus Katalonien und anderen Regionen Spaniens, in einer Nebenstraße in El Born.

Formatgeria La Seu (S. 76) Göttliche Käsesorten von kleinen Erzeugern.

Caelum (S. 74) Köstliche von Nonnen gefertigte Süßigkeiten und ein kleiner Teesalon.

Vintage

L'Arca (S. 77) Wundervolle Kleidungsstücke, die oft in Filmen Verwendung finden, im Herzen des Barri Gòtic.

El Bulevard dels Antiquaris (S. 154) Eine urige Mischung von Antiquitätenhändlern.

Els Encants Vells (S. 127) Wunderbar umgebauter Flohmarkt mit alten Haushaltswaren und kitschigem Krimskrams.

Port Antic (S. 128) Origineller Straßenmarkt mit allem Möglichen von altem Spielzeug bis zu winzigen Ölgemälden.

LGBTI in Barcelona

Barcelona hat eine lebendige Schwulen- und Lesbenszene mit einer ausgezeichneten Auswahl an Restaurants, Bars und Clubs in „Gaixample" (aus „gay" und Eixample), dem Viertel fünf bis sechs Häuserblocks südwestlich des Passeig de Gràcia um den Carrer del Consell de Cent herum.

Haltung der Einheimischen

Trotz massiven Widerstands der katholischen Kirche legalisierte Spanien als viertes Land weltweit 2005 die Eheschließung zwischen gleichgeschlechtlichen Paaren. Eine Umfrage kurz vor Verabschiedung des Gesetzes ergab, dass über 60 % der Spanier die Legalisierung befürworteten. Verheiratete homosexuelle Paare dürfen auch Kinder adoptieren.

Generell ist Barcelona recht tolerant und ein schwules oder lesbisches Pärchen Arm in Arm ruft für gewöhnlich kein Stirnrunzeln hervor. Auch Transgenderismus wird immer mehr akzeptiert.

Bars

Wie für eine Stadt dieser Größe zu erwarten ist die Barszene sehr vielfältig, mit stilvollen Cocktailbars, Lederbars, Bear Bars, geselligen Kneipen und Themenbars mit Transvestitenshows und anderen Events.

Clubs

Auch in den Schwulenclubs ist erst ab 2 Uhr morgens richtig was los. Die größeren und bekannteren Clubs wie das Metro (S. 207), einer der Pioniere unter den LGBTI-Clubs in Barcelona, bietet erstklassige DJs, verschiedene Bars, einen Darkroom, Transvestitenshows und mehr. Die meisten Clubs haben nur Donnerstag bis Samstag geöffnet.

Die Lesbenszene

Die Lesbenbarszene ist verglichen mit der Schwulenbarszene etwas dürftig; viele Bars richten sich an ein gemischt schwul-lesbisches Publikum wie auch an Heteros. Ein dezidiert lesbischer Laden ist das Aire (S. 150), das für lesbische Barcelona-Besucherinnen ein Muss darstellt. In einigen Heterobars und -clubs finden manchmal Lesbenpartys statt, angekündigt auf Handzetteln, die in Geschäften und Bars in Gaixample ausliegen.

Besondere Events

Die Schwulen- und Lesbenszene Barcelonas rückt beim jährlichen **Pride Barcelona** (www.pridebarcelona.org; ⏲Ende Juni–Anfang Juli) ins Rampenlicht. Das einwöchige Event Ende Juni umfasst Konzerte, Transvestitenshows, Filmvorführungen, Kunstausstellungen und Tanzpartys im Freien – und jede Menge Schaum. Den Höhepunkt bildet ein festlicher Umzug über den Carrer de Sepúlveda zur Plaça d'Espanya, wo auch die großen Events stattfinden.

Eine wichtige Veranstaltung ist das LGBTI-Filmfestival Fire! (www.cinemalambda.com), das die Casal Lambda (S. 49) im Juni veranstaltet. Anfang Oktober findet das Sitges Film Festival (sitgesfilmfestival.com) statt.

Sitges: Kataloniens LGBTI-Hauptstadt

Barcelona hat eine lebendige Schwulenszene, aber die LGBTI-Hauptstadt Spaniens ist Sitges 35 km südwestlich von Barcelona, ein wichtiges Ziel der internationalen Partyszene. Die dortige LGBTI-Gemeinde spielt eine große Rolle beim wilden Carnaval im Februar/März.

Top-Tipps

Metro (S. 207) Der beste und älteste Schwulenclub der Stadt

Hotel Axel (S. 229) Stilvolles schwules Boutiquehotel im Herzen von Gaixample.

Aire (S. 150) Barcelonas beste Lesbenbar mit tollem Dancefloor.

Unterkünfte

Room Mate Pau (Karte S. 230) Stilvolles, aber erschwingliches Hotel am Rand des Barri Gòtic.

Hotel Axel Designerzimmer, Sauna und Dachpool mitten in Gaixample.

Anakena House (S. 229) Nicht ausdrücklich auf LGBT ausgerichtet, aber in direkter Nähe zum Szene-Geschehen.

LGBTI-Clubs

Arena Madre (S. 151) Strip-tease-Shows und wummernde Beats – hier ist immer was los.

Metro (S. 207) Einer der besten Schwulenclubs der Stadt, mit mehreren Tanzflächen, Dark-rooms und Shows.

Pervert Club (S. 206) Wöchentliche Party mit elektronischen Beats und jungem Publikum.

Relaxte LGBTI-Lokale

Átame (S. 150) Früh am Abend Drinks bei munterem Geplauder, später steigt dann die Stimmung.

La Chapelle (S. 151) Lockerer Laden für Cocktails mit freundlichem Publikum.

Punto BCN (S. 151) Bar auf zwei Ebenen mit einem bunt gemischten Publikum.

Alternative Szene

New Chaps (S. 152) Lederbar mit reichlich erotischem Zündstoff.

Bacon Bear (Karte S. 151) Höhlenartiges Rrefugium für kräftige Kerle und ihre Bewunderer.

La Chapelle (S. 151) Die zwanglose Bar präsentiert ihre kitschig religiöse Deko mit einem Augenzwinkern.

Gemischte Clubs

Arena Classic (S. 151) Für tanzwütiges Partyvolk jedweder Couleur.

La Terrazza (S. 206) Sommerliche Freiluft-Tanzpartys auf dem Montjuïc.

Metro (S. 207) Die All-inclusive-Einlassphilosophie sorgt für einen freundlichen Mix.

LGBTI-freundliche Strände

Platja de la Mar Bella (S. 114) Muntere Strandszene mit FKK-Option am Südende.

Sitges (S. 218) LGBTI-Mekka am Meer, mit dem Zug zu erreichen.

GUT ZU WISSEN

Schwulen-organisationen

Casal Lambda (Karte S. 305; ☎93 319 55 50; www.lambda.cat; Avinguda del Marquès d'Argentera 22; ⌚Mo–Sa 17–21 Uhr; Ⓜ Barceloneta) Schwul-lesbisches Gemeinde-, Kultur- und Infozentrum in La Ribera

Websites

60by80 (www.60by80.com) Sehr gute Website für schwule Reisende. Barcelona findet man unter „Cityguides".

Patroc (www.patroc.com) Der europaweite Schwulenführer hat auch eine Barcelona-Rubrik mit einer nützlichen Auswahl an Hotels, Clubs usw. Besonders gut sind die Veranstaltungstipps.

Tillate (www.tillate.es) Nightlife- und Party-führer für alle spanischen Regionen inklusive Katalonien.

GaySitges (www.gaysitges.com) Eine Seite für die LGBTI-freundliche Küstenstadt.

LGBTI-Shops

Antinous (Karte S. 156) Großer Buchladen mit Café im Eixample.

Cómplices (S. 78) Freundliche Buchhandlung mit gemischtem Sortiment.

Barcelona erkunden

BARCELONAS **HIGHLIGHTS**

Die Stadtviertel im Überblick

❶ La Rambla & Barri Gòtic S. 54

Auf der Rambla, Barcelonas berühmtester Fußgängerzone, herrscht jede Menge Action. Ins Menschengedränge mischen sich Straßenkünstler und -händler, Touristen und Trickbetrüger. Das angrenzende Barri Gòtic strotzt nur so von römischen Ruinen, gotischen Kirchen und urigen Kopfsteinpflastergassen voller Läden und Lokale.

❷ El Raval S. 80

Das einst heruntergekommene Viertel El Raval ist teils noch immer schäbig, hat aber in den vergangenen Jahren dank modernster Museen und Kulturzentren, darunter das von Richard Meier entworfene Museu d'Art Contemporani de Barcelona, eine bemerkenswerte Aufwertung erfahren. Weitere Highlights sind das szenige Nachtleben von El Raval und die kulinarischen Freuden des Mercat de la Boqueria.

❸ La Ribera S. 93

Das mittelalterliche Viertel bietet von allem etwas, von teuren Boutiquen bis zu munteren Tapasbars. Highlights sind das großartige Museu Picasso, die atemberaubende gotische Basílica de Santa Maria del Mar und die phantastische Modernisme-Konzerthalle Palau de la Música Catalana. Die grüne Lunge des Viertels ist der lauschige Parc de la Ciutadella.

❹ Barceloneta & die Uferpromenade S. 111

Der alte Industriehafen hat seit dem Ende des 20. Jhs. eine spektakuläre Wandlung durchgemacht. Heute finden sich hier saubere Strände und Uferbars, elegante Skulpturen, eine 4,5 km lange Uferpromenade und Jachthäfen. Als Tor zum Geschehen dient das ehemalige Fischerviertel Barceloneta mit seinen traditionellen Fischrestaurants.

❺ Sagrada Família & Eixample S. 131

Die elegante, wenn auch verkehrsreiche Stadterweiterung Eixample („äi-scham-ple“ ausgesprochen) strotzt nur so vor Bauten des Modernisme, darunter Gaudís unvollendetes Meisterwerk, die Sagrada Família. Hier gibt es auch erstklassige Restaurants, edle Boutiquen und ein äußerst vielfältiges Nachtleben mit Partylocations für Studenten, edlen Cocktaillounges und der quirligen Schwulenclubszene des „Gaixample“.

❻ Gràcia & Park Güell S. 166

Gràcia war bis in die 1890er-Jahre ein eigenständiges Städtchen und seine engen Gassen und malerischen Plätze verströmen immer noch dörfliches Flair. Altehrwürdige Cafés, Bars und Secondhandläden ziehen ein junges, hippes Publikum an. Auf einem Hügel Richtung Norden erstreckt sich der märchenhafte Park Güell, eines der faszinierendesten Modernisme-Werke Gaudís.

❼ Camp Nou, Pedralbes & Zona Alta S. 179

Einige der heiligsten Stätten der Stadt liegen in dem weitläufigen Gebiet nordwestlich des Eixample. Eine davon ist das beschauliche mittelalterliche Kloster Pedralbes, eine andere ist der Tempel des katalanischen Fußballs, der Camp Nou. Weitere Gründe für einen Abstecher hierher sind der Tibidabo mit Vergnügungspark und tollen Ausblicken, der Parc de Collserola und ein geniales, kinderfreundliches Wissenschaftsmuseum.

❽ Montjuïc, Poble Sec & Sant Antoni S. 192

Der Berg oberhalb des Hafens beherbergt drei der besten Kunstsammlungen der Stadt: Museu Nacional d'Art de Catalunya (MNAC), Fundació Joan Miró und CaixaForum. Weitere Kunstgalerien, Parks und eine imposante Festung vervollständigen die Szenerie. Gleich zu Füßen des Montjuïc liegen die lebhaften Tapasbars und Restaurants von Poble Sec, während das aufstrebende Viertel Sant Antoni ein junges und hippes Publikum anlockt.

La Rambla & Barri Gòtic

Highlights

❶ La Rambla (S. 56) Über die quirligste Straße der Stadt mit ihren lebenden Statuen, Restaurantterrassen, Blumenständen und Flaneuren aus aller Welt bummeln.

❷ Kathedrale (S. 60) Den spektakulären Kreuzgang, die dunklen Kapellen und Winkel des großartigen Meisterwerks der Gotik erkunden.

❸ Museu d'Història de Barcelona (S. 65) Durch die unterirdischen Ruinen des römischen Barcino wandeln.

❹ Museu Frederic Marès (S. 63) Die originellen Sammlungen des Museums bestaunen.

❺ Plaça Reial (S. 62) Eine Verschnaufpause unter den Arkaden dieses malerischen Platzes einlegen.

Details siehe Karte S. 296

Rundgang: La Rambla & Barri Gòtic

Die Rambla (S. 56) ist die bekannteste Flaniermeile Spaniens. Sie bietet ein buntes Spektrum schon auf kurzer Strecke: Blumenstände, historische Bauten, ein Markt, überteuertes Bier und touristischer Ramsch – und Menschen aus aller Herren Länder. Der einstige Fluss und Abwasserkanal am Rand der mittelalterlichen Stadt bildet noch heute die Südwestseite des Barri Gòtic, des ehemaligen Zentrums von Barcelona.

Mit der Erkundung der mittelalterlichen Straßen des Barri Gòtic lassen sich leicht mehrere Tage verbringen. In dem Gewirr enger Gassen und beschaulicher Plätze verstecken sich neben wichtigen Sehenswürdigkeiten reizende Geschäfte, Restaurants, Cafés und Bars. Hier gibt's zwar massenhaft Touristen sowie einige überteuerte Restaurants, um die man einen Bogen machen sollte, aber trotzdem besitzt das Barri Gòtic viel Lokalkolorit.

Unbedingt sehenswert sind die Kathedrale (S. 60) und die römischen Ruinen im Museu d'Història de Barcelona (S. 65). Weiteres Highlight ist ein Päuschen auf einem der vielen Plätze im Barri Gòtic. Die Plaça Reial (S. 62), ein großer, hübscher Platz, ist wohl die bekannteste Adresse zum Essengehen, aber ebenso reizvoll sind die Plaça del Pi und die winzige Plaça de Sant Just.

Abends verwandelt sich das Barri Gòtic in ein Labyrinth aus Bars und Clubs. Die Straßen um die Plaça Reial und die Plaça George Orwell (bekannt als Plaça del Trippy) eignen sich gut für einen Kneipenbummel, aber auch in anderen Ecken des Viertels gibt es genügend Bars.

Lokalkolorit

➡ **Volkstanz** Es sind zwar meist die älteren Semester, die *sardana* tanzen, aber auch immer mehr junge Leute begeistern sich für den katalanischen Tanz. Zu sehen ist er samstags um 18 und sonntags um 12 Uhr vor der Kathedrale (S. 60).

➡ **Treffs** Wer Cocktails und uriges Ambiente mag, geht ins Sor Rita (S. 73). Ein beliebter Treffpunkt ist auch das Saltiero (S. 74).

➡ **Kneipentour** Um die Plaça Reial, die Plaça de George Orwell und in den engen Straßen dazwischen tobt das Nachtlebens des Barri Gòtic, ebenso im Carrer Ample und im Carrer de la Mercè.

Anfahrt

➡ **Metro** Wichtige Haltestellen an oder nahe der Rambla sind Catalunya, Liceu und Drassanes; die Ostseite des Barri Gòtic bedienen Jaume I und Urquinaona.

➡ **Bus** Abfahrt- und Endhaltestelle der Flughafen- und Nachtbusse ist die Plaça de Catalunya.

➡ **Taxi** Am einfachsten an der Rambla und der Plaça de Catalunya zu finden.

Top-Tipp

Am preisgünstigsten ist eine Hauptmahlzeit am Mittag. Viele Restaurants im Barri Gòtic bieten dreigängige Menüs inklusive Wein für 12 bis 15 €.

Gut essen

- La Vinateria del Call (S. 71)
- Cafè de l'Acadèmia (S. 71)
- Pla (S. 73)
- Koy Shunka (S. 73)
- Onofre (S. 72)
- Rasoterra (S. 72)

Mehr dazu S. 70 ➡

Schön ausgehen

- Ocaña (S. 71)
- Sor Rita (S. 73)
- L'Ascensor (S. 73)
- Polaroid (S. 73)

Mehr dazu S. 73 ➡

Historische Schätze

- Temple Romà d'August (S. 62)
- Via Sepulcral Romana (S. 69)
- Sinagoga Major (S. 69)
- Domus de Sant Honorat (S. 68)

HIGHLIGHT
LA RAMBLA

Barcelonas berühmteste Straße ist nicht nur ein Touristenmagnet, sondern auch ein Schaufenster der katalanischen Kultur – mit Kulturzentren, Theatern und faszinierender Architektur. In der Mitte der Rambla verläuft ein breiter Fußgängerboulevard, auf dem sich täglich Menschen aller Gesellschaftsschichten drängen. Ein Bummel hier, wo Souvenirverkäufer, Straßenmusiker, Pflastermaler, Pantomimen und lebende Statuen zur stets wechselnden Straßenszenerie gehören, grenzt an Reizüberflutung.

Geschichte

Ihren Namen verdankt die Rambla (von Arabisch *ramla*, sandiges Flussbett) dem Fluss, der einst hier verlief. Ab dem frühen Mittelalter wurde er Cagalell (Kotfluss) genannt und lag bis zum 14. Jh. außerhalb der Stadtmauer. Schließlich wurden hier Klostergebäude und vom 16. bis zum frühen 19. Jh. Villen für Wohlhabende gebaut. Inoffiziell ist die Rambla in fünf Abschnitte unterteilt. Das erklärt auch, warum viele Einheimische von Las Ramblas sprechen.

NICHT VERSÄUMEN

- Palau de la Virreina
- Centre d'Art Santa Mònica
- Església de Betlem
- Palau Moja
- Mosaïc de Miró

PRAKTISCH & KONKRET

- Karte S. 296, C5
- Ⓜ Catalunya, Liceu, Drassanes

La Rambla de Canaletes

Der Abschnitt der Rambla nördlich der Plaça de Catalunya ist nach der **Font de Canaletes** (Karte S. 296; La Rambla; Ⓜ Catalunya) benannt, einem unscheinbaren Trinkbrunnen, der um die Wende vom 19. zum 20. Jh. errichtet wurde. Gespeist wird er angeblich von dem Wasser, das man einst die Quellen der Canaletes nannte. Früher galt als echter *barcelonin*, wer das Wasser von Les Canaletes trank. Heute heißt es, dass jeder, der Wasser aus diesem Brunnen trinkt, nach Barcelona zurückkehrt – es gibt Schlimmeres! Außerdem ist der Brunnen der traditionelle Treffpunkt aller Fans des FC Barcelona, die hier ausgelassen gewonnene Meisterschaften und Pokale feiern.

La Rambla dels Estudis

An der Rambla dels Estudis, die sich vom Carrer de la Canuda Richtung Süden bis zum Carrer de la Portaferrissa zieht, gab es 150 Jahre lang einen Vogelmarkt, der jedoch 2010 geschlossen wurde.

Església de Betlem

Die **Kirche** (Karte S. 296; ☎ 93 318 38 23; www.mdbetlem.net; Carrer d'en Xuclà 2; ⌚ 8.30–13.30 & 18–21 Uhr; Ⓜ Liceu) unmittelbar nördlich des Carrer del Carme ist eine von den Jesuiten erbaute Barockkirche, die Ende des 17. und Anfang des 18. Jhs. eine 1671 niedergebrannte Vorgängerkirche ersetzte. Feuer ist offenbar das Schicksal dieses Gotteshauses: Einst zählte es zu den großartigsten Zeugnissen der in Barcelona raren Barockarchitektur, doch Linksradikale steckten die Kirche 1936 in Brand.

Palau Moja

Der klassizistische **Palau Moja** (Karte S. 296; ☎ 93 316 27 40; https://palaumoja.com; Carrer de Portaferrissa 1; ⌚ 10–21 Uhr, Café Mo–Fr 9.30–24, Sa & So 11–21 Uhr; Ⓜ Liceu) GRATIS an der Ostseite der Rambla stammt aus der zweiten Hälfte des 18. Jhs. Seine klaren klassischen Linien lassen sich von der gegenüberliegenden Straßenseite aus am besten bewundern. Hier sind überwiegend Regierungsämter untergebracht, aber dank eines großen Geschenkeladens und Cafés ist das Gebäude dennoch zugänglich.

La Rambla de Sant Josep

Die nach einem heute nicht mehr existierenden Kloster benannte Rambla de Sant Josep (Carrer de la Portaferrissa bis Plaça de la Boqueria) ist von Blumenständen gesäumt; ihnen verdankt der Abschnitt seinen Zweitnamen La Rambla de les Flors. Hier befindet sich auch das frivole Museu de l'Eròtica (S. 68).

Mosaïc de Miró

An der Plaça de la Boqueria, nördlich der Metrostation Liceu, kann man über einen Miró spazieren: ein buntes **Mosaik** (Karte S. 296; Plaça de la Boqueria; Ⓜ Liceu) im Bürgersteig, auf dem eine Kachel die Signatur des Künstlers trägt. Miró wählte die Stelle, da sie sich in der Nähe seines Geburtshauses im Passatge del Crèdit befindet. Miró-Fans erkennen an den kräftigen Farben und Kreiseln sofort seinen Stil, viele Touristen schlendern jedoch aus Unwissenheit achtlos über das Mosaik.

Palau de la Virreina

Der **Palau de la Virreina** (Karte S. 296; La Rambla 99; Ⓜ Liceu) ist eine prachtvolle Rokokovilla aus dem 18. Jh. mit einigen klassizistischen Elementen. Heute ist hier das **Centre de la Imatge** (Karte S. 296; ☎ 93 316 10 00; www.ajuntament.barcelona.cat/lavirreina; Palau de la Virreina; ⌚ Di–So 12–20 Uhr; Ⓜ Liceu) GRATIS mit wechselnden Fotoausstellungen untergebracht. Direkt südlich des Palau befindet sich in El Raval der Mercat de la Boqueria (S. 82), einer der größten Lebensmittelmärkte Europas.

La Rambla dels Caputxins

Die Rambla dels Caputxins zwischen Plaça de la Boqueria und Carrer dels Escudellers ist nach einem ehemaligen Kloster benannt. Namensgeber des Carrer dels Escudellers war die Töpferzunft, die sich im 13. Jh. zusammenschloss und deren Mitglieder hier lebten und arbeiteten. An der Westseite der Rambla steht das Gran Teatre del Liceu (S. 62); Richtung Südosten befindet sich der Zugang zur Plaça Reial (S. 62). Ab hier wird die Rambla schäbiger, denn hier residieren einige Stripteaselokale und Peepshows.

La Rambla de Santa Mònica

Der letzte Abschnitt endet vor dem Mirador de Colom (S. 116), hinter dem sich der Port Vell erstreckt. Benannt ist dieses Teilstück nach dem ehemaligen Convento de Santa Mònica an der Westseite der Straße. Das Kloster wurde in das **Centre d'Art Santa Mònica** (Karte S. 296; ☎ 93 567 11 10; http://artssantamonica.gencat.cat; La Rambla 7; ⌚ Di–Sa 11–21, So 11–17 Uhr; Ⓜ Drassanes) GRATIS umgewandelt, ein Kulturzentrum, in dem vorwiegend moderne Multimedia-Installationen gezeigt werden.

BÜRGERKRIEG

Während des Spanischen Bürgerkriegs begaben sich viele Autoren und Journalisten nach Barcelona, darunter auch der britische Schriftsteller George Orwell. Er beschrieb in seinem Buch *Mein Katalonien* anschaulich die Rambla, auf der in den ersten Tagen des Kriegs die Revolution tobte.

RÖMISCHE NEKROPOLE

Auf der Plaça de la Vila de Madrid, einen Block östlich der Rambla dels Estudis über den Carrer de la Canuda, befindet sich ein Senkgarten, in dem römische Gräber in der einstigen Via Sepulcral Romana freigelegt wurden.

La Rambla

GESCHICHTE

Wer hinter die lebenden Statuen und Restaurants voller Touristen schaut, wird ein faszinierendes Stück Stadtgeschichte entdecken, das viele Jahrhunderte zurückreicht.

13. Jh. Ein periodischer Fluss (*ramla* auf Arabisch) verläuft außerhalb der Stadtmauern. Später wird der Fluss zu einem offenen Abwasserkanal innerhalb der Stadtgrenzen, bis er schließlich unter die Erde verlegt wird.

1500–1800 In dieser frühen Phase ist die Rambla von diversen Kirchen und Klöstern gesäumt, eine davon ist die **1 Església de Betlem**, die Anfang des 18. Jhs. fertiggestellt wird

1835 In der Stadt tobt der Antiklerikalismus, es gibt Ausschreitungen und Klöster werden niedergebrannt. An der Rambla werden viele kirchliche Güter zerstört oder konfisziert. Dadurch wird der Weg für neue Entwicklungen geebnet. 1840 entsteht der **2 Mercat de la**

Teatre Poliorama
Erbaut 1894 als Sitz der Königlichen Akademie der Wissenschaften und Künste, diente der Bau später als Kino und während des Bürgerkriegs als Wachposten für eine kommunistische Gruppe.

KIEV.VICTOR/SHUTTERSTOCK ©

Església de Betlem
Diese letzte der einst zahlreichen Kirchen an der Rambla ist der Heiligen Familie gewidmet. Ihr ehemals prächtiges Interieur ging während des Spanischen Bürgerkriegs in Flammen auf.

Mercat de la Boqueria
Der offizielle Name des meistfotografierten Markts in Barcelona ist El Mercat de Sant Josep, ein Verweis auf das Kloster Sant Josep, das einst hier stand.

ALE ARGENTIERI/SHUTTERSTOCK ©

TONO BALAGUER/SHUTTERSTOCK ©

Gran Teatre del Liceu
Das Opernhaus, 1994 bei einem Brand schwer beschädigt, wurde restauriert und 1999 wiedereröffnet. Es gehört zu den schönsten Theatern Europas.

Boqueria, 1847 das **3 Gran Teatre del Liceu** und 1848 die **4 Plaça Reial**.

1883 Architekt Josep Vilaseca möbelt die **5 Casa Bruno Cuadros** auf. Während die Architektur des Modernisme die Stadt prägt, schafft Vilaseca einen eklektischen Bau und verwendet Buntglas, Schmiedeeisen, ägyptische Motive und japanische Drucke.

1888 Barcelona richtet die Weltausstellung aus. Die Stadt wird einer umfangreichen Erneuerungskur unterzogen: Die Rambla erhält die erste elektrische Beleuchtung und der **6 Mirador de Colom** wird gebaut.

1936–1939 Die Rambla wird während des Spanischen Bürgerkriegs Schauplatz blutiger Straßenkämpfe. Der britische Journalist und Autor George Orwell, der sich während der Kämpfe drei Tage lang im **7 Teatre Poliorama** versteckt, beschreibt die turbulenten Tage später in seinem Buch *Mein Katalonien*.

2017 Bei einem Terroranschlag mit einem Lieferwagen kommen 14 Personen ums Leben.

Casa Bruno Cuadros
Schirme und ein chinesischer Drache an der Fassade warben für die Waren, die man hier kaufen konnte. Einheimische nennen den Bau auch Casa dels Paraigües (Haus der Regenschirme).

JOAN BAUTISTA/SHUTTERSTOCK ©

NITO/ SHUTTERSTOCK ©

Plaça Reial
Gleich neben der Rambla liegt einer der hübschesten Plätze Barcelonas, mit Caféterrassen, Palmen, einem plätschernden Brunnen und ungewöhnlichen, vom jungen Gaudí entworfenen Laternenmasten.

Mirador de Colom
Das Kolumbusdenkmal am südlichen Ende der Rambla wurde 1888 anlässlich der Weltausstellung errichtet. Der 60 m hohe Ausguck bietet einen herrlichen Blick.

A. ALEKSANDRAVICIUS/SHUTTERSTOCK ©

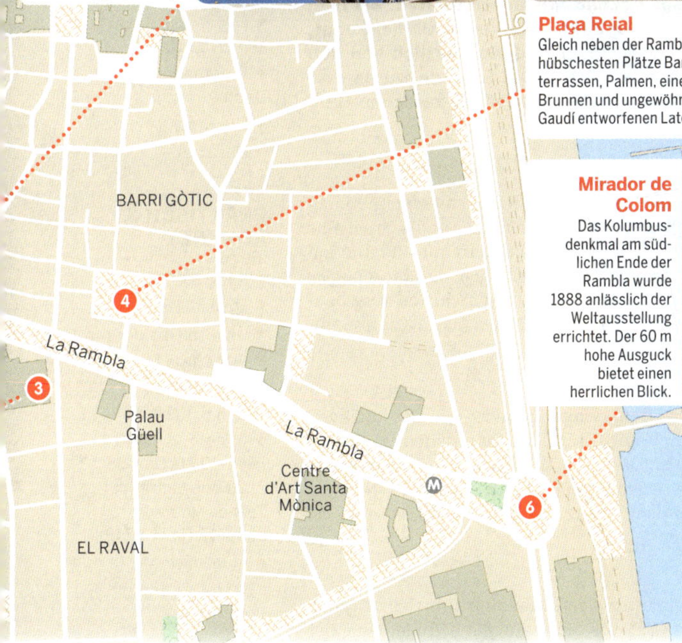

HIGHLIGHT
KATHEDRALE

Barcelonas Kathedrale bietet einen atemberaubenden Anblick. Durch die reich verzierte Hauptfassade mit ihren Wasserspeiern und Steinmetzarbeiten, wie man sie sonst von der nordeuropäischen Gotik her kennt, unterscheidet sich die Kathedrale deutlich von den anderen Kirchen der Stadt. Die Fassade wurde erst 1870 angefügt, das restliche Gebäude zwischen 1298 und 1460 errichtet.

Das Innere

Das Kircheninnere ist ein hoher Raum mit einem breiten Mittelschiff und zwei Seitenschiffen, die jeweils durch eine Reihe eleganter, schlanker Säulen abgetrennt sind. Die Kathedrale gehört zu den wenigen Kirchen, die während des Spanischen Bürgerkriegs von den Anarchisten verschont blieben. Daher ist die schlichte Innenausstattung so unversehrt.

Coro

In der Mitte des Hauptschiffs befindet sich der kunstvoll geschnitzte *coro* (Chorgestühl) aus dem späten 14. Jh. Auf dem Gestühl sind u. a. die Wappen der barcelonischen Mitglieder des Ordens vom Goldenen Vlies zu sehen, die hier 1519 unter dem Vorsitz von Kaiser Karl V. (Carlos V.) zusammentraten.

Krypta

Eine breite Treppe vor dem Hauptaltar führt zur Krypta, in der sich das Grab von Santa Eulàlia befindet, eine der zwei Schutzheiligen Barcelonas und liebevoll Laia genannt. Die Reliefs auf dem Alabastersarkophag zeigen die Folterungen, die sie über sich ergehen lassen musste; auf dem oberen

NICHT VERSÄUMEN

- Der *claustre* mit seinen 13 Gänsen
- Die Ausblicke vom Dach
- Die Krypta
- Der *coro*

PRAKTISCH & KONKRET

- Karte S. 296, D3
- ☎93 342 82 62
- www.catedralbcn.org
- Plaça de la Seu
- „Spendeneintritt" 7 €, Chor 3 €, Dach 3 €
- ⌚Mo–Fr 8–12.45 & 17.45–19.30, Sa & So 8–20 Uhr, Eintritt mit Spende Mo 13–17.30, Sa 13–17, So 14–17 Uhr
- Ⓜ Jaume I

Reliefband ist die Verlegung ihres Leichnams zu ihrer heutigen Ruhestätte zu sehen.

Das Dach

Wer das mittelalterliche Barcelona von oben sehen möchte, sollte bei der Capella de les Animes del Purgatori beim nordöstlichen Querschiff den Aufzug nehmen (3 €) und auf das Dach der Kathedrale fahren.

Claustre

Vom südwestlichen Querschiff führt ein teilweise romanisches Portal (eines der wenigen Relikte der alten Bausubstanz) in den begrünten *claustre* (Kreuzgang) mit einem Brunnen und 13 Gänsen. Die Zahl der Gänse entspricht angeblich dem Alter, in dem Santa Eulàlia als Märtyrerin starb. Gänse wurden hier schon im Mittelalter gehalten. Eine der Kapellen im Kreuzgang erinnert an 930 Priester, Mönche und Nonnen, die während des Spanischen Bürgerkriegs umkamen. In der Nordwestecke des Kreuzgangs befindet sich die überwiegend gotisch ausgestaltete Capella de Santa Llúcia (S. 65), eines der seltenen intakten Zeugnisse des romanischen Barcelona.

Casa de l'Ardiaca

Auf der anderen Straßenseite von der Capella de Santa Llúcia liegt die Casa de l'Ardiaca (S. 68) aus dem 16. Jh., in der heute das Stadtarchiv untergebracht ist. Der Patio, in dem Bäume und ein Springbrunnen für Kühlung sorgen, ist außerordentlich beschaulich; das Gebäude wurde 1902 von Lluis Domènech i Montaner renoviert, als es im Besitz der Anwaltskammer war. Domènech i Montaner entwarf auch den Briefkasten, der mit Schwalben und einer Schildkröte verziert ist; sie sollen die Schnelligkeit der Wahrheit und das schwerfällige Tempo der Gerechtigkeit repräsentieren. Auch einige Überreste der römischen Stadtmauer sind hier zu sehen. Von oben hat man einen schönen Blick in den Innenhof und zur Kathedrale.

Palau Episcopal

Auf der anderen Seite des Carrer del Bisbe liegt der Palau Episcopal (S. 65) aus dem 17. Jh. Vom Bauwerk aus dem 13. Jh. ist praktisch nichts erhalten. In der Römerzeit stand hier das Nordwesttor der Stadt. Die unteren Teile der beiden römischen Türme, die beidseitig des Tors standen, sind noch an der Basis des Palau Episcopal und an der Casa de l'Ardiaca zu sehen. Tatsächlich ist der untere Abschnitt der gesamten nordwestlichen Mauer der Casa de l'Ardiaca römischen Ursprungs – es lassen sich auch noch Segmente des ersten Bogens eines römischen Aquädukts ausmachen.

SANT CRIST DE LEPANT

In der ersten Kapelle rechts vom Nordwestportal befindet sich über dem Altar die Kreuzigungsfigur Sant Crist de Lepant. Don Juan de Austria soll diese Figur auf seinem Flaggschiff mit in die Schlacht bei Lepanto genommen haben. Dass dieser Christus ganz verdreht am Kreuz hängt, liegt der Legende nach daran, dass er einer Kanonenkugel ausweichen musste. Links vom Haupteingang steht das Taufbecken, mit dessen Wasser der Überlieferung zufolge sechs nordamerikanische Indianer getauft wurden, die Kolumbus von seiner ersten Reise mitgebracht hatte.

BESICHTIGUNG DER KATHEDRALE

Vormittags und am späten Nachmittag ist der Eintritt frei. Für Chor oder Dach wird jedoch Eintritt verlangt. Wer mehr sehen will, sollte sich die Extraausgabe für den sogenannten „Spendeneintritt" gönnen, der Zugang zum Kirchenschiff, Kreuzgang, Dach, Chor, Kapitelsaal und zur Kapelle des Sant Crist de Lepant verschafft.

SEHENSWERTES

LA RAMBLA — STRASSE
Siehe S. 56

KATHEDRALE — KATHEDRALE
Siehe S. 60

PLAÇA DEL REI — PLATZ
Karte S. 296 (Königsplatz; Ⓜ Jaume I) Die malerische Plaça del Rei soll jener Platz gewesen sein, auf dem Ferdinand und Isabella Kolumbus nach seiner ersten Seereise in die Neue Welt empfangen haben. Er ist der Vorplatz des ehemaligen Palau Reial Major. Im Palast befindet sich heute ein großartiges Geschichtsmuseum (S. 65) mit bedeutenden römischen Ruinen im Untergeschoss.

PLAÇA REIAL — PLATZ
Karte S. 296 (Ⓜ Liceu) Die Plaça Reial ist einer der fotogensten Plätze der Stadt und zweifellos auch der lebhafteste. Zahlreiche Restaurants, Bars und Nachtlokale verbergen sich unter den Arkaden klassizistischer Gebäude aus dem 19. Jh. – hier ist immer was los. Der Platz wurde an einer Stelle angelegt, an der früher ein Kloster stand; es war eines von mehreren entlang der Rambla (wo sich zahlreiche kirchliche Einrichtungen befanden), das nach der landesweiten Enteignung von Kirchenbesitz zerstört wurde. Die Laternenpfähle am Springbrunnen in der Platzmitte sind Antoni Gaudís erste bekannte Arbeiten in der Stadt.

PALAU DE LA GENERALITAT — HISTORISCHES GEBÄUDE
Karte S. 296 (http://presidencia.gencat.cat; Plaça de Sant Jaume; ⏲ 2. & 4. Wochenende im Monat; Ⓜ Jaume I) Der im frühen 15. Jh. erbaute Palau de la Generalitat ist nur sehr eingeschränkt öffentlich zugänglich, nämlich auf einstündigen Führungen am zweiten und vierten Wochenende des Monats und an Tagen der offenen Tür. Der eindrucksvollste Festsaal ist der nach dem Schutzpatron der Region benannte Saló de Sant Jordi (St.-Georgs-Saal). Die Anmeldung für eine Besichtigung ist über die Website möglich.

Marc Safont entwarf den ursprünglichen gotischen Haupteingang im Carrer del Bisbe. Der heutige Haupteingang an der Plaça de Sant Jaume stammt aus der Spätrenaissance und weist klassizistische Einschlag auf. Wer abends einen Blick durch die Fenster des Saló de Sant Jordi wirft, gewinnt einen Eindruck von der Pracht der Inneneinrichtung.

Der Eingang ist normalerweise im Carrer de Sant Sever. Die ersten Räume haben niedrige Gewölbedecken. Dort führt eine Treppe hinauf zu einem Innenhof, dem Pati dels Tarongers, einer schlichten, gotischen Orangerie, die einmal im Monat für eine Vorführung des Glockenspiels des Palastes geöffnet wird. Die Sala Daurada i de Sessions aus dem 16. Jh., einer der an den Hof grenzenden Räume, ist ein prachtvoller Sitzungssaal mit riesigen Kronleuchtern. Noch prächtiger ist der Saló de Sant Jordi im Renaissancestil, der seine Wandbilder im letzten Jahrhundert erhielt – hier finden viele glanzvolle Empfänge statt. Schließlich geht es die Treppe im gotischen Pati Central hinab zum ursprünglichen Hauptausgang des Gebäudes.

TEMPLE D'AUGUST — RUINE
Karte S. 296 (☎ 93 256 21 22; www.muhba.cat; Carrer del Paradis 10; ⏲ Di–Sa 10–19, So bis 20, Mo bis 14 Uhr; Ⓜ Jaume I) GRATIS Gegenüber der südöstlichen Ecke der Kathedrale führt der schmale Carrer del Paradis zur Plaça de Sant Jaume. Das Haus Nummer 10 – ein faszinierendes Bauwerk mit gotischen und barocken Elementen – beherbergt vier Säulen und einen Architrav des römischen Haupttempels Barcelonas, der im 1. Jh. n. Chr. zu Ehren und zur Anbetung von Kaiser Augustus erbaut wurde. Es steht auf dem Mont Tàber, dem höchsten Punkt des römischen Barcino (ganze 16,9 m über dem Meeresspiegel, also keine Gefahr von Höhenkrankheit). Die Tür ist oft auch außerhalb der angegebenen Öffnungszeiten unverschlossen.

GRAN TEATRE DEL LICEU — ARCHITEKTUR
Karte S. 296 (☎ 93 485 99 00; www.liceubarcelona.cat; La Rambla 51-59; Führungen Erw./erm./Kind unter 7 J. 45 Min. 9/7,50 €/frei, 25 Min. 6/5 €/frei; ⏲ 45-min. Führung stündl. Mo–Fr 14–18, Sa ab 9.30 Uhr, 25-min. Führung Mo–Sa 13.30 Uhr; Ⓜ Liceu) Wer keine Karten für die Oper ergattern konnte, kann sich immerhin ein wenig in einem der großartigsten Opernhäuser Europas umsehen, das hier kurz „Liceu" genannt wird. Es ist kleiner als die Mailänder Scala, aber größer als Venedigs La Fenice und bietet in seinem prächtigen Zuschauerraum bis zu 2300 Personen Platz.

In dem 1847 erbauten Opernhaus begann die Karriere katalanischer Stars wie José Carreras und Montserrat Caballé. Ein Großbrand zerstörte das Haus 1994, die Stadtverwaltung sorgte jedoch für einen

HIGHLIGHT MUSEU FREDERIC MARÈS

In diesem riesigen mittelalterlichen Komplex, einst Teil des Königspalasts, befindet sich eine der wildesten Sammlungen historischer Kuriositäten. Wie das ziemlich abgenutzte Wappen an der Mauer zeigt, hatte hier eine Zeit lang die spanische Inquisition ihren Sitz.

Frederic Marès i Deulovol (1893–1991) war ein wohlhabender Bildhauer, Weltenbummler und besessener Sammler. Sein Spezialgebiet waren mittelalterliche spanische Skulpturen, von denen unzählige im Untergeschoss, im Erdgeschoss und im 1. Stock ausgestellt sind – u. a. einige wundervoll bemalte Holzkruzifixe und Statuen der Jungfrau Maria. Ein echter Blickfang ist die Rekonstruktion einer vierbogigen romanischen Eingangstür aus dem 13. Jh., die aus einer Dorfkirche in der aragonischen Provinz Huesca stammt.

Die beiden oberen Stockwerke umfassen das „Sammlerkabinett", ein umwerfendes Sammelsurium mittelalterlicher Waffen, schön geschnitzter Pfeifen, feiner Damenfächer, komplizierter Blumenbilder aus Muscheln, Daguerreotypien und Fotografien aus dem 19. Jh. Ein Raum, der Marès einst als Arbeitszimmer und Bibliothek diente, ist vollgestopft mit Skulpturen.

NICHT VERSÄUMEN

- Das Sammlerkabinett
- Skulpturen im 1. Stock
- Marès' Arbeitszimmer
- Café im Innenhof

PRAKTISCH & KONKRET

- Karte S. 296, D3
- ☎ 93 256 35 00
- www.museumares.bcn.cat
- Plaça de Sant Iu 5
- Erw./erm./Kind 4,20/2,40 €/frei, So 15–20 Uhr & 1. So des Monats frei
- ⌚ Di–Sa 10–19, So 11–20 Uhr
- Ⓜ Jaume I

raschen Wiederaufbau. Der Zuschauerraum aus dem 19. Jh. wurde behutsam instand gesetzt und modernste Theatertechnik eingebaut. So konnte schon im Oktober 1999 der Spielbetrieb wieder aufgenommen werden.

Angeboten werden 25-minütige Führungen durch die wichtigsten öffentlichen Bereiche, aber auch längere Führungen. Die 45-minütige Tour führt durch das große Foyer mit seinen mächtigen Säulen und kostbaren Kronleuchtern und dann die Marmortreppe hinauf zum Saló dels Miralls (Spiegelsaal), in dem sich die Besucher traditionell während der Pause aufhielten. Foyer und Spiegelsaal überstanden den Brand von 1994 unversehrt. Der Saló dels Miralls mit seinen Spiegeln, Deckenfresken, kannelierten Säulen und erhabenen Sprüchen zur Kultur verströmt eine typisch neubarocke Opulenz, die den Besuchern des 19. Jhs. entsprach. Zum Schluss geht es hinauf in den 4. Rang, von dem aus sich der ganze Saal überblicken lässt.

Im Rahmen der Führung wird auch der Cercle del Liceu besucht, wo eine Sammlung von Werken des Modernisme – darunter einige von Ramon Casas – zu sehen ist. Es besteht außerdem die Möglichkeit, Sonderführungen zu buchen. Eine davon gleicht der obigen Führung, schließt aber zusätzlich ein halbstündiges Konzert im Saló dels Miralls ein. Auf einer anderen Führung lernen die Teilnehmer das Innenleben der Bühne und die Werkstätten kennen.

BASÍLICA DE SANTA MARIA DEL PI — KIRCHE

Karte S. 296 (☎ 93 318 47 43; www.basilicadelpi.com; Plaça del Pi; Erw./erm./Kind unter 7 J. 4/3 €/frei; ⌚ 10–18 Uhr; Ⓜ Liceu) Die auffällige Kirche aus dem 14. Jh. ist ein klassisches Beispiel der katalanischen Gotik, mit imposanter Fassade und einem weiten, einschiffigen Innenraum. Die Schlichtheit des Kirchenschiffs kontrastiert mit den vergoldeten Kapellen und den herrlich gearbeiteten Buntglasfenstern, die das Kircheninnere in ätherisches Licht tauchen. Die beeindruckende Fensterrose über dem Hauptportal zählt zu den größten der Welt. Manchmal finden in der Kirche Konzerte statt (klassische Gitarre, Chor- und Kammermusik).

Die dritte Kapelle auf der linken Seite ist Sant Josep Oriol geweiht, der hier 1687 bis 1702 Gemeindepfarrer war und 1909 heiliggesprochen wurde. In der Kapelle zeigt eine Karte die Plätze in der Kirche, an denen er seine Wunder vollbracht haben soll. Eine Legende erzählt, einem Fischer sei im 10. Jh. die Jungfrau Maria in einer Pinie *(pi)* erschienen, als er diesen Baum für den Bau seines Bootes fällen wollte. Beeindruckt von der Vision, ließ er den Baum stehen und errichtete daneben eine kleine Kapelle – die später durch den gotischen Kirchenbau ersetzt wurde. Noch heute wächst auf dem Platz vor der Kirche eine Pinie. Montags bis freitags um 12 und 13 Uhr sowie samstags und sonntags um 12, 13 und 16 Uhr werden Führungen angeboten, die auch die Glockentürme einschließen (8,50 €).

PLAÇA DE SANT JAUME — PLATZ

Karte S. 296 (Ⓜ Liceu, Jaume I) Seit sich die Römer vor gut 2000 Jahren hier niederließen, steht die Gegend um diesen häufig umgestalteten Platz, der einst das römische Forum war, im Mittelpunkt des Gemeindelebens. Auch heute noch dient er als Kulisse für Barcelonas traditionelle Feste. An seiner Nordseite erhebt sich der Palau de la Generalitat (S. 62), der Sitz der katalanischen Regierung, und gegenüber an der Südseite der Ajuntament (Rathaus). Hinter dem Rathaus ist das unansehnliche Bürogebäude der Stadtverwaltung zu sehen, das in den 1970er-Jahren an der Plaça de Sant Miquel errichtet wurde. Gegenüber, an der Ecke zur Baixada de Sant Miquel, steht ein seltenes Schmuckstück aus dem 15. Jh., der Palau Centelles (S. 67). Falls das Tor geöffnet ist, lohnt ein Blick in den schönen Innenhof mit seinen Elementen aus Gotik und Renaissance.

AJUNTAMENT — ARCHITEKTUR

Karte S. 296 (Casa de la Ciutat; ☎93 402 70 00; www.bcn.cat; Plaça de Sant Jaume; ⏱So 10.30–13.30 Uhr; Ⓜ Jaume I) GRATIS Im Ajuntament, auch bekannt als Casa de la Ciutat, residieren seit Jahrhunderten die Stadtverordneten. Schon im 14. Jh. tagte hier der Consell de Cent (Rat der Hundert), der Stadtrat. Doch das Bauwerk wurde im Lauf der Jahrhunderte leider oft umgebaut. Nur der ursprüngliche, nicht mehr genutzte Eingang im Carrer de la Ciutat besitzt noch gotische Ornamente.

Die klassizistische Hauptfassade aus dem 19. Jh. am Platz ist ein reizloses Gegenstück des Palau de la Generalitat gegenüber. Im Saló de Cent des Gebäudes tagte einst der Rat der Stadt. Das weite Deckengewölbe ist reinste katalanische Gotik und der *artesonado* (hölzerne Decke im Mudéjar-Stil mit ineinander verschachtelten Balken, die Platz für Dekorationen lassen) ist ein Prachtstück. Vieles, was heute zu sehen ist, datiert tatsächlich aus relativ jüngerer Zeit. Das Gebäude wurde 1842 durch einen Beschuss schwer beschädigt, in der Folgezeit wiederholt repariert und mehr schlecht als recht verändert. Das hölzerne neugotische Gestühl und der herrliche *retablo* (Altaraufsatz) aus Alabaster stammen aus dem frühen 20. Jh. Rechts vom Saló de Cent liegt der kleine, 1860 gebaute Saló de la Reina Regente, in dem heutzutage der Stadtrat tagt. Links befindet sich der Saló de les Croniques. Die Wandbilder dort erzählen von den Großtaten des aufstrebenden katalanischen Reichs in Griechenland und im Nahen Osten.

CAPELLA REIAL DE SANTA ÀGATA — KIRCHE

Karte S. 296 (MUHBA, Plaça del Rei; ⏱Di–Sa 10–19, Mo bis 14, So bis 20 Uhr; Ⓜ Jaume I) Die Capella Reial de Santa Àgata aus dem 14. Jh. ist die Hofkapelle des Palau Reial Major (Großer Königspalast) und Teil des Museu d'Història de Barcelona (S. 65). An der Nordostseite der Plaça del Rei ragt ein schlanker Glockenturm empor. Innen ist die Kapelle bis auf das Altarbild aus dem 15. Jh. und die prächtige *techumbre* (ausgeschmückte Holzdecke) völlig kahl. Das Altarbild gilt als eines der schönsten erhaltenen Werke von Jaume Huguet.

MONTAGS GEÖFFNET

Viele Sehenswürdigkeiten haben montags geschlossen, aber es gibt auch etliche Ausnahmen, darunter die folgenden:

- **Gran Teatre del Liceu** (S. 62)
- **Kathedrale** (S. 60)
- **Museu de Cera** (S. 69)
- **Museu de l'Eròtica** (S. 68)
- **Sinagoga Major** (S. 69)

HIGHLIGHT
MUSEU D'HISTÒRIA DE BARCELONA

Eines der faszinierendsten Museen der Stadt führt die Besucher durch die Jahrhunderte zurück zu den Anfängen des römischen Barcino. Sie wandeln durch die weitläufigen Ruinen der Stadt, die nach ihrer Gründung unter Kaiser Augustus ca. 10 v. Chr. erblühte. Ebenso eindrucksvoll ist der Standort des Museums im ehemaligen Palau Reial Major (Großer Königspalast) an der Plaça del Rei (Königsplatz, der ehemalige Vorhof des Palastes), einer der wichtigsten Stätten mittelalterlicher Fürstenmacht in Barcelona.

Ein spektakulärer Spaziergang unter der Erde erschließt auf einem etwa 4 km² großen Areal Ausgrabungen aus der römischen und westgotischen Zeit Barcelonas. Vorbei am Modell eines typischen römischen *domus* (Herrenhauses) geht es zu den Resten einer öffentlichen Wäscherei. Dann passiert man Färbereien, ein öffentliches Kaltwasserbad und Läden, in denen *garum* (eine Fischsauce, die im gesamten Römischen Reich beliebt war) hergestellt wurde, außerdem eine Kirche des 6. Jhs. sowie Weinkellereien.

Befestigungswälle führen anschließend an den Überresten des geschlossenen Innenhofs eines römischen Hauses vorbei nach oben zum mittelalterlichen Palau Episcopal (Bischofspalast) und in zwei große Hallen mit Gewölbedecken, in denen Ausstellungen zum mittelalterlichen Barcelona gezeigt werden. Den Abschluss bildet der Saló del Tinell, der Bankettsaal des Königspalastes und ein schönes Beispiel katalanischer Gotik (1359–1370 erbaut). Hier lauschte das Königspaar Ferdinand und Isabella Kolumbus' ersten Berichten aus der Neuen Welt.

NICHT VERSÄUMEN

- Öffentliche Wäscherei
- Weinkellereien
- Saló del Tinell
- Ausstellungen zum mittelalterlichen Barcelona

PRAKTISCH & KONKRET

- MUHBA
- Karte S. 296, E3
- ☎93 256 21 00
- www.museuhistoria.bcn.cat
- Plaça del Rei
- Erw./erm./Kind 7/5 €/frei, So 15–20 Uhr & 1. So im Monat frei
- ⏲Di–Sa 10–19, Mo bis 14, So bis 20 Uhr
- Ⓜ Jaume I

HASH, MARIHUANA & HEMP MUSEUM — MUSEUM

Karte S. 296 (☎93 319 75 39; www.hashmuseum.com; Carrer Ample 35; Erw./Kind unter 13 J. 9 €/frei; ⏲10–22 Uhr; Ⓜ Jaume I) Die Eröffnung des weltgrößten Cannabis-Museums sorgte 2012 für viel Furore. Sogar Virgin-Gründer Richard Branson war bei der Eröffnung zugegen. Das im wunderschön restaurierten Palau Mornau aus dem 16. Jh. untergebrachte Museum befasst sich mit der Bedeutung der Hanfpflanze im Wandel der Geschichte. Zu sehen sind u. a. Cannabis-Apothekerflaschen aus dem 19. Jh., Filmplakate und verschiedene Hanferzeugnisse.

PALAU EPISCOPAL — HISTORISCHES GEBÄUDE

Karte S. 296 (Palau del Bisbat, Bischofspalast; Carrer del Bisbe; Ⓜ Jaume I) Auf der anderen Seite des Carrer del Bisbe steht der Palau Episcopal aus dem 17. Jh. Vom ursprünglichen Bauwerk aus dem 13. Jh. ist praktisch nichts mehr erhalten. Hier stand einst das Nordwesttor der römischen Stadt. Die unteren Teile der römischen Türme, die das Tor flankierten, sind noch am Fundament des Palau Episcopal und der Casa de L'Ardiaca (S. 68) zu sehen.

CAPELLA DE SANTA LLÚCIA — KIRCHE

Karte S. 296 (Plaça de la Seu; ⏲Mo–Fr 8–19.30, Sa & So bis 20 Uhr; Ⓜ Jaume I) GRATIS Die Kapelle ist eine der wenigen Erinnerungen an die romanische Epoche Barcelonas, allerdings ist der Innenraum weitgehend gotisch. Sie steht an der Nordwestecke des *claustre* (Kreuzgang) in der Kathedrale, war aber ursprünglich die Kapelle des angrenzenden Bischofspalastes.

Spaziergang
Versteckte Schätze im Barri Gòtic

START KATHEDRALE **ZIEL** PLAÇA DEL REI
LÄNGE/DAUER 1,5 KM; 1½ STUNDEN

Der schöne Rundgang durch das Barri Gòtic ist eine Zeitreise von den frühen Tagen des römischen Barcino bis zum Mittelalter.

Vor dem Betreten der Kathedrale lohnt ein Blick auf die 1 **drei Picasso-Friese** im typischen Stil des Meisters an einem Gebäude am Platz. Beim Rundgang durch die 2 **Kathedrale** (S. 60) darf der Kreuzgang mit seinen 13 Gänsen nicht fehlen. Danach geht's durch die ehemaligen Tore der alten befestigten Stadt und rechts zur 3 **Plaça de Sant Felip Neri**. Die Mauern der alten Kirche wurden 1938 durch Bomben von Franco-Anhängern beschädigt. Die Spuren sind noch heute zu sehen. Eine Tafel erinnert an die Opfer (meist Kinder).

Nach dem Verlassen des Platzes geht's rechts in eine enge Gasse mit einer kleinen 4 **Statue der Santa Eulàlia**, einer der Schutzheiligen Barcelonas, die den Märtyrertod starb. Weiter Richtung Westen steht die hohe 5 **Església de Sant Maria del Pi** (S. 63) aus dem 14. Jh., die für ihre prächtige Fensterrose bekannt ist. Der Weg führt weiter über die kurvige Straße hinab zur 6 **Plaça Reial** (S. 62), einem der hübschesten Plätze der Stadt. Am Brunnen stehen von Antoni Gaudí entworfene Lampen.

Dann geht's zum Carrer de la Boqueria und nach links in den Carrer de Sant Domènec del Call, der ins El Call hineinführt, das Herz des jüdischen Viertels bis zum Pogrom von 1391. Die 7 **Sinagoga Major** (S. 69), eine der ältesten Synagogen Europas, wurde 1996 entdeckt. Jenseits der Plaça de Sant Jaume zweigt links der Carrer del Bisbe ab, wo sich kurz darauf der Eingang zu den Resten eines 8 **römischen Tempels** befindet, dessen vier Säulen sich in einem kleinen Hof verbergen.

Letzte Station ist die 9 **Plaça del Rei** (S. 62), ein malerischer Platz, an dem Ferdinand und Isabella Kolumbus nach dessen erster Fahrt in die Neue Welt empfingen. Der ehemalige Palast ist heute ein Geschichtsmuseum mit bedeutenden römischen Ruinen.

PALAU CENTELLES ARCHITEKTUR

Karte S. 296 (Baixada de Sant Miquel 8; Ⓜ Jaume I) Der Palau Centelles an der Ecke der Baixada de Sant Miquel ist ein seltenes Juwel aus dem 15. Jh. Wenn die Tore geöffnet sind, kann man den schönen Innenhof mit Stilelementen der Gotik und Renaissance betreten.

PLAÇA DE SANT JOSEP ORIOL PLATZ

Karte S. 296 (Ⓜ Liceu) Der kleine Platz an der majestätischen Basílica de Santa Maria del Pi (S. 63) ist einer der hübschesten des Barri Gòtic. Seine Bars und Cafés locken Straßenmusiker und sonstige Künstler an, die für eine lebhafte Atmosphäre sorgen. Ringsum befinden sich malerische Straßen mit weiteren einladenden Cafés, Restaurants und Läden.

ESGLÉSIA DE LA MERCÈ KIRCHE

Karte S. 296 (☎ 93 315 27 56; www.basilicadelamerce.cat; Plaça de la Mercè 1; ⊙ Mo, Di, Do, Fr & So 10–20, Mi & Sa 10–13 & 18–20 Uhr; Ⓜ Drassanes) Die Barockkirche, die in den 1760er-Jahren auf dem Platz ihrer gotischen Vorgängerin errichtet wurde, ist der wichtigsten Stadtheiligen geweiht. Sie wurde im Spanischen Bürgerkrieg stark beschädigt. Die Überreste sind jedoch ein ziemliches Kuriosum: Die barocke Fassade zum Platz hin steht in Kontrast zur Renaissancefassade am Carrer Ample. Wer die Stufen hinter dem Altar erklimmt, kann sich die Statue der Jungfrau Maria, nach der die Kirche benannt ist, aus der Nähe anschauen; die Statue stammt von 1361.

ESGLÉSIA DE SANTS JUST I PASTOR KIRCHE

Karte S. 296 (☎ 93 301 74 33; www.basilicasantjust.cat; Plaça de Sant Just; ⊙ Mo & Mi–Sa 11–14 & 17–21, So 10–13 Uhr; Ⓜ Jaume I) Die etwas verwahrloste einschiffige Kirche mit Kapellen beiderseits der Strebepfeiler wurde 1342 im katalanisch-gotischen Stil an der Stelle erbaut, wo die älteste Gemeindekirche von Barcelona gestanden haben soll. Im Inneren leuchten einige schöne Buntglasfenster. Vor der Kirche steht auf einem hübschen kleinen Platz der angeblich älteste gotische Brunnen der Stadt. Der Platz diente 2006 als Set (ein stinkender Pariser Marktplatz) für die Verfilmung von Patrick Süskinds Roman *Das Parfum*.

Am Morgen des 11. September 1924 wurde Antoni Gaudí festgenommen, als er die Kirche zu einer Messe betreten wollte. Damals – unter der Diktatur von General Primo de Rivera – reichte schon eine Kleinigkeit, um die Obrigkeit zu verärgern. Bei Gaudí war es seine Weigerung, mit den Beamten der Guardia Civil Spanisch zu sprechen, die ihn für den größten Teil des Tages in einer Gefängniszelle schmoren ließen, bis ihn ein Freund gegen Kaution auslöste. Führungen finden von Montag bis Samstag statt (5 €, inkl. Glockenturm 10 €).

RÖMISCHE MAUERN

Von der Plaça del Rei lohnt sich ein Abstecher Richtung Nordosten zu den beiden am besten erhaltenen Abschnitten der **römischen Stadtmauer** (Karte S. 296; Ⓜ Jaume I), die einst über 78 Türme verfügte – eine Frage des Prestiges ebenso wie der Verteidigung. Das eine Mauerstück ist auf der Südseite der Plaça Ramon de Berenguer Gran zu sehen, mit der Capella Reial de Santa Àgata (S. 64) oben. Der Platz selbst wird von einer Statue des Grafen und Königs Ramon de Berenguer Gran von Josep Llimona aus dem Jahr 1880 beherrscht. Das andere Mauerstück ist ein bisschen weiter südlich am nördlichen Ende des Carrer del Sots-Tinent Navarro. Die Römer bauten und verstärkten diese Mauern im 3. und 4. Jh. nach den ersten Angriffen germanischer Stämme aus dem Norden.

PALAU DEL LLOCTINENT HISTORISCHE STÄTTE

Karte S. 296 (Carrer dels Comtes; ⊙ Mo–Sa 10–14 & 16–20 Uhr; Ⓜ Jaume I) GRATIS Der umgebaute Palast aus dem 16. Jh. verfügt über einen friedvollen Innenhof, der einen Blick lohnt. Besucher sollten auch auf der Haupttreppe den Blick nach oben richten, um den außergewöhnlichen *artesonado* zu bewundern, eine getäfelte Holzdecke, die wie ein umgedrehter Schiffsrumpf aussieht. Im Palast werden oft auch Wechselausstellungen gezeigt, die in irgendeiner Form einen Bezug zum Archiv haben. Der *palau* (Palast) an der Plaça del Rei wurde um 1550 als Residenz des spanischen *lloctinent* (des Vizekönigs) für Katalonien erbaut und später in ein Kloster umgewandelt. Seit 1853 beherbergt der Bau das Arxiu de la Corona d'Aragón, ein einzigartiges Archiv mit Dokumenten zur Geschichte der Krone von Aragón und Katalonien vom 12. bis ins 20. Jh.

CASA DE L'ARDIACA HISTORISCHES GEBÄUDE

Karte S. 296 (Arxiu Històric; Carrer de Santa Llúcia 1; ⌚Sept.–Juni Mo–Fr 9–20.45, Sa 10–20 Uhr, Juli & Aug. 9–19.30 Uhr; Ⓜ Jaume I) GRATIS In der Casa de l'Ardiaca (Erzdiakonshaus) aus dem 16. Jh. gegenüber der Capella de Santa Llúcia ist das Stadtarchiv untergebracht. Der herrlich beschauliche Innenhof, in dem Bäume und ein Brunnen für Kühlung sorgen, wurde 1902 von Lluis Domènech i Montaner renoviert, als das Gebäude noch der Anwaltskammer gehörte. Domènech i Montaner hat auch den Briefschlitz entworfen, der mit Schwalben und einer Schildkröte verziert ist; sie sollen die Schnelligkeit der Wahrheit und den schwerfälligen Gang der Justiz symbolisieren. Hier ist auch ein Stück massiver römischer Mauer zu sehen. Vom oberen Stock schweift der Blick über den Innenhof bis hin zur Kathedrale.

DOMUS DE SANT HONORAT ARCHÄOLOGISCHE STÄTTE

Karte S. 296 (☎93 256 21 00; www.museuhistoria.bcn.cat; Carrer de la Fruita 2; Erw./erm./Kind 2/1,50 €/frei, 1. So im Monat frei; ⌚So 10–14 Uhr; Ⓜ Jaume I) Die Überreste eines römischen *domus* (Stadthauses) wurden freigelegt und der Öffentlichkeit zugänglich gemacht. Das Haus (und die Reste von drei kleinen Läden) steht in der Nähe des römischen Forums und wurde von wohlhabenden Bürgern bewohnt. Die Überreste vermitteln einen Eindruck vom römischen Alltag. Zudem enthält die Ausgrabungsstätte auch sechs mittelalterliche Getreidesilos. Sie stammen aus der Zeit, als sich hier das jüdische Viertel El Call befand. Die gesamte Stätte befindet sich in der Casa Morell, die Mitte des 19. Jhs. erbaut wurde. So bekommen die Besucher an einem Ort einen kleinen Einblick in drei ganz unterschiedliche Perioden der Stadtgeschichte Barcelonas.

MUSEU DE L'ERÒTICA MUSEUM

Karte S. 296 (Erotikmuseum; ☎93 318 98 65; www.erotica-museum.com; La Rambla 96; 10 €; ⌚10–24 Uhr; Ⓜ Liceu) Anhand von historischen Zeugnissen wie indischen Flachreliefs, die verschiedene Aspekte tantrischer Liebe zeigen, Holzschnitten des 18. Jhs. von Positionen des Kamasutra, japanischen pornografischen Darstellungen aus Porzellan und erotischen afrikanischen Schnitzereien kann man sich hier über die Lasterhaftigkeit seit Menschengedenken informieren. Doch ungeachtet des Themas gibt sich das Ganze recht zugeknöpft und ist trotz des Freigetränks den hohen Eintrittspreis eher nicht wert.

EL CALL

Eines der schönsten Gebiete für einen Altstadtbummel ist **El Call** (sprich: „kai"), das mittelalterliche jüdische Viertel, das bis zu einem Pogrom im 14. Jh. bestand. Heute verbergen sich in den engen Gassen einige Überraschungen wie eine in den 1990er-Jahren ans Tageslicht beförderte Synagoge und die Überreste eines Frauenbadehauses im Keller des Cafés Caelum (S. 74). Einige der ungewöhnlichsten Geschäfte der Altstadt, die u. a. exquisite Antiquitäten, handgemachte Lederwaren und sogar koscheren Wein verkaufen, befinden sich hier. Am Abend sind die gut versteckten Restaurants und kerzenbeschienenen Bars und Cafés lohnende Adressen.

El Call – das Wort stammt wahrscheinlich vom hebräischen *kahal* („Gemeinde") – ist nicht ganz leicht zu finden: Es ist ein winziges Gebiet in etwa zwischen Carrer del Call, Carrer dels Banys Nous, Baixada de Santa Eulalia und Carrer de Sant Honorat.

Nach dem blutigen Pogrom von 1391 lebten in der Stadt noch einige wenige jüdische Familien, aber mit der anschließenden Vertreibung aller Juden aus Spanien im 15. Jh. endete die Präsenz der Juden in Barcelona. Der Call Menor erstreckte sich jenseits des heutigen Carrer de Ferran bis hin zur Baixada de Sant Miquel und dem Carrer d'en Rauric. Wo sich heute die Església de Sant Jaume am Carrer de Ferran erhebt, stand einst eine Synagoge.

Schon vor dem Pogrom von 1391 waren die Juden ungeliebte Bürger ihrer Stadt. Wie in vielen mittelalterlichen Städten mussten sie auch in Barcelona ein spezielles Erkennungszeichen tragen und durften ihr Ghetto auch dann nicht vergrößern, als die Bevölkerungszahl in El Call stieg (damals lebten bis zu 4000 Menschen in den winzigen Gässchen von El Call Major).

COL·LEGI DE ARQUITECTES ARCHITEKTUR

Karte S. 296 (Architektenkammer; Ⓜ Jaume I) GRATIS Gegenüber der Kathedrale, auf der anderen Seite der Plaça Nova, fallen an der Fassade des Col·legi de Arquitectes Kritzeleien auf, die wie Kinderzeichnungen aussehen. Aber weit gefehlt: Die Darstellung mediterraner Feste ist eine Arbeit von Picasso aus dem Jahr 1962. Bei der Enthüllung wurde das Werk allerdings von der örtlichen Presse ziemlich verspottet.

SINAGOGA MAJOR SYNAGOGE

Karte S. 296 (☎93 317 07 90; www.calldebarcelona.org; Carrer de Marlet 5; Erw./Kind unter 11 J. 2,50 €/frei; ⌚April–Sept. Mo–Fr 10.30–18.30, Sa & So bis 14.30 Uhr, Okt.–März Mo–Fr 11–17.30, Sa & So bis 15 Uhr; Ⓜ Liceu) Als ein argentinischer Investor ein heruntergekommenes Elektrogeschäft kaufte, um es zur x-ten Bar in Barcelona umzugestalten, konnte er nicht ahnen, dass er dort auf die Reste der vermutlich wichtigsten mittelalterlichen Synagoge der Stadt stoßen würde (manche Historiker bezweifeln dies jedoch). Ein Führer erläutert die mutmaßliche Bedeutung der Stätte in verschiedenen Sprachen.

Das kleine Gewölbe, das Besucher von der Straße her betreten, enthält Fragmente mittelalterlicher und römischer Mauern. Auch die Reste der Bottiche einer Gerberei aus dem 15. Jh. sind zu sehen. Der zweite, von Grund auf renovierte Raum wird als Synagoge genutzt. Da der Rest einer spätrömischen Mauer gen Jerusalem ausgerichtet ist, ziehen manche den Rückschluss, dass hier bereits in römischer Zeit eine Synagoge gestanden haben muss. Im Mittelalter gab es in der Stadt vier Synagogen, nach dem Pogrom von 1391 wurde die Sinagoga Major (sofern es sich wirklich um diese handelt) christianisiert, indem eine Statue des hl. Dominik auf das Gebäude gestellt wurde.

EL CALL HISTORISCHE STÄTTE

Karte S. 296 (☎93 256 21 22; www.museuhistoria.bcn.cat; Placeta de Manuel Ribé; Erw./erm./Kind 2,20/1,50 €/frei, So 15–19 Uhr & 1. So im Monat frei; ⌚Mo. Mi & Fr 11–14, Sa & So bis 19 Uhr; Ⓜ Jaume I, Liceu) Im 14. Jh. war es das Haus des jüdischen Webers Jucef Bonhiac, heute ist es ein kleines Museum über die Geschichte des jüdischen Viertels in Barcelona, El Call. Verglaste Abschnitte im Erdgeschoss geben den Blick frei auf die früheren Brunnen und Lager des Webers Bonhiac. Das Haus, auch Casa de l'Alquimista (Haus des Alchimisten) genannt, enthält eine kleine Sammlung jüdischer Artefakte, darunter Keramikgegenstände, die bei Ausgrabungen im Gebiet von El Call entdeckt wurden, sowie Erläuterungen und Stadtpläne des ehemaligen jüdischen Viertels.

MUSEU DIOCESÀ/ GAUDÍ EXHIBITION CENTER MUSEUM

Karte S. 296 (Casa de la Pia Almoina; ☎93 315 22 13; www.gaudiexhibitioncenter.com; Plaça de la Seu 7; Erw./erm./Kind unter 8 J. 15/12 €/frei; ⌚Nov.–Feb. 10–18 Uhr, März–Okt. bis 20 Uhr; Ⓜ Jaume I) Das Diözesanmuseum neben der Kathedrale zeigt in den oberen Stockwerken einige Exponate zu Gaudí sowie einen faszinierenden Dokumentarfilm über sein Leben und seine Philosophie. Außerdem gibt's hier eine kleine Sammlung mittelalterlicher und romanischer sakraler Kunst, gewöhnlich ergänzt um ein oder zwei Wechselausstellungen. Das Gebäude selbst birgt einige Überreste von Barcelonas römischer Stadtmauer und Elemente aus dem 11. Jh., als es als Armenhaus diente, sowie aus dem 15. Jh., als es als kirchliche Residenz genutzt wurde.

MUSEU DE CERA MUSEUM

Karte S. 296 (☎93 317 26 49; www.museocerabcn.com; Passatge de la Banca 7; Erw./erm./Kind unter 5 J. 15/9 €/frei; ⌚Juli–Sept. 10–22 Uhr, Okt.–Juni Mo–Fr 10–13.30 & 16–19.30, Sa & So 11–14 & 16.30–20.30 Uhr; Ⓜ Drassanes) In dem Gebäude aus dem 19. Jh. sind Wachsfiguren von Frankenstein, Che Guevara, Lady Diana und vielen spanischen Persönlichkeiten (die wahrscheinlich kein Besucher kennt) ausgestellt. Es ist unfreiwillig komisch und kostet für oft schlecht gemachte Darstellungen viel zu viel Eintritt. Kleine Kinder sind jedoch meist begeistert.

VIA SEPULCRAL ROMANA ARCHÄOLOGISCHE STÄTTE

Karte S. 296 (☎93 256 21 22; www.muhba.cat; Plaça de la Vila de Madrid; Erw./erm./Kind 2/1,50 €/frei; ⌚Di & Do 11–14, Sa & So bis 19 Uhr; Ⓜ Catalunya) Am Carrer de la Canuda, einen Block östlich des oberen Endes der Rambla, sind in einem Senkgarten freigelegte römische Grabstätten und steinerne Sarkophage zu sehen. Daneben erläutert eine kleine Ausstellung auf Spanisch und Katalanisch römische Beerdigungsriten und -bräuche. Auch ein paar Töpferwaren, darunter eine Bestattungsamphore mit dem Skelett eines dreijährigen römischen Kindes, werden gezeigt. Das Friedhofsgelände erstreckt sich zu beiden Seiten der Straße, die in nordwestlicher Richtung aus Barcino – Barcelonas römischem Vorgänger – hinausführte. Da die römischen Gesetze Bestattungen innerhalb der Stadtgrenzen verboten, wurden verstorbene Bürger stets an den Ausfallstraßen beerdigt.

ESSEN

FEDERAL
CAFÉ €

Karte S. 296 (☎93 280 81 71; www.federalcafe.es; Passatge de la Pau 11; Hauptgerichte 7–10 €; ⏲Mo–Do 9–23, Fr & Sa bis 23.30, So 9–17 Uhr; 📶; Ⓜ Drassanes) Der Industrieschick, ein Meer von geöffneten MacBooks und der Stapel Designzeitschriften sollten nicht abschrecken – diese Filiale des Poble Sec Federal ist unglaublich freundlich und hat gesundes, herzhaftes und preiswertes Essen. Zur Wahl stehen z. B. ein Salat (mit pochiertem Ei oder Hähnchenstreifen) oder ein gelbes Curry und als Dessert ein saftiges Stück Möhrenkuchen.

LA PLATA
TAPAS €

Karte S. 296 (☎93 315 10 09; www.barlaplata.com; Carrer de la Mercè 28; Tapas 2,50–5 €; ⏲Mo–Sa 9–15.30 & 18.30–23.30 Uhr; Ⓜ Jaume I) Das versteckt in einer schmalen Gasse gelegene La Plata ist eine bescheidene, aber beliebte Bodega mit nur drei Gerichten: *pescadito frito* (kleine gebratene Sardinen), *butifarra* (Wurst) und Tomatensalat. Dazu gibt's sehr erschwinglichen und trinkbaren Wein (1,10 € pro Glas) – und fertig ist ein tolles Tapaslokal.

MILK
INTERNATIONAL €

Karte S. 296 (☎93 268 09 22; www.milkbarcelona.com; Carrer d'en Gignàs 21; Hauptgerichte 9–12 €; ⏲Do–Mo 9–2, Fr & Sa bis 3 Uhr; 📶; Ⓜ Jaume I) Das von Iren geführte Milk ist zwar auch als Cocktailbar bekannt, seine Hauptaufgabe besteht jedoch darin, nach durchfeierten Nächten für einen stärkenden Brunch (bis 16.30 Uhr) zu sorgen. Hier kann man in einem gemütlichen Lounge-Ambiente mit Mustertapeten, gerahmten Drucken und Kissen auf den Sitzen (und ohne gleißendes Sonnenlicht) den Kater mit Pfannkuchen, Eiern Benedikt und anderen geeigneten Speisen bekämpfen. Die Musikauswahl ist ebenfalls beachtlich.

BENEDICT
BRUNCH €

Karte S. 296 (☎93 250 75 11; www.benedictbcn.com; Carrer d'en Gignás 23; Hauptgerichte 10–11 €; ⏲Mo 9–16, Di–Fr 9–16 & 19–2, Sa & So 9–2.30 Uhr; 📶; Ⓜ Jaume I) Wie der Name schon vermuten lässt, steht Brunch an erster Stelle im netten kleinen Benedict. Im Angebot sind Eier in jeder erdenklichen Zubereitungsart sowie englisches Frühstück mit allem Drum und Dran. Es gibt auch hausgemachte Burger und Club-Sandwiches, am Abend dann verschiedene Tapas sowie Zwiebelringe, gebackenen Camembert, Hühnerflügel und andere amerikanische Klassiker.

TALLER DE TAPAS
KATALANISCH €

Karte S. 296 (☎93 301 80 20; www.tallerdetapas.com; Plaça de Sant Josep Oriol 9; Hauptgerichte 7–10 €; ⏲Mai–Sept. 12–1 Uhr, Okt.–April 12–24 Uhr; 📶; Ⓜ Liceu) Ein Lokal mit Straßentischen in bester Lage an der Plaça de Sant Josep Oriol und einer langen Liste von Tapas und größeren Gerichten.

ALCOBA AZUL
MEDITERRAN €

Karte S. 296 (☎93 302 81 41; Carrer de Sant Domènec del Call 14; Hauptgerichte 6–10 €; ⏲18–24 Uhr; 📶; Ⓜ Jaume I) Dieses wunderbar stimmungsvolle Lokal fühlt sich an wie eine Zeitreise zurück durch die Jahrhunderte, mit mittelalterlichen Mauern, niedrigen Decken, Holzböden und flackernden Kerzen. Ob an der winzigen Bar vorne oder hinten in einer der Sitznischen – geboten werden überall gute offene Weine, Teller mit schmackhaften gefüllten Paprika, Salate, *tostas* (belegte Toasts) sowie Blutwurst mit karamellisierten Zwiebeln.

XURRERIA
CHURROS €

Karte S. 296 (☎93 318 76 91; Carrer dels Banys Nous 8; Tüte 1,20 €; ⏲Mo–Fr 7–13.30 & 15.30–20.15, Sa & So 7–14 & 15.30–20.30 Uhr; Ⓜ Jaume I) Von außen sieht es nach nichts aus, aber das hell erleuchtete Imbisslokal ist die beste Adresse Barcelonas für eine Papiertüte voller brutzelnd heißer Churros: frittierte, mit Zucker bestreute Teigstangen. Am leckersten schmecken Churros, wenn sie in heiße Schokolade getunkt werden.

CERVECERÍA TALLER DE TAPAS
TAPAS, KATALANISCH €

Karte S. 296 (☎93 481 62 33; www.tallerdetapas.com; Carrer Comtal 28; Hauptgerichte 7–10 €; ⏲März–Sept. Mo–Fr 9–1, Sa & So 12–1 Uhr, Okt.–Feb. tgl. bis 24 Uhr; 📶; Ⓜ Urquinaona) Das muntere, zwanglose Lokal mit weißen Steinwänden und Balkendecke serviert ein breites Angebot an Tapas sowie wechselnde

Tagesgerichte wie *cochinillo* (Spanferkel). Reizvoll sind auch die Biere aus aller Welt wie Leffe Blonde, Guinness, Brahma (Brasilien) und Sol (Mexiko). Die Cervecería ist noch mit weiteren Filialen in der Stadt vertreten, darunter eine in praktischer Lage mit Außentischen an der Plaça de Sant Josep Oriol (S. 67).

FORNERIA TIANA BÄCKEREI €

Karte S. 296 (☎93 315 18 06; www.caltiana.cat; Carrer Ample 27; Sandwiches um 3 €; ⏱7–22 Uhr; 📶; Ⓜ Jaume I) Helles Bäckerei-Café mit frischen Backwaren, Croissants, Käse, Wurst, Quiches und anderen kleinen Speisen. Dazu gibt's recht guten Kaffee, aber auch Wein und andere Getränke.

★CAFÈ DE L'ACADÈMIA KATALANISCH €€

Karte S. 296 (☎93 319 82 53; Carrer dels Lledó 1; Hauptgerichte 15–20€; ⏱Mo–Fr 13–15.30 & 20–23 Uhr; 📶; Ⓜ Jaume I) Das Café bietet eine Mischung traditioneller katalanischer Gerichte mit manchmal kreativem Touch. Zur Mittagszeit stürzen sich die Rathausangestellten auf das *menú del día* (Tagesmenü; 15,75 €). Abends, wenn gedämpftes Licht die Balkendecke und die Steinwände in Szene setzt, wird's romantischer. An warmen Tagen kann man auch draußen auf dem schönen Platz vor dem Café speisen.

★LA VINATERIA DEL CALL SPANISCH €€

Karte S. 296 (☎93 302 60 92; www.lavinateriadelcall.com; Carrer de Sant Domènec del Call 9; Raciones 7–12 €; ⏱19.30–1 Uhr; Ⓜ Jaume I) Das winzige, schmucke Restaurant in zauberhafter Lage im alten jüdischen Viertel serviert köstliche iberische Gerichte wie galicischen Tintenfisch, in Cidre gekochte Chorizo und katalanische *escalivada* (geröstete Paprika, Auberginen und Zwiebeln) mit Sardellen. Die Portionen sind klein und zum Teilen gedacht. Dazu gibt's ein gutes Angebot an erschwinglichen Weinen.

CAN CULLERETES KATALANISCH €€

Karte S. 296 (☎93 317 30 22; www.culleretes.com; Carrer d'en Quintana 5; Hauptgerichte 10–18 €; ⏱Di–Sa 13.30–15.45 & 20–22.45, So 13.30–15.45 Uhr; 📶; Ⓜ Liceu) Barcelonas ältestes Restaurant, 1786 gegründet, ist noch immer sehr gefragt. Touristen und Einheimische genießen das weitläufige Ambiente, die altmodische Kacheleinrichtung und die enormen Portionen traditioneller katalanischer Gerichte wie frische Meeresfrüchte und gehaltvolle Eintöpfe. Dienstags bis freitags ist ein Mittagsmenü für 14,50 € zu haben.

BELMONTE TAPAS €€

Karte S. 296 (☎93 310 76 84; Carrer de la Mercè 29; Tapas 4–10 €, Hauptgerichte 13–14 €; ⏱Juli–Okt. Di–Fr 20–24, Sa 13–15.30 & 20–24 Uhr, Okt.–Juni Di–Do 19.30–24, Fr & Sa 13–15.30 & 19.30–24 Uhr; 📶; Ⓜ Jaume I) Die winzige Tapasbar im südlichen Teil des Barri Gòtic hat appetitlich angerichtete kleine Speisen, darunter hervorragende *truita* (Tortilla), leckere *patatons a la sal* (neue Kartoffeln in Salzkruste mit *romesco*-Sauce) und zartes *carpaccio de pop* (Tintenfisch-Carpaccio). Dazu gibt's einen hausgemachten *vermut* (Wermut).

OCAÑA INTERNATIONAL €€.

Karte S. 296 (☎93 676 48 14; www.ocana.cat; Plaça Reial 13; Hauptgerichte 9,50–16 €; ⏱So–Do 12–2, Fr & Sa bis 2.30 Uhr; 📶; Ⓜ Liceu) In dem auffällig, aber elegant eingerichteten Raum mit hohen Decken, Kronleuchtern und edlem Mobiliar verbinden sich ausgelassenes Nachtleben mit feiner Küche. Die spanischen und katalanischen Gerichte werden kreativ zubereitet und das Ergebnis kann sich sehen lassen. Hinzu kommen donnerstags, freitags und samstags hervorragende mexikanische Gerichte. Wer möchte, kann in der maurisch anmutenden „Apotheke" unten oder draußen auf der Terrasse an der Plaça Reial auch nur einen Cocktail schlürfen, aber es wäre schade, das kulinarische Angebot auszulassen.

LEVANTE INTERNATIONAL €€

Karte S. 296 (☎620 470283; Placeta de Manuel Ribé 1; kleine Portionen 8–10 €; ⏱Di–Sa 9–24, So ab 11 Uhr; Ⓜ Jaume I) Das 2017 eröffnete Levante ist ein kleines, aber sonnendurchflutetes Restaurant mit kleinen Portionen, die sich Gäste teilen können, z. B. kleine Frikadellen mit Butternusskürbis oder eine innovative Pflaumen- und Fenchel-Tarte. Brunch wird ebenfalls serviert, bestehend aus erstklassigen Brioches, Roggenbrot mit geräucherter Makrele und Meerrettich sowie Pita mit gerösteten Tomaten, Weintrauben, Basilikum und Tahini.

BLACK REMEDY CAFÉ €€

Karte S. 296 (☎93 461 92 12; www.blackremedy.com; Carrer de la Ciutat 5; Hauptgerichte 9–14 €; ⏱Mo–Sa 9–19, So 11–17.30 Uhr; Ⓜ Jaume I) Craft-Bier? Gibt's. Sandwiches mit *pulled pork*? Gibt's auch. Die halbe Kundschaft

DAS SÜSSE LEBEN

Für Leute mit einer Schwäche für süße Leckereien hat Barcelona einige unwiderstehliche Versuchungen zu bieten. Ein Muss für Schokoladenfans ist der Carrer del Petritxol, wo einige berühmte *granjas* (Milchbars) cremige heiße Schokolade servieren, die man am besten mit ein paar Churros genießt. Besonders beliebt ist die Granja La Pallaresa (S. 74).

Zur Weihnachtszeit türmt sich *turrón* in den Konditoreien, die traditionelle Festtagsverlockung. Die Mandelnougat-Tafeln gibt es in verschiedenen Ausführungen: weich als *turrón de Valencia* oder härter als *turrón de Gijón*. Ganzjährig ist die Leckerei in Geschäften wie Torrons Vicens (S. 76) zu haben, wo sie schon seit 1775 verkauft wird.

Andere wichtige Adressen für Schleckermäuler sind Caelum (S. 74) und La Colmena (S. 77).

über MacBooks gebeugt? Aber logisch. Das Black Remedy ist der neueste Hipster-Laden im sich allmählich verwandelnden Barri Gòtic, ein galerieartiger Raum mit raumhohen Fenstern für all jene, die sehen und gesehen werden wollen. Weitere Pluspunkte sind guter Kaffee, kaltgepresste Säfte und Flaschenbier aus Kleinbrauereien sowie der Sonntags-Ganztags-Brunch.

OPERA SAMFAINA KATALANISCH **€€**

Karte S. 296 (☎93 481 78 71; www.operasamfaina.com; La Rambla 51; Hauptgerichte 11–15 €, Odissea-Probiermenü Erw./Kind unter 12 J. 33/20 €; ⌚Mo–Mi 18–24, Do & Fr bis 1, Sa 13–1, So 13–24 Uhr; ⓂLiceu) Ein surreales, sinnliches Erlebnis tief im Opernhaus Liceu. Eintritt ist durch das Vermuteria, eine dunkle Tapasbar, dann geht's entweder zum Odissea, einem gemeinschaftlichen Tisch umgeben von audiovisuellen Medien, wo ein Probiermenü aus traditionellen katalanischen Gerichten serviert wird, oder hinab ins Opera Prima, einem Labyrinth aus Wein- und Tapasbars und psychedelischen Installationen. Hinter diesem Projekt, das Besucher mit seinen regionalen Speisen auf eine spielerische Reise durch katalanische Mythologie führt, stehen die gefeierten Roca-Brüder aus dem El Celler de Can Roca, einst „Best Restaurant in the World".

RASOTERRA VEGETARISCH **€€**

Karte S. 296 (☎93 318 69 26; www.rasoterra.cat; Carrer del Palau 5; Platillos 6–10 €, Mittagsmenü 13 €; ⌚Di–So 13–16 & 19–23 Uhr; 📶🖉; ⓂJaume I) Die Slow-Food-Verfechter im Rasoterra servieren erstklassige vegetarische Gerichte in entspanntem Ambiente mit hohen Decken, leisem Hintergrund-Jazz und frischen Blumen auf den Tischen. Die kreative Karte mit globalen Einflüssen wechselt ständig; vielleicht gibt's gerade vietnamesische Kokos-Pfannkuchen mit Tofu und Gemüse, Beluga-Linsen mit Basmatireis oder Quesadillas mit Birnen und Ziegenkäse. Auch gute vegane und glutenfreie Gerichte.

MIRILLA INTERNATIONAL **€€**

Karte S. 296 (☎93 176 57 47; Carrer de Regomir 16; Platillos 4,50–16 €; ⌚Di–Sa 19–23.30 Uhr; ⓂJaume I) Das Mirilla wartet mit ausgezeichneten offenen Weinen sowie gut gemixten Cocktails auf, auch mit diversen *platillos* (irgendwo zwischen Tapas und Hauptgerichten), z. B. Kabeljau-Ceviche, Schweinefleisch mit Wildpilzen und Makrelen-Teriyaki. Es ist ein gemütliches, kleines Restaurant und schnell voll, eine Reservierung kann also nicht schaden.

ONOFRE SPANISCH **€€**

Karte S. 296 (☎93 317 69 37; www.onofre.net; Carrer de les Magdalenes 19; Hauptgerichte 7–13 €; ⌚Mo–Fr 10–16 & 19.30–23.30, Sa 12–23.30 Uhrt; 📶; ⓂJaume I) Das kleine, moderne Lokal (samt Weinladen und Feinkostgeschäft) ist bekannt für seine gute und bezahlbare Weinauswahl. Mit seinen köstlichen Gerichten, darunter italienisches Blattgemüse an Leberpastete, Entenconfit, Kabeljaucarpaccio und ofengebackene Garnelen, sichert es sich eine treue Kundschaft. Das *menú* (10,75 €) hat ein ausgezeichnetes Preis-Leistungs-Verhältnis.

CERERÍA VEGETARISCH **€€**

Karte S. 296 (☎93 301 85 10; Baixada de Sant Miquel 3; Hauptgerichte 8–15 €; ⌚Di–Sa 13–23, So bis 18 Uhr; 📶🖉; ⓂJaume I) Schwarz-weiße Marmorböden, alte Holztische und ein Sammelsurium an Musikinstrumenten verleihen diesem kleinen vegetarischen Restaurant ein gewisses Künstler-Flair. Für die köstliche Pizza werden Zutaten aus biologischem Anbau verwendet, genauso wie für die Galettes, süßen Crêpes und üppigen Salate. Außerdem gibt's einige gute vegane Gerichte.

PLA FUSIONSKÜCHE €€

Karte S. 296 (☎93 412 65 52; www.restaurantpla.cat; Carrer de la Bellafila 5; Hauptgerichte 17–23 €; ⏲So–Do 13.30–17.30 & 19–23.30, Fr & Sa bis 24 Uhr; 📶; ⓂJaume I) Das Pla, schon lange eines der beliebtesten Lokale im Barri Gòtic, ist in stilvollen, romantisch beleuchteten mittelalterlichen Räumlichkeiten untergebracht. Die Köche zaubern Versuchungen wie in Rotwein geschmorten Ochsenschwanz, gebratenen Thunfisch mit ofengerösteten Paprikaschoten sowie Polenta mit Pilzen der Saison.

ALLIUM KATALANISCH, FUSIONSKÜCHE €€

Karte S. 296 (☎93 302 30 03; www.alliumrestaurant.es; Carrer del Call 17; Hauptgerichte 15–18 €; ⏲Mo–Fr 8–17, Sa 10–16 & 19–24, So 12–17 Uhr; 📶; ⓂLiceu) In der hellen, modernen Tapasbar werden überwiegend katalanische Speisen mit unterschiedlichen Tagesangeboten (auch eine Meeresfrüchte-Paella für eine Person) serviert. Die Speisekarte, die alle zwei oder drei Wochen wechselt, enthält überwiegend Gerichte mit Biozutaten der Saison. Die Küche ist durchgängig geöffnet, also prima für alle, die nicht bis 21 Uhr auf ein warmes Essen warten wollen.

KOY SHUNKA JAPANISCH €€€

Karte S. 296 (☎93 412 79 39; www.koyshunka.com; Carrer de Copons 7; Probiermenü 89–132 €; ⏲Di–Sa 13.30–15 & 20.30–23, So 13.30–15 Uhr; ⓂUrquinaona) Das Koy Shunka in einer schmalen Gasse nördlich der Kathedrale ist eine Offenbarung exquisiter Gerichte aus dem Fernen Osten. Es gibt köstliche Sushi, Sashimi, scharf angebratenes Wagyu-Rind und geschmacksintensive Seetangsalate, außerdem kreative Fusionsküche wie gedämpfte Venusmuscheln mit Sake oder Tempura von Jakobsmuscheln und Riesengarnelen mit japanischen Pilzen. Toll ist auch die Spezialität des Hauses, *toro* (zarter Thunfischbauch). Die meisten Gäste sitzen am Tresen, wo sie die kulinarische Zauberei live beobachten können. Die mehrgängigen Menüs sind teuer, lohnen sich aber für alle, die sich einmal etwas ganz Besonderes gönnen möchten.

ELS QUATRE GATS KATALANISCH €€€

Karte S. 296 (☎93 302 41 40; www.4gats.com; Carrer de Montsió 3; Hauptgerichte 23–29 €; ⏲13–16 & 19–1 Uhr; ⓂUrquinaona) Das Els Quatre Gats, der einstige Treffpunkt der Modernisme-Künstler, ist mit den farbenprächtigen Kacheln, geometrisch angeordneten Backsteinen und hölzernen Lampen innen wie außen ein phantastisches Beispiel dieser Kunstrichtung. Das Restaurantangebot selbst ist nicht so faszinierend wie das Ambiente, aber es reicht allemal für einen Kaffee und ein Croissant im Café vorne (9–1 Uhr).

AUSGEHEN & NACHTLEBEN

L'ASCENSOR COCKTAILBAR

Karte S. 296 (☎93 318 53 47; Carrer de la Bellafila 3; ⏲Mo–Do 18–2.30, Fr–So bis 3 Uhr; 📶; ⓂJaume I) Die elegante Bar ist nach den Fahrstuhltüren benannt, die ihren Eingang zieren. Mit ihren altmodischen Cocktails, Backsteingewölbe, alten Spiegeln und einer Marmortheke lockt sie ein treues Publikum an; im Hintergrund laufen Jazz und Funk.

SOR RITA BAR

Karte S. 296 (☎93 176 62 66; www.sorritabar.es; Carrer de la Mercè 27; ⏲So–Do 19–2.30, Fr & Sa bis 3 Uhr; 📶; ⓂJaume I) Für Freunde des Kitsches ist das Sor Rita ein echter Augenschmaus, mit Leopardentapeten und Stöckelschuhen an der Decke und herrlich respektlosen Dekorationen à la Almodóvar. Ein netter, unterhaltsamer Laden mit besonderen Eventabenden, z. B. Tarotlesen montags, Snackbuffets für 7 € dienstags und Karaoke donnerstags.

LA GRANJA CAFÉ

Karte S. 296 (☎93 302 69 75; Carrer dels Banys Nous 4; ⏲9–21 Uhr; 📶; ⓂJaume I) Das alteingesessene Café verführt mit einer leckeren, dickflüssigen Trinkschokolade in verschiedenen Variationen, aber eigene Churros gibt's hier nicht. Die werden ein paar Häuser weiter in der Xurreria (S. 70) verkauft und können ins Café mitgenommen werden, um sie in die Schokolade zu tunken. Einen Blick lohnt das Stückchen römische Mauer, das hinten zu sehen ist.

POLAROID BAR

Karte S. 296 (☎93 186 66 69; www.polaroidbar.es; Carrer dels Còdols 29; ⏲So–Do 19.30–2.30, Fr & Sa bis 3 Uhr; 📶; ⓂDrassanes) Das Polaroid bietet mit den Videokassetten an den Wänden, alten Filmplakaten, den Tischen voller Comics, den Actionfiguren und anderem Kitsch eine gute Portion 1980er-Jahre. Wie zu erwarten tummeln sich hier fröhliche und unprätentiöse Gäste bei billigen *cañas* (Bier vom Fass), Mojitos und kostenlosem Popcorn.

MARULA CAFÉ — BAR

Karte S. 296 (☎93 318 76 90; www.marulacafe.com; Carrer dels Escudellers 49; Eintritt bis 10 €; ⌚Mo–Do & So 23–5, Fr 11.30–6, Sa 21.30–6 Uhr; Ⓜ Liceu) Die Kneipe im Herzen des Barri Gòtic ist wirklich eine Entdeckung! Das Marula versetzt seine Gäste mit bestem Funk und Soul zurück in die 1970er-Jahre. Die Musikrichtung wechselt immer mal wieder, die DJs legen verschiedenste Rhythmen auf – von Breakbeat bis House. Samba und Tanzmusik aus Brasilien werden ebenfalls regelmäßig gespielt.

CAELUM — CAFÉ

Karte S. 296 (☎93 302 69 93; Carrer de la Palla 8; ⌚Mo–Fr 10–20.30, Sa & So bis 21 Uhr; 📶; Ⓜ Liceu) In diesem schönen mittelalterlichen Gebäude im Herzen der Stadt werden traditionelle Köstlichkeiten aus ganz Spanien verkauft. Im Café oben gibt's opulente Kuchen und Backwaren und im Keller mit Steinwänden und flackernden Kerzen fühlt man sich ins Mittelalter zurückversetzt. Welcher Raum auch gewählt wird, der Eingang ist immer durch den Laden. Dort werden von Nonnen in Klöstern im ganzen Land hergestellte Süßigkeiten verkauft (z. B. unwiderstehliches Marzipan aus Toledo).

CAFÈ DE L'ÒPERA — CAFÉ

Karte S. 296 (☎93 317 75 85; www.cafeoperabcn.com; La Rambla 74; ⌚8–2 Uhr; 📶; Ⓜ Liceu) Das traditionellste Café der Rambla liegt gegenüber dem Gran Teatre del Liceu und ist seit seiner Eröffnung 1929 bei Opernbesuchern beliebt. Es ist durchaus annehmbar für einen Drink am frühen Abend oder morgens für Kaffee und Croissants. Ein Platz oben bietet Aussicht auf den belebten Boulevard. Probierenswert ist die Spezialität des Hauses, der *cafè de l'Òpera* (Kaffee mit Mousse au Chocolat).

SALTERIO — CAFÉ

Karte S. 296 (☎93 302 50 28; Carrer de Sant Domènec del Call 4; ⌚12–1 Uhr; 📶; Ⓜ Jaume I) Das Salterio, ein herrlich fotogenes, von Kerzen beleuchtetes Café in einer winzigen Gasse in El Call, serviert türkischen Kaffee, echte Minztees und Snacks; für das Ambiente sorgen Steinwände, Weihrauch und nahöstliche Hintergrundmusik. Wer Hunger hat, kann einen *sardo* probieren: gegrilltes Fladenbrot mit Pesto, Käse oder anderen Belägen.

BOADAS — COCKTAILBAR

Karte S. 296 (☎93 318 95 92; www.boadascocktails.com; Carrer dels Tallers 1; ⌚Mo–Do 12–2, Fr & Sa bis 3 Uhr; Ⓜ Catalunya) Das Boadas, eine der ältesten Cocktailbars der Stadt, ist berühmt für seine Daiquiris. Kellner mit Fliege servieren hier einzigartige Getränkekreationen, seit Miguel Boadas den Laden 1933 eröffnet hatte – auch Miró und Hemingway süffelten hier schon. Miguel stammte aus Havanna, wo er der erste Barkeeper im unsterblichen La Floridita war.

GRANJA LA PALLARESA — CAFÉ

Karte S. 296 (☎93 302 20 36; www.lapallaresa.com; Carrer del Petritxol 11; ⌚Mo–Sa 9–13 & 16–21, So 9–13 & 17–21 Uhr; 📶; Ⓜ Liceu) Ein Old-School-Café, dessen Spezialität Kuchen, Churros und heiße Schokolade sind und das mit Vorliebe von Familien besucht wird.

BOSC DE LES FADES — LOUNGE

Karte S. 296 (☎93 317 26 49; Passatge de la Banca 5; ⌚Mo–Fr 10–1, Sa & So ab 11 Uhr; Ⓜ Drassanes) Der „Feenwald" ist touristisch, aber eine originelle Rückzugsmöglichkeit vom Trubel der nahen Rambla mit herrlich kitschigem Charme. Unterhalb eines Wäldchens mit plätscherndem Brunnen und Grotte stehen Sessel und lampenbeleuchtete Tische. Zu essen gibt's *Bocadillos* und Snacks.

MANCHESTER — BAR

Karte S. 296 (☎627 733081; Carrer de Milans 5; ⌚So–Do 18.30–2.30, Fr & Sa bis 3 Uhr;

DIE SCHÖNSTEN CAFÉS

In den alten Kopfsteinpflastergassen des Barri Gòtic verstecken sich einige der stimmungsvollsten Cafés der Stadt. Hier einige unserer Favoriten:

Salterio (S. 74)

Čaj Chai

La Clandestina

Caelum (S. 74)

Cafè de l'Òpera (S. 74)

La Granja (S. 73)

📶; Ⓜ Liceu) 🍃 Die Kneipe wurde im Lauf der Jahre mehrmals umgestaltet. Heute bekommen die Gäste hier den Sound hervorragender Gruppen aus Manchester zu hören, von Joy Division bis zu Oasis; die Hollies eher nicht. Sie wirkt mit den kreuz und quer verteilten Tischen auf angenehme Art chaotisch. Donnerstags treten DJs auf.

KARMA CLUB

Karte S. 296 (☎93 302 56 80; www.karmadisco.com; Plaça Reial 10; ⌚Di–Do 12–5, Fr & Sa bis 6 Uhr; Ⓜ Liceu) Unter der Woche läuft hier gute Mainstream-Indiemusik, am Wochenende alles von Rock bis Disko. Der Club ist ein Evergreen in Barcelona und in dem kleinen, schlauchartigen Lokal wird es meist brechend voll (manche empfinden es als klaustrophobisch) mit gut gelaunten Einheimischen und Auswärtigen. Bar und Terrasse an der Plaça Reial öffnen um 12 Uhr, der Club um 24 Uhr.

LA MACARENA CLUB

Karte S. 296 (☎93 301 30 64; www.macarenaclub.com; Carrer Nou de Sant Francesc 5; Eintritt 5–10 €; ⌚So–Do 24–5, Fr & Sa bis 6 Uhr; Ⓜ Drassanes) Kaum zu glauben, dass hier früher ein mit Kacheln verkleidetes andalusisches Flamenco-Lokal zu Hause war! Heute ist der winzige Club ein dunkler Tanzschuppen, auf dessen etwa fünf Quadratmetern die Gäste an der Bar hocken, angeregt mit den Nachbarn plaudern und zwischendurch aufstehen, um zu E-Musik und House vom DJ zu tanzen.

LA CLANDESTINA CAFÉ

Karte S. 296 (☎93 319 05 33; Baixada de Viladecols 2; ⌚Mi–Mo 10–22 Uhr; 📶; Ⓜ Jaume I) Zu den internationalen Angeboten gehören Tee, türkischer Kaffee, Mango-Lassi, Quiche und Panini sowie Wein und Bier. Die weißen Wände in La Clandestina sind mit golden gestrichenen Balken und wechselnden Werken lokaler Künstler aufgehübscht. Unter den zum Verkauf stehenden Kunstwerken sitzen zumeist mit ihrem Laptop beschäftigte jüngere Einheimische.

ČAJ CHAI CAFÉ

Karte S. 296 (☎93 301 95 92; www.cajchai.com; Carrer de Sant Domènec del Call 12; ⌚10.30–22 Uhr; Ⓜ Jaume I) Das helle, muntere Café im Herzen des alten jüdischen Viertels nimmt sich die Prager Künstler-Teesalons zum Vorbild und ist ein echtes Paradies für Teekenner. Das Čaj Chai hat rund 200 Tees vorrätig, z. B. aus China, Indien, Korea, Japan, Nepal und Marokko. Sehr beliebt bei den Einheimischen!

OVISO BAR

Karte S. 296 (☎93 304 37 26; www.barnawood.com; Carrer d'Arai 5; ⌚So–Do 9–2.30, Fr & Sa bis 3 Uhr; 📶; Ⓜ Liceu) Das Oviso ist ein beliebtes, erschwingliches Restaurant mit Tischen an einem Platz. So richtig zum Leben erwacht das Szenelokal aber erst abends, dank einem gemischten Publikum, einer Rock-and-Roll-Stimmung und zwei Räumen mit rustikaler Einrichtung und merkwürdigen Wandbildern von fliegenden Gänsen, springenden Delfinen und blauen Pfauen an den bunten Betonwänden.

BOULEVARD CLUB

Karte S. 296 (☎673 272480; www.boulevardcultureclub.es; La Rambla 27; Eintritt bis 9 €; ⌚So–Do 24–5.45, Fr & Sa bis 6.30 Uhr; Ⓜ Drassanes) Das in Übereinstimmung mit dem alten Geist der unteren Rambla von Stripteasebars flankierte Boulevard hat schon unzählige Wandlungen durchgemacht. Es besitzt drei Tanzflächen, eine davon oben, und das Ganze hat ein nett-kitschiges Flair; gespielt wird alles von Hits der 1980er-Jahre bis zu House (besonders samstags im Hauptraum). Kein besonderer Dresscode.

☆ UNTERHALTUNG

GRAN TEATRE DEL LICEU THEATER, LIVEMUSIK

Karte S. 296 (☎93 485 99 00; www.liceubarcelona.cat; La Rambla 51-59; ⌚Theaterkasse Mo–Fr 9.30–19.30, Sa & So bis 17.30 Uhr; Ⓜ Liceu) Barcelonas prächtiges altes Opernhaus wurde nach dem Brand 1994 restauriert und zählt nun zu den technisch modernsten Theatern der Welt. Das großartige Auditorium erstrahlt wieder im Glanz des 19. Jhs., aber mit hochmoderner Akustik. Wer hier Platz nimmt, begibt sich auf eine Art Zeitreise. Die Preise reichen von 10 € für einen Stuhl hinter einer Säule bis zu 200 € für einen Logenplatz.

EL PARAIGUA LIVEMUSIK

Karte S. 296 (☎93 302 11 31; www.elparaigua.com; Carrer del Pas de l'Ensenyança 2; ⌚So–Mi 12–2, Do bis 1, Fr & Sa bis 3 Uhr; Ⓜ Liceu) GRATIS Der winzige und bildhübsche „Regenschirm" in dunklen Modernisme-Tönen existiert schon seit den 1960er-Jahren. Die Einrichtung von der Wende zum 20. Jh. stammt aus einem abgerissenen Laden in dem Viertel, die hier wieder zusammengesetzt wurde, um dieses gemütlichen Lokal zu schaffen. Unten in der Kellerbar aus Ziegel und Stein geht es vom Modernisme zurück ins Mittelalter. Zwischen den Wänden aus dem 11. Jh. spielen freitags und samstags ab 23.30 Uhr Bands Funk, Soul, Rock und Blues.

HARLEM JAZZ CLUB JAZZ

Karte S. 296 (☎93 310 07 55; www.harlemjazzclub.es; Carrer de la Comtessa de Sobradiel 8; Tickets 7–10 €; ⌚So & Di–Do 20–3, Fr & Sa bis 5 Uhr; Ⓜ Liceu) Die enge Altstadtkneipe zählt zu den besten Adressen der Stadt für Jazz, Funk, Latin, Blues und Gypsy-Jazz. Das bunt gemischte Publikum lauscht den Darbietungen mit großem Respekt. Die meisten Konzerte beginnen gegen 22 Uhr. Wer gern nah an der Bühne sitzen möchte, sollte frühzeitig eintreffen.

SIDECAR FACTORY CLUB LIVEMUSIK

Karte S. 296 (☎93 302 15 86; www.sidecarfactoryclub.com; Plaça Reial 7; ⌚Mo–Do 19–5, Fr & Sa bis 6 Uhr; Ⓜ Liceu) Unten im rot gestrichenen Kellergewölbe gibt's an den meisten Abenden der Woche Livemusik. Das musikalische Spektrum reicht von Indie aus England bis zu Country Punk – Rock und Pop stehen jedoch an erster Stelle. Die meisten Konzerte beginnen um 22 Uhr. Ab 0.30 Uhr übernehmen DJs das Ruder. Im Erdgeschoss wird bis 24 Uhr Essen serviert, danach gibt's bis 3 Uhr nur noch Getränke.

JAMBOREE LIVEMUSIK

Karte S. 296 (☎93 319 17 89; www.masimas.com/jamboree; Plaça Reial 17; Tickets 5–20 €; ⌚20–6 Uhr; Ⓜ Liceu) Schon seit über einem halben Jahrhundert beglückt das Jamboree die Jazzfans der Stadt mit erstklassigen Jazz-, Blues-, Afro-, Latino- und Bigband-Konzerten. Es finden in der Regel zwei Konzerte statt (um 20 und 22 Uhr). Um Mitternacht verwandelt sich das Jamboree in einen DJ-Club. Montags finden Jamsessions statt (Eintritt nur 5 €). Wer Tickets online kauft, spart ein paar Euro.

L'ATENEU KLASSISCHE MUSIK

Karte S. 296 (☎93 343 61 21; www.ateneubcn.org; Carrer de la Canuda 6; Karten 0–10€; Ⓜ Catalunya) In diesem altehrwürdigen privaten Kulturzentrum mit Bibliothek, dessen Wurzeln 150 Jahre zurückreichen, wird unterschiedlichste gehobene Unterhaltung geboten, von klassischen Konzerten über Filmvorführungen bis zu Lesungen.

SALA TARANTOS FLAMENCO

Karte S. 296 (☎93 304 12 10; www.masimas.com/tarantos; Plaça Reial 17; Tickets 15 €; ⌚Shows Okt.–Juni 19.30, 20.30 & 21.30 Uhr, Juli–Sept. auch 22.30 Uhr; Ⓜ Liceu) Seit 1963 gilt das Kellerlokal als *die* Bühne für aufstrebende Flamencogruppen, die in Barcelona gastieren. Heute bedient das Tarantos vorwiegend Touristen: Dreimal am Abend finden halbstündige Vorstellungen statt. Trotz allem ist dies eine gute Einführung in den Flamenco und außerdem ein recht nettes Plätzchen für einen Drink.

SHOPPEN

In der Rambla gibt es zwar ein paar Geschäfte, aber richtig spannend wird es erst im Labyrinth: Junge Mode im Carrer d'Avinyó, eine bunte Mischung in der Avinguda del Portal de l'Àngel, einige hübsche alte Läden im Carrer de la Dagueria und jede Menge zum Stöbern in den engen, kleinen Straßen.

TORRONS VICENS LEBENSMITTEL

Karte S. 296 (☎93 304 37 36; www.vicens.com; Carrer del Petritxol 15; ⌚Mo–Sa 10–20.30, So 11–20 Uhr; Ⓜ Liceu) Das ganze Jahr über gibt's den *turrón* (Nougat) im Torrons Vicens, das diese süße Spezialität des Hauses schon seit 1775 verkauft.

SABATER HERMANOS KOSMETIK

Karte S. 296 (☎93 301 98 32; www.sabaterhermanos.es; Plaça de Sant Felip Neri 1; ⌚10.30–21 Uhr; Ⓜ Jaume I) Der wohlriechende kleine Laden verkauft handgefertigte Seifen aller Art. Sorten wie Feige, Zimt, Grapefruit oder Schokolade duften so gut, dass man sie glatt verspeisen könnte, während Sandelholz, Magnolie, Minze, Zeder oder Jasmin jedem Badezimmer Pep verleihen.

FORMATGERIA LA SEU LEBENSMITTEL

Karte S. 296 (☎93 412 65 48; www.formatgerialaseu.com; Carrer de la Dagueria 16; ⌚Sept.–Juli Di–Sa 10–14 & 17–20 Uhr; Ⓜ Jaume I) Dieses kleine, von der fachkundigen Katherine McLaughlin geführte Geschäft verkauft traditionell gefertigten Käse von den besten Käsereien in ganz Spanien und ist die Antithese zur Massenproduktion. Hier gibt's nur das Beste von kleinen Bauernhöfen und das

Angebot wechselt ständig. Die Wein- und Käseverkostungen im gemütlichen Hinterzimmer sind ein echtes Vergnügen.

ESCRIBÀ ESSEN & GETRÄNKE

Karte S. 296 (☎93 301 60 27; www.escriba.es; La Rambla 83; ⌚9–21.30 Uhr; 📶; Ⓜ Liceu) Schokolade, feines Gebäck und köstliche Kuchen können hinter der Modernisme-Mosaikfassade genascht oder zum heimlichen, reuigen Verspeisen mitgenommen werden. Der in ganz Barcelona beliebte Laden gehört der Familie Escribà, ein Name, der für sündhaft gute Süßigkeiten steht. Viel mehr noch verleiht er der Rambla einen Hauch Authentizität.

EL CORTE INGLÉS KAUFHAUS

Karte S. 296 (☎93 306 38 00; www.elcorteingles.es; Av del Portal de l'Àngel 19–21; ⌚Okt.–Mai Mo–Sa 9.30–21 Uhr, Juni–Sept. 9.30–22.15 Uhr; Ⓜ Catalunya) Eine kleine Filiale des einzigen verbliebenen spanischen Kaufhauses, das Elektronik, Mode, Schreibwaren und Sportartikel führt.

L'ARCA VINTAGE, KLEIDUNG

Karte S. 296 (☎93 302 15 98; www.larca.es; Carrer dels Banys Nous 20; ⌚Mo–Sa 11–14 & 16.30–20.30 Uhr; Ⓜ Liceu) Dieses reizende Geschäft steckt voller wunderschön gearbeiteter Kleidung aus vergangenen Zeiten. Hier gibt's z. B. bestickte Seidenwesten aus dem 18. Jh., aufwendige Seidenkimonos sowie Hochzeitskleider und Schultertücher aus den 1920er-Jahren. Dank des unglaublichen Angebots lieferte es auch Kostüme für Filme wie *Titanic, Sprich mit ihr* und *Das Parfum*.

HERBORISTERIA DEL REI KOSMETIK

Karte S. 296 (☎93 318 05 12; www.herboristeriadelrei.com; Carrer del Vidre 1; ⌚Di–Do 14.30–20.30, Fr & Sa 10.30–20.30 Uhr; Ⓜ Liceu) Der frühere Hoflieferant von Königin Isabella II. verkauft alle möglichen seltsamen Kräuter, Gewürze und Heilpflanzen. Das Geschäft existiert seit 1823 und wurde seit den 1860er-Jahren kaum verändert. Einige Produkte sind jedoch neu und heute gibt es hier alles Mögliche von Duftseifen bis zu Massageölen. Der Regisseur Tom Tykwer filmte hier Szenen für *Das Parfum*.

CERERIA SUBIRÀ WOHNACCESSOIRES

Karte S. 296 (☎93 315 26 06; http://cereriasubira.net; Calle de la Llibreteria 7; ⌚Mo–Do 9.30–13.30 & 16–20, Fr 9.30–20, Sa 10–20 Uhr; Ⓜ Jaume I) Auch wer kein Interesse an bunten Kerzen hat, sollte sich den ältesten Laden Barcelonas anschauen. Die Cereria Subirà verkauft bereits seit 1761 Kerzen und ist seit dem 19. Jh. an diesem Ort; der Verkaufsraum besitzt ein herrlich barockes Flair und eine malerische Treppe wie aus *Vom Winde verweht*.

ARTESANIA CATALUNYA KUNSTHANDWERK

Karte S. 296 (☎93 467 46 60; www.bcncrafts.com; Carrer dels Banys Nous 11; ⌚Mo–Sa 10–20, So bis 14 Uhr; Ⓜ Liceu) Der schöne Laden ist mit seinen katalanischen Produkten eine Fundgrube für einzigartige Mitbringsel. Hier gibt's Schmuck, der an römische Ikonografie erinnert (oder von Gaudí beziehungsweise der barcelonischen Gotik inspiriert ist), außerdem Töpferwaren, Holzspielzeug, Seidenschals, Notizbücher, Haushaltswaren und vieles mehr.

DRAP-ART KUNSTHANDWERK

Karte S. 296 (☎93 268 48 89; www.drapart.org; Carrer Groc 1; ⌚Di–Fr 11–14 & 17–20, Sa 18–21 Uhr; Ⓜ Jaume I) In dem kleinen Geschäft samt Galerie, das von einer gemeinnützigen Einrichtung betrieben wird, sind Produkte aus recycelten Materialien zu sehen und zu erstehen. Die gezeigten Arbeiten wechseln ständig, z. B. Skulpturen, Schmuck, Handtaschen und andere Accessoires von nationalen und internationalen Künstlern.

LA COLMENA LEBENSMITTEL

Karte S. 296 (☎93 315 13 56; www.pastisserialacolmena.com; Plaça de l'Angel 12; ⌚9–21 Uhr; Ⓜ Jaume I) Eine Konditorei, die mit zahlreichen Köstlichkeiten lockt, z. B. mit *panellets* (süßen Mandelbällchen, überzogen mit Pinienkernen), aromatisierten Baisers und federleichten *ensaïmadas* (Hefeteig-Schnecken) aus Mallorca.

MÜNZ- & BRIEFMARKENMARKT MARKT

Karte S. 296 (Mercat de Numismàtica i Filatèlia; Plaça Reial; ⌚So 9–14.30 Uhr; Ⓜ Liceu) Ein Relikt aus dem alten Barcelona in Form eines verstaubten Briefmarken- und Münzenmarkts.

TALLER DE MARIONETAS TRAVI MARIONETTEN

Karte S. 296 (☎93 412 66 92; www.marionetastravi.com; Carrer de n'Amargós 4; ⌚Mo–Sa 12–20 Uhr; Ⓜ Urquinaona) Der in den 1970er-Jahren eröffnete stimmungsvolle Laden verkauft schöne handgefertigte Marionetten. Neben Don Quijote, Sancho Panza und anderen typisch spanischen Figuren gibt's auch ungewöhnlichere Arbeiten aus anderen Teilen der Welt, darunter seltene sizilianische Puppen und Stücke aus Myanmar, Indonesien und anderen Ländern.

CÓMPLICES BÜCHER

Karte S. 296 (☎93 412 72 83; www.libreriacomplices.com; Carrer de Cervantes 4; ⌚Mo–Fr 10.30–20, Sa ab 12 Uhr; Ⓜ Jaume I) Der Laden, eine der größten Schwulen- und Lesben-Buchhandlungen der Stadt, bietet eine breite Palette an Erotika in Form von DVDs und Comics sowie Bücher.

LA MANUAL ALPARGATERA SCHUHE

Karte S. 296 (☎93 301 01 72; www.lamanualalpargatera.es; Carrer d'Avinyó 7; ⌚Mo–Fr 9.30–13.30 & 16.30–20, Sa ab 10 Uhr; Ⓜ Liceu) Kunden wie Salvador Dalí oder Jean Paul Gaultier haben in dem berühmten Laden bereits *espadrilles* (Leinenschuhe mit geflochtener Sohle) bestellt. Das Geschäft wurde kurz nach dem Spanischen Bürgerkrieg gegründet, aber die schlichten Schuhe, die ursprünglich aus den katalanischen Pyrenäen stammen, gibt es schon seit vielen Jahrhunderten.

SALA PARÉS KUNSTHANDWERK

Karte S. 296 (☎93 318 70 20; www.salapares.com; Carrer del Petritxol 5; ⌚Juni–Sept. Di–Do 10.30–14 & 16–20, Fr & Sa bis 20.30 Uhr, Okt.–Mai auch So 11.30–14 Uhr; Ⓜ Liceu) Die Galerie behauptet seit 1877 ihre Position als einer der führenden Händler katalanischer Kunst mit Werken vom 19. Jh. bis zur Gegenwart. Sie führt auch zunehmend mehr Arbeiten aus anderen Regionen Spaniens und weiteren europäischen Ländern.

FC BOTIGA GESCHENKE & SOUVENIRS

Karte S. 296 (☎93 269 15 32; Carrer de Jaume I 18; ⌚10–21 Uhr; Ⓜ Jaume I) Braucht jemand ein Messi-Trikot, einen blau-roten Ball oder andere Fußballfanartikel des nach Meinung der Einheimischen größten Fußballteams der Welt? Hier kann man das alles kaufen, ohne zeitraubenden Umweg ins Stadion.

PAPABUBBLE LEBENSMITTEL

Karte S. 296 (☎93 268 86 25; www.papabubble.com; Carrer Ample 28; ⌚Mo–Fr 10–14 & 16–20.30, Sa 10–20.30 Uhr; Ⓜ Jaume I) Beim Betreten dieses Bonbonladens fühlt man sich in eine andere Zeit versetzt: Noch heute gibt's hier quietschbunte Lutscher wie einst in den Tante-Emma-Läden der Kindheit. Die klebrigen Süßigkeiten werden vor den Augen der Kundschaft hergestellt.

PETRITXOL XOCOA LEBENSMITTEL

Karte S. 296 (☎93 301 82 91; www.xocoa-bcn.com; Carrer del Petritxol 11–13; ⌚9.30–21 Uhr; Ⓜ Liceu) Die Lasterhöhle zahnzersetzender Teufeleien in der „Schokoladenstraße" Carrer del Petritxol führt reihenweise Schokoladentafeln in phantastischen Verpackungen, Pralinen mit süßen Füllungen, zuckriges Gebäck und vieles mehr. Der Laden hat noch andere Filialen in der ganzen Stadt.

OBACH MODE & ACCESSOIRES

Karte S. 296 (☎93 318 40 94; Carrer del Call 2; ⌚Okt.–Juli Mo–Sa 10–14 & 16–20 Uhr, Aug.–Sept. Mo–Sa 10–14 Uhr; Ⓜ Jaume I) Seit 1924 handelt der Laden mit allen möglichen Kopfbedeckungen. Hier sind Kangol-Baskenmützen aus Mohair, Hipster-Hüte mit kurzer Krempe, Fedoras, elegante Strohhüte und *barrets* (Baskenmützen) in allen möglichen Farben zu haben.

LA BASILICA GALERIA SCHMUCK

Karte S. 296 (☎93 304 20 47; www.labasilicagaleria.com; Carrer Sant Sever 7; ⌚Mo–Sa 12–21 Uhr; 📶; Ⓜ Jaume I) Dieses originelle Schmuckgeschäft ist mit seinen kunstvoll arrangierten Auslagen zwischen kristall- und blumengeschmückten Schaufensterpuppen ein wahres Wunderland für die Sinne. Neben den auffallenden Halsketten, feinen Ringen und märchenhaften Anhängern werden auch einige Gemälde verkauft, mehr Kunst gibt's allerdings ein paar Häuser weiter in der Galerie und dem Parfumladen der Basilica Galeria.

FIRA ALIMENTACIÓ MARKT

Karte S. 296 (Plaça del Pi; ⌚Fr–So 11–21 Uhr, 1. & 3. Woche im Monat; Ⓜ Liceu) Jede zweite Woche können Gourmets freitags bis sonntags auf Fira Alimentació zwischen Ständen mit Honig, Süßigkeiten, Käse und anderen Köstlichkeiten aus Eigenproduktion umherschlendern.

KUNSTHANDWERKSMARKT MARKT

Karte S. 296 (Mostra d'Art; Plaça de Sant Josep Oriol; ⌚Sa 11–20, So bis 14 Uhr; Ⓜ Liceu) Samstags und sonntags belebt ein Kunsthandwerksmarkt das Barri Gòtic.

SPORT & AKTIVITÄTEN

BARCELONA BIKING RADFAHREN

Karte S. 296 (☎656 356300; www.barcelonabiking.com; Baixada de Sant Miquel 6; Fahrradverleih pro 1/24 Std. 5/15 €, Tour 21 €; ⏲10–20 Uhr, Tour 11 Uhr; Ⓜ Jaume I, Liceu) Vermietet Stadt- und Rennräder sowie Mountainbikes und veranstaltet dreieinhalbstündige Touren.

FAT TIRE BIKE TOURS — RADFAHREN

Karte S. 296 (☎93 342 92 75; http://barcelona.fattirebiketours.com; Carrer de Marlet 7; Erw./erm./Kind ab 26/24/21 €; ⏲Touren 11 & 16 Uhr; Ⓜ Jaume I, Liceu) Im Angebot sind verschiedene geführte Radtouren, allerdings können die Gruppen recht groß sein.

BARCELONA SEGWAY FUN — TOUREN

Karte S. 296 (☎93 550 48 90; www.barcelonasegwayfun.com; Carrer del Sots-Tinent Navarro 26; Touren 45–55 €; Ⓜ Jaume I) Geführte Segway-Touren durch die Altstadt in kleinen Gruppen.

TRIXI — RADFAHREN

Karte S. 296 (☎93 310 13 79; www.trixi.com/barcelona; Plaça dels Traginers 4; Touren pro halbe/1/2 Std. 15/25/50 €; ⏲März–Nov. 9–20 Uhr; Ⓜ Jaume I) Vermietet Fahrräder, Kickbikes und „Trixi-Kids“: Dreiräder mit einer Art Rollwagen vorne, um kleine Kinder zu transportieren. Trixi bietet auch Touren in dreirädrigen Fahrradtaxis an, die durch die Altstadt, das Hafengebiet und große Teile des Zentrums führen.

El Raval

Details siehe Karte S. 300

Highlights

❶ **Mercat de la Boqueria** (S. 82) Shoppen und stöbern auf dem quirligen, bezaubernden Markt und dann in einer der belebten Bars Tapas essen.

❷ **Antic Hospital de la Santa Creu** (S. 85) Das historische Gebäude erkunden und unter den Bäumen in seinem eleganten Hofgarten entspannen.

❸ **MACBA** (S. 83) Sich in die teils anspruchsvolle Kunstsammlung vertiefen und die Kunststücke der Skater vor dem Gebäude würdigen.

❹ **Alte Bars** (S. 88) Bei einem Gläschen Absinth einige unbekanntere Werke des Modernisme bewundern.

❺ **Palau Güell** (S. 84) Durch den kunstvoll restaurierten, von Gaudí entworfenen Palast schlendern und die bunten Schornsteine fotografieren.

Rundgang: El Raval

El Raval, über lange Zeit Barcelonas raueste Gegend, ist nun auf eine schmuddelig urbane Art so hip, dass die *barcelonins* sogar ein Wort für das Bummeln durch El Raval erfunden haben: *ravalejar*.

Die Nordhälfte von El Raval ist der beste Startpunkt für einen Streifzug – dieser Teil des *barri* (Stadtteil) wirkt fast schon respektabel. Hier lässt sich ein ganzer Tag damit verbringen, die Kunstläden in den Straßen um den Carrer del Pintor Fortuny zu durchstöbern, auf dem Mercat de la Boqueria (S. 82) etwas zu Mittag zu essen und ein paar Stunden dem faszinierenden MACBA (S. 83) zu widmen.

Abends erwacht El Raval erst richtig zum Leben, nicht nur wegen all der illegalen Aktivitäten, die im Schutz der Dunkelheit vor sich gehen, sondern auch weil es hier einige der exzentrischeren, trendigsten und wirklich alten Bars und Clubs Barcelonas gibt.

Im Gebiet zwischen Carrer de l'Hospital und der Küste, auch bekannt als Barri Xino, zeigt El Raval noch sein altes, zwielichtiges Gesicht – hier ist es ratsam, auf seine Sachen zu achten. Die Filmoteca de Catalunya (S. 90), das nationale Kino- und Filmarchiv, wurde in eine Seitenstraße der Rambla umgesiedelt, um die Gegend aufzuwerten. Man sollte sich diesen Teil von El Raval trotz allem nicht entgehen lassen, denn hier haben mehrere schöne alte Bars die Zeiten überdauert.

Wer das alltägliche Leben im multikulturellen Raval erleben möchte, sollte über den Carrer de l'Hospital bummeln. Dort befinden sich die Moschee und zahlreiche Halal-Metzgereien, Cafés und Herrenfriseure.

Lokalkolorit

- **Marktessen** Das Essen auf dem Mercat de la Boqueria (S. 82) darf man sich nicht entgehen lassen – entweder als frische Lebensmittel zum Selberkochen oder am Tisch vor einer Bude, wo Köche und Köchinnen ihre Gäste mit katalanischen Delikatessen verwöhnen.
- **Vintage-Läden** In El Raval konzentriert sich die Faszination Barcelonas für alles, was Vintage ist – besonders viele Secondhandläden gibt's in der Fußgängerzone Carrer de la Riera Baixa.
- **Zuckerrausch** Einheimische schwören, dass die Granja M Viader (S. 89) die beste heiße Schokolade der Stadt hat.

Anfahrt

- **Metro** Drei Metrolinien umrunden El Raval. Haltestellen der Línies 1, 2 und 3 befinden sich an wichtigen Punkten am Rand des Stadtteils, ein Bahnhof ist also immer irgendwo in der Nähe. Die Station Liceu der Línia 3 liegt besonders günstig.

Top-Tipp

Wer den lauten Straßen von El Raval entfliehen möchte, sollte den Garten des Antic Hospital de la Santa Creu (S. 85) mit seinem riesigen Schachspiel aufsuchen.

Gut essen

- Bar Pinotxo (S. 86)
- Caravelle (S. 86)
- Suculent (S. 88)
- Elisabets (S. 86)

Mehr dazu S. 86

Schön ausgehen

- Bar La Concha (S. 90)
- Casa Almirall (S. 89
- La Confitería (S. 88)
- Negroni (S. 89)

Mehr dazu S. 88

Tolle Souvenirläden

- Les Topettes (S. 91)
- Fantastik (S. 91)
- Teranyina (S. 92)

Mehr dazu S. 91

HIGHLIGHT MERCAT DE LA BOQUERIA

RADU BERCAN/SHUTTERSTOCK ©

Barcelonas zentraler Lebensmittelmarkt, der Mercat de la Boqueria, ist ein Fest der Farben, Gerüche und Geräusche. Genauso sensationell ist das Gebäude, in dem er untergebracht ist. Die Markthalle quillt über von hochbeladenen, bunten Obst- und Gemüseständen und einer schier unendlichen Vielfalt an Meeresfrüchten, Käse und Fleisch.

Vermutlich gab es an diesem Ort schon seit 1217 einen Markt und obwohl er mittlerweile zu einer Sightseeing-Attraktion wurde, erledigen die Anwohner hier immer noch ihre Einkäufe. Die heutige Boqueria entstand erst im 19. Jh.; das eiserne Modernisme-Tor wurde 1914 gefertigt. Zwar breiten sich neuerdings die Buden mit touristischem Kram aus, aber der Fischmarkt im geografischen Zentrum der Boqueria ist noch der Tradition verbunden. Scheidenmuscheln und rote Garnelen, Lachs, Seebarsch und Schwertfisch, alles dermaßen fangfrisch, dass es kaum nach Fisch riecht. Hier erklärt sich Barcelonas Liebe zu Fisch und Meeresfrüchten.

In der Boqueria gibt es eine Handvoll bescheidener Lokale mit gutem Essen, allerdings öffnen viele nur zur Mittagszeit. Lecker sind die wunderbaren Tortillas im El Quim (S. 86) und alle Gerichte in der Bar Pinotxo (S. 86). Es lohnt sich aber auch, ein paar kulinarische Spezialitäten Kataloniens zu kaufen, wie *bacallà salat* (Stockfisch), in der Saison *calçots* (Frühlingszwiebeln), *cargols* (Schnecken), *peus de porc* (Schweinsfüße) und *percebes* (Entenmuscheln).

Viele Spitzengastronomen Barcelonas decken sich hier mit Lebensmitteln ein, obwohl es nicht leicht ist, an den Touristenmassen vorbeizukommen, um eine schöne Seezunge oder ein verlockendes Stück Ziegenkäse zu ergattern.

NICHT VERSÄUMEN

- Der glitzernde Fischmarkt
- Essen in den Marktkneipen
- Käse und Schinken für einen Mittagsimbiss kaufen

PRAKTISCH & KONKRET

- Karte S. 300, E4
- 93 318 20 17
- www.boqueria.info
- La Rambla 91
- Mo–Sa 8–20.30 Uhr
- Liceu

KARSOL/SHUTTERSTOCK ©

HIGHLIGHT
MACBA

Das von Richard Meier entworfene und 1995 eröffnete MACBA hat sich zum wichtigsten Ausstellungshaus für zeitgenössische Kunst in der Stadt entwickelt. Die ständige Sammlung im Erdgeschoss und 1. Stock besteht aus rund 3000 Werken, die sich auf drei Zeiträume konzentrieren: nach dem Zweiten Weltkrieg, um 1968 und die Jahre seit dem Berliner Mauerfall bis in die Gegenwart. Die Gewichtung liegt auf spanischer und katalanischer Kunst ab der zweiten Hälfte des 20. Jhs. mit Arbeiten u. a. von Antoni Tàpies, Joan Brossa und Miquel Barceló; es sind aber auch ausländische Künstler wie Paul Klee, Bruce Nauman und John Cage vertreten.

Die wechselnden Gastausstellungen sind fast immer anspruchsvoll und faszinierend. Das MACBA möchte mit dem traditionellen Museumsmodell aufräumen, in dem ein Kunstwerk nur angeschaut wird, und einen Raum schaffen, in dem Kunst kritisch betrachtet werden kann. Parallel zu den Ausstellungen werden daher fast immer Vorträge und andere Veranstaltungen geboten. Das ist Nahrung fürs Hirn ebenso wie eine Freude fürs Auge.

In der Bibliothek und im Auditorium finden regelmäßig Konzerte, Vorträge und andere Events statt, alles sehr preisgünstig oder sogar umsonst.

NICHT VERSÄUMEN

- Die ständige Sammlung spanischer und katalanischer Kunst des 20. Jhs.
- Die faszinierenden Wechselausstellungen
- Richard Meiers außergewöhnliches Bauwerk

PRAKTISCH & KONKRET

- Museu d'Art Contemporani de Barcelona
- Karte S. 300, B3
- ☎ 93 412 08 10
- www.macba.cat
- Plaça dels Àngels 1
- Erw./erm./Kind unter 14 J. 10/8 €/frei
- ⌚ Mo & Mi–Fr 11–19.30, Sa 10–21, So & Feiertage 10–15 Uhr
- Ⓜ Universitat

ALIONABIRUKOVA/SHUTTERSTOCK ©

HIGHLIGHT
PALAU GÜELL

Der Palau Güell ist ein prachtvolles Beispiel aus der Anfangszeit der rauschhaften architektonischen Phantasie Antoni Gaudís. Die außergewöhnliche neogotische Villa, eines der wenigen wichtigen Bauwerke, die in jener Zeit in der Ciutat Vella entstanden, vermittelt einen Einblick in das erstaunliche Genie ihres Schöpfers.

Gaudí erbaute den Palast in den späten 1880er-Jahren direkt an der Rambla für seinen reichen Gönner, den Industriellen Eusebi Güell. Der Palau ist zwar im Vergleich zu einigen von Gaudís späteren Kapriolen nüchtern, zeigt aber doch schon die charakteristische Mischung verschiedener Materialien und Stilrichtungen (gotisch, maurisch, Jugendstil). Nach dem Spanischen Bürgerkrieg folterte die Polizei im Keller politische Gefangene, später wurde das Gebäude aufgegeben und verfiel allmählich. Es wurde schließlich 2012 nach jahrelanger Restaurierung wiedereröffnet.

Das Zentrum des Gebäudes bildet das prächtige Musikzimmer mit einer nachgebauten Orgel, die während der Öffnungszeiten bespielt wird. Die wie eine parabolische Pyramide geformte Eingangshalle erstreckt sich über drei Stockwerke, und die hohen Bögen vereinen sich oben zu einer Kuppel. Dadurch wirkt das schmale Gebäude, das auf einem nur 500 m² großen Grundstück steht, überraschend geräumig.

Im Dachgeschoss ist nun eine detaillierte Ausstellung zur Geschichte und Renovierung des Gebäudes zu sehen und das Dach selbst ist ein wildes Durcheinander aus Kachelmosaiken und ausgefallenen Elementen. Der im Eintrittspreis enthaltene und sehr lohnenswerte Audioguide beschreibt detailliert die Architektur und mittels Musik und Illustrationen das Leben der Familie Güell.

NICHT VERSÄUMEN

- Musikzimmer
- Stallungen im Keller
- Gekachelte Kaminaufsätze

PRAKTISCH & KONKRET

- Karte S. 300, G6
- ☎ 93 472 57 71
- www.palauguell.cat
- Carrer Nou de la Rambla 3-5
- Erw./erm./Kind unter 10 J. inkl. Audioguide 12/9 €/frei, 1. So im Monat frei
- ⌚ April–Okt. Di–So 10–20 Uhr, Nov.–März bis 17.30 Uhr
- Ⓜ Drassanes

SEHENSWERTES

MERCAT DE LA BOQUERIA MARKT
Siehe S. 82

MACBA MUSEUM
Siehe S. 83

PALAU GÜELL PALAST
Siehe S. 84

CENTRE DE CULTURA CONTEMPORÀNIA DE BARCELONA GALERIE
Karte S. 300 (CCCB; ☎93 306 41 00; www.cccb.org; Carrer de Montalegre 5; Erw./erm./Kind unter 12 J. für 1 Ausstellung 6/4 €/frei, 2 Ausstellungen 8/6 €/frei, So 15–20 Uhr frei; ⏲Di–So 11–20 Uhr; Ⓜ Universitat) Das Zentrum für zeitgenössische Kunst mit Vortrags-, Ausstellungs- und Konferenzräumen eröffnete 1994 in der umgebauten Casa de la Caritat, einem ehemaligen Armenhaus aus dem 18. Jh. Sein an einer Seite von einer riesigen Glaswand begrenzte Innenhof ist spektakulär. Die in vier Bereiche unterteilten Ausstellungsflächen umfassen 4500 m². Das Zentrum bietet ein ständig wechselndes Programm an Ausstellungen, Filmreihen und anderen Veranstaltungen.

ESGLÉSIA DE SANT PAU DEL CAMP KIRCHE
Karte S. 300 (☎93 441 00 01; Carrer de Sant Pau 101; Erw./erm./Kind unter 14 J. 3/2 €/frei; ⏲Mo–Sa 10–13.30 & 16–19.30 Uhr; Ⓜ Paral·lel) Der anmutige kleine Kreuzgang dieser Kirche ist das schönste Beispiel romanischer Architektur in der Stadt. Die Kirche aus dem 12. Jh. in einem etwas vernachlässigten Garten verfügt außerdem am Haupteingang über einige westgotische Architekturelemente.

ANTIC HOSPITAL DE LA SANTA CREU HISTORISCHES GEBÄUDE
Karte S. 300 (Altes Heiligkreuzkrankenhaus; www.barcelonaturisme.com; Carrer de l'Hospital 56; ⏲9–22 Uhr; Ⓜ Liceu) GRATIS Hinter dem Mercat de la Boqueria steht das Antic Hospital de la Santa Creu, einst das wichtigste Krankenhaus der Stadt. Es wurde ab 1401 errichtet und bis in die 1930er-Jahre genutzt. In seiner Blütezeit im Mittelalter zählte es zu den besten Krankenhäusern Europas. 1926 verstarb hier übrigens Antoni Gaudí. Heute beherbergt es die **Biblioteca de Catalunya** und das Institut d'Estudis Catalans. In der ehemaligen Kapelle des Krankenhauses aus dem 15. Jh., La Capella, werden Wechselausstellungen gezeigt.

ARTICKET

Barcelonas bester Deal für Kunstfreunde ist das **Articket BCN** (www.articketbcn.org; 30 €), mit dem man sechs Museen für einen Bruchteil des Gesamtpreises der Einzeltickets besuchen kann. Die Museen sind das MACBA (S. 83), das **CCCB**, die Fundació Antoni Tàpies (S. 138), die Fundació Joan Miró (S. 194), das MNAC (S. 195) und das Museu Picasso (S. 95).

Besucher, die über den Carrer de l'Hospital das Krankenhaus erreichen, finden sich in einem stillen **Garten** wieder. Über ein paar Treppenstufen hinauf geht es zur katalanischen Nationalbibliothek, die Mitgliedern vorbehalten ist. Der Eingang des Instituts, der einstigen Casa de Convalescència de Sant Pau aus dem 17. Jh., lässt sich vom Carrer del Carme oder über eine schmale Gasse ab den Jardins del Doctor Fleming (einem kleinen Spielplatz) erreichen. Für die Öffentlichkeit ist der Innenhof mit einer Statue des hl. Paulus zugänglich. Zahlreiche Keramikkacheln schmücken das Gebäude, vor allem das Vestibül. Die ehemalige Orangerie im 1. Stock trägt den Namen der katalanischen Schriftstellerin Mercè Rodoreda.

INSTITUT D'ESTUDIS CATALANS HOCHSCHULE
Karte S. 300 (Institut für katalanische Studien; ☎93 270 16 20; www.iec.cat; Carrer del Carme 47; ⏲Sept.–Juli Mo–Fr 8–20 Uhr; Ⓜ Liceu) Das Institut für katalanische Studien hat seinen Sitz in der Casa de Convalescència aus dem 17. Jh., die einst zum Krankenhauskomplex gehörte.

RAMBLA DEL RAVAL STRASSE
Karte S. 300 (Ⓜ Liceu) Der breite Boulevard wurde im Jahr 2000 angelegt, um das ehemals anrüchige Viertel aufzuwerten – mit einigem Erfolg. Heute ist er von Palmen, Terrassencafés und einem alles dominierenden Vier-Sterne-Hotel gesäumt und jedes Wochenende findet hier ein Kunsthandwerksmarkt statt. Kinder sind von Fernando Boteros Riesenskulptur einer dicken Katze am unteren Ende garantiert begeistert.

LA CAPELLA GALERIE
Karte S. 300 (☎93 256 20 44; www.bcn.cat/lacapella; Carrer de l'Hospital 56; ⏲Di–Sa 12–20, So & Feiertage 11–14 Uhr; Ⓜ Liceu) GRATIS Die

ehemalige Kapelle des Antic Hospital de la Santa Creu aus dem 15. Jh. dient heute als Ausstellungsraum mit häufigen Wechselausstellungen.

ESSEN

SÉSAMO
VEGETARISCH €

Karte S. 300 (☎93 441 64 11; Carrer de Sant Antoni Abat 52; Hauptgerichte 9–13 €; ⌚Di–So 19–24 Uhr; ; MSant Antoni) Das behagliche, lockere Sésamo gilt gemeinhin als das beste vegetarische Restaurant der Stadt (auch wenn das hier nicht so viel heißen mag wie anderswo). Auf der Karte stehen hauptsächlich Tapas; die meisten Gäste bestellen das siebengängige Tapasmenü (25 € mit Wein). Daneben gibt es aber auch ein paar größere Gerichte. Erfreuliche kleine Details sind beispielsweise Brot und Kuchen aus eigener Herstellung.

CARAVELLE
INTERNATIONAL €

Karte S. 300 (☎93 317 98 92; www.caravelle.es; Carrer del Pintor Fortuny 31; Hauptgerichte 10–13 €; ⌚Mo 9.30–17, Di–Do 9.30–24, Fr & Sa 10–1, So 10–17 Uhr; MLiceu) Das helle kleine Lokal ist bei den Hipstern von El Raval beliebt – und bei Feinschmeckern. Hier gibt's wundervolle Tacos (Kabeljau, Limonen-Aioli und Radieschen; *pulled pork* mit geröstetem Mais und Avocado), tolle Steak-Sandwiches mit selbst gemachten Brioches und eingelegtem Sellerie sowie jede Menge Hausmannskost. Kreativ sind auch die Getränke wie hausgemachtes Ingwerbier oder Grapefruit-Limonade.

BAR MUY BUENAS
KATALANISCH €

Karte S. 300 (☎93 807 28 57; Carrer del Carme 63; Hauptgerichte 9–13 €; ⌚So–Do 13–15.30 & 20–23, Fr & Sa 13–16 & 20–23.30 Uhr; MLiceu) Nach ein paar Jahren Flaute hat sich der Modernisme-Klassiker Muy Buenas, der seit 1924 eine Bar ist, unter neuem Besitzer wieder aufgerappelt. Die hinreißenden, geschwungenen Holzrahmungen wurden sorgfältig restauriert, ebenso die Ätzglasfenster und der Marmortresen. Heute ist es eher ein Restaurant als eine Bar, aber die Cocktails sind immer noch eine Wucht. Essen (traditionelle katalanische Gerichte) gibt es nur zu den angegebenen Zeiten, aber das Muy Buenas ist den ganzen Tag bis 2 Uhr geöffnet (freitags und samstags noch länger). Montags bis freitags wird ein zweigängiges *menú del día* für 13 € angeboten.

BAR KASPARO
CAFÉ €

Karte S. 300 (☎93 302 20 72; www.kasparo.es; Plaça de Vicenç Martorell 4; Hauptgerichte 7–11 €; ⌚Di–Sa 9–23, Juni–Sept. bis 24 Uhr; ; MCatalunya) Das nette Straßencafé an einem verkehrsfreien Platz mit Spielplatz ist bei den anwohnenden Eltern beliebt. Hier gibt's Säfte, Tapas und Salate sowie umfangreichere Gerichte aus aller Welt.

ELISABETS
KATALANISCH €

Karte S. 300 (☎93 317 58 26; Carrer d'Elisabets 2-4; Hauptgerichte 8–10 €; ⌚Sept.–Juli Mo–Do & Sa 7.30–23.30, Fr bis 1.30 Uhr; MCatalunya) Elisabets ist ein tolles altes Stadtteilrestaurant mit Vintage-Radios an den Wänden und bekannt für einfache und preiswerte Küche. Das *menú del día* (12 €) wechselt täglich, aber wer *a la carta* vorzieht, sollte das *ragú de jabalí* (Wildschweinragout) und danach *mel i mató* (ein katalanisches Dessert aus Quark und Honig) probieren.

EL COLECTIVO
CAFÉ €

Karte S. 300 (☎93 318 63 80; Carrer del Pintor Fortuny 22; Bocadillos ab 4 €; ⌚Mo–Sa 9–20.30, So 9–16 Uhr; ; MCatalunya) Das relaxte kleine Café an einer ruhigen Straße in El Raval bietet ausgezeichneten Kuchen (Möhren, Ananas usw.), kreative *bocadillos* (belegte Brötchen) und exzellenten Kaffee. Die Einrichtung ist minimalistisch mit einer einzigen Reihe von Holztischen; von den Plätzen am Ladenfenster lässt sich gut das Straßengeschehen beobachten und im Hintergrund läuft immer guter Jazz. Donnerstags und freitags sind auch Tapas erhältlich.

★ BAR PINOTXO
TAPAS €€

Karte S. 300 (☎93 317 17 31; www.pinotxobar.com; Mercat de la Boqueria; Hauptgerichte 9–17 €; ⌚Mo–Sa 6–16 Uhr; MLiceu) Die Bar Pinotxo ist wohl die beste Tapasbar in der Boqueria oder sogar von ganz Barcelona. Der charmante Besitzer Juanito serviert möglicherweise Kichererbsen mit Pinienkernen und Rosinen, eine weiche Mischung aus Kartoffeln und Spinat mit Salz, zarten jungen Tintenfisch mit Cannellini-Bohnen oder süßen Schweinebauch.

EL QUIM
TAPAS €€

Karte S. 300 (☎93 301 98 10; www.elquimdelaboqueria.com; Mercat de la Boqueria; Hauptgerichte 16–21 €; ⌚Mo 12–16, Di–Do 7–16, Fr & Sa 7–17 Uhr; MLiceu) Die klassische Thekenbar im Mercat de la Boqueria ist ideal, um traditionelle katalanische Gerichte auszu-

Spaziergang
Essen & Trinken in Modernisme-Häusern

START CASA ALMIRALL **ZIEL** LA CONFITERÍA **LÄNGE/DAUER** 2 KM; EINE STUNDE

Die Eckkneipe 1 **Casa Almirall** (S. 89) im Carrer de Joaquín Costa wird seit Mitte des 19. Jhs. von der Familie Almirall geführt und hat mit den großen Straßenfenstern sowie der Theke und der Vitrinen noch viel von ihrer Modernisme-Ausstattung erhalten.

Ähnliche geschwungene Linien sind in der 2 **Bar Muy Buenas** (S. 86) im Carrer del Carme zu sehen. Sie wurde Ende des 19. Jhs. als Milchbar eröffnet und besitzt noch eine Menge Original-Einrichtungsdetails. Ein tolles Plätzchen für ein Mittagessen oder einen Drink.

Der 3 **Mercat de la Boqueria** (S. 82) mit etwa einem halben Dutzend schlichter Restaurants geht bis ins 13. Jh. zurück, wurde aber erst 1840 an dieser Stelle offiziell eingeweiht. 1914 erhielt er ein Metalldach und sein bezauberndes, gusseisernes Modernisme-Eingangsschild, dessen Bogen mit buntem Glas eingelegt ist.

Das 4 **Hotel España** (S. 227) ist vor allem für seine beiden Speisesäle berühmt, die Domènech i Montaner 1903 gestaltete. Der Entwurf für den prächtigen Alabasterkamin in der Sala Arnau stammt von Eusebi Arnau. Zu essen gibt es traditionelle katalanische Gerichte zu moderaten Preisen.

Beim Streifzug durch El Raval darf Gaudís frühes Auftragswerk, der 5 **Palau Güell** (S. 84), nicht ausgelassen werden. Er weist zwar nicht seinen üblichen Modernisme-Stil auf, hat aber unverkennbare Gaudí-Elemente wie die Schornsteine mit Kachelsplittern auf dem Dach.

Die Bar 6 **La Confitería** (S. 88) im Carrer de Sant Pau südwärts hinter der romanischen Kirche war früher ein Friseurgeschäft, dann lange Zeit eine Konditorei. Für den Umbau in eine Bar wurden die Räumlichkeiten 1998 liebevoll restauriert. Die meisten architektonischen Elemente wie Fassade, Tresen und Vitrinen sind original. Das Hinterzimmer wurde jüngst komplett renoviert, aber der Stil beibehalten.

probieren, beispielsweise Spiegeleier mit jungen Tintenfischen (die Hausspezialität) oder *escalivada* (auf Holzkohle gegrilltes Gemüse). Die Tagesgerichte werden mit Zutaten der Saison zubereitet. So kommt man vielleicht in den Genuss von Artischocken-Chips oder gebratenen Wildpilzen.

CAN LLUÍS — KATALANISCH €€

Karte S. 300 (☎93 441 11 87; www.restaurantcanlluis.cat; Carrer de la Cera 49; Hauptgerichte 14–16 €; ⏲Mo–Sa 13.30–16 & 20.30–23.30 Uhr; Ⓜ Sant Antoni) Seit 1929 führen drei Generationen derselben Familie diesen blitzblanken Klassiker. Unter den olivgrünen Balken im hinteren Speisesaal ist die Stelle zu sehen, an der 1946 die Bombe eines Anarchisten explodierte und den damaligen Eigentümer tötete. Das Restaurant ist jedoch noch immer gut im Geschäft und hat hervorragende Gerichte mit Fisch und Meeresfrüchten und ein gutes *menú del día* für 10,90 €.

GATS — FUSIONSKÜCHE €€

Karte S. 300 (☎93 144 00 44; www.encompaniadelobos.com; Carrer d'en Xuclà 7; Hauptgerichte 9–19 €; ⏲12–24 Uhr; 📶; Ⓜ Liceu) Das relativ neue Gats schlug von Anfang an im *barri* ein – die Terrasse ist stets voll besetzt. Das köstliche und frische Speisenangebot reicht von Baba Ganoush bis zu grünem Thai-Curry, aber es gibt auch reichlich heimische Gerichte, z. B. „Berg-Paella" mit Wurst oder geräucherte Sardinen mit Honig und Trüffel. Die Küche ist bis Mitternacht geöffnet.

FLAX & KALE — VEGETARISCH €€

Karte S. 300 (☎93 317 56 64; www.teresacarles.com; Carrer dels Tallers 74; Hauptgerichte 13–18 €; ⏲Mo–Fr 9.30–23.30, Sa & So ab 10 Uhr; 📶🖉; Ⓜ Universitat) Das Flax & Kale ist alles andere als ein althergebrachtes vegetarisches Restaurant: Es pflegt einen neuen Ansatz (für Barcelona jedenfalls), nämlich dass fleischloses Essen nicht Verzicht auf Vielfalt, Kreativität und Stil bedeutet. Auf der Karte stehen glutenfreie und vegane Gerichte, z. B. Tacos mit Guacamole, Aubergine und Cashew-Sauerrahm sowie rotes Penang-Curry.

BAR CAÑETE — TAPAS €€

Karte S. 300 (☎93 270 34 58; www.barcanete.com; Carrer de la Unió 17; Tapas ab 4,50 €; ⏲Mo–Sa 13–24 Uhr; 📶; Ⓜ Liceu) Die Bar folgt dem Trend der gehobenen Version traditioneller Bars mit entsprechendem Essen. Im langen, schmalen Gastraum befindet sich eine offene Küche mit Holztheke, an der die Gäste Platz nehmen und ihr Essen direkt auswählen oder von einer großen Auswahl klassischer Tapas und *platillos* (große Tapasportionen zum Teilen) bestellen können. Viele der Angebote sind modern interpretiert (wie die Muscheln mit Zitronendressing).

EN VILLE — FRANZÖSISCH €€

Karte S. 300 (☎93 302 84 67; www.envillebarcelona.es; Carrer del Doctor Dou 14; Hauptgerichte 14–18 €; ⏲Di–Sa 13–16 & 20–23.30, So & Mo 13–16 Uhr; Ⓜ Universitat) Hier lockt die traumhafte Einrichtung – opulente Blumensträuße, Gemälde und Antiquitäten überall – ebenso wie das Essen, das überwiegend, aber nicht immer spanisch und gänzlich glutenfrei ist. Mittags ist frühe Ankunft ratsam, um die Warteschlange zu umgehen.

RESTAURANT EL CAFETÍ — KATALANISCH €€

Karte S. 300 (☎93 329 24 19; www.elcafeti.com; Carrer de Sant Rafael 18; Hauptgerichte 12–18 €; ⏲Di–Sa 13.30–16 & 20–23, So 13.30–16 Uhr; 📶; Ⓜ Liceu) Das winzige, romantische kleine Restaurant ist mit alten Möbeln vollgestellt und bietet traditionelle regionale Küche mit ein oder zwei unorthodoxen Variationen. Seit einiger Zeit gibt es auch Tapas, aber Paella und andere Reisgerichte überwiegen. Das recht gute *menú del día* kostet 11 €. Der Eingang befindet sich in der schmalen Gasse Passatge de Bernardí Martorell.

SUCULENT — KATALANISCH €€€

Karte S. 300 (☎93 443 65 79; www.suculent.com; Rambla del Raval 43; Probiermenüs 45–75 €; ⏲Mi–So 13–16 & 20–23.30 Uhr; 📶; Ⓜ Liceu) Starkoch Carles Abellán betreibt auch dieses Bistro im alten Stil und serviert das Beste, was die katalanische Küche aufzuweisen hat. Von Kabeljau-Brandade bis zum Ochsenschwanzeintopf mit getrüffelten Süßkartoffeln – es werden nur die feinsten Zutaten verwendet. À la carte wird nicht angeboten, dafür vier verschiedene Probiermenüs. La Taverna del Suculent nebenan ist mittlerweile eine Cocktailbar, bietet aber immer noch modernisierte Versionen traditioneller Tapas an.

AUSGEHEN & NACHTLEBEN

★ LA CONFITERÍA — BAR

Karte S. 300 (☎93 140 54 35; Carrer de Sant Pau 128; ⏲Mo–Do 19–2.30, Fr & Sa 18–3, So 17–2.30 Uhr; 📶; Ⓜ Paral·lel) Ein Besuch hier ist eine Reise zurück ins 19. Jh. Bis in die 1980er-Jahre war das Lokal eine Confiserie

– und auch wenn die einstigen Vitrinen heute mit Alkoholika gefüllt sind, hat sich das Ambiente mit dem Umbau kaum verändert. Die kürzlich erfolgte Renovierung des Hinterzimmers wurde ähnlich einfühlsam vorgenommen und die Atmosphäre geht heute in Richtung lebhafte Cocktailbar. Später am Abend trudeln die Konzertbesucher aus dem benachbarten BARTS (S. 207) und der Sala Apolo (S. 207) hier ein.

CASA ALMIRALL BAR

Karte S. 300 (☎93 318 95 92; www.casaalmirall.com; Carrer de Joaquín Costa 33; ⏲Mo–Mi 17.30–2, Do–Sa 12–2.30, So 12–0.30 Uhr; 📶; ⓂUniversitat) Die faszinierende, schummrige Eckkneipe hat sich seit ihrer Eröffnung in den 1860er-Jahren nicht groß verändert; die Einrichtung ist im Modernisme-Stil gehalten und das Publikum gemischt. Zu den tollen Originalstücken zählen der Marmortresen und die gusseiserne Statue der Muse von der Weltausstellung 1888 in Barcelona.

BAR PASTÍS BAR

Karte S. 300 (www.barpastis.es; Carrer de Santa Mònica 4; ⏲Di–Do & So 20–2, Fr & Sa bis 3 Uhr; 📶; ⓂDrassanes) Die winzige, vollgestopfte Bar im Stil eines französischen Cabaret ist ein Klassiker mit jeder Menge Piaf aus der Stereoanlage und mit einigen Unterbrechungen schon seit dem Ende des Zweiten Weltkriegs im Geschäft. Wer einen Sitzplatz an oder wenigstens nahe der Theke ergattern möchte, muss vor 21 Uhr eintrudeln. An manchen Abenden wird Livemusik geboten – in der Regel französische Chansons.

BAR MARSELLA BAR

Karte S. 300 (☎93 442 72 63; Carrer de Sant Pau 65; ⏲Mo–Do 22–2.30, Fr & Sa bis 3 Uhr; ⓂLiceu) Die Bar gibt es bereits seit 1820. Hier wurden schon Leute wie Hemingway bedient, der in der Marsella oft bei einem *absenta* (Absinth) versackt ist. Auch heute noch ist Absinth die Spezialität des Hauses, ein Gesöff, das mit Vorsicht zu genießen ist. Zusammen mit dem Glas werden ein Stück Zucker, eine Gabel und eine kleine Flasche Mineralwasser serviert. Der Zucker kommt auf die Gabel, die man über das Glas hält, dann wird Wasser über den Zucker gegossen, damit er sich auflöst, was den Absinth gelb färbt. Von dem Ergebnis wird einem so richtig schön warm ums Herz.

GRANJA M VIADER CAFÉ

Karte S. 300 (☎93 318 34 86; www.granjaviader.cat; Carrer d'en Xuclà 6; ⏲Mo–Sa 9–13 & 17–21 Uhr; ⓂLiceu) Seit über einem Jahrhundert schätzen die Leute in dieser klassisch katalanischen Milchbar die heiße Schokolade mit Schlagsahne (um *suís* bitten). 1931 erfand der Viader-Clan „Cacaolat“, ein Kakaogetränk in der Flasche mit einem charakteristischen Label. Die Einrichtung ist herrlich altmodisch und die Atmosphäre immer lebhaft.

HISTORISCHE BARS IN RAVAL

- **Bar Marsella**
- **La Confitería** (S. 88)
- **Casa Almirall** (S. 89)

EL DRAPAIRE BAR

Karte S. 300 (☎607 466446; www.drapaire.com; Carrer de les Sitges 11; ⏲So–Do 18–2, Fr & Sa 15–3 Uhr; 📶; ⓂCatalunya) Die behagliche Kneipe mit Balkendecke, Teil der jüngst florierenden Craft-Bier-Szene, wurde aufgepeppt und hat nun 13 Zapfhähne für verschiedene spanische und internationale Biere. Dazu werden Tapas sowie Käse- und Wurstplatten zum Teilen gereicht. Freitags gibt's Livemusik.

33|45 BAR

Karte S. 300 (☎93 187 41 38; www.3345.struments.com; Carrer de Joaquín Costa 4; ⏲So–Do 13–2, Fr & Sa bis 3 Uhr; 📶; ⓂUniversitat) Die supertrendige Bar in einer Straße, in der es viele davon gibt, besticht durch ausgezeichnete Mojitos, schickes Publikum und häufig wechselnde Kunst an den Wänden. Fast jeden Abend sorgen DJs für Stimmung und es gibt reichlich Sofas und Sessel zum Ausruhen nach dem Tanzen.

MOOG CLUB

Karte S. 300 (☎93 319 17 89; www.masimas.com/moog; Carrer de l'Arc del Teatre 3; Eintritt 5–10 €; ⏲So–Do 24–5, Fr & Sa bis 6 Uhr; ⓂDrassanes) Gute Stimmung herrscht in dem winzigen Club in der Innenstadt, der bei Partygängern schon seit ewigen Zeiten beliebt ist. Auf der Haupttanzfläche legen die DJs House, Techno und Electro auf; im Obergeschoss feiert das Volk mit einer gelungenen Mischung aus Indie und Klassikern der Popmusik.

NEGRONI COCKTAILBAR

Karte S. 300 (www.negronicocktailbar.com; Carrer de Joaquín Costa 46; ⏲So–Do 19–2.30, Fr & Sa bis 3 Uhr; ⓂUniversitat) „Klein, aber fein“ – die winzige, schummrige Bar entspricht dem voll und ganz. Die überwiegend schwarze

WIEDERBELEBUNG DES VIERTELS EL RAVAL

Der Umzug der **Filmoteca de Catalunya** aus Sarrià nach Raval ist Teil des „Raval Cultural", eines fortdauernden Projekts, mit dessen Hilfe das Viertel in eines der wichtigsten Kulturzentren Spaniens verwandelt werden soll. Im Rahmen des Projekts haben Vertreter des MACBA, des Gran Teatre del Liceu, des Centre de Cultura Contemporània de Barcelona, der Biblioteca de Catalunya, von Arts Santa Mònica, des Virreina Centre de la Imatge, des Institut d'Estudis Catalans und der Filmoteca de Catalunya ein Kulturnetzwerk gebildet, in dessen Mittelpunkt El Raval steht. Zum Projekt gehören ergänzende Ausstellungen, Kulturevents, Führungen und Zusammenarbeit bei Bildungsprojekten.

Einrichtung lockt vor allem Studenten an, die hier alle möglichen Cocktails probieren, z. B. den legendären Negroni. Diese Erfindung eines Florentiners besteht aus einem Drittel Campari, einem Drittel Gin und einem Drittel süßem Wermut.

MARMALADE BAR

Karte S. 300 (☎93 442 39 66; www.marmaladebarcelona.com; Carrer de la Riera Alta 4-6; ⏲Mo–Do 18.30–2, So 10–3 Uhr; 📶; Ⓜ Sant Antoni) Einladend schimmert das goldene Licht dieser dezent beleuchteten Bar (mit Restaurant) durch die Fensterfront. Innen lockt das Marmelade mit unterschiedlichen, aber überall opulent eingerichteten Räumlichkeiten, und neben der Bar wartet ein Billardtisch. Hier dreht sich alles um Cocktails, einige gibt's den ganzen Abend lang für 5 €.

BAR LA CONCHA BAR, SCHWULE

Karte S. 300 (www.laconchadelraval.com; Carrer de la Guàrdia 14; ⏲So–Do 17–2.30, Fr & Sa bis 3 Uhr; 📶; Ⓜ Drassanes) Die Bar huldigt der Schauspielerin Sara Montiel: Das gesamte Lokal ist mit über 250 Fotos des sinnlichen Stars gepflastert, die heute einen so gar nicht passenden riesigen TV-Bildschirm umgeben. Das La Concha war einst eher ein Tummelplatz von Schwulen und Transvestiten, doch sind hier alle willkommen und werden sicher ihren Spaß haben, besonders wenn die Dragqueens auftreten. Die 1928 geborene Sara Montiel zeigte sich nackt auf der Leinwand, als dies noch verpönt war – „la concha" bedeutet eigentlich „die Muschel", ist aber auch spanischer Slang für die weiblichen Genitalien.

BETTY FORD'S BAR

Karte S. 300 (☎93 304 13 68; Carrer de Joaquín Costa 56; ⏲Di–Sa 13–2.30, So & Mo ab 17 Uhr; 📶; Ⓜ Universitat) Die nette Eckkneipe zählt zu den vielen guten Zwischenstopps am Carrer de Joaquín Costa, auf dem sich die Studenten tummeln. Die Cocktails sind empfehlenswert – und so füllt sich die Bar nach und nach mit Einheimischen und Auswärtigen. In der Regel ist das Publikum selten über 30. Es gibt auch ein ganz gutes Angebot an Burgern und Suppen.

KENTUCKY BAR

Karte S. 300 (Carrer de l'Arc del Teatre 11; ⏲Mi–Sa 22–4 Uhr; Ⓜ Drassanes) Die Kneipe, einst ein Treff von US-Marinesoldaten auf Landgang, ist ein Musterbeispiel amerikanischen Kitsches, aber ideal, um den Abend zu beschließen, sofern man sich überhaupt noch in die Bar hineinquetschen kann. Denn hier amüsieren sich verschiedenste schräge Vögel aus dem Viertel und der Umgebung. Da die Bar oft (inoffiziell) bis zum Sonnenaufgang geöffnet ist, ist sie eine Institution der Nachtschwärmer.

☆ UNTERHALTUNG

★ FILMOTECA DE CATALUNYA KINO

Karte S. 300 (☎93 567 10 70; www.filmoteca.cat; Plaça de Salvador Seguí 1-9; Erw./erm. 4/3 €; ⏲Filmvorführungen 17–22 Uhr, Kartenschalter Di–So 10–15 & 16–21.30 Uhr; Ⓜ Liceu) Die Filmoteca de Catalunya, Kataloniens Nationalkino, ist in einem modernen 6000 m² großen Gebäude mitten im zwielichtigsten Teil von El Raval untergebracht. Die Filme sind eine erstklassige Mischung aus Klassikern und jüngeren Streifen, oft gezeigt in thematischen Reihen. Eine Zehnerkarte kostet nur 20 €. Zusätzlich zu den zwei Kinos mit insgesamt 555 Plätzen umfasst die Filmoteca eine Filmbibliothek, einen Buchladen, ein Café, Büros und Ausstellungsräume.

23 ROBADORS LIVEMUSIK

Karte S. 300 (www.23robadors.wordpress.com; Carrer d'en Robador 23; ⏲20–2.30 Uhr; Ⓜ Liceu) Der Carrer d'en Robador ist eine der verbliebenen anrüchigen Straßen in El Raval, in der allen Gentrifizierungsbemühungen zum Trotz Prostituierte, Junkies und andere Außenseiter herumhängen. Dennoch hat sich hier diese schmale kleine Bar durch ihre Shows und Konzerte einen Namen gemacht – Jazz steht im Vordergrund, aber es gibt auch Lesungen, Flamenco und vieles mehr.

JAZZ SÍ CLUB LIVEMUSIK

Karte S. 300 (☎93 329 00 20; www.tallerdemusics.com/en/jazzsi-club; Carrer de Requesens 2; Eintritt inkl. Getränk 6–10 €; ⏱Di–Sa 20.30–23, So 18.30–22 Uhr; Ⓜ Sant Antoni) Die enge kleine Bar unter der Regie der Taller de Músics (einer Musikschule) bietet die Bühne für ein abwechslungsreiches Programm. Es reicht von Jazz bis hin zu gutem Flamenco (freitag- und samstagabends). Am Donnerstagabend findet die kubanische Nacht statt, dienstags und sonntags wird Rock gespielt, die übrigen Tage sind Jazz- oder auch Blues-Sessions an der Reihe. Die Konzerte beginnen etwa um 21 Uhr, die Jamsessions allerdings oft bereits früher.

TEATRE LLANTIOL THEATER

Karte S. 300 (☎93 329 90 09; www.llantiol.com; Carrer de la Riereta 7; Ⓜ Sant Antoni) Dieses reizende kleine Café-Theater verfügt über eine gewisse schäbige Eleganz, und auf der Bühne gibt's Konzerte ebenso wie Theater und Zauberdarbietungen. Die Spezialität des Hauses sind jedoch Comedyshows, gelegentlich auch auf Englisch (Eddie Izzard trat hier jüngst auf); Näheres auf der Website.

TEATRE ROMEA THEATER

Karte S. 300 (☎93 309 70 04; www.teatreromea.com; Carrer de l'Hospital 51; ⏱Kartenschalter Di–Fr 17.30 Uhr bis Vorstellungsbeginn, Sa & So ab 16.30 Uhr; Ⓜ Liceu) Das Theater aus dem 19. Jh. nahe der Rambla wurde Ende der 1990er-Jahre zu neuem Leben erweckt. Heute ist es eine der besten Schauspielbühnen der Stadt. Die Auswahl an interessanten Stücken ist groß. Oft werden Klassiker mit zeitgenössischem Bezug gezeigt (mal auf Katalanisch, mal auf Spanisch).

EL CANGREJO GAY

Karte S. 300 (☎93 301 29 78; Carrer de Montserrat 9; ⏱Fr & Sa 23–3 Uhr; Ⓜ Drassanes) Star dieses Tempel des Kitsches, eines schäbigen Tanzsaals der schon seit den 1920er-Jahren gegen die guten Sitten verstößt, ist seit Jahren die schillernde Untergrundvarietéfigur Carmen Mairena. Der Laden verströmt ein wunderbar geschmackloses Flair, besonders bei den mitternächtlichen Dragshows am Freitag und Samstag. Da er auch bei Touristen unglaublich beliebt ist, kommt man eigentlich nur bei früher Ankunft rein.

SHOPPEN

★LES TOPETTES KOSMETIK

Karte S. 300 (☎93 500 55 64; www.lestopettes.com; Carrer de Joaquín Costa 33; ⏱Di–Sa 11–14 & 16–21, Mo 16–21 Uhr; Ⓜ Universitat) Es ist ein Zeichen der Zeit, dass ein so schicker Konsumtempel für Seife und Parfums heute in El Raval seine Kundschaft findet. Die Artikel wurden wegen ihres Designs ebenso wie wegen der Produkte selbst ausgewählt. So sind hier wunderschön verpackte Düfte, Kerzen und Cremes von z. B. Diptyque, Cowshed und L'Artisan Parfumeur zu finden.

JOAN LA LLAR DEL PERNIL LEBENSMITTEL

Karte S. 300 (☎93 317 95 29; www.joanlallardelpernil.com; Stände 667-671, Mercat de la Boqueria; ⏱Mo–Do 8–15, Fr & Sa bis 20 Uhr; Ⓜ Liceu) An dem Stand im Mercat de la Boqueria gibt es mit den besten Schinken der Stadt, der überwiegend scheibenweise in kleinen Tüten als Imbiss verkauft wird.

FANTASTIK KUNSTHANDWERK

Karte S. 300 (☎93 301 30 68; www.fantastik.es; Carrer de Joaquín Costa 62; ⏱Mo–Fr 11–14 & 16–20.30, Sa 11–15 & 16–21 Uhr; Ⓜ Universitat) In dem farbenfrohen Laden werden mehr als 400 Produkte aus Mexiko, Indien, Bulgarien, Russland, Senegal und 20 anderen Ländern verkauft. Darunter mexikanische Totenkopfrasseln, kleine Monderkundungsroboter aus China oder recycelte Plastikzebras aus Südafrika. Also alles, was man nicht braucht, aber unbedingt haben möchte.

HOLALA! PLAZA MODE & ACCESSOIRES

Karte S. 300 (www.holala-ibiza.com; Plaça de Castella 2; ⏱Mo–Sa 11–21 Uhr; Ⓜ Universitat)

SPEZIALGESCHÄFTE

In El Raval gibt es rund um das MACBA ein paar Kunstgalerien sowie in und um den Carrer de la Riera Baixa etliche Läden, die Secondhand- und Vintage-Kleidung verkaufen. Der Carrer dels Tallers ist eine der Topadressen der Stadt für Musikläden.

Der Laden, der ursprünglich aus Ibiza stammt, ist von der alteingesessenen (und ziemlich kommerzialisierten) Hippie-Tradition dieser Insel inspiriert. Hinten, wo er an den Carrer de Valldonzella grenzt, hat er einen Ausstellungsraum („Gallery") für zeitgenössische Kunst. Geboten wird in erster Linie Vintage-Kleidung, neben einem bunt gemischten Programm von Ausstellungen und Aktivitäten.

CHÖK — LEBENSMITTEL

Karte S. 300 (93 304 23 60; www.chokbarcelona.com; Carrer del Carme 3; 9–21 Uhr; M Liceu) Das Chök in einem alten Laden eines Chocolatiers mit originalen Holzregalen und Buntglas spezialisiert sich auf alles, was süß ist, besonders auf Donuts in allen möglichen Farben und Geschmacksrichtungen. Aber es gibt auch Kekse, Macarons, Marshmallows und natürlich den allgegenwärtigen *cronut*. In einer kleinen Sitzecke kann man eine Bestellung aufgeben und Kaffee trinken.

TERANYINA — KUNSTHANDWERK

Karte S. 300 (93 317 94 36; www.textilteranyina.com; Carrer del Notariat 10; Mo–Fr 11–14 & 17–20 Uhr; M Catalunya) Die Künstlerin Teresa Rosa Aguayo betreibt diese Textilwerkstatt im Herzen der Kunstszene von El Raval. Sie veranstaltet Webkurse und verkauft ihre selbst entworfenen Teppiche und textilen Kunstwerke.

LA PORTORRIQUEÑA — KAFFEE

Karte S. 300 (93 317 34 38; Carrer d'en Xuclà 25; Mo–Fr 9–14 & 17–20, Sa 9–14 Uhr; M Catalunya) Das Erfolgsrezept des 1902 gegründeten Geschäfts ist Kaffee aus der ganzen Welt. Außerdem gibt es hier alle Arten von Leckereien aus Schokolade. In dieser Straße liegen auch viele kleine altmodische Lebensmittelgeschäfte.

SPORT & AKTIVITÄTEN

CICLOTOUR — RADFAHREN

Karte S. 300 (93 317 19 70; www.barcelonaciclotour.com; Carrer dels Tallers 45; Touren 22 €; Mai–Okt. tgl. 11, 14 & 16.30 Uhr, Nov. Mo–Fr 11, Sa & So 11 & 16.30 Uhr, Juni–Sept. auch Do–So 19.30 Uhr; M Universitat) Tägliche Fahrradtouren zu den wichtigsten Sehenswürdigkeiten der Stadt. Zu den abendlichen Touren gehört auch ein Besuch der Font Màgica.

La Ribera

Highlights

❶ **Basílica de Santa Maria del Mar** (S. 97) Die schlichte Schönheit dieses Beispiels katalanischer Gotik bewundern.

❷ **Museu Picasso** (S. 95) In dem faszinierenden Museum in mehreren zusammenhängenden Palästen die Ursprünge von Picassos Genie kennenlernen.

❸ **Palau de la Música Catalana** (S. 98) Eine Vorstellung in dem modernistischen Konzerthaus erleben oder an einer Führung teilnehmen.

❹ **Parc de la Ciutadella** (S. 99) In dem Park spazieren gehen, picknicken, eine Bootsfahrt auf dem See unternehmen und Kunstwerke entdecken.

❺ **Bormuth** (S. 104) In fröhlicher Atmosphäre traditionelle Tapas futtern und das hervorragende Mittagsangebot nutzen.

Details siehe Karte S. 304

Top-Tipp

Der Besuch sämtlicher Museen Barcelonas kann ein teures Vergnügen werden. Aber am Sonntagnachmittag ist der Eintritt in viele Museen frei.

Gut essen

- Casa Delfín (S. 105)
- El Atril (S. 105)
- Nakashita (S. 105)
- Bormuth (S. 104)
- En Aparté (S. 104)

Mehr dazu S. 102

Schön ausgehen

- Mudanzas (S. 107)
- La Vinya del Senyor (S. 106)
- Rubí (S. 107)
- Miramelindo (S. 107)

Mehr dazu S. 106

Herausragende Architektur

- Basílica de Santa Maria del Mar (S. 97)
- Palau de la Música Catalana (S. 98)
- Carrer de Montcada (S. 100)

Rundgang: La Ribera

Das Gebiet mit dem etwas umständlichen offiziellen Namen „Sant Pere, Santa Caterina i la Ribera“ heißt bei den Einheimischen schlicht La Ribera. Der schnurgerade Carrer de la Princesa zwischen der verkehrsreichen Via Laietana und dem Parc de la Ciutadella teilt La Ribera in zwei Hälften. Der gentrifizierte südliche Teil wird als El Born bezeichnet, nach dem lebhaften, von Bars gesäumten Passeig del Born, der Hauptstraße Barcelonas vom 13. bis 18. Jh. Er verläuft von der prachtvollen gotischen Basílica de Santa Maria del Mar (S. 97) bis zum Born Centre de Cultura i Memòria (S. 100), einer ehemaligen Markthalle. Am besten steuern Besucher diese Gegend zuerst an, um den Carrer de Montcada entlang zu schlendern, der jede Menge Gotik- und Barockvillen sowie eines der bedeutendsten Museen der Stadt, das Museu Picasso (S. 95), zu bieten hat.

Nordwestlich des Carrer de la Princesa windet sich ein Wirrwarr von Straßen nordwärts um den markanten Neubau des Mercat de Santa Caterina (S. 100) in Richtung des modernistischen Palau de la Música Catalana (S. 98). In diesen engen Gassen wurden einige gute Restaurants und Bars eröffnet.

Auf der südwestlichen Seite wird La Ribera von der Via Laietana begrenzt, im Nordosten endet das Viertel am Parc de la Ciutadella (S. 99). Der Park ist ein seltenes Stück Grün im Zentrum von Barcelona, wo man auf dem Rasen liegen, an der großen Fontäne sitzen, den Zoo besuchen und – mit Kindern – die Spielplätze nutzen kann.

Lokalkolorit

- **Marktgeheimnisse** Einheimische kaufen Eier nur auf dem Mercat de Santa Caterina (S. 100), wo sie in der Saison zwischen frischen Trüffeln gelagert werden. Weich gekocht schmecken diese Eier einfach himmlisch.
- **Sonne tanken** Der viel besuchte Passeig del Born ist ideal, um an einem Sonntagvormittag bei einem Brunch auf einer Caféterrasse die Sonne zu genießen.
- **Ein Stück Kultur** Der Besuch eines mittäglichen Klassikkonzerts am Wochenende im Palau de la Música Catalana (S. 98) ist eine gute Gelegenheit, die herrliche Ausstattung des großen Konzertsaals bei natürlichem Tageslicht zu sehen.
- **Stylisches Barcelona** Es lohnt sich, genau wie die *barcelonins* in den schrägsten Boutiquen zu shoppen.

Anfahrt

- **Metro** Die Línia 4 mit den Stationen Urquinaona, Jaume I und Barceloneta streift La Ribera im Südwesten. Die Línia 1 hält an den Stationen Urquinaona und Arc de Triomf (zum Parc de la Ciutadella).

HIGHLIGHT
MUSEU PICASSO

Allein schon die Lage des Picasso-Museums in fünf zusammenhängenden mittelalterlichen Stadthäusern ist einmalig. Die ständige Sammlung ist im Palau Aguilar, im Palau del Baró de Castellet und im Palau Meca untergebracht (alle aus dem 14. Jh.). In der Casa Mauri aus dem 18. Jh., die auf mittelalterlichen Fundamenten errichtet wurde (sogar römische Reste wurden entdeckt), und im angrenzenden Palau Finestres aus dem 14. Jh. werden Wechselausstellungen gezeigt.

Geschichte des Museums

Angeblich wurde die Gründung des Museums von Picasso selbst angeregt, der sie 1960 seinem Freund und Privatsekretär Jaume Sabartés (selbst gebürtiger *barcelonin*) vorschlug. Picassos Ablehnung des Franco-Regimes war jedoch kein Geheimnis; ein Museum unter seinem eigenen Namen wäre der Zensur zum Opfer gefallen. So wurde es drei Jahre später unter dem Namen „Sammlung Sabartés" eröffnet. Das heutige Museu Picasso wurde 1983 eröffnet. Ursprünglich enthielt es nur Sabartés' private Sammlung von Kunstwerken Picassos sowie ein paar Arbeiten aus dem Kunstmuseum Barcelonas. Aber nach und nach erweiterte sich die Sammlung mit Schenkungen, u. a. von Salvador Dalí und Sebastià Junyer Vidal. Die meisten Werke wurden dem Museum jedoch von Picasso selbst vermacht. Darüber hinaus stiftete seine Witwe, Jacqueline Roque, 41 Keramiken sowie das Gemälde *La dona de la còfia* (Die Frau mit der Haube). Sabartés' jahrelanges Engagement wird in einem

NICHT VERSÄUMEN

- *Retrato de la Tía Pepa*
- *Ciència i caritat*
- *Terrats de Barcelona*
- *El foll*
- *Las meninas*

PRAKTISCH & KONKRET

- Karte S. 304, D5
- ☎ 93 256 30 00
- www.museupicasso.bcn.cat
- Carrer de Montcada 15–23
- Erw./erm./Kind unter 16 J. alle Sammlungen 14/7,50 €/frei, ständige Sammlung 11/7 €/frei, Wechselausstellungen unterschiedl., Do 19–21.30 Uhr & 1. So im Monat frei
- Di–So 9–19, Do bis 21.30 Uhr
- M Jaume I

MUSEU PICASSO: WAS IST WO?

Die ständige Sammlung ist im Palau Aguilar, -Palau del Baró de Castellet und Palau Meca untergebracht. Die Casa Mauri und der angrenzende Palau Finestres aus dem 14. Jh. zeigen Wechselausstellungen.

TOP-TIPPS

- Die Jahreskarte Carnet del Museu Picasso ist mit 15 € kaum teurer als eine Tageskarte und ermöglicht mehrfachen Eintritt. Es gibt für sie einen eigenen Schalter, separat vom allgemeinen Kartenverkauf.
- Warteschlangen lassen sich durch Online-Buchung und Reservierung eines Zeitfensters vermeiden.

ihm gewidmeten Saal gewürdigt, in dem auch sein berühmtes Porträt mit Halskrause aus Picassos Blauer Periode hängt.

Die Sammlung

Die Sammlung konzentriert sich auf die Entwicklungsjahre des Künstlers in Barcelona und in anderen Orten Spaniens, bietet aber auch genügend Beispiele aus späteren Perioden und demonstriert eindrucksvoll die Vielseitigkeit und das Genie des Künstlers. Vor allem wird erkennbar, dass Picasso ein wahrer Vorreiter war, der bei seiner Suche nach neuen Ausdrucksformen sich selbst (und erst recht anderen) immer einen Schritt voraus war. Die Sammlung umfasst über 3500 Kunstwerke, die größtenteils aus der Zeit vor 1904 stammen – passenderweise, da der Künstler seine prägenden Jahre in Barcelona verbrachte.

Besucher sollten aber nicht seine bekanntesten Werke oder gar Arbeiten aus seinen berühmtesten Schaffensperioden erwarten. Was die Sammlung so besonders und unter den vielen Picasso-Museen der Welt so einzigartig macht, ist die Art, wie sein außergewöhnliches Talent in so jungen Jahren repräsentiert wird. Das ein technisch so ausgereiftes Werk wie *Ciència i caritat* (Wissenschaft und Barmherzigkeit) von einem 15-Jährigen geschaffen wurde, erscheint unglaublich. Und auch einige seiner Selbstporträts und die Porträts seiner Eltern, die 1896 entstanden, zeugen vom frühen Talent Picassos.

Las Meninas durch die Augen von Picasso

Von 1954 bis 1962 war Picasso von der Idee besessen, die großen Maler, allen voran Velázquez, eingehend zu studieren und sie „wiederzuentdecken". 1957 schuf er eine ganze Serie von Variationen zu Velazquez' Meisterwerk *Las Meninas* (Die Hofdamen), die heute in den Räumen 12 bis 14 hängen. Es scheint, als habe Picasso das originale Velázquez-Gemälde durch das Prisma seiner bisherigen Stilrichtungen betrachtet, um ein neues Meisterwerk zu schaffen. Im Museu Picasso ist die komplette *Las-Meninas*-Serie an einem Ort versammelt.

Keramiken

Eine weitere Besonderheit des Museu Picasso ist die Ausstellung seiner Arbeiten mit weniger bekannten Techniken und Materialien. Die letzten Räume enthalten Kupferstiche und etwa 40 Keramiken, die in den letzten Jahren seines kreativen Lebens entstanden. Zu sehen sind Teller und Schalen, die mit einfachen Zeichnungen von Fischen, Eulen und anderen Tiergestalten geschmückt sind.

FARAZ BUTTE/SOOPX ©

HIGHLIGHT
BASÍLICA DE SANTA MARIA DEL MAR

An einem Ende des Passeig del Born erhebt sich die schönste Kirche der katalanischen Gotik, die Santa Maria del Mar (hl. Maria am Meer). Ihr Bau begann 1329 unter Leitung der Architekten Berenguer de Montagut und Ramon Despuig. Die Gemeindemitglieder selbst, besonders die Hafenarbeiter von den benachbarten Hafenanlagen, nahmen sich die Zeit, beim Bau der Kirche mitzuhelfen.

Die gefällige Einheit von Form und Symmetrie des Mittelschiffs und der beiden Seitenschiffe der Kirche ist überwiegend der Schnelligkeit zu verdanken, mit der die Kirche gebaut wurde – in nur 54 Jahren, was wohl ein Rekord für bedeutende europäische Gotteshäuser ist. Die schlanken, achteckigen Säulen erzeugen den Eindruck enormer Raumweite in der ins Licht der Buntglasfenster getauchten Kirche.

Selbst bevor Anarchisten 1909 und nochmals 1936 die Kirche leer räumten, war die Santa Maria nie im Überfluss ausgeschmückt. Verschwunden sind die vergoldeten Kapellenkränze, die so beherrschend in vielen spanischen Kirchen sind, und die Farbtupfer hoch über dem Kirchenschiff sind ungewöhnlich subtil und dafür umso schöner. All das betont die feinen Proportionen, die Klarheit der Linien und die Weiträumigkeit der Kirche.

NICHT VERSÄUMEN

- Die im Steinrelief abgebildeten Erbauer der Kirche
- Die Konzerte
- El Fossar de les Moreres

PRAKTISCH & KONKRET

- Karte S. 304, E6
- ☎ 93 310 23 90
- www.santamariadelmarbarcelona.org
- Plaça de Santa Maria del Mar
- 13–17 Uhr 8 € inkl. Führung
- ⌚ Mo–Sa 9–20.30, So 10–20 Uhr
- Ⓜ Jaume I

VLAD G/SHUTTERSTOCK ©

HIGHLIGHT
PALAU DE LA MÚSICA CATALANA

Die Konzerthalle ist ein Glanzpunkt der Modernisme-Architektur, eine Sinfonie aus Keramik, Backstein, Steinskulpturen und Buntglas. Domènech i Montaner baute sie zusammen mit den besten katalanischen Kunsthandwerkern seiner Zeit zwischen 1905 und 1908 für den städtischen Musikverein Orfeo Català. Der *palau* (Palast) galt als ein Tempel der katalanischen Renaixença (Renaissance) und wurde seit 1990 mehrfach modernisiert.

Wie ein Pfau präsentiert der *palau* seine imposante äußere Schönheit. Die Hauptfassade schmücken Mosaiken, florale Kapitelle und eine Skulpturengruppe, die die katalanische Volksmusik symbolisiert. Innen im Foyer und Restaurant fallen besonders die glänzenden, gekachelten Pfeiler ins Auge. Am schönsten ist jedoch der prächtige Konzertsaal im Obergeschoss. An der Decke aus blau-goldenem Bleiglas ragt das gewölbte Oberlicht wie eine riesige gläserne Brustwarze in den Raum. Auf der Bühne thront über einer Beethoven-Büste eine Skulptur von Wagners Walküre mit wehenden Haaren (Wagner stand damals in Barcelona ganz oben auf der Klassik-Hitliste).

NICHT VERSÄUMEN

- Mosaiken und Säulen der Hauptfassade
- Das Foyer und die Säulen im Restaurant
- Der große Konzertsaal
- Ein Konzert – bei Tag oder am Abend

PRAKTISCH & KONKRET

- Karte S. 304, A3
- ☎93 295 72 00
- www.palaumusica.cat
- Carrer de Palau de la Música 4-6
- Erw./erm./Kind unter 10 J. 18/15 €/frei
- ⏲Führungen 10–15.30 Uhr, Ostern, Juli & Aug. bis 18 Uhr
- Ⓜ Urquinaona

SEHENSWERTES

MUSEU PICASSO MUSEUM

Siehe S. 95

BASÍLICA DE SANTA MARIA DEL MAR KIRCHE

Siehe S. 97

PALAU DE LA MÚSICA CATALANA ARCHITEKTUR

Siehe S. 98

PARC DE LA CIUTADELLA PARK

Karte S. 304 (Passeig de Picasso; Mai–Sept. 8–21 Uhr, Okt.–April bis 19 Uhr; ; Arc de Triomf) Ob für einen Spaziergang, ein Picknick, eine Bootsfahrt auf dem See oder zur Besichtigung des katalanischen Parlaments – einen Besuch in der zentralen grünen Lunge der Stadt sollte niemand auslassen. Der Parc de la Ciutadella ist ideal zum Ausspannen.

Nach dem Spanischen Erbfolgekrieg ließ Phillip V. einen großen Teil La Riberas abreißen, um dort eine mächtige Festung zu errichten, die über Barcelona wachen sollte – La Ciutadella. Sie wurde zum Symbol für alles, was die Katalanen an Madrid und den Bourbonenkönigen verabscheuten, und wurde später als politisches Gefängnis genutzt. Erst 1869 erlaubte die Zentralregierung ihren Abriss. Das Gelände wurde in einen Park umgewandelt, in dem 1888 die Weltausstellung stattfand.

Zwischen 1875 und 1881 gestaltete Josep Fontserè zusammen mit einem enthusiastischen jungen Gaudí die monumentale **Cascada** (Wasserfall) am Parkeingang am Passeig de Pujades. Die theatralische Kombination aus Statuen, schroffen Felsen, Pflanzen und donnerndem Wasser ist ganz und gar künstlich. In der Nähe werden an einem kleinen See Ruderboote vermietet.

Im Südosten des Parks residiert im ehemaligen Arsenal der Festung (vielleicht ein Anflug schwarzen Humors) das **Parlament de Catalunya** (Karte S. 304; 93 304 65 00; www.parlament.cat; Führungen Sa, So & Feiertage 10–13 Uhr) GRATIS. Samstags und sonntags werden kostenlose Führungen auf Katalanisch und Spanisch angeboten. Nur am 11. September kann das Gebäude zwischen 10 und 19 Uhr auch auf eigene Faust besichtigt werden. Öffentlich zugänglich sind die ausladende Escala d'Honor (Ehrentreppe) und mehrere imposante Säle, die zum Saló de Sessions führen, dem halbkreisförmigen Sitzungssaal des Parlaments. Im Seerosenteich in der Mitte des Gartens vor dem Gebäude steht die Statue einer scheinbar untröstlichen Frau von Josep Llimona: *Desconsol* (Verzweiflung; 1907).

An der Parkseite zum Passeig de Picasso befinden sich mehrere Gebäude, die zur oder kurz vor der Weltausstellung errichtet wurden. Am bezauberndsten ist ein mittelalterlich aussehender, eigenwilliger Bau am oberen Ende, das **Castell dels Tres Dragons** (Burg der drei Drachen). Es beherbergte lange Zeit das Museu de Zoologia, das mittlerweile in die Gegend um El Forùm umgezogen ist und nun das Museum Blau ist. Domènech i Montaner verwendete beim Bau der „Burg" wegweisende Stahlrahmen. Die Wappen sind reine Phantasie und das gesamte Bauwerk wirkt verspielt. Während der Weltausstellung wurde es als Café-Restaurant genutzt.

Im Süden befindet sich L'Hivernacle, ein aufwendiges Gewächshaus. Darauf folgen das frühere Museu de Geologia und das Palmenhaus L'Umbracle. Auf dem Passeig de Picasso selbst steht eines von Antoni Tàpies unergründlichen Werken, **Homenatge a Picasso**: An den Scheiben eines Glaskastens mit alten Möbelstücken und Stahlträgern rinnt Wasser hinab.

DER PALAU DE LA MÚSICA CATALANA IM WANDEL DER ZEIT

Das ursprüngliche Modernisme-Gebäude (S. 98), heute Weltkulturerbestätte, stieß seinerzeit nicht auf einhellige Begeisterung. Der Doyen der katalanischen Literatur, Josep Pla, bezeichnete es kurzerhand als „schauderhaft" – eine Meinung, die heute kaum einer teilen würde. Domènech i Montaner selbst war ebenfalls verschnupft. Er nahm wegen unbezahlter Rechnungen nicht an der Eröffnungsfeier teil.

2009 bis 2012 stand der *palau* (Palast) im Zentrum eines Betrugsskandals, als der Direktor Felix Millet zugab, Millionen Euro aus der Kasse unterschlagen zu haben. Er trat anschließend zurück. Im März 2012 bekamen er und sein Partner die Auflage, die veruntreuten Gelder an den *palau* zurückzuzahlen.

INSIDERWISSEN

EINE SCHWARZE VERGANGENHEIT

Antonio López y López war ein Unternehmer und Philanthrop, mit dessen großzügiger Finanzierung die meisten Gebäude an der Hafenseite der Via Laietana gebaut wurden. Dort trägt ein Platz nun seinen Namen samt einer großen Statue. In den vergangenen Jahren kam heraus, dass er sein Geld teilweise mit dem Sklavenhandel gemacht hatte. Daher gibt es Bestrebungen, den Platz, neben anderen Vorschlägen, nach Nelson Mandela zu benennen.

Der Stadtrat zeigt sich jedoch zögerlich, also haben Aktivisten in der Zwischenzeit das Straßenschild mit einer Plakette mit der Aufschrift „Plaça de Idrissa Diallo" überklebt. Diallo war ein junger Immigrant aus Guinea, der 2012 in einem Auffanglager der Stadt starb.

Nordwestlich des Parks beherrscht der modernistische **Arc de Triomf** den Passeig de Lluís Companys. Er wurde von Josep Vilasecaals mit ungewöhnlichem Mudéjar-Mauerwerk als Haupteingang zum Ausstellungsgelände entworfen. Die Hauptreliefs stammen von Josep Llimona. Was der Triumpf war, bleibt ein Rätsel, besonders da die Weltausstellung selbst ein kommerzieller Flop war. Am besten ist es wohl als steinerne Verkörperung des allgemeinen Wohlbefindens der Stadt im Fin de Siècle zu betrachten.

CARRER DE MONTCADA — STRASSE

Karte S. 304 (Ⓜ Jaume I) Die mittelalterliche Hauptstraße wurde im 12. Jh. von der Straße, die von den Stadtmauern nach Nordosten führte, Richtung Meer gebaut und ist ein frühes Beispiel der Stadtplanung. Sie war damals die begehrteste Adresse der Kaufleute. Die meisten der großen Villen, die heute noch stehen, stammen aus dem 14. oder 15. Jh.

MERCAT DE SANTA CATERINA — MARKT

Karte S. 304 (☎ 93 319 57 40; www.mercatsantacaterina.com; Avinguda de Francesc Cambó 16; ⏰ Mo, Mi & Sa 7.30–15.30, Di, Do & Fr bis 20.30 Uhr, Juli & Aug. nachmittags geschl.; Ⓜ Jaume I) Verführerisch sind nicht nur die Tomaten in dieser ungewöhnlichen Markthalle, die von Enric Miralles und Benedetta Tagliabue entworfen wurde und einen Vorläufermarkt aus dem 19. Jh. ersetzte. Das 2005 vollendete Gebäude zeichnet sich durch sein kaleidoskopisch-buntes und gewelltes Dach aus, das auf schlanken, verzweigten Trägern ruht, die wie Bäume aus grauem Stahl wirken, und sich über geschäftige Stände, Restaurants, Cafés und Bars spannt.

Das kunterbunte Keramikdach erinnert an die Tradition des Modernisme, Mosaiksteine *(trencadís)* als Dekoration zu verwenden (wie z. B. im Park Güell). Innen ist die Hallendecke mit hellem, warmem Holz verschalt. Das wellenförmige Design, das an die Wellen des Mittelmeers erinnert, ist eine Referenz an eine Zeit, in der nur die eigene (lebhafte) Phantasie Barcelonas Architekten Grenzen setzte. Das Markthallendach ähnelt dem Dach der Escoles de Gaudí an der Sagrada Família.

BORN CENTRE DE CULTURA I MEMÒRIA — HISTORISCHES GEBÄUDE

Karte S. 304 (☎ 93 256 68 51; http://elbornculturaimemoria.barcelona.cat; Plaça Comercial 12; Gebäude frei, Ausstellungsräume Erw./erm./Kind unter 16 J. 4,40/3 €/frei; ⏰ März–Okt. Di–So 10–20 Uhr, Nov.–Feb. Di–Sa 10–19, So bis 20 Uhr; Ⓜ Jaume I) Das Kulturzentrum im **ehemaligen Mercat del Born**, einem schönen Eisen- und Backsteingebäude aus dem 19. Jh., wurde 2013 im Rahmen der Festlichkeiten zum 300. Jahrestag der katalanischen Niederlage im Spanischen Erbfolgekrieg eröffnet. 2001 brachten Ausgrabungen Reste ganzer Straßenzüge zutage, die für den Bau der verhassten *ciutadella* (Zitadelle) planiert worden waren – diese werden nun im freigelegten Untergeschoss des Gebäudes gezeigt.

Im Erdgeschoss informieren Tafeln über die Ruinen, und in einem Ausstellungsraum sind Fundstücke aus jener Zeit zu sehen. Auch die Umstände der Zerstörung des ursprünglichen Areals werden näher erläutert. Auch gibt es ein nüchternes Restaurant mit katalanischen Speisen, und ein Laden verkauft edle Designsouvenirs und Bücher über die Geschichte der Region.

MUSEU DE LA XOCOLATA — MUSEUM

Karte S. 304 (☎ 93 268 78 78; www.museuxocolata.cat; Carrer del Comerç 36; Erw./erm./Kind unter 7 J. 6/5 €/frei; ⏰ Mo–Sa 10–19, So 10–15 Uhr; 👪; Ⓜ Arc de Triomf) Schokofans werden sich im Museu de la Xocolata, in dem sich alles um das Grundnahrungsmittel für Naschkatzen dreht, kaum beherrschen können –

besonders angesichts der verlockenden Auslagen im Café am Ausgang. Das Museum beleuchtet die Ursprünge der Schokolade, ihre Einführung in Europa und die vielen Mythen und Geschichten rund um die süße Versuchung. Neben zahlreichen Gerätschaften zur Herstellung gibt es große Schokoladenskulpturen zu sehen, die wichtige Gebäude, z. B. die Sagrada Família, sowie spanische und internationale Persönlichkeiten darstellen.

MONESTIR DE SANT PERE DE LES PUELLES — KIRCHE

Karte S. 304 (☎93 268 07 42; www.parroquiasantpere.org; Carrer de Lluís el Piadós 1; ⊙Mo–Fr 9–13 & 17–19.45, Sa 9–13 & 16.30–18.45, So 11–13.15 Uhr; Ⓜ Arc de Triomf) GRATIS Die Kirche war die Keimzelle der Besiedlung des Viertels La Ribera. 985 überfiel ein muslimisches Heer unter Al-Mansur Barcelona, zerstörte den damaligen Konvent fast vollständig und tötete oder verschleppte die Nonnen. Im Mittelalter wurde er wieder aufgebaut, aber viel ist davon heute nicht mehr übrig. Überdauert haben der vorromanische Grundriss in Form eines griechischen Kreuzes, einige korinthische Säulen unter der Kuppel (12. Jh.) und ein stark beschädigtes Renaissancegewölbe, das in eine Seitenkapelle führt.

ZOO DE BARCELONA — ZOO

Karte S. 304 (☎902 457545; www.zoobarcelona.cat; Parc de la Ciutadella; Erw./erm./Kind unter 3 J. 20/12 €/frei; ⊙Nov.–März 10–17.30 Uhr, April, Mai, Sept., Okt. 10–19 Uhr, Juni–Aug. 10–20 Uhr; 👪; Ⓜ Barceloneta) Ein Besuch in diesem Zoo ist vor allem für Kinder ein schönes Erlebnis. Insgesamt sind hier 7500 Tiere (über 400 Arten) zu Hause – vom Gecko bis zum Gorilla, vom Löwen bis zum Dickhäuter ist alles vertreten. Es locken jede Menge Picknickplätze und ein wunderbarer Abenteuerspielplatz. Für Kids gibt es Ponys zum Reiten, einen Streichelzoo und eine Minibahn, die über das Gelände zuckelt. Dank der jüngsten Gesetzgebung, die die Nutzung von Tieren für Vorstellungen verbietet, z. B. im Zirkus oder bei Stierkämpfen, hat der Zoo seine Delfin-Shows 2015 eingestellt. Wer online bucht, erhält 20 % Ermäßigung.

MUSEU DE CULTURES DEL MÓN — MUSEUM

Karte S. 304 (☎93 256 23 00; http://museuculturesmon.bcn.cat; Carrer de Montcada 12; Erw./erm./Kind unter 16 J. 5/3,50 €/frei, Wechselausstellung 2,20/1,50 €/frei, So 15–20 Uhr & 1. So im Monat frei; ⊙Di–Sa 10–19, So bis 20 Uhr; Ⓜ Jaume I) Im Palau Nadal und im Palau Marquès de Llió, wo einst das Museu Barbier-Mueller und das Museu Tèxtil untergebracht waren, wurde 2015 das neue Museum der Weltkulturen eröffnet. Exponate aus privaten und staatlichen Sammlungen, u. a. aus dem Museu Etnològic auf dem Montjuïc, führen Besucher durch die alten Kulturen Afrikas, des amerikanischen Doppelkontinents und Ozeaniens. Das Kombiticket mit dem Museu Egipci (S. 141) und dem Museu Etnològic (S. 199) kostet 12 €.

FUNDACIÓ FOTO COLECTANIA — GALERIE

Karte S. 304 (☎93 217 16 26; www.colectania.es; Passeig de Picasso 14; Erw./erm./Kind unter 14 J. 4/3 €/frei, 1. So im Monat frei; ⊙Mo–Sa 11–20, So 11–15 Uhr; Ⓜ Arc de Triomf, Jaume I) Freunde der Fotografie sollten sich hier die neueste Ausstellung dieser gemeinnützigen Stiftung anschauen, die eindringliche Arbeiten aus aller Welt präsentiert. 2016 zog die Stiftung von ihrer Zentrale in Gràcia in diese 500 m² großen Räumlichkeiten in El Born. Die ausgestellten Fotos stammen gelegentlich aus der 3000 Bilder zählenden Sammlung von Werken spanischer und portugiesischer Fotografen ab den 1950er-Jahren. Wahrscheinlich aber ist, dass gerade eine Wechselausstellungen gezeigt wird.

CASA DE LA SEDA — HISTORISCHES GEBÄUDE

Karte S. 304 (☎93 310 77 78; www.casadelaseda.com; Carrer de Sant Pere més Alt 1; Erw./erm./Kind unter 11 J. 10/8 €/frei; ⊙Sa 11 Uhr Führungen auf Englisch/Spanisch/Katalanisch; Ⓜ Urquinaona) Der einstige Hauptsitz der Seidensegelmacherzunft in der Via Laietana ist eine schöne, über und über mit Karyatiden-Sgraffiti geschmückte Villa aus dem 18. Jh. Sie kann neuerdings auch von innen besichtigt werden. Die verbindlichen Führungen durch das Gebäude, einschließlich des luxuriös ausgestatteten Zunftsaals, der Sitzungsräume und der Bibliothek, sind auf Englisch, Spanisch und Katalanisch und dauern 45 Minuten.

EL FOSSAR DE LES MORERES — PLATZ

Karte S. 304 (Ⓜ Jaume I) Gegenüber der Ostseite der Basílica de Santa Maria del Mar lodert auf einem anscheinend namenlosen abgesenkten Platz eine ewige Flamme. Hier befand sich einst der römische Friedhof El Fossar de les Moreres (Maulbeerfriedhof). Hier wurden auch die im September 1714 bei der Belagerung von Barcelona besiegten katalanischen Widerstandskämpfer bestattet. Für sie brennt diese Flamme.

MUSEU EUROPEU D'ART MODERN

MUSEUM

Karte S. 304 (MEAM; ☎93 319 56 93; www.meam.es; Carrer Barra de Ferro 5; Erw./erm./Kind unter 10 J. 9/7 €/frei; ⏲Di–So 10–20 Uhr; Ⓜ Jaume I) Das Europäische Museum für moderne Kunst wurde im Sommer 2011 eröffnet. Es befindet sich im Palau Gomis, einer schönen Villa aus dem 18. Jh. um die Ecke vom Museu Picasso. Die ausgestellte Kunst ist rein figurativ (das „modern" im Namen bedeutet schlicht „zeitgenössisch") und stammt überwiegend von jungen spanischen Künstlern. Aber es gibt auch einige Werke aus dem übrigen Europa.

ARXIU FOTOGRÀFIC DE BARCELONA

GALERIE

Karte S. 304 (☎93 256 34 20; http://arxiufotografic.bcn.cat; Plaça de Pons i Clerch 2, 2A; ⏲Mo–Sa 10–19 Uhr; Ⓜ Arc de Triomf) GRATIS Der bescheidene Ausstellungsraum des Fotoarchivs befindet sich im 2. Stock des ehemaligen Convent de Sant Agustí. Die ausgestellten Fotos befassen sich hauptsächlich mit der Stadt vom 19. bis Ende des 20. Jhs., was wohl auch daran liegt, dass der Sammlungsschwerpunkt auf dieser Epoche liegt.

CASA LLOTJA DE MAR

ARCHITEKTUR

Karte S. 304 (La Llotja; ☎93 547 88 49; www.casallotja.com; Passeig d'Isabel II 1; ⏲Mo–Fr 10–14 Uhr; Ⓜ Barceloneta) GRATIS Herzstück der mittelalterlichen Börse (auch liebevoll La Llotja genannt) ist der noble gotische Saló de Contractacions (Handelssaal) aus dem 14. Jh. Pablo Picasso und Joan Miró besuchten die Kunstakademie, die ab 1849 im Saló dels Cònsols untergebracht war.

ESSEN

PARADISO/ PASTRAMI BAR

RÄUCHEREI, COCKTAILBAR €

Karte S. 304 (☎639 310671; www.rooftopsmokehouse.com; Carrer de Rera Palau 4; Hauptgerichte 7–9 €; ⏲Mo–Do 19–2, Fr & Sa bis 3 Uhr 📶; Ⓜ Barceloneta) Vorne ist das Paradiso ein schneeweißer Raum, nicht größer als ein Schrank, mit Pastrami-Sandwiches, *pulled pork* und anderen Räucherleckereien. Aber das ist nur der Eingangsbereich. Wer durch die riesige hölzerne Kühlschranktür geht, findet sich

SIMON FURLONG PHOTOS/SHUTTERSTOCK ©

Meeresfrüchte im Cal Pep (S. 105)

Lokalkolorit
Tapas- & Kneipentour in El Born

Wenn es einen Ort gibt, der Barcelonas Coolness auf den Punkt bringt und all das in sich trägt, was die Stadt so unwiderstehlich macht, dann ist es El Born, das Straßengewirr um die Basílica de Santa Maria del Mar. Auch die Einheimischen zieht es abends hierher, wenn sie das authentische Barcelona genießen wollen.

❶ Passeig del Born

Die meisten Abende in El Born beginnen im Passeig del Born, einem der hübschesten Boulevards Europas, der ebenso zum Sitzen wie zum Promenieren einlädt. Die elegante Straße offenbart den ganzen Reiz von El Born: Trubel, tolle Bars und eine Architektur wie aus einer mittelalterlichen Filmkulisse.

❷ Katalanische Tapas

Cava (Sekt) und jede Menge Tapas gibt es im stets rappelvollen El Xampanyet (S. 107), das bereits 1929 eröffnete und

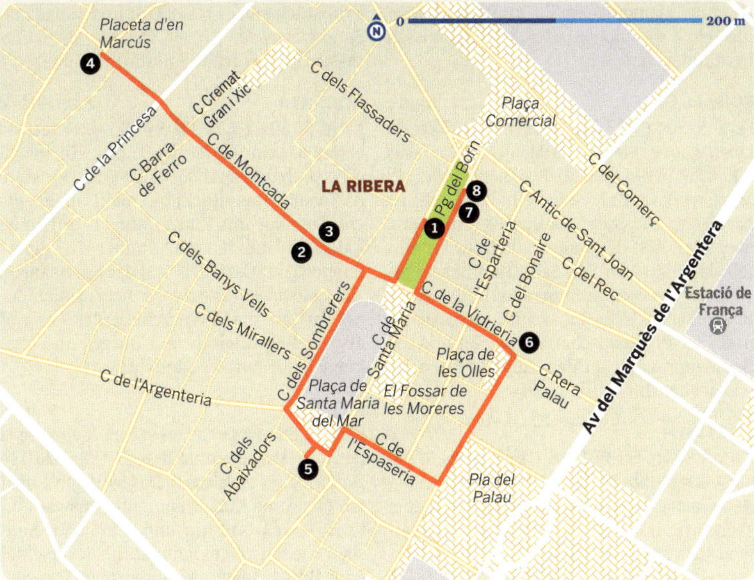

zu den bekanntesten Cava-Bars der Stadt zählt. Beliebte Leckereien sind u. a. würzige *boquerones en vinagre* (frische, in Essig marinierte Sardellen) oder hochwertige Meeresfrüchte auf katalanische Art aus der Dose.

❸ Feines aus dem Baskenland

Nach der ersten Tapaskostprobe auf Barcelona-Art folgt der direkte Vergleich mit den *pintxos* (baskischen Tapas auf Brotstückchen), serviert an der Bar im Euskal Etxea (S. 104).

❹ Spanien mit Pfiff

Der Abstecher zur Bar del Pla (S. 105) am Nordrand von El Born lohnt sich. Die Tapas mögen zwar traditionell spanisch aussehen, aber eine sichere Hand in der Küche sorgt für raffinierte Originalität.

❺ Tapas mit Aussicht

Im Zentrum von El Born betreibt der Konditor Carles Mampel im Schatten der Basílica de Santa Maria del Mar das **Bubó** (Karte S. 304; ☎93 268 72 24; www.bubo.es; Carrer de les Caputxes 6 & 10; Tapas ab 4 €; ⏲Mo–Do 10–21, Fr & Sa bis 23, So 10–22 Uhr; Ⓜ Barceloneta). Wer noch nicht satt ist, sollte an einem der Tische an dem hübschen Platz die Kroketten aus Klippfisch probieren.

❻ Cal Pep

Das quirlige Cal Pep (S. 105) ist einer der beständigsten Stars Barcelonas. Es kann manchmal schwierig sein, einen Barhocker zu ergattern, um Gourmet-Snacks wie *cloïsses amb pernil* (Venusmuscheln mit Schinken) bestellen zu können; wenn es voll ist, verkürzt ein Drink die Wartezeit.

❼ El Borns beliebteste Bar

In der El Born Bar (S. 107) trifft sich alles, von coolen Mittdreißigern aus der ganzen Stadt bis zu Anwohnern, die das Treiben auf dem Passeig El Born beobachten. Die Beliebtheit der Bar beruht auf dem guten Bier- und Spirituosenangebot, außerdem gibt's Empanadas und andere Snacks.

❽ Der letzte Mojito

Viele Nächte in Barcelona enden mit einem Mojito; die größten und besten in El Born hat die Cactus Bar (S. 107). Die Straßentische am Passeig del Born sind ideal, um die Nacht ausklingen zu lassen.

in einer glamourösen Cocktailbar wieder, die selbst die snobistischsten Zeitgenossen in Staunen versetzt.

EUSKAL ETXEA
TAPAS €

Karte S. 304 (☎93 310 21 85; www.euskaletxeataberna.com; Placeta de Montcada 1; Tapas 2,10 €; ⏲So–Do 10–0.30, Fr & Sa bis 1 Uhr; 📶; Ⓜ Jaume I) In Barcelona gibt es reichlich baskische und pseudobaskische Tapasbars, aber dieses ist der wahre Jakob. Es vermittelt das Flair von San Sebastián besser als viele der neueren Konkurrenten. Hier gibt's *pintxos* (baskische Tapas auf Brotscheiben) und *txacolí* (baskischer Weißwein) und die Bedienung zählt an den Zahnstochern ab, wieviel bezahlt werden muss.

BORMUTH
TAPAS €

Karte S. 304 (☎93 310 21 86; Carrer del Rec 31; Tapas 4–10 €; ⏲So–Do 12–1.30, Fr & Sa bis 2.30 Uhr; 📶; Ⓜ Jaume I) Das Bormuth folgt ganz dem Trend von traditionellen Tapas mit modernem Service und Ambiente. Geboten werden alle Klassiker – *patatas bravas* (Kartoffeln in pikanter Tomatensauce), *ensaladilla* (russischer Salat) und Tortilla – sowie einige weniger übliche und hervorragend zubereitete Kleinigkeiten (z. B. gegrillte Paprika mit Blutwurst).

KOKU KITCHEN BUNS
ASIATISCH €

Karte S. 304 (☎93 269 65 36; www.kokukitchen.es; Carrer del Comerç 29; Hauptgerichte 9–11 €; ⏲13–16 & 19.30–23.30 Uhr; 📶; Ⓜ Barceloneta) Gedämpfte Teigtaschen gefüllt mit Rind- oder Schweinefleisch, Koriander, Erdnüssen, eingelegtem Fenchel und einer Sake-Sauce sind hier der Renner. Aber erwähnenswert sind auch die Vorspeisen, Beilagen und die hervorragende hausgemachte Limonade, nicht zu vergessen die kreativen Cocktails. Das sehr leckere und günstige *menú del día* kostet 13 €.

EL CASAL
MODERN FRANZÖSISCH €

Karte S. 304 (☎93 268 40 04; www.elcasalcafe.com; Plaça Victor Balaguer 5; Menú del día 12 €, Sandwiches 3,50–4,50 €; ⏲Mo–Mi 7–17, Do–Sa 18–24 Uhr; Ⓜ Jaume I) Ein von Franzosen geführtes Café, das exzellentes Essen zum supergünstigen Preis in einem lauten, aber freundlichen Gastraum serviert, der mit *objets* aus der Heimat geschmückt ist. Das Tagesgericht am Mittag wechselt täglich, aber empfehlenswert sind der überragende Blumenkohlauflauf mit Käse und die authentische Tarte Tatin, wenn im Angebot. Frühstück gibt es bis 13 Uhr und Tapas und Sandwiches den ganzen Tag. Für einen Terrassentisch ist frühe Ankunft ratsam.

ROCKATA
ARGENTINISCH €

Karte S. 304 (☎93 181 90 42; www.rockatabarcelona.com; Carrer del Comerç 20; Hauptgerichte 8–9 €; ⏲11.30–23.30 Uhr; 📶; Ⓜ Arc de Triomf) Das Rockata, nicht mehr als ein Korridor mit Küche, war bis 2017 eine Laksa-Bar und hat noch immer eine dieser Suppen (mit Garnelen) auf der Speisekarte. Aber ansonsten kehrte der Argentinier, der es führt, zu seinen Wurzeln zurück – es gibt also viel Grillfleisch und Burger und eine lange Liste deftiger Sandwiches.

CAT BAR
VEGAN €

Karte S. 304 (www.catbarcat.com; Carrer de la Bòria 17; Hauptgerichte 6–9 €; ⏲Do–Mo 13–22 Uhr; 📶🖉; Ⓜ Jaume I) Das winzige Lokal bietet vegane Küche, eine tolle Auswahl an Craft-Bieren und hin und wieder Livemusik. Zu essen gibt es hauptsächlich verschiedene Burger sowie ein glutenfreies Tagesgericht, Tapas und Hummus. Das Bierangebot wechselt regelmäßig, aber es werden immer ein Weizenbier, ein Porter, ein glutenfreies Bier und ein IPA ausgeschenkt.

EN APARTÉ
FRANZÖSISCH €

Karte S. 304 (☎93 269 13 35; www.enaparte.es; Carrer de Lluís el Piadós 2; Hauptgerichte 8–13 €; ⏲Mo–Do 10–1, Fr & Sa bis 2, So bis 0.30 Uhr; 📶; Ⓜ Arc de Triomf) Ein schönes, unaufdringliches Lokal gleich abseits der ruhigen Plaça de Sant Pere mit gutem französischen Essen. Das Restaurant ist klein, aber geräumig, mit Nähmaschinentischen und nostalgischen Details. Durch die raumhohen Fenster flutet am frühen Nachmittag das Sonnenlicht.

TANTARANTANA
MEDITERRAN €

Karte S. 304 (☎93 268 24 10; www.gruposantelmo.com; Carrer d'en Tantarantana 24; Hauptgerichte 9–12 €; ⏲13–24 Uhr; 📶; Ⓜ Jaume I) An den gemütlichen Tischen mit Marmorplatten werden einfache, aber gut zubereitete Gerichte serviert, z. B. Risotto mit Wildpilzen oder Kabeljau mit Ratatouille, außerdem eine breite Palette an Tapas. Die Klientel ist um die 30 und sitzt im Sommer gerne draußen.

LA LLAVOR DELS ORÍGENS
KATALANISCH €

Karte S. 304 (☎93 310 75 31; www.lallavordelsorigens.com; Carrer de la Vidrieria 6-8; Hauptgerichte 9–15 €; ⌚Mo–Do 13–17 & 19–24, Fr & Sa 13–24 Uhr; 📶; Ⓜ Jaume I) In dieser Schatzgrube regionaler Produkte aus Katalonien biegen sich die Regale unter der Last von Flaschen. Es gibt auch eine große Auswahl kleiner Gerichte, z. B. *sopa de carbassa i castanyes* (Kürbis- und Esskastaniensuppe) oder *mandonguilles amb albergìnies* (Frikadellen mit Aubergine), zu denen der passende offene Wein zu haben ist.

★EL ATRIL — INTERNATIONAL €€

Karte S. 304 (☎93 310 12 20; www.elatrilbarcelona.es; Carrer dels Carders 23; Hauptgerichte 11–18 €; ⌚So–Do 11–23.30, Fr & Sa bis 24 Uhr; 📶; Ⓜ Jaume I) El Atril ist von internationalen kulinarischen Einflüssen geprägt. Es gibt zwar jede Menge Tapas (die *patatas bravas* lohnen sich), aber auch Känguru-Filet, *moules-frites* (Muscheln und Pommes), Enten-Cannelloni und eine gute Auswahl reichhaltiger Salate. Außerdem können sich Gäste verschiedene Fleischsorten selbst auf einem Salzstein garen (19 €, mindestens zwei Personen).

★CASA DELFÍN — KATALANISCH €€

Karte S. 304 (☎93 319 50 88; www.facebook.com/Casa-Delfin-326525620764565; Passeig del Born 36; Hauptgerichte 10–17 €; ⌚So–Do 8–24, Fr & Sa bis 1 Uhr; 📶; Ⓜ Jaume I) Die Casa Delfín gehört zu Barcelonas kulinarischen Highlights und hat alles im Programm, was sich der Gaumen von der katalanischen (und mediterranen) Küche erträumt. Als Auftakt bieten sich die würzig-süßen *calçots* (Frühlingszwiebeln; nur im Februar und März) an oder auch die gesalzenen *Padrón*-Paprika. Danach vielleicht gegrillte Sardinen mit Petersilie und schließlich der fleischige Seeteufel, in Weißwein und Knoblauch gebraten.

NAKASHITA — JAPANISCH €€

Karte S. 304 (☎93 295 53 78; www.nakashitabcn.com; Carrer del Rec Comtal 15; Hauptgerichte 12–22 €; ⌚Mo–So 13.30–16 & 20.30–24 Uhr; 📶; Ⓜ Arc de Triomf) Das besondere Einwanderergemisch Brasiliens brachte auch eine traditionell hervorragende japanische Küche mit sich. Der brasilianische Küchenchef im Nakashita hat daher ein Händchen für hervorragendes Sashimi, Maki-Sushi, Weichschalenkrabben und *kakiage* (gemischte Tempura). Es ist eines der besten japanischen Restaurants in der Stadt, hat aber nur ein paar Tische – Reservierung ist ratsam.

BAR DEL PLA — TAPAS €€

Karte S. 304 (☎93 268 30 03; www.bardelpla.cat; Carrer de Montcada 2; Hauptgerichte 12–16 €; ⌚Mo–Do 12–23, Fr & Sa bis 24 Uhr; 📶; Ⓜ Jaume I) Eine helle und manchmal chaotische Bar mit herrlichen katalanischen Kacheln, einer Gewölbedecke und Weinflaschen auf den Wandregalen. Auf den ersten Blick sind die Tapas in der zwanglosen Bar del Pla traditionell spanisch, aber die kleinen Variationen besitzen hier einen raffinierten Touch. Lohnend sind die Schinkenkroketten, Wayu-Burger, das T-Bone-Steak oder der marinierte Lachs mit Joghurt und Senf.

CAL PEP — TAPAS €€

Karte S. 304 (☎93 310 79 61; www.calpep.com; Plaça de les Olles 8; Hauptgerichte 13–20 €; ⌚Mo 19.30–23.30, Di–Sa 13–15.45 & 19.30–23.30 Uhr, letzte 3 Wochen im Aug. geschl.; Ⓜ Barceloneta) Auch nur in das legendäre Fischrestaurant hineinzukommen ist schon schwierig – teilweise stehen Gäste bis auf den Platz hinaus Schlange. Und wer einen der fünf Tische hinten ergattern will, muss rechtzeitig reservieren. Die meisten Leute drängeln sich bis an die Bar vor und sichern sich ein paar der leckersten Meeresfrüchte-Tapas der Stadt.

GINETTE — FRANZÖSISCH €€

Karte S. 304 (☎93 280 95 03; www.ginette.es; Carrer del Rec Comtal 12; Hauptgerichte 16–18 €; ⌚Sept.–Juni Di–So 8.30–2 Uhr, Juli & Aug. Mo–Sa 18–2 Uhr; Ⓜ Arc de Triomf) Die Einrichtung des 2017 eröffneten Ginette mit Pariser Chefkoch ist eine Verbindung aus skandinavischem und barcelonischem Chic. Aber die Speisekarte ist durch und durch französisch: Es gibt Gerichte wie Kabeljau-*meunière* mit Haselnüssen oder Entenbrust mit Orangen. Tapas sind ebenfalls im Angebot – und selbst zu diesen gehören ein *croque monsieur* mit Comté-Käse.

EL CHIGRE — TAPAS €€

Karte S. 304 (☎93 782 63 30; http://elchigre1769.com; Carrer dels Sombrerers 7; Hauptgerichte 10–17 €; ⌚12–23.45 Uhr, Nov.–März Mo–Fr ab 13 Uhr; Ⓜ Jaume I) Das teils wie eine asturische Cidre-Kneipe, teils wie eine katalanische *vermuteria* (eine Bar speziell für Wermut, serviert auf Eis mit Orangenscheibe und grüner Olive) aufgemachte El Chigre hat edle Versionen klassischer Gerichte aus beiden Regionen auf der Karte. Empfehlenswert sind der sehr gute Tomaten- und Thunfischsalat mit Tomatengelee oder die Puffmais-*tortos* mit Lammragout.

LE CUCINE MANDAROSSO ITALIENISCH €€

Karte S. 304 (☎93 269 07 80; www.lecucinemandarosso.com; Carrer de Verdaguer i Callís 4; Hauptgerichte 12–14 €, Menú del día 12 €; ⊙Di–So 13.30–16 & 21–24 Uhr; Ⓜ Urquinaona) Hier gibt's kulinarische Seelentröster in Reinkultur. Auf der täglich wechselnden Speisekarte stehen nur eine Handvoll Hauptgerichte, insbesondere Pasta und ein oder zwei Fisch- oder Fleischgerichte. Als Vorspeise werden Gemüse oder Frischkäse – z. B. der wunderbar cremige *burrata* (Frischkäse aus Mozzarella und Sahne) –, Büffelmozzarella, geräucherter Scamorza oder *provola*-Käse gereicht.

FARIGOLA MEDITERRAN €€

Karte S. 304 (☎93 488 55 83; Carrer del Davant del Portal Nou 3; Hauptgerichte 6–8 €; ⊙11–1 Uhr; Ⓜ Arc de Triomf) Das Farigola ist so etwas wie ein Kleinod, versteckt in einer ruhigen Seitenstraße. Die kleine Terrasse und der behagliche Gastraum sind selten voll, aber das Mittagsangebot (zwei Gerichte für 12 €) ist gut. Dann gibt es vielleicht Rinderbraten mit Rosmarinkartoffeln oder Couscous aus Roter Bete mit Ricotta. Sandwiches (die mit Pastrami sind super) sind den ganzen Tag über zu haben.

SANTAGUSTINA TAPAS €€

Karte S. 304 (☎93 315 79 04; www.santagustina.com; Plaça Sant Agustí Vell 9; Hauptgerichte 9–14 €; ⊙So–Do 12–1, Fr & Sa bis 3 Uhr; 📶; Ⓜ Arc de Triomf) Die Tapasbar/Restaurant hat Tische draußen auf einem zauberhaften kleinen Platz. Die Speisekarte, die ein etwas schräg-religiöses Thema anschneidet, ist unterteilt in „Gesegnete Tapas", „Göttliche Tapas", „Unbefleckte Tapas" und „Versuchungen". Serviert wird gut zubereitetes spanisches und katalanisches Essen (Ochsenschwanzeintopf, „Omas Fleischklößchen", gegrillter Tintenfisch usw.) in kleinen Portionen zum Teilen. Die Bedienung könnte etwas zuvorkommender sein.

EL FORO ARGENTINISCH €€

Karte S. 304 (☎93 310 10 20; www.restauranteelforo.com; Carrer de la Princesa 53; Hauptgerichte 9–16 €; ⊙Di–Do & So 11.30–23.30, Fr & Sa bis 0.30 Uhr; 📶🖉; Ⓜ Jaume I) Das freundliche El Foro bietet alles, was von einem argentinischen Restaurant erwartet werden darf: riesige Scheiben Rindfleisch in verschiedenen Variationen, Empanadas (Teigtaschen mit unterschiedlichen Füllungen) und die unvermeidlichen italienischen Klassiker Pizza und Pasta. Weniger typisch sind die vegetarischen Gerichte (wie Gemüsecurry mit Quinoa und Kokosmilch) und das Salatangebot.

CUINES DE SANTA CATERINA MEDITERRAN, ASIATISCH €€

Karte S. 304 (☎93 268 99 18; www.grupotragaluz.com; Mercat de Santa Caterina; Hauptgerichte 12–16 €; ⊙So–Do 13–16 & 19.30–23, Fr & Sa bis 23.30 Uhr; 📶; Ⓜ Jaume I) Das vielseitige Restaurant mit modernem Flair und offener Küche im Mercat de Santa Caterina hat ein vielfältiges Speiseangebot, seien es Sushi, klassische Reisgerichte, Grillfleisch oder Vegetarisches. Manche Sachen schmecken besser als andere: den Hummus und die Tarte Tatin kann man getrost vergessen. Da keine Reservierungen angenommen werden, ist mit Schlange stehen zu rechnen.

AUSGEHEN & NACHTLEBEN

GUZZO COCKTAILBAR

Karte S. 304 (☎93 667 00 36; www.guzzoclub.es; Plaça Comercial 10; ⊙Mo–Do 18–2.30, Fr & Sa bis 3, So 12–3 Uhr; 📶; Ⓜ Jaume I) Die todschicke, aber zwanglose Cocktailbar wird vom vielgeliebten barcelonischen DJ Fred Guzzo betrieben, der oft selbst den Plattenteller dreht und seine coole Auswahl an Funk, Soul und Rare Groove auflegt. Häufig präsentieren sich auch Bands von durchgängig anständiger Qualität und eine abgefahrene Stimmung herrscht hier fast immer.

LA VINYA DEL SENYOR WEINBAR

Karte S. 304 (☎93 310 33 79; Plaça de Santa Maria del Mar 5; ⊙Mo–Do 12–1, Fr & Sa bis 2, So bis 24 Uhr; 📶; Ⓜ Jaume I) Die *terraza* im Schatten der Basílica de Santa Maria del Mar lädt zum Entspannen ein, während die Gäste sich drinnen um die winzige Bar drängen. Die Weinkarte ist so lang wie *Krieg und Frieden*, und im Obergeschoss gibt es Tische für Gäste, die den Wein lieber in aller Ruhe trinken wollen.

BAR DEL CONVENT CAFÉ

Karte S. 304 (☎93 256 50 17; www.bardelconvent.com; Plaça de l'Acadèmia; ⊙Di–Sa 10–21 Uhr; Ⓜ Arc de Triomf) Unter den gotischen Bögen des ehemaligen Kreuzgangs des Sant-Augusti-Klosters befindet sich diese nette Café-Bar, die besonders für Familien mit Kindern geeignet ist. Die Kleinen können im Hof Fußball spielen, und im

Café stehen Bilderbücher und Spielzeug zur Verfügung. Zugang auch über den Carrer del Comerç 36 durch die Lichtskulptur von James Turrell möglich.

RUBÍ
BAR

Karte S. 304 (☎647 737707; Carrer dels Banys Vells 6; ⌚So–Do 19.30–2.30, Fr & Sa bis 3 Uhr; 📶; Ⓜ Jaume I) In El Born geht man für einen Absacker – oder mehrere – ins Rubí, wo intime Beleuchtung und günstige Mojitos locken. Die schmale, gemütliche Bar (ganz hinten gibt's mit etwas Glück vielleicht noch einen der begehrten Tische) serviert auch erstklassige Snacks, von vietnamesischen Frühlingsrollen bis hin zu eher traditionellem Käse und Schinken.

EL BORN BAR
BAR

Karte S. 304 (☎93 319 53 33; www.elbornbar.com; Passeig del Born 26; ⌚Mo–Do 10–2, Fr & Sa bis 3, So 12–2.30 Uhr; 📶; Ⓜ Jaume I) Moosgrüne Lackierung, Marmortische und ein schwarz-weißer Schachbrettboden sorgen in dieser beliebten kleinen Café-Bar für einen zeitlosen Look. Eine schmiedeeiserne Wendeltreppe führt hinauf zu einem ruhigeren Raum (wegen der Wendeltreppe gibt es allerdings keine Tischbedienung und heiße Getränke können nicht nach oben gebracht werden).

EL XAMPANYET
WEINBAR

Karte S. 304 (☎93 319 70 03; Carrer de Montcada 22; ⌚Di–Sa 12–15.30 & 19–23.15, So 12–15.30 Uhr; 📶; Ⓜ Jaume I) Die Cava-Bar hat sich seit Jahrzehnten kaum verändert und ist eine der besten der Stadt. An der Bar oder an Tischen vor dekorativ gekachelten Wänden werden zum billigen Haus-Cava verschiedene Tapas angeboten, darunter die säuerlichen *boquerones en vinagre* (frische Sardellen in Essig).

MIRAMELINDO
BAR

Karte S. 304 (☎93 310 37 27; www.barmiramelindobcn.com; Passeig del Born 15; ⌚Mo–Do 20–2.30, Fr & Sa bis 3.30, So 19–2.30 Uhr; 📶; Ⓜ Jaume I) Die große Kneipe in einem gotischen Gebäude gilt am Passeig del Born als Klassiker in Sachen Cocktails. Zur Untermalung gibt's sanften Jazz und Soul. Am gemütlichsten sind die Tische im hinteren Teil, später am Abend wird es nämlich brechend voll. Ein paar weitere, ebenfalls riesige Kneipen finden sich auf dieser Seite des Passeig.

MUDANZAS
BAR

Karte S. 304 (☎93 319 11 37; Carrer de la Vidrieria 15; ⌚Mo–Fr 8–2.30, Sa & So 10–2.30 Uhr; 📶; Ⓜ Jaume I) Die Bar war eine der ersten, die in El Born die Kneipenszene in Schwung brachte, und hat bis heute ihre treuen Stammgäste. Das hübsche, lebhafte Lokal mit Schachbrettfußboden und Marmortischen bietet sich an, um ein Bier zu trinken und vielleicht ein Sandwich oder Tapas zu essen. Auch die Auswahl an Rum und Malt Whisky ist nicht zu verachten.

MAGIC
CLUB

Karte S. 304 (☎93 310 72 67; www.magic-club.net; Passeig de Picasso 40; ⌚Do–Sa 23–6 Uhr; Ⓜ Barceloneta) Im stickigen, verrauchten Untergeschoss treten zwar manchmal Gruppen auf, aber im Grunde ist es ein Tanzclub, in dem zu Rock, Mainstream und spanischem Pop getanzt wird. Der Laden ist ein fester und beliebter Bestandteil der Szene, daher kann es lange Warteschlangen geben.

CACTUS BAR
BAR

Karte S. 304 (☎93 247 92 90; Passeig del Born 30; ⌚15–3 Uhr; Ⓜ Jaume I) Eine lebhafte Bar, in der bis spät in die Nacht der Bär tanzt, oft auch zu den Tunes von DJs. Die Bar selbst ist winzig, aber auf der Terrasse mit Blick auf den hübschen Passeig del Born lässt es sich schön sitzen.

☆ UNTERHALTUNG

★ PALAU DE LA MÚSICA CATALANA
KLASSISCHE MUSIK

Karte S. 304 (☎93 295 72 00; www.palaumusica.cat; Carrer de Palau de la Música 4-6; Karten ab 18 €; ⌚ Kartenverkauf Mo–Sa 9.30–21, So

EINE MITTELALTERLICHE KONZERTHALLE

Im barocken Innenhof und in den opulenten Räumen des ursprünglich mittelalterlichen **Palau de Dalmases** (Karte S. 304; ☎93 310 06 73; www.palaudalmases.com; Carrer de Montcada 20; ⌚Di–Sa 18–2, So 18–22 Uhr; Ⓜ Jaume I) kann man sich einen Wein oder Cocktail gönnen (beides aber ziemlich teuer). Um 18, 19.30 und 21.30 Uhr werden Flamenco-Shows geboten (25 € inkl. einem Getränk). Mittwochs um 23 Uhr findet ein kostenloses Jazz-Konzert statt, donnerstags gibt's Oper (20 €).

10–15 Uhr; Ⓜ Urquinaona) Der prachtvolle Modernisme-Bau ist das traditionelle Konzerthaus der Stadt für Klassik und Chormusik, aber er bietet zusätzlich ein breit gefächertes Programm, darunter Flamenco, Pop und besonders Jazz. Jedes Konzert wird hier zum Erlebnis. Zuvor lohnt sich ein Getränk im Foyer mit seinen schimmernden, gekachelten Säulen. Anschließend geht's die ausladende Treppe hinauf zum großen Konzertsaal, einem Feuerwerk der Modernisme-Verspieltheit.

TABLAO NERVIÓN — TANZ

Karte S. 304 (☎93 315 21 03; www.restaurantenervion.com; Carrer de la Princesa 2; Show inkl. 1 Getränk 18 €, Show & Abendmenü 30 €; ⏲Shows Mi–So 20–22 Uhr; Ⓜ Jaume I) Die unscheinbare Bar mit Flamencoshows (im Untergeschoss), die sich zugegebenermaßen eher an Touristen richten, ist günstiger als die meisten anderen und hat gute Angebote. Weitere Infos auf der Website.

SHOPPEN

EL REI DE LA MÀGIA — ZAUBERARTIKEL

Karte S. 304 (☎93 319 39 20; www.elreydelamagia.com; Carrer de la Princesa 11; ⏲Mo–Sa 10.30–14 & 16–19.30 Uhr; Ⓜ Jaume I) Seit über 100 Jahren beeindrucken die Besitzer ihre Kunden. Wer sich entschließt, in Barcelona zu bleiben und seine Brötchen als Zauberer zu verdienen, findet hier schwebende Besen, Gläser mit verschwindender Milch und Zauberkarten.

VILA VINITECA — WEIN

Karte S. 304 (☎93 777 70 17; www.vilaviniteca.es; Carrer dels Agullers 7; ⏲Mo–Sa 8.30–20.30 Uhr; Ⓜ Jaume I) Vila Viniteca ist eine der besten Weinhandlungen in Barcelona (und davon gibt's wirklich viele!) und verkauft seit 1932 die besten einheimischen und importierten Weine. Jeden November organisieren die Weinhändler im Carrer dels Agullers und den Nebenstraßen an ein paar Abenden eine schon fast ausschweifende Weinprobe. Kellereien aus ganz Spanien präsentieren in diesem Rahmen ihre jungen Weine.

CASA GISPERT — LEBENSMITTEL

Karte S. 304 (☎93 319 75 35; www.casagispert.com; Carrer dels Sombrerers 23; ⏲Mo–Sa 10–20.30 Uhr; Ⓜ Jaume I) In der wunderbaren, stimmungsvollen Casa Gispert mit ihrer Holzfassade werden schon seit 1851 Nüsse geröstet und alle möglichen Arten von Trockenfrüchten verkauft. Unzählige Töpfe und Gläser in den Regalen enthalten die unterschiedlichsten Leckereien, die alle – egal ob geröstet oder mit Honig gesüßt – nach mehr schmecken. Die Bestellung wird (ein schönes Beispiel für altmodische Abrechnung) zusammen mit dem Preis einfach zur Kasse hinübergerufen.

EL MAGNÍFICO — KAFFEE

Karte S. 304 (☎93 319 60 81; www.cafeselmagnifico.com; Carrer de l'Argenteria 64; ⏲Mo–Sa 9.30–20 Uhr; Ⓜ Jaume I) Seit Anfang des 20. Jhs. werden hier die unterschiedlichsten Kaffeesorten geröstet. Die Auswahl an Kaffee (und auch an Tee) ist bemerkenswert und der Duft überwältigend. Direkt gegenüber führen dieselben Besitzer den ausgezeichneten Teeladen **Sans i Sans** (Karte S. 304; ☎93 310 25 18; www.sansisans.com; Carrer de l'Argenteria 59; ⏲Mo–Sa 10–20 Uhr).

MI.VINTAGE — VINTAGE

Karte S. 304 (www.mivintagelabel.com; Carrer dels Consellers 2; ⏲Mo–Sa 10–20 Uhr; Ⓜ Barceloneta) Der atemberaubend hippe Vintage-Laden führt eine Mischung aus Secondhand- und aufgearbeiteten Klamotten – umgearbeitet, repariert, verbessert oder, wie der Besitzer sagt, „straßenfertig" gemacht. Zu finden sind hier massenhaft Bomberjacken, bunte Lederblazer, Hawaii-Hemden und Emian-Sonnenbrillen, außerdem Bücher aus dem Taschen-Verlag, Casio-Digitaluhren und witziger PVC-Schmuck.

OGGETTO — DESIGN

Karte S. 304 (☎93 515 31 11; www.oggettobcn.com; Carrer dels Canvis Nous 4; ⏲Mo 16.30–20.30, Di–Sa 12.30–20.30 Uhr, Juli Di–Sa ab 16.30 Uhr, Aug. geschl.; Ⓜ Barceloneta) Ein hinreißender kleiner Schaukasten für Design-Wohnaccessoires. Die Kissen sind lokal hergestellt und den typischen Mosaikbodenfliesen Barcelonas nachempfunden. Interessant sind aber auch die skandinavischen Teeservices, die tollen mundgeblasenen Gläser aus Frankreich und die bunten Drahtkörbe aus Mailand.

MARSALADA — GESCHENKE & SOUVENIRS

Karte S. 304 (☎609 285953; www.marsaladadesign.com; Carrer de Sant Jacint 6; ⏲Mo–Sa 10–14 & 16–20 Uhr; Ⓜ Jaume I) Im Marsalada gibt es Souvenirs der ganz anderen Art: handbedruckte Stoffbeutel aus ungebleichter Baumwolle, Gravuren und T-Shirts. Alles ist mit einer bekannten Attraktion Barcelonas versehen, mit Stift und Tinte gezeichnet und verziert mit abstrakten bunten Mosaiken.

LOISAIDA KLEIDUNG, ANTIQUITÄTEN

Karte S. 304 (☎93 295 54 92; www.loisaidabcn.com; Carrer dels Flassaders 42; ⏰Mo–Sa 11–21, So 11–14 & 16–20 Uhr; Ⓜ Jaume I) Loisaida (Spanisch-Englisch für die New Yorker „Lower East Side") ist eine Sehenswürdigkeit für sich: Der Laden befindet sich in der ehemaligen Remise der königlichen Münze. Das überraschend große Warenhaus verkauft farbenfrohe, eher adrette Retro-Klamotten für Männer und Frauen, Modeschmuck, Musik aus den 1940er- und 1950er-Jahren und einige ausgesuchte Antiquitäten. Ein Raum ist ausschließlich Jeans gewidmet.

ARLEQUÍ MÀSCARES KUNSTHANDWERK

Karte S. 304 (☎93 268 27 52; www.arlequimask.com; Carrer de la Princesa 7; ⏰Mo 11.30–20, Di–Fr 10.30–20, Sa 11–20, So 11.30–19 Uhr; Ⓜ Jaume I) Der Laden ist eine wunderbare kleine Oase der Originalität und hat sich auf Masken für Kostüme und als Dekoration spezialisiert, einige davon sind wirklich unglaublich. Zum Angebot gehören aber auch tolle dekorative Kistchen mit katalanischen Motiven und einige traditionelle Marionetten.

COQUETTE MODE & ACCESSOIRES

Karte S. 304 (☎93 319 29 76; www.coquettebcn.com; Carrer del Rec 65; ⏰Mo–Fr 11–15 & 17–21, Sa 11.30–21 Uhr; Ⓜ Barceloneta) Die nette Boutique im minimalistischen Designerlook ist an sich schon sehenswert. Für Frauen gibt es hier lässige, feminine Kleidung von Modeschöpfern wie Humanoid, Vanessa Bruno, UKE, Hoss Intropia und anderen sowie weitere Kollektionen im nahen **Carrer de Bonaire 5** (Karte S. 304; ☎93 310 35 35).

HOFMANN PASTISSERIA LEBENSMITTEL

Karte S. 304 (☎93 268 82 21; www.hofmann-bcn.com; Carrer dels Flassaders 44; ⏰Mo–Do 9–14 & 15.30–20, Fr & Sa 9–20.30, So 9–14.30 Uhr; Ⓜ Barceloneta) Mit ihren hell gestrichenen Holzvitrinen wirkt die kleine Gourmet-Patisserie, die zur renommierten Kochschule Hofmann gehört, zeitlos. Verkauft werden köstliche Pralinen, die bekannten Croissants (in verschiedenen Geschmacksvariationen) und überaus verlockendes Gebäck, außerdem Torten und andere Süßwaren.

NU SABATES SCHUHE

Karte S. 304 (☎93 268 03 83; www.nusabates.com; Carrer dels Cotoners 14; ⏰Mo–Sa 11–20 Uhr; Ⓜ Jaume I) In dem freundlichen und stylischen Geschäft, das von schwungvoller Musik aufgepeppt wird, verkauft ein moderner katalanischer Schuhmacher handgefertigte Lederschuhe für Männer und Frauen, aber auch ein paar Handtaschen und andere Lederwaren.

OLISOLIVA LEBENSMITTEL

Karte S. 304 (☎93 268 14 72; www.olisoliva.com; Mercat de Santa Caterina; ⏰Mo, Mi & Sa 9.30–15.30, Di bis 19, Do–Fr bis 20 Uhr; Ⓜ Jaume I) Der schlichte Laden im Mercat de Santa Caterina führt Olivenöle und diverse Essigsorten aus ganz Spanien. Alle Produkte können vor dem Kauf probiert werden. Einige der besten Olivenöle kommen aus Südspanien. Auch die Auswahl an Essigsorten ist beeindruckend.

CUSTO BARCELONA MODE & ACCESSOIRES

Karte S. 304 (☎93 268 78 93; www.custo.com; Plaça de les Olles 7; ⏰Mo–Sa 12–20.30 Uhr; Ⓜ Barceloneta) Die psychedelische Einrichtung und die lässige Atmosphäre verleihen dieser Avantgarde-Boutique ein jugendliches Flair. Custo präsentiert seine gewagten neuen Kollektionen für Männer und Frauen alljährlich auf den Laufstegen New Yorks. Die wilden Farben und Schnitte seiner Hotpants oder Smokingjacken sind allerdings nur etwas für Mutige. In Barcelona gibt's drei weitere Filialen.

SPORT & AKTIVITÄTEN

BIKE TOURS BARCELONA RADFAHREN

Karte S. 304 (☎93 268 21 05; www.biketoursbarcelona.com; Carrer de l'Esparteria 3; pro Pers. 25 €; ⏰10–19 Uhr; Ⓜ Jaume I) Einer von vielen Veranstaltern, der täglich dreistündige Touren durch das Barri Gòtic, das Hafengebiet, zur Sagrada Família und anderen Gaudí-Wahrzeichen anbietet. Die Touren starten vor der Touristeninformation an der Plaça de Sant Jaume; die genauen Abfahrtszeiten stehen auf der Website, ebenso Informationen zu den Weinguttouren. Auch Fahrradverleih (ab 5 € pro Stunde) wird angeboten.

AIRE DE BARCELONA SPA

Karte S. 304 (☎93 295 57 43; www.airedebarcelona.com; Passeig de Picasso 22; Thermalbäder & Aromatherapie Mo–Do 36 €, Fr–So 39 €; ⏲So–Do 9–23, Fr & Sa bis 24 Uhr; Ⓜ Arc de Triomf) In diesem Keller-Spa mit dezenter Beleuchtung und entspannenden Düften kann man wunderbar den Tag ausklingen lassen. Heiße, warme und kalte Bäder, Dampfbäder und verschiedene Massageangebote (u. a. auf einer heißen Marmorplatte) sorgen für genussvolle Entspannung. Vorausbuchung und Badesachen erforderlich.

Barceloneta & die Uferpromenade

PORT VELL | BARCELONETA | PORT OLÍMPIC POBLENOU | EL FÒRUM

Details siehe Karten S. 306 und 308

Highlights

❶ **Museu d'Història de Catalunya** (S. 115) Etwas über Römer, Muslime, Feudalherren und Freiheitskämpfer im Bürgerkrieg erfahren, mit anschließenden Drinks im Dachrestaurant des Museums.

❷ **Museu Marítim** (S. 113) In der faszinierenden gotischen Werft einen Blick zurück in die Vergangenheit werfen und die Seefahrtgeschichte Barcelonas erkunden.

❸ **Museu Can Framis** (S. 116) Avantgardistische Bilder von Gegenwartskünstlern Barcelonas im angesagten ehemaligen Gewerbeviertel Poblenou betrachten.

❹ **Platja de la Nova Mar Bella** (S. 114) An diesem Sandstrand in der Sonne liegen und dann ein erfrischendes Bad im funkelnden Mittelmeer nehmen.

❺ **Teleférico del Puerto** (S. 116) Auf einer zehnminütigen Seilbahnfahrt von der Küste bei Barceloneta bis hoch zum Montjuïc über die Stadt blicken.

Top-Tipp

Wer Meer und Berge an einem Tag sehen will, ist mit der Seilbahn Teleférico del Puerto (S. 116) gut bedient, die vom Torre de Sant Sebastià in Barceloneta hoch zum Montjuïc fährt.

Gut essen

- La Barra de Carles Abellán (S. 120)
- Can Solé (S. 120)
- Minyam (S. 123)
- Oaxaca (S. 120)
- Can Recasens (S. 124)

Mehr dazu S. 118

Schön ausgehen

- Perikete (S. 124)
- BlackLab (S. 124)
- Can Paixano (S. 125)
- Bodega Vidrios y Cristales (S. 124)
- Absenta (S. 125)

Mehr dazu S. 124

Schick shoppen

- Els Encants Vells (S. 127)
- La Bazart (S. 128)
- Bestiari (S. 128)
- System Action (S. 128)
- Vernita (S. 128)

Mehr dazu S. 127

Rundgang: Barceloneta & die Uferpromenade

Barcelonas Uferpromenade ist eine schöne Abwechslung zu gotischen Gassen und Modernisme. Von der Altstadt Richtung Nordosten tauchen bald verlockende Fischrestaurants und Bars auf der palmengesäumten Promenade auf, wo Radfahrer, Jogger und Spaziergänger zu den Stränden streben, die über 4 km bis zum Parc del Fòrum im modernen Bezirk El Fòrum (S. 118) reichen.

Am Port Vell am unteren Ende der Rambla erblicken viele Besucher erstmals das Mittelmeer im Stadtgebiet. Das sanierte Viertel, einst eine Industriebrache, lockt heute Einheimische wie auch Besucher zu einem gemächlichen Bummel über die Fußgängerbrücke Rambla de Mar zu den Läden und Restaurants im Einkaufszentrum Maremàgnum (S. 129) und dem Aquarium (S. 115) daneben.

Nordöstlich davon liegen die feinen Terrassenrestaurants am Jachthafen und das ausgezeichnete Museu d'Història de Catalunya (S. 115). Das alte Fischerviertel Barceloneta gleich um die Ecke wurde Mitte des 18. Jhs. mit gitterförmigen Gassen angelegt, in denen heute Wäsche an den Leinen flattert. Die wenigen Besucher halten sich meistens an die Straßenrestaurants am Passeig de Joan de Borbo. Mehr Flair besitzen jedoch die fröhlichen Tapasbars, traditionellen Fischrestaurants und szenigen Bars in den engen Sträßchen.

Am Ufer von Barceloneta blicken Terrassenrestaurants auf die Promenade und die Strände dahinter. Landeinwärts von den künstlichen Stränden ist das Design- und Hightech-Viertel Poblenou angesiedelt, in dem immer mehr Cafés, Läden und Restaurants entstehen.

Lokalkolorit

- **Kneipen** Es gibt viele tolle Bars mit Cava, Bier und leckeren Tapas: Vaso de Oro (S. 118) und Can Paixano (S. 125) sind seit Langem beliebt; ein erfolgreicher Neuzugang ist Perikete (S. 124).
- **Märkte** In Port Vell gibt's am Wochenende den Antikmarkt Port Antic (S. 128) und am Jachthafen den Kunsthandwerksmarkt Feria d'Artesanía del Palau de Mar (S. 128).
- **Strandspaß** Von Juni bis September säumen *chiringuitos* (einfache, provisorische Bars) mit kalten Getränken und Urlaubsatmosphäre den Strand.

Anfahrt

- **Zu Fuß** Von der Altstadt sind die Rambla und die Via Laietana für Fußgänger der beste Zugang über die verkehrsreiche Ronda del Litoral.
- **Metro** Vom Bahnhof Drassanes fährt Línia 3 nach Port Vell; Barceloneta hat eine eigene Station auf der Línia 4, die weiter bis zur Ciutadella Vila Olímpica (beim Port Olímpic), zu den nördlichen Stränden El Poblenou Platges und zum El Maresme Fòrum fährt.

HIGHLIGHT
MUSEU MARÍTIM

Die gewaltigen Reials Drassanes (königlichen Werften) sind ein außergewöhnliches Beispiel ziviler Architektur. Hier lief das Flaggschiff vom Stapel, mit dem Don Juan de Austria 1571 die spanisch-venezianische Flotte in der folgenreichen Seeschlacht von Lepanto gegen die Türken anführte. Heute bergen die breiten Bögen das Museu Marítim, das Schifffahrtsmuseum und eines der faszinierendsten Museen der Stadt.

Königliche Werften

Die Werften (Drassanes) zählten in ihrer Blütezeit zu den größten in Europa. Die Bauzeit reichte vom 13. Jh. bis zur Fertigstellung 1378. Bis Ende des 18. Jhs. lagen die von bis zu 13 m hohen Bögen überspannten Docks direkt am Meer, sodass die fertigen Schiffe über eine Rampe sofort ins Wasser gleiten konnten. Der Schiffsbau wurde später nach Südspanien verlegt und die Drassanes als Artilleriekaserne genutzt.

Replik des Flaggschiffs von Don Juan de Austria

Im Zentrum der Werften steht ein originalgetreuer Nachbau des Flaggschiffs von Don Juan de Austria aus den 1970er-Jahren. Eine Multimediashow vermittelt einen Eindruck vom grauenvollen Leben der Sklaven, Strafgefangenen und Freiwilligen (!), die das Schiff mit einer Geschwindigkeit von bis zu neun Knoten rudern konnten. Sie blieben stets an ihre Bänke gekettet – immer vier nebeneinander. Hier arbeiteten, schliefen, aßen und tranken sie (das Trinkwasser lagerte unter Deck, wo auch die Krankenstation war), und hier verrichteten sie auch ihre Notdurft. Eine solche Galeere war schon meilenweit zu riechen.

Ausstellungen

Fischerboote, alte Seekarten, Schiffsmodelle und Dioramen von Barcelonas Hafen füllen den Rest dieses tollen Museums. Auch Wechselausstellungen werden gezeigt; 2014 gab es eine Sonderschau zur Geschichte der Antarktisforschung. Nach umfassender Renovierung hat das Museum seit 2017 eine wesentlich erweiterte Sammlung mit Multimediaexponaten, die Spaniens Seefahrtgeschichte tiefer beleuchten.

Ictíneo

Im Innenhof steht ein originalgetreuer Nachbau der *Ictíneo I*, einem der ersten U-Boote der Welt. Gebaut wurde es 1858 vom katalanischen Universalgelehrten Narcis Monturiol und betrieben von mehreren Propellern, die Monturiols Freunde von Hand kurbeln mussten, wenn sie ihn auf einen seiner bis zu zwei Stunden langen, erfolgreichen Tauchgänge im Hafen begleiteten. Später entwarf er noch ein größeres U-Boot *(Ictíneo II)* mit Verbrennungsmotor, das 30 m tauchen und sieben Stunden unter Wasser bleiben konnte. Trotz eindrucksvoller Vorführungen vor faszinierten Menschenmengen interessierte sich die Marine nie für das Gefährt, weshalb Monturiol bis heute weitgehend unbekannt ist.

NICHT VERSÄUMEN

- Replik des Flaggschiffs von Don Juan d'Austria
- Wechselausstellungen
- *Ictíneo I*
- Hofcafé

PRAKTISCH & KONKRET

- Karte S. 306, A4
- ☎ 93 342 99 20
- www.mmb.cat
- Avinguda de les Drassanes
- Erw./Kind 10/5 €, So ab 15 Uhr frei
- ⏲ 10–20 Uhr
- Ⓜ Drassanes

DINO GEROMELLA/ALAMY STOCK PHOTO ©

HIGHLIGHT
EL POBLENOU PLATGES

Ab dem Jachthafen Port Olímpic erstrecken sich goldene Sandstrände nach Nordosten, die zwar weitgehend künstlich aufgeschüttet sind, aber dennoch jedes Jahr Millionen Badende und Sonnenanbeter anlocken.

An der **Platja de la Nova Icària**, dem südlichsten Strand von El Poblenou, ist am meisten los. Jenseits der Durchfahrtsstraße Avinguda del Litoral hinter dem Strand befindet sich die Plaça dels Campions mit dem rostenden, dreistufigen Podest, auf dem die Sieger der Segelwettbewerbe der Olympischen Spiele 1992 ihre Medaillen erhielten.

Der nächste Strand weiter nordwärts ist die **Platja de Bogatell**. Gleich landeinwärts liegt der 1773 angelegte Cementiri del Poblenou (S. 117), ein Friedhof voller bombastischer Familiengrabmäler. Ein ziemlich verstörendes Element ist die Skulptur *El petó de la mort* (der Todeskuss): Ein geflügeltes Skelett küsst einen jungen, knienden und leblosen Körper.

An der **Platja de la Mar Bella** gibt es einen kurzen FKK-Abschnitt. Danach folgt die **Platja de la Nova Mar Bella**, die ins moderne Wohn- und Geschäftsviertel Front Marítim führt, das Teil des Viertels Diagonal Mar im modernen Bezirk El Fòrum (S. 118) ist. Davor breitet sich der letzte der künstlichen Strände aus, die **Platja del Llevant**.

NICHT VERSÄUMEN

- Das lebhafte Treiben an der Platja de la Nova Icària
- Die ergreifende Skulptur *El petó de la mort* auf dem Cementiri del Poblenou

PRAKTISCH & KONKRET

- Karte S. 308, E3
- http://lameva.barcelona.cat
- Ⓜ Ciutadella Vila Olímpica, Llacuna, Poblenou, Selva de Mar

SEHENSWERTES

Port Vell & Barceloneta

MUSEU MARÍTIM
MUSEUM

Siehe S. 113

L'AQUÀRIUM
AQUARIUM

Karte S. 306 (☎93 221 74 74; www.aquariumbcn.com; Moll d'Espanya; Erw./Kind 20/15 €, Tauchen 300 €, Schlafen zwischen Haien 90 €; ⊙Juli & Aug. 10–21.30 Uhr, Sept.–Juni kürzer; Ⓜ Drassanes) Es läuft einem schon ein bisschen kalt den Rücken runter, wenn ein Hai über einen hinweggleitet und sein Maul aufreißt. Der 80 m lange Haitunnel ist die Hauptsehenswürdigkeit des Aquariums, das zu den größten in Europa zählt. Es zeigt die weltweit beste Sammlung an Mittelmeerfischen und viele Tiere aus dem Roten Meer, der Karibik und dem Great Barrier Reef. Insgesamt tummeln sich hier 11 000 Fische (einschließlich einem Dutzend Haien) aus 450 Gattungen. Die Eintrittskarten sind online um 2 € billiger.

Der Weg zum Haitunnel führt an einer Reihe Themenbecken vorbei, in denen Brassen, Seepferdchen oder verschiedene Haie (Weißflossen-, Sandtiger-, Hammer-, Schwarzspitzen-, Ammen- und Braunhaie) herumflitzen. Hinzu kommen zahlreiche weitere Meeresbewohner – von flatternden Rochen bis zu aufgeblähten Mondfischen. In der interaktiven Zone Planeta Aqua lebt neben Rochen auch eine Familie antarktischer Pinguine. Explora heißt die Kinderabteilung mit Aktivitäten, die sich auf drei thematische Lebenswelten verteilen. Kinder zwischen acht und zwölf Jahren können im Rahmen des Programms „Schlafen zwischen Haien“ hier übernachten (einschließlich Abendessen und Frühstück). Die Termine stehen online, die telefonische Anmeldung muss mindestens eine Woche im Voraus erfolgen. Die Kinder sollten einen Schlafsack und eine Taschenlampe mitbringen. Taucher mit gültigem Tauchschein dürfen im Hauptbecken mit den Haien tauchen.

MUSEU D'HISTÒRIA DE CATALUNYA
MUSEUM

Karte S. 306 (Museum der Geschichte Kataloniens; ☎93 225 47 00; www.mhcat.cat; Plaça de Pau Vila 3; Erw./Kind 4,50/3,50 €, Okt.–Juni letzter Di im Monat frei; ⊙Di & Do–Sa 10–19, Mi bis 20, So bis 14.30 Uhr; Ⓜ Barceloneta) Das empfehlenswerte Museum im **Palau de Mar** führt durch die Geschichte Kataloniens von der Steinzeit bis in die frühen 1980er-Jahre. Dioramen, Artefakte, Videos, Modelle, Dokumente sowie interaktive Spielereien vermitteln auf höchst vergnügliche Weise 2000 Jahre katalanische Geschichte. Die Beschilderung ist auf Spanisch und Katalanisch. Besucher können hier sehen, wie die Römer lebten, arabische Dichtung aus der Zeit der maurischen Besatzung hören, die Behausung einer frühmittelalterlichen Pyrenäenfamilie besichtigen, das (hölzerne) Schlachtross eines Ritters besteigen oder auch versuchen, eine Ritterrüstung zu heben.

Weiter geht's nach unten in einen Luftschutzbunker aus dem Bürgerkrieg, zu einem Video auf Katalanisch über Katalonien nach Franco oder aufs Dach ins Café-Restaurant 1881 (S. 122). Die Wechselausstellungen sind häufig ebenso interessant wie die Dauerausstellung. Der Laden Bestiari (S. 128) führt hübsche katalanische Geschenkartikel. In Museumsnähe gibt es eine ganze Reihe eleganter Freiluftrestaurants mit Hafenblick, in denen klassische Fischgerichte zubereitet werden.

STRANDBIBLIOTHEKEN

Unterhalb der Strandpromenade am Nordende der **Platja de la Barceloneta** (Karte S. 306; http://lameva.barcelona.cat; Ⓜ Barceloneta) – eigentlich Platja de Somorrostro genannt – und an der Platja de la Mar Bella (S. 114) am Espigó de Bac de Roda richtet die Stadt im Juli und August (in der Regel Di–So 10–17 Uhr) *biblioplatges* („Strandbüchereien“) ein. Sie führen Zeitschriften, Zeitungen und neben spanischen Titeln auch einige fremdsprachige Bücher.

An den gleichen Standorten werden auch Frisbeescheiben, Volleybälle und -netze, Strandtennisschläger, Bälle und *petanque*-Spiele verliehen; für die Kinder gibt es Eimer, Schaufeln und Gießkannen. Sie sind kostenlos; alles, was für das Ausleihen von Büchern oder Spielutensilien verlangt wird, ist ein Ausweis.

INSIDERWISSEN

TREFFPUNKT BEI DEN QUADERN

Die elegante Skulptur **Homenatge a la Barceloneta** (Hommage an Barceloneta; Karte S. 306; Passeig Marítim; Ⓜ Barceloneta) der deutschen Künstlerin Rebecca Horn wurde für die Olympiade von 1992 in Auftrag gegeben und erinnert an die altmodischen Strandhütten, die hier einst standen. Im Volksmund wird sie „die Quader" genannt und ist ein bewährter Treffpunkt am Strand.

TELEFÉRICO DEL PUERTO — SEILBAHN

Karte S. 306 (www.telefericodebarcelona.com; Passeig de Joan de Borbó; einfach/hin & zurück 11/16,50 €; ⏲Juni–Anfang Sept. 10.30–20 Uhr, Anfang Sept.–Mai kürzer; 🚌V15, 39, Ⓜ Barceloneta) Die Seilbahn, die ursprünglich für die Weltausstellung von 1929 gebaut wurde, spannt sich über den Hafen hinweg zum Montjuïc hoch und bietet eine Vogelperspektive auf die Stadt. Die Kabinen schweben zwischen dem Torre de Sant Sebastià (Barceloneta) – oben mit dem Panoramarestaurant **Torre d'Alta Mar** (Karte S. 306; ☎93 221 00 07; www.torredealtamar.com; Torre de Sant Sebastià, Passeig de Joan de Borbó 88; Hauptgerichte 34,50–44 €, 7-/9-Gänge-Menüs 80/96 €, mit Wein 112/135 €; ⏲Di–Do 13–15.30, Fr & Sa 13–15.30 & 19.30–23 Uhr) – und dem Miramar (Montjuïc). Die Fahrt über insgesamt 1292 m dauert rund zehn Minuten. Bei starkem Wind wird der Betrieb allerdings eingestellt.

EDGE BREWING — BRAUEREI

Karte S. 308 (www.edgebrewing.com; Carrer de Llull 62; Führung inkl. Bierverkostung 20 €; ⏲Führung bei Anmeldung; Ⓜ Bogatell) Edge Brewing wurde 2013 von zwei Amerikanern gegründet und hat für seine Craft-Biere bereits einige beeindruckende Preise eingeheimst (u. a. wurden sie im Jahr nach der Eröffnung von RateBeer.com als beste neue Brauer erwählt). Die zweistündigen Führungen auf Englisch gewähren einen Einblick hinter die Kulissen des Betriebs und die Teilnehmer können einige der Klassiker und Biere der Saison probieren, z. B. das Hoptimista, ein preisgekröntes IPA mit 6,6 %, und das Passionsfrucht-Bitterbier Apassionada.

EL CAP DE BARCELONA — SKULPTUR

Karte S. 306 (Passeig de Colom; Ⓜ Barceloneta) Die auffallende, 15 m hohe und leuchtend bunte Skulptur „Kopf von Barcelona" ist ein Wahrzeichen am Hafen. Entworfen wurde sie von dem berühmten amerikanischen Pop-Künstler Roy Lichtenstein für die Olympiade von 1992.

MIRADOR DE COLOM — AUSSICHTSPUNKT

Karte S. 306 (Kolumbusdenkmal; ☎93 285 38 32; www.barcelonaturisme.com; Plaça del Portal de la Pau; Erw./Kind 6/4 €; ⏲8.30–20.30 Uhr; Ⓜ Drassanes) Hoch über dem Verkehrsgewimmel auf dem Kreisverkehr darunter hält Kolumbus beständige Wacht und weist von seiner korinthischen Eisensäule, die für die Weltausstellung von 1888 errichtet wurde, ungefähr in Richtung Mittelmeer. Ein Aufzug fährt 60 m hoch zum Aussichtspunkt mit Blick über die Rambla und die Hafenanlagen Barcelonas. Es soll in Barcelona gewesen sein, wo Kolumbus den begeisterten katholischen Monarchen nach seiner Reise von 1492 Bericht über seine ersten Entdeckungsfahrten in Amerika erstattete. Im 19. Jh. glaubten die Menschen hier, dass Kolumbus der berühmteste Sohn Barcelonas gewesen sei. Einige Historiker behaupten das immer noch.

HOMENATGE A LA NATACIÓ — SKULPTUR

Karte S. 306 (Hommage an den Schwimmsport; Plaça del Mar; Ⓜ Barceloneta) Die Stahlskulptur, die Alfredo Lanz 2004 entworfen hatte, stellt verschiedene elegante, wenn auch abstrakte Posen von Schwimmern im Meer dar.

Port Olímpic, Poblenou & El Fòrum

EL POBLENOU PLATGES — STRAND

Siehe S. 114

MUSEU CAN FRAMIS — MUSEUM

Karte S. 308 (☎93 320 87 36; www.fundaciovilacasas.com; Carrer de Roc Boronat 116-126; Erw./Kind 5/2 €; ⏲Di–Sa 11–18, So bis 14 Uhr; Ⓜ Glòries, Llacuna) Das zeitgenössische Museum in einer ehemaligen Textilfabrik aus dem 18. Jh. zeigt katalanische Gemälde ab den 1960er-Jahren. Die Galerien enthalten um die 300 Arbeiten, die auf spannende Art angeordnet sind, nämlich mit eindrücklichen Bildern verschiedener Künstler (manchmal aus verschiedenen Zeitspannen), die dadurch faszinierende Kreuzungspunkte und Gegensätze bilden. Zu den Highlights gehören die komplexen, Tapisserie-gleichen Gemälde von Victor Pérez-Porro, trostlose Szenen in Schwarz und Weiß von Gregori Iglesias, traumgleiche Sequenzen von Perejaume, fotografische Porträts von Pedro Madueño, Agustí Puigs ätherische *Menines* (beruhend auf Velázquez' berühmten *Las meninas*, die drei Jahrhunderte früher entstanden) und die brillanten Werke des autodidaktischen Malers Xevi Vilaro.

MUSEU DEL DISSENY DE BARCELONA

MUSEUM

Karte S. 308 (☎93 256 68 00; www.museudeldisseny.cat; Plaça de les Glòries Catalanes 37; ständige/Wechselausstellung Erw. 6/4,50 €, Kind 4/3 €, Kombiticket Erw./Kind 8/5,50 €, So ab 15 Uhr & 1. So im Monat frei; ⌚Di–So 10–20 Uhr; Ⓜ Glòries) Das Designmuseum Barcelonas ist in einem modernen, monolithischen Gebäude mit geometrischen Fassaden und einem ziemlich brutalistischen Erscheinungsbild untergebracht, das von den Einheimischen den Spitznamen *la grapadora* (der Tacker) erhielt. Das Museum enthält eine überwältigende Sammlung von Keramiken, ornamentaler Kunst und Textilien und ist ein Muss für jeden, der sich für Design interessiert. Die Besichtigung führt von oben nach unten. Im 4. Stock geht es in die Welt der Grafik, insbesondere anhand der Poster von katalanischen Designfirmen aus der Nachkriegszeit bis heute. Im Stockwerk darunter präsentiert das Museum einen stark verdichteten Überblick über die Kleidermode seit dem 16. Jh. Unter anderem gibt es einen dramatisch beleuchteten Raum mit Krinolinen aus dem 19. Jh. (käfigartige Gestelle als Unterrock für wallende Kleider), die wie seltene Meerestiere in riesigen Glasröhren ausgestellt sind.

Der 2. Stock ist der ornamentalen Kunst mit einer höchst vielfältigen Sammlung gewidmet, zu der koptische Arbeiten aus dem 3. Jh., ein aufwendiger Brüsseler Wandteppich aus dem 16. Jh., antike, juwelenbesetzte Taschenuhren und Skulpturen von Picasso und Miró gehören. Besonders sehenswert ist die funkelnde Buntglastafel, die für die Gewerbeausstellung von 1888 hergestellt wurde. Im 1. Stock wird katalanisches Produktdesign seit dem 20. Jh. gezeigt – die Möbel lohnen einen schnellen Blick. Wechselausstellungen bieten das ganze Spektrum, von türkischen Keramiken aus dem 17. Jh. bis zu zeitgenössischer Modefotografie.

CEMENTIRI DEL POBLENOU

FRIEDHOF

Karte S. 308 (Poblenou-Friedhof; ☎93 225 16 61; www.cbsa.cat; Av d'Icària; ⌚8–18 Uhr; Ⓜ Llacuna) GRATIS Der Friedhof ein Stück landeinwärts von der Platja de Bogatell nahe dem Carrer del Taulat wurde 1773 aus hygienischen Gründen außerhalb der damaligen Stadtgrenzen angelegt. In seinem Zentrum erinnert ein Denkmal an die Opfer der Gelbfieberepidemie, die Barcelona 1821 erfasste. Auf dem Friedhof stehen zahlreiche bombastische Familiengrabmäler, eher verstörend wirkt hingegen die Skulptur *El petó de la mort* (Der Todeskuss), ein geflügeltes Skelett, das den knienden Leichnam eines jungen Mannes küsst.

PARC DEL CENTRE DEL POBLENOU

PARK

Karte S. 308 (Avinguda Diagonal; ⌚10 Uhr–Sonnenuntergang; Ⓜ Poblenou) In Barcelona gibt es eine ganze Reihe von Parks, deren wichtigstes Gestaltungselement Beton ist. Jean Nouvels 5 ha großer Parc del Centre del Poblenou mit seinen Statuen und stilisierten Metallsitzen bildet keine Ausnahme. Die von Gaudí inspirierten Betonmauern werden inzwischen allerdings zunehmend von Bougainvilleen überwuchert. Im Park

GEDENKEN AN DIE OPFER FRANCOS

Unter dem Beton des Kongresszentrums, des Badeareals und des Jachthafens im Fòrum liegt die Erinnerung an über 2000 Menschen begraben. Sie wurden auf dem Camp de la Bota zwischen 1936 und 1952 hingerichtet, die meisten von ihnen unter Franco ab 1939. An sie erinnert heute an der Rambla de Prim die Skulptur *Fraternitat* (Brüderlichkeit), ein Entwurf von Miquel Navarro.

selbst gedeihen rund 1000 überwiegend mediterrane Bäume, darunter 35 Palmenarten, neben Tausenden von kleineren duftenden Büschen und Pflanzen. Nouvel hatte die Vorstellung, dass die Bäume, die von Grundwasser bewässert werden, im Lauf der Zeit ein natürliches Blätterdach über dem Park bilden würden.

MUSEU DE LA MÚSICA — MUSEUM

Karte S. 308 (☎93 256 36 50; www.museumusica.bcn.cat; Carrer de Lepant 150; Erw./Kind 6/4,50 €, So ab 15 Uhr frei; ⌚Di, Mi & Fr 10–18, Do bis 21, Sa & So bis 19 Uhr; Ⓜ Monumental) Das Museum ist im 2. Stock eines Verwaltungsgebäudes des L'Auditori (S. 127), des größten Konzerthauses der Stadt, untergebracht. Zu den rund 500 ausgestellten Musikinstrumenten (knapp ein Drittel des hauseigenen Bestands) zählen eine Barockgitarre aus dem 17. Jh., Lauten (darunter eine venezianische Bogenlaute von 1641), Violinen, japanische Kotos, Sitars aus Indien, acht Orgeln (einige aus dem 18. Jh.), Pianos, diverse Trommeln und weitere Schlaginstrumente aus Spanien und anderen Ländern sowie jede Menge Plattenspieler und Grammophone. Auch ein paar Kuriositäten sind zu sehen, z. B. der *buccèn,* ein Blechblasinstrument mit Schlangenkopf. Hintergründe und Tonbeispiele bekommen Besucher durch audiovisuelle Medien vermittelt. Das Museum veranstaltet regelmäßig tagsüber Konzerte, bei denen Musiker auf seltenen Instrumenten aus der Sammlung spielen.

EL FÒRUM — VIERTEL

Karte S. 308 (Ⓜ El Maresme Fòrum) Das einstige urbane Brachland hat sich seit der Jahrtausendwende massiv verändert: Es wurde mit funkelnden Gebäuden, weiten Plätzen und Freizeitanlagen am Ufer bebaut. Am auffallendsten ist das **Edifici Fòrum**, ein gespenstisch blaues, dreieckiges Gebäude wie dem Film *2001: Odyssee im Weltraum* entsprungen, das von den Schweizer Architekten Herzog & de Meuron entworfen wurde und das Museu Blau (s. u.) birgt.

MUSEU BLAU — MUSEUM

Karte S. 308 (Blaues Museum; ☎93 256 60 02; www.museuciencies.cat; Edifici Fòrum, Parc del Fòrum; Erw./Kind 6 €/frei, So ab 15 Uhr & 1. So im Monat frei; ⌚März–Sept. Di–Sa 10–19, So bis 20 Uhr, Okt.–Feb. Di–Fr bis 18, Sa bis 19, So bis 20 Uhr; Ⓜ El Maresme Fòrum) Das Museu Blau im futuristischen Edifici Fòrum (s. o.) nimmt seine Besucher mit auf eine Reise durch die Welt der Natur. Multimediale und interaktive Exponate erkunden Themen wie die Geschichte der Evolution, die Entstehung der Erde und die herausragenden Wissenschaftler, die zum heutigen Wissen der Menschheit beigetragen haben. Darüber hinaus sind Exemplare aus dem Reich der Tiere, Pflanzen und Mineralien zu besichtigen – und Dinosaurierskelette. Alles ist auf dem 9000 m² großen Ausstellungsgelände spannend inszeniert.

TORRE GLÒRIES — ARCHITEKTUR

Karte S. 308 (Avinguda Diagonal 225; Ⓜ Glòries) Barcelonas gurkenförmiger Turm – Jean Nouvels leuchtende Torre Glòries (ehemals Torre Agbar) – gehört zu den kühnsten Bauten in der Skyline der Stadt seit den ersten Türmen der Sagrada Família. Der 2005 fertiggestellte, 38-stöckige Turm schimmert nachts in verschiedenen Farben von Mitternachtsblau bis Lippenstiftrot. Er dient als Bürogebäude und ist der Öffentlichkeit nicht zugänglich.

ESSEN

Port Vell & Barceloneta

VASO DE ORO — TAPAS €

Karte S. 306 (☎93 319 30 98; www.vasodeoro.com; Carrer de Balboa 6; Tapas 4–12 €; ⌚11–24 Uhr; Ⓜ Barceloneta) In der immer vollen, schmalen Bar treffen sich fröhliche Gäste, die wissen, wie gut die Tapas hier sind. Witzelnde Kellner im weißen Jackett servieren Teller mit gegrillten *gambes* (Garnelen), *foie a la plancha* (gegrillte Leberpastete) und *solomillo* (Lendensteak). Experimentierfreudige Gerstensafttrinker können eine *flauta cincuenta* (je zur Hälfte helles und dunkles Bier) bestellen.

LA COVA FUMADA — TAPAS €

Karte S. 306 (☎93 221 40 61; Carrer del Baluard 56; Tapas 4–12 €; ⌚Mo–Mi 9–15.15, Do & Fr 9–15.15 & 18–20.15, Sa 9–13 Uhr; Ⓜ Barceloneta) Es gibt keine Außenwerbung und das Ambiente ist denkbar anspruchslos, aber diese winzige, lebhafte Tapasbar ist immer rappelvoll. Das Geheimnis? Leckere *pulpo*

(Oktopus), Calamari, Sardinen, *bombas* (Kroketten aus Kartoffeln und Fleisch mit Aioli) und gegrillte *carxofes* (Artischocken), die in der offenen Küche zubereitet werden. Alles ist unglaublich frisch.

CAN MAÑO FISCH & MEERESFRÜCHTE €

Karte S. 306 (Carrer del Baluard 12; Hauptgerichte 7–15 €; ⏲Mo 20–23, Di–Fr 8.30–16 & 20–23, Sa 8.30–16 Uhr; Ⓜ Barceloneta) Auch wenn der Laden nach einer schäbigen Kneipe aussieht, muss man eine ganze Weile warten, bevor ein Platz an einem überfüllten Tisch in diesem familiengeführten Urgestein frei wird. Aber dann steht einem ausgelassenen Abend mit *raciones* (große Tapasgerichte) und einer Flasche *turbio* (trüber, galicischer Weißwein) nichts mehr im Wege. Zu essen gibt's erstklassigen Tintenfisch, Garnelen und Fisch zu Tiefstpreisen.

LA BODEGA LA PENINSULAR TAPAS €

Karte S. 306 (☎93 221 40 89; www.tabernaycafetin.es; Carrer del Mar 29; Tapas 3,50–9 €; ⏲11.30–24 Uhr; Ⓜ Barceloneta) Weinfässer dienen als Tische in dieser traditionellen Bodega, wo über drei Dutzend verschiedene Tapas mit katalanischen Weinen und hausgemachtem Wermut serviert werden. Gemäß den Prinzipien des Slow Food stammen die Zutaten aus biologischem und lokalem Anbau nach Saison. Empfehlenswert sind *mojama* (gesalzener, luftgetrockneter Thunfisch) oder die pikanten *bombas* (Kroketten aus Fleisch und Kartoffeln) mit Aioli. An den meisten Abenden gibt es nur noch Stehplätze.

NAP MAR PIZZA €

Karte S. 306 (☎93 007 36 39; www.facebook.com/nap; Carrer del Baluard 69; Pizza 5–10 €; ⏲Mo–Fr 13.30–16.30 & 20–24, Sa & So 13.30–24 Uhr; ; Ⓜ Barceloneta) Das NAP (Neapolitanische Authentische Pizza) ist zwar elegant, aber dank seiner Nähe zur Platja de Sant Miquel ideal, um sich eine Pizza für den Strand zu holen. Die Pizzas, die in einem italienischen Stefano-Ferrara-Holzofen gebacken werden, sind z. B. mit Speck, Trüffelcreme und Rucola belegt; es gibt auch viele vegetarische Varianten.

FILFERRO TAPAS €

Karte S. 306 (☎93 221 98 36; Carrer de Sant Carles 29; Tapas 5–8 €, Hauptgerichte 7–12 €; ⏲10–1 Uhr; ; Ⓜ Barceloneta) Das Filferro ist eines der wenigen Restaurants in Barceloneta, dessen Schwerpunkt nicht Meeresfrüchte sind und das daher eine treue Kundschaft hat, die die preiswerten Tapas, *bocadillos* (belegte Brötchen), Salate und Pasta schätzt. Wer sich nicht im schummrigen, kunterbunt eingerichteten Inneren niederlassen möchte, setzt sich an einen der Tische draußen auf dem Platz (beliebt bei Familien, weil nur ein paar Schritte weiter ein Spielplatz liegt).

BALUARD BARCELONETA BÄCKEREI €

Karte S. 306 (Carrer del Baluard 38; Gebäck 1–3,50 €; ⏲Mo–Sa 8–21 Uhr; Ⓜ Barceloneta) Das Angebot an frisch gebackenem Brot gehört zum größten der Stadt und die belegten Baguettes sind ideal für ein Strandpicknick. Außerdem gibt es süße Teilchen, z. B. *xuiuixo* (mit Vanillecreme gefülltes Gebäck aus Girona) und *bunyols* (mit Käse oder Marmelade gefüllte Krapfen) sowie Torten mit Feigen oder Wildbeeren.

MAIANS TAPAS €

Karte S. 306 (☎93 221 10 20; Carrer de Sant Carles 28; Tapas 4–8 €, Hauptgerichte 8–22 €; ⏲Di–Sa 13–16 & 20–23 Uhr; Ⓜ Barceloneta) Die kleine, heitere Bar serviert hervorragende Tapas für hippe Leute überwiegend aus dem Viertel. Glanzlichter sind der unbedingt empfehlenswerte *cazón en adobo* (marinierter und gebratener Dornhai) und die *mejillones a la marinera* (Muscheln in sämigem Tomatensud), gefolgt von deftigem *arroz negro* (Paella mit Tintenfisch samt Tinte).

BITÁCORA TAPAS €

Karte S. 306 (☎93 319 11 10; Carrer de Balboa 1; Tapas 4–12,50 €; ⏲Mo–Fr 9–2.30, Sa & So ab 10 Uhr; Ⓜ Barceloneta) Das Bitácora ist im Viertel für sein schlichtes, sympathisches Ambiente und die günstigen, großzügigen Tapasteller beliebt. Hinter dem Haus versteckt sich noch eine kleine Terrasse. Besonders gut sind *ceviche de pescado* (Fisch-Ceviche), *chipirones* (kleine Tintenfische) und *gambas a la plancha* (gegrillte Garnelen).

KAIKU FISCH & MEERESFRÜCHTE €€

Karte S. 306 (☎93 221 90 82; www.restaurantkaiku.cat; Plaça del Mar 1; Hauptgerichte 13–19 €; ⏲Di–Sa 13–15.30 & 19–22.30, So 13–15.30 Uhr; Ⓜ Barceloneta) Das Restaurant an der Promenade verwendet Zutaten vom Fischmarkt in der Nähe. Daraus werden Gerichte wie Languste mit Minze, Schwertfisch-Carpaccio mit Avocado und sonnengetrockneten Tomaten, mit Chili eingeriebener Thunfisch an grünen Äpfeln und Pilzen oder die Reisgerichte für zwei Personen gezaubert.

GREEN SPOT VEGETARISCH €€

Karte S. 306 (☎93 802 55 65; www.encompaniadelobos.com/en/the-green-spot; Carrer de la Reina Cristina 12; Hauptgerichte 10–15 €; ⏲Mo–Fr 12.30–24, Sa & So ab 13 Uhr; 🖉; Ⓜ Barceloneta) Violetter Möhrensalat mit Papaya und Feta, Tacos mit Aubergine und Zucchini, Spätzle aus Buchweizen und Spinat, Süßkartoffel-Gnocchi mit schwarzen Trüffeln und Hanf-Pizza mit Cashew-Käse und Spargel. Das sind nur einige Beispiele aus dem originellen vegetarischen, veganen und glutenfreien Speisenangebot in diesem stilvollen, minimalistischen Restaurant mit Gewölbedecke. Dienstagabends gibt es Flamenco-Darbietungen.

BARRACA FISCH & MEERESFRÜCHTE €€

Karte S. 306 (☎93 224 12 53; www.tribuwoki.com; Passeig Marítim de la Barceloneta 1; Hauptgerichte 16–22 €; ⏲12.30–23 Uhr; 🖉; Ⓜ Barceloneta) 🍃 Das quirlige Lokal mit erhöhter Terrasse bietet einen faszinierenden Blick auf das Mittelmeer – was schon auf die Zutaten der Gerichte aus ausschließlich Bioprodukten hindeutet. Als Vorspeise empfiehlt sich eine große Portion diverser mit Chili gewürzter Muscheln, anschließend üppige Reisgerichte. Es gibt reichlich vegetarische Sachen, zudem ist es eines der wenigen Restaurants in Barcelona, die vegane Paella haben.

L'ÒSTIA TAPAS €€

Karte S. 306 (☎93 221 47 58; www.facebook.com/barceloneta; Plaça de la Barceloneta 1; Tapas 2,50–8 €, Hauptgerichte 11–19 €; ⏲10–23.45 Uhr; 📶; Ⓜ Barceloneta) Die Nachbarschaftsbar mit Terrasse an einem zauberhaften, verborgenen Platz liegt gegenüber Barcelonetas schöner Barockkirche Església de Sant Miquel del Port. Die Tapas entsprechen der Tradition der Gegend, es gibt aber auch welche mit Anklängen an Fusionsküche wie Sardinen mit Szechuanpfeffer oder spanisches Omelett mit Ente und Trüffeln. Der Wein stammt überwiegend aus Katalonien; die Sangria gehört zu den besten in der Stadt.

★ LA BARRA DE CARLES ABELLÁN FISCH & MEERESFRÜCHTE €€€

Karte S. 306 (☎93 760 51 29; www.carlesabellan.com/mis-restaurantes/la-barra; Passeig Joan de Borbó 19; Tapas 5–8,50 €, Hauptgerichte 24–36 €; ⏲13.30–16 & 20–23 Uhr; Ⓜ Barceloneta) Das umwerfende, verglaste und mit glänzenden Kacheln getäfelte Restaurant gehört dem katalanischen Koch Carles Abellán. Er zelebriert Meeresfrüchte in Tapas wie eingelegtem Oktopus, kleinen Anchovis-Omeletts und gebratener Auster mit Lachsrogen. Noch hinreißender sind die Hauptgerichte: gegrillte Scheidenmuscheln mit *ponzu*-Zitrussauce, mit pikantem pochiertem Eigelb gefüllte Tintenfische, pfannengerührte Seegurke und feinste Hummer-Paella mit geräucherten Garnelen.

★ OAXACA MEXIKANISCH €€€

Karte S. 306 (☎93 018 06 59; www.oaxacacuinamexicana.com; Pla de Palau 19; Hauptgerichte 22–32 €; ⏲13–16 & 20–24 Uhr; 🖉; Ⓜ Barceloneta) Chefkoch Joan Bagur lernte sein Handwerk ein Jahrzehnt lang in Mexiko bei traditionellen Köchen. Im eigenen Garten baut er mexikanische Pflanzen an, die für kulinarische Kreationen wie *coyoacán* (geröstеter Mais mit Chili-Asche) und *cochinita pibil* (Tacos mit gegartem Schweinefleisch) verwendet werden. Die klobigen Tische sind aus mexikanischem Hartholz und an den Wänden hängen mexikanische Originalkunstwerke. Wer mag, kann auch draußen unter den Arkaden speisen.

★ CAN SOLÉ FISCH & MEERESFRÜCHTE €€€

Karte S. 306 (☎93 221 50 12; http://restaurantcansole.com; Carrer de Sant Carles 4; Hauptgerichte 17–39 €; ⏲Di–Do 13–16 & 20–23, Fr & Sa 13–16 & 20.30–23, So 13–16 Uhr; Ⓜ Barceloneta) Seit 1903 und nun schon in der vierten Generation spezialisiert sich das elegante Restaurant hinter den imposanten Holztüren auf Meeresfrüchte frisch vom Boot. Kellner in weißen Jacken servieren auf weiß gedeckten Tischen traditionelle Gerichte wie *arròs caldòs* (Reissuppe mit Tintenfisch und Kaiserhummern) und *zarzuela* (Schmorgericht mit gemahlenen Mandeln, Safran, Knoblauch, Tomaten, Muscheln, Fisch und Weißwein).

RESTAURANT 7 PORTES FISCH & MEERESFRÜCHTE €€€

Karte S. 306 (☎93 319 30 33; www.7portes.com; Passeig d'Isabel II 14; Hauptgerichte 19–32 €;

Radtour
Barcelonas Uferpromenade

START/ZIEL PORT VELL **LÄNGE/DAUER** 12 KM HIN & ZURÜCK, 1½ STUNDEN

Die Tour führt auf einem ebenen Fahrradweg abseits vom Autoverkehr über Holzstege, vorbei an Stränden, Skulpturen und Architektur, allerdings ist auf Fußgänger zu achten. Mehrere Fahrradverleihe liegen in der Nähe, darunter Barcelona Biking (www.barcelonabiking.com) im Barri Gòtic.

Vom Kolumbusdenkmal aus geht's Richtung Nordosten am Meer entlang. Hier ankert der 1918 erbaute Dreimastschoner 1 **Pailebot de Santa Eulàlia**, der gut zu besichtigen ist, auch ohne an Bord zu gehen. Nach weiteren 400 m kommt die 15 m hohe, bunte Skulptur 2 **Cap de Barcelona** in Sicht. Sie wurde vom amerikanischen Pop-Art-Künstler Roy Lichtenstein für die Olympiade 1992 geschaffen.

Rund um den 3 **Jachthafen** gibt's jede Menge Restaurants und Spaziergänger; hier muss man eventuell absteigen und ein Stück schieben. Weiter geht die Fahrt zur Plaça del Mar mit der eleganten Skulptur 4 **Homenatge a la Natació** (S. 116). Das abstrakte Werk schuf Alfredo Lanz 2004.

Weiter nördlich steht eine weitere Skulptur, die 5 **Homenatge a la Barceloneta** (S. 116), die von Rebecca Horn stammt. Nach einem weiteren Kilometer führt der Weg vorbei an der kupferfarbenen Fischskulptur 6 **Peix** von Frank Gehry.

Als nächstes folgt der 7 **Port Olímpic**, der von Restaurants und Bars gesäumt ist. Weiter geht's vorbei an den 8 **Stränden** (S. 114), wo sich im Sommer die Sonnenanbeter drängen.

An deren Ende liegt 9 **El Fòrum** (S. 118). Den kahlen Platz Parc del Fòrum dominiert die strenge Skulptur 10 **Fraternitat** (S. 117), die den Hunderten von Menschen gewidmet ist, die hier während der Franco-Zeit hingerichtet wurden.

Der geschützte Badebereich 11 **Zona de Banys** ist im Sommer bei Familien beliebt. Gleich dahinter befindet sich die gigantische Solaranlage, die an der Zona für Strom sorgt. Von hier geht es auf demselben Weg zurück nach Port Vell.

⏲13–1 Uhr; 📶; Ⓜ Barceloneta) Das 7 Portes wurde 1836 als Café gegründet und 1929 zum Restaurant umgebaut. Die Lage unter den Arkaden ist großartig und es verströmt mit seiner Holztäfelung, den Kacheln, Spiegeln und Namensschildern berühmter Gäste (darunter Orson Welles) einen nostalgischen Charme. Spezialität des Hauses ist die Paella, empfehlenswert ist auch die *gran plat de marisc* („große Meeresfrüchteplatte").

CAN MAJÓ FISCH & MEERESFRÜCHTE €€€

Karte S. 306 (☎93 221 54 55; www.canmajo.es; Carrer del Almirall Aixada 23; Hauptgerichte 15–36 €; ⏲Di–Sa 13–16 & 20–23.30, So 13–16 Uhr; Ⓜ Barceloneta) Das Can Majó an einem Platz gegenüber der Strandpromenade (im Sommer mit Tischen im Freien, im Winter mit Heizstrahlern) genießt seit Langem einen ausgezeichneten Ruf für seine Fischgerichte. Besonders hervorzuheben sind die mit Reis sowie die gehaltvollen *suquets* (Fischeintöpfe). Aber auch die Bouillabaisse aus Fisch und Meeresfrüchten ist köstlich.

SUQUET DE L'ALMIRALL FISCH & MEERESFRÜCHTE €€€

Karte S. 306 (☎93 221 62 33; www.suquetdelalmirall.com; Passeig de Joan de Borbó 65; Hauptgerichte 16–28 €; ⏲Di–Sa 13–23 Uhr; Ⓜ Barceloneta) Im familiengeführten Suquet De L'Almirall werden wenige, aber exquisit zubereitete Gerichte aus erstklassigen Meeresfrüchten gezaubert. Hausspezialität ist die „Paella Catalan" mit zwölf verschiedenen Meeresfrüchten; weitere Speisen sind wilder Avilés-Steinbutt, Seebarsch in Salzkruste und junge, mit Anchovis und schwarzem Reis gefüllte Tintenfische. Nur wer frühzeitig eintrifft, erwischt noch einen Tisch draußen.

LA GAVINA FISCH & MEERESFRÜCHTE €€€

Karte S. 306 (☎93 221 05 95; www.grupgavina.es; Plaça Pau Vila 1; Hauptgerichte 18–44 €; ⏲12–23.30 Uhr; Ⓜ Barceloneta) Das noble Fischrestaurant im Palau de Mar (S. 115) aus dem 19. Jh. ist die Topadresse an der Promenade. Auf den Tischen liegen weiße Tischtücher und an den Wänden reihen sich von Neonlicht beleuchtete Weinschränke hinter Glas, die mehr als 300 spanische und katalanische Weinsorten enthalten. Highlights sind der in Knoblauch und Weißwein marinierte Schwertfisch, die tintenfischschwarze Paella mit geschälten Meeresfrüchten und die spektakuläre Meeresfrüchteplatte auf einem Bett aus zerstoßenem Eis.

1881 BASKISCH €€€

Karte S. 306 (☎93 221 00 50; www.gruposagardi.com/restaurante/1881-per-sagardi; Plaça de Pau Vila 3; Hauptgerichte 19–29 €; ⏲Küche So–Do 10–14, Fr & Sa bis 1 Uhr, Bar So–Do bis 1, Fr & Sa bis 3 Uhr; 📶; Ⓜ Barceloneta) Das Restaurant im obersten Stock des Museu d'Història de Catalunya (S. 115) bietet umwerfende Ausblicke über die Uferpromenade. Eine Spezialität ist *txuletón* (abgehangenes baskisches Rindfleisch), zu dem baskischer Wein gereicht wird. Auch für Cocktails (besonders bei Sonnenuntergang) ist es prima geeignet. Am Wochenende geht es abends auf der Terrasse hoch her.

CAN ROS FISCH & MEERESFRÜCHTE €€€

Karte S. 306 (☎93 221 45 79; www.canros.cat; Carrer del Almirall Aixada 7; Hauptgerichte 15–29 €; ⏲Di–So 13–16 & 19–23 Uhr; 🚌45, 57, 59, 64, 157, Ⓜ Barceloneta) Das 1911 eröffnete Fischlokal wird nun schon in der fünften Generation geführt. Die Grundregel des schlicht eingerichteten Restaurants lautet: saftig frischer Fisch in schonender Zubereitung.

Port Olímpic, Poblenou & El Fòrum

EL 58 TAPAS €

Karte S. 308 (Le cinquante huit; Rambla del Poblenou 58; Tapas 3,50–12 €; ⏲Di–Sa 13.30–23, So bis 16 Uhr; Ⓜ Llacuna) In dem französisch-katalanischen Restaurant werden wunderbar kreative Tapas zubereitet: Fischbällchen aus Kabeljau mit Romesco-Sauce, Jakobsmuschel-Ceviche, *tartiflette* (ein Auflauf mit Käse, Schinken und Kartoffeln) oder Lachstatar. Solo-Gäste können sich vorne an den Marmortresen setzen. Der Speiseraum hinten eignet sich mit seinem Sichtmauerwerk, den Industrielampen und lokalen Kunstwerken prima für eine ausgedehnte Mahlzeit.

EL TÍO CHÉ CAFÉ €

Karte S. 308 (www.eltioche.es; Rambla del Poblenou 44; Gerichte 2–6 €; ⏲So–Do 10–22, Fr & Sa bis 1 Uhr; Ⓜ Poblenou) Das lokale Wahrzeichen, erstmals 1912 (in El Born) eröffnet, ist berühmt für seine *horchata,* ein süßes und erfrischendes, etwas körniges Getränk aus Erdmandelmilch. Manche lieben es, andere weniger – alternativ gibt es hier auch andere hausgemachte Getränke sowie Sandwiches und Eis.

TIMESBURG POBLENOU
BURGER €

Karte S. 308 (www.timesburg.com; Carrer de Pujades 168; Burger 6–13€; ⌚13–16.30 & 20.30–24 Uhr; 📶; Ⓜ Poblenou) Das erfolgreiche Timesburg hat mehrere Filialen, u. a. auch in diesem riesigen Halbgeschossraum in El Poblenou. Die Brötchen der Burger sind mit dem Logo geprägt; zu den 16 Burger-Angeboten gehören La Massimo (Rindfleisch, Parmesan, sonnengetrocknete Tomaten, Sonnenblumenkerne und rote Zwiebel) und Balear (Mallorca-Wurst, Mahón-Käse, Kapern und Honigmayonnaise). Die handgeschnittenen Pommes werden zweimal in Olivenöl frittiert.

MÉS DE VI
TAPAS €

Karte S. 308 (☎93 007 91 51; www.mesdvi.cat; Carrer de Marià Aguiló 123; Tapas 8–13 €; ⌚Mo 19–23, Di–Sa 13–16 & 19–23 Uhr; Ⓜ Poblenou) In der gut besuchten Weinbar werden zu katalanischen Weinen kreative, leckere Tapas gereicht. Beispielsweise Zucchini-Pesto und Burrata-Salat, in peruanischem gelbem Aji-Chili marinierter Roter Thun, geräucherte Makrele mit Auberginenkaviar und Lammnacken mit gebackenem Rübenpüree. Ziegelmauern, Hartholzböden, Holztische und genoppte Chesterfield-Sofas sorgen für eine gemütliche Atmosphäre.

CAL CUC
ASIATISCH €

Karte S. 308 (☎93 000 28 37; www.mosquitotapas.com/calcuc; Carrer del Taulat 109; Tapas 4–8 €; ⌚Mo–Do 18–24, Fr–So 13–1 Uhr; 🍸; Ⓜ Poblenou) Das gepflegte Cal Cuc ist auf von asiatischen Straßenimbissen inspirierte Tapas spezialisiert. Zu chinesischer *bang-bang*-Aubergine (in pikanter Sauce), *gyoza* (gebratene japanische Teigtaschen), Kimchi (koreanischer fermentierter Kohl), Tofu-*larb* (laotischer marinierter Tofu) und *takoyaki* (japanischer panierter Tintenfisch) gibt's Craft-Bier aus lokalen Brauereien, darunter BeerCat, Guineu und Les Clandestines.

L'ATELIER BY AMIS
CAFÉ €

Karte S. 308 (☎662 370229; www.atelierpoblenou.com; Carrer del Joncar 29; Gerichte 2–9 €; ⌚Mo–Sa 9.30–13.30 & 16–20.30, So 10–14 Uhr; Ⓜ Poblenou) Das hübsche kleine Café mit blankem Dielenboden hinter der hellen Holzfassade schmücken frische Blumen. Es hat ein tolles Angebot an hausgemachten Kuchen, Cupcakes, Pfannkuchen, süßen und herzhaften Scones sowie Gourmet-Bagels, z. B. mit Räucherlachs, Rote-Bete-Salat und Zitronen-Aioli.

CAN DENDÊ
AMERIKANISCH €

Karte S. 308 (☎646 325551; www.candende.com; Carrer de la Ciutat de Granada 44; Gerichte 5–13 €; ⌚Mo–Do 9–16, Fr bis 16.30, Sa & So 10–16.30 Uhr; Ⓜ Llacuna) In dem von Brasilianern geführten szenigen Restaurant in Poblenou tummelt sich eine bunte Gästemischung von. Der kulinarische Star ist hier der Brunch, den es den ganzen Tag gibt und der u. a. aus Eiern Benedikt mit Räucherlachs, fluffigen Pfannkuchen oder Sandwiches mit *pulled pork* besteht. Dazu gibt es eine Bloody Mary oder hausgemachte rosa Limonade im Krug. Nebenher kann man den Köchen in Aktion zuschauen und lateinamerikanischen Tropicalia und nordamerikanischen Grooves zuhören.

AGUARIBAY
VEGETARISCH €

Karte S. 308 (☎93 300 37 90; www.aguaribay-bcn.com; Carrer del Taulat 95; Hauptgerichte 7–13 €; ⌚Mo–Mi 13–16, Do–Sa 13–16 & 20.30–23, So 13–16.30 Uhr; 🍸; Ⓜ Llacuna) 🍃 Das gepflegte Aguaribay hat abends ein kleines, aber feines Speisenangebot: Miso und geräucherte Tofubällchen, Soba-Nudeln mit Shiitake-Pilzen sowie Gemüse der Saison mit schwarzem Reis, dazu Craft-Bier und biodynamischen Wein. Mittags werden täglich wechselnde Menüs serviert. Alle Zutaten stammen aus biologischem Anbau, auch gibt es eine große vegane und glutenfreie Auswahl.

★MINYAM
FISCH & MEERESFRÜCHTE €€

Karte S. 308 (☎93 348 36 18; www.facebook.com/minyamcisco; Carrer de Pujades 187; Tapas 2–10 €, Hauptgerichte 15–25 €; ⌚Di–Do 12.30–24, Fr & Sa bis 2, So bis 17 Uhr; 👪; Ⓜ Poblenou) Unter dem konischen Deckel dampft der mit Kräutern aromatisierte Reis des typischen Gerichts des Minyam namens Vulcanus (geräucherte Meeresfrüchte-Paella mit Tintenfischtinte). Die Tapas in diesem stilvollen, zeitgenössischen Restaurant in Poblenue sind gleichermaßen kreativ, z. B. frittierter Spargel, Austern mit Seeigel und Zitrone, gebratene Anchovis und Garnelen-Tortilla. Für Kinder liegen Buntstifte und Papier bereit.

★CAN RECASENS KATALANISCH €€

Karte S. 308 (☎93 300 81 23; www.facebook.com/canrecasens; Rambla del Poblenou 102; Hauptgerichte 8–21 €; ⏲Mo 8.30–13.30 & 17–23.45, Di–Do bis 1, Fr bis 3, Sa 9–13 & 21–3, So 21–1 Uhr; Ⓜ Poblenou) Can Recasens ist eines der romantischsten Lokale in Poblenou. Das Essen in dem Labyrinth aus gemütlichen Räumen mit Ölgemälden, flackernden Kerzen, Lichterketten und Obstkörben ist hervorragend. Es gibt Salate, Räucherschinken und -wurst, Fondues, außerdem Köstlichkeiten wie mit Wildpilzen und Brie, *escalivada* (gegrilltem Gemüse) und Gruyère oder scharfer Chorizo belegte Brote.

EL CALIU DEL POBLENOU KATALANISCH €€

Karte S. 308 (☎630 222488; http://caliupoblenou.eltenedor.rest; Rambla del Poblenou 78; Hauptgerichte 11–22 €; ⏲Di–So 12–23.45 Uhr; 📶; Ⓜ Poblenou) Hinter der schmalen Fassade des Restaurant direkt an der Rambla del Poblenou liegt ein rustikaler, länglicher Gastraum mit Sichtmauerwerk und Tischen aus dunklem Holz. Die Paella wird entweder mit Meeresfrüchten, Fleisch oder Gemüse angeboten, aber die meisten Anwohner schätzen hier Fleisch (Lamm, Rind, iberisches Schwein und katalanische Wurst) und Geflügel (auch Ente) vom Holzkohlengrill.

ELS PESCADORS FISCH & MEERESFRÜCHTE €€€

Karte S. 308 (☎93 225 20 18; www.elspescadors.com; Plaça de Prim 1; Hauptgerichte 18–42 €; ⏲13–15.45 & 20–23.30 Uhr; Ⓜ Poblenou) Das urige Familienrestaurant liegt an einem hübschen, von kleineren Häusern und südamerikanischen Ombubäumen gerahmten Platz. Die gegrillten Fische und Meeresfrüchte- und Reisgerichte gehören zu den besten der Stadt. Innen ist das Lokal in drei Bereiche aufgeteilt, zwei davon sind recht modern, während der Hauptraum noch an die alte Taverne erinnert. An lauen Abenden sollte man versuchen, einen Tisch im Freien zu ergattern.

XIRINGUITO ESCRIBÀ FISCH & MEERESFRÜCHTE €€€

Karte S. 308 (☎93 221 07 29; www.xiringuitoescriba.com; Avinguda del Litoral 62; Hauptgerichte 15–27 €; ⏲Mo–Fr 13–17 & 19–22.30, Sa & So 13–22.30 Uhr; Ⓜ Llacuna) Die Besitzer der 1906 gegründeten Konditorei Escribà betreiben auch eines der beliebtesten Fischrestaurants an der Promenade Barcelonas. Es ist eins der wenigen, in dem auch eine Einzelperson Paella oder katalanische *fideuà* mit Vermicelli-Nudeln bestellen kann (in den meisten Restaurants gibt es die Gerichte nur für mindestens zwei Personen). Als Nachtisch empfiehlt sich natürlich ein Escribà-Törtchen.

AUSGEHEN & NACHTLEBEN

Port Vell & Barceloneta

★PERIKETE WEINBAR

Karte S. 306 (www.gruporeini.net/perikete; Carrer de Llauder 6; ⏲11–1 Uhr; Ⓜ Barceloneta) Die tolle Weinbar ist seit ihrer Eröffnung 2017 stets brechend voll mit Einheimischen. Von der Decke hängen Schinken, über der Bar stehen Fässchen mit Wermut und die Regale sind voller Weinflaschen – über 200 Sorten gibt es als Schankwein oder aus der Flasche, begleitet von mehr als 50 Tapasgerichten. Abends geht's bis auf die Straße raus hoch her.

BODEGA VIDRIOS Y CRISTALES WEINBAR

Karte S. 306 (www.gruposagardi.com/restaurante/bodega-vidrios-y-cristales; Passeig d'Isabel II 6; ⏲So–Do 12–24, Fr & Sa bis 1 Uhr; Ⓜ Barceloneta) Das stimmungsvolle Kleinod mit Steinboden in einem geschichtsträchtigen Haus von 1840 pflegt das Ambiente einer alten Bodega. Auf den Regalen stapeln sich Dosen mit Sardinen, Anchovis und anderen Delikatessen (die für die feinen Tapas verwendet werden) neben hausgemachtem Wermut und einer wunderbaren Vielfalt an Weinen. Hier ist übrigens Stehen angesagt, da es keine Sitzgelegenheiten gibt, nur ein paar aufrechte Weinfässer, um das Glas abzustellen.

BLACKLAB KLEINBRAUEREI

Karte S. 306 (☎93 221 83 60; www.blacklab.es; Plaça de Pau Vila 1; ⏲12–1.30 Uhr; Ⓜ Barceloneta) Barcelonas erstes Brauhaus eröffnete 2014 im historischen Palau de Mar (S. 115). Aus den Zapfhähnen fließen 18 hausgebraute Biere, darunter Saison-Bier, Doppel-IPAs und irisches Stout. Die Braumeister experimentieren ständig mit neuen Varianten wie Berliner Weiße mit feurigem Jalapeño. Einstündige Führungen (So 17 Uhr; 12 €) erlauben einen Blick auf die Arbeit der Brauer mit anschließend vier Bierproben. Aus der Küche kommen Burger, Sandwiches mit gegrilltem *pulled pork*, marinierte Rippchen und *poké*-Bowls.

ABSENTA BAR

Karte S. 306 (☎93 221 36 38; www.absenta.bar; Carrer de Sant Carles 36; ⏰Mo–Do 18–2, Fr & Sa 11–3, So 18–1 Uhr; Ⓜ Barceloneta) Alte Gemälde, antike Lampen und merkwürdige Skulpturen (samt einer von der Decke baumelnden Schmetterlingsfrau) schmücken diese witzige Kneipe. Ihre Spezialität ist Absinth, den es in mehr als 20 Sorten gibt (Vorsicht: ein Alkoholgehalt von 50 bis 90 % haut ganz schön rein!). Wer kein Fan der „Grünen Fee“ ist, kann sich an den hausgemachten Wermut halten.

CAN PAIXANO WEINBAR

Karte S. 306 (☎93 310 08 39; www.canpaixano.com; Carrer de la Reina Cristina 7; ⏰Mo–Sa 9–22.30 Uhr; Ⓜ Barceloneta) Die noble Cava-Bar (auch La Xampanyeria genannt) profitiert schon lange von ihrem Erfolgsrezept: Rosé-Sekt in eleganten kleinen Gläsern und dazu mundgerechte *bocadillos* (belegte Brötchen) und Tapas. Die Bar ist meist voll bis zum Anschlag und sich bis zur Theke durchzukämpfen, kann zur Mammutaufgabe werden.

LA DELICIOSA BAR

Karte S. 306 (www.ladeliciosabeachbar.com; Passeig Marítim de la Barceloneta; ⏰März–Okt. 10–22 Uhr; 📶; Ⓜ Barceloneta) Surfbretter rahmen die idyllische Strandbar an der Platja de la Barceloneta. Hier sind frische Säfte, Weine aus der Region und Cocktails wie Basil Instinct (Wodka, Ananassaft, Zitrone, Ingwer, Himbeeren und Basilikum) oder Passion Smash (Jack Daniels, Passionsfruchtmus und Minze) zu haben. Als feste Grundlage gibt's Gourmet-Sandwiches, Bio-Burger, Nachos mit schwarzen Bohnen und mundgerechte Tapas.

THE MINT COCKTAILBAR

Karte S. 306 (☎647 737707; www.facebook.com/themintbarcelona; Passeig d'Isabel II 4; ⏰So–Do 19.30–2.30, Fr & Sa bis 3 Uhr; Ⓜ Barceloneta) Die Bar mit ihrer Liebe zum Mojito ist nach der begehrten Cocktailzutat benannt („Minze“). Oben kann man den erstklassigen Gin probieren, der im Haus auf verschiedene Art verfeinert wurde (über 20 Sorten sind im Angebot, auch kreative Mischungen wie Zitronengras und Piment). Unten im Kellergewölbe sorgen rotes Licht und heiße Beats für Partystimmung.

BAR LEO BAR

Karte S. 306 (Carrer de Sant Carles 34; ⏰12–21.30 Uhr Ⓜ Barceloneta) Fast nur *barcelonins* drängen sich bis auf die Straße hinaus in der winzigen Bar, deren Wände mit Bildern des verstorbenen andalusischen Sängers und Frauenschwarms Bambino gepflastert sind. Die Jukebox spielt hauptsächlich Flamenco. Am Wochenende ist hier am meisten los.

SANTA MARTA BAR

Karte S. 306 (www.santamartabarcelona.com; Carrer de Grau i Torras 59; ⏰10–24 Uhr; Ⓜ Barceloneta) Eine kommunikative Mischung aus Einheimischen und Expats bevölkert die lässige Bar mit Straßentischen nahe der Promenade, gleich hinter dem Strand und in bester Leutebeobachtungslage. Neben klassischen Cocktails gibt es hausgemachte Kreationen wie Santa Delicious (Tequila, Campari, rosa Grapefruitsaft und Minze). Und mehr als 15 dünnkrustige Pizzasorten sind auch zu haben.

CDLC LOUNGE

Karte S. 308 (Carpe Diem Lounge Club; ☎93 224 04 70; www.cdlcbarcelona.com; Passeig Marítim de la Barceloneta 32; ⏰12–5 Uhr; Ⓜ Ciutadella Vila Olímpica) Der Carpe Diem Lounge Club mit seiner asiatisch angehauchten Einrichtung und dem Zugang zum Strand ist ideal zum Vorglühen, ehe es in die Clubs der Umgebung geht. Gleichfalls asiatisch angehaucht und recht gut, wenn auch teuer, ist das Essen (Sushi und dergleichen). Gegen Mitternacht werden die Tische weggeräumt und die DJs und Tanzenden übernehmen das Kommando.

CATWALK CLUB

Karte S. 308 (☎93 224 07 40; www.clubcatwalk.net; Carrer de Ramon Trias Fargas 2–4; Eintritt 15–20 €; ⏰23.30–6 Uhr; Ⓜ Ciutadella Vila Olímpica) Das Catwalk am Strand ist einer der größten Clubs am Port Olímpic: Hier finden auf zwei Etagen 1000 Menschen Platz. Die gut gekleideten Gäste tanzen zu House-Musik ab, gelegentlich etwas abgemildert durch Electro, R&B, Hip-Hop und Funk. Oben über der Tanzfläche befindet sich die Chill-Zone mit bequemen Sofas. Der Eintritt ist normalerweise vor 1 Uhr frei. Das Programm steht auf der Website.

OPIUM CLUB

Karte S. 308 (☎93 225 91 00; www.opiumbarcelona.com; Passeig Marítim de la Barceloneta 34; Eintritt 10–20 €; ⏲Club So–Do 22–5, Fr & Sa bis 6 Uhr, Restaurant ab 12 Uhr; Ⓜ Ciutadella Vila Olímpica) Der Club am Meer hat eine geräumige Tanzfläche, die sich erst gegen 3 Uhr morgens richtig füllt. Am schönsten ist es im Sommer, wenn die Türen zur Terrasse am Strand geöffnet sind. Draußen gibt es außerdem ein cooles Restaurant-Café.

Port Olímpic, Poblenou & El Fòrum

BALIUS COCKTAILBAR

Karte S. 308 (☎93 315 86 50; www.baliusbar.com; Carrer de Pujades 196; ⏲Di & Mi 18–2, Do–Sa 17–3, So bis 1 Uhr; Ⓜ Poblenou) Die alte Cocktailbar in Poblenou strahlt eine altmodische Unbeschwertheit aus. Die Barkeeper servieren eine gute Mischung klassischer Getränke und zudem diverse Wermuts. Außerdem gibt's bis 22.30 Uhr eine kleine Tapaskarte und sonntags ab etwa 19.30 Uhr Jazzkonzerte.

LA CERVECITA NUESTRA DE CADA DÍA BAR

Karte S. 308 (Carrer de Llull 184; ⏲Di–Sa 11.30–14 & 17.30–21.30, So & Mo 17.30–21.30 Uhr; Ⓜ Llacuna) La Cervecita ist zu gleichen Teilen Biergeschäft und Craft-Bierbar mit einem wechselnden Angebot einzigartiger Biere aus Europa und den USA. Hier ist manchmal ein herbes katalanisches Fruchtbier, ein seltenes englisches Stout, ein starkes belgisches Helles oder ein halbes Dutzend anderer Fassbiere zu haben – plus noch weitaus mehr Flaschenbiere.

ESPAI JOLIU CAFÉ

Karte S. 308 (Carrer Badajoz 95; ⏲Mo 15–19, Di–Fr 9–19, Sa 10–15 Uhr; 📶; Ⓜ Llacuna) Der Besitzer dieses reizenden kleinen, postindustriellen Cafés mit löchrigen Wänden, Betonfußboden und nackten Glühbirnen ließ sich von seiner Zeit in Berlin inspirieren. Im vorderen Raum werden Topfpflanzen, Kunstdrucke und Keramiken verkauft. Das stille Café mit Möbeln aus recyceltem Holz liegt hinten die Treppe hoch; hier gibt's in Barcelona gerösteten Nømad-Kaffee und Biokuchen zum melodischen Indie-Soundtrack.

MADAME GEORGE LOUNGE

Karte S. 308 (www.madamegeorgebar.com; Carrer de Pujades 179; ⏲Mo–Do 18–2, Fr & Sa bis 3, So bis 0.30 Uhr; Ⓜ Poblenou) Eine theatralische (an Kitsch grenzende) Eleganz zeichnet die kleine, von Lüstern beleuchtete Lounge in unmittelbarer Nähe der Rambla del Poblenou aus. Gewandte Barkeeper rühren fein ausgewogene Cocktails wie Lycheetini (mit Vanille aromatisierter Wodka, frische Lychees, Lycheelikör und Zitronensaft) in altmodischen Gläsern, während ein DJ in der Ecke Platten auflegt (hauptsächlich Soul und Funk).

D9 AL POBLENOU SPORTBAR

Karte S. 308 (☎93 309 92 02; www.denou.bar; Carrer de Pallars 122; ⏲So–Do 18–2.30, Fr & Sa bis 3 Uhr; Ⓜ Bogatell) Ins auffallende D9 mit seiner langen, bunt angestrahlten Bar, Tischfußball, Straßentischen und einem großen Bildschirm für wichtige Fußballübertragungen zieht es sportbegeisterte Leute. Zum Getränkeangebot gehören 25 hausgemachte Schnäpse sowie tropische Cocktails und katalanischer Wein.

GUINGUETA DEL BOGATELL BAR

Karte S. 308 (Platja del Bogatell; ⏲Mai–Sept. 9–22.30 Uhr; Ⓜ Llacuna) In dieser Sommerbar kann man mit den Füßen im Sand wühlen, kaltes Bier, Cocktails oder fruchtige Sangria trinken und die plätschernden Wellen betrachten.

BHARMA BAR

Karte S. 308 (www.bharma.com; Carrer de Pere IV 93; ⏲Mo–Do 7–23, Fr bis 3, Sa 10–3 Uhr, Aug. geschl.; Ⓜ Llacuna) Die Bar in Poblenou huldigt ungehemmt der kultigen amerikanischen Fernsehserie *Lost*. Die steinernen Wände erinnern bis auf das Heck eines Flugzeugwracks in einer Wand an die bunkerähnliche „Luke“. Der Drink erster Wahl ist das Bier Bharma Initiative, dessen Etikett ein (fast) exaktes Duplikat des Dharma-Logos aus der Serie ist.

UNTERHALTUNG

SALA MONASTERIO LIVEMUSIK

Karte S. 308 (☎616 287197; www.facebook.com/sala.monasterio; Moll de Mestral 30; Eintritt unterschiedlich; ⏰So–Do 22–5, Fr & Sa bis 6 Uhr; Ⓜ Ciutadella Vila Olímpica) In der winzigen Musikkneipe mit Blick auf die schaukelnden Schiffsmasten und schlanken Palmen des Port Olímpic stehen Bands unterschiedlicher Musikstile auf der Bühne, u. a. gibt es Jazz, *forró* (traditionelle Musik aus dem Nordosten Brasiliens), Blues und Rock zu hören.

RAZZMATAZZ LIVEMUSIK

Karte S. 308 (☎93 320 82 00; www.salarazzmatazz.com; Carrer de Pamplona 88; Tickets ab 17 €; ⏰21–4 Uhr; Ⓜ Bogatell) Bands aus nah und fern sorgen in dieser klassischen Musikkneipe mit Club gelegentlich für Szenen, die an Hysterie grenzen. Die Bands treten die ganze Woche über auf, wobei die Anfangszeiten variieren (siehe Website). Am Wochenende gibt's nach der Livemusik Clubsounds. Die fünf verschiedenen Clubs in einem gigantischen postindustriellen Ambiente locken Leute aller Tanzrichtungen und Altersgruppen an. Hauptlocation ist der **Razz Club**, ein Eldorado für die angesagtesten internationalen Rock- und Indie-Acts. Im **Loft** laufen House und Electro, während die **Pop Bar** fast alles bietet – von Garage bis Soul. Der **Lolita Room** ist das Land des House, Hip-Hop und Dubstep, und im Obergeschoss schwitzen die Clubber im **Rex Room** bei experimentellen Sounds. Die Eintrittskarten sind etwas billiger, wenn sie im Voraus gekauft werden.

L'AUDITORI KLASSISCHE MUSIK

Karte S. 308 (☎93 247 93 00; www.auditori.cat; Carrer de Lepant 150; Karten frei–59 €; ⏰Kartenverkauf Di–Fr 17–21, Sa 10–13 & 17–21 Uhr; Ⓜ Marina) Das Auditori ist Barcelonas modernes Stammhaus des Orquestra Simfònica de Barcelona i Nacional de Catalunya und hat zahlreiche Konzerte für Orchester-, Kammer-, religiöse und andere Musik im Programm. Der von Rafael Moneo entworfene und 1999 eröffnete große Konzertsaal bietet Platz für über 2000 Konzertbesucher. Im selben Gebäude befindet sich auch das Museu de la Música (S. 118).

TEATRE NACIONAL DE CATALUNYA DARSTELLENDE KUNST

Karte S. 308 (☎93 306 57 00; www.tnc.cat; Plaça de les Arts 1; Karten frei–28 €; ⏰Theaterkasse Mi 15–19, Do–Sa 16–20, So 16–18 Uhr; Ⓜ Glòries) Das Nationaltheater Kataloniens bietet in diesem vom katalanischen Architekten Ricardo Bofill entworfenen und 1996 eröffneten neoklassischen Bühnenhaus ein breit gefächertes Programm, darunter Schauspiel, Komödien, Musicals und Tanz. Die Vorstellungen sind auf Katalanisch.

YELMO CINES ICÀRIA KINO

Karte S. 308 (☎902 220922; www.yelmocines.es; Carrer de Salvador Espriu 61; Karten Erw./Kind 9,90/7,30 €; Ⓜ Ciutadella Vila Olímpica) Der riesige Kinokomplex zeigt in 15 Sälen Filme in der Originalfassung. Für Auswahl ist also gesorgt. Zum Komplex gehören mehrere nette Restaurants und Bars, in denen man vor und nach dem Kino etwas essen oder trinken kann.

SALA BECKETT THEATER

Karte S. 308 (☎93 284 53 12; www.salabeckett.cat; Carrer de Pere IV 228-232; Karten ab 3 €; Ⓜ Poblenou) Die Sala Beckett, eines der führenden Alternativtheater der Stadt, scheut vor anspruchsvollem Theater nicht zurück und inszeniert eine bunte Mischung an Stücken. Die Vorstellungen sind überwiegend auf Katalanisch. Das Theater zog 2016 von Gràcia in diese schönen Räume in einem alten Gebäude aus den 1920er-Jahren um.

SHOPPEN

ELS ENCANTS VELLS MARKT

Karte S. 308 (Fira de Bellcaire; ☎93 246 30 30; www.encantsbcn.com; Plaça de les Glòries Catalanes; ⏰Mo, Mi, Fr & Sa 9–20 Uhr; Ⓜ Glòries) Der Flohmarkt „Alter Charme" unter einer schimmernden Überdachung nahe der Plaça de les Glòries Catalanes ist der größte seiner Art in Barcelona. Über 500 Händler bieten ihre Waren unter riesigen, spiegelartigen Paneelen an. Hier gibt's alles, von antiken Möbeln bis zu Secondhandklamotten. Der größte Teil ist Ramsch, aber gele-

MÄRKTE AM MEER

Am Wochenende erwacht Port Vell mit einigen Märkten zum Leben. An günstigen Stellen entlang der Uferpromenade wird eine Mischung aus Antiquitäten, zeitgenössischer Kunst und Kunsthandwerk angeboten.

Port Antic (Karte S. 306; www.portvellbcn.com; Plaça del Portal de la Pau; ⌚Sa & So 10–20 Uhr; Ⓜ Drassanes) Am unteren Ende der Rambla; Antiquitäten und Trödel.

Feria d'Artesanía del Palau de Mar (Karte S. 306; www.portvellbcn.com; Moll del Dipòsit; ⌚Sept.–Juni Sa & So 11–20.30 Uhr, Juli & Aug. tgl.; Ⓜ Barceloneta) Nahe dem Palau de Mar; Kunsthandwerk.

Mercado de Pintores (Karte S. 306; Passeig d'Ítaca; ⌚Sa & So 10–20 Uhr; Ⓜ Drassanes) Über die Fußgängerzone Rambla de Mar zu erreichen; Kunstmarkt mit unterschiedlichsten Gemälden.

gentlich entdeckt man ein *ganga* (Schnäppchen). Einen Blick hinter die Kulissen gibt's montags, mittwochs und freitags von 7.30 bis 8.30 Uhr, wenn die *subastas* (Versteigerungen) stattfinden.

VERNITA KINDERKLEIDUNG

(☎625 092341; www.facebook/vernitastudioshop; Carrer del Joncar 27; ⌚Di–Fr 10–13.30 & 17–20, Sa 10–14 & 17–20 Uhr; Ⓜ Poblenou) Drei Mütter, Neli, Laura und Nacha, entwerfen und nähen in dieser lichten, hellen Atelier-Boutique Kinderkleidung und -accessoires wie Kissen mit Tiermusterdrucken, Taschen, Kinderschmuck, Schleifen, Handtücher (auch mit süßen Dinosauriermotiven), waschbare Windeln sowie Plüschtiere. Abends bieten sie Nähkurse und Origami-Workshops für Kinder an (bei Bedarf auch auf Englisch).

SYSTEM ACTION KLEIDUNG

Karte S. 308 (☎93 463 85 82; www.systemaction.es; Carrer de Pere IV 122; ⌚Fr & Sa 10–19 Uhr; Ⓜ Llacuna) Wer katalanische Mode entdecken will, sollte diesen Laden im Carrer Pere IV aufsuchen. System Action hat zwar in ganz Katalonien (und in Madrid) Geschäfte, doch das Designzentrum befindet sich ein paar Straßenzüge weiter südlich in einer ehemaligen Eisfabrik. Die Mode ist feminin, aber bodenständig, auch sind hier gute Basics zu finden, nämlich sehr tragbare Pullis, Röcke, Schals und Schuhe.

ULTRA-LOCAL RECORDS MUSIK

Karte S. 308 (☎661 017638; www.ultralocalrecords.com; Carrer de Pujades 113; ⌚Mo–Fr 16–20.30, Sa 11–20.30 Uhr; Ⓜ Llacuna) Der kleine, aber erlesene Laden in einer ziemlich einsamen Ecke von Poblenou verkauft überwiegend gebrauchte Schallplatten (plus einige Neuauflagen und Alben aktueller Indie-Rock-Favoriten) von katalanischen, spanischen, französischen, amerikanischen und britischen Musikern. Neben den Platten gibt es auch eine kleinere CD-Auswahl sowie Fanmagazine und andere Kuriositäten. Vorne am Grabbeltisch kostet jedes Stück 1 €.

LA BAZART MODE & ACCESSOIRES

Karte S. 308 (☎633 455378; www.labazart.com; Carrer de la Ciutat de Granada 44; ⌚Mo, Di, Do & Fr 10.30–18, Sa bis 14.30 Uhr; Ⓜ Llacuna) Wenn der Kunsthandwerksmarkt in Südamerika zu weit weg ist, dann tut es auch La Bazart. Der farbenprächtige Laden führt handgefertigte Artikel aus dem ganzen Andengebiet. Es gibt jede Menge tolle Sachen wie Silberschmuck aus Ecuador, gewebte Kissenbezüge aus Bolivien sowie Alpaka-Handschuhe, -Schals und -Decken aus Chile, dem Heimatland des Besitzers.

BESTIARI BÜCHER, KUNSTHANDWERK

Karte S. 306 (www.bestiari.net; Plaça de Pau Vila 3; ⌚Di & Do–Sa 10–19, Mi bis 20, So bis 14.30 Uhr; Ⓜ Barceloneta) Der gut sortierte Buchladen im Erdgeschoss des Museu d'Història de Catalunya (S. 115) hat englische, spanische und katalanische Bücher für alle Altersgruppen. Außerdem jede Menge Geschenkartikel mit katalanischen Motiven: CDs, T-Shirts, Regenschirme, Laptoptaschen, Schachspiele, Becher und Spielzeug (beispielsweise Baukästen für gotische oder Gaudí-Gebäude).

MERCAT DE LA BARCELONETA MARKT

Karte S. 306 (☎93 221 64 71; www.mercatdelabarceloneta.com; Plaça de la Font 1; ⌚Mo–Do &

Sa 7–14, Fr bis 20, So bis 15 Uhr; Ⓜ Barceloneta) In dem lichtdurchfluteten Markt in einem modernen Stahl-Glasgebäude an einem lang gezogenen Platz im Zentrum von Barceloneta gibt es Obst und Gemüse der Saison, Meeresfrüchte sowie mehrere kleine Restaurants. Besonders erwähnenswert ist **El Guindilla** (Karte S. 306; ☎93 221 54 58; Plaça del Poeta Boscà 2; Tapas 5–11 €, Hauptgerichte 10–16 € ⊙So–Do 9.30–1, Fr & Sa bis 2 Uhr) mit seinen preiswerten Mittagsgerichten und Straßentischen am Platz.

MAREMÀGNUM — EINKAUFSZENTRUM

Karte S. 306 (☎93 225 81 00; www.maremagnum.es; Moll d'Espanya 5; ⊙10–22 Uhr; Ⓜ Drassanes) In dem gut besuchten Einkaufszentrum mit 19 Restaurants, Bars und Kinos an der Stelle weitgehend stillgelegter Docks sind 59 Läden angesiedelt, darunter die jugendorientierte spanische Kette Mango und die auffällige Mode des Labels Desigual aus Barcelona. Fußballfans werden sich um die Fanartikel bei FC Botiga reißen. Das Zentrum ist besonders sonntags voller Kunden, wenn die meisten anderen Läden in der Stadt geschlossen sind.

CENTRE COMERCIAL DE LES GLÒRIES — EINKAUFSZENTRUM

Karte S. 308 (www.lesglories.com; Avinguda Diagonal 208; ⊙Mo, Di, Do & Fr 9–21, Mi bis 22, Sa bis 21.30 Uhr; Ⓜ Glòries) Unter den 77 Geschäften dieses Einkaufszentrums findet sich auch ein riesiger Supermarkt. Außerdem gibt's hier 27 Cafés und Restaurants sowie einen Kinokomplex.

CENTRE COMERCIAL DIAGONAL MAR — EINKAUFSZENTRUM

Karte S. 308 (☎93 567 76 37; www.diagonalmarcentre.es; Avinguda Diagonal 3; ⊙Juni–Sept. Mo–Sa 9.30–22 Uhr, Okt.–Mai Mo–Sa 9–21 Uhr; Ⓜ El Maresme Fòrum) Das gigantische Einkaufszentrum umfasst 200 Geschäfte sowie Restaurants und Kinos.

SPORT & AKTIVITÄTEN

MOLOKAI SUP CENTER — WASSERSPORT

Karte S. 306 (☎93 221 48 68; www.molokaisupcenter.com; Carrer de Meer 39; 2 Std. Einzelunterricht 60 €, SUP-Verleih pro Std. 15 €; Ⓜ Barceloneta) Das angesehene Unternehmen organisiert Schnellkurse im Stand-Up-Paddeln (SUP). Neben den zweistündigen Anfängerkursen bietet Molokai auch Fortgeschrittenenkurse zur Verbesserung der Paddeltechnik an (alle in jeweils zwei Stunden); Ausrüstung und Neoprenanzug sind im Preis enthalten. Wer aber einfach nur ein SUP-Board mieten will, kann sich sofort aufs Meer begeben.

BARCELONA BY BIKE — RADFAHREN

Karte S. 308 (☎671 307 325; www.barcelonabybike.com; Carrer de la Marina 13; Touren ab 24 €; Ⓜ Ciutadella Vila Olímpica) Die Truppe bietet verschiedene Radtouren an, darunter „Die Originale" über drei Stunden mit einem Stück gotisches Barcelona, durch L'Eixample (samt La Sagrada Família) und entlang der Strände von Barceloneta.

ORSOM — BOOTSFAHRT

Karte S. 306 (☎93 441 05 37; www.barcelona-orsom.com; Moll de les Drassanes; Erw./Kind 15,50/13,50 €; ⊙Mai–Anfang Okt.; Ⓜ Drassanes) Mit dem großen Segelkatamaran von Orsom geht es auf eine 90-minütige Rundtour zum Port Olímpic und zurück. Abfahrt ist bis zu viermal am Tag, wobei die letzte von Jazzmusik begleitet ist.

BASE NAUTICA MUNICIPAL — WASSERSPORT

Karte S. 308 (☎93 221 04 32; www.basenautica.org; Avinguda de Litoral; 2 Std. Unterricht ab 40 €, Ausrüstungsverleih pro Std. ab 20 €, Neoprenanzugsverleih pro Tag 10 €; ⊙10–19 Uhr; Ⓜ Poblenou) Bei Base Nautica Municipal gleich hinter der Platja de la Mar Bella können Anfänger Kajakfahren, Windsurfen, Katamaransegeln und Stand-Up-Paddeln lernen. Auch entsprechende Ausrüstung wird hier verliehen. Billiger wird es für Gruppen ab zwei Personen. Längere Kurse von acht bis zwölf Stunden über mehrere Tage werden ebenfalls angeboten.

LAS GOLONDRINAS — BOOTSFAHRT

Karte S. 306 (☎93 442 31 06; www.lasgolondrinas.com; Moll de las Drassanes; Erw./Kind Hafenrundfahrt 7,50/2,80 €, Katamarantour 15/5,50 €; Ⓜ Drassanes) Las Golondrinas unternimmt beliebte Rundfahrten ab dem Anleger vor dem Mirador de Colom. Die 90-minütige Katamarantour führt an Barceloneta und den Stränden entlang bis zum Fòrum und zurück. Einen schnellen Überblick über das

Hafengebiet ermöglicht die 40-minütige Rundfahrt bis zur Mole und zurück. Beide Bootsrundfahrten legen regelmäßig den ganzen Tag über ab.

CLUB NATACIÓ ATLÈTIC-BARCELONA SCHWIMMEN

Karte S. 306 (☎93 221 00 10; www.cnab.cat; Plaça del Mar; Tageskarte Erw./Kind 12,55/7,15 €; ⊙Mo–Fr 7–23, Sa bis 22, So bis 20 Uhr; 🚌V15, 39, 59, 64, Ⓜ Barceloneta) Der 1907 gegründete Sportverein hat sowohl eine Schwimmhalle als auch zwei Becken im Freien. Eines davon ist beheizt, sodass die Schwimmer auch im Winter ihre Bahnen ziehen können. Im Eintrittspreis ist die Nutzung des vereinseigenen Fitnessraums, des Spa und des Privatstrands enthalten.

Sagrada Família & Eixample

L'ESQUERRA DE L'EIXAMPLE | LA DRETA DE L'EIXAMPLE

Highlights

❶ **La Sagrada Família** (S. 133) Zeuge der Entstehung des meistbesuchten Bauwerks Spaniens und Gaudís größten Vermächtnisses werden.

❷ **La Pedrera** (S. 140) In Gaudìs geschwungenem Bauwerk durch die bestens erhaltene Wohnung aus dem frühen 20. Jh. schlendern.

❸ **Casa Batlló** (S. 139) Die phantastische, beinahe organische Fassade des von Gaudí entworfenen Wohnhauses mit seinen wellenförmigen Fensterrahmen und Balkonen bestaunen.

❹ **Fundació Antoni Tàpies** (S. 138) Die faszinierenden Kunstwerke von Antoni Tàpies entschlüsseln, dem führenden katalanischen Künstler des 20. Jhs.

❺ **Recinte Modernista de Sant Pau** (S. 141) Dieses weniger bekannte Modernisme-Meisterwerk bewundern, ein von Domènech i Montaner entworfenes und von der Unesco gelistetes Krankenhaus.

Details siehe Karten S. 310 und S. 314

Top-Tipp

Für Reisende, die sämtliche Modernisme-Juwele des Eixample abklappern wollen, lohnt sich das Paket Ruta del Modernisme (12 €; www.rutadelmodernisme.com). Es umfasst einen Führer (in verschiedenen Sprachen) sowie ermäßigte Eintrittspreise für alle wichtigen Modernisme-Sehenswürdigkeiten der Stadt.

Gut essen

- Lasarte (S. 145)
- Disfrutar (S. 145)
- Mont Bar (S. 145)
- Auto Rosellon (S. 144)
- Tapas 24 (S. 147)

Mehr dazu S. 142

Schön ausgehen

- Napar BCN (S. 149)
- Monvínic (S. 149)
- Milano (S. 149)
- Les Gens Que J'Aime (S. 152)

Mehr dazu S. 149

Schick shoppen

- Joan Múrria (S. 152)
- Flores Navarro (S. 153)
- Cacao Sampaka (S. 153)

Mehr dazu S. 152

Rundgang: Sagrada Família & Eixample

In den 1820er-Jahren wurden zu beiden Seiten der Straße zwischen Barcelona und Gràcia Bäume gepflanzt. So entstand der Passeig de Gràcia, ein Boulevard der Flaneure, wo heute viele der teuersten Läden der Stadt und diverse Restaurants angesiedelt sind. In und um diese Straße ist auch – abgesehen von der Sagrada Família – die schönste Modernisme-Architektur zu sehen. Die Restaurants sind nobel und teuer (es gibt aber auch Mittagsmenüs für kleinere Geldbeutel) und die Boutiquen führen, bis auf einige erwähnenswerte Ausnahmen, überwiegend Designermode. Kneipen und Nachtleben sind hier eher auf Studenten und Schwule ausgerichtet: Ein Teil des Viertels wird sogar „Gaixample" genannt.

La Dreta (rechte Seite) de L'Eixample, die sich vom Passeig de Gràcia bis zum Passeig de Sant Joan erstreckt, ist ein begehrtes Wohngebiet, obwohl es in Richtung Sagrada Família (S. 133) etwas schäbiger wirkt. L'Esquerra (linke Seite) de L'Eixample, die vom Passeig de Gràcia südwestlich verläuft, wechselt mehrmals ihren Charakter. Das Areal zwischen Carrer d'Aribau, Passeig de Sant Joan, Avinguda Diagonal und der Ronda de Sant Pere wird aufgrund seiner extravaganten Architektur und Prachtvillen seit Anfang des 20. Jhs. „Quadrat d'Or" (goldenes Viereck) genannt; heute befinden sich hier noble Geschäfte.

Zu den Stars des Modernisme gehören Gaudís La Pedrera (S. 140) und die Illa de la Discòrdia, die aus drei Kleinoden von drei Spitzenarchitekten jener Zeit besteht, der Casa Batlló (S. 139), Casa Amatller (S. 138) und Casa Lleó Morera (S. 139). Beim Bummeln unbedingt auch nach oben schauen!

Lokalkolorit

- **Studentisches Leben** Studenten der Universitat de Barcelona (S. 140) in entspannten Szenetreffs am Carrer d'Enric Granados begegnen.
- **Kaffee mit Aussicht** Der Blick über den Stadtteil und darüber hinaus vom Restaurant ganz oben im El Corte Inglés (S. 153) ist grandios.
- **Blumenpracht** Morgens um 4 Uhr ist das farbenprächtige Blumenparadies Flores Navarro (S. 153) am schönsten.

Anfahrt

- **Metro** Vier Metrolinien fahren durch den Eixample, drei halten am Passeig de Gràcia nahe der Illa de la Discòrdia. Línia 3 hält in der Diagonal (zur La Pedrera), 2 und 5 halten an der Sagrada Família.
- **Zug** FGC-Züge von der Plaça de Catalunya fahren eine Station bis Provença im Zentrum des Eixample.

VENIAMIN KRASKOV/SHUTTERSTOCK ©

HIGHLIGHT
LA SAGRADA FAMÍLIA

Wer nur Zeit für eine einzige Besichtigung hat, sollte sich die Sagrada Família anschauen. Allein schon durch ihre Höhe ist die Kirche Ehrfurcht gebietend. Und wie bei den mittelalterlichen Kathedralen üblich, an die sie erinnert, ziehen sich die Bauarbeiten in die Länge. Sie begannen 1882 und sollen 2026, ein Jahrhundert nach dem Tod des Architekten, beendet sein. So recht glaubt daran aber noch niemand.

Ein heiliger Auftrag

Der Temple Expiatori de la Sagrada Família (Sühnekirche der Heiligen Familie) war Antoni Gaudís Obsession. Den Auftrag erhielt er von einer konservativen Gruppe, die eine Kirche als Buße für die Sünden der Moderne bauen wollte. Für Gaudí war ihre Vollendung eine heilige Mission. Als kein Geld mehr vorhanden war, zahlte er aus eigener Tasche. In seinen letzten Lebensjahren bat er jeden denkbaren Mäzen um Geld.

Gaudí plante eine 95 m lange und 60 m breite Kirche mit Platz für 13 000 Menschen, einem zentralen, 170 m hohen Turm (der Christus repräsentiert) und weiteren 17 Türmen von jeweils 100 m Höhe. Die zwölf Türme an den drei Fassaden stehen stellvertretend für die Apostel, die restlichen fünf für die Jungfrau Maria und die vier Evangelisten. Mit seiner typischen Abneigung gegen gerade Linien (in der Natur gibt es keine, sagte er) verlieh Gaudí seinen Türmen bauchige Konturen, inspiriert von den bizarren Gipfeln des heiligen Bergs Montserrat außerhalb Barcelonas, und verzierte sie mit Skulpturen, die wie Auswüchse aus dem Stein wirken.

NICHT VERSÄUMEN

- Die Apsis, die außergewöhnlichen Säulen und die Buntglasfenster
- Die Geburtsfassade
- Die Passionsfassade
- Das Museu Gaudí

PRAKTISCH & KONKRET

- Karte S. 314, E1
- ☎93 208 04 14
- www.sagradafamilia.org
- Carrer de Mallorca 401
- Erw./Kind 15 €/frei
- ⌚April–Sept. 9–20 Uhr, März & Okt. bis 19 Uhr, Nov.–Feb. bis 18 Uhr
- Ⓜ Sagrada Família

Bei Gaudís Tod waren nur die Krypta, die Wände der Apsis, ein Portal und ein Turm fertiggestellt. Bis 1930 entstanden drei weitere Türme und vervollständigten die Geburtsfas-

EIN VERSTECKTES PORTRÄT

Wer sich die Passionsfassade genau anschaut, entdeckt eine besondere Hommage des Bildhauers Josep Subirachs an Gaudí. Die mittlere Skulpturengruppe (unterhalb des Kruzifixes) zeigt von rechts nach links: Christus, der sein Kreuz trägt, Veronika, die das Tuch mit dem Blut Christi zeigt, zwei Soldaten und einen Evangelisten, der das alles betrachtet. Als Vorlage für das Gesicht des Evangelisten benutzte Subirachs ein seltenes Foto von Gaudí, das ein paar Jahre vor seinem Tod aufgenommen worden war.

BESUCHER

Sie mag zwar unvollendet sein, aber die Sagrada Família zieht jedes Jahr über 4,5 Mio. Besucher an und ist damit das meistbesuchte Bauwerk in ganz Spanien. Papst Benedikt XVI. erhob sie bei der Weihe am 7. November 2010 in einer riesigen Zeremonie zur Basilica minor.

sade im Nordosten. 1936 zerstörten Anarchisten den Innenraum, auch die Werkstätten, Pläne und Modelle. Die Arbeiten wurden 1952 wieder aufgenommen, aber Kontroversen haben den Fortschritt stets überschattet. Gegner des Weiterbaus behaupten, dass die Computermodelle, die auf den wenigen Originalplänen Gaudís beruhen, die dem Zorn der Anarchisten entgingen, zur Schaffung eines Monstrums führen, das nur wenig mit Gaudís Plänen und Stil zu tun habe. Ein Ende der Debatte ist nicht wahrscheinlich. Aber ob das Projekt nun geliebt oder gehasst wird: Die Faszination, die es auslöst, ist unbestreitbar.

Aber bereits vor der Vollendung werden einige der älteren Teile der Kirche, besonders die Apsis, Restaurierungsarbeiten nötig haben.

Innenraum & Apsis

Die Dacharbeiten im Innenraum wurden 2010 abgeschlossen. Das Dach wird von einem Wald aus ungewöhnlichen Säulen gestützt. Weiter oben verzweigen sie sich zu einem Netz aus Stützbalken und erwecken so den Eindruck einer Baumkrone. Die Baumassoziation ist keineswegs zufällig – Gaudí hatte es so geplant. Alles war gründlich überlegt, auch die Form und Platzierung der Fenster, die einen Lichteffekt schaffen sollten, als würde Sonnenlicht durch einen dichten Wald fallen. Die Säulen bestehen aus vier unterschiedlichen Steinarten, die sich in Farbe und Härte unterscheiden. Die Säulen an den Seitenschiffen sind aus weichem Montjuïc-Stein, andere aus Granit und dunkelgrauem Basalt. Die tragenden Säulen an der Verbindung von Haupt- und Seitenschiffen sind aus rötlichem iranischem Porphyr. Bei Sonnenlicht schaffen die rot, blau, grün und ockerfarben getönten Buntglasfenster eine magische Atmosphäre. Auf den Emporen hoch über den Seitenschiffen finden zwei Chöre Platz, auf der Hauptempore bis zu 1300 Menschen, auf der Kinderempore bis zu 300.

Geburtsfassade

Die Geburtsfassade, die überwiegend unter persönlicher Aufsicht Gaudìs entstand, bildet den künstlerischen Höhepunkt des Gebäudes. Besucher können einige der vier Türme über Aufzüge und enge Wendeltreppen im Inneren besteigen – ein schwindelerregendes Erlebnis. Wer Atem- oder Herzprobleme hat, sollte die Treppen besser meiden. In den Türmen soll einmal ein Glockenspiel hängen, das anspruchsvolle Musikstücke spielen kann. Die oberen Teile der Türme zieren Mosaiken, auf denen *„Sanctus, Sanctus, Sanctus, Hosanna in Excelsis, Amen, Alleluia“* steht. Als jemand Gaudí fragte, weshalb er so viel Mühe auf die Turmspitzen verwende, die doch niemand von Nahem sehen würde, sagte er: „Die Engel werden sie sehen“.

Die drei Teile des Portals stellen, von links nach rechts, Hoffnung, Barmherzigkeit und Glaube dar. Unter den Figuren am Barmherzigkeitsportal befindet sich auch die Krippe, umgeben von Ochs und Esel, den Hirten und Königen sowie Engeln. 30 verschiedene Pflanzenarten aus Katalonien „wachsen" um die Krippe. Die Gesichter vieler Figuren entstanden nach Gipsabgüssen von Einheimischen, einige sind aber auch Totenmasken von Leichen aus dem Leichenschauhaus. Direkt über dem blauen Glasfenster verkündet der Erzengel Gabriel Maria die Geburt ihres Sohnes. Ganz oben steht eine grüne Zypresse; sie bietet den weißen Friedenstauben, die darüber schweben, bei Sturm eine Zuflucht. Für die Mosaiken an der Spitze der Türme verwendete Gaudí venezianisches Muranoglas.

Rechts neben der Fassade liegt der eigenartige Claustre del Roser, eine Art gotischer Mini-Kreuzgang, der an der Außenseite der Kirche klebt (im Gegensatz zu den klassischen Innenhöfen in großen gotischen Klöstern). Von drinnen lohnt sich der Blick zum reich verzierten Eingang. Auf der rechten unteren Seite übergibt die Skulptur eines Teufels in Reptiliengestalt einem Terroristen eine Bombe. In den Jahrzehnten vor dem Bürgerkrieg wurde Barcelona regelmäßig von politischer Gewalt erschüttert. Die Skulptur gehört zur Serie „Versuchungen der Männer und Frauen".

Passionsfassade

Die südwestliche Passionsfassade, die sich den letzten Tagen und dem Tod Christi widmet, entstand 1954 bis 1978 mit vier Türmen und einem großen, skulpturengeschmückten Portal nach erhaltenen Plänen von Gaudí. Der Bildhauer Josep Subirachs arbeitete von 1986 bis 2006 an der Ausschmückung. Er versuchte nicht, Gaudí zu imitieren, sondern schuf kontroverse eigene Werke. Die Hauptserie von Skulpturen auf drei Stufen folgt einer S-Form. Sie beginnt mit dem Abendmahl unten links und endet mit der Grablegung oben rechts.

Die Escoles de Gaudí rechts vor der Passionsfassade gehören zu Gaudís einfacheren Glanzstücken. Er baute sie als Schule für Kinder mit einem originellen wellenförmigen Ziegeldach, das Architekten bis heute bezaubert. Innen befindet sich eine Nachbildung von Gaudís bescheidenem Büro, wie es bei seinem Tod aussah. Auch werden die geometrischen Muster und Pläne erläutert, die Kernstücke seiner Bautechnik waren.

Glorienfassade

Die zentrale Glorienfassade soll – wie auch die anderen beiden – von vier Türmen gekrönt werden, die zusammen die zwölf Apostel repräsentieren. Für Gaudí sollte die Glorienfassade die prächtigste der Kirche werden. Innen ist ein Narthex geplant, ein Vorraum, der von 16 „Laternen" gebildet wird. Sie bestehen aus einer Serie von hyperbelförmigen Gebilden mit Kegeln als oberem Abschluss. Die weitere Ausschmückung soll aus dem Gebäude ein Symbol der christlichen Kirche machen: Ein riesiger, 170 m hoher Turm über dem Querschiff soll Christus repräsentieren, fünf weitere die Jungfrau Maria und die vier Evangelisten.

Museu Gaudí

Das unterirdische Museu Gaudí hat die gleichen Öffnungszeiten wie die Kirche und zeigt Exponate zum Leben und Werk Gaudís sowie Modelle und Fotos zur Baugeschichte der Sagrada Família. Zu sehen ist auch eines der Senkblei-Modelle Gaudís, an denen er feststellte, welche Belastungen er dem Gebäude zumuten konnte. Ein Seitengang Richtung Ostende des Museums führt zu einem Aussichtspunkt oberhalb der schlichten Krypta, in dem das Genie begraben ist. Die Krypta, in der heute Gottesdienste gehalten werden, ist auch vom Eingang im Carrer de Mallorca zu erreichen.

La Sagrada Família

ZEITLEISTE

1882 Bauarbeiten zu einer neogotischen, von Francisco de Paula del Villar y Lozano entworfenen Kirche beginnen.

1883 Antoni Gaudí übernimmt als Chefarchitekt und plant eine weitaus größere Kirche für 13 000 Gläubige.

1926 Gaudí stirbt; die Arbeiten werden unter Domènec Sugrañes i Gras fortgeführt. Große Teile der **Apsis** ❶ und der **Weihnachtsfassade** ❷ sind fertig.

1930 **Glockentürme** ❸ der Weihnachtsfassade fertiggestellt.

1936 Bauarbeiten durch den Spanischen Bürgerkrieg unterbrochen; Gaudís Pläne werden von Anarchisten vernichtet.

1939–1940 Architekt Francesc de Paula Quintana i Vidal restauriert die Krypta und setzt viele von Gaudís verlorenen Modellen mühsam wieder zusammen; einige davon sind im **Museum** ❹ zu sehen.

1976 **Passionsfassade** ❺ fertiggestellt.

1986–2006 Bildhauer Josep Subirachs ergänzt die Passionsfassade durch Skulpturen, die u. a. den Leidensweg Jesu darstellen und für ihren Gaudí-untypischen Stil kritisiert werden.

2000 **Mittelschiffgewölbe** ❻ fertiggestellt.

2010 Vollendung des Dachs; Papst Benedikt XVI. weiht die Kirche; Arbeiten an einem Bahntunnel unter der **Fassade der Herrlichkeit** ❼ beginnen.

2020–2040 Anvisierte Fertigstellung.

TOP-TIPPS

- Am späten Nachmittag fällt das Licht am schönsten durch die Buntglasfenster der Passionsfassade.
- Am besten kommt man an einem Werktag gleich zur Öffnungszeit und kauft die Tickets vorher online.
- Da sich vor der Passionsfassade gewöhnlich lange Schlangen bilden, besteigt man besser die Glockentürme der Weihnachtsfassade.

KIEVVICTOR / SHUTTERSTOCK ©

Weihnachtsfassade
Als Vorlagen für die Gesichter in der Geburtsszene benutzte Gaudí Gipsabdrücke von Einheimischen und manchmal auch von Leichen aus dem Leichenschauhaus.

Gewölbe des Mittelschiffs
Zusammen mit den 7,5 m langen Querschiffen erstreckt sich das 30 m breite Gewölbe auf 60 m. Die zentrale Kuppel erreicht 65 m Höhe.

Apsis
Die kurz nach der Krypta in überwiegend neugotischem Stil errichtete Apsis weist in ihren Fialen auf das Genie Gaudís hin, das in dem Kirchenbau zur Höchstform aufläuft.

STEFAN CIOATA / GETTY IMAGES ©

Glockentürme

Die Türme der drei Fassaden repräsentieren die zwölf Apostel. Acht sind bisher fertiggestellt. Fahrstühle bringen Besucher auf je einen Turm der Weihnachts- und der Passionsfassade hinauf.

Fertiggestellte Kirche

Neben der Fassade der Herrlichkeit und ihren vier Türmen müssen noch sechs weitere Türme vollendet werden. Diese stellen die vier Evangelisten, die Jungfrau Maria und – über der Vierung und mit 170 m Höhe der größte – Christus dar.

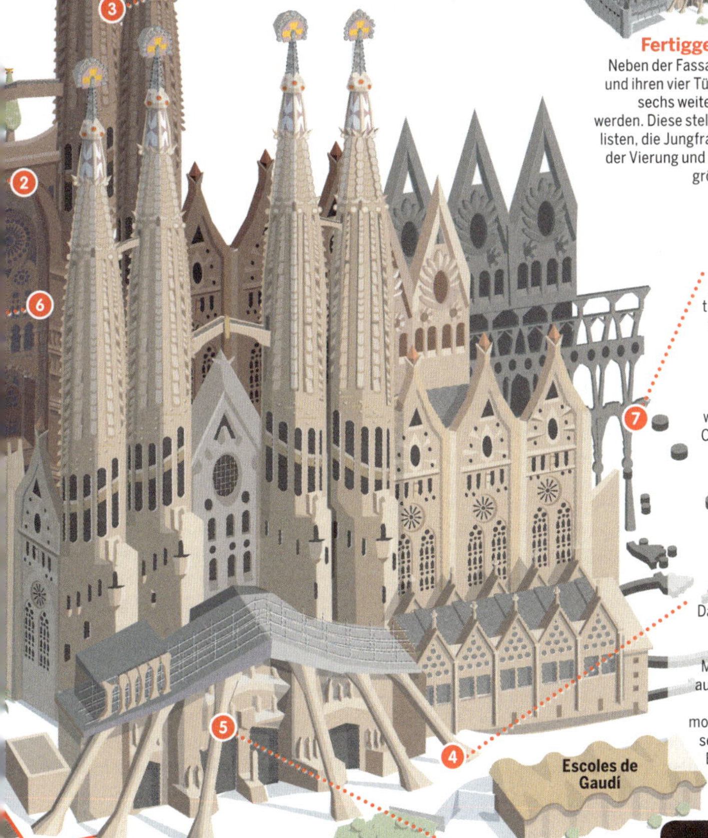

Fassade der Herrlichkeit

Dies wird die phantasievollste Fassade werden. Geplant ist eine Vorhalle mit 16 hyperboloiden Laternen, die von Kegeln gekrönt werden und wie eine Orgel aus geschmolzener Eiscreme aussehen.

Museu Gaudí

Das mit Zeichnungen und restaurierten Modellen gefüllte Museum beherbergt auch ein an Schnüren hängendes Statikmodell, mit dem Gaudí seine ambitionierten Bauten berechnete.

Krypta

Die größtenteils neugotische Krypta unter der Apsis war der erste vollendete Teil der Kirche. Gaudís Grab ist vom Museu Gaudí aus zu sehen.

Passionsfassade

In einer S-förmigen Sequenz ist an der Fassade von unten nach oben die Geschichte der letzten Tage Christi vom Letzten Abendmahl bis zu seiner Grablegung zu sehen. In einem Kryptogramm addieren sich alle Zahlen immer zu 33, das Alter Jesu bei seinem Tod.

SEHENSWERTES

L'Esquerra de L'Eixample

CASA AMATLLER ARCHITEKTUR

Karte S. 310 (☎93 461 74 60; www.amatller.org; Passeig de Gràcia 41; Erw./Kind 1 Std. Führung 17/8,50 €, 40 Min. Multimediaführung 14/7 €, mit 20 Min. Schokoladenverkostung 17/10 €; ⌚11–18 Uhr; Ⓜ Passeig de Gràcia) Die Casa Amatller ist eines der verblüffendsten Modernisme-Gebilde von Puig i Cadafalch. Denn sie kombiniert gotische Fensterrahmen mit einem Stufengiebel, der sich an die niederländische Architektur anlehnt. Die Büsten und Reliefs von Drachen, Rittern und anderen Figuren an der Hauptfassade sind dagegen reine Spielerei.

Das Säulenfoyer und das Treppenhaus erhalten ihr Licht durch Buntglasfenster und wirken wie das Innere einer romantischen Burg. Das Gebäude wurde 1900 für den Schokoladenbaron und Philanthropen Antoni Amatller (1851–1910) umgebaut. Der 1. Stock (und Hauptetage) wurde zum Museum mit Originalmöbeln und dekorativen Objekten umgebaut, das im Rahmen einer Führung besucht werden kann. Amatller reiste und fotografierte leidenschaftlich gern. Seine faszinierenden Fotos von Marokko an der Wende zum 20. Jh. sind manchmal ebenfalls ausgestellt.

Um 11 Uhr wird eine einstündige Führung auf Englisch angeboten; die 40-minütigen Führungen mit Multimedia-Tablet finden den ganzen Tag über statt. Ebenfalls möglich ist eine 40-minütige Multimediaführung mit einer Amatller-Schokolade-Verkostung in der originalen Küche. Die Besichtigung des Foyers mit seiner schönen Treppe und dem Aufzug ist kostenlos.

FUNDACIÓ ANTONI TÀPIES GALERIE

Karte S. 310 (☎93 487 03 15; www.fundaciotapies.org; Carrer d'Aragó 255; Erw./Kind 7/5,60 €; ⌚Di–So 10–19 Uhr; Ⓜ Passeig de Gràcia) Die Fundació Antoni Tàpies ist eines der ersten Modernisme-Gebäude der Stadt (1885 fertiggestellt) und stellt die größte Werksammlung des führenden katalanischen Künstlers aus dem 20. Jh. aus: Antoni Tàpies. Der für seine rätselhaften Werke bekannte Tàpies starb im Februar 2012 im Alter von 88 Jahren. Sein Nachlass besteht aus einer bestechenden Vielfalt von Gemälden sowie aus einer Stiftung zur Förderung zeitgenössischer Künstler. Im Eintritt enthalten ist ein Audioguide.

Das Gebäude wurde von Domènech i Montaner für das von einem Cousin geführte Verlagshaus Editorial Montaner i Simón erbaut und kombiniert roten Backstein mit Eisenträgern und islamisch inspirierten Verzierungen. Tàpies nahm sich die Freiheit, es mit seinem eigenen Phantasiegebilde zu krönen, das wie ein Sturm auf dem Gebäude sitzt: *Núvol i cadira* (Wolken und Stuhl).

Die Kunst von Antoni Tàpies erschließt sich Betrachtern nicht so leicht. Deshalb lohnt es sich, zum Verständnis seiner Einflüsse und Methodik im obersten Stockwerk die einstündige Dokumentation über sein interessantes Leben anzusehen. Tàpies widmete sich in seinen Arbeiten zahlreichen Themen, darunter linksgerichtete Politik und Humanität, Zen-Meditation und ihre Beziehung zu Natur und Erkenntnis, Menschwerdung Gottes im Christentum und Kunst als Alchemie oder Magie.

Tàpies gründete 1984 die Fundació zur Förderung der Gegenwartskunst und stiftete ihr einen großen Teil seiner Werke. Die Sammlung umfasst Tàpies' eigene Arbeiten (über 800) und Werke von anderen zeitgenössischen Künstlern. Die Hauptausstellungsfläche (Ebene 1, Obergeschoss) zeigt eine wechselnde Auswahl von etwa 20 Werken Tàpies' – das Spektrum reicht von frühen Selbstporträts aus den 1940er-Jahren bis zu Werken wie *Jersei negre* (Schwarzer Pullover; 2008). Auf der Ebene 2 gibt es einen kleinen Raum für Wechselausstellungen, ebenso wie in den Untergeschossen.

SALA FUNDACIÓN MAPFRE GALERIE

Karte S. 310 (☎93 401 26 03; www.fundacionmapfre.org; Carrer de la Diputació 250; Erw./Kind 3 €/frei, Mo frei; ⌚Mo 14–20, Di–Sa 10–20, So 11–19 Uhr; Ⓜ Passeig de Gràcia) Die Casa Garriga i Nogués, ehemals Sitz der Fundación Francisco Godia, ging Ende 2015 als Galerie für Kunst und Fotografie an die Kulturstiftung des spanischen Versicherungsgiganten MAPFRE über. Das hinreißende, sorgfältig restaurierte Modernisme-Haus wurde ursprünglich 1902 bis 1905 von Enric Sagnier für eine reiche Bankiersfamilie gebaut. Die Ausstellungen werden im Erdgeschoss und in einigen kleinen Räumen oben gezeigt, zu denen die geschwungene Marmortreppe führt. Beachtenswert sind die schönen modernistischen Buntglas-

HIGHLIGHT CASA BATLLÓ

Die Casa Batlló ist eines der außergewöhnlichsten Bauwerke, die der ausufernden Phantasie Gaudís entsprungen sind. Salvador Dalí verglich es mit „Zwielichtwolken im Wasser", andere fühlen sich mehr als nur ein bisschen an das impressionistische Meisterwerk *Seerosen* von Claude Monet erinnert. Die exquisite, verspielte Fassade der Casa Batlló ist wie ein Rorschach-Test für die Phantasie, besetzt von blauen, malvenfarbenen und grünen Kachelfragmenten, durchbrochen von wellenförmigen Fensterrahmen und maskenartigen Balkonen.

Das Dach der Casa Batlló mit den gewundenen Kaminaufsätzen, die so typisch für Gaudís Bauwerke sind, ist die Glanznummer des Gebäudes. Der östliche Teil repräsentiert Sant Jordi (St. Georg) und den Drachen, weswegen die Casa Batlló hier auch Casa del Drac (Drachenhaus) genannt wird. Die endlosen Kurven aus farbigen Kacheln lassen das Gebäude wie ein Lebewesen erscheinen.

Die Treppe entschwebt in den 1. Stock zum Hauptsalon, wo alles wirbelt: Die Decke dreht sich wie ein Strudel um die sonnengleiche Lampe, die Türen, Fenster und Oberlichter sind traumgleiche Wellen aus Holz und Buntglas in Schneckenform. Der Eindruck von Licht und Raum ist dank der breiten Fensterfronten zum Passeig de Gràcia unglaublich.

NICHT VERSÄUMEN

- Die Fassade und Balkone
- Die „wirbelnde" Innengestaltung
- Das Drachenrückendach

PRAKTISCH & KONKRET

- Karte S. 310, G3
- ☎93 216 03 06
- www.casabatllo.es
- Passeig de Gràcia 43
- Erw./Kind 28 €/frei
- ⌚9–21 Uhr, letzter Eintritt 20 Uhr
- Ⓜ Passeig de Gràcia

fenster in Raum 8. Ein Audioguide kostet 3,50 €.

CASA LLEÓ MORERA ARCHITEKTUR

Karte S. 310 (Passeig de Gràcia 35; Ⓜ Passeig de Gràcia) Domènech i Montaners Beitrag zur Illa de la Discòrdia von 1905 sieht mit seinen modernistischen Fassadenreliefs und dem lichten, gekachelten Foyer mit überwiegend floralen Motiven von den drei Gebäuden vermutlich am wenigsten abgefahren aus. Das Luxusmodegeschäft Loewe (S. 154) ist hier eingezogen.

MUSEU DEL MODERNISME BARCELONA MUSEUM

Karte S. 310 (☎93 272 28 96; www.mmbcn.cat; Carrer de Balmes 48; Erw./Kind 10/5 €; ⌚Di–Sa 10.30–19, So bis 14 Uhr; Ⓜ Passeig de Gràcia) Das Erdgeschoss des Museums in dem modernistischen Gebäude wirkt wie ein riesiger Verkaufsraum für Modernisme-Möbel. Zu etlichen Stücken von Antoni Gaudí, darunter auch Sessel aus der Casa Batlló und ein Spiegel aus der Casa Calvet, kommen unzählige Gegenstände von seinen weniger bekannten Zeitgenossen, auch einige typisch schrullige, pseudomittelalterliche Kreationen von Josep Puig i Cadafalch.

Im Untergeschoss mit seinen mosaikverkleideten Säulen, nackten Backsteingewölben und Metallpfeilern ist modernistische Kunst zu sehen, darunter Gemälde von Ramon Casas und Santiago Rusiñol sowie Statuen von Josep Llimona und Eusebi Arnau.

PALAU ROBERT GALERIE

Karte S. 310 (☎93 238 80 91; http://palaurobert.gencat.cat; Passeig de Gràcia 107; ⌚Mo–Sa 9–20, So bis 14.30 Uhr; Ⓜ Diagonal) GRATIS Das katalanische Tourismusbüro, das mit einer breiten Palette von Broschüren und Büchern aufwartet, dient auch als Ort für Ausstellungen meist zu katalanischen Themen. Im Sommer finden manchmal Konzerte im idyllischen Garten hinter dem schönen, 1903 vollendeten Gebäude oder in der Haupthalle statt.

CASA GOLFERICHS KULTURZENTRUM

Karte S. 310 (☎93 323 77 90; www.golferichs.org; Gran Via de les Corts Catalanes 491; ⌚Mo–Fr

HIGHLIGHT
LA PEDRERA

Das verrückte Meisterwerk von Gaudí entstand von 1905 bis 1910 als Wohn- und Bürohaus. Offiziell heißt es Casa Milà nach dem Geschäftsmann, der es in Auftrag gab. Aber es wird wegen seiner ungleichmäßigen grauen Steinfassade, die sich um die Ecke des Carrer de Provença wellt, gemeinhin nur La Pedrera (der Steinbruch) genannt.

Pere Milà hatte die ältere und weitaus reichere Roser Guardiola, die Witwe von Josep Guardiola, geheiratet und gab deren Geld mit vollen Händen aus. Er war einer der ersten Autobesitzer der Stadt und Gaudí baute ihm eine Garage ins Haus, was ebenfalls eine Neuheit war.

Am verblüffendsten ist das Dach mit seinen riesigen Schornsteinaufsätzen, die an mittelalterliche Ritterrüstungen erinnern. Im Sommer werden hier oft kleine Konzerte veranstaltet. Gaudí wollte auch noch eine große Madonnenstatue aufstellen. Als die Familie Milà das ablehnte, weil es damit zum Angriffsziel von Anarchisten werden könnte, zog sich Gaudí empört aus dem Projekt zurück.

Zwei Stockwerke tiefer befindet sich die Wohnung (El Pis de la Pedrera). Eine Besichtigung der elegant möblierten Räume ist faszinierend. Sie sind in einem Stil eingerichtet, wie er einer wohlhabenden Familie zu Beginn des 20. Jhs. entsprach, und zeigen überall sinnliche Kurven und unerwartete Details, ob bei Lampen, Bettgestellen, Türgriffen oder Balkonen.

NICHT VERSÄUMEN

- Das phantastische Dach
- Die Wohnung
- Die Steinfassade

PRAKTISCH & KONKRET

- Casa Milà
- Karte S. 310, A4
- ☎902 202138
- www.lapedrera.com
- Passeig de Gràcia 92
- Erw./Kind 25/15 €
- ⌚März–Okt. 9–20.30 Uhr, Nov.–Feb. 9–18.30 Uhr
- Ⓜ Diagonal

10–22, Sa bis 14 Uhr; Ⓜ Rocafort) Die verspielte Villa an einem der geschäftigsten Boulevards der Stadt ist eine Kuriosität aus einer anderen Zeit, eine Modernisme-Villa, die dem Geschäftsmann Macari Golferichs gehörte. Backstein, Keramik und Holz sind die Hauptbestandteile des Hauses mit seinem auffallend gotischen Anstrich. In den 1970er-Jahren wäre das Wohnhaus beinahe abgerissen worden, wurde dann aber von der Stadtverwaltung gerettet und in ein Kulturzentrum umgewandelt. Die Öffnungszeiten und Eintrittspreise richten sich nach den Wechselausstellungen, Konzerten und sonstigen Veranstaltungen im Haus.

UNIVERSITAT DE BARCELONA ARCHITEKTUR

Karte S. 310 (☎93 402 11 00; www.ub.edu; Gran Via de les Corts Catalanes 585; ⌚Mo–Fr 8–20 Uhr; Ⓜ Universitat) Eine Universität wurde zwar bereits im 16. Jh. an der Rambla gegründet, das heutige prachtvolle Gebäude, eine Mischung aus romanischen, gotischen und maurischen Elementen, stammt jedoch aus dem 19. Jh. (1863–1882). Besucher können die Eingangshalle betreten, die Prachttreppe hochgehen, durch die verschiedenen belaubten Bogengänge schlendern oder durch die Gärten hinter der Universität spazieren.

MUSEU DEL PERFUM MUSEUM

Karte S. 310 (☎93 216 01 21; www.museudelperfum.com; Passeig de Gràcia 39; Erw./Kind 5 €/frei; ⌚Mo–Fr 10.30–20, Sa 11–14 Uhr; Ⓜ Passeig de Gràcia) Die Sammlung des Museums im hinteren Teil des Parfumladens Regia (S. 153) umfasst rund 5000 Fläschchen in allen Formen und Größen und aus jeder Epoche – von antiken ägyptischen und römischen Duftbehältern (Letztere stammen überwiegend aus dem 1. bis 3. Jh.) bis hin zu klassischen Eau-de-Cologne-Flakons. Hinzu kommen noch allerlei Gegenstände von antiken, etruskischen Bronzepinzetten über kleine Potpourrischalen aus feinem Sèvres-

Porzellan (frühes 19. Jh.) bis zu alten Katalogen und Werbeplakaten.

PLAÇA DE CATALUNYA PLATZ

Karte S. 310 (Ⓜ Catalunya) Die Plaça de Catalunya am Schnittpunkt zwischen Altstadt und L'Eixample ist sowohl für Busse als auch für Züge der zentrale Verkehrsknotenpunkt der Stadt und außerdem ein günstig gelegener Treffpunkt. Der große Platz mit einigen beeindruckenden Springbrunnen und eleganten Statuen ist allerdings von vier Straßenspuren umgeben und daher nicht zum längeren Verweilen geeignet.

La Dreta de L'Eixample

LA SAGRADA FAMÍLIA KIRCHE

Siehe S. 133

RECINTE MODERNISTA DE SANT PAU ARCHITEKTUR

(☎93 553 78 01; www.santpaubarcelona.org; Carrer de Sant Antoni Maria Claret 167; Erw./Kind 13 €/frei; ⏲April–Okt. Mo–Sa 9.30–18.30, So bis 14.30 Uhr, Nov.–März Mo–Sa 9.30–16.30, So bis 14.30 Uhr; Ⓜ Sant Pau/Dos de Maig) Mit dem Bau des Hospital de la Santa Creu i de Sant Pau, 2014 in „Recinte Modernista" umbenannt, hat sich der Architekt und Philanthrop Domènech i Montaner selbst übertroffen. Lange galt es als eines der wichtigsten Krankenhäuser der Stadt und wird nun anderweitig genutzt: Heute sind hier Kultureinrichtungen und Büroräume untergebracht, und das Haus ist zu einer Art Baudenkmal geworden. Der Komplex mit seinen 16 jeweils einzigartigen Pavillons ist opulent ausgestattet und gemeinsam mit dem Palau de la Música Catalana (S. 98) eine Welterbestätte der Unesco.

Domènech i Montaner wollte hier ein Umfeld schaffen, das Patienten auch aufheitern sollte. Zu den Künstlern, die Statuen, Keramiken und Kunstwerke beitrugen, zählte der produktive Eusebi Arnau. Die 90-minütigen Führungen (Erw./Kind 19 €/frei) gibt es auf Englisch um 10.30 Uhr, auf Spanisch um 12 Uhr und nach Voranmeldung auch auf Deutsch.

MUSEU EGIPCI MUSEUM

Karte S. 314 (☎93 488 01 88; www.museuegipci.com; Carrer de València 284; Erw./Kind 11/5 €; ⏲Mitte Jan.–Anfang Okt. & Dez. Mo–Sa 10–20, So bis 14 Uhr, Jan.–Mitte Juni & Anfang Okt.–Nov. Mo–Fr 10–14 & 16–20, Sa 10–20, So 10–14 Uhr; Ⓜ Passeig de Gràcia) Der Hotelmagnat Jordi Clos verbrachte den Großteil seines Lebens damit, antike ägyptische Artefakte zu sammeln, die in diesem Privatmuseum ausgestellt werden. Das Museum gliedert sich in verschiedene thematische Bereiche (Pharao, Religion, Bestattungsbräuche, Mumifizierung, Kunsthandwerk usw.) und bietet eine Vielfalt an interessanten Exponaten.

Zu sehen sind u. a. Grabbeigaben und -gefäße, Statuen, Schmuck (darunter ein herrlicher Goldring aus ungefähr dem 7. Jh. v. Chr.), Keramiken und sogar ein Bett aus Holz und Leder. Im Untergeschoss befinden sich eine Ausstellungsfläche und eine Bibliothek, die u. a. Erstausgaben der Arbeiten des Ägyptologen Carter umfasst, der die Ausgrabungen am Grab des Tutanchamun leitete. Auf der Dachterrasse ist ein nettes Café. Ein Kombiticket zusammen mit dem Museu de Cultures del Món (S. 101) kostet 12 €.

CASA DE LES PUNXES ARCHITEKTUR

Karte S. 314 (Casa Terrades; ☎93 016 01 28; www.casadelespunxes.com; Avinguda Diagonal 420; Erw./Kind Audioguide-Tour 12,50/11,25 €, Führung 20/17 €; ⏲9–20 Uhr; Ⓜ Diagonal) Die 1905 fertiggestellte Casa Terrades von Puig i Cadafalch wird wegen ihrer spitzen Türmchen gemeinhin Casa de les Punxes (Haus der Stacheln) genannt. Der ehemalige Wohnblock, der einer mittelalterlichen Burg gleicht, ist das einzige komplett freistehende Gebäude in Eixample und wurde 1976 zum Nationaldenkmal erklärt. Seit 2017 ist es der Öffentlichkeit zugänglich; besichtigt werden u. a. die Erkerfenster aus Buntglas, die schöne Eisentreppe und das Dach. Einstündige Führungen auf Englisch beginnen um 16 Uhr. Es gibt verschiedene andere Führungen, darunter eine Audioguide-Abendführung mit einem Glas Cava zum Schluss (23 €).

PALAU DEL BARÓ QUADRAS ARCHITEKTUR

Karte S. 314 (☎93 467 80 00; www.llull.cat; Avinguda Diagonal 373; Führung Erw./Kind 10 €/frei; ⏲Mi 11–13 Uhr; Ⓜ Diagonal) Puig i Cadafalch entwarf den Palau del Baró Quadras (gebaut 1902–1906) in einem überschäumenden, gotisch inspirierten Stil. Am augenfälligsten ist die Hauptfassade mit ihrem hohen verglasten Balkon. Vor allem die Wasserspeier und Reliefs lohnen einen ge-

INSIDERWISSEN

PLATJA DE L'EIXAMPLE

In einem versteckten Garten inmitten eines typischen Häuserblocks des Eixample befindet sich ein alter Wasserturm mitsamt „Stadtstrand", der **Platja de l'Eixample** (Karte S. 314; ☎93 423 43 50; Carrer de Roger de Llúria 56; 1,55 €; ⏲Ende Juni–Sept. 10–20 Uhr; 👪; Ⓜ Girona). Es handelt sich um ein knietiefes, kindgerechtes Badebecken (an tiefster Stelle 60 cm), das von Sand umgeben und von Rettungsschwimmern bewacht ist.

naueren Blick – die zwei grinsenden Fische und ein Schwert schwingender Ritter tragen eindeutig die Handschrift des Architekten der Casa Amatller. Die Ausstattung der Räume ist eklektisch, wobei nahöstliche und ostasiatische Elemente überwiegen. Sie sind nur im Rahmen einer 45-minütigen Führung zu besichtigen, auf Englisch mittwochs ab 11 Uhr.

ESGLÉSIA DE LA PURÍSSIMA CONCEPCIÓ I ASSUMPCIÓ DE NOSTRA SENYORA
KIRCHE

Karte S. 314 (☎93 457 65 52; www.parroquiaconcepciobcn.org; Carrer de Roger de Llúria 70; ⏲Mo–Sa 7.30–13 & 17–21, So 7.30–14 & 17–21 Uhr; Ⓜ Passeig de Gràcia) Kaum jemand vermutet, in den Rasterstraßen der Stadterweiterung aus dem späten 19. Jh. auf eine mittelalterliche Kirche zu stoßen. 1871 bis 1888 wurde das Gotteshaus aus dem 14. Jh. Stein für Stein aus dem Zentrum hierher verpflanzt, samt ihrem hübschen Kreuzgang und dem idyllischen Garten aus dem 16. Jh. Dahinter erhebt sich ein romanisch-gotischer Glockenturm, der vom 11. bis 16. Jh. entstand und zur mittlerweile nicht mehr existierenden Església de Sant Miquel gehörte. Die Kirche ist eine von einer Handvoll alter Kirchen, die an ihren ursprünglichen Standorten abgebaut und ins Eixample versetzt wurden.

FUNDACIÓ SUÑOL
GALERIE

Karte S. 314 (☎93 496 10 32; www.fundaciosunol.org; Passeig de Gràcia 98; Erw./Kind 4 €/frei; ⏲Mo–Fr 11–14 & 16–20, Sa 16–20 Uhr; Ⓜ Diagonal) Die Privatsammlung besteht vor allem aus Kunst des 20. Jhs., umfasst rund 1200 Werke und bietet eine bunte Mischung von Man-Ray-Fotos bis zu Skulpturen von Alberto Giacometti. Regelmäßig werden die Exponate ausgetauscht. Auf insgesamt zwei Stockwerken sind überwiegend spanische Künstler zu sehen – von Picasso bis Jaume Plensa, daneben aber auch einige Künstler aus anderen Ländern. Das Museum eignet sich prima für eine Erholungspause zwischen den Besichtigungen in überfüllten Modernisme-Gebäuden am Boulevard. Ein Tipp: Vom hinteren Teil aus hat man eine interessante Seitenansicht der Pedrera (S. 140).

ESGLÉSIA DE LES SALESES
KIRCHE

Karte S. 314 (☎93 458 76 67; www.parroquiaconcepciobcn.org; Passeig de Sant Joan 90; ⏲Mo–Sa 10–13 & 17–19, So 10–14 Uhr; Ⓜ Verdaguer) Diese Kirche, ein einzigartiges neugotisches Gebilde, ist deswegen interessant, weil sie von Joan Martorell i Montells (1833–1906) entworfen wurde: Er war der Architekturprofessor von Gaudí. Sie wurde 1878 bis 1885 zusammen mit einem angrenzenden Kloster gebaut, das jedoch im Bürgerkrieg stark beschädigt wurde und heute eine Schule ist. Die Verwendung von Buntglas, Backstein und Mosaiken deuten bereits den Modernisme an.

PALAU MONTANER
ARCHITEKTUR

Karte S. 314 (☎93 317 76 52; www.fundaciotapies.org; Carrer de Mallorca 278; Erw./Kind 7 €/frei; ⏲nach Anmeldung; Ⓜ Passeig de Gràcia) Bereits von außen faszinierend (von den Gärten ganz zu schweigen), ist dieses 1893 von Lluis Domènech i Montaner erbaute Gebäude im Innern wirklich spektakulär. Zentraler Blickfang ist die prächtige Treppe unter einem weiten, ornamentalen Oberlicht. Die Innenräume quellen über von Skulpturen (einige von Eusebi Arnau), Mosaiken und feinen Holzschnitzereien. Das Gebäude ist nur im Rahmen einer zweistündigen Führung zu besichtigen, die von der Fundació Tàpies angeboten wird (auf Englisch nach vorheriger Anfrage).

ESSEN

L'Esquerra de L'Eixample

COPASETIC
CAFÉ €

Karte S. 310 (☎93 532 76 66; www.copaseticbarcelona.com; Carrer de la Diputació 55; Hauptgerichte 6–13,50 €; ⌚Di & Mi 10.30–24, Do bis 1, Fr & Sa bis 2, So bis 17.30 Uhr; 📶✍; Ⓜ Rocafort) Das mit Retromöbeln eingerichtete Café hat eine fröhliche und freundliche Atmosphäre. Auf der Karte gibt's für jeden etwas, ob Eier Benedikt, Wildbeeren-Törtchen oder saftige, dicke Burger. Hinzu kommen zahlreiche vegetarische, glutenfreie und Bio-Gerichte sowie am Wochenende ein erstklassiger (und preisgünstiger) Brunch. Mittagsmenüs (Di–Fr) kosten von 9,50 bis 12 €.

CREMERIA TOSCANA
EIS €

Karte S. 310 (☎93 539 38 25; www.cremeriatoscana.es; Carrer de Muntaner 161; Eiscreme 2,80–5,40 €; ⌚April–Okt. Mo–Do 13–24, Fr & Sa bis 1, So 12–24 Uhr, Nov.–März Di–Do 13–21, Fr & Sa bis 23, So 12–23 Uhr; Ⓜ Hospital Clínic) Im authentischsten Eiscafé der Stadt sind alle Sorten aus natürlichen Zutaten und die meisten glutenfrei. Neben klassischen italienischen Sorten wie sahnige Stracciatella und dem Haselnusseis *nocciola* gibt es auch ungewöhnlichere Angebote wie Ziegenkäse und karamellisierte Feige, Birne und Schokolade oder Pflaume und rosa Grapefruit. Alles wird in der Waffel oder im Becher verkauft.

KOYUKI
JAPANISCH €

Karte S. 310 (☎93 237 84 90; http://koyuki.eltenedor.rest; Carrer de Còrsega 242; Hauptgerichte 8–12 €; ⌚Di–So 13–15.30 & 20–23 Uhr; 🚆FGC Provença) Das unscheinbare japanische Kellerlokal ist ein ungeschliffener Diamant; wer etwas von der vom japanischen Besitzer bebilderten Speisekarte bestellt, wird nicht enttäuscht. Die vielen verschiedenen *sashimi moriawase* sind immer frisch und das *tempura udon* ist eine besonders reichhaltige Portion Nudelsuppe mit panierten Garnelen. Zu allem passt ein Sapporo-Bier.

CHARLOT CAFÈ
CAFÉ €

Karte S. 310 (☎93 451 15 65; Carrer d'Aribau 67; Gerichte 6,50–13,50 €; ⌚Küche Mo–Fr 8.30–22, Sa 7–22 Uhr, Bar Fr & Sa bis 3 Uhr; 📶✍; 🚆FGC Provença) Die Wände des Charlot zieren Standfotos und Plakate von Filmen wie *Frühstück bei Tiffany* oder *Pulp Fiction*. Für einen morgendlichen Energieschub sorgen getrüffelte *tortilla española* (spanisches Omelett) oder mit iberischem Schinken gebackene Eier. Mittags stärkt sautierter Quinoa-Salat oder Burger mit handgeschnittenen Pommes frites, abends Ente mit Brombeersauce. Craft-Bier und Cocktails gibt's den ganzen Tag über. Zu den Variationen von Cocktailklassikern gehören eine Caipirinha mit Ananas, Bloody Mary mit geräucherter Paprika oder Mudslide mit weißer Schokolade und Kardamom.

MAURI
BÄCKEREI €

Karte S. 310 (☎93 215 10 20; www.pastelériasmauri.com; Rambla de Catalunya 102; Gebäck 3,50–6,50 €; ⌚Mo–Fr 8–24, Sa 9–22, So 9–16.30 Uhr; Ⓜ Diagonal) Das großartige Bäckerei-Café bezaubert seit der Eröffnung 1929 seine Kunden mit spektakulären Süßigkeiten, Schokocroissants und Feinkost. Essen auf der Terrasse kostet pro Speise 2 € zusätzlich.

CRUSTO
BÄCKEREI €

Karte S. 310 (☎93 487 05 51; www.crusto.es; Carrer de València 246; Gebäck 3–5,50 €; ⌚Mo–Fr 7.30–21, Sa 8.30–21, So 9–15 Uhr; 📶; Ⓜ Passeig de Gràcia) Eine französisch inspirierte Bäckerei und Konditorei. Der Duft von frisch gebackenem Brot, Baguettes, Croissants und zahllosen Backwaren ist so überzeugend, dass man sich hier gern hinsetzt, um ein Frühstück oder am Wochenende den Brunch zu genießen.

CAFÉ SAN TELMO
CAFÉ €

Karte S. 310 (☎93 439 17 09; www.gruposantelmo.com; Carrer de Buenos Aires 60; Hauptgerichte 8–13,50 €; ⌚Mo–Mi 8.30–2, Do–Sa 8.30–3, So 9–1 Uhr; 📶; Ⓜ Hospital Clínic) Das stilvolle Eckcafé mit großen Fenstern hat deftiges Frühstück, Sandwiches (z. B. mit spanischem Roastbeef und Senf oder Mailänder Hähnchen mit Tomate und Brie). Außerdem Öko-Burger" (z. B. der Palermo mit Rindfleisch, Mozzarella, Pesto und Kräutermayonnaise), Salate und dergleichen, und obendrein eine tolle Auswahl an Gin Tonics.

EL RINCÓN MAYA
MEXIKANISCH €

Karte S. 310 (☎93 451 39 46; Carrer de València 183; Hauptgerichte 6–10 €; ⌚Mo 21–24, Di–Sa 13.30–16 & 20.30–24 Uhr; 📶; Ⓜ Universitat) In dem bescheidenen, freundlichen mexikanischen Restaurant einen Platz zu bekommen, kann richtig schwierig werden, aber die Mühe lohnt sich. Die kleinen Portionen Nachos, Guacamole und Fajitas schmecken phantastisch, ebenso die *tacos de pibil* (Tacos mit Schweinefleisch). Der Koch und Eigentümer hat den größten Teil seines Lebens in der Gastronomie von Mexiko-Stadt gearbeitet.

AMALTEA VEGETARISCH €

Karte S. 310 (☎93 454 86 13; www.restauranteamaltea.com; Carrer de la Diputació 164; Menüs mittags 8,90–10,90 €, abends 15,90 €; ⏰Mo–Do 13–16 & 20–23, Fr & Sa 13–16 & 20–23.45 Uhr; ; Ⓜ Urgell) Das mit einem blauen Himmel bemalte vegetarische Restaurant bietet einfache *menús del día* (Tagesmenüs) und zweigängige Abendmahlzeiten. Zu den meisten Hauptgerichten (Curry, Eintopf, gebratenes Gemüse) wird Reis gereicht.

★**AUTO ROSELLON** INTERNATIONAL €€

Karte S. 310 (☎93 853 93 20; www.autorosellon.com; Carrer de Rosselló 182; Hauptgerichte 12–18 €; ⏰Mo–Mi 8–1, Do & Fr 8–2, Sa 9–2, So 9–24 Uhr; ; FGC Provença) Im kornblumenblau gestrichenen Auto Rosellon liegt das frische Gemüse offen aus. In der Küche werden überwiegend Zutaten aus Bioanbau von kleinen Erzeugern und aus dem eigenen Garten für Gerichte wie Eier Benedikt, Lachstatar mit Avocado, Ricotta-Gnocchi mit Tomatenconfit und Thymian sowie Tacos mit Schweinebraten verwendet. Die frisch gepressten Säfte und die Rosenlimonade sind herausragend, außerdem gibt's tolle Cocktails und Craft-Bier.

PARKING PIZZA PIZZA €€

Karte S. 310 (☎93 633 96 45; www.parkingpizza.com; Carrer de Londres 98; Pizza 9,50–14,50 €; ⏰Mo–Sa 13–16 & 20–23, So 13–16 Uhr; FGC Provença) In diesem garagenähnlichen Lokal müssen sich Gäste manchmal auf Kartonhockern an einen langen, rohen Holztisch quetschen. Die Pizza aus dem Holzofen macht jedoch jegliche erzwungene Nähe mehr als wett, ebenso die Vorspeisen, z. B. cremige Burrata „stracciatella" und der hervorragende rote Quinoa-Salat mit Guacamole und pochiertem Ei.

LA BODEGUETA PROVENÇA TAPAS €€

Karte S. 310 (☎93 215 17 25; www.provenca.labodegueta.cat; Carrer de Provença 233; Tapas 6–15 €, Hauptgerichte 9,50–16 €; ⏰Mo–Fr 7–1.45, Sa 8–1.45, So 13–0.45 Uhr; ; FGC Provença) Der „Kleine Weinkeller" bietet klassische Tapas auf besondere Art, von *calamares a la andaluza* (panierte Kalamari) bis zu *cecina* (getrocknete, gesalzene Kalbfleischstreifen). Die Spezialität des Hauses *ous estrellats* (wörtlich „zerschlagene Eier") ist eine Mischung aus gerührtem Eiweiß, Dotter, Kartoffeln und Zutaten wie Foie gras oder *morcilla* (Blutwurst). Dazu passt ein gutes Glas Ribera del Duero oder eine *caña* (kleines Bier). Das Mittagsmenü kostet 15 €.

CERVESERIA CATALANA TAPAS €€

Karte S. 310 (☎93 216 03 68; Carrer de Mallorca 236; Tapas 3–14 €; ⏰9–1.30 Uhr; FGC Provença) Die „katalanische Brauerei" ist ideal zu jeder Tageszeit, ob morgens für Kaffee und Croissants oder mittags und abends für Sangria, *montaditos* (belegte Schnittchen) und Tapas. Sitzgelegenheiten finden sich an der Bar, auf der Straßenterrasse oder hinten im Restaurant. Das Angebot an warmen Tapas, Salaten und mehr zieht eine gut gekleidete Klientel an. Reservierung ist nicht möglich.

CERVESERIA BRASSERIA GALLEGA FISCH & MEERESFRÜCHTE €€

Karte S. 310 (☎93 177 07 29; Carrer de Casanova 238; Hauptgerichte 9,50–19,50 €; ⏰Mo–Sa 13.30–16 & 21–24 Uhr, Aug. geschl.; ; Ⓜ Hospital Clínic) Das bescheidene Restaurant ist leicht zu übersehen, doch innen drängen sich die Einheimischen, die sich bei einer reichen Auswahl klassischer galicischer Gerichte angeregt unterhalten. Der frisch zubereitete *pulpo a la gallega* (pikanter Tintenfischstücke mit Kartoffeln) als Vorspeise zeigt schon an, dass dieses Lokal die Konkurrenz übertrifft. Die Einrichtung ist schlicht, die Fleischgerichte sind lecker und die *fideuà* (wie Paella, aber auf Basis von Vermicelli) verströmt ihr volles Meeresfrüchtearoma.

EL VELÓDROMO TAPAS, MEDITERRAN €€

Karte S. 310 (☎93 430 60 22; www.moritz.com; Carrer de Muntaner 213; Tapas 2,50–10,50 €, Hauptgerichte 9,50–24 €; ⏰Küche 13–1 Uhr, Bar 24 Std.; ; Ⓜ Hospital Clínic) Die Restaurierung dieser geschichtsträchtigen Literatenkneipe durch die Barceloner Brauerei Moritz brachte ein wunderbar atmosphärisches Lokal wieder zum Vorschein. Es lohnt sich, auf einen Aperitif und Tapas oder auch für reichhaltigere Gerichte wie Lachs mit karamellisiertem Kohl oder Kalbfleischfrikadellen mit frischen Tomaten und Mozzarella vorbeizuschauen. Der hohe Raum enthält noch viele seiner originalen Art-déco-Elemente.

SHIBUI JAPANISCH €€

Karte S. 310 (☎93 321 90 04; www.shibuirestaurantes.com; Carrer del Comte d'Urgell 272; Hauptgerichte 13–28 €; ⏰13–15.45 & 20.30–23 Uhr; ; Ⓜ Hospital Clínic) Anspruchsvolle

Sushi-Liebhaber lassen sich im Shibui mit erstklassigem japanischem Essen verwöhnen. Empfehlenswert sind die Sushi- und Sashimi-„Platten", die typisch japanisch im Korbbötchen serviert werden.

CU-CUT! SPANISCH €€

Karte S. 310 (☎93 667 79 69; www.cu-cut.cat; Carrer d'Enric Granados 68; Hauptgerichte 9–13 €; ⊙10–2 Uhr; FGC Provença) Das Cu-Cut!, das nach einem populären katalanischen Satiremagazin aus dem frühen 19. Jh. benannt wurde, ist ein schönes Gasthaus mit Balkendecke, vorne einer großen, überdachten Veranda, einer Bar mit Holztresen und einem langen Speiseraum mit romantischer Beleuchtung. Hier gibt's Gerichte aus Spanien und anderswo, z. B. Tintenfisch *a feira* (mit Paprika), iberischer Schweinebraten und Seehecht-Ceviche.

TAKTIKA BERRI PINTXOS €€

Karte S. 310 (☎93 453 47 59; Carrer de València 169; Pintxos 4–15,50 €, Hauptgerichte 12–28 €; ⊙Mo–Fr 13–16 & 20.30–23, Sa 13–16 Uhr, Anfang–Ende Aug. geschl.; ; MHospital Clínic) Ohne Reservierung geht gar nichts im Taktika Berri. Die zahlreichen Gäste schlemmen hier *pintxos* (baskische Tapas), die zu den besten der Stadt gehören. Häppchen wie Blutwurst oder *bacalao* (Stockfisch) mit Kartoffelgratin gehen weg wie warme Semmeln, sobald sie aus der Küche kommen – also schnell zugreifen.

★LASARTE MODERN EUROPÄISCH €€€

Karte S. 310 (☎93 445 32 42; www.restaurantlasarte.com; Carrer de Mallorca 259; Hauptgerichte 52–58 €; ⊙Di–Sa 13.30–15.30 & 20.30–22.30 Uhr, erste 3 Wochen im Aug. geschl.; MDiagonal) Das Lasarte unter Leitung des hochgelobten Kochs Martín Berasategui ist eins der überragenden Restaurants in Barcelona und das erste in der Stadt, das drei Michelin-Sterne vorzuweisen hat. Das Essen, das in einem äußerst zeitgenössischen Ambiente serviert wird, ist der Inbegriff der Raffinesse, von Duroc-Schweinsfüßen mit Quitten bis zu Tintenfischtatar mit Kaffir-consommé. Die Bedienung ist zudem in der Lage, selbst noch so eingeschüchterten Gästen die Befangenheit zu nehmen. Wer in die Vollen gehen möchte, bestellt das zwölfgängige Probiermenü (210 €).

★DISFRUTAR MODERN EUROPÄISCH €€€

Karte S. 310 (☎93 348 68 96; www.en.disfrutarbarcelona.com; Carrer de Villarroel 163; Probiermenüs 120–185 €; ⊙Di–Sa 13–14.45 & 20–21.45 Uhr; MHospital Clínic) Disfrutar („genießen" auf Katalanisch) hat zwei Michelin-Sterne und zählt zu den besten Restaurants der Stadt. Die Köche haben in Ferran Adriàs bahnbrechendem (mittlerweile geschlossenem) Restaurant El Bulli gelernt und nichts ist, was es scheint, wie beispielsweise die schwarzen und grünen Oliven, die sich als Schokoladenganache mit Orangenblütenwasser herausstellen. Die Einrichtung – Gitterbackstein und typische geometrische Keramik des katalanischen Designteams Equipo Creativo – ist absolut perfekt und der Service vollendet.

★MONT BAR BISTRO €€€

Karte S. 310 (☎93 323 95 90; www.montbar.com; Carrer de la Diputació 220; Tapas 2–13 €, Hauptgerichte 12,50–26,50 €; ⊙12–15.30 & 19–24 Uhr; MUniversitat) Das stilvolle, nach dem Heimatort des Besitzers im Val d'Aran benannte Bistro mit schwarz-weißem Boden, waldgrünen Bänken und Wänden voller Flaschenregale erhebt die Kochkunst in höhere Sphären. Allerfeinste Tapas (Schweinsfüße mit jungen Garnelen, Plankton-Meringue mit Seeanemone und Mascarpone) bilden die Ouvertüre für kleine Hauptgerichte (Thunfischbauch mit Pinienkernemulsion) und umwerfende Desserts (Eiscreme aus Schafsmilch mit Likör aus schwarzen Johannisbeeren). Die großartigen Weine (über 250 Sorten) umfassen die ganze Preispalette. Reservierung ist ein Muss.

CINC SENTITS INTERNATIONAL €€€

Karte S. 310 (☎93 323 94 90; www.cincsentits.com; Carrer d'Aribau 58; Probiermenüs 100–120 €; ⊙Di–Sa 13.30–14.30 & 20.30–21.30 Uhr; MPasseig de Gràcia) Das Reich der „Fünf Sinne" besticht mit einem umwerfenden Probiermenü, bestehend aus kleinen, experimentellen Gerichten (es gibt keine Speisen à la carte, aber die Gerichte können an die Bedürfnisse des Gastes angepasst werden). Die Qualität beruht auf der ausschließlichen Verwendung frischer Zutaten wie leinengeangeltem Fisch von der Costa Brava und erstklassigem Milchferkel aus der Extremadura. Ebenfalls essentiell ist das kreative Genie von Jordi Artal, das ihm einen Michelin-Stern eingebracht hat. Ein Mittagsmenü wird für 55 € angeboten.

SPEAKEASY INTERNATIONAL €€€

Karte S. 310 (☎93 217 50 80; www.drymartiniorg.com; Carrer d'Aribau 162; Hauptgerichte 18,50–

Spaziergang
Mehr Modernisme im Eixample

START CASA CALVET **ZIEL** CASA MACAYA
LÄNGE/DAUER 4 KM; EINE STUNDE

Gaudís konventionellster Bau im Eixample ist die **1 Casa Calvet** aus dem Jahr 1900. Die edle, vom Barock inspirierte Fassade wird durch schmiedeeiserne Balkone aufgelockert. Hauptattraktion innen ist der Treppenaufgang, der sich bei einem Essen im eleganten Restaurant bewundern lässt.

Die **2 Casa Enric Batlló** wurde 1896 von Josep Vilaseca (1848–1910) erbaut, heute Teil des Hotels Comtes de Barcelona. Besonders eindrucksvoll wirkt die Fassade bei nächtlicher Beleuchtung.

Puig i Cadafalch ließ seiner Phantasie in der **3 Casa Serra** (1903–1908) freien Lauf. In der neugotischen Kuriosität sind heute Regierungsbüros untergebracht. Für die einstigen Bewohner muss es mit seinen prachtvollen Obergeschossfenstern, Ziegeldach und dem Turm mit konischem Dach wohl ein merkwürdiges Haus gewesen sein.

Eindrucksvoll ist die 1911 von Salvador Valeri (1873–1954) erbaute **4 Casa Comalatis**. Der Einfluss Gaudís ist an der Hauptfassade mit gewelltem Dach und gewölbten Balkonen unübersehbar. Die Fassade zum Carrer de Còrsega ist verspielter: Die Fenster wirken wie gestapelte Spielkarten.

Die 1912 vollendete **5 Casa Thomas** gehört zu den ersten Werken von Domènech i Montaner. Die Blumenmotive und Reptilienfiguren sind charakteristisch und die schmiedeeisernen Verzierungen (und Schutzgitter?) im Erdgeschoss großartig. Seine Innenausstattung samt Ziegelsäulen ist im Designladen Cubiña zu bewundern.

Die **6 Casa Llopis i Bofill**, fertiggestellt 1902, ist ein von Antoni Gallissà (1861–1903) gestaltetes Wohnhaus. Bezug zum Modernisme zeigen v. a. die Rundbögen im Erdgeschoss und die schmiedeeisernen Balkone.

Puig i Cadafalchs **7 Casa Macaya** (1901) hat einen wundervollen Innenhof und zeigt die verspielten Verzierungen, die typisch für die Gebäude des Architekten sind. Das Haus gehört heute der Bank La Caixa und wird gelegentlich für Ausstellungen genutzt. Dann ist das Gebäude für Besucher zugänglich.

28 €; ⌚Mo–Sa 20–23 Uhr; FGC Provença) Das Restaurant versteckt sich hinter der Bar Dry Martini (S. 149). Durch die offene Küche hindurch geht es in ein „Lager" mit Hunderten Flaschen hochwertiger Alkoholika in den Regalen. Auf der verführerischen Speisekarte stehen z. B. Garnelenravioli mit Parmesancreme oder Wild mit geschmortem Sellerie. Dunkle Einrichtung, ein paar Kunstwerke, gedämpftes Licht, sanfte Jazzmusik und reibungsloser Service runden das Bild ab.

MONVÍNIC SPANISCH €€€

Karte S. 310 (☎93 272 61 87; www.monvinic.com; Carrer de la Diputació 249; Hauptgerichte 17–36 €; ⌚Di–Fr 13.30–15.30 & 20–22.30, Mo & Sa 20–22.30 Uhr; M Passeig de Gracia) Der *„espacio culinario"* mit einem Garten voller Bäume und Tische gehört zur weltberühmten Weinhandlung Monvínic (S. 149). Das Speisenangebot besteht aus aufwendigen Kreationen wie Seeigel- und Hummerconsommé, gegrillter Ente mit in Rotwein pochierten Birnen oder Kaiserhummerravioli. Zutaten, Wein und Baumaterialien stammen alle aus Katalonien. Das von Alfons Tost nachhaltig entworfene Restaurant verfügt über luftreinigende Pflanzen, energiesparende LED-Lampen und eine Recyclinganlage für Wasser und Essensreste.

La Dreta de L'Eixample

★TAPAS 24 TAPAS €

Karte S. 314 (☎93 488 09 77; www.carlesabellan.com; Carrer de la Diputació 269; Tapas 2,20–12 €; ⌚9–24 Uhr; ; M Passeig de Gràcia) Der Spitzenkoch Carles Abellán führt diese Tapasoase im Untergeschoss, die für ihre Gourmetversionen bewährter Klassiker bekannt ist. Zu den Glanzpunkten zählen das *bikini* (Toast-Sandwich mit Schinken und Käse – hier mit geräuchertem Schinken und Trüffel, der den entscheidenden Unterschied macht) und die pikanten *boquerones al limón* (in Limonensaft marinierte Anchovis). Reservierung ist nicht möglich, aber das Warten lohnt sich. Empfehlenswert zum Nachtisch ist die *xocolata amb pa, sal i oli* (köstliche Schokobällchen in Olivenöl mit einem Hauch Salz und einer Waffel).

HAWKER 45 ASIATISCH €

Karte S. 314 (☎93 763 83 15; Carrer de Casp 45; Hauptgerichte 8,50–16 €; ⌚Mo–Fr 13–16 & 20–23, Sa 12.30–16 & 20–23.30, So 12.30–16 Uhr; M Tetuan) In dem verführerisch duftenden, von asiatischen Märkten inspirierten Lokal werden Straßenimbissgerichte gebrutzelt. Darunter scharfe malaysische Tintenfisch-*laksa*, indonesisches Lamm-Satay, koreanische *kalbi*-Schweinerippchen mit Reiskuchen, thailändischer Rindfleischsalat „Weinender Tiger" und singapurisches Sambal aus grünen Mangos mit gedünstetem Krebs. Zum sechsgängigen Probiermenü (35 €) passen am besten Craft-Biere (42 €) oder asiatisch angehauchte Cocktails (60 €). Gegessen wird an einem langen roten Tresen mit Blick in die offene Küche oder hinten im geräumigen, postindustriellen Gastraum mit blanken Balken und Belüftungsrohren.

GRANJA PETITBO MEDITERRAN €

Karte S. 314 (☎93 265 65 03; www.granjapetitbo.com; Passeig de Sant Joan 82; Sandwiches 4–8 €, Hauptgerichte 8–12 €; ⌚Mo–Mi 9–23, Do & Fr 9–23.30, Sa 10–23.30, So 10–17 Uhr; ; M Girona) Hohe Decken, abgenutzte Ledersessel und wunderschöne Blumenarrangements prägen das Ambiente in diesem sonnigen kleinen Eckcafé. Es ist besonders beliebt bei den Hipstern des Viertels und bei jungen Familien. Neben hausgemachtem Kuchen, frisch gepressten Säften und hervorragendem Kaffee gibt es auch Burger, Salate und Pasta sowie am Wochenende Brunch.

CANTINA MEXICANA MEXIKANISCH €

Karte S. 314 (☎93 667 66 68; www.cantinalamexicana.es; Carrer de València 427; Hauptgerichte 7–13 €; ⌚13–24 Uhr; ; M Sagrada Família) Das schlicht eingerichtete Restaurant ist gerade mal weit genug von der Sagrada Família entfernt, um den Massen aus dem Weg zu gehen. Hier gibt's authentisches mexikanisches Essen, darunter 20 verschiedene Tacos aus Mais- oder Weizenmehl (z. B. mit gedünsteten Garnelen und Bohnen), *cochinita pibil* (traditioneller, mit Annatto-Samen gewürzter Schweinebraten) und vier verschiedene Ceviches. Zu den vegetarischen Optionen gehört eine köstliche Kürbisblüten-Quesadilla.

MR KAO DIM SUM €€

Karte S. 314 (☎93 445 25 88; www.misterkao.com; Carrer de València 271; Dim Sum 2,80–4 €, Hauptgerichte 11–28 €; ⌚Di–Sa 12.30–15.30 & 20.30–23.30, So 12.30–15.30 Uhr; M Passeig de Gràcia) Die Teigtäschchen des eleganten Dim-Sum-Restaurants mit Shanghai-Ambiente im noblen Hotel Claris schmecken erstklassig. Sie sind nicht billig, aber jeder Bissen ist ein Genuss; besonders gut ist das *jiao zi* mit Schweinsfüßen, ebenso das *siu mai* mit Kaiserhummer und Forellenrogen. Zu den ebenfalls angebotenen reichhaltigeren Gerichten gehören Pekingente und Nudeln mit Wildpilzen, pochiertem Ei und Trüffel.

ENTREPANES DÍAZ — SANDWICHES €€

Karte S. 314 (☎93 415 75 82; Carrer de Pau Claris 189; Sandwiches 6–10 €, Tapas 3–10 €; ⏲13–24 Uhr; Ⓜ Diagonal) Highlights in der blitzblanken Bar im alten Stil sind Gourmetsandwiches von Roastbeef bis Spanferkel sowie spanischen Spezialitäten zum Teilen, z. B. Seeigel und panierte und frittierte Garnelen oder Blutwurstkroketten. Der Grundsatz, nur erfahrenes Personal über 50 einzustellen, verleiht dem Lokal eine gewisse Gesetztheit mit einem besonders charmanten Service. An den Wänden hängen Schwarz-Weiß-Fotos von Barcelona.

CHICHA LIMONÁ — MEDITERRAN €€

Karte S. 314 (☎93 277 64 03; www.chichalimona.com; Passeig de Sant Joan 80; Hauptgerichte 12–17 €; ⏲Di–Do 9.30–1, Fr & Sa bis 2, So bis 17 Uhr; 📶; Ⓜ Tetuan) Der Passeig de Sant Joan ist ein Hipster-Tummelplatz und das helle, trubelige Chicha Limoná das dazu passende Esslokal. Rindertatar mit *yuzu*-Dressing, Kaninchen-Tacos, in Joghurt marinierter Lachs sowie ein Sorbet aus Tequila, Mango und Chili fungieren unter den oft wechselnden Angeboten (Menü 13,90 €), ebenso dampfend heiße Pizza.

CAN KENJI — JAPANISCH €€

Karte S. 314 (☎93 476 18 23; www.cankenji.com; Carrer del Rosselló 325; Hauptgerichte 10–14 €; ⏲13–15.30 & 20.30–23 Uhr; Ⓜ Verdaguer) Der Koch dieser unaufdringlichen kleinen *izakaya* (japanische Kneipe) kauft seine frischen Zutaten auf den Märkten der Stadt. Damit zaubert er traditionell japanische Gerichte mit mediterranem Einschlag. Zum Angebot gehören Sardinen-*tempura* mit einem Püree aus Aubergine, Miso und Sardellen oder *tataki* (kurz angebratener Bonito) mit *salmorejo* (kalte Tomaten-Brot-Suppe aus Córdoba).

CASA ALFONSO — SPANISCH €€

Karte S. 314 (☎93 301 97 83; www.casaalfonso.com; Carrer de Roger de Llúria 6; Tapas & Sandwiches 4–15 €, Hauptgerichte 13–23 €; ⏲Mo–Fr 8–1, Sa 13–1 Uhr; 📶; Ⓜ Urquinaona) Seit 1934 serviert die Casa Alfonso Gästen an der langen Marmortheke ihren Morgenkaffee oder eine Auswahl an Tapas. Zur Holzverkleidung kommen noch alte Fotos, Poster und von der Decke hängende Schinken. Treue Stammgäste genießen zu jeder Tageszeit *flautas* (dünne Baguettes mit Füllung nach Wahl), Schinken, Käse, warme Gerichte oder hausgemachte Desserts. Außerdem gibt es gehaltvollere Gerichte, teils mit Grillfleisch. Ein *alfonsito* (Mini-Irish-Coffee) rundet das Ganze ab.

CASA AMALIA — KATALANISCH €€

Karte S. 314 (☎93 458 94 58; www.casamaliabcn.com; Passatge del Mercat 4-6; Hauptgerichte 9–20 €; ⏲Di–Sa 13–15.30 & 21–22.30, So 13–15.30 Uhr; Ⓜ Girona) Das Restaurant auf zwei Ebenen ist wegen seiner herzhaften katalanischen Küche aus frischen Zutaten beliebt, die vom Markt nebenan stammen. An Donnerstagen gibt es im Winter die traditionelle Bergmahlzeit *escudella* (katalanischer Eintopf). Ansonsten lohnt es sich, die leichten Variationen der heimischen Küche zu probieren, beispielsweise *bacallà al allioli de poma* (Kabeljau in Apfel-Aioli). Das dreigängige *menú del día* ist mit 15,50 € ein Schnäppchen.

CAFE EMMA — BISTRO €€

Karte S. 314 (☎93 215 12 16; www.cafe-emma.com; Carrer de Pau Claris 142; Hauptgerichte 14–25,50 €; ⏲Mo–Fr 8–22.30, Sa & So 9–22.30 Uhr; 📶; Ⓜ Passeig de Grácia) Das französisch angehauchte Cafe Emma kombiniert heimische und internationale Einflüsse, die Weine hingegen stammen ausschließlich aus Frankreich. Auf der Terrasse, im Gastraum und in der Bar wird durchgehend Essen serviert. Die *tartines* (belegte Brote) mit z. B. Ziegenkäse, Roter Bete und Roastbeef sind super. In der Saison unbedingt probierenswert sind auch die frisch geknackten Austern mit einem spritzigen Glas Weißwein.

EMBAT — MEDITERRAN €€

Karte S. 314 (☎93 458 08 55; Carrer de Mallorca 304; Hauptgerichte 10,50–21 €; ⏲Mo–Mi 13–15.45, Do–Sa 13–15.45 & 20.30–23 Uhr; 📶; Ⓜ Verdaguer) Enthusiastische junge Köche bereiten in diesem hellen, skandinavisch anmutenden Ambiente schön angerichtete Gerichte zu. Lecker sind zum Beispiel die *raviolis de pollo amb bacon i calabassó* (Hühnchen-Ravioli in einer Sauce aus Räucherspeckwürfeln, Zucchini und anderen Gemüsesorten), gefolgt von köstlichem *lluç amb pa amb tomàquet, carxofes i maionesa de peres* (dicke Stücke Seehecht auf Tomatenbrot mit Artischockenscheiben und Birnenmayonnaise).

DE TAPA MADRE KATALANISCH €€
Karte S. 314 (☎93 459 31 34; www.detapamadre.com; Carrer de Mallorca 301; Tapas 4–7,50 €, Hauptgerichte 14–25,50 €; ⏲11.30–24 Uhr; Ⓜ Verdaguer) Gleich beim Eintreten wird man von einer lebhaften Atmosphäre begrüßt. Einige winzige Tische stehen am Fenster (vorne gibt's auch eine Terrasse), aber oben auf der Empore gibt es mehr Platz und einen Blick über die verschiedenen Tapas unten an der Bar. Das *arròs amb llamàntol* (ein herzhaftes Reisgericht mit Hummer) ist köstlich.

CASA CALVET KATALANISCH €€€
Karte S. 314 (☎93 412 40 12; www.casacalvet.es; Carrer de Casp 48; Hauptgerichte 27–35 €; ⏲Mo–Sa 13–15.30 & 20–22.30 Uhr; Ⓜ Urquinaona) Das frühe Meisterwerk von Gaudí mit seinen typischen Rundungen beherbergt ein elegantes Restaurant (rechts neben dem Haupteingang). Wer hier essen möchte, sollte sich in Schale schmeißen und um eine lauschige *taula cabina* (holzgetäfelten Nische) bitten. Eine prima Wahl sind die mit Muscheln und Garnelen gefüllten Artischocken, der Rebhuhn- und Kastanienauflauf oder Kalbfleisch mit Gänselebersauce. Das viergängige Mittagsmenü kostet 38 €, das fünfgängige Abendmenü 59 €.

PATAGONIA BEEF & WINE SÜDAMERIKANISCH €€€
Karte S. 314 (☎93 304 37 35; www.patagoniabw.com; Gran Via de les Corts Catalanes 660; Hauptgerichte 20–38 €; ⏲Mo–Do 13.30–15.30 & 19–23, Fr & Sa bis 23.30, So bis 22.30 Uhr; 📶; Ⓜ Passeig de Gràcia) Das stilvolle Restaurant hält sein fleischlastiges Versprechen: Als Vorspeise gibt's z. B. Empanadas (kleine Teigtaschen mit verschiedenen Fleischfüllungen), danach ein herzhaftes Hauptgericht wie saftiges *medallón con salsa de colmenillas* (Rindermedaillon in Morchelsauce) oder Klassiker wie *bife de chorizo* (*Entrecôte*) und brasilianisches *picanha* (Rumpsteak). Zum Fleisch stehen fünf Beilagen zur Auswahl.

AUSGEHEN & NACHTLEBEN

L'Esquerra de L'Eixample

DRY MARTINI BAR
Karte S. 310 (☎93 217 50 80; www.drymartiniorg.com; Carrer d'Aribau 162-166; ⏲Mo–Fr 13–2.30, Sa & So 18.30–2.30 Uhr; 🚆FGC Provença) Die Kellner geben zwar fachkundige Tipps für Cocktails, aber mit dem namensgebenden Drink, der an der Bar oder auf einem der luxuriösen grünen Lederbänke geschlürft wird, liegt man immer richtig. Der Gin Tonic kommt in einem riesigen Glas – einer reicht fast den ganzen Abend. Hinten befindet sich das hervorragende, aber teure Restaurant Speakeasy (S. 145).

★MILANO COCKTAILBAR
Karte S. 310 (☎93 112 71 50; www.camparimilano.com; Ronda de la Universitat 35; ⏲12–3 Uhr; Ⓜ Catalunya) Das Kleinod im verborgenen Nachtleben Barcelonas, eine altmodische Kellerbar mit Samtsitzen, Glasvitrinen und Kellnern in weißen Jacketts, ist von der Straße aus absolut nicht zu sehen. Jeden Abend gibt's Livemusik (Kuba-Rhythmen, Jazz, Blues, Flamenco und Swing), nach 23 Uhr übernimmt dann ein DJ. Zu den hervorragenden Cocktails gehören der Picasso (Tequila, Honig, Absinth und Zitrone) und sechs verschiedene Bloody Marys.

★MONVÍNIC WEINBAR
Karte S. 310 (☎93 272 61 87; www.monvinic.com; Carrer de la Diputació 249; ⏲Di–Fr 13–23, Mo & Sa 19–23 Uhr; Ⓜ Passeig de Gràcia) 🍃 In dieser Liebeserklärung an den Wein stehen über 3000 internationale Tropfen auf der digitalen Karte, die nach Herkunft, Jahrgang oder Rebsorte ausgewählt werden können. Um die 50 Schankweine sind erhältlich, Flaschenweine gibt's natürlich auch. Die Betonung liegt zwar auf der Erschwinglichkeit, aber wer sich etwas gönnen will, findet hier auch phantastische Jahrgangsweine.

★NAPAR BCN BRAUEREI
Karte S. 310 (☎93 408 91 62; www.naparbcn.com; Carrer de la Diputació 223; ⏲Di & Mi 17–24, Do bis 1, Fr & Sa bis 2 Uhr; 📶; Ⓜ Universitat) Das Napar ist eine Topadresse in der wachsen-

den Craft-Bierszene Barcelonas. Es hat 14 Biere vom Fass, davon sechs hausgebraute Sorten, darunter IPA, Helles und Stout. Auch das Angebot an Flaschenbieren kann sich sehen lassen. In ihrer noblen Steampunk-Ästhetik und mit einem super Rock- und Indie-Soundtrack ist die Kneipe echt umwerfend. Das kreative Speisenangebot wechselt je nach Jahreszeit.

GARAGE BEER CO CRAFT-BIER

Karte S. 310 (☎93 528 59 89; www.garagebeer.co; Carrer del Consell de Cent 261; ⏲Mo–Do 17–24, Fr 17–2.30, Sa 12–3, So 14–24 Uhr; Ⓜ Universitat) Das Garage war eine der ersten Craft-Bierkneipen in Barcelona, braut in einer Ecke an der Bar ihr eigenes Bier und hat stets zehn unterschiedliche Sorten im Angebot. Das gleichnamige Garage (ein leichtes IPA zum Wegsüffeln) und das Slinger (ein stärkeres IPA) stehen immer auf der Tafel. Ebenso gern getrunken werden das Imperial Chocolate (Stout) und das Culture Trip (Berliner Weiße mit einem Schuss Himbeersirup).

BIERCAB CRAFT-BIER

Karte S. 310 (☎644 689045; www.biercab.com; Carrer de Muntaner 55; ⏲Bar Mo–Do 12–24, Fr & Sa 12–2, So 17–24 Uhr, Laden Mo–Sa 15.30–22 Uhr; 📶; Ⓜ Universitat) Aus den Zapfhähnen der tollen Craft-Bierbar mit einer Kunstinstallation an der Decke, die einem Wald aus gigantischen Streichhölzern gleicht, fließen 30 Biersorten aus aller Welt. Die Burger dazu bestehen aus Wagyu-Rindfleisch und sind nach Stadtteilen Barcelonas benannt. Im Laden nebenan gibt es weitere 500 Sorten Flaschenbiere, die in Kühlschränken schön kalt gehalten werden.

MONKEY FACTORY COCKTAILBAR

Karte S. 310 (☎93 681 78 93; Carrer de Còrsega 234; ⏲Di & Mi 18.30–2, Do–Sa bis 3 Uhr; Ⓡ FGC Provença) In der ausgelassenen Bar drehen am Wochenende DJs ihre Scheiben, aber eigentlich geht's fast jeden Abend rund. „Funky monkey“ (Triple Sec, Gin, Limette und Eiweiß), „Chimpa Sour“ (Pisco Sour mit Kardamom) und „Chita“ (Passionsfruchtpüree, Wodka, Zimtsirup und Ingwer) gehören zu den kreativen Cocktails, die hinter der neongrün angeleuchteten Bar gemixt werden.

ANTILLA BCN CLUB

Karte S. 310 (☎93 451 45 64; www.antillasalsa.com; Carrer d'Aragó 141; Eintritt Fr & Sa 10 €; ⏲Mi 22–4, Do 23–4, Fr & Sa 23–6, So 19–2 Uhr; Ⓜ Urgell) Das ist die Salsateca der Stadt, wo kubanischer *son*, Merengue, Salsa und noch viel mehr abgehen.

CITY HALL CLUB

Karte S. 310 (☎93 238 07 22; www.cityhallbarcelona.com; Rambla de Catalunya 2-4; Eintritt ab 10 €; ⏲Mo 22–6, Di–So 0.30–6; Ⓜ Catalunya) Ein langer Korridor führt zur Tanzfläche dieses alteingesessenen und beliebten Clubs in einem ehemaligen Theater. Die Musikrichtung, von House und anderen Elektrosounds bis zu Funk, wechselt täglich; das Programm steht auf der Website. Im Eintrittsgeld ist ein Getränk enthalten. Auch Livekonzerte (S. 152) werden hier veranstaltet.

ÁTAME GAY

Karte S. 310 (☎93 421 41 33; Carrer del Consell de Cent 257; ⏲Di 19.30–2.30, Mi, Do & So 20.30–2.30, Fr & Sa 8.30–3 Uhr; Ⓜ Universitat) Das Átame – „Fessle mich“ – ist cool für einen Kaffee am frühen Abend. Zu vorgerückter Stunde, wenn die schwule Klientel eintrudelt, geht's dann heiß her. Freitagabends gibt's meist eine schlüpfrige Show.

AIRE LESBISCH

Karte S. 310 (Sala Diana; ☎93 487 83 42; www.grupoarena.com; Carrer de la Diputació 233; Eintritt Fr/Sa 5/6 €; ⏲Do–Sa 23–2.30 Uhr; Ⓜ Passeig de Gràcia) Die Tanzfläche in dem Lesbenclub ist groß, meist legt ein DJ Musik auf – die Palette reicht von Hits der 1980er- und '90er-Jahre bis zu Latin und Techno. Im Allgemeinen gilt, dass nur die männlichen Freunde der Mädels hereindürfen, in der Praxis ist das Publikum dann aber doch recht gemischt.

PLATA BAR GAY

Karte S. 310 (☎93 452 46 36; www.platabar.com; Carrer del Consell de Cent 233; ⏲Mi & Do 20–1.30, Fr & Sa bis 3 Uhr; Ⓜ Universitat) Auf der Eckterrasse dieser weit offenen Bar sitzen im Sommer jede Menge Jungs, die von Schwulenbar zu Schwulenbar ziehen. Drinnen an der Theke und an den hohen Tischen stehen metallene Sattelhocker, die Musik ist eine Mischung aus Dance und Trance und die Barkeeper mixen umwerfende Cocktails.

COSMO CAFÉ

Karte S. 310 (☎93 105 79 92; www.galeriacosmo.com; Carrer d'Enric Granados 3; ⏲10–

22 Uhr; Ⓜ Universitat) In der tollen Café-Galerie in einer Fußgängerzone gleich hinter der Universität hängen Fahrräder von der Decke, die weißen Wände schmücken bunte, klecksige Wandbilder und kunterbunt gestrichene Lüftungsrohre und selbst der Feuerlöschschlauch wird zum Blickfang. Neben frischen Säften, heißer Schokolade, Tee, Gebäck und Imbissen werden hier auch Bier und Wein serviert.

QUILOMBO — BAR

Karte S. 310 (☎606 144272; Carrer d'Aribau 149; ⏲Mo–Do 21–2.30, Fr & Sa 20.30–3 Uhr; FGC Provença) Manche Konzepte gehen einfach auf – dieser Laden boomt schon seit den 1970er-Jahren. Das „Geheimrezept“: Man dekoriere das mit Tischen vollgestellte Hinterzimmer mit ein paar Gitarren und serviere ziemlich billige Fertig-Mojitos und Plastikbecher mit Nüssen – den Rest erledigen die Gäste selbst. Die kommen in Scharen und machen ordentlich *quilombo* (Wirbel). Livemusik gibt's fast jeden Abend ab 23 Uhr und häufig finden spontane Partys statt.

LA FIRA — BAR

Karte S. 310 (☎682 323714; Carrer de Provença 171; Eintritt 14 €; ⏲Do 23–5, Fr & Sa bis 6 Uhr; FGC Provença) Zerrspiegel, Spielautomaten und andere Kirmesattraktionen aus Deutschland sowie futuristisches Mobiliar wie leuchtende, würfelförmige Hocker empfangen die Gäste. Die Musik ist eine wilde Mischung, die von House über die Hits der 1990er-Jahre bis zu spanischen Popklassikern reicht. Im Eintritt sind zwei Getränke enthalten. Angeblich gibt es hier 500 verschiedene Spirituosen, 150 stehen stets bereit.

PUNTO BCN — GAY

Karte S. 310 (☎93 451 91 52; www.grupoarena.com; Carrer de Muntaner 65; ⏲So–Do 18–2.30, Fr & Sa bis 3 Uhr; Ⓜ Universitat) Alt, aber gut: Die große Bar auf zwei Ebenen mit etwas älteren Gästen und der Mischung aus spanischem Pop und Dance ist freitags und samstags proppenvoll. Sie ist ein netter Startpunkt für eine rauschende Schwulennacht und man kann hier auch eine Runde Billard spielen.

LA CHAPELLE — GAY

Karte S. 310 (☎93 453 30 76; Carrer de Muntaner 67; ⏲So–Do 16–2, Fr & Sa bis 2.30 Uhr; Ⓜ Universitat) Die typische Eixample-Bar ist ein langer Schlauch mit weiß gekachelten Wänden. Hier gibt's weit mehr Kruzifixe und Nischen als in jeder echten „Kapelle“. Einen Waschbrettbauch muss hier niemand vorzeigen: Es ist ein relaxter Schwulentreff, wo alle willkommen sind.

> **INSIDERWISSEN**
>
> **GAIXAMPLE**
>
> Das Gebiet unmittelbar oberhalb der Gran Via de les Corts Catalanes und links der Rambla de Catalunya wird wegen seiner zahlreichen Gay-Bars und -Restaurants gemeinhin auch Gaixample genannt. Einige der besten Lokale sind **Átame** (s. u.), **Arena Classic** (S. 151) und **Aire** (s. u.) (Letzteres wird von Frauen bevorzugt), aber auch in den benachbarten Vierteln finden sich einige etablierte Szenetreffs wie das **Metro** (S. 207) in Sant Antoni.

BACON BEAR — GAY

Karte S. 310 (☎93 431 00 00; Carrer de Casanova 64; ⏲So–Do 18–2.30, Fr & Sa bis 3 Uhr; Ⓜ Urgell) Jeder Bär braucht eine Höhle und diese hier ist recht freundlich. Es ist eigentlich nur eine große Bar für stämmige Schwule. Am Wochenende wird die Musik aufgedreht.

ARENA MADRE — GAY

Karte S. 310 (☎93 487 83 42; www.grupoarena.com; Carrer de Balmes 32; Eintritt So–Fr 6 €, Sa 12 €; ⏲So–Do 0.30–5.45, Fr & Sa bis 6.45 Uhr; Ⓜ Passeig de Gràcia) Das Arena Madre ist beim sexy Jungvolk beliebt und eine der Top-Adressen für kontaktfreudige Schwule. Hauptsächlich wird Electronic und House geboten; montags gibt's eine Stripshow, donnerstags Techno und die ganze Woche über finden Liveshows statt. Heteros sind willkommen, aber in der Minderheit.

ARENA CLASSIC — GAY

Karte S. 310 (☎93 487 83 42; www.grupoarena.com; Carrer de la Diputació 233; Eintritt Fr/Sa 6/12 €; ⏲Fr & Sa 2.30–6 Uhr; Ⓜ Passeig de Gràcia) Im Arena Classic, wo überwiegend Techno wummert, tummeln sich gutgelaunte, hippe Schwule. Im Eintrittspreis ist ein Getränk enthalten.

La Dreta de L'Eixample

★LES GENS QUE J'AIME BAR

Karte S. 314 (☎93 215 68 79; www.lesgensquejaime.com; Carrer de València 286; ⌚So–Do 18–2.30, Fr & Sa 19–3 Uhr; Ⓜ Passeig de Gràcia) Die intime Kellerbar ist ein Relikt aus den 1960er-Jahren und funktioniert nach einem einfachen Rezept. Das heißt: cooler Jazz als Hintergrundmusik, ein Minimum an Beleuchtung (dank diverser Flohmarktlampen) sowie gemütliche rote Samtsessel an dunklen Tischchen.

EL VITI BAR

Karte S. 314 (☎93 633 83 36; www.elviti.com; Passeig de Sant Joan 62; ⌚So–Do 12–24, Fr & Sa bis 1 Uhr; 📶; Ⓜ Tetuan) El Viti am hippen Passeig de Sant Joan erfüllt alle Kriterien: hohe Decken, nackte und glasierte Ziegelwände, schwarz gekleidete Angestellte und ein Fass Wermut vom Kleinerzeuger an der Bar. Zu essen gibt es hervorragende Tapas.

CAFÈ DEL CENTRE CAFÉ

Karte S. 314 (☎93 488 11 01; Carrer de Girona 69; ⌚Mo–Fr 9–23, Sa 11–23 Uhr; 📶; Ⓜ Girona) Das 1873 gegründete Café ist wie ein Schritt zurück ins 19. Jh. Die Mahagonibar zieht sich auf der rechten Seite entlang, davor stehen Marmortischchen und Holzstühle. Tagsüber herrscht eine fast melancholische Atmosphäre, aber abends wird es hier sehr lebendig, wenn auf dem Piano Jazz gespielt wird. 50 verschiedene Biersorten und 15 lose Teesorten sind im Angebot.

MICHAEL COLLINS PUB IRISH PUB

Karte S. 314 (☎93 459 19 64; www.michaelcollinspubs.com; Plaça de la Sagrada Família 4; ⌚So–Do 13–2.30, Fr & Sa bis 3 Uhr; 📶; Ⓜ Sagrada Família) Für etwas katalanisch-irischen *craic* ist die scheunengroße, mitreißende Kneipe, die bei Einheimischen wie bei Expats beliebt ist, genau richtig. Montags ist traditionelle irische Musik angesagt, an fast allen Wochenenden ebenfalls Livemusik. Das Lokal ist zudem ideal für Fußballfans, die beim Bier ein Spiel auf dem Großbildschirm verfolgen wollen.

NEW CHAPS GAY

Karte S. 314 (☎93 215 53 65; www.newchaps.com; Avinguda Diagonal 365; ⌚So–Do 21–3, Fr & Sa bis 3.30 Uhr; Ⓜ Diagonal) Lederfreaks gehen auf der Tanzfläche schon mal auf Tuchfühlung; im Dark Room unten (vorbei an den recht dunklen Toiletten im Kellergewölbe) geht's dann so richtig zur Sache. Das New Chaps ist eine klassische Schnauzer-Schwulenbar mit Porno-Einschlag und eher älteren Gästen.

☆ UNTERHALTUNG

CITY HALL LIVEMUSIK

Karte S. 310 (☎93 238 07 22; www.cityhallbarcelona.com; Rambla de Catalunya 2-4; Ⓜ Catalunya) Das ehemalige Theater, in dem auch ein Club (S. 150) untergebracht ist, hat Platz für 500 Personen und die perfekte Größe und Form für Livemusik. Die Akustik ist klasse und die Raumgestaltung sorgt dafür, dass jeder einen guten Blick auf die Bühne hat.

MEDITERRÁNEO LIVEMUSIK

Karte S. 310 (www.elmedi.net; Carrer de Balmes 129; ⌚22.30–3 Uhr; 🚆FGC Provença) Jeden Abend gibt's in dieser von Studenten bevorzugten Kneipe kostenlose Livemusik. Die Leute warten dann bei Bier und kostenlosen Nüssen an den winzigen Tischen auf den nächsten Act. Die jungen Musiker sind oft überraschend gut.

MÉLIÈS CINEMES KINO

Karte S. 310 (☎93 451 00 51; www.meliescinemes.com; Carrer de Villarroel 102; Tickets 4–7 €; Ⓜ Urgell) Das gemütliche Kino mit zwei Vorführräumen hat sich auf gute neue Filme aus Hollywood und Europa spezialisiert.

TEATRE TÍVOLI THEATER

Karte S. 314 (☎93 412 20 63; www.grupbalana.com; Carrer de Casp 8; Kartenpreise unterschiedl.; ⌚Theaterkasse 17–20 Uhr & 90 Min. vor Aufführung; Ⓜ Catalunya) Das prächtige Theater von 1919 mit drei Logenrängen und einer großen Bühne bietet Schauspiel und Musicals; oft stehen die Stücke nur ein paar Wochen auf dem Spielplan. Konzerte (z. B. von Bruce Springsteen, Elvis Costello und Radiohead) finden hier ebenfalls statt.

SHOPPEN

★JOAN MÚRRIA ESSEN & GETRÄNKE

Karte S. 314 (☎93 215 57 89; www.murria.cat; Carrer de Roger de Llúria 85; ⌚Di–Fr 10–20.30, Sa 10–14 & 17–20.30 Uhr; Ⓜ Girona) Ramon Casas entwarf 1898 die Modernisme-Werbung an der Ladenfassade dieser kulinarischen Schatzkammer für katalanische und andere Delikatessen. Handgemachter Käse, iberischer Schinken, Kaviar, konservierte Köstlichkeiten, Räucherfisch, Cava und Wein, Kaffee und Tee gehören zu den feinen Angeboten in diesem Laden.

★FLORES NAVARRO BLUMEN

Karte S. 314 (☎93 457 40 99; www.floristeriasnavarro.com; Carrer de València 320; ⏲24 Std.; Ⓜ Girona) Man weiß nie, wann man Blumen braucht, und dieser „Blumenladen" hat immer geöffnet. Der riesige, 1960 gegründete Blumenmarkt (bestehend aus mehreren Geschäften) lohnt einen Abstecher allein schon wegen der Farbenpracht und des betörenden Dufts.

CACAO SAMPAKA LEBENSMITTEL

Karte S. 310 (☎93 272 08 33; www.cacaosampaka.com; Carrer del Consell de Cent 292; ⏲Mo–Sa 9–21 Uhr; Ⓜ Passeig de Gràcia) Schokoholiker wähnen sich hier im Himmel. Der Laden bietet eine Vielzahl an Schokoprodukten, die Bar lockt mit traditioneller *xocolata* (heiße Schokolade) und köstlichen, hausgemachten Schokoladenkuchen, Törtchen, Eiscreme, Süßigkeiten und Sandwiches. Die Pralinen eignen sich prima als Mitbringsel.

ALTAÏR BÜCHER

Karte S. 310 (☎93 342 71 71; www.altair.es; Gran Via de les Corts Catalanes 616; ⏲Mo–Sa 10–20.30 Uhr; 📶; Ⓜ Catalunya) Der große Buchladen ist ein Wunderland des Reisens mit genug Reiseführer, Karten und Stadtplänen, Reiseliteratur und andere Bücher, um heftiges Fernweh zu erzeugen. Es gibt eine Pinnwand für Reisende und unten ein Café.

DR BLOOM MODE & ACCESSOIRES

Karte S. 310 (☎93 292 23 27; www.drbloom.es; Rambla de Catalunya 30; ⏲Mo–Sa 10–21 Uhr; Ⓜ Passeig de Gràcia) Bei Dr Bloom kommt jeden Monat eine neue Kollektion heraus, der Bestand wechselt also ständig. Die Kleider, Tops, Schals und dergleichen des Labels werden alle in Barcelona entworfen und gefertigt und zeichnen sich vor allem durch leuchtende Farben und kräftige Muster aus, egal zu welcher Jahreszeit.

SERGIO ARANDA SCHMUCK

Karte S. 314 (☎648 796029; www.sergioaranda.shop; Carrer Roger de Llúria 93; ⏲Mo–Fr 10–14 & 17–20, Sa 12–14.30 Uhr; Ⓜ Passeig de Grácia) Der in der Schweiz geborene Sergio Aranda hat für einige der renommiertesten Namen in ganz Europa gearbeitet und kreiert nun einzigartige Teile aus Materialien wie Münzen und Zuchtperlen. Die schönen Stücke in seiner Kollektion gibt es in jeder Preislage.

LURDES BERGADA MODE & ACCESSOIRES

Karte S. 310 (☎93 218 48 51; www.lurdesbergada.es; Rambla de Catalunya 112; ⏲Mo–Sa 10.30–20.30 Uhr; Ⓜ Diagonal) Die edle Herren- und Damenmode der Designer Lurdes Bergada und ihres Sohnes Syngman Cucala besteht aus Naturfasern und hat eine treue Fangemeinde.

EL CORTE INGLÉS KAUFHAUS

Karte S. 314 (☎93 306 38 00; www.elcorteingles.es; Plaça de Catalunya 23; ⏲Mo–Sa 9.30–21 Uhr; Ⓜ Catalunya) Die einzig verbliebene Kaufhauskette Spaniens führt alles, was zu erwarten ist, ob Computer, Kissen, Haute Couture oder Haushaltswaren. Vom Restaurant im obersten Stock bieten sich großartige Ausblicke über die Stadt. El Corte Inglés hat mehrere Filialen in der Nähe, darunter eine in der **Avinguda Diagonal 471-473** (Karte S. 310; ☎93 493 48 00; Ⓜ Hospital Clínic).

PURIFICACIÓN GARCÍA MODE & ACCESSOIRES

Karte S. 310 (☎93 496 13 36; www.purificaciongarcia.com; Carrer de Provença 292; ⏲Mo–Sa 10–20.30 Uhr; Ⓜ Diagonal) Die Kollektionen des spanischen Designlabels Purificación García sind wirklich außergewöhnlich und vielfältig. Auf den zwei Stockwerken gibt es jedes nur erdenkliche Kleidungsstück, etwa Strickjacken für Frauen und Krawatten für Männer, leichte Sommerbekleidung und Jeans.

REGIA KOSMETIK

Karte S. 310 (☎93 216 01 21; www.regia.es; Passeig de Gràcia 39; ⏲Mo–Fr 9.30–20.30, Sa 10.30–20.30 Uhr; Ⓜ Passeig de Gràcia) Das 1928 gegründete Regia führt alle bekannten Marken und hat hinten im Laden auch ein privates Parfummuseum (S. 140). Abgesehen von Parfums gibt es hier auch eine Auswahl an Kosmetik und eine hauseigene Linie für Badeprodukte.

MERCAT DEL NINOT MARKT

Karte S. 310 (☎93 323 49 09; www.mercatdelninot.com; Carrer de Mallorca 133; ⏲Mo–Fr 9–20, Sa bis 14 Uhr; 📶; Ⓜ Hospital Clínic) In der gepflegten, modernen Stadtteil-Markthalle, wo hauptsächlich Fleisch und Fisch verkauft werden, gibt es auch ein paar Imbissstände.

MERCAT DE LA CONCEPCIÓ MARKT

Karte S. 314 (☎675 693616; www.laconcepcio.cat; Carrer d'Aragó 313-317; ⊙Di–Fr 8–20, Mo & Sa bis 15 Uhr; Ⓜ Girona) Der Mercat de la Concepció beherbergt 54 Stände mit Lebensmitteln, Blumen, Wein usw., darunter auch diverse Bars.

EL BULEVARD DELS ANTIQUARIS ANTIQUITÄTEN

Karte S. 310 (☎93 215 44 99; www.bulevarddelsantiquaris.com; Passeig de Gràcia 55-57; ⊙Mo–Sa 10.30–20.30 Uhr; Ⓜ Passeig de Gràcia) Über 70 Geschäfte (die meisten sind über Mittag geschlossen) mit den unterschiedlichsten Sammlerstücken befinden sich unter einem Dach. Hier gibt's u. a. alte Porzellanpuppen, edles Kristall, antike Möbel aus Asien und französische Antiquitäten oder afrikanische und sonstige Ethnokunst und Schmuck. Die Läden befinden sich im Stockwerk über der gemischten Einkaufspassage Bulevard Rosa (S. 156).

ADOLFO DOMÍNGUEZ MODE & ACCESSOIRES

Karte S. 314 (☎93 487 41 70; www.adolfodominguez.com; Passeig de Gràcia 32; ⊙Mo–Sa 10–21 Uhr; Ⓜ Passeig de Gràcia) Das Label ist einer der Stars der spanischen Prêt-à-porter-Mode mit klassischer Herren- und Damenkleidung aus hochwertigen Materialien – vom rauschenden Ballkleid bis zur piekfeinen Kindermode. Die Modelle sind überwiegend konservativ und elegant, gewagte Outfits findet man hier kaum.

LOEWE MODE & ACCESSOIRES

Karte S. 310 (☎93 216 04 00; www.loewe.com; Passeig de Gràcia 35; ⊙Mo–Sa 10–20.30 Uhr; Ⓜ Passeig de Gràcia) Loewe, gegründet 1846, gehört zu den ältesten und führenden Modegeschäften Spaniens. Es hat sich auf luxuriöse Lederwaren (Schuhe, Accessoires und Reisetaschen) spezialisiert, führt aber auch Parfüms, Sonnenbrillen, Manschettenknöpfe, Seidentücher und Schmuck. Die Filiale im Modernisme-Gebäude Casa Lleó Morera (S. 139) besteht schon seit 1943.

LAIE BÜCHER

Karte S. 314 (☎93 318 17 39; www.laie.es; Carrer de Pau Claris 85; ⊙Mo–Fr 9–21, Sa 10–21 Uhr; Ⓜ Urquinaona) Laie bietet Romane und Bücher über Architektur, Kunst und Film in englischer, französischer, spanischer und

Lokalkolorit
Shoppen im Quadrat d'Or

Während Touristen in erster Linie wegen der Sehenswürdigkeiten in den Eixample kommen, zieht es die Einheimischen zum Shoppen ins Quadrat d'Or, die Straßen beiderseits des Passeig de Gràcia. Hier zeigt sich Barcelona von seiner mode- und designverliebten Seite, was auch auf die meisten Bewohner des Eixample zutrifft. Alle großen internationalen Marken sind hier vertreten, auch Boutiquen einheimischer Designer, die das Wesen barcelonischer Coolness einfangen.

❶ Die neue Welle

Allein am Passeig de Gràcia lässt sich wunderbar ein Tag verbummeln, aber ein Abstecher zu Lurdes Bergada ist ein Muss. Die Boutique, die von der Designerin Lurdes Bergada und ihrem Sohn Syngman Cucala betrieben wird, verkauft edle Damen- und Herrenmode aus Naturstoffen und ist sehr begehrt.

❷ Eine Konditorei

Zeit für eine Stärkung zwischendurch. Nur wenige Konditoreien genießen solch einen langjährigen Ruf wie Mauri (S. 143). Den noblen Innenraum krönt ein üppiges Fresko aus der Anfangszeit des Mauri 1929. Seine Croissants und federleichten *ensaïmadas* (Hefeschnecken) sind praktisch unnachahmlich.

❸ Modernisme-Schmuck

Ganz und gar kein gewöhnliches Schmuckgeschäft. Die Angestellten von Bagués-Masriera (S. 156) bearbeiten schon seit dem 19. Jh. Edelsteine und -metalle, und viele der klassischen Stücke hier weisen einen kapriziösen modernistischen Einschlag auf. Der Service setzt auf altmodische Höflichkeit.

❹ Luxusgepäck

Taschen und Koffer aus butterweichem Leder in allen nur erdenklichen Farben bilden seit 1846 das Hauptgeschäft von Loewe (s. o.), aber es gibt hier auch Herren- und Damenbekleidung sowie

PETER HORREE/ALAMY STOCK PHOTO ©

Oben: El Corte Inglés (S. 153)

einige umwerfende Accessoires – allerdings auch zu umwerfenden Preisen. Das Luxusgeschäft befindet sich passenderweise in der Casa Lleó Morera (S. 139), und einige Einrichtungselemente stammen von Domènech i Montaner.

5 Sag's mit Schokolade

Der schicke und moderne Schokotempel Cacao Sampaka (S. 153) ist zugleich Laden und Café und eine ideale Adresse, um Mitbringsel für die Daheimgebliebenen zu kaufen. Zur Wahl stehen alle erdenklichen Schokoladensorten (wie wär's mit Rosmarin oder Curry?) in Form von Tafeln oder Pralinen in eleganten Geschenkboxen.

6 Feine Weine

Ausgezeichnete Souvenirs in flüssiger Form bietet das hochmoderne Monvínic (S. 149), ein wahrer Weinpalast mit mehr als 3000 Weinen im Keller, darunter auch einige Raritäten. Vor dem Kauf kann man in der Weinbar (oder bei einem Essen im hauseigenen Restaurant) die edlen Tropfen probieren.

7 Relaxen

Das helle, große Cosmo (S. 150), wo Kunst an den Wänden für Farbakzente sorgt, hat eine gute Auswahl an Tees, Kuchen und kleinen Speisen. Das Café befindet sich in einer Fußgängerzone und ist ideal für einen abendlichen Drink im tollen Gastraum oder draußen auf der Terrasse.

ABSTECHER

OUTLETS

La Roca Village (☎93 842 39 39; www.larocavillage.com; Santa Agnès de Malayanes; ⏲Mo–Fr 10–21, Sa & So bis 22 Uhr), ein ganzes Shopping-Dorf außerhalb der Stadt, hält jede Menge Mode zu Schnäppchenpreisen bereit. Eine endlose Reihe an spanischen und internationalen Modeboutiquen verkauft Kleidung, Schuhe, Accessoires und Designerartikel für die Wohnung, mit Preisnachlässen von bis zu 60 % (behaupten zumindest die Händler).

Zu erreichen ist das Dorf über die mautpflichtige AP-7 nach Norden, Ausfahrt 12 (Cardedeu), dann der Ausschilderung „Centre Comercial" folgen. Das Busunternehmen Sagalés fährt mit seinem Shopping Express vom Passeig de Gràcia und dem World Trade Center ab – Infos siehe www.sagales.com. Eine Alternative ist der langsamere Bus derselben Gesellschaft ab der Metrostation Fabra i Puig (Mo–Fr 4-mal tgl., im August 3-mal). Ansonsten geht's auch mit dem rodalies nach Granollers und von dort weiter mit dem Shuttle (nur Mo–Fr) oder einem Taxi.

katalanischer Sprache. Das tolle Café im Obergeschoss lädt dazu ein, in den neu erworbenen Büchern oder den ausliegenden Zeitungen zu schmökern.

BAGUÉS-MASRIERA — SCHMUCK

Karte S. 310 (☎93 216 01 74; www.bagues-masriera.com; Passeig de Gràcia 41; ⏲Mo–Fr 10–20.30, Sa 11–20 Uhr; Ⓜ Passeig de Gràcia) Den Juwelier gibt es seit dem 19. Jh., sein Angebot passt zur modernistischen Casa Amatller, in der er sich befindet. Auch einige klassische Schmuckstücke aus der Werkstatt der Familie Bagués sind im verspielten Modernisme-Stil gestaltet.

NORMA COMICS — BÜCHER

Karte S. 314 (☎93 244 84 23; www.normacomics.com; Passeig de Sant Joan 7-9; ⏲Mo–Sa 10.30–20.30 Uhr; Ⓜ Arc de Triomf) Das Norma hat ein enormes Sortiment spanischer und internationaler Comics – hier ist alles zu finden, von Tim und Struppi bis zu abgefahrenen Sci-Fi-Comics. Daneben gibt's auch Figürchen, Kleidung, Becher und andere Artikel.

BULEVARD ROSA — EINKAUFSZENTRUM

Karte S. 310 (☎93 215 83 31; www.bulevardrosa.com; Passeig de Gràcia 55-57; ⏲Mo–Sa 10.30–21 Uhr; Ⓜ Passeig de Gràcia) Der Bulevard Rosa ist eine kleine Einkaufspassage mit etlichen Edelboutiquen, die Handtaschen, Schuhe, Mode und dergleichen führen.

CASA DEL LLIBRE — BÜCHER

Karte S. 314 (☎902 026407; www.casadellibro.com; Passeig de Gràcia 62; ⏲Mo–Sa 9–21.30, So 11–21.30 Uhr; Ⓜ Passeig de Gràcia) Das „Haus des Buches" hat Filialen in ganz Spanien. Der gut bestückte Sortimentsbuchladen besitzt eigene Abteilungen für englische, französische und anderssprachige Literatur und führt auch Reisebücher.

FNAC — ELEKTRONIK, BÜCHER

Karte S. 310 (☎902 100632; www.fnac.es; El Triangle, Plaça de Catalunya 4; ⏲Mo–Sa 9.30–21 Uhr; Ⓜ Catalunya) FNAC, das französische Kaufhaus für Elektronik, Bücher und Musik, hat einige Filialen in Barcelona, aber diese ist die größte.

ANTINOUS — BÜCHER

Karte S. 310 (☎93 301 90 70; www.antinouslibros.com; Carrer de Casanova 72; ⏲Mo–Sa 11–14 & 17–20 Uhr; Ⓜ Universitat) Für LGBT-Reisende lohnt es sich, in diesem großen und relaxten Schwulenbuchladen im Gaixample zu stöbern.

SPORT & AKTIVITÄTEN

CATALUNYA BUS TURÍSTIC — BUS

Karte S. 314 (☎932 85 38 32; www.catalunyabusturistic.cat; Plaça de Catalunya; Erw./Kind Ticket 1 Tag 29/16 €, 2 Tage 39/20 €; ⏲Juni–Sept. 9–20 Uhr, Okt.–Mai bis 19 Uhr; Ⓜ Catalunya) Diese Busse mit offenem Verdeck befahren drei verschiedene Hop-on-Hop-off-Routen zu den Hauptsehenswürdigkeiten Barcelonas. Die Tickets für ein und zwei Tage sind für alle drei Strecken gültig; bei Online-Kauf sind sie billiger. Die Busse fahren zweimal stündlich ab.

ESPAI BOISÀ KOCHEN

Karte S. 310 (☎93 192 60 21; www.espaiboisa.com; Passatge Lluís Pellicer 8; 2½-Std.-Kurs ab 45 €; ⓂHospital Clínic) Das erstklassige Unternehmen eines jungen, mehrsprachigen venezolanisch-katalanischen Paares bietet Kochkurse zu verschiedenen Themen an. Wichtig sind ihnen saisonale Bioprodukte von lokalen Erzeugern außerhalb Barcelonas, die dann zu Gerichten wie Paella, diversen Tapas und *crema catalana* (katalanische Version von Crème brûlée) verarbeitet werden. Der schönste Moment ist, wenn die Kreationen gegessen werden, zu denen große Gläser mit katalanischem Biowein oder Sangria gereicht werden.

TERRA BIKETOURS RADFAHREN

Karte S. 314 (☎93 416 08 05; www.terrabiketours.com; Carrer de València 337; selbstgeführte Tour ab 29 €, eintägige geführte Tour ab 57 €; ⓂVerdaguer) Terra Biketours hat ein breites Spektrum an Radtouren, die von einem Tag bis zu einer Woche dauern können. Angeboten werden unter anderem Mountainbiken im Parc de Collserola oder außerhalb Barcelonas in den Pyrenäen sowie Fahrradausflüge an der Nordküste Barcelonas und darüber hinaus. Vorschläge für Touren auf eigene Faust (einschließlich vorgegebene GPS-Routen und Ausrüstung) gibt es ebenfalls.

Antoni Gaudí & der Modernisme

Der Beitrag Barcelonas zur Architekturgeschichte ist der Modernisme, eine extravagante katalanische Schöpfung des späten 19. Jhs. Der berühmteste Vertreter des Modernisme war mit seinem visionären Schaffen Antoni Gaudí. Seine äußerst phantasievollen Meisterwerke zieren die Stadt zusammen mit den Werken seiner Zeitgenossen.

Eine leere Leinwand

In den 1850er-Jahren herrschten in der *ciutat vella*, der Altstadt, dank Industrialisierung und rasantem Bevölkerungswachstum katastrophal beengte Wohnverhältnisse. Es war Zeit, die mittelalterlichen Stadtmauern zu schleifen und die Stadt zu vergrößern. 1869 wurde der Architekt Ildefons Cerdà beauftragt, einen neuen Stadtteil zu entwerfen, der L'Eixample (die Erweiterung) heißen sollte.

Auf der Grundlage eines symmetrischen Straßengitters plante er breite Boulevards und Wohnviertel mit reichlich Grünflächen – wegen der grassierenden Landspekulationen in dieser Zeit setzten sich die Stadtplaner jedoch über letzteren Aspekt der Planung hinweg. Da man quasi ein unbeschriebenes Blatt vor sich hatte und viele wohlhabende Bewohner der Stadt nun ihr neues Haus selbst planen wollten, waren Architekten stark gefragt. Womit die Stadtplaner allerdings nicht rechneten, war der Schöpfergeist dieser Architekten.

Antoni Gaudí

Den Weg wies Antoni Gaudí. Er wurde in Reus als Nachfahre einer langen Linie von Kupferschmieden geboren und machte zunächst eine Ausbildung zum Schmied. In seiner Kindheit war er häufig krank und litt u. a. an Rheuma; er wurde schon früh Vegetarier. Gaudí war nicht gerade ein vielversprechender Student, und als er 1878 sein Architekturdiplom erhielt, soll der Schulleiter gesagt haben: „Niemand weiß, ob wir dieses Diplom einem Verrückten oder einem Genie verliehen haben. Es wird sich herausstellen."

Das Buch der Natur

Als junger Mann war Gaudí am glücklichsten, wenn er im Freien war, er war fasziniert von Pflanzen, Tieren und der Landschaft. Diese Liebe zur Natur sollte einen starken Einfluss auf seine Entwürfe haben. „Dieser Baum ist mein Lehrer", sagte er einmal. „Alles kommt aus dem Buch der Natur." In seinem Werk versuchte er die Harmonie, die er in der Natur beobachtete, nachzubilden, und so mied er gerade Linien und bevorzugte gerundete und organische Formen.

Die Spirale einer Nautilusmuschel zeigt sich in Treppen- und Deckendetails, geschlossene Blumenblüten in Schornsteinen und Dachornamenten, während gewellte Bögen an Höhlen erinnern, überlappende Dachpfannen die Schuppen eines Gürteltiers nachahmen und fließende Wände den Wellen auf dem

1. Das Innere des Palau de la Música Catalana (S. 98)
2. Casa Batlló (S. 139)

1

2

1

GAUDÍ ABSEITS DES RUMMELS

Wie die meisten freischaffenden Künstler war Gaudí überall aktiv. Zwar war Eusebi Güell sein wichtigster Geldgeber, und Gaudís große Projekte wurden vom reichen Bürgertum finanziert, doch er nahm auch kleinere Aufträge an. Ein Beispiel ist die Casa Vicens, ein bemerkenswertes Haus mit maurischen und fernöstlichen Motiven. Ein weiteres ist das Col·legi de les Teresianes, für das er eine ungewöhnliche Backsteinfassade schuf, gekrönt von burgähnlichen Zinnen. Gaudí-Fans interessieren sich vielleicht auch für Bellesguard, dessen burgartiges Aussehen durch wuchtige Steinmauern, reichlich Schmiedeeisen und eine hohe Turmspitze verstärkt wird.

Meer ähneln. Baumäste, Spinnweben, Stalaktiten, Bienenwaben, Seesterne, Pilze, schimmernde Käferflügel und viele andere Elemente aus der Natur waren Teil von Gaudís Formensprache.

Gaudís Werke

Gaudís Werk ist die steingewordene Entsprechung physikalischer Bewegungen, jedoch oft mit einer traumhaften oder surrealen Qualität. Das private Wohnhaus Casa Batlló ist ein gutes Beispiel: Alles erscheint als Explosion des unnatürlichen Natürlichen – oder des natürlichen Unnatürlichen. Nicht nur sind alle geraden Linien verschwunden, sondern auch die Grenze zwischen Realem und Irrealem, Nüchternem und Traumverlorenem, Praktischem und Spielerischem ist verschwommen. Je nach Blickwinkel auf die Fassade sieht man vielleicht den hl. Georg (einen der Schutzpatrone der Stadt), wie er einen Drachen tötet, einen prachtvollen, schillernden Fisch (ein Symbol der Mittelmeervölker) oder Elemente eines überschwänglichen Karnevalsumzugs. Besonders viel Spaß scheint Gaudí an Dächern gehabt zu haben. Beim Palau Güell schuf er als Schornsteine alle möglichen phantastischen bunten Figuren aus Kacheln, die übergroßen blütenähnlichen Bäumen ähneln, die direkt aus *Alice im Wunderland* stammen könnten.

1. Park Güell (S. 168) 2. Sagrada Família (S. 133)

Sagrada Família

Gaudís Meisterwerk war die Sagrada Família (Baubeginn 1882). In ihr sind viele der Ideen zu erkennen, die Gaudí über die Jahre entwickelte. Die gewaltigen Ausmaße der Kirche erinnern an die Pracht der gotischen Kathedralen Kataloniens, während die organischen Elemente ihre Harmonie mit der Natur betonen. Die Kirche steckt voller Symbole, die auf greifbare Weise Gaudís Glauben verkörpern: Die 18 Glockentürme symbolisieren Jesus, die Jungfrau Maria, die vier Evangelisten und die zwölf Apostel. Die drei Fassaden befassen sich mit Leben, Tod und Auferstehung Christi. Sogar deren Ausrichtung ist durchdacht: Die Geburtsfassade blickt nach Osten, wo die Sonne aufgeht, die Passionsfassade nach Westen, wo die Sonne untergeht.

Gaudí: Katholik & Katalane

Gaudí war gläubiger Katholik und katalanischer Nationalist. Außer der Natur dienten ihm auch die großen mittelalterlichen Kirchen Kataloniens als Inspiration. So benutzte er stolz die Baumaterialien der ländlichen Gebiete: Lehm, Stein und Holz.

Anders als seine Architektur war Gaudís Leben einfach; er scheute sich nicht, an Türen zu klopfen und um Geld für den Bau der Kathedrale zu betteln. Je kühner Gaudí wurde, desto mehr erschien er wie ein einsamer Wolf. Mit den Jahren war er fast nur noch von Religiosität motiviert und widmete seine letzten Jahre dem heutigen Wahrzeichen Barcelonas: der unvollendeten Sagrada Família. Er starb 1926, nachdem er auf dem Weg zur Kirche Sant Felip Neri von einer Straßenbahn angefahren wurde. Da Gaudí zerlumpte Kleidung mit beinahe leeren Taschen trug, wurde er anfangs für einen Bettler gehalten und ins nächste Krankenhaus auf die Armenstation gebracht, wo er zwei Tage später starb. Tausende nahmen an seiner Beerdigung teil und bildeten eine 800 m lange Prozession zur Sagrada Família, wo er in der Krypta bestattet wurde.

Ebenso wie sein unfertiges Werk, die Sagrada Família, ist auch Gaudís Geschichte noch lange nicht beendet. Im März 2000 beschloss der Vatikan, mit dem Verfahren seiner Seligsprechung zu beginnen; Pilger huldigen ihm bereits in der Krypta. Einer der wichtigsten Bildhauer an

TYPISCHE STILELEMENTE DER MODERNISME-ARCHITEKTUR

- Parabelbögen
- Organische Formen (Knochen, Äste, Blätter, Nautilusmuscheln)
- Phantasievolle Schornsteinaufsätze
- Bunte, schimmernde Kacheln
- Knospenähnliche, kegelförmige Türme
- Mit Mosaiken versehene Flächen
- Plastische Details mit Motiven aus Flora und Fauna
- Baumähnliche Säulen
- Buntglas, schmiedeeiserne Gitter, Keramik
- Historische Anspielungen (z. B. Drachen für den katalanischen Schutzpatron St. Georg)

der Kirche, der Japaner Etsuro Sotoo, konvertierte wegen seiner Gaudí-Leidenschaft zum Katholizismus.

Domènech i Montaner

Auch wenn Lluís Domènech i Montaner (1850–1923) im Schatten Gaudís steht, war er einer der großen Meister des Modernisme. Als weit gereister Intellektueller mit breitem Wissen von Mineralogie bis zu mittelalterlicher Heraldik war er Architekturprofessor, produktiver Autor und nationalistischer Politiker. Die Frage der katalanischen Identität und der Schaffung einer katalanischen Architektur füllten ihn voll und ganz aus. Insgesamt schuf er mehr als ein Dutzend große Bauten.

Eines seiner Glanzstücke ist der überschwängliche, auf einem Stahlgerüst basierende Palau de la Música Catalana. Die Fassade schmücken aufwendige gotische Fenster, Blumenmuster (Domènech i Montaner befasste sich auch mit Botanik) und Skulpturen von Figuren der katalanischen Volkskultur und der Musikwelt, aber auch von ganz gewöhnlichen Bewohnern der Stadt. Der Konzertsaal überwältigt Besucher mit feinen blumenüberzogenen Kolonnaden, glitzernden Buntglaswänden und -decken und einem Proszenium voller Skulpturen mit Bezug zu wichtigen Werken der Musikgeschichte. Ein anderes Meisterwerk ist das Hospital de la Santa Creu i de Sant Pau mit funkelnden Mosaiken an der Fassade und einem Buntglasoberlicht, das das Vestibül mit goldenem Licht füllt (wie Matisse glaubte auch Domènech i Montaner an die therapeutische Wirkung von Farbe).

1. La Pedrera (S. 140) **2.** Kachelbänke im Park Güell (S. 168)

Puig i Cadafalch

Wie Domènech i Montaner war auch Josep Puig i Cadafalch (1867–1956) ein Universalgelehrter: Er war Archäologe, Experte für romanische Kunst und einer der produktivsten Architekten Kataloniens. Als Politiker und späterer Präsident der Mancomunitat de Catalunya war er eine der bedeutendsten Persönlichkeiten der katalanischen Nationalbewegung. Eins seiner vielen modernistischen Juwele ist die Casa Amatller, die zu Gaudís Casa Batlló nebenan einen dramatischen Kontrast bildet. Hier gibt es sehr wohl gerade Linien wie auch ausländische Einflüsse (die Giebel sind an holländische Vorbilder angelehnt). Dazu kommen verspielte, pseudogotische Skulpturen – insgesamt schuf Puig i Cadafalch ein Haus von eindrucksvoller Schönheit und Schöpferkraft. Weitere wichtige Werke sind die Casa Martí (auch bekannt als Els Quatre Gats), eins der ersten Modernisme-Gebäude der Stadt (von 1896).

Materialien & Dekor

Die Architekten des Modernisme waren auf Handwerkskünste angewiesen, die heute nahezu vergessen sind. Man verwendete Stein, unverputzte Ziegel, Stahlrippen, Buntglas und Keramikfliesen. Im Dekor präsentiert sich der Modernisme besonders überschwänglich.

Die für diese Arbeiten erforderlichen Handwerker waren die Erben der Zunftmeister und besaßen ein jahrhundertealtes Wissen darüber, was mit diesen Materialien möglich war. Geschmiedetes Eisen und geschmiedeter Stahl waren neu, aber das Erlernen der Fertigkeiten im Umgang mit diesen Materialien ähnelte der Art und Weise, wie man mit traditionelleren Materialien umging. Besonders Gaudí baute auf diese alten Fertigkeiten und veranstaltete selbst Kurse, um sie vor dem Vergessen zu bewahren.

1

2

Meisterwerke des Modernisme

Barcelona birgt Dutzende herrliche Modernisme-Bauwerke, sodass die Auswahl der Ziele für eine Besichtigungstour nicht leicht fällt. Hier sind zwei Vorschläge für Halbtagestouren zu den wichtigsten Highlights. Ausdauernde können sie auch zu einem einzigen langen Architektur-Tag kombinieren.

MODERNISME AM MORGEN

Der Tag beginnt mit Gebäck und Kaffee im Modernisme-Juwel ❶ **Escribà**. Von dort geht man ein paar Blocks südwärts und biegt in den Carrer Nou de la Rambla zum ❷ **Palau Güell**, einem von Gaudís frühen Meisterwerken. Von dort geht's per Metro zum Passeig de Gràcia. Am sogenannten Manzana de la Discordia mit der ❸ **Casa Batlló**, der **Casa Amatller** und der Casa Lleó Morera kann jeder selbst entscheiden, welcher Architekt – Gaudí, Puig i Cadafalch oder Domènech i Montaner – das schönste Werk geschaffen hat. Anschließend schlendert man den Passeig de Gràcia hinauf, eine wahre Architektur-Schatztruhe. Die Tour endet an Gaudís ❹ **La Pedrera** (Casa Milà). Auf keinen Fall die Schornsteinaufsätze auf dem Dach und den tollen Ausblick verpassen.

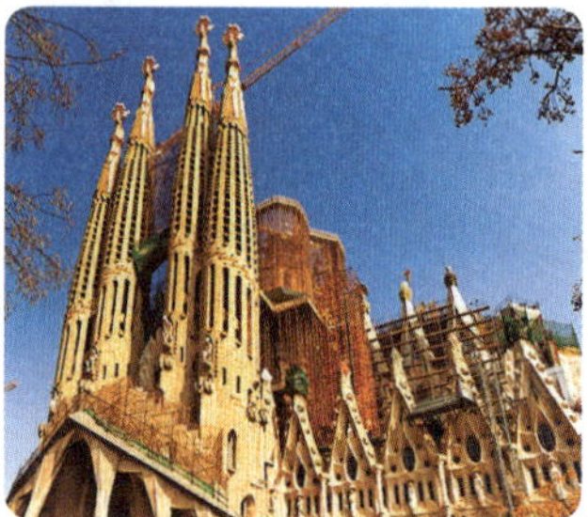

ALPHOTOGRAPHIC/GETTY IMAGES ©

Sagrada Família
Die phantastische Basilika verändert sich kontinuierlich, bis zu ihrer Fertigstellung es wird wohl noch zehn Jahre dauern. Die Weihnachtsfassade mit ihrem reichen Symbolismus ist schon jetzt ein Meisterwerk.

La Pedrera
Die schiefen Wände dieses Baus bereiteten einer Mieterin einst arge Probleme: Sie beschwerte sich, dass sie keinen geeigneten Platz für ihr Klavier fand. Gaudís Antwort: „Señora, ich schlage vor, Sie spielen Flöte!"

ENRIQUE PELLEJER/GETTY IMAGES ©

Park Güell
Hier ließ Gaudí seiner Phantasie freien Lauf: Tore wie aus dem Märchen entsprungen, Säulen, die sich wie Bäume neigen, organisch angelegte Wege zwischen Felsbrocken und eine äußerst fotogene Echse.

MODERNISME AM NACHMITTAG

Die Tour beginnt an der **5 Sagrada Família**, einem der wildesten Sakralbauten der Welt. Danach lockt ein Nachmittagsspaziergang in dem hübsch gestalteten **6 Park Güell**. Wenn die Zeit es erlaubt, besucht man auch die Casa-Museu Gaudí im Park. Als nächstes geht's zurück in die Ciutat Vella zu einer Führung (und vielleicht sogar einem Konzertbesuch) in den prachtvollen **7 Palau de la Música Catalana**. Anschließend bummelt man hinüber zum **8 Els Quatre Gats** in einem auffälligen Gebäude von Puig i Cadafalch, wo man sich mit einem Drink (oder einer Mahlzeit) stärken kann.

TOP-TIPPS

- Frühmorgens oder gegen Abend sind die Gaudí-Bauwerke nicht ganz so voll.
- Mit Onlineticket umgeht man langes Schlangestehen an der Sagrada Família.
- Auf dem Dach von La Pedrera finden im Sommer abendliche Konzerte statt.

Palau de la Música Catalana
Die Figuren an der Fassade verweisen auf Motive in katalanischen Volksliedern: Nymphe, Bauer, Fischer und andere Figuren unter dem hl. Georg. mit Schwert.

JOAN BAUTISTA/SHUTTERSTOCK ©

Escribà
Die Konditorei hat eine prächtige Jugendstil-Fassade. Man beachte die schwungvollen Mosaiken und Buntglasfenster, beliebte Elemente des Modernisme-Designs.

Palau Güell
Dieses frühe Werk von Antoni Gaudí hat zahlreiche ungewöhnliche Details zu bieten, etwa die massiven Eingangstüren, die es Kutschen erlaubten, direkt ins Haus zu fahren.

Els Quatre Gats
Von 1897 bis 1903 trafen sich hier die Avantgarde-Künstler jener Zeit. Der junge Picasso hatte hier 1900 seine erste Ausstellung.

Casa Batlló & Casa Amatller
Die beiden benachbarten Häuser zeigen die unterschiedlichen Inspirationsquellen der Modernistas. Während Puig i Cadafalch auf die holländische Gotik verweist, ist Gaudís Entwurf ein glitzerndes, kachelgeschmücktes Phantasiegebilde.

IAKOV FILIMONOV/SHUTTERSTOCK ©

PATRICK GIJSBERS/GETTY IMAGES ©

Gràcia & Park Güell

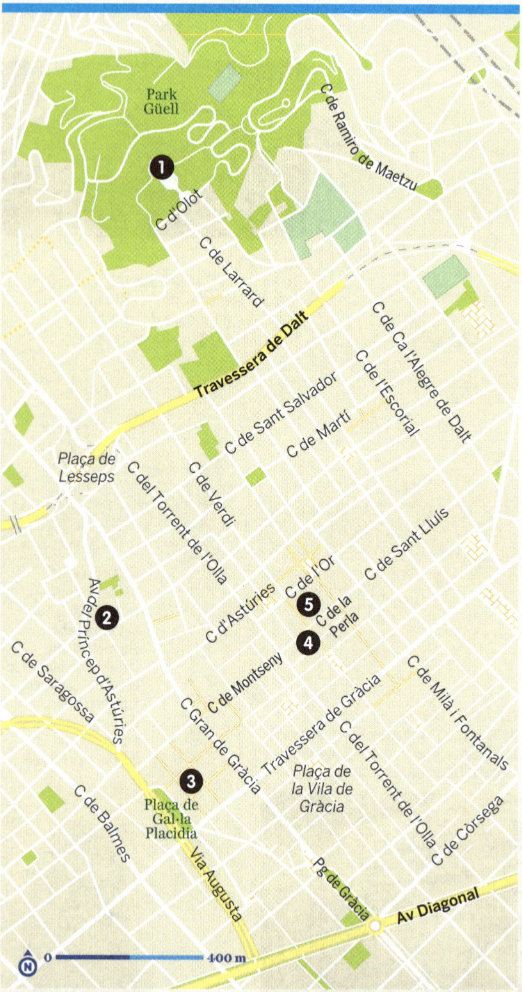

Details siehe Karte S. 316

Highlights

❶ **Park Güell** (S. 168) Hoch über der Stadt in Gaudís Wunderland auf verschlungenen Pfaden zwischen den verrückten Skulpturen, Mosaiken und Säulen schlendern.

❷ **Casa Vicens** (S. 170) Das merkwürdige Wechselspiel von Ziegeln, Schachbrettmustern und maurischen Elementen an dieser als Weltkulturerbe gelisteten Burgvilla, Gaudís erstem Auftrag, bewundern.

❸ **Mercat de la Llibertat** (S. 170) In der legendären Markthalle aus dem 19. Jh. leckere Regionalspezialitäten einkaufen (und vernaschen).

❹ **Soda Acústic** (S. 176) Roma-Musik vom Balkan, experimentellen Jazz und andere erlesene Klänge in einer der innovativsten Musikkneipen Gràcias hören.

❺ **Verdi** (S. 176) In dem Kultkino einen Independent-Film anschauen und anschließend in einem der Restaurants in derselben Straße Tapas schlemmen.

Rundgang: Gràcia & Park Güell

Gràcia, einst eigenständiges Dorf nördlich des Eixample, war später als Industrievorort für seine republikanische, liberale Haltung bekannt. 1897 wurde es – trotz des hartnäckigen Widerstands seiner Einwohner – eingemeindet. Das Viertel hat bis heute einen Boheme-Charakter: Hier leben vor allem Künstler, hippe Lokalprominenz und junge Familien.

Nach einem Spaziergang im Park Güell (S. 168) geht's über die verkehrsreiche Travessera de Dalt hinweg und den Carrer de Verdi entlang zum Zentrum Gràcias (insgesamt etwa 1 km).

Die engen Gassen und kleinen Plätze mit ihren Bars und Restaurants haben jede Menge Atmosphäre. Am lebhaftesten sind der Carrer de Verdi mit bezaubernden Cafés, Bars und Läden, die geräuschvolle Plaça del Sol voller cooler Bars, die Plaça de la Vila de Gràcia mit ihren Cafés und Restaurants, die familienfreundliche Plaça de la Revolucio de Setembre de 1868 sowie die hübsche, entspannte und baumgesäumte Plaça de la Virreina mit Cafés und Geschäften. Ob bei Tag oder Nacht – Gràcia ist immer einladend. Die Plätze sind sonnige, relaxte Orte zum Frühstücken oder Mittagessen; abends, wenn das Szenevolk einen Drink im Freien genießt, sprühen sie nur so vor Leben.

Lokalkolorit

- **Einzelhändler** Bei einem Bummel entlang dem Carrer de Verdi und der Travessera de Gràcia zeigt sich, was Gràcia auszeichnet. In diesen wuseligen Straßen wimmelt es von einzigartigen Boutiquen und Lebensmittelläden.
- **Märkte** Der Mercat de la Llibertat (S. 170) ist ein Schmuckstück, aber nicht der einzige historische Markt in der Gegend. Der Mercat de l'Abaceria Central (S. 178) wurde im späten 19. Jh. erbaut und hat neben Ständen mit köstlichen Lebensmitteln auch Essensstände.
- **Traditionelle Bars** In Gràcia sind immer noch zahllose Tapasbars beheimatet, die schon seit Menschengedenken existieren – ein typisches Beispiel ist die Bar Bodega Quimet (S. 171).

Anfahrt

- **Zu Fuß** Am schönsten lässt sich das Viertel auf einem rund 25-minütigen Spaziergang (1,5 km) von der Plaça de Catalunya über den Passeig de Gràcia erreichen
- **Metro** Die Línia 3 (Haltestelle Fontana) hält auf halber Höhe des Carrer Gran de Gràcia in der Nähe von quirligen Plätzen. Von Norden kommend fährt die Línia 4 bis zum Bahnhof Joanic.

Top-Tipp

Die Atmosphäre von Gràcia lässt sich besonders schön in einem Café oder Restaurant auf einem der vielen Plätze erspüren. Wer nach Sonnenuntergang kommt, kann zusehen, wie das Viertel nach Feierabend allmählich zum Leben erwacht.

Gut essen

- Chivuo's (S. 170)
- Con Gracia (S. 174)
- La Panxa del Bisbe (S. 173)
- Bar Bodega Quimet (S. 171)

Mehr dazu S. 170

Schön ausgehen

- Bobby Gin (S. 174)
- Rabipelao (S. 175)
- Elephanta (S. 175)
- Viblioteca (S. 175)

Mehr dazu S. 174

Schön shoppen

- Colmillo de Morsa (S. 176)
- Family Beer (S. 176)
- Can Luc (S. 177)
- Amalia Vermell (S. 177)

Mehr dazu S. 176

HIGHLIGHT
PARK GÜELL

Mit der Anlage des Park Güell, nördlich von Gràcia und etwa 4 km von der Plaça de Catalunya entfernt, hat sich Gaudí als Landschaftsgärtner betätigt. Angesichts seiner ohnehin schon vorhandenen Faszination für natürliche Formen war er hier ganz in seinem Element. Herausgekommen ist ein surrealer, bezaubernder Ort, an dem künstlich geschaffene Formen fast natürlicher aussehen als die Natur selbst.

Stadtpark

Der Park Güell entstand ursprünglich im Jahr 1900, als Graf Eusebi Güell den bewaldeten Hügel El Carmel (damals außerhalb von Barcelona) kaufte. Von ihm erhielt Gaudí den Auftrag, inmitten einer gepflegten Grünanlage eine Kleinstadt für Reiche zu schaffen. Das Projekt war kommerziell ein Flop und wurde 1914 aufgegeben. Bis dahin hatte Gaudí allerdings bereits mit seiner ganz eigenen Handschrift Treppen, einen Platz, zwei Torhäuser sowie 3 km Straßen und Wege angelegt. 1922 kaufte die Stadt das Gelände zur Nutzung als öffentlichen Park. 2004 wurde er ins Weltkulturerbe der Unesco aufgenommen. Als Vorbild für die Anlage dienten die englischen „Gartenstädte", die Güell sehr bewunderte – daher auch die englische Schreibweise „Park".

Gleich hinter dem Haupteingang am Carrer d'Olot liegt das frisch renovierte Centre d'Interpretació, erkennbar an den beiden Hänsel-und-Gretel-Torhäusern. Untergebracht ist das Zentrum im Pavelló de Consergeria, einem typisch kurvigen ehemaligen Portierhaus, in dem heute eine Ausstellung zu Gaudís Baumethoden und der Geschichte des Parks zu sehen ist. Der Ausblick vom obersten Stock ist wunderbar.

NICHT VERSÄUMEN

- Im Centre d'Interpretació Genaueres über Gaudís Baumethoden erfahren
- Die Sala Hipóstila mit dem Steinwald
- Die Casa-Museu Gaudí, das Wohnhaus des Künstlers
- Die wellenförmige, gekachelte Bank mit Blick über die Stadt

PRAKTISCH & KONKRET

- ☎ 93 409 18 31
- www.parkguell.cat
- Carrer d'Olot 7
- Erw./Kind 8/5,60 €
- ⌚ Mai–Aug. 8–21.30 Uhr, April, Sept. & Okt. bis 20.30 Uhr, Nov.–März bis 18.30 Uhr
- 🚌 24, 92, Ⓜ Lesseps, Vallcarca

Ein Großteil des Parks ist immer noch bewaldet, aber es führen Wege hindurch. Den schönsten Ausblick bietet der mit einem Gipfelkreuz geschmückte Turó del Calvari in der südwestlichen Ecke.

Sala Hipóstila (Der dorischeTempel)

Die Stufen vom Eingang werden von einem Drachenmosaik viele Souvenirläden im Stadtzentrum verkaufen Kopien) und führen zur Sala Hipóstila (auch Dorischer Tempel genannt). Dieser Wald aus 86 Steinsäulen (von denen einige schief wie mächtige, vom Alter gebeugte Bäume sind) sollte ursprünglich als Marktplatz dienen. Nach links geht eine gebogene Galerie ab, deren verdrehte Steinsäulen und Dach den Eindruck eines Kreuzgangs unter Baumwurzeln vermitteln - ein Motiv, das sich im Park mehrfach wiederholt. Auf der Sala Hipóstila ist eine weite Freifläche, um deren Rand sich die Banc de Trencadís, eine gekachelte Bank, schlängelt. Sie wurde von Josep Maria Jujol (1879-1949) entworfen, einem von Gaudís engsten Architekturkollegen. Wie immer bei Gaudí steckt mehr dahinter, als sich auf den ersten Blick erkennen lässt. Die riesige Plattform war als Auffangbecken für das Regenwasser gedacht, das den Hügel herabrinnt. Das Wasser wird durch eine Schicht Stein und Sand gefiltert, bevor es durch die Säulen in einen unterirdischen Speicher läuft.

Casa-Museu Gaudí

Oberhalb und rechts vom Eingang steht ein Haus mit Turm, die **Casa-Museu Gaudí** (☎93 219 38 11; www.casamuseugaudi.org; Carretera del Carmel 23a; Erw./Kind 5,50 €/frei; ⌚April–Sept. 9–20 Uhr, Okt.–März 10–18 Uhr; 🚌24, 92, 116, Ⓜ Lesseps), wo Gaudí die letzten rund 20 Jahre seines Lebens verbrachte (1906-1926). Zu sehen sind von ihm selbst entworfene Möbel (u. a. Gegenstände, die einst in La Pedrera, Casa Batlló und Casa Calvet standen) sowie andere Erinnerungsstücke. Das Haus wurde 1904 von Francesc Berenguer i Mestres als Prototyp für die rund 60 weiteren geplanten Häuser erbaut.

EINTRITT

Der beliebte Park lockt jährlich geschätzte vier Millionen Besucher an. Wer den zentralen Bereich mit einem Großteil der Attraktionen sehen möchte, muss Eintritt zahlen. Außerdem ist der Zugang pro halbe Stunde auf eine bestimmte Besucherzahl beschränkt. Eine Online-Buchung im Voraus spart nicht nur Wartezeit, sondern auch einen Euro Eintritt.

Einstündige, mehrsprachige Führungen werden ganzjährig für 7 € (zzgl. Parkeintritt) angeboten. Auch sie müssen im Voraus online gebucht werden.

KLEINE STÄRKUNG

Vor oder nach dem Ausflug zum Park lädt La Panxa del Bisbe (S. 173) zu köstlichen, kreativen Tapas und süffigen Weinen ein.

Der Park ist ein phantastischer Ort für ein Picknick. Alles Notwendige muss mitgebracht werden, da es in der Nähe keine Einkaufsmöglichkeiten gibt.

SEHENSWERTES

PARK GÜELL PARK

Siehe S. 168

CASA VICENS MUSEUM

(☎93 348 42 58; www.casavicens.org; Carrer de les Carolines 18-24; Erw./Kind 16/14 €, Führung pro Pers. 3 € extra; ⏲10–20 Uhr, letzte Führung um 19.30 Uhr; MFontana) Das von der Unesco geschützte Meisterwerk ist erst seit 2017 regemäßig für die Öffentlichkeit zugänglich. Das 1885 fertiggestellte Wohnhaus des Aktien- und Währungshändlers Manuel Vicens i Montaner war mit seinen Erkern und Türmchen die erste Auftragsarbeit des dreißigjährigen Gaudí. Die Fassade des westlich der Hauptstraße Gràcias gelegenen Baus ist überbordend mit Keramik verziert. Wer an der 30-minütigen Führung teilnimmt, hat am meisten von der Besichtigung.

Wie so oft ließ sich Gaudí auch hier von vergangenen Zeiten inspirieren. In diesem Fall war es das reiche Erbe der Mudéjar-Bauweise, die typisch für den einstmals maurischen Teil Spaniens ist. Diese Mudéjar-Architektur geht auf jene Araber und Berber zurück, die nach der Reconquista durch die Christen in Spanien bleiben durften.

Das Gebäude wurde inzwischen behinderten- und rollstuhlgerecht renoviert. Neben verschiedenen permanenten Exponaten zur Geschichte des Gebäudes gibt es auch immer Wechselausstellungen. Das Café im Garten lädt zu einer Erfrischungspause ein.

GAUDÍ EXPERIÈNCIA MUSEUM

(☎93 285 44 40; www.gaudiexperiencia.com; Carrer de Larrard 41; Erw./Kind 9/7,50; ⏲April–Sept. 10.30–19 Uhr, Okt.–März bis 17 Uhr; MLesseps) Das „Gaudí-Erlebnis“, nur einen Katzensprung vom Park Güell entfernt, bietet einen unterhaltsamen Blick auf Leben und Werk des beliebtesten Sohnes der Stadt. Zu sehen sind Modelle seiner Bauten sowie ultramoderne interaktive Exponate und Touchscreens. Das Highlight der Ausstellung ist jedoch die schwindelerregende 4D-Vorführung im winzigen Filmsaal. Für Besucher mit empfindlichen Mägen oder Kinder unter sechs Jahren nicht zu empfehlen.

ESGLÉSIA DE SANT JOAN KIRCHE

Karte S. 316 (☎237 73 58; www.conferenciaepiscopal.es; Carrer de la Santa Creu 2; ⏲8–12.45 & 16–20 Uhr, Öffnungszeiten können variieren; MFontana, Joanic) Die Bauarbeiten an dieser außergewöhnlichen Kirche begannen 1878 und wurden 1884 abgeschlossen. Obwohl der Entwurf von Gaudís Schützling Francesc Berenguer i Mestres stammt, wird das Innere der Kapelle Gaudí selbst zugeschrieben, wobei das bisher nicht nachgewiesen wurde. Sicher ist nur, dass der Meister hier regelmäßig die Messe besuchte. 1909 und 1938 wurden große Teile der Kirche von Kommunisten zerstört, die Kapelle blieb jedoch intakt. Der Wiederaufbau wurde 1951 abgeschlossen. Der Eingang befindet sich auf der Plaça de la Virreina.

MERCAT DE LA LLIBERTAT MARKT

Karte S. 316 (☎93 217 09 95; www.mercatsbcn.com; Plaça de la Llibertat 27; ⏲Mo–Fr 8–20, Sa bis 15 Uhr; RFGC Gràcia) Der „Freiheitsmarkt“, ursprünglich in 1888 gebaut, wurde 1893 im typisch überschäumenden Modernisme-Stil von Gaudís langjährigem Assistenten Francesc Berenguer i Mestres (1866–1914) unter Verwendung von viel Schmiedeeisen überdacht. 2009 wurde die Markthalle komplett saniert, aber ihr Symbolcharakter für Gràcia blieb erhalten: voller Leben und Frische.

ESSEN

LA PUBILLA KATALANISCH €

Karte S. 316 (☎93 218 29 94; Plaça de la Llibertat 23; Hauptgerichte 8–13,50 €; ⏲Mo 8.30–17, Di–Sa bis 24 Uhr; MFontana) Spezialität des im Mercat de la Llibertat versteckten Lokals ist das bei Marktarbeitern und Anwohnern beliebte „Gabelfrühstück“ *(esmorzars de forquilla)*. Außerdem gibt es für 16 € ein wechselndes Tagesmenü mit katalanischen Gerichten wie gebackenem Kabeljau oder gebratenem Schweinebäckchen mit Kichererbsen. Um einen Platz zu bekommen, ist frühes Erscheinen angesagt.

CHIVUO'S BURGER €

Karte S. 316 (☎93 218 51 34; www.chivuos.com; Carrer del Torrent de l'Olla 175; Burger 7–9 €; ⏲Mo–Sa 13–17 & 19–24 Uhr; MFontana) In diesem überwiegend von einheimischen Gästen wimmelnden Laden gehen Burger und Craft-Biere eine glückliche Beziehung ein. Zu den riesigen Burgern, die (außer auf ausdrücklichen Wunsch) nur ganz kurz gebraten und mit hausgemachten Saucen serviert werden, schmecken am besten die lockeren, goldenen *fritas* (Pommes). Aus den acht Zapfhähnen fließt hauptsächlich

ABSTECHER

BUNKERS DEL CARMEL

Der Hügel Turó de la Rovira **Turó de la Rovira** (Bunkers del Carmel; 93 256 21 22; www.museuhistoria.bcn.cat; Carrer de Marià Labèrnia; Museum Mi 10–14, Sa & So 10–15 Uhr; 119) im Stadtteil El Carmel liegt zwar ziemlich abseits der üblichen Wege, aber vom Aussichtspunkt Bunkers del Carmel auf seinem Gipfel bietet sich ein herrlicher Blick über die Stadt. Die alten Betonpodeste oberhalb der unkrautbewachsenen, staubigen Hänge waren während des Spanischen Bürgerkriegs Teil einer Flugabwehrbatterie und nach dem Krieg bis Anfang der 1990er-Jahre eine Barackensiedlung. Seither ist das Gelände verwaist. Es gibt dort allerdings ein kleines Infozentrum mit Museum.

Schautafeln geben einen Überblick über das, was einst hier stand. Heute finden die alten Geschützstellungen eine bessere Verwendung als Sitzbänke für Studenten und junge Traveller, die den faszinierenden Rundumblick über die Stadt genießen. Zudem ist es ein großartiger Ort, um den Sonnenuntergang zu betrachten. Vor oder nach dem Besuch bekommt man im reizenden, familiengeführten **Las Delicias** (93 429 22 02; www.barrestaurantedelicias.com; Carrer de Mühlberg 1; Tapas 4–13 €, Hauptgerichte 9–14 €; Di–So 10–16, Di–Do auch 19–22.30, Fr & Sa 20–23 Uhr; M El Carmel, dann Buslinie 86) einen Happen zu essen und etwas zu trinken.

Wer den Park besuchen will, fährt mit dem Bus Richtung El Carmel und bittet den Fahrer, Bescheid zu geben, wann die Haltestelle für die Bunker kommt. Von dort sind es zehn Minuten Fußweg zum Aussichtspunkt.

katalanisches und spanisches Gebräu, darunter exzellente Biere der in Barcelona beheimateten Brauereien Edge Brewing, Catalan Brewery, Napar und Garage Beer. Sandwiches mit pulled pork oder Thunfisch gibt es auch.

BAR BODEGA QUIMET TAPAS €

Karte S. 316 (93 218 41 89; Carrer de Vic 23; Tapas 3–11,50 €; Mo–Fr 10–23.30, Sa & So 12–23.30 Uhr; M Fontana) Die Bar mit alten Flaschen in den Regalen, Marmortischen und einem polierten Holztresen wirkt wie aus alter Zeit und hat eine wunderbar behagliche Atmosphäre. Das Angebot von Tapas und Meeresfrüchten ist überwältigend. Hausspezialität sind torrades – mächtige Scheiben getoastetes Weißbrot, belegt mit Wurst, Schinken, frischen Sardellen und Sardinen. Im Sommer gibt's eisgekühlte Gazpacho im Glas.

LA NENA CAFÉ €

Karte S. 316 (93 285 14 76; www.facebook.com/chocolaterialanena; Carrer de Ramon i Cajal 36; Gerichte 2–4,50 €; Mo–Fr 8.30–22.30, Sa & So 9–22.30 Uhr; ; M Fontana) In dem bezaubernd chaotischen Laden gibt es zu einer Tasse *suïssos* (heiße Schokolade) einen Teller gehaltvolle, hausgemachte Schlagsahne und *melindros* (Löffelbiskuit) dazu. Man kann aber auch eine kleinere oder größere Süßspeise bestellen (z. B. Crêpes). Überall im Lokal liegen Bücher aus und die Gäste können Brettspiele aus den Regalen nehmen und spielen. Im hinteren Bereich dürfen sich Kinder mit Spielzeug, Büchern und an einer Tafel samt Kreide austoben, was das Café ideal für Familien macht.

LA EMPANADERIA DE GRÀCIA EMPANADAS €

Karte S. 316 (Carrer de Francisco Giner 60; Empanadas 1,95 €; 12–16 & 17.30–22 Uhr; FGC Gràcia) Die *empanaderia* an der Ecke eignet sich hervorragend für einen günstigen, sättigenden Imbiss. Täglich gibt es die leckeren gefüllten Teigtaschen in 20 wechselnden Variationen: entweder herzhaft mit Kürbis und Mozzarella, Birne und Ziegenkäse, Hummus, Sellerie und Roquefort oder pikant mit Rindfleisch und Oliven, oder aber süß mit Banane und Honig oder Apfel und Zimt.

.IT ITALIENISCH €

Karte S. 316 (93 461 92 71; Carrer del Topazi 26; Hauptgerichte 6,50–12 €; Mo–Fr 9.30–24, Sa 12–16 & 19–24 Uhr, Aug. geschl.; ; FGC Fontana) Der Pizzateig im .IT („Italienische Tradition") besteht aus Caputo-Mehl, der 48 Stunden ruhen muss, bevor er bei 400 °C im Holzofen gebacken wird. Zu den klassischen Belägen gehören Veneto (Gorgonzola, Mozzarella, Radicchio und Walnüsse) und Abbruzzo (frische Tomaten, Scamorza, Mortadella mit Pistazien und Basilikum). Die riesigen frischen Salate sind eigentlich schon eine Mahlzeit für sich und das Ange-

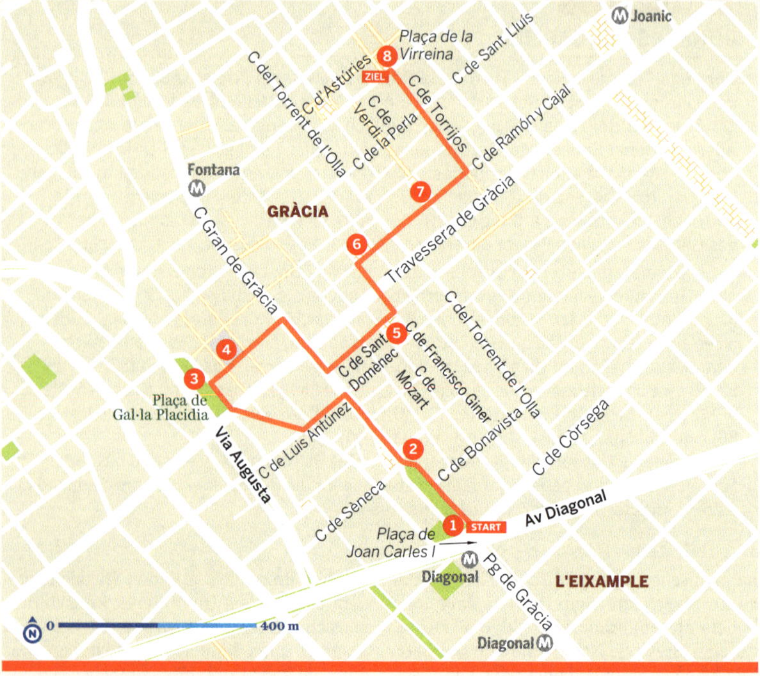

Spaziergang
Die Plätze von Gràcia

START PLAÇA DE JOAN CARLES I
ZIEL PLAÇA DE LA VIRREINA
LÄNGE/DAUER 1,9 KM; 50 MINUTEN

Der Obelisk auf der 1 **Plaça de Joan Carles I** ehrt Spaniens Ex-König Juan Carlos für die Niederschlagung eines Staatsstreichs 1981, sechs Jahre nach Francos Tod.

Dort, wo der Carrer Gran de Gràcia nach Gràcia hineinführt, erhebt sich ein Modernisme-Bauwerk: das Hotel 2 **Casa Fuster**.

Die 3 **Plaça de Gal·la Placidia** erinnert an den kurzen Aufenthalt der designierten römischen Regentin Galla Placidia, im 5. Jh. n. Chr. Gefangene und Frau des Westgotenkönigs Athaulf. Nach dem Tod ihres Kidnappers/Ehemanns kehrte sie in ihre Heimat zurück.

Die 4 **Plaça de la Llibertat** ist Standort des gleichnamigen Modernisme-Marktes. Der Entwurf stammt von einem Kollegen von Gaudí, Francesc Berenguer, der in diesem Teil der Stadt tätig war, ohne je einen Abschluss in Architektur gemacht zu haben.

Die beliebte 5 **Plaça de la Vila de Gràcia** de la Vila de Gràcia war bis vor kurzem nach Francesc Rius i Taulet benannt, dem Bürgermeister, unter dem Gràcia eingemeindet wurde. Hier steht das Bezirksrathaus von Berenguer. In der Mitte des Platzes erhebt sich der Torre del Rellotge lange Symbol der republikanischen Bewegung.

Die 6 **Plaça del Sol**, der wohl geräuschvollste Platz in Gràcia, ist von Bars und Restaurants gesäumt. Nach einem Aufstand 1870 fanden auf dem Platz standrechtliche Hinrichtungen statt. Während des Spanischen Bürgerkriegs (1936–39) befand sich hier ein Luftschutzbunker.

Die geschäftige 7 **Plaça de la Revolució de Setembre de 1868** erinnert an den Sturz von Königin Isabella II., der in dem traditionellen Arbeiterviertel bejubelt wurde. Heute treffen sich Anwohner hier zu einem Schwätzchen.

Terrassen säumen die verkehrsfreie 8 **Plaça de la Virreina** mit der Església de Sant Joan aus dem 17. Jh. Anarchisten zerstörten sie während der Unruhen der Setmana Tràgica (Tragische Woche) von 1909. Von Berenguer wieder aufgebaut, wurde sie im Bürgerkrieg abermals beschädigt.

bot an Pasta wechselt täglich. Außerdem im Angebot: verschiedene kreative „italienische Tapas" (frittierte Zucchiniblüten, Oliven mit Fleischfüllung und Fleischbällchen mit Aubergine und Parmesan) sowie üppige Desserts wie Schokokuchen mit Olivenöl und Tiramisu mit Limoncello.

CASA PORTUGUESA BÄCKEREI €

Karte S. 316 (☎021 88 03; www.acasaportuguesa.com; Carrer de l'Or 8; Gerichte 2–8 €; ⌚10.30–21 Uhr; 🚆Fontana) Die reizende Bäckerei an der Plaça del Diamant hat viele Leckereien. Die pasteis de belém (portugiesische Puddingtörtchen) sind super, aber es gibt auch Obsttorten, täglich wechselnde Biosalate, guten Kaffee und portugiesischen Wein. Wer etwas Hochprozentiges zu sich nehmen möchte, bestellt ein Gläschen *ginjinha* (Kirschbrandwein).

CAFÈ CAMÈLIA VEGETARISCH €

Karte S. 316 (☎93 415 36 86; Carrer de Verdi 79; Hauptgerichte 7,50–11,50 €; ⌚Mo–Sa 10–24, So bis 21 Uhr; 📶🖉; Ⓜ Fontana) Das kleine vegetarische Café im Carrer de Verdi ist ein hübsches, ruhiges Plätzchen für Kaffee und Kuchen oder ein Mittagsmenü. Auf der kleinen, aber feinen Speisekarte stehen Hummus, Gemüsecurry, belegte Brote, Quinoa-Burger mit geröstetem Gemüse und ein Risotto-Tagesgericht.

HIMALI NEPALESISCH €

Karte S. 316 (☎93 285 15 68; www.restaurantehimalibcn.com; Carrer de Milà i Fontanals 60; Hauptgerichte 7,50–13 €; ⌚12–23.30 Uhr; Ⓜ Joanic) Das schlichte Lokal ist mit nepalesischen Gebetsfahnen geschmückt und hat Gerichte wie Lammcurry, gemischtes Fleisch vom Grill mit Reis und Naan-Brot sowie *momo* (Klößchen) mit Lamm- und Gemüsefüllung.

TIMELINE SANDWICHES €

Karte S. 316 (☎93 217 79 38; Carrer de la Providència 3; Sandwiches 6,50–9 €; ⌚Mo–Do 19–2, Fr 19–3, Sa 12–3, So 12–2 Uhr; 🖉; Ⓜ Lesseps, Fontana) Schwarz-weiße Kachelböden, kuriose Kunstwerke (Rollschuhe und Lichtskulpturen) und ein Schachbrett lassen das gemütliche TimeLine wirken wie das Innere einer verwunschenen Kuckucksuhr. Cocktails, Sandwiches (Curry-Huhn, Fleischbällchen, Grillgemüse), Hummus-Platten und Salate mit krümeligem Schafskäse locken eine lebhafte, internationale Gästeschar an. Zum Brunch-Buffet am Wochenende (18 €) gehören riesige Longdrinks aus Champagner und frisch gepresstem Orangensaft.

LA PANXA DEL BISBE TAPAS €€

Karte S. 316 (☎93 213 70 49; Carrer del Torrent de les Flors 158; Tapas 8,50–15 €, Menüs 28–36 €; ⌚Di–Sa 13.30–15.30 & 20.30–24 Uhr; Ⓜ Joanic) Im raffiniert minimalistisch gehaltenen „Bauch des Bischofs" gibt's bei gedämpftem Licht kreative Tapas, die von den überwiegend einheimischen Gästen hoch gelobt werden. Außerdem mit Garnelen gefüllte Zucchiniblüten, Oktopus vom Grill mit grünem Chili und Wassermelone sowie langsam gegartes Lamm mit Minz-Couscous. Zur Abrundung empfiehlt sich eine Flasche Wein, z. B. ein Albariño-Weißwein aus Galicien (die Auswahl offener Weine ist kleiner).

PEPA TOMATE TAPAS €€

Karte S. 316 (☎93 210 46 98; www.pepatomategrup.com; Plaça de la Revolució de Setembre de 1868 17; Teller zum Teilen 7–17 €; ⌚Mo 20–24, Di–Fr ab 9, Sa ab 10, So ab 11 Uhr; 👪; Ⓜ Fontana) Die zwanglose Tapasbar an der Plaça de la Revolució de Setembre de 1868 ist zu jeder Tageszeit gut besucht. Gerichte aus frischen Zutaten dominieren die umfangreiche Speisekarte, z. B. gebratene grüne Tomaten, andalusische Baby-Calamari, Tandoori-Lamm-Tacos, iberische Schweinefleisch- oder Pilzkroketten und im Sommer Karotten-Gazpacho. Das Lokal wird gern von Familien besucht (für Kinder gibt's Buntstifte und vorne einen kleinen Spielplatz). Mehrgängige Mittagsmenüs an Werktagen kosten 12,50 €.

CAFÉ GODOT INTERNATIONAL €€

Karte S. 316 (☎93 368 20 36; www.cafegodot.com; Carrer de Sant Domènec 19; Hauptgerichte 10–18,50 €; ⌚Mo–Fr 10–1, Sa & So 11–2 Uhr; Ⓜ Fontana) Das entspannte Lokal hat einen schicken Speiseraum mit Backsteinwänden, Holzbalken und Kacheln sowie einen Garten. Die umfangreiche Speisekarte umfasst alles von in Weißwein gedünsteten Miesmuscheln über grünes Thai-Curry mit Jakobsmuscheln bis zum Entenconfit mit Linsen und Spinat. Morgens gibt es Brunch im amerikanischen Stil, mit Eiern, krossem Bacon und luftigen Pfannkuchen.

CANTINA MACHITO MEXIKANISCH €€

Karte S. 316 (☎217 34 14; Carrer de Torrijos 47; Hauptgerichte 9,50–16,50 €; ⌚13–16 & 17–1 Uhr; Ⓜ Fontana, Joanic) Das bei Einheimischen beliebte, farbenfrohe Machito an einer schattigen Straße ist mit Porträts von Frida Kahlo dekoriert und die Straßentische laden bis tief in die Nacht zum Essen und Trinken ein. Nach einer *michelada* (pikanter Biercocktail) empfehlen sich mexikanische Leckereien wie Quesadillas, Tacos und Enchiladas. Dazu trinkt man mit Honig und Limette oder Minze und Früchten verfeinertes Eiswasser.

CAL BOTER KATALANISCH €€

Karte S. 316 (☎93 458 84 62; www.restaurantcalboter.com; Carrer de Tordera 62; Hauptgerichte 8–15 €; ⊙Di–Sa 13–16 & 21–24, So & Mo 13–16 Uhr; MJoanic) Familien und fröhliche Gruppen finden sich gern in diesem klassischen Restaurant ein, um eine Portion *cargols a la llauna* (in der Blechdose gedünstete Schnecken), ein *filet de bou amb salsa de foie* (eine dicke Scheibe zartes Rindfleisch in einer Sauce aus Orange und *foie gras*) oder andere katalanische Spezialitäten zu verspeisen.

BILBAO SPANISCH €€

Karte S. 316 (☎93 458 96 24; www.restaurantbilbao.com; Carrer del Perill 33; Hauptgerichte 16–30; ⊙Mo–Fr 13–16 & 21–23, Sa 14–16 & 21–23 Uhr, Aug. geschl.; MDiagonal) Hinter einer schlichten Fassade verbirgt sich hier ein zeitloser Klassiker, in dem ohne Reservierung gar nichts geht. Flaschen an der Wand, rustikale Holztische und dezente Beleuchtung verleihen dem hinteren Speisesaal das Flair einer Landtaverne. Eine ideale Kulisse also für herzhafte Gerichte wie Ochsenschwanz in Rotweinsauce, Schweinshaxen vom Grill oder Kabeljau mit Knoblauchmousse, alles begleitet von einem guten spanischen Wein.

BOTAFUMEIRO MEERESFRÜCHTE €€€

Karte S. 316 (☎93 218 42 30; www.botafumeiro.es; Carrer Gran de Gràcia 81; Hauptgerichte 22–59 €; ⊙12–1 Uhr; MFontana) Dieser Tempel galicischer Meeresfrüchte ist seit Langem ein Anlaufplatz der VIPs. Wer sparen will, sollte sich ein paar *medias raciones* (große Tapasteller) teilen, um so verschiedene Meeresfrüchtegerichte probieren zu können. Danach empfiehlt sich noch eine Seespinnenpastete, Paella mit Tintenfischtinte oder eine Languste vom Grill.

ROIG ROBÍ KATALANISCH €€€

Karte S. 316 (☎93 218 92 22; www.roigrobi.com; Carrer de Sèneca 20; Hauptgerichte 21–36 €; ⊙Mo–Fr 13.30–16 & 20.30–23.30, Sa 20.30–23.30 Uhr; P; MDiagonal) In diesem Tempel der veredelten Traditionsküche wechselt die Speisekarte nach Saison und enthält wunderschön angerichtete Kreationen mit lokalen Bioerzeugnissen. Als Vorspeise bietet sich eine Tomatencreme mit Gorgonzola-Eiscreme an, gefolgt von einem der herausragenden Reisgerichte mit Fisch, marktfrischem Fisch in der Salzkruste oder langsam gebratenem Pyrenäen-Lamm. Wer vorher reserviert, bekommt auch noch einen Tisch auf der weinumrankten Terrasse.

CON GRACIA FUSIONSKÜCHE €€€

Karte S. 316 (☎93 238 02 01; www.congracia.es; Carrer de Martínez de la Rosa 8; Probiermenü 65 €, mit Wein 95 €; ⊙Di–Sa 19–23 Uhr; MDiagonal) Das winzige Refugium (für höchstens 20 Gäste) ist ein Wirbelwind der Originalität und kreiert eine ausgewogene mediterrane Küche mit asiatischem Einschlag. Geboten werden ein ständig wechselndes Überraschungsmenü, aber auch ein ganz „traditionelles" (jeweils sechs Gänge) wie mit *jamón ibérico* und schwarzem Trüffel gefüllter Tintenfisch oder in Sake marinierter Thunfisch mit Walnusspesto. Reservierung ist ratsam.

CAN TRAVI NOU KATALANISCH €€€

(☎93 428 03 01; www.gruptravi.com; Carrer de Jorge Manrique 8; Hauptgerichte 15,50–30 €; ⊙13–16 & 20–23 Uhr; MMontbau) In der ausladenden Villa aus dem 18. Jh. verteilen sich die Speiseräume über zwei Stockwerke. Die warmen Farben, die Standuhr und das rustikale Flair schaffen ein zauberhaftes Ambiente für katalanische Spezialitäten wie langsam gegartes Schweine- und Lammfleisch oder Eintopf mit Meeresfrüchten. Reservierung angeraten.

AUSGEHEN & NACHTLEBEN

★**BOBBY GIN** COCKTAILBAR

Karte S. 316 (☎93 368 18 92; www.bobbygin.com; Carrer de Francisco Giner 47; ⊙So–Mi 16–2, Do bis 2.30, Fr & Sa bis 3 Uhr; MDiagonal) Über 60 Sorten Gin machen die weiß getünchte Bar zum Paradies für Ginliebhaber. Zu empfehlen sind die aromatisierten Kreationen (mit Rosenblütentee aromatisierter Hendrick's mit Erdbeeren und Limette, mit Mandarine aromatisierter Tanqueray 10 mit Agavennektar und Bitterkamille) oder ein Cocktail wie der Santa Maria (Chardonnay, Mariendistelsirup, Thymian, Salbei und Limone). Dazu schmecken Fusionstapas wie ein mit Gin-Tonic gebeizter Lachs. Köstlich sind auch die in grünem Puffreis gerollten Garnelen oder Wantan mit Shiitake.

★RABIPELAO COCKTAILBAR

Karte S. 316 (☎93 182 50 35; www.elrabipelao.com; Carrer del Torrent d'En Vidalet 22; ⏲So–Do 19–1.30, Fr & Sa bis 3, So 13–16.30 Uhr; Ⓜ Joanic) Das Rabipelao, ein Fixpunkt im Nachtleben von Gràcia, ist eine Party-Bar mit glitzernder Diskokugel und DJs, die Salsa auflegen. In einer Ecke zwischen den Wänden mit rotsamtiger Tapete läuft ein Stummfilm und oben hinter der Theke leuchtet ein knallbuntes Wandbild. Tropische Cocktails wie Mojitos und Caipirinhas ergänzen sich perfekt mit südamerikanischen Snacks wie *arepas* (Maisfladen mit Fleischfüllung) und Ceviche.

ELEPHANTA BAR

Karte S. 316 (☎237 69 06;www.elephanta.cat; Carrer del Torrent d'en Vidalet 37; ⏲Mo–Mi 18–1.30, Do bis 2.30, Fr & Sa bis 3, So bis 22 Uhr; 📶; Ⓜ Joanic) Die nette kleine Cocktailbar abseits der Hauptstraße hat eine altmodische Atmosphäre, edle grüne Bänke, Kunst an den Wänden und eine Theke mit fünf traditionellen Holzhockern. Gin gibt es hier in über 40 Sorten und die Cocktails sind gekonnt gemixt.

VIBLIOTECA WEINBAR

Karte S. 316 (☎93 284 42 02; www.viblioteca.com; Carrer de Vallfogona 12; ⏲19–24 Uhr; Ⓜ Fontana) Eine Glasvitrine voll mit ausgereiftem Käse (über 50 Sorten) lockt Gäste in diese kleine, raffiniert gestaltete weiße Bar. Die wahre Spezialität der Viblioteca ist jedoch Wein. 150 meist lokale Marken stehen zur Wahl, viele davon auch glasweise.

LA VERMUTERIA DEL TANO BAR

Karte S. 316 (☎93 213 10 58; Carrer Joan Blanques 17; ⏲Mo–Fr 9–21, Sa & So 12–16 Uhr; Ⓜ Joanic) Die Deko der beliebten Wermutbar besteht aus Weinfässern, alten Kühlschränken mit Holztür, antiken Uhren und Marmortischen und hat sich seit Jahrzehnten kaum verändert. Spezialität des Hauses ist ein Peruchi, der traditionell mit einem Glas Sodawasser serviert wird. Die Tapas sind ebenfalls traditionell, die meisten Zutaten kommen aus der Dose (Sardellen, geräucherte Muscheln, Herzmuscheln und eingelegter Oktopus).

EL SABOR BAR

Karte S. 316 (☎674 993075; Carrer de Francisco Giner 32; ⏲So–Do 21–2.30, Fr & Sa bis 3 Uhr; Ⓜ Diagonal) Seit 1992 regiert der in Havana geborene Angelito diese kleine Insel des *ron y son* (Rum und Musik). Eine bunte Mischung aus Kubanern und Freunden der Karibikinsel trinken hier Mojitos und schwingen das Tanzbein. Montags, dienstags und mittwochs wird ein kostenloser zweistündiger Salsa- oder Bachata-Kurs angeboten (ab 21.30 Uhr).

BAR CANIGÓ BAR

Karte S. 316 (☎93 213 30 49; www.barcanigo.com; Carrer de Verdi 2; ⏲Mo–Do 10–2, Fr 10–3, Sa 8–3 Uhr; Ⓜ Fontana) Die lebhafte Eckbar mit Blick über die Plaça de la Revolució de Setembre de 1868 wird bereits seit drei Generationen von derselben Familie geführt. Seit 1922 trifft man sich hier an Marmortischen mit wackeligen Stühlen auf einen Hauswermut oder ein Estrella-Bier. Tagsüber ein wunderbares Plätzchen zum Kaffeetrinken.

RAÏM BAR

Karte S. 316 (Carrer del Progrés 48; ⏲Di–Do 20–2, Fr & Sa bis 3 Uhr; Ⓜ Diagonal) Die Wände des Raïm bedecken Schwarz-Weiß-Fotos von Kubanern und Kuba. Abgewetzte alte Holzstühle aus einer anderen Zeit drängen sich um Marmortische und an den Wänden hängen prunkvolle alte Spiegel in Holzrahmen. Wegen der erstklassigen Mojitos und einer großartigen Rumauswahl trudeln hier massenhaft freundliche, gesprächsfreudige Leute ein.

LA CIGALE COCKTAILBAR

Karte S. 316 (☎93 457 58 23; www.facebook.com/la-cigale-barcelona; Carrer de Tordera 50; ⏲So–Do 18–2, Fr & Sa bis 3 Uhr; Ⓜ Joanic) La Cigale ist mit all den Ölgemälden, vergoldeten Spiegeln und ledergebundenen Büchern eine sehr gepflegte Bar, um sich einen Cocktail zu genehmigen. Man kann sich lässig an den Bartresen aus Zink lehnen, in einen altehrwürdigen Sessel an einem der winzigen Tischchen sinken oder eine Etage höher gehen.

EL RINCÓN CUBANO BAR

Karte S. 316 (☎143 77 01; Carrer de l'Or 19; ⏲Di–Do 19–1, Fr 19–2, Sa 18–2, So 13–24 Uhr; 📶; Ⓜ Fontana) Die Bar mit Backsteingewölbe und Terrakottaboden kombiniert kubanische Cocktails (z. B. Cuba Libre oder *el presidente*) und Biere (Mayabe, Tinima und

Cacique) mit authentischen Snacks wie *pasteles* (Blätterteig mit herzhafter Füllung), kubanischen Sandwiches und *ropa vieja* (geschnetzeltes Steak in Tomatensauce). Ganz in seinem Element ist das Lokal sonntags ab 16 Uhr, wenn kubanische Livebands auftreten.

SOL SOLER BAR

Karte S. 316 (93 172 99 75; Plaça del Sol 21; 11–2 Uhr; M Fontana) Alte Kachelböden, Holzvertäfelung und kleine Marmortischchen bilden die perfekte Kulisse für ein Bier, einen Wermut oder einen Campari mit Blick auf den geschäftigen Platz vor dem Lokal.

CHATELET COCKTAILBAR

Karte S. 316 (93 284 95 90; Carrer de Torrijos 54; Mo–Fr 18–2.30 Uhr, Sa & So ab 12 Uhr; M Joanic) In dem beliebten Stadtteiltreff gibt es große Fenster, um die Passanten sowie viel Kunst im umtriebigen Gastraum zu beobachten, in dem sich ein Querschnitt der Gesellschaft Gràcias aufhält. Im Hintergrund läuft Blues oder traditioneller amerikanischer Soul. Die Cocktails sind super und die Preise für Getränke angemessen (ermäßigt bis 22 Uhr).

NOU CANDANCHÚ BAR

Karte S. 316 (93 237 73 62; Plaça de la Vila de Gràcia 9; 9.30–1 Uhr; M Fontana) Dieser langjährige Favorit ist eins der bestbesuchten Lokale an der Plaça de la Vila de Gràcia. *Barcelonins* treffen sich gern auf der sonnigen Terrasse zu einem Drink.

LA VERMU BAR

Karte S. 316 (93 171 80 87; Carrer de Sant Domènec 15; Mo–Do 18.30–24, Fr–So 12.30–16.30 & 19.30–0.30 Uhr; FGC Gràcia) Spezialität des Hauses sind hausgemachter *negre* (schwarzer Wermut) und *blanc* (weißer Wermut) mit Orangenscheibe und Olive. Im Zentrum des luftigen Lokals mit Sichtbalken und Industriebeleuchtung steht ein Marmortresen mit Hockern, umgeben von Marmortischen. Neben Wermut gibt es eine kleine, aber sehr feine Weinkarte und stilvolle Tapas.

UNTERHALTUNG

CINE TEXAS KINO

(348 77 48; www.cinemestexas.cat; Carrer de Bailèn 205; M Joanic) Das moderne Kino mit vier Leinwänden zeigt alle Filme im Original (mit katalanischen Untertiteln). Jedes Genre ist vertreten, von Arthouse bis Hollywood-Blockbuster. Filme in katalanischer Sprache haben englische Untertitel.

SODA ACÚSTIC LIVEMUSIK

Karte S. 316 (93 016 55 90; www.soda.cat; Carrer de les Guilleries 6; Tickets ab 2 €; Mi, Do & So 20–2.30, Fr & Sa bis 3 Uhr; M Fontana) In diesem dämmrigen, modernen Schuppen treten die verschiedensten Bands und andere Künstler auf. Jazz, Weltmusik, Balkan-Swing, lateinamerikanische Rhythmen und viele experimentelle, nicht leicht einzuordnende Musiker gehören dazu. Die Akustik ist exzellent. Das aktuelle Programm steht auf der Website.

VERDI KINO

Karte S. 316 (93 238 79 90; www.cines-verdi.com; Carrer de Verdi 32; M Fontana) Das Kino im Herzen von Gràcia hat fünf Säle und zeigt Arthouse- und Blockbuster-Filme im Original sowie katalanische und spanische Streifen. Sehr praktisch gelegen, um vor oder nach dem Film noch etwas essen oder trinken zu gehen.

SHOPPEN

★ COLMILLO DE MORSA MODE & ACCESSOIRES

Karte S. 316 (645 206365; www.facebook.com/colmillodemorsa; Carrer de Vic 15-17; Mo 16.30–20.30, Di–Sa 11–14.30 & 16.30–20.30 Uhr; FGC Gràcia) Das Designerduo Javier Blanco und Elisabet Vallecillo hat bereits in Madrid bei der Cibeles Fashion Week und der Pariser Modemesse Who's Next Aufsehen erregt. In ihrer Vorzeigeboutique setzen sie ihre in Barcelona hergestellte Damenmode bestens in Szene. Außerdem fördert das Team auch andere junge und angesagte Labels aus der Region. Im lichtdurchfluteten Verkaufsraum werden auch Kunst, Grafikdesign und Fotografien ausgestellt und Modeschauen veranstaltet. Colmillo de Morsa verwendet nur ungiftig gefärbte Stoffe aus nachhaltiger, regionaler Herstellung.

★ FAMILY BEER GETRÄNKE

Karte S. 316 (93 219 29 88; www.family-beer.com; Carrer de Joan Blanques 55; Mo 17–20.30, Di–Sa 10–14 & 17–20.30 Uhr; M Joanic) Mehr als 130 lokale und internationale Mikrobiere und Apfelweine füllen hier die Kühlschränke und warten auf Mitnahme. Bei Family Beer werden auch Bücher und Sets zum Selberbrauen verkauft und regelmäßige Brau-Workshops (3 Stunden 45 €) veranstaltet. Außerdem finden kostenlose Vorführungen zur Käseherstellung und zum Kochen mit Bier statt, ebenso Bierverkostungen direkt beim Brauer.

HIBERNIAN — BÜCHER

Karte S. 316 (☎93 217 47 96; www.hibernianbooks.com; Carrer de Montseny 17; ⏰Mo 16–20.30, Di–Sa 11–20.30 Uhr; Ⓜ Fontana) Das größte englische Antiquariat in Barcelona hat Tausende von Titeln zu allen möglichen Themen vom Kochbuch bis zum Kinderbuchklassiker. Ein kleineres Sortiment neuer englischsprachiger Bücher gibt's auch.

CAN LUC — KÄSE

Karte S. 316 (☎93 007 47 83; www.canluc.es; Carrer de Berga 4; ⏰Mo 17–21, Di–Sa 10–14.30 & 17–20.30 Uhr; Ⓡ FGC Gràcia) Der hell erleuchtete Laden hat stets 150 Käsesorten auf Lager. Spezialität ist Käse aus Katalonien, es gibt aber auch eine Auswahl französischer, italienischer, niederländischer, schweizerischer und britischer Käsesorten. Das fachmännische Personal hilft bei der Auswahl. Weine, Würzmittel, Cracker und Käsemesser gehören ebenfalls zum Angebot. Auf Vorbestellung ist auch ein umfangreiches Gourmet-Picknick zu haben (25 bis 100 €).

BODEGA BONAVISTA — WEIN

Karte S. 316 (☎93 218 81 99; Carrer de Bonavista 10; ⏰Mo–Fr 10–14.30 & 17–21, Sa 12–15 & 18–21, So 12–15 Uhr; Ⓜ Fontana) Die erstklassige kleine Bodega bemüht sich, hervorragende Weine zu kleinen Preisen anzubieten. Das Sortiment stammt überwiegend aus Katalonien und dem restlichen Spanien, aber es gibt auch eine feine Auswahl französischer Weine. Das Bonavista verkauft außerdem Feinkost, darunter einige besonders gute Käsesorten. Im Laden stehen Tische, an denen man die Weine glasweise zusammen mit Käse und Wurstwaren probieren kann.

AMALIA VERMELL — SCHMUCK

Karte S. 316 (☎655 754008; www.amaliavermell.com; Carrer de Francisco Giner 49; ⏰Mo–Sa 11–14 & 17–17 Uhr; Ⓜ Diagonal) In diesem Schmuckatelier fertigt Amalia Vermell auffallenden geometrischen Schmuck aus hochwertigen Materialien wie Sterlingsilber. Wer unter den Anhängern, Ketten, Armbändern und Ringen nichts Geeignetes findet, kann sich selbst für einen Schmuckherstellungskurs einschreiben (zwei Stunden ab 65 €, auch auf Englisch).

VINIL VINTAGE — MUSIK

Karte S. 316 (☎93 192 39 99; Carrer de Ramón y Cajal 45-47; ⏰Di–Sa 10.30–14 & 17–20.30 Uhr; Ⓜ Joanic) Musikfreunde, die gern Kisten voller Vinyl nach einem alten Juwel durchwühlen, werden den Laden lieben. Er hat eine riesige Auswahl an Rock, Pop und Jazz sowie jede Menge spanische Musik. Auch Plattenspieler und Lautsprecher kann man hier kaufen.

REKUP & CO — HAUSHALTSWAREN

Karte S. 316 (☎694 472297; www.rekupandco.com; Carrer de Verdi 63; ⏰11–14.30 & 17–21 Uhr; Ⓜ Fontana) Der gebürtige Franzose Emmanuel Wagnon recycelt für seine individuellen und gleichzeitig funktionalen Kunstwerke Holz und Metalle. Heraus kommen dabei Stühle, Tische, Regale, Spiegel, Lampen und originellere Artikel wie Fensterläden aus Holzpaletten. Versand auch ins Ausland möglich.

LADY LOQUITA — KLEIDUNG

Karte S. 316 (☎93 217 82 92; www.ladyloquita.com; Travessera de Gràcia 126; ⏰Mo–Sa 11–14 & 17–20.30 Uhr; Ⓜ Fontana) Ein hipper kleiner Laden, der regional gefertigte, leichte Sommerkleider von Tiralahilacha, Abendkleidung von Japamala und handgefertigten Schmuck des lokalen Designlabels Klimbim führt. Ebenfalls im Angebot ist skurriler Krimskrams: Essteller mit Porträts von Hundemenschen und Digitaldrucke auf Holz von About Paola.

AMAPOLA VEGAN SHOP — KLEIDUNG

Karte S. 316 (☎93 010 62 73; www.amapolaveganshop.com; Travessera de Gràcia 129; ⏰Mo–Sa 11–14 & 17–20.30 Uhr; Ⓜ Fontana) 🍃 Der Laden mit einem Herz aus Gold beweist, dass bei stylischer Kleidung und Accessoires keine Abstriche an den ethischen Anspruch gemacht werden müssen. Zum Sortiment gehören Brief-, Hand- und Aktentaschen von Matt & Nat in schicken Lederalternativen, Gürtel von Nae Vic und elegante Schals von Barts.

TINTIN SHOP — GESCHENKE & SOUVENIRS

Karte S. 316 (☎93 289 25 24; www.tintinshopbcn.com; Travessera de Gràcia 176; ⏰Mo–Fr 10.30–14.30 & 17–20.30, Sa 11–14.30 Uhr; Ⓜ Fontana) Fans von Tim und Struppi (im belgischen Original „Tintin") sollten sich unverzüglich in diesen Laden in Gràcia begeben. Der Wunderknabe ist auf T-Shirts, Postern, Büchertaschen, Armbanduhren, Federmäppchen und als Figur verewigt und es gibt sogar einen kuscheligen, unwiderstehlichen Struppi (französisch „Milou", der Foxterrier von Tim) – und natürlich die Bücher, die ihn berühmt machten (in katalanischen, spanischen und französischen Ausgaben).

LA FESTIVAL — WEIN

Karte S. 316 (☎93 023 22 81; Carrer de Verdi 67; ⌚Mo 17–21, Di–Do 10.30–14.30 & 17–21, Fr & Sa 10.30–14.30 & 17–21.30, So 10.30–14.30 & 17–20 Uhr; M Fontana) Die sachkundigen (und Englisch sprechenden) Angestellten haben eine Fülle an Informationen zu den hervorragenden Weinen im Laden. Die meisten stammen von spanischen Erzeugern, aber es gibt auch einige französische Tropfen sowie ein paar Bio- und biodynamische Weine. Wer will, kann sich auch seine eigene Flasche mit Wein oder Wermut aus den Fässern vorne abfüllen lassen (pro Flasche ab 3 €).

PICNIC — KLEIDUNG

Karte S. 316 (☎93 016 69 53; www.picnicstore.es; Carrer de Verdi 17; ⌚Mo–Fr 11–21, Sa 11–15 & 16–21 Uhr; M Fontana) In der winzigen Boutique warten viele ausgesuchte Verlockungen: stilvolle Sneaker von Meyba (eine Marke aus Barcelona), gestreifte Pullis vom baskischen Label Loreak Mendian und kräftig gemusterte Mödernaked-Rucksäcke. Hinzu kommen Keramiken mit Tiermotivdrucken, kleine Kunstdrucke und Modemagazine.

SURCO — MUSIK

Karte S. 316 (☎93 218 34 39; www.facebook.com/surcobcn; Travessera de Gràcia 144; ⌚Mo–Sa 10.30–14 & 17.30–21 Uhr; M Fontana) Surco gehört zum Pflichtprogramm für Musikliebhaber – besonders für Fans von Vinyl. Hier gibt's massenhaft Schallplatten und CDs, z. B. von Tom Waits, Mishima (einer katalanischen Indie-Pop-Band) und Calexico.

MUSHI MUSHI — MODE & ACCESSOIRES

Karte S. 316 (☎93 292 29 74; www.mushimushicollection.com; Carrer de Bonavista 12; ⌚Mo–Sa 11–15 & 16.30–20.30 Uhr; M Fontana) An Modeboutiquen mangelt es hier wahrhaftig nicht. Trotzdem schafft es das wunderbare Mushi Mushi mit schräger, aber dennoch eleganter Damenmode und Accessoires aus der Masse herauszustechen. Das Angebot besteht aus kleinen Labels wie Des Petits Hauts, Sessùn und Orion London sowie Schmuck von Adriana Llorens. Die Kollektion wechselt häufig, es lohnt sich also öfter mal ein Besuch.

NOSTÀLGIC — FOTOGRAFIE

Karte S. 316 (☎93 368 57 57; www.nostalgic.es; Carrer de Goya 18; ⌚Mo–Fr 10.30–14 & 17–20, Sa 11–14.30 Uhr; M Fontana) Der wunderschöne Laden mit Backsteinwänden und Holzmöbeln ist auf alte und neue Fotoausrüstungen spezialisiert. Hier gibt es neben Fototaschen und Stativen für Digitalkameras auch Filmrollen und originelle Lomo-Kameras sowie Fotografie-Bücher.

MERCAT DE L'ABACERIA CENTRAL — MARKT

Karte S. 316 (www.mercatsbcn.cat; Travessera de Gràcia 186; ⌚Mo–Sa 7–14.30 & 17.30–20 Uhr; M Fontana, R FGC Gràcia) In der großen, 1892 erbauten Markthalle aus Backstein und Eisen werden unter anderem frisches Obst, Gemüse, Käse und Backwaren verkauft. Es gibt auch mehrere Imbissbuden für einen schnellen und günstigen Happen vor stimmungsvoller Kulisse.

BE — GESCHENKE & SOUVENIRS

Karte S. 316 (☎93 218 89 49; www.bethestore.com; Carrer de Bonavista 7; ⌚Mo–Sa 10.30–21 Uhr; M Diagonal) Im Be lässt es sich herrlich nach Accessoires und Mitbringseln stöbern. Zur Auswahl gehören robuste, alt aussehende Umhängetaschen, Lederhandtaschen, stylische (und reflektierende) Happy Socks, tragbare Plattenspieler, Sneaker (Van, Puma, traditionelle Nikes) und technische Spielereien wie quietschbunte Pantone-Minilautsprecher und Polaroid-Digitalkameras.

SPORT & AKTIVITÄTEN

AQUA URBAN SPA — SPA

Karte S. 316 (☎93 238 41 60; www.aquaurbanspa.es; Carrer Gran de Gràcia 7; 90 Min. ab 51 €; ⌚Mo–Sa 9–21 Uhr; M Diagonal) Hier lässt sich alles behandeln – vom Stress bis zu müden Beinen (eine Wohltat bei langen Besichtigungstouren). Das Spa bietet außerdem einen kleinen Pool und Duschen, dazu Dampfbäder, römische Bäder und verschiedene Massagen und Schönheitsbehandlungen wie Körperpeeling (30 Min. ab 39 €).

Camp Nou, Pedralbes & Zona Alta

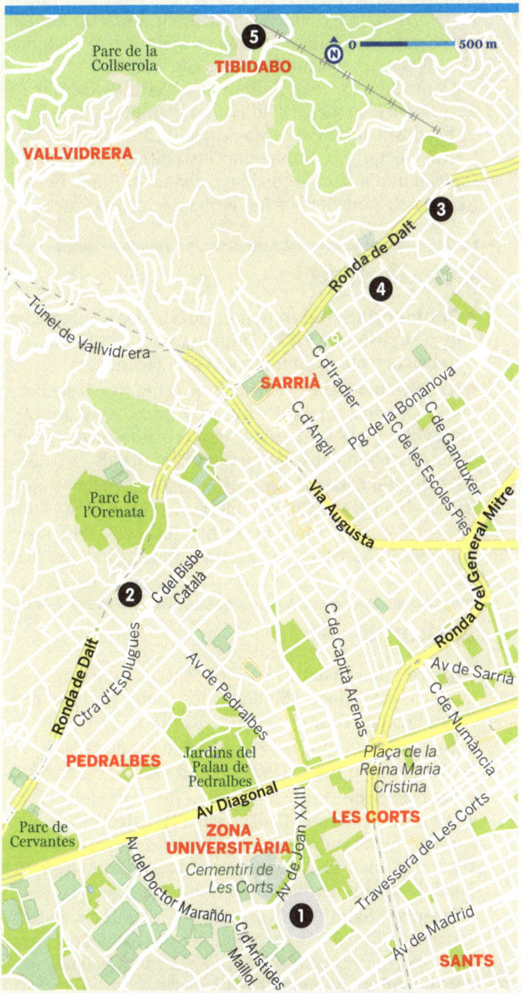

Details siehe Karten S. 318 und S. 320

Highlights

❶ Camp Nou (S. 181) Im Multimediamuseum die großen Momente einer der legendärsten Fußballmannschaften der Welt nacherleben oder besser noch: bei einem Livespiel mit den Fans jubeln.

❷ Museu-Monestir de Pedralbes (S. 182) In einem zum Museum umgewandelten Kloster durch den Kreuzgang aus dem 14. Jh. schlendern und wunderschöne Fresken betrachten.

❸ CosmoCaixa (S. 184) In einem exzellenten Wissenschaftsmuseum den Amazonas erleben (inklusive tropischem Regenguss) und die Evolution der Erde im Zeitraffer durchlaufen.

❹ Bellesguard (S. 183) Die Zinnen, Buntglasfenster und schmiedeeiserne Verzierungen an Gaudís imposantem, mittelalterlich anmutendem Meisterwerk besichtigen.

❺ Tibidabo (S. 188) Per Straßenbahn und Standseilbahn zu schönen Aussichtsstellen und einem altmodischen Vergnügungspark am Gipfel dieses bewaldeten Bergs fahren.

Top-Tipp

Wer möglichst viel vom Besuch haben will, kommt am Wochenende: Samstags und sonntags werden meist Führungen (auf Englisch) durch die Pavellons Güell nahe dem Palau Reial de Pedralbes angeboten. Das Wochenende ist auch die beste Zeit, um die 1901 erbaute *tramvia blau* zum Tibidabo zu nehmen. Sie fährt nur von Juni bis Anfang September täglich, am Wochenende aber das ganze Jahr über.

Gut essen

- Acontraluz (S. 186)
- Aspic (S. 186)
- La Balsa (S. 187)
- Via Veneto (S. 187)

Mehr dazu S. 184

Schön ausgehen

- Dō Bar (S. 189)
- El Maravillas (S. 189)
- Mirablau (S. 189)

Mehr dazu S. 189

Parks & Gärten

- Parc de Collserola (S. 188)
- Jardins del Laberint d'Horta (S. 187)
- Jardins del Palau de Pedralbes (S. 183)
- Parc de la Creueta del Coll (S. 183)

Rundgang: Camp Nou, Pedralbes & Zona Alta

Im weitläufigen Gebiet nördlich des Eixample und westlich von Gràcia warten interessante Attraktionen. Doch nur wenige Besucher finden den Weg hierher, denn es ist relativ abgeschieden und die Entfernungen zwischen den Sehenswürdigkeiten sind größer als anderswo.

Im Norden der Zona Alta verläuft der Höhenzug Collserola. Dort befindet sich der Parc de Collserola (S. 188), ein Magnet für Radfahrer, Läufer und Spaziergänger. Er hat auch ein paar historische Stätten aufzuweisen.

Das noble Pedralbes besteht aus hinter Mauern verborgenen Villen und Apartmentblöcken, gediegenen Straßen und gepflegten Gärten abseits der Durchgangsstraßen. Zu den Highlights zählen ein idyllisches Kloster (S. 182), die eleganten Jardins del Palau de Pedralbes (S. 183) und Gaudís wenig besuchte Pavellons Güell (S. 183).

Camp Nou (S. 181), Heimat des Weltklasseteams FC Barcelona, liegt gleich südlich von Pedralbes.

Nordöstlich schließt sich Sarrià (S. 185) an, ein hübsches Viertel mit Kopfsteinpflasterstraßen, winzigen Plätzen und mittelalterlichen Gebäuden. Einen Besuch lohnt auch Sant Gervasi mit einigen feinen Lokalen.

Lokalkolorit

- **Outdoor-Aktivitäten** In den Hügeln des weitläufigen Parc de Collserola (S. 188) kann man mit den Einheimischen joggen, mountainbiken und picknicken.
- **Nachtleben** Die Plaça de la Concòrdia ist ein zauberhafter Ort für ein paar Drinks und Tapas – z. B. im El Maravillas (S. 189) – bevor man zu einem Konzert oder einer Ausstellung ins Centre Cívic Can Deu (S. 183) geht.
- **Dörflicher Charme** Die malerischen Gässchen von Sarrià sind perfekt für einen Bummel, Kuchen bei Foix de Sarrià (S. 185), Tapas in der Bar Tomàs (S. 185) oder ein leckeres Essen auf der Terrasse des Vivanda (S. 186).

Anfahrt

- **Metro** Línia 3 ist die richtige Wahl für die Jardins del Laberint d'Horta (Mundet), den Camp Nou und den Palau Reial de Pedralbes (Palau Reial).
- **Zug** Die FGC-Züge halten nahe den Sehenswürdigkeiten in und um den Tibidabo und Parc de Collserola.
- **Straßenbahn** Die *Tramvia blau* fährt ab Metrostation Avinguda de Tibidabo zur Plaça del Doctor Andreu; per Standseilbahn geht's dann zum Tibidabo. Die Tramlinien T1, T2 und T3 verbinden Camp Nou und Palau Reial mit der Plaça de Francesc Macià.
- **Standseilbahn** Der *Funicular del Tibidabo* verkehrt zwischen Plaça del Doctor Andreu und Plaça del Doctor Tibidabo, der *Funicular de Vallvidrera* zwischen Peu del Funicular und Vallvidrera Superior.

HIGHLIGHT
CAMP NOU

Eigentlich geht nichts über das Fußball-Live-Erlebnis, aber die Camp Nou Experience ist ein absolutes Muss für Fußballfans. Bei diesem selbstgeführten Rundgang durchs Heimatrevier des FC Barcelona, angefangen in dem Museum voller multimedialer Exponate, Trophäen und historischer Fakten, gefolgt von einer Tour durchs Stadion, lernt man den Verein von Grund auf kennen.

Camp Nou Experience

Die Camp Nou Experience beginnt im Museum des FC Barcelona, wo auf riesigen Touchscreens unbekannte Aspekte des legendären Teams und Videos von besonders gekonnten Toren gezeigt werden. Ausstellungen gehen auf die Geschichte des Clubs ein, sein soziales Engagement und seine Verknüpfung mit der katalanischen Identität sowie auf detaillierte Statistiken aller Spiele. Zu den Soundinstallationen gehören die Vereinshymne (mit Übersetzung in viele Sprachen) und das Gebrüll der enthusiastischen Zuschauer.

Highlights sind die Fotoabteilung, die Tor-Videos und der Ausblick über das Stadion. Ausgestellt sind auch die (in mindestens einem Fall tatsächlich) goldenen Stiefel der großen Torschützen der Vergangenheit neben Infos zu den prominentesten Ex-Spielern des Clubs, darunter Maradona, Ronaldinho, Kubala und viele andere. Ein eigener Bereich ist Lionel Messi gewidmet, den viele für den derzeit größten Fußballer der Welt halten.

Das Stadion

Schon der Blick über Camp Nou ist ein Erlebnis. Das 1957 erbaute und für die Weltmeisterschaft 1982 vergrößerte Stadion ist mit Platz für 100 000 Zuschauer weltweit eines der größten. Der Verein selbst hat rekordverdächtige 173 000 Mitglieder. Wenn die aktuellen Umbaumaßnahmen 2022 abgeschlossen sind, wird Camp Nou 105 000 Zuschauer fassen (das Stadion bleibt während des Umbaus aber durchgehend geöffnet).

Ein Rundgang führt durch die Ankleide der Spieler hinaus aufs Spielfeld und endet auf der Präsidententribüne. Besucher bekommen auch das Fernsehstudio, den Presseraum und die Reporterkabinen zu sehen. Für den Besuch sind ungefähr 2½ Stunden einzuplanen. Eingang zum Rundgang ist durch das Tor (Accés) 9 in der Avinguda de Joan XXIII nahe dem Carrer de Martí i Franquès.

Eintrittskarten

Eintrittskarten zu Spielen des FC Barcelona sind im Camp Nou, online (über die offizielle Website des FC Barcelona) und an verschiedenen Verkaufsstellen in der Stadt erhältlich, z. B. in Touristeninformationen – das Hauptbüro an der Plaça de Catalunya liegt zentral – und in den FC Botiga-Shops. Die Tickets kosten von 39 € bis zu mehr als 250 €, je nach Sitzplatz und Spiel. An Spieltagen haben die Kartenschalter von 9.15 Uhr bis Anpfiff geöffnet. Karten für Spiele gegen Real Madrid sind schon Jahre im Voraus ausverkauft.

Wer ein Spiel besucht, sollte früh aufbrechen, um den Platz rechtzeitig zu finden (das Stadion ist riesig) und die Atmosphäre richtig auszukosten. In der Nähe der Ticketschalter sind fast immer Schwarzmarkthändler unterwegs. Oft handelt es sich um Vereinsmitglieder, mit denen man zu erheblich günstigeren Preisen ins Stadion gelangt. Allerdings sollte erst gezahlt werden, wenn man sicher auf seinem Platz sitzt.

NICHT VERSÄUMEN

- Den anfeuernden Club-Hymne-Chor der Fans vor Spielbeginn hören
- Die Filmclips von Barças besten Toren im Museum
- Ein Rundgang durchs Stadion

PRAKTISCH & KONKRET

- Karte S. 318, C8
- ☎902 189900
- www.fcbarcelona.com
- Tor 9, Avinguda de Joan XXIII
- Erw./Kind 25/20 €
- April–Sept. 9.30–19.30 Uhr, Okt.–März Mo–Sa 10–18.30, So bis 14.30 Uhr
- Ⓜ Palau Reial

JOAN_BAUTISTA/SHUTTERSTOCK ©

HIGHLIGHT
MUSEU-MONESTIR DE PEDRALBES

Das stimmungsvolle mittelalterliche Kloster ist heute ein Museum. Früher stand der Konvent allein auf weiter Flur, jetzt befindet er sich am Ende der verkehrsreichen Avinguda de Pedralbes. Die Anlage ist noch immer eine herrlich stille Ecke Barcelonas voller architektonischer Schätze. Neben dem Kloster steht die nüchterne Kirche, ein schönes Beispiel der katalanischen Gotik.

Kreuzgang & Kapelle
Das architektonische Highlight ist der elegante, dreistöckige Kreuzgang. Dieses Juwel der katalanischen Gotik wurde im frühen 14. Jh. gebaut. Rechts herum erreichen Besucher als Erstes die Capella de Sant Miquel. Die 1346 entstandenen Wandmalereien stammen von Ferrer Bassá, einem der frühesten in Katalonien dokumentierten Maler. Ein paar Schritte weiter befindet sich das ungewöhnliche Grab von Königin Elisenda, der Klostergründerin. Das zweigeteilte Grab zeigt die Königin auf der einen Seite (im Kreuzgang) im Gewand einer bußfertigen Witwe, auf der anderen Seite (in der angrenzenden Kirche) als Königin.

Refektorium & Schlafsaal
Im Erdgeschoss des Kreuzgangs verschaffen Blicke ins Refektorium, in die Klosterküche, Vorratskammern und einen Nachbau des Krankensaals einen Eindruck vom klösterlichen Leben. Spaßig war das gemeinsame Essen im Refektorium angesichts der vielen Ermahnungen wie *Silentium* (Ruhe) oder *Audi Tacens* (Höre schweigend zu) an den Wänden sicher nicht.

Der große Saal im Obergeschoss war einst der *dormidor* (Schlafsaal). Er war von winzigen Schlafzellen gesäumt, die aber entfernt wurden. Der Saal beherbergt heute Kunst, besonders gotische Andachtsbilder, und Möbel des Klosters.

NICHT VERSÄUMEN
- Die Wandmalereien von Ferrer Bassá
- Der dreistöckige gotische Kreuzgang
- Die mahnenden Inschriften im Refektorium

PRAKTISCH & KONKRET
- Karte S. 318, B5
- 93 256 34 34
- http://monestirpedralbes.bcn.cat
- Baixada del Monestir 9
- Erw./Kind 5 €/frei, So nach 15 Uhr frei
- April–Sept. Di–Fr 10–17, Sa bis 19, So bis 20 Uhr, Okt.–März Di–Fr 10–14, Sa & So bis 17 Uhr
- 63, 68, 75, 78, H4, FGC Reina Elisenda

SEHENSWERTES

CAMP NOU EXPERIENCE — MUSEUM

Siehe S. 181

MUSEU-MONESTIR DE PEDRALBES — KLOSTER

Siehe S. 182

JARDINS DEL PALAU DE PEDRALBES — PARK

Karte S. 318 (Avinguda Diagonal 686; April–Okt. 10–21 Uhr, Nov.–März bis 19 Uhr; M Palau Reial) Diese kleine, bezaubernde Grünanlage liegt ein paar Schritte von der verkehrsreichen Avinguda Diagonal entfernt. Skulpturen, Brunnen, Zitrusbäume, Bambushaine, duftender Eukalyptus, hochgewachsene Zypressen und von Bougainvilleen überwucherte Winkel säumen die Pfade, die sich durch die friedlichen Gärten ziehen. Zu den weniger bekannten Schätzen in der Anlage zählen eine mit Ranken bewachsene, bogenförmige Pergola (die bis zu ihrer Wiederentdeckung 1984 vollkommen überwuchert war) und ein plätschernder Herkulesbrunnen, beide von Antoni Gaudí entworfen.

Am Nordende des Parks liegt der Palau Reial de Pedralbes, ein Bau aus dem frühen 20. Jh., der der Familie von Eusebi Güell (Gaudís Mäzen) gehörte. 1926 übereignete sie das Bauwerk der Stadt, die es als königliche Residenz nutzte. Zu den Übernachtungsgästen zählten unter anderem schon König Alfonso XIII., der Präsident von Katalonien und General Franco. Der *palau* (Palast) ist nicht zugänglich.

PARC DE LA CREUETA DEL COLL — PARK

(Passeig de la Mare de Déu del Coll 77; April–Okt. 10–21 Uhr, Nov.–März bis 19 Uhr; 92, 129, N5, M Penitents) Der Erholungspark mit Badebecken sowie Spielplatz, Duschen und Imbissbude ist ein beliebtes Ziel für Familien; der Pool hat jedoch nur im Sommer geöffnet. Der Park wurde im tiefen Krater eines ehemaligen Steinbruchs angelegt. Auf einer Seite hängt eine riesengroße Betonskulptur von Eduardo Chillida: *Elogio del agua* (Lobpreisung des Wassers). Von der Metrostation Penitents ist es 1 km zu Fuß bis zum Eingang im Carrer Mare de Déu del Coll. Von den hügeligen Wanderwegen eröffnen sich schöne Ausblicke auf die Stadt und den Tibidabo.

BELLESGUARD — ARCHITEKTUR

Karte S. 318 (93 250 40 93; www.bellesguardgaudi.com; Carrer de Bellesguard 16; Erw./Kind 9 €/frei; Di–So 10–15 Uhr; FGC Avinguda Tibidabo) Dieses Meisterwerk Gaudís wurde vor dem Vergessen gerettet und 2013 der Öffentlichkeit zugänglich gemacht. Das zwischen 1900 und 1909 errichtete burgartige Privathaus (das noch immer der Guilera-Familie gehört) verfügt über von Zinnen gekrönte Mauern aus Stein und Ziegeln, schmale Buntglasfenster und aufwendige schmiedeeiserne Verzierungen. Gekrönt wird der faszinierende Bau, der Elemente der Gotik und des Modernisme miteinander verbindet, von einem hohen Turm mit einem für Gaudí typischen Kreuz.

Führungen auf Englisch (16 € pro Pers.) beginnen am Wochenende um 11 Uhr. Ansonsten können das Innere des Hauses und der Garten mit einem Audioguide besichtigt werden, der Erläuterungen zur Geschichte enthält.

Nachteil: Der nächste Bahnhof liegt weit weg. Allerdings fahren auch Busse in der Nähe vorbei (darunter die Linien 22 und 58 ab der Plaça de Catalunya). Ein Anruf vor einem Besuch ist unbedingt erforderlich, da das Bellesguard manchmal wegen privater Veranstaltungen geschlossen ist.

PAVELLONS GÜELL — ARCHITEKTUR

Karte S. 318 (93 317 76 52; Avinguda de Pedralbes 7; Führung Erw./Kind 5/2,50 €; 10–16 Uhr; M Palau Reial) Die Stallungen und das Pförtnerhaus entwarf Gaudí für das Güell-Anwesen, damals Finca Güell genannt. Die Gebäude wurden zwischen 1884 und 1887 errichtet, als Gaudí zutiefst beeindruckt von der arabischen Architektur war. Das Innere ist nur im Rahmen einer Führung zu besichtigen, am Wochenende um 10.15, 11.15 und 15 Uhr auch auf Englisch. Das Gelände wird manchmal überraschend geschlossen, daher empfiehlt es sich, vor dem geplanten Besuch die Öffnungszeiten zu checken. Zu den Hinguckern gehört das phantastische schmiedeeiserne Drachentor nahe der Avinguda de Pedralbes.

CENTRE CÍVIC CAN DEU — KULTURZENTRUM

Karte S. 318 (93 410 10 07; www.cccandeu.com; Plaça de la Concòrdia 13; Mo–Sa 9–22 Uhr, So 10–14 Uhr, Aug. geschl.; M Numància) In dem in einer neugotischen Villa aus dem späten 19. Jh. untergebrachten Kulturzentrum werden das ganze Jahr über Konzerte, Ausstellungen und Workshops organisiert. Das dazugehörige Café liegt an einer beschaulichen Plaza.

HIGHLIGHT COSMOCAIXA

Das Museum gehört zu den bei Jung und Alt beliebtesten Attraktionen der Stadt. Herzstück ist die gut 1 km² große Nachbildung eines **Amazonas**-Urwalds *(Bosc Inundat)*, bevölkert von mehr als 100 Spezies der im Amazonas heimischen Flora und Fauna (darunter Anakondas, bunte Giftfrösche und Kaimane). In diesem einzigartigen lebendigen Diorama können Besucher sogar tropische Regengüsse erleben. Ein weiteres Highlight ist die Mur Geològic mit sieben großen Felsbrocken, die zusammen 90 t wiegen und eine eindrucksvolle „geologische Mauer" bilden.

Ebenso lohnenswert sind die mehrmals täglich stattfindenden 3D-Vorführungen im **Planetari** (Planetarium). Sie dauern etwa 35 Minuten und über Kopfhörer sind Kommentare in mehreren Sprachen zu hören. Es werden auch verschiedene Führungen angeboten.

Andere Ausstellungen decken viele spannende Wissenschaftsbereiche ab, von Fossilien bis zur Physik und vom Alphabet bis zum Weltraum.

Ein Großteil des Museums ist unterirdisch angelegt. Draußen lädt die ausgedehnte Plaça de la Ciència mit ihrem kleinen Garten voller mediterraner Pflanzen zu einem Spaziergang ein.

NICHT VERSÄUMEN

- Ein tropischer Regenguss im Amazonas
- Die Geologische Mauer
- Das Planetarium

PRAKTISCH & KONKRET

- Museu de la Ciència
- Karte S. 318, D2
- ☎93 212 60 50
- www.cosmocaixa.com
- Carrer d'Isaac Newton 26
- Erw./Kind 4 €/frei; Führungen ab 2 €, Planetarium 4 €
- Di–So 10–20 Uhr
- 60, 196

OBSERVATORI FABRA — OBSERVATORIUM

Karte S. 318 (☎93 417 57 36; www.fabra.cat; Carretera del Observatori; Führungen 2 €, Nachthimmelbeobachtung 15–25 €; Führungen So 11–14 Uhr, Nachthimmelbeobachtung mit Reservierung Okt.–Juni Fr & Sa; FGC Avinguda Tibidabo) Das 1904 in einer Höhe von 415 m über dem Meeresspiegel im Stil des Modernisme erbaute Observatorium dient heute noch der wissenschaftlichen Forschung. Besucher können an bestimmten Abenden durch das große alte Teleskop die Sterne beobachten (aktuelle Termine stehen auf der Website). Die Führungen finden auf Katalanisch oder Spanisch statt und müssen reserviert werden. Von Mitte Juni bis Mitte September bietet Sopars amb Estrelles (S. 189) die Gelegenheit, eine Kombiabend mit feinem Essen und Astronomie zu erleben.

COL·LEGI DE LES TERESIANES — ARCHITEKTUR

Karte S. 318 (Carrer de Ganduxer 85-105; FGC Les Tres Torres) Dieses eindrucksvolle Werk von Gaudí ist mit unverputzten Ziegelpfeilern und individuell gestalteten spitzen Parabelbögen ausgestattet. Es wurde 1889 für den Theresien-Orden errichtet und kann nur von außen besichtigt werden.

ESSEN

LA FERMATA DE SARRIÀ — PIZZA €

Karte S. 318 (☎93 315 84 02; www.lafermata.es; Carrer Major de Sarrià 2-4; Pizza 14–28 € pro Kilo; 12.30–16 & 19.30–23 Uhr; 66, 130, FGC Sarrià) In diesem kleinen Lokal eines in Rom ausgebildeten Pizzabäckers gehen rechteckige Pizzastücke *al taglio* (nach Gewicht) über den Tisch. Zur Auswahl stehen neben klassischem Belag auch katalanisch inspirierte Varianten (insgesamt 150 Sorten). Perfekt für Pizza zum Mitnehmen, aber es gibt auch Hocker an der Theke und ein paar Tische auf dem Gehweg.

LA BURG — BURGER €

Karte S. 318 (☎93 205 63 48; www.laburg.com; Passeig de Sant Joan Bosco 55; Burger 7–15,50 €; Mo–Mi 13–16 & 20–23.30, Do 13–16 & 20–24, Fr & Sa 13–16.30 & 20–24, So 13.30–16 & 20–23.30 Uhr; V7, FGC Sarrià) Das schicke Restaurant vereint offene und Flaschenweine mit Gourmetburgern aus Biozutaten direkt vom Bauern. Wer Käse liebt, sollte La Quesos (Alpenrindfleisch, Emmentaler, Gouda und Manchego) probieren; ein weiteres Highlight unter den insgesamt 13 zur Wahl stehenden Burgern ist La Sarrià (Kalbfleisch, Steinpilze, Spiegelei und gehobelter schwarzer Trüffel). Die Brötchen sind selbstgebacken und auch glutenfrei zu haben.

MITJA VIDA
TAPAS €

Karte S. 320 (www.morrofi.cat; Carrer de Brusi 39; Tapas 3–7 €; ⌚Mo–Do 18–23, Fr & Sa 12–16 & 18–23, So 12–16 Uhr, Aug. geschl.; FGC Sant Gervasi) An der Edelstahl-Tapasbar des winzigen Mitja Vida drängen sich hauptsächlich gut gelaunte junge Einheimische. In dem freundlichen Lokal gibt es großzügige Portionen Sardellen, Calamari, Räucherhering, Käse und *mojama* (gepökelter Thunfisch). Bevorzugtes Getränk ist der hausgemachte Wermut.

SANTAMASA
KATALANISCH €

Karte S. 318 (☎93 676 35 74; www.santamasarestaurant.com; Carrer Major de Sarrià 97; Gerichte 6,50–13 €; ⌚Mo–Fr 8–24, Sa & So 9–24 Uhr; FGC Reina Elisenda) Das Santamasa neben der hübschen Kirche Sarriàs aus dem 18. Jh. (Sant Vicenç de Sarrià) ist ein attraktives Restaurant für eine leichte Mahlzeit zu jeder Tageszeit. Das Speisenangebot ist breit gefächert, eine Mischung aus kreativ belegten *pizzetes* (kleinen Pizzas), Salaten, belegten Broten, Fondue, Burgern, Quesadillas und guten Vorspeisen zum Teilen wie Hummus und Guacamole.

FLASH FLASH
SPANISCH €

Karte S. 320 (☎93 237 09 90; www.flashflashbarcelona.com; Carrer de la Granada del Penedès 25; Gerichte 6,30–13,80 €; ⌚13–1.30 Uhr; ; MGracia) Die schwarz-weißen Wandgemälde und komplett weiße Inneneinrichtung des Flash Flash haben eine augenzwinkernd-kitschige Pop-Art-Ästhetik, die an sein Eröffnungsjahr (1970) erinnert. Spezialität des Hauses sind luftige *tortillas* (Omeletts) in über 50 Variationen sowie riesige Hamburger ohne Brötchen.

FOIX DE SARRIÀ
BÄCKEREI €

Karte S. 318 (☎93 203 04 73; www.foixdesarria.com; Plaça de Sarrià 12-13; Gebäck 2–5 €; ⌚8–21 Uhr; FGC Reina Elisenda) Bereits seit 1886 werden in dieser exklusiven Patisserie exquisite Kuchen und Süßspeisen verkauft, die man mitnehmen oder zu Tee, Kaffee oder heißer Schokolade gleich im Café verzehren kann.

BAR TOMÀS
TAPAS €

Karte S. 318 (☎93 203 10 77; www.eltomasdesarria.com; Carrer Major de Sarrià 49; Tapas 2,50–7 €; ⌚Mo–Sa 12–16 & 18–22 Uhr; FGC Sarrià) Viele *barcelonins* schwören, dass hier die besten *patatas bravas* (Kartoffelstücke mit dem speziellen Knoblauch-Aioli des Hauses) aufgetischt werden. Trotz der Neonleuchten und vielbeschäftigten Kellner drängen sich hier Leute aus allen sozialen Schichten, besonders zum Mittagessen am Wochenende. Zu einem eisgekühlten Bier schmecken außer den patatas aber auch die gebratenen Artischocken, Sardellen und anderen angebotenen Snacks.

COMAXURROS
CHURROS €

Karte S. 318 (☎93 417 94 05; www.comaxurros.com; Carrer de Muntaner 562; Churros ab 2 €; ⌚Di 16.30–20.30, Mi–Fr 9–14 & 16.30–20.30, Sa & So 9–14 & 17–20.30 Uhr; FGC El Putxet) In dem auffälligen kleinen Café, das zu Barcelonas berühmter *pastelería* Canals gehört, wird

EIN BUMMEL DURCHS HISTORISCHE SARRIÀ

Die Altstadt von Sarrià westlich der vielbefahrenen Hauptstraße Via Augusta ist weitestgehend verkehrsfrei und eine Oase der Ruhe. Sarrià wurde vermutlich im 13. Jh. gegründet und erst 1921 in das Stadtgebiet Barcelonas eingemeindet. Hauptachse des Viertels ist der gewundene **Carrer Major de Sarrià**, der sich heute als Mischung aus Alt und Neu mit einigen Geschäften und Restaurants präsentiert.

Das obere Ende der Straße bildet die hübsche **Plaça de Sarrià** (von der aus der Passeig de la Reina Elisenda de Montcada nach Westen zum mittelalterlichen Monestir de Pedralbes verläuft). Dort lohnt sich ein Besuch der exklusiven Konditorei **Foix de Sarrià** (s. o.). Von hier geht es bergab über die **Plaça del Consell de la Vila**, die **Plaça de Sant Vicenç de Sarrià** und über den Carrer de Rocaberti zum Monestir de Santa Isabel mit einem neugotischen Kreuzgang. 1886 für die Klarissinnen errichtet, deren Orden sich im 16. Jh. in El Raval gründete, wurde das Kloster im Bürgerkrieg aufgegeben und als Luftschutzbunker genutzt.

der bescheidene Churro ordentlich aufgepeppt: wunderbar knusprig (und schonend) in Olivenöl frittiert und mit kreativen Zutaten serviert (Pistazien, Erdbeersauce, Zartbitterschokolade). Es gibt auch herzhafte Varianten, z. B. mit Käse, Pilzen und *jamón ibérico*.

★ACONTRALUZ MEDITERRAN €€

Karte S. 318 (☎93 203 06 58; www.acontraluz.com; Carrer del Milanesat 19; Hauptgerichte 15–27 €; ⏲Mo–Sa 13.30–16 & 20.30–24, So 13.30–16 Uhr; 🚉FGC Les Tres Torres) Den größten Zauber haben in diesem romantischen Restaurant die Tische in einem Garten voller Bougainvillea und Bäume, den man über eine Laube erreicht. Die herausragende Speisekarte umfasst etwa Seeteufel in der Olivenkruste mit karamellisiertem Fenchel, schwarze Paella mit Tintenfisch und Muscheln und Spanferkel mit Feigenmarmelade. Als Nachtisch empfiehlt sich der in Rum getränkte Karottenkuchen mit Kardamomeis.

BANGKOK CAFE THAI €€

Karte S. 318 (☎93 339 32 69; Carrer d'Evarist Arnús 65; Hauptgerichte 10–14 €; ⏲Mo–Mi 20–23, Do–So 13–15.45 & 20–23 Uhr; Ⓜ Plaça del Centre) Wer Appetit auf thailändische Küche hat, sollte sich auf den Weg ins Bangkok Cafe machen. Dort bekommt man pikanten Salat aus grünen Papayas, *tam yam kung* (scharfe Garnelensuppe), knusprige Garnelen mit Pflaumensauce, rote Currys und andere herausragende Gerichte mit mehr Schärfe als in den meisten katalanischen Restaurants. Es ist ein kleines, gut besuchtes Lokal mit offener Küche, Fotos der thailändischen Königsfamilie, einer schwarzen Tafel mit Tagesgerichten und einem übergroßen Kronleuchter. Der Eingang befindet sich in der Seitengasse.

★ASPIC CAFÉ, DELIKATESSEN €€

Karte S. 320 (☎93 200 04 35; www.aspic.es; Avinguda de Pau Casals 24; Gerichte 9–19,50 €; ⏲Café Di–Sa 11–13.30 & 18–20.30, So 11–16 Uhr, Feinkostladen Di–Sa 9–20, So bis 16 Uhr, Bar Di–Sa bis 24, So bis 16 Uhr; 📶🖉; 🚋T1, T2, T3 Francesc Macià) Im Vorzeigecafé dieses Caterers werden aus Luxuszutaten (Räucherlachs, erstklassige Wurstwaren und Käse sowie hochwertige Olivenöle und sorgfältig ausgesuchte spanische Weine) köstliche Gerichte wie Scholle mit Herzmuschelschaum und Brokkolipüree gezaubert. Und im dazugehörigen Feinkostladen sind alle Zutaten für ein Gourmetpicknick in den nahe gelegenen Jardins del Poeta Eduard Marquina erhältlich.

VIVANDA KATALANISCH €€

Karte S. 318 (☎93 203 19 18; www.vivanda.cat; Carrer Major de Sarrià 134; Teller zum Teilen 9–21 €; ⏲Di–Sa 13.30–15.30 & 20.30–23, So 13.30–15.30 Uhr; 🚉FGC Reina Elisenda) Die Speisen des gefeierten katalanischen Küchenchefs Jordi Vilà sorgen in diesem Klassiker in Sarrià für Begeisterung. Sie wechseln je nach Saison; es gibt vielleicht Eier mit Trüffel, Reis mit Tintenfisch oder Artischocken mit Romescosauce. Hinter dem Restaurant befindet sich eine schattige Terrasse mit Terrakottafliesen und weiß gedeckten Tischen. Dank Heizstrahlern bleibt sie das ganze Jahr über geöffnet – im Winter werden die Gäste mit Decken und heißer Suppe versorgt.

5° PINO KATALANISCH €€

Karte S. 318 (Quinto Pino; ☎93 252 22 81; www.quintopino.es; Passeig de la Bonanova 98; Sandwiches 8–13 €, Tapas 1,50–7,50 €; ⏲Küche Mo–Fr 8.30–24, Sa 10–24 Uhr, Bar bis 1.30 Uhr; 👪; 🚉FGC Sarrià) Beim Bummel durch Sarrià lohnt sich ein Abstecher ein paar Straßen Richtung Osten zu diesem zauberhaften Café und Restaurant. Die Anwohner schätzen es wegen der leckeren Sandwiches, Salate, Tortillas, Tapas und Getränke. Es liegt an einer verkehrsreichen Straße, aber die Terrasse unter schattigen Kiefern ist trotzdem ein nettes Fleckchen für einen Imbiss.

EL ASADOR DE ARANDA SPANISCH €€

Karte S. 318 (☎93 417 01 15; www.asadordearanda.net; Avinguda del Tibidabo 31; Tapas 6–16,50 €, Hauptgerichte 15–22,50 €; ⏲1–16.30 & 20–23.30 Uhr; 📶; 🚉FGC Avinguda Tibidabo) Die beliebtesten Tische im auffälligen Modernista-Bau mit Buntglasfenstern, maurisch inspirierten Backsteinbögen und verzierten Decken sind die auf der Terrasse mit Landschaftsgarten. Die Speisekarte listet eine ordentliche Auswahl an Tapas zum Teilen, die Spezialität des Hauses ist aber Fleisch (Lamm, Rippchen und Rind) aus dem Holzofen.

AJOBLANCO KATALANISCH €€

Karte S. 320 (☎93 667 87 66; www.ajoblancorestaurant.com; Carrer de Tuset 20; Tapas 7,50–19 €, Hauptgerichte 14–21 €; ⏲Mo–Mi 20–1, Do–Sa bis 3, So 12–1 Uhr; 🖉; 🚉FGC Gràcia) In dem schön gestalteten Lokal mit Holzmö-

ABSTECHER

JARDINS DEL LABERINT D'HORTA

Der im ausgehenden 18. Jh. von Antoni Desvalls, Marquès d'Alfarràs i de Llupià angelegte Park, die **Jardins del Laberint d'Horta** (☎93 413 24 00; http://lameva.barcelona.cat; Passeig del Castanyers 1; Erw./Kind 2,23/1,42 €, Mi & So frei; ⌚April–Okt. 10–20, Dez.–März bis 19 Uhr; Ⓜ Mundet) blieben lange ein privates Familienrefugium. Erst in den 1970er-Jahren wurde er für die Öffentlichkeit geöffnet. In der Mitte liegt ein Irrgarten, das *laberint*. Andere Wege führen an einem hübschen künstlichen See entlang, vorbei an Wasserfällen, einem klassizistischen Pavillon und einem Pseudo-Friedhof. Letzterer entsprang dem „Romantizismus" des 19. Jhs., der sich in einer leidenschaftlichen Todessehnsucht erging.

Das Labyrinth in der Mitte dieses kühlen Parks, der zwischen den modernen Apartmenthäusern und Schnellstraßen irgendwie verloren wirkt, kann ziemlich frustrieren, aber Kinder lieben es. Die Mitte ist am besten vom unteren Ende zu erreichen, der Ausgang liegt in Richtung der Teiche und des klassizistischen Pavillons. Im Parkgelände wurden auch einige Szenen des Kinofilms *Das Parfum* nach dem Roman von Patrick Süskind gedreht.

Zum Park geht's von der Metrostation Mundet über den rechten Treppenaufgang nach oben, dort rechts und schließlich links die Hauptstraße entlang; linker Hand befinden sich Fußballplätze. Die erste Straße links führt dann bergauf zu den Gärten (ca. 5 Min.).

beln wird eine Mischung aus klassischen und kreativen Tapas angeboten, die gut zu den phantasievollen Cocktails passen. Der hauseigene Wermut schmeckt wunderbar zu knusprigen Artischockenherzen mit Romescosauce, Lammschulterbraten oder Seebarsch-Ceviche mit Mango und Chili. Mittwochs bis samstags gibt es Livemusik oder DJs.

LA MOLINA — KATALANISCH €€

Karte S. 318 (☎93 417 11 24; www.restaurantemolina.net; Passeig de Sant Gervasi 65; Hauptgerichte 12,50–18 €; ⌚Mo–Fr 9–17 & 20–24, Sa & So 11–17 Uhr; 🚆FGC Avinguda Tibidabo) Auf den ersten Blick sieht das La Molina aus wie jede andere Tapas-Bar: Tische auf dem Gehsteig, nichtssagende Bar im vorderen Bereich. Wer aber bis ins Hinterzimmer vordringt, findet einen der großen katalanischen Restaurantgeheimtipps des Stadtviertels. Abends ist eine Reservierung empfehlenswert.

★LA BALSA — MEDITERRAN €€€

Karte S. 318 (☎93 211 50 48; www.labalsarestaurant.com; Carrer de la Infanta Isabel 4; Hauptgerichte 20–28 €; ⌚Di–Sa 13.30–15.30 & 20.30–22.30, So 13.30–15.30 Uhr; 📶; 🚆FGC Avinguda Tibidabo) Mit seiner hohen Decke und dem duftenden Garten um die Terrasse herum ist La Balsa eine Topadresse eleganter Esskultur. Die saisonale Speisekarte umfasst eine Mischung aus traditioneller katalanischer Küche und schrägen Einfällen (z. B. Spanferkel mit Melone oder Kabeljauconfit mit Pflaumenkompott). Vor dem Essen bietet sich ein Cocktail an der Bar an.

★VIA VENETO — GASTRONOMIE €€€

Karte S. 320 (☎93 200 72 44; www.viaveneto.es; Carrer de Ganduxer 10; Hauptgerichte 28–52,50 €; ⌚Mo–Fr 13–16 & 20–23.45, Sa 20–23.45 Uhr, Aug. geschl.; 🚆FGC La Bonanova) Nach der Eröffnung dieses Nobelrestaurants im Jahr 1967 war Dalí hier Stammgast. Wer will, kann sich auch dessen Lieblingstisch reservieren lassen. Ovale Spiegel, rötlich orangefarbene Tischdecken, lederbezogene Stühle und feines Besteck bilden die stilgerechte Kulisse für aufwendige Gerichte wie geräucherte Austern mit gehacktem Schwarzbrot oder Rotbarbe mit Zwiebelblättern vom Holzkohlegrill. Im Keller lagern über 1800 Weine aus Katalonien und ganz Spanien.

HISOP — MEDITERRAN €€€

Karte S. 320 (☎93 241 32 33; www.hisop.com; Passatge de Marimon 9; Hauptgerichte 24–28,50 €; ⌚Mo–Fr 13.30–15.30 & 20.30–23, Sa 20.30–23 Uhr; Ⓜ Diagonal) Schwarz, Weiß und Dunkelrot sind die dominierenden Farben in diesem eleganten kleinen und Michelin-gekrönten Restaurant ein Stück abseits der üblichen Pfade. Die saisonale Speisekarte ist ein Kunstwerk – z. B. in Holunderblüten, Fenchel und Grappa marinierte Ente, Steinbutt vom Grill an Jalapeño-Chi-

ABSTECHER

TIBIDABO: GARTEN DER LÜSTE

Der bewaldete Tibidabo am nördlichen Ende der Stadt ist mit 512 m der höchste Berg der Serra de Collserola. Neben dem wunderschönen Ausblick bietet der Tibidabo den 8000 ha großen **Parc de Collserola** (Karte S. 318; ☎93 280 35 52; www.parcnatural collserola.cat; Carretera de l'Església 92; ⏲Centre d'Informació 9.30–15 Uhr, Can Coll So & Feiertage 9.30–14.30 Uhr, Ende Juli–Anfang Sept. geschl.); einen altmodischen Vergnügungspark, den **Parc d'Atraccions** (Karte S. 318; ☎93 211 79 42; www.tibidabo.cat; Plaça de Tibidabo 3-4; Erw./Kind 28,50/10,30 €; ⏲Jan. & Feb. geschl.); den **Torre de Collserola** (Karte S. 318; ☎93 406 93 54; www.torredecollserola.com; Carretera de Vallvidrera al Tibidabo; Erw./Kind 5,60/3,30 €; ⏲wechselnde Öffnungszeiten, Jan. & Feb. geschl.), einen Funkturm mit Aussichtsplattform und die riesige **Basílica del Sagrat Cor de Jesús** (Herz-Jesu-Basilika; Karte S. 318; ☎93 417 56 86; www.templotibidabo.es; Plaça de Tibidabo; Aufzug 3,50 €; ⏲11–19 Uhr) GRATIS, die über weite Teile der Stadt gut sichtbar ist. Der Tibidabo wurde nach dem Teufel benannt, der Christus in Versuchung führen wollte, ihn auf eine Anhöhe brachte und sagte: *Haec omnia tibi dabo si cadens adoraberis me* (dies alles gebe ich Dir, wenn du hinabfällst und mich anbetest).

Zu erreichen sind Basilika und Vergnügungspark mit dem FGC-Zug zum Bahnhof Avinguda Tibidabo. Vor dem Bahnhof geht es mit der *tramvia blau* weiter an extravaganten Modernisme-Villen vorbei zur Plaça del Doctor Andreu (einfach 5,50 €, 15 Min., Ende Juni–Anfang Sept. tgl. 10–19.30 Uhr alle 15 oder 30 Min., Anfang Sept.–Ende Juni Sa, So & Feiertage 10–18.15 Uhr; Fahrplan kann sich ändern). Die Buslinie 196 bedient dieselbe Strecke. An der Plaça del Doctor Andreu fährt dann eine Standseilbahn zum Gipfel (hin & zurück 7,70 €, 5 Min.). Die Bahnen verkehren ab 10 Uhr alle 15 Minuten bis kurz nachdem der Parc d'Atraccions schließt. Wer mitfahren will, sollte sich bereits lange bevor die Seilbahn hält anstellen – der Platz ist begrenzt.

Eine Alternative ist die Buslinie T2A (der „Tibibús"), der zwischen Plaça de Catalunya und Plaça de Tibidabo verkehrt (3 €, 30 Min., März–Dez. Sa, So & Feiertage alle 30–50 Min., Ende Juni–Anfang Sept. Mo–Fr stündl. ab 10.15 Uhr).

Wer zum Parc de Collserola möchte, nimmt einen FGC-Zug bis Baixador de Vallvidrera oder steigt eine Haltestelle früher am Peu del Funicular aus und fährt mit der Funicular Vallvidrera hoch.

Die Buslinie 111 verkehrt zwischen Tibidabo und Vallvidrera (über Torre de Collserola).

lis mit Pistazienfüllung oder in Olivenöl pochierte Pfirsiche mit karamellisiertem Ingwer.

ABAC
KATALANISCH €€€

Karte S. 318 (☎93 319 66 00; www.abacrestaurant.com; Avinguda del Tibidabo 1; Probiermenü 140–170 €, mit Wein 215–265 €; ⏲13.30–15 & 20.30–22 Uhr; FGC Avinguda Tibidabo) Das mit drei Michelin-Sternen ausgezeichnete ABaC wird vom berühmten Koch Jordi Cruz geführt und verspricht eins der unvergesslichsten (und teuersten) kulinarischen Erlebnisse in Barcelona. Geboten wird kreative, köstliche Perfektion bei Gerichten wie Sherry-Kraftbrühe mit Thunfisch-Rückenmark, Tacos mit *foie gras*, Seeigel mit Planktonbutter und Bloody-Mary-Makronen. Nur mit Reservierung.

CAN CORTADA
KATALANISCH €€€

(☎93 427 23 15; www.cancortada.com; Avinguda de l'Estatut de Catalunya; Hauptgerichte 21,50–29 €; ⏲13–16 & 20–23 Uhr; Ⓜ Mundet) Das Ambiente und der freundliche Empfang lohnen den Abstecher zu diesem Anwesen aus dem 11. Jh. samt Ruine eines Wehrturms. Grillfleisch dominiert, aber es gibt auch recht gute Vorspeisen und im Winter Gerichte wie Artischocken vom Grill und *calçots* (wilde Frühlingszwiebeln). Man sollte versuchen, einen Tisch im ehemaligen Weinkeller oder auf der Gartenterrasse zu bekommen.

HOFMANN
MEDITERRAN €€€

Karte S. 320 (☎93 218 71 65; www.hofmann-bcn.com; Carrer de la Granada del Penedès 14; Hauptgerichte 23–37 €; ⏲Mo–Fr 13.30–15.45, Mo–Sa auch 21–23 Uhr; FGC Gràcia) Die Küche wird hier von Köchen in der Ausbildung geleitet (mit etwas Hilfe von ihren Lehrmeistern). Auf der Speisekarte stehen elegante Varianten klassischer mediterraner Küche (Schweinsfüße mit *foie gras* und getrüffeltem Schweinefleisch-Jus oder Räucheraal mit einem Consommé aus schwarzem Knoblauch). Die Nachspeisen sind so hervorragend, dass manche Gäste den Hauptgang ausfallen lassen und einfach eine Vorspeise und zwei Desserts bestellen.

SOPARS AMB ESTRELLES KATALANISCH €€€
Karte S. 318 (Essen unter Sternen; ☎93 327 01 21; www.sternalia.com; Carretera del Observatori; Mahlzeit & Observatorium 71–125 €; ⌚Mitte Juni–Mitte Sept.; ☎ 👪) Der astronomische Abend im Observatori Fabra (S. 184) umfasst ein Abendessen im Freien, eine Observatoriumsführung, einen Blick ins Teleskop und einen Vortrag über den Himmel. Die Veranstaltung beginnt um 20.30 Uhr und endet um Mitternacht. Der Preis hängt vom bestellten Menü ab; für Vegetarier und Kinder ist gesorgt. Nur mit Reservierung. Am besten ist das Observatorium per Taxi erreichbar.

AUSGEHEN & NACHTLEBEN

EL MARAVILLAS COCKTAILBAR
Karte S. 318 (☎93 360 73 78; www.elmaravillas.cat; Plaça de la Concòrdia 15; ⌚Mo & Di 12–24, Mi bis 1, Do bis 2, Fr–So bis 3 Uhr; Ⓜ Maria Cristina, 🚊T1, T2, T3 Numància) El Maravillas an der beschaulichen Plaça de la Concòrdia erscheint wie eine rettende Oase, besonders nach dem Gedränge in den Gassen der *Ciutat Vella* (Altstadt). In der funkelnden Bar stehen nur eine Handvoll Tische, bei warmem Wetter kann man auch draußen auf dem Platz sitzen. Die meisten Gäste bestellen einen der kreativen Cocktails, einen guten spanischen Rotwein oder einen süffigen Wermut.

MIRABLAU BAR
Karte S. 318 (☎93 418 58 79; www.mirablaubcn.com; Plaça del Doctor Andreu; ⌚Mo–Mi 11–3.30, Do 11–4.30, Fr & Sa 10–5, So 10–2.30 Uhr; 🚌196, 🚆FGC Avinguda Tibidabo) Vom Balkon des Restaurants in bester Lage an der Talstation der Seilbahn zum Tibidabo eröffnet sich ein Blick über die ganze Stadt. Die Bar ist berühmt für ihre Auswahl von 30 verschiedenen Ginsorten. Unten toben sich die Leute ab 23.30 Uhr auf der winzigen Tanzfläche aus. Im Sommer können sie auf der noch kleineren Terrasse Luft schnappen.

CAFE TURÓ CAFÉ
Karte S. 320 (Carrer del Tenor Viñas 1; ⌚8–24 Uhr; 🚌68, 🚊T1, T2, T3 Francesc Macià) In dem Café am Rand des Turó Parc ergänzen sich sanfte Beleuchtung und hellrote Wände. Vor der Tür kann man ganzjährig unter der ebenfalls roten Markise sitzen und morgens beim Kaffee, nachmittags beim Wein oder abends beim Cocktail die Sonne genießen. Dazu gibt es eine gute Auswahl an Bistrogerichten und Tapas.

DŌ BAR BAR
Karte S. 320 (☎93 209 18 88; www.do-bcn.com; Carrer de Santaló 30; ⌚Di–Do 19–24, Fr & Sa 20–1 Uhr; 📶; 🚆FGC Muntaner) Im freundlichen und einladenden Gastraum der bezaubernden Bar treffen sich die *barcelonins*, um an Holztischen hervorragenden Gin Tonic, ein Glas Wein, Craft-Bier und sättigende Tapas (Sardellen, Muscheln, Tacos, Wurst und Schinken) zu genießen. An warmen Abenden sind die Terrassentische vorne schnell besetzt. Der Eingang liegt in der Carrer de l'Avenir.

MARCEL BAR
Karte S. 320 (☎93 209 89 48; Carrer de Santaló 42; ⌚Mo–Do 7.30–1, Fr & Sa 7.30–3, So 9.30–24 Uhr; 🚆FGC Muntaner) Das Marcel ist ein Klassiker. Die Bar verströmt mit ihrer Holzvertäfelung, dem gekachelten schwarz-weißen Schachbrettboden und den hohen Fenstern ein anheimelnd stilvolles Flair. Zu essen gibt's Snacks und Tapas. Viel Platz bietet die Bar nicht, deshalb weichen die Gäste unweigerlich auf den Gehsteig aus, wo auch ein paar Tische stehen.

BIKINI CLUB
Karte S. 318 (☎93 322 08 00; www.bikinibcn.com; Avinguda Diagonal 547; Eintritt ab 12 €; ⌚Do–Sa 0–6 Uhr; 🚌6, 7, 33, 34, 63, 67, L51, L57, 🚊T1, T2, T3 L'Illa) Der große alte Star des Nachtlebens von Barcelona ist schon seit 1953 im Geschäft. Hier wird in unterschiedlichen Räumlichkeiten je nach Wochentag jede nur denkbare Musikrichtung gespielt – von Latin und brasilianischen Rhythmen bis zu Diskohits der 1980er-Jahre.

LIZARRAN BAR
Karte S. 318 (www.lizarran.es; Carrer de Can Bruixa 6; ⌚So–Do 8–24, Fr & Sa bis 2 Uhr; Ⓜ Les Corts) Eine prima Bar für einen Drink vor oder nach einem Spiel des FC Barça in Camp Nou, das 800 m südwestlich liegt. Bier und Sangría gibt's reichlich und günstig, dazu

auch eine gute Auswahl an *pintxos* (baskische Tapas), und an warmen Tagen lockt vor der Bar eine Terrasse mit Sonnensegel.

SUTTON CLUB CLUB

Karte S. 320 (☎667 432759; www.thesuttonclub.com; Carrer de Tuset 13; Eintritt ab 15 €; ⏲ Mi & Do 23.30–5.30, Fr & Sa bis 6 Uhr; Ⓡ FGC Gràcia) In der neonbeleuchteten Disko wird die Tanzfläche mit Mainstream-Musik beschallt und in einer Bar an der Seite läuft House. Der Club zieht im Lauf des Abends jede Menge Volk aus den umliegenden Bars an. Auf der Haupttanzfläche drängen sich meist gutaussehenden Gäste und die Türsteher sind selbst bei Reservierung manchmal knallhart.

BERLIN BAR

Karte S. 320 (☎93 200 65 42; www.cafeberlinbarcelona.com; Carrer de Muntaner 240; ⏲Mo–Do 10–2, Fr & Sa bis 3 Uhr; Ⓜ Hospital Clínic) Die elegante Eckbar blickt über die Avinguda Diagonal. Im Erdgeschoss stehen einige Tische draußen, unten Designersofas. Die Bedienung ist oft etwas gestresst, dennoch ist die Bar ein hervorragender Auftakt für eine lange Nacht in den Clubs der Umgebung.

☆ UNTERHALTUNG

CAMP NOU FUSSBALL

Karte S. 318 (☎902 189900; www.fcbarcelona.com; Carrer d'Arístides Maillol; Ⓜ Palau Reial) Das riesige Stadion Camp Nou (Katalanisch: „neues Feld") ist der Heimspielort des legendären Futbol Club Barcelona. Bei einem Fußballspiel inmitten der begeisterten Menge dabei zu sein, ist ein unvergessliches Erlebnis. Spielsaison ist von September bis Mai. Als Alternative vermittelt die Camp Nou Experience (S. 181) mit einem Besuch interaktiver Galerien und Stadionbesichtigung einen Eindruck von der spannungsgeladenen Atmosphäre eines Livespiels.

LUZ DE GAS LIVEMUSIK

Karte S. 320 (☎93 209 77 11; www.luzdegas.com; Carrer de Muntaner 246; ⏲Do–Sa 0–6 Uhr; 🚌6, 7, 27, 32, 33, 34, H8, 🚊T1, T2, T3 Francesc Macià) Der Club in einem ehemaligen prächtigen Theater veranstaltet mehrmals pro Woche Konzerte mit einer Palette von Rock, Soul, Salsa, Jazz und Pop. Die Veranstaltungen beginnen meist um 1 Uhr morgens. Ab 2 Uhr wird der Laden zum Club, der gut gekleidete Gäste mit unterschiedlichem Musikgeschmack (jede Nacht ein anderer Stil) anlockt. Das aktuelle Programm steht auf der Website.

SHOPPEN

CATALINA HOUSE HAUSHALTSWAREN

Karte S. 320 (☎93 140 96 39; www.catalinahouse.net; Carrer d'Amigó 47; ⏲Mo–Fr 10.30–14 & 17–20, Sa 10.30–14 Uhr; Ⓡ FGC Muntaner) Nach einer jahrzehntelangen Erfolgsgeschichte auf der Baleareninsel Formentera hat das Catalina House 2016 in Barcelona einen zweiten Laden eröffnet. Nachhaltige Materialien wie Leinen, Baumwolle, Stein, Glas, Terrakotta und geöltes Holz werden zu schicken Wohnaccessoires wie Kissen, Tischdecken, Vasen, Uhren, Skulpturen und Möbeln im mediterranen Design verarbeitet.

L'ILLA DIAGONAL EINKAUFSZENTRUM

Karte S. 318 (☎93 444 00 00; www.lilla.com; Avinguda Diagonal 557; ⏲Mo–Sa 9.30–21 Uhr; Ⓜ Maria Cristina) Das schöne Einkaufszentrum ist eines der besten in Barcelona und mit seinen Edelgeschäften und einer faszinierenden Restaurantauswahl wunderbar, um darin ein paar Stunden (oder Tage) zu verbringen.

FC BOTIGA MEGASTORE GESCHENKE & SOUVENIRS

Karte S. 318 (☎93 409 02 71; www.fcbmegastore.com; Tor 9, abseits der Avinguda Joan de XXIII; ⏲Mo–Sa 10–19, So 10.30–15.30 Uhr, an Spieltagen bis zum Anpfiff; Ⓜ Palau Reial) In dem großen, dreistöckigen Geschäft auf dem Camp Nou (S. 181) kann man Fußbälle, Shirts, Schals, Socken, Geldbeutel, Taschen, Schuhe, Handyhüllen und überhaupt so ziemlich alles Erdenkliche in den Teamfarben des berühmten Clubs kaufen.

NORMANDIE KINDERKLEIDUNG

Karte S. 320 (☎93 209 14 11; www.normandiebaby.com; Plaça de Sant Gregori Taumaturg; ⏲Mo–Sa 10.30–14.30 & 16.30–20.30 Uhr; Ⓡ FGC La Bonanova) Der in Barcelona geborene, in Paris ausgebildete Designer gründete das Modelabel für Babys und Kleinkinder bis zum Alter von sechs Jahren im Jahr 2000. Verarbeitet werden nur Naturgarne wie Angora, Baumwolle, Kaschmir und Wolle. Als Inspiration für die hinreißenden Outfits mit Vintage- und Retro-Anklängen dient die französische Normandie.

ORIOL BALAGUER ESSEN

Karte S. 320 (☎93 201 18 46; www.oriolbalaguer.com; Plaça de Sant Gregori Taumaturg 2; ⏰Mo–Fr 9–14.30 & 16–21, Sa 8.30–14.30 & 16–21, So 8.30–14.30 Uhr; 🚆FGC La Bonanova) Großartige Kuchen, Süßigkeiten, Eiscreme, Pralinen und andere süße Kreationen locken Kunden in den museumartigen Laden.

UKKA MODE & ACCESSOIRES

Karte S. 320 (☎661 919710; Carrer de Laforja 122; ⏰Mo–Fr 10.30–14 & 17–20.30, Sa 11–14 & 17.30–20.30 Uhr; 🚆FGC Muntaner) Die Mode und Accessoires mit Boheme-Flair (darunter Schals, Hüte und Hingucker-Schmuck) werden direkt in Barcelona gefertigt und exklusiv in dieser schicken kleinen Boutique mit Terrakottaboden verkauft.

LABPERFUM KOSMETIK

Karte S. 320 (☎93 298 95 12; www.labperfum.com; Carrer de Santaló 45; ⏰Mo–Sa 10–14.30 & 17–20.30 Uhr; 🚆FGC Muntaner) Wie eine alte Apotheke wirkt der winzige Laden mit seinen Regalen voller hübscher Glasfläschchen – die allerdings mit außergewöhnlichen, im Haus hergestellten Parfums für Männer und Frauen gefüllt sind und wunderschön verpackt werden. Sie sind weit entfernt von Massenprodukten wie *Obsession* – es gibt Duftnoten wie Tabak, schwarze Orchidee und Leder. Zum Sortiment gehören auch Duftkerzen, Seifen und Cremes.

MERCAT DE GALVANY MARKT

Karte S. 320 (www.mercatgalvany.es; Carrer de Santaló 65; ⏰Mo–Do & Sa 7–14.30, Fr 7–14.30 & 19–20 Uhr; 🚆FGC Muntaner) Die 1927 eröffnete Galvany-Markthalle ist mit ihrer Backsteinfassade und der Innengestaltung aus Glas und Schmiedeeisen eine der schönsten der Stadt. An über 80 verschiedenen Ständen wartet eine verführerische Auswahl an Backwaren, frischem Obst, Gemüse und Feinkost.

EL CORTE INGLÉS KAUFHAUS

Karte S. 318 (☎93 493 48 00; www.elcorteingles.es; Avinguda Diagonal 617; ⏰Mo–Sa 9.30–21 Uhr; Ⓜ Maria Cristina) In dem großen Kaufhaus an der verkehrsreichen Avinguda Diagonal gibt es einen Supermarkt und mehrere Restaurants.

PASTISSERIA NATCHA ESSEN

Karte S. 320 (☎93 430 10 70; www.natcha.cat; Avinguda de Sarrià 45; ⏰8–21 Uhr; Ⓜ Hospital Clínic) Die Patisseria Natcha verführt die *barcelonins* schon seit 1958 mit Pralinen und nach Kundenwünschen gestalteten Torten.

SPORT & AKTIVITÄTEN

RITUELS D'ORIENT SPA

Karte S. 320 (☎93 419 14 72; www.rituelsdorient.com; Carrer de Loreto 50; Bäder 45 Min. 29 € Anwendungen 21 €; ⏰Di, Mi & So 11–21, Do–Sa bis 22 Uhr; Ⓜ Hospital Clínic) Rituels d'Orient könnte direkt aus 1001 Nacht stammen. Dunkles Holz, geschnitzte Fenstergitter, Kerzen und ein auf uralt getrimmtes Gemäuer schaffen ein wunderbar entspannendes Ambiente für luxuriöse Hammam-Besuche, Massagen, Körperpeeling, Maniküre, Pediküre oder eine kosmetische Gesichtsbehandlung.

Montjuïc, Poble Sec & Sant Antoni

Highlights

❶ **Museu Nacional d'Art de Catalunya** (S. 195) Einen Tag der weltweit wichtigsten Sammlung frühmittelalterlicher Kunst in den romanischen Sälen widmen, gefolgt von 600 Jahren katalanischer Kunst voller Meisterwerke.

❷ **Fundació Joan Miró** (S. 194) Geniale Werke von einem der Giganten der Kunstwelt betrachten, die in den lichtdurchfluteten, von Josep Lluís Sert entworfenen Galerien umso bestechender wirken.

❸ **CaixaForum** (S. 197) Eine bahnbrechende Kunstausstellung in der einstigen Modernisme-Fabrik besuchen.

❹ **Museu Etnològic** (S. 199) Die *gegants* (riesige Pappmaché-Figuren) aus der Nähe betrachten und etwas über die Feste und Folklore Kataloniens erfahren.

❺ **Teleférico del Puerto** (S. 201) Bei einer Seilbahnfahrt zwischen Barceloneta und dem Montjuïc auf Meer und Stadt blicken.

Details siehe Karte S. 322

Rundgang: Montjuïc, Poble Sec & Sant Antoni

Auf dem Montjuïc warten herausragende Kunstsammlungen neben kleineren Museen, Repliken spanischer Häuser im Poble Espanyol (S. 198), dem Castell de Montjuïc (S. 197) und einem Nachbau des deutschen Pavillons (S. 200) von Mies van der Rohe von 1929. Auch die meisten Sportanlagen der Olympiade von 1992 liegen hier. Abends locken das Schauspiel der Font Màgica (S. 197), mehrere Theater und ein paar Clubs. Wer auch noch einige Parks und Gärten besucht, ist ein paar Tage lang beschäftigt.

Der Hügel ist zu Fuß ab der Plaça d'Espanya und dann über eine Abfolge von Rolltreppen zu erreichen, die an der Westseite des Palau Nacional hoch zur Avinguda de l'Estadi fahren. Eine spektakuläre Alternative ist die Seilbahnfahrt ab Barceloneta mit super Aussicht. Der Montjuïc lässt sich auch auf Waldwegen erkunden, die durch Gärten und zu etlichen Sehenswürdigkeiten führen.

An der Nordseite des Montjuïc liegt das Arbeiterviertel Poble Sec. Es punktet vor allem mit kreativen Bars und Restaurants. Jenseits der verkehrsreichen Avinguda del Paral·lel liegt das einst unscheinbare Viertel Sant Antoni, das sich zum Hipsterzentrum der Stadt gemausert hat. Es wimmelt von Vintage-Cafés, Biorestaurants und Tapas- und Wermutbars, besonders im Carrer del Parlament.

Lokalkolorit

- **Kneipenszene** Der von Tapasbars (meist mit Straßentischen) gesäumte Carrer de Blai ist ein Studententreff.
- **Nachtleben** Zum Tanzen geht's in den Kultclub Sala Apolo (S. 207), für ein Konzert ins BARTS (S. 207) und für Avantgarde-Bühnenkunst ins Hiroshima (S. 208).
- **Natur** Ein Bummel durch die Gärten des Montjuïc samt Besuch all der Kunst am Wegesrand.

Anfahrt

- **Metro** Die nächstgelegenen Metrostationen zum Montjuïc sind Espanya, Poble Sec und Paral·lel.
- **Bus** Linie 150 fährt ab Plaça d'Espanya zum Castell de Montjuïc, Linie 55 durch die Stadt über die Plaça de Catalunya und am Museu d'Arqueologia de Catalunya vorbei zur Standseilbahnstation Estació Parc Montjuïc.
- **Standseilbahn** Von der Metrostation Paral·lel fährt die **Standseilbahn** (April–Okt. Mo–Fr 7.30–22, Sa & So 9–22 Uhr, Nov.–März Mo–Fr 7.30–20, Sa & So 9–20 Uhr) alle zehn Minuten zum Estació Parc Montjuïc (mit der Metrofahrkarte). Die Fahrt dauert 20 Minuten.
- **Seilbahn** Der Teleférico del Puerto (S. 201) fährt vom Torre de Sant Sebastià in Barceloneta zur Station Miramar auf dem Montjuïc. Vom Estació Parc Montjuïc (1,3 km westlich der anderen Seilbahn) fährt der Telefèric de Montjuïc (S. 201) zum Castell de Montjuïc.

Top-Tipp

Die Kombikarte „Arqueoticket" ist in Touristeninformationen und teilnehmenden Museen für 14,50 € erhältlich und ermöglicht den Eintritt zum **Museu d'Arqueologia de Catalunya** (MAC; S. 199), **Museu Egipci** (S. 141), **Born Centre de Cultura i Memòria** (S. 100) und **Museu d'Història de Barcelona** (S. 65).

Gut essen

- Enigma (S. 205)
- Agust Gastrobar (S. 202)
- Tickets (S. 205)
- Quimet i Quimet (S. 202)
- Mano Rota (S. 202)

Mehr dazu S. 201

Schön ausgehen

- Abirradero (S. 206)
- La Caseta del Migdia (S. 206)
- El Rouge (S. 207)

Mehr dazu S. 206

Tolle Kunstsammlungen

- Museu Nacional d'Art de Catalunya (MNAC; S. 195)
- Fundació Joan Miró (S. 194)
- CaixaForum (S. 197)

HIGHLIGHT
FUNDACIÓ JOAN MIRÓ

Joan Miró, wahrscheinlich der bekannteste Künstler Barcelonas aus dem 20. Jh., vermachte diese Kunststiftung 1971 seiner Heimatstadt. Sein enger Freund und Architekt Josep Lluís Sert, der auch Mirós mallorquinisches Atelier gebaut hatte, entwarf die hellen Räume für die Exponate, die von Mirós frühen Skizzen bis zu den Gemälden seiner späten Jahre reichen.

NICHT VERSÄUMEN

- Serts Architektur
- Die Meisterwerke in den Sälen 18 & 19
- Mirós Übergang zum Surrealismus in Saal 17
- Der Skulpturengarten

PRAKTISCH & KONKRET

- Karte S. 322, E4
- 93 443 94 70
- www.fmirobcn.org
- Parc de Montjuïc
- Erw./Kind 12 €/frei
- Di, Mi, Fr & Sa 10–20, Do bis 21, So bis 15 Uhr
- 55, 150, Paral·lel

Serts Tempel für die Kunst Mirós

Serts leuchtend weißer Tempel für den spanischen Großmeister Miró gilt weltweit als eines der bemerkenswertesten Museumsgebäude. Er entwarf den Bau, nachdem er während der Franco-Ära viele Jahre als Leiter der Designschule an der Harvard-Universität (USA) verbracht hatte. Die Stiftung inmitten der grünen Berglandschaft besitzt die größte Sammlung von Mirós Werken. Dazu zählen etwa 220 Gemälde, 180 Skulpturen, Textilarbeiten und über 8000 Zeichnungen aus allen Lebensphasen. Gezeigt wird immer nur ein kleiner Ausschnitt der Sammlung.

Die Sammlung

Die Ausstellung vermittelt einen Eindruck von der künstlerischen Entwicklung Mirós. Die ersten beiden Räume 11 und 12 zeigen verschiedene Arbeiten, darunter einen riesigen Wandteppich in seinen typischen Primärfarben. Zwischendurch geht es an Alexander Calders *Quecksilberbrunnen* vorbei, der ursprünglich 1937 für die Pariser Weltausstellung entworfen wurde und Spanien im Pavillon der Spanischen Republik repräsentierte. Saal 13 (Espai 13) im Untergeschoss ist ein kleiner Raum für Wechselausstellungen.

Vom Saal 13 geht es über eine Treppe nach oben und dann wieder nach unten in die zwei anderen Säle (14 und 15) im Untergeschoss: In beiden feiert die Homenatge a Joan Miró (Hommage an Joan Miró) den Künstler mit Fotografien, einem 15-minütigen Video über sein Leben sowie Arbeiten einiger Zeitgenossen wie etwa Henry Moore, Antoni Tàpies, Eduardo Chillida, Yves Tanguy und Fernand Léger.

Zurück auf der Hauptebene folgt der Saal 16, die Sala Joan Prats, in der Arbeiten der frühen Jahre bis 1919 ausgestellt sind. Der junge Miró entfernt sich hier unter dem Einfluss surrealistischer Ideen von seinem relativen Realismus (ein Beispiel ist das Gemälde *Ermita de Sant Joan d'Horta* von 1917 mit fauvistischen Einflüssen) und entwickelt seinen einzigartigen Stil aus Primärfarben und Bildsymbolen wie Mond, Frau und Vogel. Diese Entwicklung setzt sich oben in Saal 17, der Sala Pilar Juncosa (nach Mirós Frau benannt), mit seiner surrealistischen Phase 1932 bis 1955 fort. Die Säle 18 und 19 zeigen Meisterwerke aus den Jahren 1956 bis 1983 und Saal 20 Malereien auf Papier. Saal 21 enthält die Privatsammlung Katsuta mit Mirós Werken aus der Zeit von 1914 bis 1974. Saal 22 rundet die Ausstellung mit einigen Gemälden und Bronzeplastiken aus den 1960er- und 1970er-Jahren ab. Die Museumsbibliothek birgt Mirós persönliche Büchersammlung.

Der Garten

An der Ostseite des Museums liegt der Jardí de les Escultures, ein kleiner Garten mit modernen Skulpturen. Die Grünanlagen rund um das Museum und der Garten eignen sich perfekt, um nach einem anstrengenden Tag im Museum bei einem Picknick auszuspannen.

ANDY CALEY/SHUTTERSTOCK ©

HIGHLIGHT
MUSEU NACIONAL D'ART DE CATALUNYA

Über die ganze Stadt hinweg ist die auffällige neubarocke Silhouette des Mirador del Palau Nacional am Hang des Montjuïc zu sehen. Der 1929 für die Weltausstellung errichtete und 2005 restaurierte Bau birgt eine große Sammlung meist katalanischer Kunst vom frühen Mittelalter bis ins 20. Jh. Glanzpunkt ist die außergewöhnliche Sammlung romanischer Fresken.

Romanische Meisterwerke

Die romanische Abteilung gilt als bedeutendste Sammlung frühmittelalterlicher Kunst weltweit. Sie zeigt 21 Fresken, Holzschnitzereien und bemalte Altarfronten (als Flachrelief bearbeitete Holztafeln; Vorläufer der feiner ausgeführten Tafelbilder jüngerer Kirchen), die Anfang des 20. Jhs. aus nordkatalanischen Kirchen gerettet wurden. Zu sehen sind auch einige nachgebildete Kirchenräume, in denen die Fresken an originalgetreuer Stelle ihren Platz fanden. Manche der Fresken sind noch erstaunlich komplett und farbintensiv, von anderen blieben nur Fragmente erhalten.

Das erste der zwei bemerkenswertesten Fresken im Saal 7 ist eine Darstellung von Christus als Weltenherrscher (um 1123). Wie in der Apokalypse beschrieben, ist Christus mit der Welt zu seinen Füßen dargestellt, in der Hand ein aufgeschlagenes Buch mit den Worten: *Ego Sum Lux Mundi* (Ich bin das Licht der Welt). Umgeben ist er von den vier Evangelisten. Das Bild stammt aus der Apsis der Església de Sant Climent de Taüll im Nordwesten Kataloniens. Die Fresken in Saal 9 entstanden etwa zur gleichen Zeit in der Apsis der benachbarten Església de Santa Maria de Taüll – hier zeigt die zentrale Darstellung die Jungfrau Maria mit dem Christuskind. Dass diese Bilder mehr als reine Dekoration sind, wird jedem klar, der sich in einen Durchschnitts-

NICHT VERSÄUMEN

- Romanische Fresken
- Gotische Kunst
- Cambó-Nachlass und Thyssen-Bornemisza-Sammlung
- Poster aus dem Spanischen Bürgerkrieg

PRAKTISCH & KONKRET

- MNAC
- Karte S. 322, D4
- ☎93 622 03 76
- www.museunacional.cat
- Mirador del Palau Nacional
- Erw./Kind 12/frei, Sa nach 15 Uhr & 1. So im Monat frei, nur Aussichtsdach 2 €
- ⏲Mai–Sept. Di–Sa 10–20, So bis 15 Uhr, Okt.–April Di–Sa bis 18 Uhr
- 🚌55, Ⓜ Espanya

bürger des Mittelalters hineinversetzt: Er war ungebildet und furchtsam und schlug sich nur mühselig durchs Leben. Darstellungen wie diese vermittelten ihm die wichtigsten Akteure sowie die Grundlagen der Glaubenslehre. Sie wurden von den meisten Menschen als real akzeptiert.

Die gotische Sammlung

Gegenüber der romanischen Sammlung im Erdgeschoss befindet sich die gotische Abteilung mit Werken der katalanischen Gotik und Werken aus anderen spanischen und Mittelmeerregionen. Interessant sind vor allem die Arbeiten von Bernat Martorell in Saal 25 und Jaume Huguet in Saal 26. Martorells Werke beschäftigen sich u. a. mit dem Martyrium von Sant Vincent und Santa Llúcia. Eindrucksvoll ist die Detailtiefe in Huguets *Consagració de Sant Agustí*, das den hl. Augustinus als Bischof zeigt.

Cambó-Nachlass und Thyssen-Bornemisza-Sammlung

Nach der gotischen Sammlung geht es weiter durch zwei separate und gleichermaßen eklektische Privatsammlungen. Der Cambó-Nachlass von Francesc Cambó umspannt die Geschichte der europäischen Malerei vom 14. bis zum frühen 19. Jh. Die Thyssen-Bornemisza-Sammlung ist eine Leihgabe des Museo Thyssen-Bornemisza in Madrid; sie vereint europäische Gemälde und Plastiken aus dem 13. bis 18. Jh. Highlight der Thyssen-Bornemisza-Sammlung ist Fra Angelicos *Mare de Déu de la Humilitat* (Madonna der Demut), während der Cambó-Nachlass wunderbare Werke Veroneser Meister, insbesondere Tizian und Canaletto, enthält. Auch Cranach, El Greco, Rubens und sogar Gainsborough sind vertreten. Glanzstücke der Sammlung sind jedoch eine Reihe von Werken von Francisco de Goya.

Moderne katalanische Kunst

Ein Stockwerk höher ist moderne Kunst ausgestellt, hauptsächlich, aber nicht ausschließlich katalanische. Die Sammlung ist thematisch geordnet: Modernisme, Noucentisme, Kunst und der Bürgerkrieg usw. Einige der Highlights: ein früher Salvador Dalí *(Bildnis meines Vaters)*, collagenartige Gemälde von Juan Gris, großartige Porträts von Marià Fortuny und Widerstandsposter gegen Franco (in der Nähe hängen Fotos von Soldaten und ausgebombten Stadtzentren). Außerdem sind Werke der modernistischen Maler Ramon Casas und Santiago Rusiñol sowie der katalanischen Zelebrität Antoni Tàpies zu sehen.

Die Ausstellung umfasst auch Möbel und andere Einrichtungsgegenstände des Modernisme, darunter eine Wandmalerei von Ramon Casas (der Künstler und Pere Romeu auf einem Tandem), die das legendäre Restaurant Els Quatre Gats zierte.

DIE FRESKEN-ÜBERTRAGER

Mit italienischen Restauratoren, den Gebrüdern Stefanoni, erreichte die Kunst des *strappo* (das Abnehmen von Wandfresken) zu Beginn des 20. Jhs. Katalonien. Die Brüder deckten die Fresken mit Stoff ab, der mit einem aus Knorpel gewonnenen Leim benetzt war und an den Fresken festklebte. Sobald das Material getrocknet war, konnte man es mitsamt dem Fresko abnehmen und einrollen. Drei Jahre lang zogen die Stefanoni-Brüder durch die Pyrenäen, nahmen in zahlreichen Kirchen Fresken ab und schickten ihre Stoffrollen nach Barcelona. Dort wurden sie wieder so auf Wänden angebracht, wie sie ursprünglich angeordnet waren.

TOP-TIPPS

- Das Articket Geld ermöglicht ermäßigten Eintritt zu sechs Museen (einschließlich MNAC).
- Ein Audioguide kostet 4 €.
- Faszinierend ist die Aussicht von der Terrasse vor dem Museum. Bei Sonnenuntergang wird's hier richtig voll.
- Einen weiteren toleln Ausblick bietet die Dachterrasse des Museums (im Eintritt enthalten oder 2 €, wenn nur das Dach besucht wird).

SEHENSWERTES

MUSEU NACIONAL D'ART DE CATALUNYA
MUSEUM

Siehe S. 195

FUNDACIÓ JOAN MIRÓ
MUSEUM

Siehe S. 194

CAIXAFORUM
GAERIE

Karte S. 322 (☎93 476 86 00; www.caixaforum.es; Avinguda de Francesc Ferrer i Guàrdia 6-8; Erw./Kind 4 €/frei, 1. So im Monat frei; ⏲10–20 Uhr; Ⓜ Espanya) Die Bausparkasse La Caixa rühmt sich, Förderer der Kunst (und Besitzer zahlloser Kunstwerke) zu sein, besonders zeitgenössischer Werke. Ihr wichtigster Ausstellungsraum in Barcelona zeigt einen Teil der umfangreichen Sammlung der Bank mit Werken aus aller Welt. Untergebracht sind sie in einer umfassend renovierten, ehemaligen Fabrik, der Fàbrica Casaramona. Der Backsteinbau ist ein meisterhaftes Werk des Modernisme-Architekten Puig i Cadafalch. Von 1940 bis 1993 war hier die Erste Schwadron der berittenen Polizei (einschließlich 120 Pferden) untergebracht.

Ab und an wird eine Auswahl der 800 Werke moderner und zeitgenössischer Kunst aus der hauseigenen Sammlung gezeigt. Meist jedoch ziehen große internationale Ausstellungen die Besucher an. Im Innenhof, in dem früher die Polizeipferde getränkt wurden, steht ein Baum aus Stahl des japanischen Architekten Arata Isozaki. Gelegentlich werden im Museum Musikabende veranstaltet, vor allem in den wärmeren Monaten.

FONT MÀGICA
SPRINGBRUNNEN

Karte S. 322 (☎93 316 10 00; Avinguda de la Reina Maria Cristina; ⏲alle 30 Min. Juni–Sept. Mi–So 19.30–22.30 Uhr, April, Mai & Okt. Do–Sa 21–22 Uhr, Nov.–Anfang Jan. & Mitte Feb.–März Do–Sa 20–21 Uhr; Ⓜ Espanya) GRATIS Der riesige Springbrunnen vor der prachtvollen Fassade des Palau Nacional krönt die lange Avinguda de la Reina Maria Cristina. In einer einzigartigen Show erscheint der Brunnen wie ein schäumendes Feuerwerk oder ein mystischer Farbenkessel. Der Brunnen, der ursprünglich für die Weltausstellung 1929 errichtet wurde, ist seit den Olympischen Spielen 1992 erneut zum Besuchermagneten geworden. Vor allem an heißen Sommerabenden zieht das 15-minütige und sich mehrmals am Abend wiederholende Spektakel Zuschauer in seinen Bann. Am letzten Abend der Festes de la Mercè im September wird eine besonders spektakuläre Vorführung von einem Feuerwerk begleitet. Aus ökologischen Gründen werden Grundwasser und LED-Lichter verwendet.

JARDÍ BOTÀNIC
GÄRTEN

Karte S. 322 (www.museuciencies.cat; Carrer del Doctor Font i Quer 2; Erw./Kind 3,50 €/frei, So ab 15 Uhr & 1. So im Monat frei; ⏲April–Sept. 10–19 Uhr, Okt.–März bis 17 Uhr; 🚌55, 150) Der botanische Garten umfasst 40 000 Pflanzen und 1500 Spezies, die in Regionen mit mediterranem Klima vorkommen. Dazu zählen auch die Kanarischen Inseln, Nordafrika, Australien, Kalifornien, Chile und Südafrika.

CASTELL DE MONTJUÏC
FESTUNG

Karte S. 322 (☎93 256 44 45; http://ajuntament.barcelona.cat/castelldemontjuic; Carretera de Montjuïc 66; Erw./Kind 5/3 €, So ab 15 Uhr & 1. So im Monat frei; ⏲April–Okt. 10–20 Uhr, Nov.–März bis 18 Uhr; 🚌150, 🚡Telefèric de Montjuïc, Castell de Montjuïc) Das abweisende Kastell beherrscht die südöstlichen Ausläufer des Montjuïc und bietet einen umwerfenden Blick übers Mittelmeer. In ihrer heutigen Form stammt die Festung aus der Zeit Ende des 17. und Anfang des 18. Jhs. Den größten Teil ihrer düsteren Geschichte bewachte sie die Stadt, diente als Gefängnis für politische Gefangene und als Hinrichtungsstätte. Hier wurden gegen Ende des 19. Jhs. Anarchisten, im Bürgerkrieg Faschisten und danach Republikaner hingerichtet – der bekannteste war Lluís Companys im Jahr 1940. Das Kastell ist von Gräben und Mauern umgeben, von denen aus die strategische Lage oberhalb der Stadt und des Hafens ersichtlich wird.

Ausstellungen in mehreren der Räume erläutern die Geschichte der Festung anhand von archäologischen Fundstücken aus prähistorischen Zeiten bis zu ihrer Rolle als mittelalterliche Burg und später als strategisches Bollwerk. Am interessantesten (und ergreifendsten) ist die Ausstellung über die Inhaftierungen, Prozesse und Hinrichtungen, die hier stattfanden. Sehenswert sind die Grabsteine des einstigen jüdischen Friedhofs auf dem Montjuïc (manche aus dem 11. Jh.).

Die Aussicht von der Burg und ihrem Umfeld über das Meer, den Hafen und die Stadt sind der schönste Teil eines Ausflugs hierher. An der dem Meer zugewandten Seite zu Füßen der Festung verläuft der Wander-

ABSTECHER

COLÒNIA GÜELL

Abgesehen von der Sagrada Família war Gaudís letztes großes Projekt die Gestaltung einer utopischen Textilarbeitersiedlung außerhalb Barcelonas in Santa Coloma de Cervelló für seinen Mäzen, den Magnaten Eusebi Güell. Gaudís Hauptaufgabe war der Bau der Kirche für die Kolonie, die **Colònia Güell** (☎93 630 58 07; www.gaudicolonia guell.org; Carrer Claudi Güell; Erw./erm. 7/5,50 €; ⏲Mai–Okt. Mo–Fr 10–19, Sa & So bis 15 Uhr, Nov.–April Mo–Fr 10–17, Sa & So bis 15 Uhr; 🚆FGC-Linien S4, S8, S33 bis Colònia Güell). Die Arbeiten begannen 1908, aber die Sache verlief acht Jahre später im Sande. Gaudí stellte lediglich die Krypta fertig, die noch immer als Kirche genutzt wird.

Der Bau ist entscheidend für das Verständnis, was der Meister für sein Meisterwerk, die Sagrada Família, im Sinn hatte. Die überwiegend mit Ziegeln verkleideten Säulen, die das Rippengewölbe stützen, neigen sich in allen möglichen Winkeln, ähnlich wie sich Bäume in einem Wald neigen. Diese Wirkung war absichtlich, beruht jedoch auch auf Physik. Gaudí konzipierte die Neigungswinkel so, dass die Säulen das Gewicht der Decke ohne einen einzigen Stützpfeiler tragen konnten. Ähnliches plante er für die Sagrada Família, deren gotisch anmutende Konstruktion jedes mittelalterliche Bauwerk ohne einen einzigen Stützpfeiler überragen sollte. Gaudís Handschrift ist bis hin zu den gewellten Kirchenbänken erkenntlich. Die Primärfarben der kurvigen, pflanzenförmigen Buntglasfenster erinnern ebenfalls an die Zeit, in der die Krypta gebaut wurde.

In der Nähe der Kirche stehen die niedlichen Backsteinhäuser für die Fabrikarbeiter, die noch heute bewohnt sind. Die seit den 1970er-Jahren stillgelegten 23 Fabrikgebäude eines Modernisme-Industriekomplexes ein kurzes Stück weiter wurden zu Beginn der 2000er-Jahre renoviert und für Läden und diverse Betriebe genutzt.

In fünf Räumen wird mit audiovisuellen und interaktiven Mitteln auf schillernde Art die Geschichte und das Leben der Industrie- und Arbeiterkolonie sowie der Kirche Gaudís erzählt.

weg **Camí del Mar** mit schönen Ausblicken auf Stadt und Meer.

Von den **Jardins del Mirador** (Karte S. 322; http://ajuntament.barcelona.cat/ecologia urbana; Carretera de Montjuïc; ⏲10 Uhr–Sonnenuntergang; 🚡Telefèric de Montjuïc, Mirador) gegenüber der Seilbahnstation Mirador (Telefèric) eröffnet sich ein schöner Blick über den Hafen von Barcelona. Ein Stück weiter bergab erstreckt sich der reizende Landschaftsgarten **Jardins de Joan Brossa** (Karte S. 322; Plaça de la Sardana; ⏲10 Uhr–Sonnenuntergang) GRATIS auf dem Gelände eines ehemaligen Vergnügungsparks nahe der **Plaça de la Sardana** (Karte S. 322; 🚌150). In den Gärten gedeihen viele Pflanzen des Mittelmeerraums, darunter Zypressen, Kiefern und einige Palmenarten. Es gibt Spielplätze, Themenwanderwege und schöne Ausblicke über die Stadt.

POBLE ESPANYOL

KULTURZENTRUM

Karte S. 322 (www.poble-espanyol.com; Avinguda de Francesc Ferrer i Guàrdia 13; Erw./Kind 14/7 €; ⏲Mo 9–20, Di–Do & So bis 24, Fr bis 3, Sa bis 4 Uhr; 🚌13, 23, 150, Ⓜ Espanya) Willkommen in Spanien – in ganz Spanien! Das „Spanische Dorf" ist ein faszinierendes Sammelalbum spanischer Architektur. Aufgebaut wurde es für die Präsentation spanischer Handwerkskunst auf der Weltausstellung 1929. In wenigen Stunden bummeln Besucher hier von Andalusien zu den Balearen und besichtigen dabei erstaunlich originalgetreue Nachbildungen typischer Bauwerke des Landes. Zu den 117 Gebäuden gehören 17 Restaurants, Cafés und Bars sowie Kunsthandwerksläden, Werkstätten (u. a. von Glasbläsern) und Souvenirläden.

Den Eingang markiert ein mittelalterliches Turmtor aus Ávila. Darin befindet sich rechter Hand ein Informationsbüro, in dem es einen kostenlosen Lageplan und einen empfehlenswerten Multimediaführer (3,50 €, plus 20 € Kaution) gibt. Die Plaza Mayor (Stadtplatz) vor dem Tor, auf der im Sommer manchmal Konzerte stattfinden, säumen hauptsächlich Häuser aus Kastilien und Aragón. Ein Stück weiter bummelt man durch einen andalusischen *barrio*

(Stadtteil), dann eine Straße aus dem Baskenland entlang, durch galicische und katalanische Viertel und trifft ganz im Osten schließlich auf ein Dominikanerkloster.

Aufmerksamkeit verdient die **Fundació Fran Daurel** (Karte S. 322; ☎93 423 41 72; www.fundaciofrandaurel.com; im Eintritt für das Poble Espanyol enthalten; ⏲Juni–Sept. 11–20 Uhr, Okt.–Mai Mo 10–18.30, Di–So 10–19 Uhr) mit ihrer eklektischen Sammlung von 300 Kunstwerken. Die Skulpturen, Drucke, Keramiken und Tapisserien stammen von modernen Künstlern wie Picasso und Miró sowie zeitgenössischen Künstlern wie Miquel Barceló.

Kindergruppen können am Joc del Sarró teilnehmen. Von Erwachsenen begleitet, suchen die Kinder im *poble* nach Antworten auf Fragen aus einem Quiz, das jede Gruppe vorab erhält. Das Angebot gibt's auch in englischer Sprache.

MUSEU D'ARQUEOLOGIA DE CATALUNYA — MUSEUM

Karte S. 322 (MAC; ☎93 423 21 49; www.mac.cat; Passeig de Santa Madrona 39-41; Erw./Kind 5,50 €/frei; ⏲Di–Sa 9.30–19, So 10–14.30 Uhr; 🚌55, Ⓜ Poble Sec) Das archäologische Museum im ehemaligen Pavillon für grafische Kunst der Weltausstellung von 1929 zeigt Exponate aus Katalonien und anderen Teilen Spaniens. Die Bandbreite der Ausstellungsstücke reicht von nachgebildeten Schädeln von Prä-Neandertalern über bezaubernde karthagische Colliers bis hin zu juwelenbesetzten Kreuzen der Westgoten.

Die Säle X bis XIII präsentieren anschaulich die Kultur der Balearen. Die griechisch-römische Stadt Empúries (Emporion) an der Costa Brava wird in Saal XIV und XVII vorgestellt. Die römischen Funde in der 1. Etage stammen vorrangig von Grabungen in und um Barcelona. Das schönste Exponat ist das Mosaik *Les Tres Gràcies* (Die drei Grazien), das im 18. Jh. nahe der Plaça de Sant Jaume entdeckt wurde. Ein weiteres Mosaik stellt Bellerophontes und die Chimäre dar. Der letzte Ausstellungsraum beschäftigt sich mit der Spätzeit des Römischen Reichs und beherbergt unter anderem eine wunderschöne, goldene Scheibe, auf der Medusa abgebildet ist.

MUSEU ETNOLÒGIC — MUSEUM

Karte S. 322 (☎93 424 68 07; http://ajuntament.barcelona.cat/museuetnologic; Passeig de Santa Madrona 16-22; Erw./Kind 5 €/frei, So 16–20 Uhr & 1. So im Monat frei; ⏲Di–Sa 10–19, So bis 20 Uhr; 🚌55) Das ethnologische Museum Barcelonas besitzt eine faszinierende ständige Sammlung aus dem reichen Schatz des katalanischen Erbes. Die Ausstellungen beschäftigen sich mit Gründungsmythen, Kirchenfesten, Folklore und der Vermischung von Sakralem und Weltlichem (unbedingt sehenswert ist in diesem Zusammenhang die Weihnachtskrippe mit der schrägen katalanischen Figur des *caganer*, des „Scheißerles").

Zur Sammlung gehören auch Instrumente und Archivbilder von traditionellen Tänzen aus den katalanischen Pyrenäen sowie alte Gegenstände, die früher von katalanischen Schmieden, Winzern, Webern, Apothekern, Schäfern, Töpfern, Spielzeugherstellern und sogar *saurí* („Rutengänger", die Wasser und verborgene Dinge auffinden sollten) genutzt wurden. Es gibt auch mehrere *gegants* (Riesenfiguren aus Pappmaschee), die König Jakob I. und Königin Violante darstellen. Zu sehen sind auch ein Drachen (sein Feuerspeien muss man sich allerdings vorstellen) und Teufelskostüme für die *correfocs* (Feuerläufe), die auf katalanischen Festen immer noch eine große Rolle spielen.

L'ANELLA OLÍMPICA & ESTADI OLÍMPIC — STADION

Karte S. 322 (www.estadiolimpic.cat; Avinguda de l'Estadi; 🚌13, 150) GRATIS Anella Olímpica (Olympischer Ring) bezeichnet eine Ansammlung von Bauten, die für die wichtigsten Wettkämpfe der Olympiade von 1992 errichtet wurden. Dazu gehören die **Piscines Bernat Picornell**, wo die Schwimm- und Tauchwettkämpfe stattfanden, und das **Estadi Olímpic** (Karte S. 322; ☎93 426 20 89; Passeig Olímpic 15-17; ⏲Mai–Sept. 8–20 Uhr, Okt.–April 10–18 Uhr) GRATIS, das besichtigt werden kann, falls keine Sportveranstaltungen oder Konzerte stattfinden.

PARC DE JOAN MIRÓ — PARK

Karte S. 322 (Carrer de Tarragona; ⏲10 Uhr–Sonnenuntergang; Ⓜ Tarragona) GRATIS Es lohnt sich, diesen Park voller Palmen zu besuchen, schon allein um die riesige Miró-Skulptur **Dona i Ocell** zu sehen, die über einer Betonfläche emporragt. Die Einheimischen nennen die Anlage Parc de l'Escorxador (Schlachthauspark) nach dem Schlachthaus, das sich hier einst befand – kaum überraschend angesichts der Nähe zur einstigen Stierkampfarena Les Arenes (heute ein Einkaufszentrum).

JARDINS DE MOSSÈN CINTO DE VERDAGUER GÄRTEN

Karte S. 322 (http://ajuntament.barcelona.cat/ecologiaurbana; Avinguda Miramar 30; ⏲10 Uhr–Sonnenuntergang; 🚌55, 150) GRATIS In der Nähe der Telefèric-/Standseilbahnstation Estació Parc Montjuïc befinden sich die Ziergärten Jardins de Mossèn Cinto de Verdaguer. Die am Hang gelegenen, grünen Gärten wurden mit zahlreichen Wasserpflanzen wie Lotusblumen und Seerosen und über 80 000 Zwiebelgewächsen bepflanzt. Viele Sorten müssen jedes Jahr neu gesetzt werden, darunter Tulpen, Narzissen, Krokusse und verschiedene Dahlienarten.

CEMENTIRI DEL SUD-OEST FRIEDHOF

(Cementiri Nou; ☎93 484 19 99; www.cbsa.cat; Carrer de la Mare de Déu de Port 56-58; ⏲8–18 Uhr; 🚌21, 107) GRATIS Der große, 1883 angelegte Friedhof am Südhang des Hügels südlich der Anella Olímpica besteht aus aufwendigen, von Architekten entworfenen Grabmälern reicher Familien und kleinen Nischen für den Rest. Hier sind zahlreiche katalanische Künstler und Politiker bestattet und am Südeingang befindet sich die Leichenwagensammlung Col·lecció de Carrosses Fúnebres. Die Buslinie 107 fährt direkt durch den Friedhof, allerdings nur sonntags und feiertags. Von Montag bis Samstag hält die Buslinie 21 an den Haupteingängen.

MUSEU OLÍMPIC I DE L'ESPORT MUSEUM

Karte S. 322 (☎93 292 53 79; www.museuolimpicbcn.cat; Avinguda de l'Estadi 60; Erw./Kind 5,80 €/frei; ⏲April–Sept. Di–Sa 10–20, So bis 14.30 Uhr, Okt.–März Di–Sa 10–18, So bis 14.30 Uhr; 🚌55, 150) Das Museu Olímpic i de l'Esport ist ein mit Informationen gespicktes, interaktives Sportmuseum. Von der Kasse geht es zunächst eine Rampe entlang ins Untergeschoss, vorbei an multimedialen Exponaten zur Sportgeschichte und zu den olympischen Spielen seit der Antike.

PAVELLÓ MIES VAN DER ROHE ARCHITEKTUR

Karte S. 322 (☎93 215 10 11; www.miesbcn.com; Avinguda de Francesc Ferrer i Guàrdia 7; Erw./Kind 5 €/frei; ⏲März–Okt. 10–20 Uhr, Nov.–Feb. 10–18 Uhr; Ⓜ Espanya) Der Pavelló Mies van der

IM BUNKER

Die **MUHBA Refugi 307** (Karte S. 322; ☎93 256 21 22; http://ajuntament.barcelona.cat/museuhistoria; Carrer Nou de la Rambla 175; Erw./Kind inkl. Führung 3,40 €/frei; ⏲Führungen auf Englisch So 10.30 Uhr; Ⓜ Paral·lel), die zum Museu d'Història de Barcelona (MUHBA) gehören, stammen aus dem spanischen Bürgerkrieg. Während des Bürgerkriegs war Barcelona die am heftigsten bombardierte Stadt des Landes und besaß über 1300 Luftschutzkeller. Mit dem Bau dieses Bunkers unterhalb des Montjuïc begannen Bürger im März 1937. Die obligatorischen Führungen finden sonntags um 10.30 Uhr auf Englisch, um 11.30 Uhr auf Spanisch und um 12.30 Uhr auf Katalanisch statt. Da die Teilnehmerzahl beschränkt ist, sollte reserviert werden.

Innerhalb von zwei Jahren wurde das Tunnelnetz auf eine Länge von 200 m erweitert und konnte 2000 Menschen aufnehmen. Übernachten durfte man hier allerdings nicht, denn wenn keine Bomben fielen, wurde an der Vergrößerung der Anlage gearbeitet. Die Tunnel waren schmal und gewunden; Tonnengewölbe leiteten das Gewicht über dem Schutzraum auf die aus Lehmziegeln gemauerten Wände ab. Da Lehm porös ist, fingen die Ziegel die Schockwellen der Bombardierung auf, ohne zu brechen. Ein Kalkverputz verhinderte das Eindringen von Feuchtigkeit, und weiße Farbe milderte klaustrophobische Gefühle. Viele Einwohner von Poble Sec überlebten hier unten.

Nach dem Ende des Bürgerkriegs ließ Franco die Tunnel weiter ausbauen, da er überlegte, dem Zweiten Weltkrieg auf Seiten Hitlers beizutreten. Als er sich jedoch gegen den Beitritt entschied, wurden diese Tunnel und andere Bunker weitgehend sich selbst überlassen. In den harten 1940er- und 1950er-Jahren, als viele Menschen hungerten und Lebensmittel rationiert waren, ließen sich Familien aus Granada lieber hier nieder statt in den Baracken, die überall in der Gegend für arme Migranten aus Südspanien entstanden. Später züchtete ein gewitzter Mann in den Gewölben Pilze für den Verkauf auf dem Schwarzmarkt.

Rohe ist von einer kunstvollen Schlichtheit, die symbolisch für den Modernisme steht. Das Bauwerk ist schon oft studiert und interpretiert worden und diente mehreren Architektengenerationen als Inspiration. Aber außer für passionierte Architekturfans ist innen nicht viel zu sehen, was außen nicht auch schon zu erfassen ist.

COL·LECCIÓ DE CARROSSES FÚNEBRES — MUSEUM

(☎93 484 19 99; www.cbsa.cat; Carrer de la Mare de Déu de Port 56-58; ⏲Sa & So 10–14 Uhr; 🚌21, 107) GRATIS Diese Sammlung von Leichenwagen aus dem späten 18. Jh. bis Mitte des 20. Jhs. auf dem Cementiri del Sud-Oest (S. 200) ist wahrscheinlich die gruseligste Sehenswürdigkeit der Stadt. Es ist ein Ort, um über die verschwenderischen Details der letzten irdischen Fahrt des Menschen nachzusinnen. Das Bestattungsunternehmen behauptet, es handle sich um das weltgrößte Museum seiner Art.

PARC DE L'ESPANYA INDUSTRIAL — PARK

Karte S. 322 (Carrer de Muntadas 37; ⏲10 Uhr–Sonnenuntergang; Ⓜ Sants Estació) GRATIS Der Park mit seinen Teichen, kleinen Wasserfällen, Grünanlagen, Bäumen, einer drachenförmigen Kinderrutsche, einer Bar und Türmen, die wie futuristische Gefängniswachtürme aussehen, ist auf verspielte Art postmodern. Anders wirkt er bei nächtlicher Beleuchtung – ein Blickfang, wenn man im Bahnhof Barcelona Sants auf einen Zug wartet.

JARDINS DE MOSSÈN COSTA I LLOBERA — GÄRTEN

Karte S. 322 (http://ajuntament.barcelona.cat/ecologiaurbana; Carretera de Miramar 38; ⏲10 Uhr–Sonnenuntergang; 🚡Transbordador Aeri, Miramar) GRATIS In den Jardins de Mossèn Costa i Llobera oberhalb des dröhnenden Verkehrs auf der Hauptstraße nach Tarragona gedeiht eine stattliche Ansammlung von Tropen- und Wüstenpflanzen. Darunter sogar ein echter Kakteenwald (der größte Europas), in dem einige Arten bis zu 5 m hoch sind.

MAR I MUNTANYA (MEER & BERG)

Die schnellste Verbindung zwischen Strand und Berg bietet die **Seilbahn** (Karte S. 322; ☎93 430 47 16; www.telefericodebarcelona.com; Avinguda de Miramar; einfach/hin & zurück 11/16,50 €; ⏲Juni–Mitte Sept. 10.30–20 Uhr, März–Mai & Mitte Sept.–Okt. 10.30–19 Uhr, Nov.–Feb. 11–17.30 Uhr; 🚌150), die zwischen dem Torre de Sant Sebastiá in Barceloneta und der Haltestelle Miramar auf dem Montjuïc verkehrt. Von der Estació Parc Montjuïc fährt die separate Seilbahn Telefèric de Montjuïc (Karte S. 322; ☎93 328 90 03; www.telefericdemontjuic.cat; Avinguda de Miramar 30; Erw./Kind einfach 8,20/6,50 €; ⏲Juni–Sept. 10–21 Uhr, März–Mai & Okt. 10–19 Uhr, Nov.–Feb. 10–18 Uhr; 🚌55, 150) über den Aussichtspunkt Mirador zum **Castell de Montjuïc** (S. 197).

ESSEN

FEDERAL — CAFÉ €

Karte S. 322 (☎93 187 36 07; www.federalcafe.es; Carrer del Parlament 39; Hauptgerichte 9–12 €; ⏲Mo–Do 8–23, Fr 8–1, Sa 9–1, So 9–17.30 Uhr; Ⓜ Sant Antoni) In dieser Gegend, in der es neuerdings von Cafés wimmelt, leistete das von Australiern geführte Federal Pionierarbeit mit seinem guten Kaffee (auch einem anständigen Flat White) und tollen Brunch. Später am Tag gibt es gesundes, leckeres Essen, vom Imbiss (Garnelentoast, Polenta-Fritten mit Gorgonzola) bis zu größeren Gerichten wie vegetarischen Frikadellen oder gegrilltem Lachs mit Soba-Nudeln. Schön luftig ist die kleine Dachterrasse.

ESCRIBÀ — GEBÄCK €

Karte S. 322 (☎93 454 75 35; www.escriba.es; Gran Via de les Corts Catalanes 546; Gebäck 2–6,50 €; ⏲8.30–20.30 Uhr; Ⓜ Urgell) Antoni Escribà pflegt die Familientradition (seit 1906), die Herzen der *barcelonins* mit bemerkenswertem Gebäck und Schokoladenkreationen zu beglücken. Saisonale Leckereien sind beispielsweise die *bunyols de xocolata* (mit Schokocreme gefüllte Gebäckkugeln), die es zu Ostern gibt. Escribà hat eine Filiale (S. 77) in einem Modernisme-Gebäude an der Rambla.

HORCHATERIA SIRVENT — EISCREME €

Karte S. 322 (☎93 441 27 20; www.turronessirvent.com; Carrer del Parlament 56; Eiscreme 1,60–3 €, Horchata 2,20–3,90 €; ⏲9–22 Uhr; Ⓜ Sant Antoni) Abgesehen von Eiscreme, *granissat* (halbgefrorenes Fruchtmus) und *turrón* (Nugat) versorgt dieser altmodische Laden die *barcelonins* seit 1926 auch mit *orxata/horchata* (Getränk aus Erdmandeln). Wer nicht den Zug nach Valencia, der eigentlichen Heimat des Getränks, nehmen möchte, bekommt hier die beste Mandelmilch – im Glas oder in Flaschen zum Mitnehmen.

SPICE
CAFÉ €

Karte S. 322 (☎93 624 33 59; www.spicecafe.es; Carrer de Margarit 13; Gerichte 3,50–5 €; ⏲Di–Do 16–21, Fr–So 11–21 Uhr; 📶; Ⓜ Poble Sec) Das wunderbare Café hat nette, Englisch sprechende Angestellte und eine treue Kundschaft, die hier die köstlichen, hausgemachten Backwaren schätzt, darunter Käsekuchen aus Ricotta und Zimt, oder das glutenfreie Orangen-Kardamom-Brot. Außer hervorragendem Kaffee gibt es auch Tee und hausgemachte Limonaden.

JUICE HOUSE
NATURKOST €

Karte S. 322 (☎93 117 15 15; www.thejuicehouse.es; Carrer del Parlament 12; Gerichte 5,50–11,50 €; ⏲Mo, Di & Do 11–16 & 19–23, Mi 11–16, Fr & Sa 10–17 & 19–24, So 10–17 Uhr; 🖉; Ⓜ Poble Sec) Ob Vegetarier, Veganer, Teilzeitvegetarier, Rohköstler oder Leute, die einfach nur eine köstliche, sorgfältig zubereitete Mahlzeit wollen – alle sollten das fröhliche Café in ihren Routenplan aufnehmen. Hafer- und Chiapfannkuchen, Schalen mit Acai-Beeren und gebackene Eier sind ein guter Start am Morgen.

★QUIMET I QUIMET
TAPAS €€

Karte S. 322 (☎93 442 31 42; Carrer del Poeta Cabanyes 25; Tapas 4–10 €, Montaditos 2,80–4 €; ⏲Mo–Fr 12–16 & 19–22.30, Sa 12–16 Uhr, Aug. geschl.; Ⓜ Paral·lel) Quimet i Quimet ist ein Familienbetrieb, der von einer Generation an die nächste vererbt wurde. Die von Flaschenregalen gesäumte Bar ist winzig und hat nur Stehplätze, aber das Essen ist erstklassig: Die *montaditos* (Tapas auf einem Stück Brot) werden individuell nach Wunsch zubereitet.

★AGUST GASTROBAR
BISTRO €€

Karte S. 322 (☎93 162 67 33; www.agustbarcelona.com; Carrer del Parlament 54; Hauptgerichte 12,50–24 €; ⏲Küche Mo–Do 19–24, Fr–So 14–24 Uhr, Bar bis 2 Uhr; Ⓜ Poble Sec) Das großartige Bistro auf zwei Ebenen und mit Balkendecke, Sichtmauerwerk und strukturierten U-Bahnkacheln wurde von zwei französischen Köchen eröffnet (einer lernte bei Gordon Ramsay). Junge Jakobsmuscheln mit Seetangbutter und mit Garnelen gefüllte Avocado-Cannelloni sind die kulinarischen Glanzlichter. Zum Dessert wird u. a. der umwerfende *el cactus* (Schokostreuselboden, Mojito-Mousse und Kaktusfeigen-Sorbet) im Terrakotta-Blumentopf serviert.

MANO ROTA
BISTRO €€

Karte S. 322 (☎93 164 80 41; www.manorota.com; Carrer de la Creu dels Molers 4; Hauptgerichte 15–22 €; ⏲Mo 20–23.30, Di–Sa 13–15.30 & 20–23.30, So 13–15.30 Uhr; Ⓜ Poble Sec) Sichtmauerwerk, Aluminiumrohre, Industrielampen und recyceltes Holz schaffen ein hippes, zeitgenössisches Ambiente für die geniale Bistroküche im Mano Rota (wörtlich übersetzt: „kaputte Hand", tatsächlich aber eine spanische Redewendung für „perfektes Können"). Asiatische, südamerikanische und mediterrane Elemente verbinden sich in Speisen wie knuspriger Tintenfisch mit Yuzu-Aioli oder Dorade (Brasse) mit Pak-Choy-Pesto.

LASCAR 74
PERUANISCH €€

Karte S. 322 (☎93 017 98 72; www.lascar.es; Carrer del Roser 74; Hauptgerichte 12–15 €; ⏲Mo–Do 19–23.30, Fr–So 14–17 & 19–23.30 Uhr; Ⓜ Paral·lel) In dieser selbsternannten „Ceviche- und Pisco-Bar" gibt's Austern im Glas mit *leche de tigre* (traditionelle Ceviche-Marinade) sowie exzellente peruanische Ceviches und Variationen aus Thailand, Japan und Mexiko. Der Pisco Sour hier ist authentisch, samt Eischneehaube und allem.

PALO CORTAO
TAPAS €€

Karte S. 322 (☎93 188 90 67; www.palocortao.es; Carrer de Nou de la Rambla 146; Hauptgerichte 10–15 €; ⏲Di–Fr 20–1, Sa & So 13–17 & 20–1 Uhr; Ⓜ Paral·lel) Das zeitgenössische Palo Cortao ist für seine wundervoll zubereiteten Fisch- und Fleischgerichte zu fairen Preisen berühmt. Besondere Gaumenfreuden sind u. a. Ochsenschwanzbraten mit Wermut-Jus, Tintenfisch mit Hummus aus weißen Bohnen, geräucherte Makrele mit eingelegtem Jalapeño-Pfeffer und Tataki-Tempura vom Thunfisch. Die lange Holztheke mit Metallstühlen ist toll für Single-Gäste.

CASA XICA
FUSIONSKÜCHE €€

Karte S. 322 (☎93 600 58 58; Carrer de la França Xica 20; Teller zum Teilen 5–15 €; ⏲Mo 20.30–22, Di–Sa 13.30–23 Uhr; Ⓜ Poble Sec) Das Casa Xica in der Beletage eines alten Hauses ist ein zwangloses, raffiniert eingerichtetes

Spaziergang
Aussichten & Gärten auf dem Montjuïc

START CASTELL DE MONTJUÏC
ZIEL JARDINS DE JOAN MARAGALL
LÄNGE/DAUER 3 KM; 1½ STUNDEN

Das 1 **Castell de Montjuïc** (S. 197) war zwar lange ein Symbol der Unterdrückung, aber heute stellt der hinreißende Ausblick über Stadt und Meer die dunkle Vergangenheit in den Schatten. Die Fahrt mit dem Telefèric de Montjuïc ist der perfekte Einstieg.

Ein kurzer Spaziergang über die Straße oder den Fußweg Camí del Mar führt zu den 2 **Jardins del Mirador** (S. 198), einem weiteren schönen Aussichtspunkt über Stadt und Meer. Parkbänke oder ein Imbiss laden zu einer Ruhepause ein.

Weiter bergab liegen die mehrstufigen 3 **Jardins de Joan Brossa** (S. 198). Der Eingang ist links hinter der Plaça de la Sardana, auf der eine Skulptur Menschen beim katalanischen Volkstanz zeigt. Zwischen den mediterranen Bäumen und Pflanzen eröffnen sich schöne Aussichten.

Nach Verlassen des Parks auf der westlichen Seite geht's über den Camí Baix del Castell zu den sorgfältig gestalteten 4 **Jardins de Mossèn Cinto de Verdaguer** (S. 200), wunderschön für einen Bummel zwischen Tulpenbeeten und Seerosen.

Die 1922 angelegten 5 **Jardins de Laribal** hinter der Fundació Joan Miró bestehen aus Gartenterrassen, die durch Fußwege und Treppen miteinander verbunden sind. Die hübsch angelegten Wasserläufe entlang einiger der Treppen sind von der Alhambra in Granada inspiriert.

Wer mag, kann im Garten eine Rast einlegen: 6 **La Font del Gat** (S. 205) hat ein täglich wechselndes Menü (kein à la carte) und eine schöne, große und von Grün umgebene Terrasse mit Orangenbäumen.

Weiter geht's nach Westen am Estadi Olímpic (Olympiastadion) vorbei zu den entzückenden, aber kaum besuchten 7 **Jardins de Joan Maragall**. Gepflegter Rasen, Zierbrunnen, Skulpturen und ein klassizistisches Schloss (Residenz der spanischen Königsfamilie in Barcelona) zeichnen diese Gärten aus. Nachteil: Sie sind nur am Wochenende geöffnet (10–15 Uhr).

Restaurant, das fernöstliche Elemente mit frischen katalanischen Zutaten verbindet (die Besitzer Marc und Raquel lebten und reisten in Asien).

CASA DE TAPAS CAÑOTA TAPAS €€

Karte S. 322 (☎93 325 91 71; www.casadetapas.com; Carrer de Lleida 7; Tapas 5–14 €; ⏱Di–Sa 13–16 & 19.30–24, So 13–16 Uhr; Ⓜ Poble Sec) Das nette, unkomplizierte Lokal zwischen Poble Sec und Plaça d'Espanya hat erschwingliche, schön präsentierte Tapas. Die Spezialität sind Meeresfrüchte, z. B. gehaltvolle Scheidenmuscheln, in Knoblauch gebratene Garnelen und zarter Tintenfisch. Dazu passt eine Flasche erfrischender *albariño* (galicischer Weißwein).

XEMEI ITALIENISCH €€

Karte S. 322 (☎93 553 51 40; www.xemei.es; Passeig de l'Exposició 85; Hauptgerichte 16–26 €; ⏱Mo–Fr 13.30–15.30 & 21–23, Sa & So 14–16.30 & 21–24 Uhr; Ⓜ Poble Sec) Xemei (Venezianisch für „Zwillinge", da die venezianischen Besitzer Zwillinge sind) ist ein wunderbares Stück Venedig in Barcelona. Zu leichtem Jazz werden z. B. als Vorspeise *burrata* mit knusprigem Lauch und Kartoffelrösti gereicht, gefolgt von *bigoi in salsa veneziana* (dicke Spaghetti in einer Sauce aus Anchovis und Zwiebeln) oder *pasta alla seppia nera polpo* (schwarze Pasta mit Tintenfisch).

BODEGA SEPÚLVEDA KATALANISCH €€

Karte S. 322 (☎93 323 59 44; www.bodegasepulveda.net; Carrer de Sepúlveda 173; Hauptgerichte 11–21 €; ⏱Mo–Fr 13.30–16.30 & 20–1, Sa 20–1 Uhr; Ⓜ Universitat) Das altehrwürdige Wirtshaus gibt es schon seit 1952. Sein überwältigendes Speisenangebot ist eine Mischung aus Traditionellem (katalanische Klassiker wie *cap i pota* – Eintopf aus Kalbsgekröse) und überraschenderen Gerichten wie *carpaccio de calabacín con bacalao y parmesán* (dünne Zucchinischeiben mit Kabeljau und Parmesan belegt).

MALAMÉN KATALANISCH €€

Karte S. 322 (☎93 252 77 63; www.malamen.es; Carrer de Blai 53; Hauptgerichte 12–24 €; ⏱Di–So 20–24 Uhr; Ⓜ Poble Sec) Am Carrer de Blai wimmelt es von Bars und Restaurants, aber das Malamén übertrifft fast alle mit seiner eleganten, vom Art déco inspirierten Einrichtung, dem tadellosen Service und den Gourmetversionen katalanischer Klassiker. Das Angebot ist eher klein: Salat aus Thunfischconfit, Dill und Kapern, saftige Steaks mit pürierten Pilzen und Kroketten mit Schimmelkäse; die Weinkarte ist gleichermaßen knapp.

BODEGA 1900 TAPAS €€

Karte S. 322 (☎93 325 26 59; www.bodega1900.com; Carrer de Tamarit 91; Tapas 6–15 €; ⏱Di–Sa 13–22.30 Uhr, Aug. geschl.; Ⓜ Poble Sec) Die Bodega 1900 wirkt wie eine typische Tapas- und Wermutbar, aber das täuscht, denn es ist ein Projekt der weltberühmten Adrià-Brüder. Das bedeutet Tapas wie Molekularoliven oder *mollete de calamars*, wahrscheinlich das beste Tintenfisch-Sandwich der Welt, heiß aus der Pfanne und mit Chipotle-Mayonnaise, Kimchi und geriebener Zitronenschale veredelt.

BAR RAMÓN TAPAS €€

Karte S. 322 (☎93 325 02 83; http://barramon.dudaone.com; Carrer del Comte Borrell 81; Tapas 5–12 €; ⏱Mo–Do 20.30–23.30, Fr & Sa 9–16 & 20.30–24 Uhr; Ⓜ Sant Antoni) Die allseits beliebte und lebhafte Bar, die von Bluesklängen erfüllt ist, befindet sich in der Nähe des Markts von Sant Antoni. Alte Fotos von amerikanischen R&B-Legenden und ein paar Gitarren schmücken die Wände – eine tolle Kulisse für Tapas wie zarte Scheiben *jamón ibérico*, gegrillte Garnelen und die Hausspezialität *jabuguitos* (Chorizo in Cidre). Der Laden ist schnell voll, Reservierung ist also ratsam.

FÀBRICA MORITZ GASTROPUB €€

Karte S. 322 (☎93 426 00 50; www.moritz.com; Ronda de Sant Antoni 41; Sandwiches 6,50–11 €, Hauptgerichte 8–19,50 €; ⏱9–3 Uhr; Ⓜ Sant Antoni) Das Restaurant auf dem Gelände der Brauerei Moritz befindet sich in einem Haus, das nach Plänen des Architekten Jean Nouvel umgebaut wurde. Das Angebot auf der Speisekarte ist das Werk von Koch Jordi Vilà aus dem Sternerestaurant Alkímia (S. 206; ebenfalls auf dem Gelände). Serviert werden europäische Kneipengerichte wie Gourmetsandwiches, *moules-frites* (Muscheln und Pommes frites), Tatar, ganzes Brathuhn, Fish and Chips, Würstchen mit Sauerkraut und Flammkuchen.

PIZZA DEL SORTIDOR PIZZA €€

Karte S. 322 (☎93 173 04 90; www.lapizzadelsortidor.com; Carrer de Blasco de Garay 46; Pizza 7–13 €; ⏱Mo–Fr 19.30–24, Sa & So 13.30–16 & 19.30–24 Uhr; 📶🌿; Ⓜ Poble Sec) Eine klassische Pizzeria (mit Rockmusik), wo köstliche, dünnkrustige Pizza brutzelnd heiß aus dem Holzofen kommt. Sie wird völlig ohne Kinkerlitzchen serviert: kein Besteck, noch nicht einmal ein Teller, dafür auf Karton. Billiges Bier gibt's in Plastikbechern, aber niemand geht hier unzufrieden raus, besonders wenn nach dem Essen noch ein kostenloses Gläschen Limoncello gekippt wird. Nur Barzahlung.

BASÍLICO MEDITERRAN €€

Karte S. 322 (☎93 423 73 76; www.grupandiliana.com; Avinguda del Paral·lel 142; Hauptgerichte 10–17 €; ⏲13–15.30 & 20.30–23.30 Uhr; Ⓜ Poble Sec) In dem riesigen Gastraum mit seinen vielen Weinregalen wird moderne mediterrane Küche serviert (Schweinebäckchen mit Mango-Salsa, Lamm in Salzkruste mit Quetschkartoffeln und Feigenjus, Tintenfischconfit mit frittierten Blaukrabben). Das zweigängige Mittagsmenü (11,15 €) und die vier- und fünfgängigen Abendmenüs (25/30 €) sind supergünstig.

LA FONT DEL GAT MEDITERRAN €€

Karte S. 322 (☎93 289 04 04; www.lafontdelgat.com; Passeig de Santa Madrona 28; 3-Gänge-Menü 16 €; ⏲Di–Fr 10–18, Sa & So 12–18 Uhr; 🚌55) Die wunderbare, große Terrasse des Font del Gat mit ihren vielen Orangenbäumen liegt am Rand der Jardins de Laribal und mitten im Grünen. Das Menüangebot wechselt täglich (es gibt keine Gerichte à la carte). Auszug aus der Speisekarte: In Zimt und Zitrone mariniertes Huhn oder gegrillter Thunfisch mit Kapernbutter. Es gibt immer eine vegetarische Option, beispielsweise Risotto mit Gemüse und Ziegenkäse.

LA BELLA NAPOLI PIZZA €€

Karte S. 322 (☎93 442 50 56; www.labellanapoli.es; Carrer de Margarit 14; Pizza 10–16 €, Hauptgerichte 12–24 €; ⏲13.30–16 & 20.30–24 Uhr; Ⓜ Paral·lel) Die Pizzas, von der einfachen Margherita bis zur aufwendigeren *tartufo nero* mit Gorgonzola und schwarzen Trüffeln, werden nach neapolitanischer Art zubereitet. Die Kellner stammen meistens aus der Hafenstadt und haben eine freche süditalienische Haltung zum Essen, zu den Gästen und überhaupt allem.

TAVERNA CAN MARGARIT KATALANISCH €€

Karte S. 322 (☎93 441 67 23; Carrer de la Concòrdia 21; Hauptgerichte 10–15 €; ⏲Mo–Sa 20.30–24 Uhr; Ⓜ Poble Sec) Das ehemalige Weingeschäft versorgt schon seit Jahrzehnten oft ausgelassene Gruppen mit Abendessen. Traditionelle katalanische Küche ist hier angesagt. Umgeben von betagten Weinfässern können die Leute an alten Tischen und Bänken Platz nehmen und zum Beispiel das *conejo a la jumillana* (gebratenes Kaninchen mit Knoblauch, Zwiebeln, Lorbeerblättern, Rosmarin, Minze, Thymian und Oregano) bestellen.

★ENIGMA GOURMETKÜCHE €€€

Karte S. 322 (☎616 696322; www.enigmaconcept.es; Carrer de Sepúlveda 38-40; Probiermenü 220 €; ⏲Di–Fr 13–16 & 16.30–22.30, Sa 12–17.30 & 18–22.30 Uhr; Ⓜ Espanya) Das Konzeptrestaurant der berühmten Adrià-Brüder gleicht einer 3D-Kunstinstallation und serviert in sechs verschiedenen Gasträumen eine innovative kulinarische Glanzleistung mit 40 Gängen. Ein Essen dauert hier 3½ Stunden und enthält jeweils passende Cocktails (man kann zusätzliche Getränke bestellen). Das Menü wird für mindestens zwei Personen zubereitet und ein Tisch muss Monate im Voraus reserviert werden. Bei der Reservierung wird eine Anzahlung von 100 € verlangt. Sobald die Buchung bestätigt ist, erhält man per E-Mail einen Eintrittscode. Das Restaurant ist nicht für Kinder, Vegetarier oder Personen mit speziellen Ernährungsanforderungen geeignet. Gäste werden gebeten, keine Fotos in sozialen Medien zu posten, um das „enigmatische" Erlebnis zu bewahren.

★TICKETS TAPAS, GOURMETKÜCHE €€€

Karte S. 322 (☎93 292 42 50; www.ticketsbar.es; Avinguda del Paral·lel 164; Tapas 3–26 €; ⏲Di–Fr 19–23.30, Sa 1–15.30 & 19–23.30 Uhr, Aug. geschl.; Ⓜ Paral·lel) Das flamboyante Restaurant mit Zirkusdeko und Theaterlichtern ist in der kulinarischen Welt schwer angesagt. Es handelt sich um eine Tapasbar mit Michelin-Sternen, die von Ferran Adrià aus dem legendären (mittlerweile geschlossenen) El Bulli und seinem Bruder Albert eröffnet wurde. Reservierungen werden nur online und zwei Monate im Voraus angenommen, aber man kann versuchen, einen kurzfristig abgesagten Tisch zu ergattern. Das Essen tendiert ins köstlich Surreale, z. B. bei Kreationen wie knusprigem Tintenfisch mit Kimchi-Mayonnaise oder in Salbei marinierten Garnelen mit gefrorenem Salz, gefolgt von Süßkartoffelsorbet mit Lakritze und Mandarinenbiskuit. Von der Meeresfrüchtebar kommen Austern mit Kaviar, Borschtsch und anderen ungewöhnlichen Toppings.

ALKÍMIA KATALANISCH €€€

Karte S. 322 (93 207 61 15; www.alkimia.cat; Ronda de Sant Antoni 41; Hauptgerichte 22–42 €; Mo–Fr 13.30–15.30 & 20–22.30 Uhr; Universitat) Der kulinarische Alchimist Jordi Vilà zaubert in der Brauerei Fàbrica Moritz (S. 204) veredelte katalanische Gerichte mit besonderem Kniff. Das Ergebnis sind Sachen wie mit Austern gefüllte Zucchiniblüten, Hase auf königliche Art mit Roter Bete, kandierte-Zitronen-Soufflé mit Eiscreme aus eingelegten Pflaumen, die ihm einen Michelin-Stern eingebracht haben. Menüs kosten zwischen 98 und 155 €.

MARTÍNEZ SPANISCH €€€

Karte S. 322 (93 106 60 52; www.martinezbarcelona.com; Carretera de Miramar 38; Hauptgerichte 21,50–32 €; 13–23 Uhr; 21, Teleférico del Puerto) Das Martínez mit seinem fabelhaften Blick über Stadt und Hafen ist ein Glanzlicht unter den langweiligen Restaurants auf dem Montjuïc. An warmen Tagen locken die Terrasse und die Reis- und Paella-Gerichte nach Art des Hauses (38–62 € für 2 Pers.). Es gibt auch Austern, Calamari, frischen Fisch und andere Meeresfrüchte, außerdem *jamón* und ein paar Gerichte mit Grillfleisch. Wer keine Lust auf die teuren Hauptgerichte hat, kann hier auch zu jeder Tageszeit einfach bloß etwas trinken; die Bar ist bis 1.30 Uhr geöffnet.

AUSGEHEN & NACHTLEBEN

★ABIRRADERO BRAUEREI

Karte S. 322 (93 461 94 46; www.abirradero.com; Carrer Vila i Vilà 77; Mo–Do 17–1, Fr & Sa 12–2, So 12–1 Uhr; ; Paral·lel) Barcelona hat jede Menge Kleinbrauereien, und in dieser hellen, quirligen Kneipe werden abwechselnd 20 der eigenen Craft-Biere gezapft, darunter IPAral·lel (ein doppeltes IPA), Excuse Me While I Kiss My Stout oder Tripel du Poble Sec. Highlights aus der Küche sind Tapas, Imbissplatten zum Teilen und Burger. Gelegentlich gibt's hier auch Jazz- und Blueskonzerte.

★LA CASETA DEL MIGDIA BAR

Karte S. 322 (617 956572; www.lacaseta.org; Mirador del Migdia; April–Sept. Mi–Fr 20–1, Sa & So 12–1 Uhr, Okt.–März Sa & So 12 Uhr–Sonnenuntergang; 150) Die Mühe, die es kostet, diese trotz aller Ausschmückung total schlichte *chiringuito* (provisorische Café-Bar) zu besuchen, lohnt sich. Tagsüber kann man bei einem Bier oder Kaffee träumerisch aufs Meer blicken. Bei Sonnenuntergang verändert sich die Stimmung; dann wehen Reggae, Samba und Funk über den Hang. Außer Getränken gibt es auch Essbares von den Freiluftgrills. Zu erreichen über den Trampelpfad unterhalb der Mauern des Castell de Montjuïc oder über den Passeig del Migdia mit Ausschilderung Richtung Mirador del Migdia.

PERVERT CLUB @ THE ONE GAY

Karte S. 322 (93 453 05 10; http://pervert-club.negocio.site; Avinguda Francesc Ferrer i Guàrdia 13; Eintritt ab 18 €; Sa 24–6 Uhr; 13, 23, 150, Espanya) Die wöchentliche Party findet im Club The One im Poble Espanyol (S. 198) statt. Elektronische Musik dominiert und obwohl um 6 Uhr dicht gemacht wird, ist es für viele erst der Beginn des „Abends". Hier tummeln sich jede Menge gebräunte und durchtrainierte Fitnessenthusiasten – und viele attraktive Knaben mit freiem Oberkörper.

LA TERRRAZZA CLUB

Karte S. 322 (687 969825; www.laterrrazza.com; Avinguda de Francesc Ferrer i Guàrdia; Eintritt ab 15 €; Mai–Sept. Do–Sa 24–6.30 Uhr; 13, 23, 150, Espanya) Im Sommer drängen sich in La Terrrazza einheimische und auswärtige Schickimickis, die im Poble-Espanyol-Komplex (S. 198) Musik (hauptsächlich House, Techno und Electronica) und Cocktails unter freiem Himmel genießen.

BAR OLIMPIA BAR

Karte S. 322 (676 828232; Carrer d'Aldana 11; Mo–Mi 17–1, Do 17–2, Fr 17–3, Sa 13–3, So 13–1 Uhr; Paral·lel) Die tolle kleine Bar ist ein Stück Barcelona-Geschichte. Hier (und in der Straße) trat von 1924 bis 1947 das populäre Teatro Circo Olympia auf. Heute wird die etwas altmodische Bar von unterschiedlichsten Leuten aufgesucht, die hier hausgemachten Wermut, Snacks (wie Quesadillas, Käseteller, Thunfisch-Tartar) und starke Gin Tonics genießen.

REDRUM BAR

Karte S. 322 (670 269126; Carrer de Margarit 36; Mo–Do 18–1, Fr 18–2, Sa 14–2, So 18–0.30 Uhr; Poble Sec) Zum Craft-Bier und zu den Cocktails im Redrum gibt's mexikanischen Straßenimbiss (auch exzellente Tacos und Ceviche) als Grundlage. Der Gastraum ist in leuchtenden Farben gehalten und der Service freundlich. Happy Hour ist von 18 bis 20 Uhr.

EL ROUGE BAR

Karte S. 322 (☎666 251556; Carrer del Poeta Cabanyes 21; ⊙Do 21–2, Fr & Sa 22–3, So 11–2 Uhr; ; Ⓜ Poble Sec) „Dekadenz" ist das Wort, das einem in dieser bordellroten Lounge-Cocktailbar mit Acid Jazz, Drum and Bass und anderen Sounds im Hintergrund einfällt. Die Wände hängen voll mit Gemälden in schweren Rahmen, schummrigen Lampen sowie Spiegeln, und kein Stuhl gleicht dem anderen. Manchmal gibt's hier DJs oder gewagte Gedicht-Soirees, Varieté, manchmal auch Tangonächte.

LA CAMBICHA BAR

Karte S. 322 (☎93 187 25 13; Carrer del Poeta Cabanyes 43; ⊙Mo–Mi 18–2, Do–So 13–2 Uhr; Ⓜ Paral·lel) Die winzige Bar wirkt mit den zeitungsbeklebten Wänden, Laternen und alten Sportfotos ein bisschen wie eine einsame Waldhütte. Wer es schafft, sich an einen winzigen Tisch zu quetschen, kann mit den jungen Gästen und Soul- und Bluesfans preiswerte Empanadas und Wermut goutieren. Hin und wieder spielt eine Band.

BAR CALDERS BAR

Karte S. 322 (☎93 329 93 49; Carrer del Parlament 25; ⊙Mo–Fr 17–2, Sa 11–2.30, So 11–0.30 Uhr Ⓜ Sant Antoni) Die Bar Calders nennt sich selbst eine Weinbar, aber eigentlich ist die Weinauswahl eher dürftig. Als Café und Tapasbar mit Tischen draußen auf der verkehrsfreien Seitenstraße ist sie hingegen unschlagbar – ein Treffpunkt für die Szene des Viertels.

SALA PLATAFORMA CLUB

Karte S. 322 (☎93 329 00 29; www.salaplataforma.com; Carrer Nou de la Rambla 145; Eintritt ab 6 €; ⊙Do–Sa 22–6, So 19–2 Uhr; Ⓜ Paral.lel) Die „Plattform" wirkt mit zwei angrenzenden, wenn auch kleinen Tanzflächen wie ein heimlicher Treffpunkt in einer ansonsten ruhigen Wohnstraße. In dem freundlichen, einfachen Tanzclub gibt's Popmusik der 1980er-Jahre, zeitlosen Rock und gelegentlich Bands sowie Drum and Bass.

TINTA ROJA BAR

Karte S. 322 (☎93 443 32 43; www.tintaroja.cat; Carrer de la Creu dels Molers 17; ⊙Mi 20.30–0.30, Do bis 2, Fr & Sa bis 3 Uhr, Aug. geschl.; Ⓜ Poble Sec) Ein Labyrinth aus Ecken und Winkeln mit viel Krempel vom Flohmarkt, dazu schummrige Beleuchtung in Rot, Lila und Gelb. Das Tinta Roja ist ein lauschiges Plätzchen, um ein Craft-Bier, einen Cocktail oder ein Glas argentinischen Wein zu trinken und ab und zu eine Show im hinteren Teil des Lokals zu verfolgen; von Schauspiel bis zu Akrobatik wird alles Mögliche geboten. Die Bar war einst eine *vaqueria* (Meierei): Hinten wurden Kühe gehalten und vorne gab's frische Milch.

METRO GAY

Karte S. 322 (☎93 323 52 27; www.metrodiscobcn.com; Carrer de Sepúlveda 185; Eintritt vor/nach 2 Uhr ab 8/20 €; ⊙So–Do 0.15–5.30, Fr & Sa bis 6.45 Uhr; Ⓜ Universitat) Ins Metro mit seinen zwei Tanzflächen, drei Bars und einem sehr dunklen Dark Room zieht es lebenslustige Schwule. Lohnenswert sind auch die Shows und Partys, ob Modelparade oder Bingo-Abend (donnerstags, mit manchmal interessanten Preisen), sowie gelegentlich Striptease. Günstiger ist der Eintritt vor 2 Uhr, allerdings kann es dann sein, dass man ganz alleine trinkt, da es im Metro erst gegen später voll wird.

☆ UNTERHALTUNG

SALA APOLO LIVEMUSIK

Karte S. 322 (☎93 441 40 01; www.sala-apolo.com; Carrer Nou de la Rambla 113; Club ab 15 €, Konzerte unterschiedl.; ⊙Konzerte ab 20 Uhr, Club ab 24 Uhr; Ⓜ Paral·lel) In dem schönen alten Theater mit viel rotem Samt fühlt man sich wie in einer Filmkulisse für eine Ballsaalszene. An „Nasty Mondays" und „Crappy Tuesdays" kommen hartgesottene Tanzwütige voll auf ihre Kosten. Im Eintritt für den Club ist ein Getränk enthalten. Am frühen Abend finden hier oder im La 2, einem kleineren Raum unten, meist Konzerte statt.

BARTS KONZERTE

Karte S. 322 (Barcelona Arts on Stage; ☎93 324 84 92; www.barts.cat; Avinguda del Paral·lel 62; Ⓜ Paral·lel) Das BARTS ist bekannt für ein innovatives Programm mit Urban-Dance-Gruppen, Electro-Swing, psychedelischem Pop und diversen anderen Angeboten. Die geschickte Gestaltung des BART sorgt für einen behaglichen, mittelgroßen Bühnenraum mit hervorragender Akustik. Vorstellungsbeginn und Eintrittspreise sind unterschiedlich und auf der Website zu erfahren.

TEATRE GREC THEATER

Karte S. 322 (http://lameva.barcelona.cat/grec; Passeig de Santa Madrona; 🚌55, 150) Das schöne steinerne Amphitheater auf dem Montjuïc wurde 1929 vom katalanischen Architekten Ramon Revento im griechischen Stil der Antike erbaut. Hier findet das Festival Grec de Barcelona statt, eines der besten Sommerfestivals der Stadt mit Theater, Tanz und Musik.

GRAN BODEGA SALTÓ LIVEMUSIK

Karte S. 322 (☎93 441 37 09; www.bodegasalto.net; Carrer de Blesa 36; ⏲Mo–Do 19–2, Fr & Sa 12–3, So 12–24 Uhr; MParal·lel) Die aufgereihten Fässer zeugen davon, dass die Bar einst eine traditionelle Bodega war. Nach einer leicht psychedelisch angehauchten Modernisierung mit merkwürdigen Lampen, Figurinen und alten chinesischen Bierreklamen lockt die Bar nun ein buntes Publikum an. Die Leute sind bunt gemischt und freundlich. Wenn Livemusik spielt, geht's hier ziemlich hoch her.

HIROSHIMA LIVEAUFTRITTE

Karte S. 322 (☎93 315 54 58; www.hiroshima.cat; Carrer de Vilà i Vilà 67; ⏲Mi–So 19–23 Uhr; MParal·lel) Das Hiroshima ist ein kreativer Vorreiter in Poble Sec. In einer ehemaligen Aufzugsfabrik treten junge und avantgardistische Musiker, Tänzer und darstellende Künstler auf. Es gibt zwei Bühnen (mit 130 und 250 Plätzen) und eine lebhafte Bar im Erdgeschoss für einen Drink nach der Show. Eine gute Adresse für unkonventionelle Darbietungen.

RENOIR FLORIDABLANCA KINO

Karte S. 322 (☎91 542 27 02; www.cinesrenoir.com; Carrer de Floridablanca 135; MSant Antoni) Das Kino mit sieben Sälen zeigt eine Mischung aus hochwertigen Arthausfilmen und Kassenschlagern in Originalsprache (mit spanischen Untertiteln). Dank der günstigen Lage an der Grenze zu El Raval gibt es in der Nähe genügend Gelegenheiten, um sich nach dem Film noch ins Nachtleben zu stürzen.

TEATRE MERCAT DE LES FLORS TANZ

Karte S. 322 (☎93 256 26 00; www.mercatflors.cat; Carrer de Lleida 59; ⏲Kartenschalter Mo–Fr 11–14 & 16–19 Uhr, plus 1 Std. vor Vorstellungsbeginn; 🚌55) Das große, moderne Haus neben dem **Teatre Lliure** (Karte S. 322; ☎93 289 27 70; www.teatrelliure.com; Plaça de Margarida Xirgu 1; ⏲Kartenschalter 9–20 Uhr, plus 2 Std. vor Vorstellungsbeginn) ist die Topadresse für Auftritte nationaler und internationaler zeitgenössischer Tanzkompanien. Die beiden Häuser werden zusammen als Ciutat de Teatre (Theaterstadt) bezeichnet.

SHOPPEN

POPCORN STORE MODE & ACCESSOIRES

Karte S. 322 (Carrer Viladomat 30-32; ⏲Mo–Sa 11–15 & 16.30–20.30 Uhr) Zu den topaktuellen Barceloner Labels für Damenmode in dieser 2017 eröffneten Boutique gehören Sister Dew mit asymmetrischen Tops, Jacken, Kleidern usw. sowie Ester Gueroa mit kräftigen Mustern und Spitze. Für Männer gibt's stylische Hemden, Hosen und Gürtel von italienischen und anderen europäischen Designern.

10000 RECORDS MUSIK

Karte S. 322 (☎93 292 77 76; www.10000records.es; Carrer de Floridablanca 70; ⏲Mo 17–20, Di–Fr 10–14 & 17–20, Sa 10–14 Uhr; MPoble Sec) Wie der Name schon andeutet, ist der Plattenladen voll mit alten und neuen Platten jeden Genres, aber besonders Rock, Pop, Metal und Jazz. Hier lassen sich auch alte Radios, Kassetten und Musikbücher auftreiben.

MERCAT DE SANT ANTONI MARKT

Karte S. 322 (☎93 426 35 21; www.mercatdesantantoni.com; Carrer de Comte d'Urgell 1; ⏲Mo–Do 7–14.30 & 17–20.30, Fr & Sa 7–20.30 Uhr; MSant Antoni) Der Mercat de Sant Antoni am Westrand von El Raval ist eine prächtige alte Markthalle aus Eisen und Backstein, die zwischen 1872 und 1882 errichtet wurde. Am Sonntagvormittag findet daneben der Markt für antiquarische Bücher statt. Die Markthalle wurde neun Jahre lang renoviert und eröffnete 2018 mit 250 Ständen.

GI JOE MODE & ACCESSOIRES

Karte S. 322 (☎93 329 96 52; www.gijoebcn.com; Ronda de Sant Antoni 49; ⏲Mo–Sa 10–14 & 16.30–20.30 Uhr; MUniversitat) Der beste Laden für alte Armeebestände. Im Angebot sind Khakiklamotten, modische Militär-T-Shirts, Stiefel und mehr. Es gibt auch alte Sachen aus dem Zweiten Weltkrieg.

SPORT & AKTIVITÄTEN

PISCINES BERNAT PICORNELL SCHWIMMEN

Karte S. 322 (☎93 423 40 41; www.picornell.cat; Avinguda de l'Estadi 30-38; Erw./Kind 11,90/7,30 €, zu FKK-Zeiten 6,55/4,70 €; ⏲Mo–Fr 6.45–24, Sa 7–21, So 7.30–16 Uhr; 🚌13, 150)

Im Eintrittsgeld für Barcelonas offiziellen Olympiabadkomplex auf dem Montjuïc ist auch die Benutzung von Fitnessraum, Sauna, Whirlpool, Dampfbad und Laufbahn enthalten. Samstags von 21 bis 23 Uhr ist das Schwimmbad (mit Sauna und Dampfbad) ausschließlich Nudisten vorbehalten, ebenso das Hallenbad von Oktober bis Mai sonntags von 16.15 bis 18 Uhr.

Ausflüge

Girona (S. 211)

Eine tolle Kathedrale, ein Labyrinth aus engen Kopfsteinpflastergassen und das schönste mittelalterliche jüdische Viertel Kataloniens machen den Charme dieser Stadt am Fluss aus.

Figueres (S. 214)

Das Teatre-Museu Dalí ist Spaniens surrealistischste Sehenswürdigkeit und eine Pilgerstätte für alle Dalí-Jünger sowie die letzte Ruhestätte des Meisters.

Montserrat (S. 216)

Das spektakulär gelegene Bergkloster ist die wichtigste religiöse Stätte Kataloniens; sie wartet mit dem ältesten Chor Europas und wunderbaren Wanderwegen auf.

Sitges (S. 218)

Der schöne Badeort hat eine elegante Altstadt mit edlen Restaurants, eine Reihe einladender Strände, ein tolles Nachtleben und einen ausgelassenen Karneval zu bieten.

Tarragona (S. 220)

Die sonnige Hafenstadt besitzt einen schönen mittelalterlichen Kern sowie die größten römischen Ruinen Spaniens und eine Unmenge verlockender Restaurants.

Girona

Rundgang

Girona, die größte Stadt Nordkataloniens, ist ein Schmuckkästchen voller Museen, Galerien und gotischer Kirchen in einem Gewirr aus Kopfsteinpflastergassen und mittelalterlichen Mauern. Modernisme-Villen spiegeln sich im Riu Onyar, der die überschaubare Altstadt am Ostufer vom gleißenden Geschäftszentrum im Westen trennt.

Die römische Stadt Gerunda lag an der Via Augusta, die von Gades (heute Cádiz) zu den Pyrenäen führte. Ende des 8. Jhs. vertrieben die Franken die Mauren aus Girona, das zur Hauptstadt einer der wichtigsten Provinzen Kataloniens wurde und im 9. Jh. unter die Herrschaft Barcelonas fiel. Im reichen Girona des Mittelalters entstanden viele schöne romanische und gotische Gebäude, die wiederholte Angriffe überstanden haben. Bis zur Vertreibung der Juden 1492 gab es hier eine blühende jüdische Gemeinde.

Mit dem vielfältigsten Nachtleben und Restaurantangebot Kataloniens ist Girona eine wunderbare Abwechslung zur Küste.

Das Beste

- **Sehenswert** Catedral de Girona
- **Essen** El Celler de Can Roca (S. 214)
- **Ausgehen** Lola Café (S. 214)

Top-Tipp

Die besten Ausblicke bieten sich bei einem Spaziergang auf den Stadtmauern, dem Passeig Arquelògic – mit Zugang von den Banys Àrabs oder der Plaça de Catalunya.

Anfahrt

Auto Mautautobahn AP7 via Granollers.

Zug Von Barcelona verkehren regelmäßig Züge (ab 10 €, bis zu 90 Min.)

Gut zu wissen

- **Lage** 95 km nordöstlich von Barcelona
- **Touristeninformation** (☎972 22 65 75; www.girona.cat/turisme; Rambla de la Llibertat 1; ⏲April–Okt. Mo–Fr 9–20, Sa 9–14 & 16–20 Uhr, Nov.–März Mo–Fr 9–19, Sa 9–14 & 15–19 Uhr, ganzjährig So 9–14 Uhr)

SEHENSWERTES

Gironas wunderbar erhaltener **Call** (jüdisches Viertel) – ein Labyrinth aus niedrigen Steinbögen und engen Kopfsteinpflasterstraßen um den schmalen Carrer de la Força – war 600 Jahre lang eine blühende Gemeinde, bis die unerbittliche Verfolgung durch die Christen die Juden aus Spanien vertrieb.

★CATEDRAL DE GIRONA — KATHEDRALE

(www.catedraldegirona.org; Plaça de la Catedral; Erw./Stud. inkl. Basílica de Sant Feliu 7/5 €; ⏲Juli & Aug. 10–19.30 Uhr, April–Juni, Sept. & Okt. bis 18.30 Uhr, Nov.–März bis 17.30 Uhr) Die hohe Kathedrale Gironas oberhalb einer 86-stufigen Treppe an der Plaça de la Catedral ist viel älter, als die Barockfassade vermuten lässt: Teile ihrer Fundamente, die über einem römischen Forum errichtet wurden, stammen aus dem 5. Jh. Heute dominiert die gotische Ausschmückung aus dem 14. Jh., die einer romanischen Kirche aus dem 11. Jh. aufgesetzt wurden, jedoch existiert noch ein schöner romanischer **Kreuzgang** mit doppelten Säulenreihen aus dem 12. Jh. Da die Kathedrale das zweitbreiteste Kirchenschiff der Welt hat, ist ihre Besichtigung eine kleine Herausforderung, aber Audioguides stehen zur Verfügung.

★MUSEU D'HISTÒRIA DELS JUEUS — MUSEUM

(www.girona.cat/call; Carrer de la Força 8; Erw./Kind 4 €/frei; ⏲Juli & Aug. Mo–Sa 10–20, So 10–14 Uhr, Sept.–Juni Mo & So 10–14, Di–Sa 10–18 Uhr) Bis 1492 lebte in Girona die nach Barcelona zweitwichtigste jüdische Gemeinde des mittelalterlichen Kataloniens in einem der schönsten jüdischen Viertel des Landes. Das ausgezeichnete Museum präsentiert stolz das jüdische Erbe der Stadt, ohne die weniger ersprießlichen Aspekte auszuklammern, wie die Verfolgung durch die Inquisition und die Zwangsbekehrungen. Zu sehen sind auch ein seltenes *miqvé* (rituelles Bad) aus dem 11. Jh. und ein jüdisches Haus aus dem 13. Jh.

MUSEU DEL CINEMA — MUSEUM

(www.museudelcinema.cat; Carrer de la Sèquia 1; Erw./Kind 5 €/frei; ⏲Juli & Aug. 10–20 Uhr, Sept.–Juni Di–Fr 10–18, Sa 10–20, So 11–15 Uhr) Das bezaubernde Museum hat viel mehr zu bieten als Filme und Kino. Die Ausstellungen gehen der Frage nach, warum die Menschen sich in der Phantasie verlieren wollen und erforschen die Ursprünge visueller Erzählkunst, z. B. anhand chinesischer und indi-

Girona

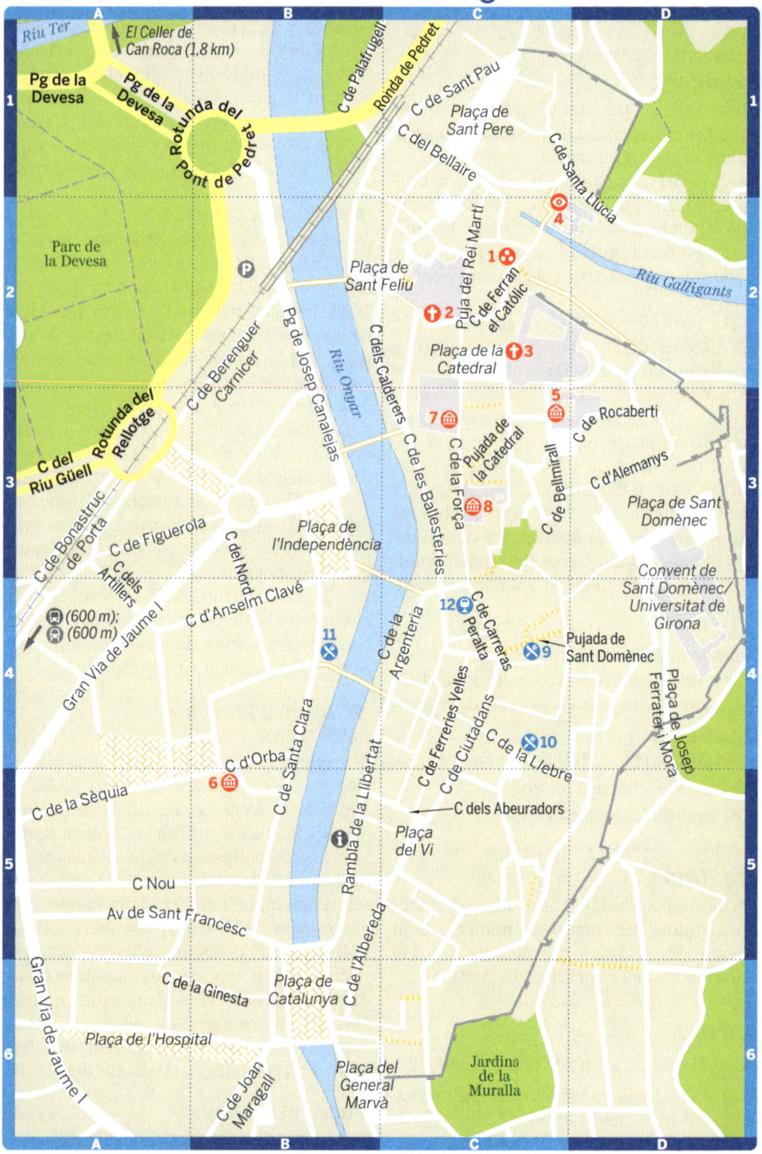

scher Schattenspiele. Gestreift werden auch die Erfindung der Camera obscura, die Gebrüder Lumière und optische Illusionen mit Spiegeln und Lichttäuschungen, darunter unheimliche Trugbilder. Die Beschriftungen der Exponate sind auf Katalanisch, Spanisch, Englisch und Französisch.

BANYS ÀRABS RUINE

(www.banysarabs.org; Carrer de Ferran el Catòlic; Erw./Kind 2/1 €; ⏲März–Okt. Mo–Sa 10–19, So bis 14 Uhr, Nov.–Feb. 10–14 Uhr) Zwar sind diese wunderbar erhaltenen Bäder im romanischen Stil des 12. Jhs. von früheren maurischen und römischen Vorbildern beein-

Girona

flusst (im 13. Jh. restauriert), doch sie stammen aus christlicher Zeit. Zu den Bädern gehören ein *apodyterium* (Umkleideraum) mit einem kleinen, achteckigen und von schlanken Säulen umgebenen Becken, ein *frigidarium* und *tepidarium* (mit kaltem bzw. warmem Wasser) sowie ein *caldarium* (eine Art Sauna), beheizt durch einen Ofen unter dem Fußboden

MONESTIR DE SANT PERE DE GALLIGANTS — KLOSTER

(www.mac.cat; Carrer de Santa Llúcia; Erw./Kind inkl. Museu d'Arqueologia de Catalunya-Girona 4,50/3,50 €; ⊙Okt.–April Di–Sa 10–18 Uhr, Mai–Sept. Di–Sa 10–19 Uhr, ganzjährig So 10–14 Uhr) Das schöne romanische Benediktinerkloster aus dem 11. und 12. Jh. verfügt über einen herrlichen Glockenturm. Außerdem besitzt es einen prachtvollen Kreuzgang, dessen 60 Kapitelle der Doppelpfeiler merkwürdige Tiere und mythische Kreaturen schmücken. Auch in der Kirche finden sich einige schöne Säulenkapitelle.

BASÍLICA DE SANT FELIU — BASILIKA

(Plaça de Sant Feliu; Erw./Stud. inkl. Catedral 7/5 €; ⊙Mo–Sa 10–17.30, So 13–17.30 Uhr) Die zweite große Kirche Gironas mit ihrem markanten, stumpfen Turm liegt ein Stück bergab von der Kathedrale. Das Kirchenschiff präsentiert sich prächtig mit gotischen Kreuzrippengewölben. Eine große spätbarocke Seitenkapelle aus Marmor und Jaspis ist dem Schutzheiligen der Stadt geweiht, dem hl. Narcissus. Rechts von der Kapelle befindet sich das gotische Grabmal des Heiligen von 1328 (in dem zuvor sein Leichnam lag). Es stellt seine liegende Figur und Szenen seines Lebens dar, u. a. die Bekehrung von Frauen, sein Martyrium und die Vertreibung eines bösen Geistes. Ein Audioguide ist im Eintrittspreis inbegriffen.

MUSEU D'HISTÒRIA DE GIRONA — MUSEUM

(www.girona.cat/museuhistoria; Carrer de la Força 27; Erw./Stud./Kind 4/2 €/frei; ⊙Okt.–April Di–Sa 10.30–17.30 Uhr, Mai–Sept. Di–Sa 10.30–18.30 Uhr, ganzjährig So 10.30–13.30 Uhr) Der Kreuzgang aus dem 18. Jh. verleiht der Zeitreise vom römischen Girona über das Mittelalter bis zur Gegenwart eine passend altertümliche Atmosphäre. Zu den Highlights des Museums gehören eine Ausstellung zum lebhaften Mosaik von Can Pau Birol aus dem 3. bis 4. Jh., das Wagenlenker im Circus Maximus darstellt, sowie eine Erläuterung der Belagerung Gironas durch napoleonische Truppen von 1808 bis 1809. Viele Ausstellungsstücke sind Kopien der Originale. Broschüren auf Spanisch, Englisch und Französisch sind hilfreich bei den ausschließlich katalanischen Beschriftungen.

MUSEU D'ART DE GIRONA — GALERIE

(www.museuart.com; Pujada de la Catedral 12; Eintritt 4,50 €, inkl. Catedral und Basílica de Sant Feliu 10 €; ⊙Mai–Sept. Di–Sa 10–19 Uhr, Okt.–April bis 18 Uhr, ganzjährig So 10–14 Uhr) Die Kunstgalerie im Palau Episcopal aus dem 12. bis 16. Jh. neben der Kathedrale beeindruckt durch Umfang und Vielfalt ihrer Sammlung. Rund 8500 Kunstwerke, meist aus der Region, sind ausgestellt, von romanischen Holzschnitzereien und Wandbildern bis zu Stadtansichten der polnisch-französischen Malerin Mela Muter aus dem 20. Jh., Skulpturen des wegweisenden katalanischen Architekten Rafael Masó i Valentí (ebenfalls 20. Jh.) und Werken des führenden Modernisme-Künstlers Santiago Rusiñol.

ESSEN & AUSGEHEN

Die Restaurants in Girona bieten eine außerordentliche Vielfalt und Qualität, ob es sich um einfache Tapasbars und Brunch-

Cafés handelt oder um Paella-Spezialisten und eines der weltbekanntesten Restaurants, El Celler de Can Roca (s. u.). Anders als in anderen Teilen Kataloniens haben Vegetarier, Veganer und Allergiker eine große Auswahl.

★LA FÁBRICA CAFÉ €

(http://lafabrica.cc; Carrer de la Llebre 3; Gerichte 3–8 €; ⏲9–15 Uhr) In dem dynamischen Radfahrercafé in deutsch-kanadischem Besitz manifestiert sich Gironas kulinarisches Händchen in spitzenmäßigem Kaffee und katalanisch inspirierten Brunch-Klassikern aus überwiegend lokalen Zutaten. Dicke *torrades* (Toasts) – z. B. belegt mit Avocado, Feta und Paprika – werden auf Holzbrettchen serviert, dazu gibt's fachmännisch aufgegossenen Kaffee aus Bohnen von umweltbewussten Lieferanten.

ROCAMBOLESC EISCREME €

(☎972 41 66 67; www.rocambolesc.com; Carrer de Santa Clara 50; Eiscreme 2,90–4,50 €; ⏲So–Do 11–22, Fr & Sa bis 24 Uhr) Im Rocambolesc, Teil der weltberühmten kulinarischen Clans des El Celler de Can Roca, gibt es Eiscreme, die zur köstlichstes Spaniens gehört. Rotweiß gestreifte Dekoration bildet das magische Ambiente für kreativ coole Mixturen wie Backapfeleis oder Mandarinensorbet mit Maracujaschnipseln bestreut.

CAFÉ LE BISTROT KATALANISCH, FRANZÖSISCH €€

(☎972 21 88 03; www.lebistrot.cat; Pujada de Sant Domènec 4; Hauptgerichte 7,50–14 €; ⏲12–16 & 19–23 Uhr) Draußen an der Wand rankt sich Jasmin hoch und die Tische reichen hinaus bis zur Treppe, die zu einer Kirche aus dem 17. Jh. führt – dies dürfte das am romantischsten gelegene Restaurant Gironas sein. Die klassischen Bistrospeisen vereinen französische und katalanische Küche, z. B. Crêpes, Pasta, Fleischgerichte, „*pagès*"-Pizza sowie eine Vielfalt bunter Salate und katalanischer Käsesorten. Der Gastraum ist ganz in Schachbrettkacheln gehalten und wirkt schön altmodisch.

★EL CELLER DE CAN ROCA KATALANISCH €€€

(☎972 22 21 57; www.cellercanroca.com; Carrer Can Sunyer 48; Probiermenüs 180–205 €; ⏲Di 12.30–14, Mi–Sa 12.30–14 & 20–21.30 Uhr, Ende Dez.–Mitte Jan. & 10 Tage Ende Aug. geschl.) Stets wechselnde katalanische Gerichte mit avantgardistischem Touch haben das Celler de Can Roca mit seinen drei Michelin-Sternen international berühmt gemacht. 2015 wurde es von *The World's 50 Best* zum besten Restaurant der Welt ernannt und präsentiert jedes Jahr neue Kreationen: eine Kombination aus Molekularküche und multisensorischer Food Art oder futuristischen Desserts – aber alles auf der Grundlage von Mamas Hausmannskost. Die drei in Girona geborenen Roca-Brüder betreiben El Celler in einem restaurierten Landhaus, 2 km nordwestlich vom Zentrum Gironas. Wer hier essen will, muss online elf Monate im Voraus reservieren oder sich auf die Standby-Liste eintragen lassen.

LOLA CAFÈ BAR

(www.facebook.com/LolaCafe; Carrer de la Força 7; ⏲Mi–Sa 23–3 Uhr) Goldgerahmte, barock anmutende Spiegel, wundervolle Cocktails und diskrete Tische für zwei Personen versprechen in den Kopfsteinpflastergassen im mittelalterlichen Teil Gironas eine sinnliche Nacht. Getanzt wird zur Musik einer Rumba-Band oder der üblichen Mixtur aus Pop der 1980er- und 1990er-Jahre, zur Erfrischung gibt's Caipirinhas, Mojitos und dergleichen. Auf Facebook sind aktuelle Events angekündigt.

Figueres

Rundgang

Ein ganzer Vormittag ist schon nötig, um sich das unvergleichliche Teatre-Museu Dalí anzuschauen, von der Außenanlage bis zu den bizarren Dekorationen und Dalís einzigartigen Werken. Aber Figueres hat noch mehr zu bieten als Dalí und es gibt mehrere andere Attraktionen, die einen Besuch lohnen, ebenso etliche gute Restaurants.

Das Beste

- **Sehenswert** Teatre-Museu Dalí (S. 215)
- **Essen** El Motel (S. 216)
- **Ausgehen** Sidreria Txot's (S. 216)

Top-Tipp

Es ist ratsam, Karten für das Teatre-Museu Dalí online zu reservieren und es nicht am Wochenende oder an einem Feiertag zu besuchen. Um den schlimmsten Andrang zu vermeiden, sollte man gleich morgens bei Öffnung eintreffen.

ABSTECHER

DALÍS BURG

Fans des Künstlers Salvador Dalí fasziniert finden im **Castell de Púbol** (www.salvador-dali.org; Plaça de Gala Dalí, Púbol; Erw./erm. 8/6 €; ⏲Mitte Juni–Mitte Sept. 10–19.15 Uhr, Mitte März–Mitte Juni & Mitte Sept.–Okt. Di–So 10–17.15 Uhr, Nov.–Anfang Jan. Di–So 10–16.15 Uhr) ein entscheidendes Puzzleteil zur Vervollständigung von Dalís Persönlichkeitsbild. Die Burg aus dem 14. Jh. zwischen Girona und Palafrugell (22 km nordwestlich von Palafrugell, südlich von der C66) war Dalís Geschenk an seine Frau und Muse Gala, die hier bestattet ist. Das Gotik-Renaissance-Gebäude mit pflanzenüberwucherten Mauern, steinernen Wendeltreppen und einem schattigen Garten wurde nach Galas Geschmack eingerichtet, aber es gibt auch surrealistische Details wie ein Brunnen in Form eines grimassierenden Seeteufels und ein lippenförmiges Sofa.

Gala Dalí führte selbst ein faszinierendes Leben und hatte Techtelmechtel mit mehreren maßgeblichen Persönlichkeiten der ersten Hälfte des 20. Jhs. 1917 heiratete sie den französischen Dichter Paul Éluard, unterhielt eine zweijährige Affäre mit dem Dada-Pionier Max Ernst und begegnete schließlich 1929 Dalí. Mit seiner Zustimmung nahm sie sich auch weiterhin Liebhaber, doch ihre gegenseitige Loyalität blieb unerschütterlich. Dalí durfte die Burg nur mit vorheriger schriftlicher Genehmigung besuchen, eine Einschränkung, die dem Künstler eine enorme erotische Spannung bescherte.

Heute bildet das Castell de Púbol den den südlichsten Punkt des „Svador-Dalí-Dreiecks" in Katalonien. Die abweisende Burg ist fast eine Antithese zur Extravaganz des **Teatre-Museu Dalí** in Figueres und Dalís **Wohnhaus** (☎972 25 10 15; www.salvador-dali.org; Port Lligat; Erw./Kind unter 8 J. 11 €/frei; ⏲Mitte Juni–Mitte Sept. 9.30–21 Uhr, Mitte Sept.–Jan. & Mitte Feb.–Mitte Juni 10.30–18 Uhr, Mitte Jan.–Mitte Feb. geschl., Nov.–Mitte März Mo geschl.) am Meer in Port Lligat bei Cadaqués.

Zu erreichen ist die Burg von Girona mit dem Bus nach Cruilla de la Pera (3 €, 40 Min., 10- bis 19-mal tgl.) oder Palafrugell (3,05 €, 25 Min., 7- bis 13-mal tgl.) bis zur Haltestelle an der C66. Von dort sind es noch 2 km südwärts zu Fuß bis zur Burg. Eine andere Möglichkeit ist der Zug von Girona bis Flaça (3,30 €, 15 Min., mindestens 15-mal tgl.), von dort weitere 5 km mit dem Taxi.

Anfahrt

Auto Mautautobahn AP7 via Granollers und Girona.

Zug Züge fahren ab Barcelona (12–16 €, bis zu 2½ Std.)

Gut zu wissen

- **Lage** 118 km nordöstlich von Barcelona
- **Touristeninformation** (☎972 50 31 55; http://visitfigueres.cat; Plaça de l'Escorxador 2; ⏲Juli–Sept. Mo–Sa 9–20, So 10–15 Uhr, Okt.–Juni Di–Sa 9.30–14 & 16–18, Mo & So 10–14 Uhr)

SEHENSWERTES

★TEATRE-MUSEU DALÍ MUSEUM

(www.salvador-dali.org; Plaça de Gala i Salvador Dalí 5; Erw./Kind unter 9 J. 14 €/frei; ⏲Juli–Sept. 9–20 Uhr, Okt.–Juni 10.30–18 Uhr, Okt.–Mai Mo geschl., Aug. auch 22–1 Uhr geöffnet) Beim Anblick dieses roten, burgähnlichen Gebäudes mit gigantischen Eiern und Oscarpreisstatuen ähnlichen Gebilden auf dem Dach und übersät von Gips-Croissants hat man sofort den Namen Salvador Dalí im Kopf. Die perfekt passende letzte Ruhestätte für den Meister des Surrealismus garantiert ihm Unsterblichkeit. Das Museum zeigt u. a. riesige, unübersehbare Installationen wie das *Taxi Plujós* („regnerisches Taxi"), ein alter Cadillac mit Statue obenauf, neben dezenteren Werken wie einem winzigen, mysteriösen Raum mit einem verspiegelten Flamingo.

MUSEU DEL JOGUET MUSEUM

(www.mjc.cat; Carrer de Sant Pere 1; Erw./Kind 7 €/frei; ⏲Juni–Sept. Mo–Sa 10–19, So 11–18 Uhr, Okt.–Mai Di–Sa 10–18, So 11–14 Uhr) Das Museum besitzt über 5000 Spielsachen im Wandel der Zeiten. Sie reichen von den ersten Brettspielen mit bunten Steinen bis zu aufwendigen Puppenhäusern, Puppen aus den 1920er-Jahren mit finster starrenden Augen (die Albträume verursachen könnten), Modelleisenbahnen und religiösen Prozessionen mit winzigen Figuren, die aus Katalonien und Valencia stammen. Es ist eine faszinierende Ausstellung und vieles davon wird Kinder begeistern. Es gibt auch eine Abteilung, die sich mit der Kindheit Dalís beschäftigt. Wer ein Ticket fürs Teatre-Museu Dalí vorweisen kann, bekommt eine um 30 % ermäßigte Eintrittskarte.

CASTELL DE SANT FERRAN FESTUNG
(www.lesfortalesescatalanes.info; Pujada del Castell; Erw./Kind 3,50 €/frei; ⌚Juli–Mitte Sept. 10–20 Uhr, Sept.–Okt. & April–Juni 10.30–18 Uhr, Nov.–März 10.30–15 Uhr) Die wuchtige Festung aus dem 18. Jh. beherrscht von einem niedrigen Hügel 1 km nordwestlich des Zentrums das Flachland der Umgebung. Die Anlage ist ein Wunderwerk militärischer Baukunst: Auf dem 32 ha großen Gelände innerhalb der Mauern konnten 6000 Mann aufmarschieren und in den Kasernen unterkommen. Im Eintrittspreis enthalten ist ein scheppernder Audioguide (fast so alt wie die Festung). Eigentlich war das Fort in den 1750er-Jahren zur Abwehr französischer Invasoren gebaut worden, aber es fiel trotzdem in die Hände der gallischen Nachbarn – erst 1794 und dann wieder 1808. Spaniens republikanische Regierung hatte hier im Kerker ihre letzte Sitzung im Bürgerkrieg (am 1. Februar 1939).

MUSEU DE L'EMPORDÀ MUSEUM
(www.museuemporda.org; La Rambla 2; Erw./Kind 4 €/frei; ⌚Mai–Okt. Di–Sa 11–20 Uhr, Nov.–April Di–Sa 11–19 Uhr, ganzjährig So 11–14 Uhr) Das Heimatmuseum umfasst auf vier Stockwerken einen Zeitraum, der von antiken Amphoren und Skulpturen aus dem 7. Jh. bis zu wechselnden Installationen von Gegenwartskunst reicht. Kultur und Geschichte der Region sind bruchstückhaft repräsentiert, unterhaltsam ist die Ausstellung dennoch. Besonders die Sakralkunst aus dem 17. Jh. lohnt einen Blick. Sehenswert ist vor allem das quietschbunte Gemälde *Sant Narcís* von Dalí aus dem Jahr 1962. Die Beschriftung ist auf Katalanisch, aber es gibt auch laminierte Erläuterungskarten auf Spanisch, Englisch und Französisch. Mit einer Eintrittskarte zum Teatre-Museu Dalí ist der Eintritt hier frei.

ESSEN & AUSGEHEN

SIDRERIA TXOT'S KATALANISCH, BASKISCH €
(☎972 67 85 23; www.sidreriatxots.com; Avinguda Salvador Dalí 114; Gerichte 5–16 €; ⌚12–24 Uhr; 📶) In der lebhaften Bar mit Sommergarten wird der baskische Cidre von hoch oben eingeschenkt (wie es sich gehört). Dazu gibt's warme und kalte *pintxos* (baskische Tapas), leckere Burger, Schinken, Wurst, Käse und Salate sowie Kartoffelomelett, Chorizo in Cidre und L'Escala-Sardellen.

RESTAURANT DURÁN KATALANISCH €€
(☎972 50 12 50; www.hotelduran.com; Carrer Lasauca 5; Hauptgerichte 16–25 €; ⌚12.45–16 & 20.30–23 Uhr) In dem erstklassigen, von Kronleuchtern erhellten Restaurant speist man unter dem gleichen Dach wie Salvador Dalí. Gepflegter Service und luxuriöse Einrichtung entsprechen den meisterhaft zubereiteten Köstlichkeiten wie Räucherlachstatar, Seezunge in Orangensauce und Ananas-Carpaccio mit Mangoeiscreme. Das dreigängige Menü kostet 22 €, und wer sich nicht entscheiden kann, bestellt einfach das Probiermenü nach Saison für 49 €.

EL MOTEL KATALAN €€€
(☎972 50 05 62; www.hotelemporda.com; Hotel Empordà, Avinguda Salvador Dalí 170; Hauptgerichte 13–30 €; ⌚12.45–15.45 & 20.30–22.30 Uhr; P📶) Jaume Subirós, Küchenchef und Eigentümer dieses schicken Hotel-Restaurants 1 km nördlich des Zentrums von Figueres, gilt gemeinhin als derjenige, der den Übergang von der traditionellen katalanischen Hausmannskost zur heutigen verfeinerten, innovativen Küche vollzogen hat. Zutaten nach Saison und aus der Region spielen die Hauptrolle bei den Speisen, zu denen Highlights gehören wie gesalzene Garnelen aus Roses, mit Ricotta und Parmesan gefüllte Zucchiniblüten oder Reis mit Hummer vom Cap de Creus.

Montserrat

Rundgang

Der Berg Montserrat, 50 km nordwestlich von Barcelona, ist zusammen mit dem Kloster und dem Naturpark inmitten markanter Felsformationen ein Symbol der katalanischen Identität. Der Berg, der über Jahrtausende von Wind und Frost geformt wurde, ist unverkennbar. Seine Felsspitzen aus Kalkstein und erodierten Fragmenten ragen wie verkrümmte Finger aus dem 1236 m hohen Massiv. Auf mehr als der halben Höhe liegt das Benediktinerkloster Monestir de Montserrat mit der Moreneta („Kleine Braune" oder „Schwarze Jungfrau"), einer der am meisten verehrten Ikonen Spaniens. Hinter diesem Heiligtum erstreckt sich der **Parc Natural de la Muntanya de Montserrat**, ein großartiges Wandergebiet, in dem Bäche in Schluchten stürzen und Aussichtspunkte einen Panoramablick über die Felssäulen bieten. Montserrat (ein Name, der oft sowohl für den Berg als auch für das Kloster benutzt wird) ist ein äußerst beliebtes Ziel für einen Tagesausflug ab Barcelona. Das Klostergelände wimmelt von Besuchern, aber wer Stille sucht, findet sie immer noch auf den Spazierwegen oder während einer Übernachtung.

Das Beste

- **Sehenswert** Monestir de Montserrat (s. u.)
- **Essen** Hotel Abat Cisneros (S. 218)
- **Spaziergang** Sant Jeroni

Top-Tipp

Die Anreise nach Montserrat ist bereits das halbe Vergnügen, einschließlich der Fahrt mit der Zahnrad- und der Standseilbahn. Diverse Kombipakete sind über www.cremallerademontserrat.cat erhältlich.

Anfahrt

Auto Autofahrer nehmen die C16 nordwestlich von Barcelona, dann kurz hinter Terrassa die C58 und schließlich die C55 nach Monistrol de Montserrat. Hier kann man kostenlos parken und die Zahnradbahn nehmen oder selbst hochfahren und parken (Pkw 6,50 €).

Zug Die FGC-Züge (www.fgc.net) der Linie R5 fahren halbstündlich bis stündlich vom/zum Bahnhof Plaça d'Espanya in Barcelona (1 Std.). Betriebsbeginn ist um 5.16 Uhr, aber mit dem Zug um 8.36 Uhr gibt es direkten Anschluss an die erste AERI-Standseilbahn zum Kloster ab der Station Montserrat Aeri. Eine andere Möglichkeit ist es, eine Station mit dem R5 weiterzufahren (Monistrol de Montserrat), von wo die Zahnradbahn alle 20 bis 40 Minuten zum Kloster hochfährt (20 Min.).

Gut zu wissen

- **Lage** 50 km nordwestlich von Barcelona
- **Touristeninformation** (☎938 77 77 77; www.montserratvisita.com; ⏲Ostern–Sept. 9–20 Uhr, Okt.–Ostern bis 17.45 Uhr)

SEHENSWERTES

★MONESTIR DE MONTSERRAT — KLOSTER

(www.abadiamontserrat.net) Das bekannteste Kloster Kataloniens wurde 1025 zu Ehren der Jungfrau Maria gegründet, die Schäfern bei himmlischen Licht und heiliger Chormusik erschienen sein soll. Heute leben hier 55 Mönche. Die Klosteranlage besteht aus zwei Gebäudeblöcken: auf der einen Seite die Basilika und die Klostergebäude und auf der anderen Seite Einrich-

WANDERN IN MONTSERRAT

Vom Kloster fährt der **Funicular de Sant Joan** (www.cremallerademontserrat.cat; einfach/hin & zurück 8,10/13 €; ⏲alle 12–20 Min. Nov.–März 10–16.50 Uhr, Sept., Okt. & Mai bis 17.50 Uhr, Juli–Mitte Sept. bis 18.50 Uhr, 3 Wochen im Jan. geschl.) in zehn Minuten die ersten 250 m den Berg hinauf; ansonsten sind es 45 Minuten zu Fuß entlang der Straße zwischen der untersten und obersten Station der Standseilbahn. Ganz oben sind es noch weitere 20 Minuten (ausgeschildert) bis zur **Ermita de Sant Joan** mit schöner Aussicht nach Westen.

Spannender ist der ausgeschilderte, 7,5 km lange (2½ Std.) Rundwanderweg von der obersten Station des Funicular de Sant Joan nach Nordwesten zum höchsten Gipfel Montserrats, dem **Sant Jeroni** (1236 m) und wieder zurück. Der Wanderweg verläuft über den oberen Teil des Bergs und dicht an einigen der Felssäulen vorbei.

Feste Wanderschuhe und Wasser im Gepäck sind ebenso nötig wie ein vorheriger Besuch in der **Touristeninformation**, um die Wetterbedingungen und den Wegzustand zu erfragen.

tungen für Touristen und Pilger. Zu den architektonisch herausragenden Teilen des Klosters an der **Plaça de Santa Maria** gehören der elegante Kreuzgang aus dem 15. Jh. und die schimmernde Fassade aus dem späten 19. Jh. mit Reliefs, die den hl. Georg und den hl. Benedikt darstellen.

MUSEU DE MONTSERRAT MUSEUM

(www.museudemontserrat.com; Plaça de Santa Maria; Erw./Kind 7/4 €, inkl. Espai (Raum) Audiovisual 10/6 €; ⌚Mo–Fr 10–17.45, Sa & So 10–18.45 Uhr) Das Museum besitzt hervorragende Exponate. Sie reichen von der archäologischen Abteilung mit einer ägyptischen Mumie bis zu gotischen Altarbildern und schönen Gemälden von Caravaggio, El Greco, Picasso und mehreren Impressionisten (Monet, Degas). Hinzu kommen eine umfassende Sammlung katalanischer Kunst des 20. Jhs. und einige phantastische orthodoxe Ikonen.

CAMBRIL DE LA MARE DE DÉU KIRCHE

(⌚8–10.30 & 12–18.30 Uhr, Juli–Mitte Sept. auch 19.30–20 Uhr) Schilder rechts vom Eingang der Basilika von Monteserrat weisen zum beschaulichen Cambril de la Mare de Déu, wo die berühmte **Moreneta** („Kleine Braune" oder „Schwarze Jungfrau") untergebracht ist. Die verehrte romanische Holzstatue der Jungfrau Maria mit dem Jesuskind auf ihren Knien stammt aus dem 12. Jh.

☆ UNTERHALTUNG

ESCOLANIA DE MONTSERRAT LIVEMUSIK

(www.escolania.cat; ⌚Konzerte Mo–Do 13, So 11, So–Do 18.45 Uhr) Die klaren Stimmen eines der ältesten Knabenchöre Europas erschallen seit dem 14. Jh. in der Basilika. Der Chor tritt an den meisten Tagen (außer in den Schulferien) kurz auf und singt *Virolai*, geschrieben vom katalanischen Nationaldichter Jacint Verdaguer, und *Salve Regina*. Die 50 *escolanets* im Alter von neun bis 14 Jahren besuchen das Internat von Montserrat. Die Aufnahme in den Chor erfolgt erst nach einer zweijährigen Auswahlphase.

SCHLAFEN & ESSEN

HOTEL ABAT CISNEROS HOTEL €€

(☎93 877 77 01; www.montserratvisita.com; EZ/DZ mit Frühstück 66/114 €; P 📶) Das einzige Hotel in der Klosteranlage steht in schönster Lage direkt gegenüber der Basilika. Die Zimmer sind komfortabel, aber einfach; einige machen die spartanische Einrichtung mit einem Blick über die Plaça de Santa Maria wieder wett. Außerdem gibt's preisgünstige einfache Apartments (4 Pers. 104 €). Im Restaurant wird kreative katalanische Küche (Hauptgerichte 13–23 €) serviert.

Sitges

Rundgang

Sitges ist seit dem 19. Jh. ein Badeort und spielte eine zentrale Rolle in der Modernisme-Bewegung, die den Weg für Künstler wie Picasso bereitete. Heute ist Sitges das berühmteste Ferienziel Spaniens für Schwule. Im Juli und August ist der Ort eine einzige Strandparty und beim **Carnaval** (www.carnavaldesitges.com; ⌚Feb./März) kommt die hedonistische Seite der Stadt zum Vorschein. Aber trotz des ausgelassenen Nachtlebens ist Sitges nach wie vor ein renommiertes Reiseziel: Die Vielzahl an Galerien und Museen ist für so eine kleine Stadt erstaunlich, auch gibt es eine gute Auswahl an Edelrestaurants in der Altstadt, wo sich auch zahlreiche schicke Boutiquen befinden. Und im Oktober lockt das **Filmfestival** (Festival Internacional de Cinema Fantàstic de Catalunya; www.sitgesfilmfestival.com; ⌚Okt.) Kulturfans von nah und fern an.

Das Beste

- **Sehenswert** Museu del Cau Ferrat
- **Essen** El Cable (S. 219)
- **Ausgehen** Casablanca (S. 220)

Top-Tipp

Richtung Süden verläuft ein wunderbarer, 8 km langer Wanderweg an der Küste entlang nach Vilanova. Von dort fahren in kurzen Abständen Züge zurück nach Sitges (oder Barcelona).

Anfahrt

Auto Die beste Straße von Barcelona ist die mautpflichtige C32. Die C31, die hinter Castelldefels auf die C32 trifft, ist landschaftlich schöner, aber oft sehr

DIE STRÄNDE VON SITGES

Der am reizvollen Passeig Marítim gelegene Hauptstrand von Sitges mit seinen *chiringuitos* (provisorische Strandbars) ist durch Buhnen in neun Abschnitte aufgeteilt (mit je unterschiedlichen Namen). Die zentralsten Strände sind der lebhafte **La Fragata** auf Höhe der Kirche Sant Bartomeu und **La Ribera** unmittelbar westlich. Am **L'Estanyol** etwa 500 m südwestlich des Zentrums eröffnen im Sommer *chiringuitos* mit Liegestühlen; am **Les Anquines** und am **Terramar** 1,5 km weiter südwestlich werden im Sommer Paddelboote und Liegestühle vermietet. Nordöstlich des Zentrums befinden sich der leicht zu erreichende **Sant Sebastià**, der geschützte **Balmins** (bei Nudisten beliebt; 1 km nördlich der Stadt) und der braunsandige **Aiguadolç** (500 m weiter östlich). Der **Bassa Rodona** unmittelbar westlich des Zentrums ist der berühmte inoffizielle „Schwulenstrand" von Sitges, allerdings verteilen sich die schwulen Sonnenanbeter mittlerweile ziemlich gleichmäßig an allen Stränden.

befahren und man kommt nur langsam voran.

Zug Zwischen 5 und 22 Uhr fahren regelmäßig *rodalies* der Linie R2 vom Passeig de Gràcia und der Estació Sants in Barcelona nach Sitges (4,10 €, 45 Min.). Zur Weiterfahrt zum Flughafen Barcelona (4,10 €, 40 Min.) ist Umsteigen in El Prat de Llobregat erforderlich.

Gut zu wissen

- **Lage** 35 km südwestlich von Barcelona
- **Touristeninformation** (938 94 42 51; www.sitgestur.cat; Plaça Eduard Maristany 2; Mitte Juni–Mitte Okt. Mo–Sa 10–14 & 16–20 Uhr, Mitte Okt.–Mitte Juni Mo–Sa 10–14 & 16–18.30 Uhr, ganzjährig So 10–14 Uhr)

SEHENSWERTES

Der schönste Teil von Sitges ist die Gegend um die Landspitze, wo in den Straßen um die wunderbare Església de Sant Bartomeu i Santa Tecla (s. u.) noble modernistische Palais und Villen vor der Kulisse des glitzernden blauen Mittelmeeres zu bewundern sind.

★ MUSEU DEL CAU FERRAT — MUSEUM

(www.museusdesitges.cat; Carrer de Fonollar; inkl. Museu Maricel del Mar Erw./Kind 10 €/frei; Juli–Sept. Di–So 10–20 Uhr, April–Juni & Okt. bis 19 Uhr, Nov.–März bis 17 Uhr) Die Villa am Meer wurde vom katalanischen Künstler und Pionier des Modernisme Santiago Rusiñol in den 1890er-Jahren als Wohnhaus und Atelier erbaut. Sie steckt voll mit seinen eigenen Kunstwerken und der seiner Zeitgenossen, darunter auch seines Freundes Picasso. Außerdem hat Rusiñol eine umfängliche Sammlung antiker Relikte und Antiquitäten hinterlassen. Die angehäuften Schätze sind umwerfend und reichen von griechischen Urnen und einem Taufbecken aus dem 15. Jh. bis zu glänzenden Kacheln, die bis zur blumenbemalten Holzbalkendecke hoch reichen.

MUSEU MARICEL DEL MAR — MUSEUM

(www.museusdesitges.cat; Carrer de Fonollar; inkl. Museu del Cau Ferrat Erw./Kind 10 €/frei; Juli–Sept. Di–So 10–20 Uhr, April–Juni & Okt. bis 19 Uhr, Nov.–März bis 17 Uhr) Das Ufergebäude, zu betreten durch das angrenzende Museu del Cau Ferrat (s. o.), besitzt eine riesige Sammlung katalanischer Kunst vom 10. bis zum 20. Jh. Zusammengetragen wurde sie von der Stadt Sitges und dem spanischen Sammler Jesús Pérez-Rosales. Am eindrucksvollsten ist das Atrium unten, mit klassizistischen Skulpturen in Arkadenfenstern, die auf das Meer hinausgehen.

ESGLÉSIA DE SANT BARTOMEU I SANTA TECLA — KIRCHE

(Plaça de l'Ajuntament; Messe Mo–Fr 19.30, Sa 20, So 9, 11, 12.30 & 19.30 Uhr, Zeiten variieren.) Diese Pfarrkirche aus dem 17. Jh. ist das eindrucksvollste Wahrzeichen von Sitges. Sie thront stolz auf einem meerumspülten Felsvorsprung, der den 2 km langen Hauptstrand im Südwesten von kleineren Sandstränden im Nordosten trennt.

ESSEN & AUSGEHEN

★ EL CABLE — TAPAS €

(938 94 87 61; www.facebook.com/elcablebarsitges; Carrer de Barcelona 1; Tapas 2–6 €;

⌚Mo–Fr 19–23.30, Sa & So 12–15.30 & 19–23.30 Uhr) Das stets volle, bodenständige El Cable ist wahrscheinlich die meistgeliebte Tapasbar in Sitges mit Klassikern wie *patatas bravas* (oft als beste in der Stadt bezeichnet) sowie himmlischen kleinen Kreationen. Empfehlenswert sind der *saquito* aus Blätterteig mit Gemüsefüllung oder der preisgekrönte, mit Pilzen gefüllte Tintenfisch mit Risotto und gebrannter Mandel. Dazu gibt's feinen Biowein aus dem Penedès, der von freundlichen Kellnern ausgeschenkt wird.

EL POU TAPAS, FUSIONSKÜCHE **€**

(☎93 013 47 98; www.elpoudesitges.com; Carrer de Sant Bonaventura 21; Gerichte 5–10 €; ⌚Mo, Mi & Do 20–23.30, Fr–So 13.30–15.30 & 20–23.30 Uhr; 📶) Winzige Burger aus Wagyu-Rind, Pfannengerichte mit Nudeln, *burrata*-Salate und Klassiker wie Sardellen, regionaler Käse und in Honig gebratene Auberginen. All das stapelt sich auf den Tischen in dieser netten Gourmet-Tapasbar, in der sich katalanische und asiatische Rezepte verbinden. Die Präsentation der Speisen ist ebenso kunstvoll wie die kreative Kombination der Zutaten.

LADY GREEN VEGETARISCH, VEGAN **€€**

(☎931 71 59 14; www.facebook.com/ladygreensitges; Carrer de Sant Pau 11; 2-/3-Gänge-Menü 15/20 €; ⌚Mo 19–22, Di, Mi & So 13–16 & 19–22, Do–Sa 13–16 & 19–23 Uhr, ca. Nov.–Mai Mo & Di geschl.; 📶🖉) Pikante mexikanische Platten, vegetarische Burger, Falafel mit Quinoa-Taboulé und leckerer veganer Käsekuchen auf amerikanische Art – das vegetarische Lady Green wird mit seinen kreativen fleischlosen Gerichten, kräftigen Aromen und wunderbaren Desserts selbst den anspruchsvollsten Gaumen zufriedenstellen. Es gibt auch vegane und glutenfreie Speisen, außerdem erfrischende frische Fruchtsäfte und Smoothies.

CASABLANCA BAR

(Carrer de Pau Barrabeig 5; ⌚Do–Sa 20–2 Uhr) Die auf Cocktails spezialisierte Bar verströmt mit ihrem altmodischen Soundtrack, Vintage-Möbeln und Fotos verflossener Hollywood-Stars an den Wänden einen Hauch Nostalgie. Versierte Barkeeper begrüßen die zumeist über 30-jährigen Gäste überschwänglich und mixen eine Auswahl edler Cocktails.

Tarragona

Rundgang

In der quirligen Hafenstadt trifft römische Geschichte auf Strände, Bars und Restaurants, deren Aroma von frisch gegrillten Meeresfrüchten die Luft erfüllt. Größte Attraktion sind die zahlreichen Ruinen in der wichtigsten römischen Stätte Spaniens, einschließlich eines Museums voller Mosaiken und eines Amphitheaters am Meer. Eine ganze Reihe guter Restaurants sind Grund genug, sich länger im Gassengewirr des schönen mittelalterlichen Zentrums aufzuhalten, wo die hohe Kathedrale mit ihren romanischen und gotischen Akzenten steht.

Tarragona ist auch das Tor zu den hinreißenden Stränden der Costa Daurada und zu der großartigen Modernisme-Architektur im nahen **Reus** (www.gaudicentre.cat; Plaça del Mercadal 3, Reus; Erw./Kind 9/5 €; ⌚Juni–Sept. Mo–Sa 10–20 Uhr, Okt.–Mai Mo–Sa 10–14 & 16–19 Uhr, ganzjährig So 10–14 Uhr).

Das Beste

➜ **Sehenswert** Museu d'Història de Tarragona

➜ **Essen** Barquet (S. 221)

Top-Tipp

➜ Tarragona sollte nicht an einem Sonntag oder Montag besucht werden, denn dann sind viele Sehenswürdigkeiten geschlossen.

Anfahrt

Zug Der Bahnhof mit Verbindungen nach Barcelona (ab 8,05 €, 1–1½ Std.) liegt zehn Minuten zu Fuß südlich der Altstadt nahe dem Strand.

Auto Auf der Mautstraße C32 geht es entlang der Küste via Castelldefels; die Alternative ist die Mautautobahn AP7.

Gut zu wissen

➜ **Lage** 83 km südwestlich von Barcelona

➜ **Touristeninformation** (☎977 25 07 95; www.tarragonaturisme.es; Carrer Major 39; ⌚Ende Juni–Sept. 10–20 Uhr, Okt.–Ende Juni Mo–Fr 10–14 & 15–17, Sa 10–14 & 15–19, So 10–14 Uhr)

SEHENSWERTES

MUSEU D'HISTÒRIA DE TARRAGONA
RUINE

(MHT; www.tarragona.cat/patrimoni/museu-historia; Erw./Kind pro Stätte 3,30 €/frei, alle Stätten 7,40 €/frei; ⏲Stätten Ostern–Sept. Di–Sa 9–21, So 9–15 Uhr, Okt.–Ostern Di–Sa 10–19, So 10–15 Uhr) Das Museu d'Història de Tarragona umfasst mehrere römische Welterbestätten der Unesco sowie einige andere historische Gebäude in der Stadt. Ein Kombiticket gilt für das Pretori i Circ Romans, Amfiteatre Romà, Passeig Arqueològic Muralles und Fòrum de la Colònia. Es gibt viel zu erkunden!

★MUSEU NACIONAL ARQUEOLÒGIC DE TARRAGONA
MUSEUM

(www.mnat.cat; Plaça del Rei 5; Erw./Kind 4,50 €/frei; ⏲Okt.–Mai Di–Sa 9.30–18 Uhr, Juni–Sept. bis 20.30 Uhr, ganzjährig So 10–14 Uhr) Das ausgezeichnete Museum wird dem kulturellen und materiellen Reichtum des römischen Tarraco sehr gut gerecht. In der Mosaiksammlung lassen sich wechselnde Trends nachverfolgen, von den einfachen schwarz-weißen Designs bis zu den komplexen farbigen Kreationen; zu den Highlights gehören das schöne *Mosaic de la Medusa* aus dem 2. und 3. Jh. und das große, fast vollständig erhaltene *Mosaic de Peixos de la Pineda*, das Fische und Meereskreaturen darstellt. Die Erläuterungen sind überwiegend auf Katalanisch und Spanisch, aber es liegen überall englischsprachige Broschüren aus.

★CATEDRAL DE TARRAGONA
KATHEDRALE

(www.catedraldetarragona.com; Plaça de la Seu; Erw./Kind 5/3 €; ⏲Mitte Juni–Mitte Sept. Mo–Sa 10–20 Uhr, Mitte März–Mitte Juni & Mitte Sept.–Okt. Mo–Sa 10–19 Uhr, Nov.–Mitte März Mo–Fr 10–17, Sa 10–19 Uhr) An der Hauptfassade ist deutlich zu sehen, dass die über der Stadt thronende Kathedrale Tarragonas sowohl romanische als auch gotische Elemente aufweist. Der blumenreiche Kreuzgang besitzt gotische Gewölbe und romanische Kapitelle, eines davon zeigt Ratten, die das Begräbnis einer Katze zelebrieren – bis die Katze wieder zum Leben erwacht! In den Kammern um den Kreuzgang sind die Reste eines römischen Tempels (2015 ausgegraben) ausgestellt. Dort befindet sich auch das **Museu Diocesà** mit seiner umfangreichen Sammlung, zu der u. a. römische Haarnadeln und farbige Holzfiguren einer Jungfrau Maria aus dem 13. bis 14. Jh. gehören. Sehenswert sind auch die Fresken aus dem 14. Jh. im östlichen Kirchenschiff.

PRETORI I CIRC ROMANS
RUINEN

(Plaça del Rei; Erw./Kind 3,30 €/frei; ⏲Ostern–Sept. Di–Sa 9–21, So 9–15 Uhr, Okt.–Ostern Di–Sa 9–19, So 9–15 Uhr) Der ziemlich große Komplex hat zwei separate Eingänge. Er besteht aus Resten der Gewölbe des gut erhaltenen **römischen Circus** aus dem späten 1. Jh., in dem einst Streitwagenrennen stattfanden, sowie aus dem **Prätoriumsturm** auf der Plaça del Rei (der einen Rundumblick auf die Stadt bietet) und Resten des **Provinzforums**, des politischen Zentrums der römischen Provinz Tarraconensis. Die Arena, die 30 000 Zuschauern Platz bot, ist 300 m lang und erstreckt sich von hier bis hinter die Plaça de la Font im Westen.

ESSEN

BARQUET
FISCH & MEERESFRÜCHTE €€

(☎977 24 00 23; www.restaurantbarquet.com; Carrer del Gasòmetre 16; Hauptgerichte 12–22 €; ⏲Mo 12.30–15.30, Di–Fr 12.30–15.30 & 20.30–22, Sa 13–15.30 & 21–22.30 Uhr) Das beliebte Stadtteilrestaurant liegt nur ein paar Schritte bergab südlich vom Zentrum entfernt. Es ist zu Recht berühmt für seine gekonnt komponierten Reisgerichte voller maritimer Köstlichkeiten, außerdem gibt's tolle Meeresfrüchte-*raciones* (große Tapasportionen). Das Ambiente wie in einem Bootsschuppen sollte nicht täuschen: Die Fischgerichte und Desserts werden mit Finesse zubereitet.

DEGVSTA
FUSIONSKÜCHE, KATALANISCH €€

(☎977 25 24 28; www.degvsta.com; Carrer Cavallers 6; Hauptgerichte 15–19 €; ⏲Mo 13.30–16, Di–Sa 13.30–16 & 21–22.30 Uhr) Hinter einer stilvollen Lounge-Bar verbirgt sich dieses rustikal-schicke Restaurant in kühlen Cremetönen und mit einer frei stehenden Badewanne (!), dessen Spezialität köstlich kreative, moderne katalanische Küche ist. So gibt es beispielsweise Avocado-Gazpacho, Seebarsch in Zitrone, verfeinertes *pa amb tomàquet* oder Schafskäsesalat mit pfiffiger Erdbeer-Vinaigrette – alles mit persönlicher Note serviert. Heiß begehrt ist das dreigängige Mittagsmenü (16 €) unter der Woche.

AQ MEDITERRAN, FUSIONSKÜCHE €€

(☎977 21 59 54; www.aq-restaurant.com; Carrer de les Coques 7; Hauptgerichte 11–24 €; ⌚13.30–15.30 & 20.30–23 Uhr) Die klare Einrichtung dieses Restaurants mit Palmenmotiven verspricht edles Speisen. Und man wird nicht enttäuscht von den perfekt kreierten und zubereiteten Fusionsgerichten, die von katalanischer, italienischer und asiatischer Küche inspiriert sind. Gaumenfreuden sind tintenfischgeschwärzte Kroketten, dicke Stücke *patatas bravas*, gegrilltes Wagyu-Steak, Kabeljau und Auberginen-Teriyaki oder Muscheln aus dem Wok.

ARCS RESTAURANT KATALANISCH €€€

(☎977 21 80 40; www.restaurantarcs.com; Carrer de Misser Sitges 13; Hauptgerichte 17–22 €; ⌚Di–Sa 13–16 & 20.30–23 Uhr) In einem mittelalterlichen Gasthaus mit leuchtender zeitgenössischer Kunst und gotischen Bögen werden katalanische Gerichte nach Saison geboten (einige traditionell, andere modernisiert). Empfehlenswert sind Ente mit Haselnuss-Wermut-Sauce, Lachs-*tataki* mit Wasabi-Eiscreme oder der stets hervorragende Fang des Tages. Die Desserts erfreuen das Auge ebenso wie den Gaumen.

Schlafen

Barcelona bietet Übernachtungsmöglichkeiten für jeden Geschmack und Geldbeutel – vom günstigen Hostel in der Altstadt bist zum Luxushotel an der Uferpromenade. Ein gutes Preis-Leistungs-Verhältnis bieten kleine B&B-artige Ferienwohnungen, die in der ganzen Stadt zu haben sind.

Hotels

Hotels gibt es in allen möglichen Formen. Am unteren Ende unterscheiden sie sich nur wenig von besseren *pensiones* und von dort geht es durch alle Preislagen bis hoch zum 5-Sterne-Luxus. Merkmale, die man im Auge behalten sollte, sind z. B. Pool und Lounge auf dem Dach, Ausblicke und die Nähe zu den Sehenswürdigkeiten.

Wer etwa 100 bis 160 € pro Nacht investiert, kann aus einer breiten Auswahl an Hotels mit guten Doppelzimmern in unterschiedlichen Stadtteilen wählen. Die Luxuskategorie beginnt bei etwa 250 € für ein Doppelzimmer, aber selbst 500 € wird man ohne Probleme los, für eine Suite auch noch mehr.

Pensiones & Hostales

Je nach Saison kostet ein Bett in einer Jugendherberge nur 15 bis 25 €. Wer nicht gern in Schlafsälen nächtigt, aber seine Reisekasse schonen möchte, sollte es in den zahlreichen *pensiones* (auch *hostales* genannt) versuchen, kleinen Hotels in Familienbesitz, häufig in großen Wohnungen. Manche von ihnen sind etwas schmuddelig, andere makellos sauber.

Ein einfaches Einzel- bzw. Doppelzimmer *(individual/doble)* kostet mindestens 35 € bzw. 55 €, meist mit Gemeinschaftsbad. Gelegentlich werden auch billigere Zimmer angeboten, aber die sind oft wenig einladend.

Einige Häuser, vor allem im unteren Preissegment, vermieten auch Drei- oder Vierbettzimmer, die für Gruppen recht preisgünstig ausfallen können. Wer ein Doppelbett (anstelle von zwei Einzelbetten) möchte, fragt nach einem *llit/cama matrimonial* (Katalanisch/Spanisch). Wer besonders wenig Geld zur Verfügung hat, sollte sich außerhalb des Zentrums umschauen.

Ferienwohnungen & Privatzimmer

Eine für nur kurze Zeit gemietete Wohnung kann eine gemütlichere (und manchmal günstigere) Alternative zu einem Hotel sein. Unzählige Agenturen vermitteln Ferienwohnungen in der ganzen Stadt. Sie kosten für zwei Personen pro Nacht etwa 80 bis 100 €. Bei vier Personen muss man mit durchschnittlich 160 € pro Nacht rechnen.

Reisen mit Behinderung

Viele Hotels behaupten, auf Gäste mit Behinderung eingestellt zu sein, aber die Realität sieht oft anders aus. Allerdings bessert sich das gerade, vor allem bei Mittelklasse- und Highend-Hotels. Mehr Informationen sind unter www.accessiblebarcelona.com zu finden.

Nützliche Websites

- **Lonely Planet** (www.lonelyplanet.com/barcelona) Stadtteilbeschreibungen plus ein umfangreiches Verzeichnis von Hotels, Hostels, Pensionen und Apartments.
- **Oh Barcelona** (www.oh-barcelona.com) Verzeichnis von Hotels und Ferienwohnungen sowie Tipps für die Auswahl der Unterkunft.
- **Barcelona Bed and Breakfasts** (www.barcelonabedandbreakfasts.com) Verzeichnis von unscheinbaren, oft übersehenen Unterkünften.

GUT ZU WISSEN

Preisspannen

Die Preise gelten für ein Doppelzimmer pro Nacht in der Hochsaison, inklusive Steuer. Ein eigenes Bad ist im Preis enthalten, sofern nicht anders angegeben.

€	unter 75 €
€€	75–200 €
€€€	über 200 €

Zimmersteuer

- Auf nahezu alle Unterkünfte wird eine Mehrwertsteuer (IVA) in Höhe von 10 % erhoben.
- Hinzu kommt je nach Qualität der Ausstattung eine weitere Steuer zwischen 0,72 und 2,48 € pro Person und Nacht.
- Beide sind in der Regel in den Preisen enthalten.

Saisonpreise

Die meisten Hotels haben unterschiedliche Tarife für die Hoch-, Zwischen- und Nebensaison. Die Nebensaison reicht etwa von November bis Ostern, mit Ausnahme der Weihnachts- und Neujahrszeit. Wenn Messen stattfinden (was häufig der Fall ist, wobei der Mobile World Congress im Februar/März die meisten Probleme bereitet) gelten allgemein die Hochsaisonpreise. Umgekehrt betrachten Business-Hotels oft Wochenenden, Ferienzeiten und andere Phasen mit wenig Geschäftsreisenden als Nebensaison.

Reservierung

- Frühzeitige Reservierung ist fast schon unerlässlich, v. a. zu Ostern, Weihnachten/Neujahr, bei Messen und im Sommer (der August kann jedoch wegen der Hitze und der geringen Zahl an.

Top-Tipps

Casa Gràcia (S. 231) Viel Stil und Platz für wenig Geld in Gràcia.

Casa Camper (S. 227) Freundliches Hotel in Raval – toll für Familien.

Cotton House (S. 230) Wunderschönes Hotel im Eixample – man will gar nicht mehr weg.

Serras Hotel (S. 226) Luxuriöse Unterkunft in idealer Lage im Barri Gòtic.

DO Reial (S. 226) Großartiges Boutiquehotel mit Blick auf die Plaça Reial.

Nach Preis

€

Casa Gràcia (S. 231) Stilvolles Hostel mit farbenfrohen Zimmern, Gemeinschaftsessen, Filmvorführungen und anderen Events.

Pensió 2000 (S. 227) Familiengeführte *pensión* mit Blick auf den Palau de la Música.

Pars Tailor's Hostel (S. 232) Hippes Hostel in Sant Antoni mit Vintage-Flair.

Pars Teatro Hostel (S. 232) Mit Theater-Motto gestaltete Bleibe am Rand von Poble Sec.

€€

Five Rooms (S. 230) Klein und sympathisch mit schön eingerichteten Zimmern.

Barceló Raval (S. 227) Hotel mit Sinn für Design und einer reizvollen Dachterrasse.

Hotel Market (S. 232) Wunderschön gestaltete Zimmer im sehr angesagten Viertel Sant Antoni.

Grand Hotel Central (S. 228) Hat den tollsten Swimmingpool der Stadt.

€€€

Soho House (S. 226) Außenposten des Londoner Members Clubs, ausgestattet mit allem Komfort.

Hotel Neri (S. 226) Schönes historisches Hotel in einer ruhigen Gegend im Barri Gòtic.

Hotel Mercer (S. 227) Friedliche Oase mit mittelalterlichen Details und stimmungsvollen Zimmern.

Hotel Majéstic (S. 231) Die Grande Dame des Eixample.

Mit Stil

Chic & Basic Ramblas (S. 227) Bestes Design, besonders in der Lobby mit Vintage-Einrichtung.

Margot House (S. 230) Zuflucht für Wes-Anderson-Fans.

Generator Hostel (S. 231) Hingucker in Gràcia mit kunstvollem Design in Bar und Restaurant.

Mit Pool

Grand Hotel Central (S. 228) Super Lage in der Via Laietana mit Infinity-Pool auf dem Dach.

W Barcelona (S. 228) Pool-Spaß, nur wenige Schritte vom Strand entfernt.

Hotel Arts Barcelona (S. 228) Pool mit Aussicht aufs Mittelmeer und Frank Gehrys schimmernde Skulptur *Peix*.

Serras Hotel (S. 226) Bar mit Holzterrasse und Tauchbecken sowie toller Aussicht über den Hafen.

Mit Aussicht

W Barcelona (S. 228) Luxusunterkunft mit Meerblick.

Ohla Hotel (S. 226) Umwerfende Aussicht über die Altstadt von der Dachterrasse.

Hotel Continental (S. 226) Zimmer mit Blick auf die Rambla. Hier hat schon Orwell genächtigt (im Jahr 1937).

Wo übernachten?

Stadtviertel	Pro	Kontra
La Rambla & Barri Gòtic	Tolle Lage in der Nähe wichtiger Sehenswürdigkeiten; perfekt für Erkundungen zu Fuß; gutes Nachtleben und gute Restaurants	Sehr touristisch; laut; einige Zimmer sind klein und haben keine Fenster
El Raval	Zentral, mit gutem Nachtleben und Zugang zu Sehenswürdigkeiten; Szeneflair mit nur wenigen Touristen	Kann laut sein; teilweise etwas zwielichtig und abgerockt; viele Absteigen, die man besser meidet; manche Straßen sind spät am Abend unsicher
La Ribera	Tolle Restaurants und gut für Erkundungen der Gegend; zentral; Top-Sehenswürdigkeiten wie Museu Picasso und Palau de la Música Catalana	Kann laut sein; sehr voll; touristisch
Barceloneta & die Uferpromenade	Ausgezeichnete Fischrestaurants; lockere Stimmung; schneller Zugang zu Promenade und Stränden	Nur wenige Unterkünfte; jenseits von Barceloneta kann man weit ab vom Schuss sein; besser für Geschäftsreisende
L'Eixample	Große Auswahl in allen Preislagen; nahe bei den Modernisme-Attraktionen; gute Restaurants und gutes Nachtleben; wichtigstes LGBTI-Viertel (im „Gaixample“)	Kann wegen des vielen Verkehrs laut sein; nicht so gut für Fußgänger; ein bisschen weit von der Altstadt
Gràcia	Junge Szene mit munteren Restaurants und Bars	Weit von der Altstadt und den Stränden; wenige herkömmliche Unterkünfte, aber viele Privatzimmer
Pedralbes & Zona Alta	Teils quirliges Nachtleben und gute Restaurants	Ziemlich abgelegen; großes Gebiet, erfordert häufiges Fahren mit der U-Bahn; eher für Geschäftsreisende
Montjuïc, Poble Sec & Sant Antoni	Nahe den Museen und Gärten auf dem Montjuïc; tolle Bars und Restaurants in San Antoni; Unterkünfte in Poble Sec liegen auch gut für El Raval	Etwas abgelegen; um den Bahnhof El Sants etwas reizlos

La Rambla & Barri Gòtic

ALBERG HOSTEL ITACA HOSTEL €

Karte S. 296 (☎93 301 97 51; www.itacahostel.com; Carrer de Ripoll 21; B 15–27 €, DZ ohne Bad 76 €; ❄📶; Ⓜ Jaume I) Das helle und ruhige Hostel nahe der Kathedrale hat geräumige Schlafsäle (für 6 bis 10 Pers.) mit Parkettböden und in Frühlingsfarben gehalten sowie zwei Doppelzimmer. Die Atmosphäre ist lebhaft, und das Hostel organisiert Aktivitäten (Kneipentouren, Flamencokonzerte, tägliche, kostenlose Stadtrundgänge, ideal für Einzelreisende.

HOTEL CONTINENTAL HOTEL €€

Karte S. 296 (☎93 301 25 70; www.hotelcontinental.com; La Rambla 138; EZ/DZ ab 110/116 €; ❄📶; Ⓜ Catalunya) 1937 nächtigte hier George Orwell nach seiner Rückkehr von der Front im Spanischen Bürgerkrieg, als in Barcelona erbitterter Parteienstreit herrschte. Die Zimmer im Continental sind verwohnt und recht spartanisch, verfügen aber über romantische Details wie Deckenventilatoren, Messingbetten und Bettbezüge mit Rüschen. Ein Zimmer mit einem kleinen Balkon mit Blick auf die Rambla kostet 20 € mehr. Gästen steht rund um die Uhr ein kostenloses Buffet zur Verfügung.

VRABAC B&B €€

Karte S. 296 (☎663 494029; https://vrabacguesthouse.wordpress.com; Carrer de la Portaferrissa 14; EZ/DZ mit Frühstück 65–85 €; ❄📶; Ⓜ Liceu) Das Vrabac in zentraler Lage nahe der Rambla ist in einem wunderschön restaurierten historischen Haus mit originalen dekorativen Decken, unverputzten Sandsteinwänden und großen Ölgemälden untergebracht. Die Zimmer sind von unterschiedlicher Größe und Einrichtung – die besten haben elegante Fliesenböden, ein eigenes Bad und recht große Balkone. Die billigsten sind klein und schlicht, bieten kein Privatbad und sind eher nicht zu empfehlen. Nur Barzahlung.

SERRAS HOTEL BOUTIQUEHOTEL €€€

Karte S. 296 (☎93 169 18 68; www.hoteltheserrasbarcelona.com; Passeig de Colom 9; Zi. ab 266 €; ❄📶🏊; Ⓜ Barceloneta) Ein frisch-fröhliches Fünf-Sterne-Haus mit jeglichem Komfort, einschließlich Dachbar mit kleinem Pool und großartigem Blick über den Hafen, das aber nie spießig wirkt. Die Zimmer nach vorne sind heller und haben eine schönere Aussicht (in manchen Fällen von der Badewanne), aber die Zimmer zur Seite raus werden dafür vom Verkehrslärm verschont.

SOHO HOUSE BOUTIQUEHOTEL €€€

Karte S. 296 (☎93 220 46 00; www.sohohousebarcelona.com; Plaça del Duc de Medinaceli 4; Zi. ab 300 €; ❄📶🏊; Ⓜ Drassanes) Der elegante Außenposten des berühmten Londoner Members Club hat luxuriös eingerichtete Zimmer, eine exklusive Bar voller Promis und einen Pool auf dem Dach mit unglaublichem Meerblick. Cecconi's, das italienische Restaurant im Erdgeschoss, lohnt allein schon einen Besuch.

HOTEL NERI DESIGNHOTEL €€€

Karte S. 296 (☎93 304 06 55; www.hotelneri.com; Carrer de Sant Sever 5; DZ 362 €; ❄📶; Ⓜ Liceu) Das ruhige Hotel liegt in einem geschmackvoll umgebauten jahrhundertealten Gebäude hinter der Plaça de Sant Felip Neri. Seine Sandsteinwände und Holzmöbel verleihen dem Haus eine historische Atmosphäre, doch die Zimmer sind mit modernster Technik wie Plasma-TV und Infrarotlicht in den Designerbädern ausgestattet. Bettdecken und Kopfkissen kann sich der Gast individuell zusammenstellen. Die Dachterrasse bietet die Möglichkeit zum Sonnenbaden.

OHLA HOTEL BOUTIQUEHOTEL €€€

Karte S. 296 (☎93 341 50 50; www.ohlahotel.com; Via Laietana 49; Zi. 265 €; P❄📶🏊; Ⓜ Urquinaona) In dem schön gestalteten Hotel stimmt fast alles, vom erstklassigen Service bis zur hübschen Dachterrasse mit Pool und Blick auf den funkelnden Montjuïc. Die eleganten, modernen Zimmer sind mit üppigen Stoffen, pendelartigen Nachttischlampen, iPod-Docks und separaten Duschkabinen ausgestattet, die zum Zimmer offen sind (sollte man bedenken, falls der Reisepartner mehr Privatsphäre braucht).

DO REIAL BOUTIQUEHOTEL €€€

Karte S. 296 (☎93 481 36 66; www.hoteldoreial.com; Plaça Reial 1; EZ/DZ mit Frühstück ab 288/360 €; ❄📶🏊; Ⓜ Liceu) Das Haus mit 18 Zimmern und Blick auf den Platz, nach dem es benannt wurde, hat schön eingerichtete Zimmer mit Deckenbalken, Hartholzböden und (sehr wichtig) Schallschutz. Der Service ist exzellent und die Ausstattung umfangreich: Dachterrasse (im Sommer mit Bar), Planschbecken, Solarium und Spa. Das hervorragende Restaurant mit marktfrischen Speisen lockt Feinschmecker an.

HOTEL 1898 LUXUSHOTEL €€€

Karte S. 296 (☎93 552 95 52; www.hotel1898.com; La Rambla 109; DZ 189–221 €; ❄📶🏊;

MLiceu) Dem ehemaligen Gebäude der Compañía de Tabacos Filipinas (Philippinische Tabakkompanie) wurde als Luxushotel mit idyllischer Bar und Pool auf dem Dach neues Leben eingehaucht. Manche Zimmer sind etwas klein, dafür haben die Luxuszimmer und Suiten eine eigene Terrasse. Alle verströmen mit ihren Hartholzböden und geschmackvollen Möbeln eine Mischung aus Komfort und Eleganz.

HOTEL MERCER BOUTIQUEHOTEL €€€
Karte S. 296 (93 310 74 80; www.mercerbarcelona.com; Carrer dels Lledó 7; Zi. ab 416 €; P; MJaume I) Das Hotel Mercer liegt versteckt in einer engen, mittelalterlichen Gasse und ist eins der besseren Boutiquehotels in Barcelona. Der berühmte spanische Architekt Rafael Moneo blieb den gotischen und romanischen Elementen des Hauses treu, als er die eleganten Zimmer gestaltete, von denen einige auf einen Hofgarten blicken. Hinzu kommen ein Planschbecken auf dem Dach, eine stilvolle Cocktail-Lounge, eine Tapasbar/Restaurant sowie ruhige Gemeinschaftsbereiche.

El Raval

★BARCELÓ RAVAL DESIGNHOTEL €€
Karte S. 300 (93 320 14 90; www.barceloraval.com; Rambla del Raval 17-21; Zi. ab 144 €; MLiceu) Der zylindrische Turm des Designhotels zeugt von den Bemühungen der Stadtverwaltung, das Viertel El Raval ins 21. Jh. zu katapultieren. Die Dachterrasse bietet eine grandiose Aussicht und das Bar-Restaurant B-Lounge ist ein lebhafter Ort für Essen oder Cocktails. Die schicken Zimmer bieten viel Weiß mit lindgrünen oder rubinroten Tupfern, Nespresso-Maschine und iPod-Docks.

CHIC & BASIC RAMBLAS DESIGNHOTEL €€
Karte S. 300 (93 302 71 11; www.chicandbasicramblashotel.com; Passatge Gutenberg 7; Zi. 156–208 €; MDrassanes) Das jüngste Haus der Kette Chic & Basic ist das bislang abgefahrenste: Schon beim Betreten des Foyers, wo ein alter Seat 600 parkt, fällt die kauzige und quietschbunte Inneneinrichtung ins Auge. Der Name ist übrigens irreführend – das Hotel liegt ein paar Straßen weiter in El Raval. Die Zimmer selbst sind allerdings strikt einfarbig gehalten, und jedes einzelne ist eine Hommage an das Leben im Barcelona der 1960er-Jahre. Alle haben Balkon und eine sehr einfache Küche.

HOTEL SANT AGUSTÍ HOTEL €€
Karte S. 300 (93 318 16 58; www.hotelsa.com; Plaça de Sant Agustí 3; Zi. 115–152 €; MLiceu) Das ehemalige Klostergebäude aus dem 18. Jh. eröffnete 1840 als Hotel und ist somit das älteste der Stadt. Die Lage ist perfekt – an einem eigentümlichen Platz nur ein Stück von der Rambla entfernt. Die Zimmer sind blitzblank, meist geräumig und lichtdurchflutet. Besonders nett ist das Zimmer unterm Schrägdach mit Blick über die Dächer.

CASA CAMPER DESIGNHOTEL €€€
Karte S. 300 (93 342 62 80; www.casacamper.com; Carrer d'Elisabets 11; EZ/DZ 277/297 €; MCatalunya) Das riesige Foyer erinnert an ein Museum moderner Kunst, die eigentliche Überraschung wartet aber in den ganz in Rot, Schwarz und Weiß gehaltenen Zimmern. Die meisten haben nämlich einen Schlaf- und einen Badebereich, in dem man die hängenden Gärten vor dem Fenster genießen kann. Der dazugehörige Wohnbereich mit Balkon, TV und Hängematte liegt auf der anderen Seite des Gangs. Wer mehr Wert auf Privatsphäre legt, nimmt eins der Zimmer mit Blick auf die Stadt, bei denen Schlaf- und Wohnbereich integriert sind. Auf dem Dach kann man die Skyline bestaunen.

HOTEL ESPAÑA HOTEL €€€
Karte S. 300 (93 550 00 00; www.hotelespanya.com; Carrer de Sant Pau 9-11; Zi. 261–282 €; MLiceu) Bekannt ist das Hotel vor allem für seine wunderbare Modernista-Gestaltung in Speisesälen und Bar, an der sowohl der Architekt Domènech i Montaner als auch der Bildhauer Eusebi Arnau und der Maler Ramon Casas beteiligt waren. Neben dem historischen Flair bietet das Haus jedoch luxuriöse, moderne Zimmer. Auf dem Dach befindet sich außer einem Tauchbecken und einer Sonnenterrasse auch eine Bar.

La Ribera

PENSIÓ 2000 PENSION €
Karte S. 304 (93 310 74 66; www.pensio2000.com; Carrer de Sant Pere més Alt 6; DZ 70–80 €; MUrquinaona) Der Familienbetrieb liegt im 1. Stock gegenüber dem prachtvollen Palau de la Música Catalana. Die sieben recht großen Doppelzimmer besitzen alle Böden mit Mosaikfliesen und ein eigenes Bad. Das Frühstück wird im kleinen Innenhof serviert.

PENSIÓN FRANCIA PENSION €
Karte S. 304 (93 319 03 76; www.milisa.com/P.Francia; Carrer de Rera Palau 4; DZ 90 €;

Ⓜ Barceloneta) Der heimelige Duft frisch gewaschener Wäsche durchweht diese urige kleine *pension* in toller Lage nicht weit vom Meer, vom Ciutadella-Park und vom Nachtleben in El Born. Die elf einfachen Zimmer sind blitzsauber und recht schnörkellos. In die Zimmer mit Balkon strömt viel natürliches Licht, aber wenig Straßenlärm.

HOTEL BANYS ORIENTALS BOUTIQUEHOTEL €€
Karte S. 304 (☎93 268 84 60; www.hotelbanysorientals.com; Carrer de l'Argenteria 37; EZ/DZ 72/120 € ❄📶; Ⓜ Jaume I) Das unglaublich beliebte Designhotel muss weit im Voraus gebucht werden. Kühle Blau- und Aquamarintöne, kombiniert mit dunklen Böden, verleihen dem geradlinigen Boutiquehotel einen verhaltenen Charme. Alle Zimmer sind eher klein und blicken auf die Straße oder auf Seitengassen. In zwei Nebengebäuden gibt's geräumige Suiten.

GRAND HOTEL CENTRAL DESIGNHOTEL €€€
Karte S. 304 (☎93 295 79 00; www.grandhotelcentral.com; Via Laietana 30; DZ 218 €; P ❄📶🏊; Ⓜ Jaume I) Das Designhotel mit sehr effektivem Lärmschutz in seinen mindestens 21 m großen Zimmern und einem Infinity-Pool auf dem Dach ist eines der besten Häuser an der Via Laietana. Die Zimmer sind stilvoll eingerichtet, besitzen hohe Decken, gedämpfte Farben (Beige, Braun und Cremefarben), dunkle Holzböden und eine raffinierte Beleuchtung.

Barceloneta & die Uferpromenade

POBLENOU BED & BREAKFAST GÄSTEHAUS €€
Karte S. 308 (☎93 221 26 01; www.hostalpoblenou.com; Carrer del Taulat 30; EZ/DZ ab 55/88 €; ❄@📶; Ⓜ Llacuna) Das Haus aus den 1930er-Jahren mit hohen Decken und schönen Fliesenböden bietet in unmittelbarer Nähe zum Strand und nur ein paar Schritte von den Restaurants der Rambla sechs ansprechende Zimmer, die nach spanischen Künstlern benannt sind. Einige der individuell eingerichteten Zimmer besitzen einen kleinen Balkon und alle haben helle, frische Farben und bequeme Betten. Von Mai bis November gilt eine Mindestaufenthaltsdauer von zwei Nächten.

HOTEL 54 HOTEL €€
Karte S. 306 (☎93 225 00 54; www.hotel54barceloneta.es; Passeig de Joan de Borbó 54; EZ/DZ ab 135/155 €; ❄@📶; Ⓜ Barceloneta) Beim Hotel 54 ist die Lage das A und O. Die modernen Zimmer mit dunklen Fliesen und Designerbädern sind vor allem wegen der Nähe zum Jachthafen und Ausblick bei Sonnenuntergang gefragt. Es gibt aber auch Zimmer mit Blick auf die Sträßchen von Barceloneta. Auf der Dachterrasse lässt sich der Panoramablick über Stadt und Hafen genießen.

MELIÁ SKY BARCELONA DESIGNHOTEL €€
Karte S. 308 (☎93 367 20 50; www.melia.com; Carrer de Pere IV 272-286; DZ/Suite ab 176/297 €; P ❄@📶🏊; Ⓜ Poblenou) Der schlanke Turm wurde von Dominique Perrault entworfen und besteht aus zwei filigranen Glasplatten. Das Hotel liegt an Jean Nouvels Parc del Centre del Poblenou und bietet Designerzimmer mit Aussicht auf Stadt oder Meer. Das umfassende Serviceangebot umfasst verschiedene Bars und Terrassen sowie einen einladenden Pool.

★ **HOTEL ARTS BARCELONA** HOTEL €€€
Karte S. 308 (☎93 221 10 00; www.ritzcarlton.com; Carrer de la Marina 19-21; DZ/Suite ab 295/445 €; P ❄@📶🏊; Ⓜ Ciutadella Vila Olímpica) Das Hotel in einem Hochhaus, das über dem Port Olímpic emporragt, ist Barcelonas angesagteste Herberge. Die 483 Zimmer sind alle mit luxuriösen Extras ausgestattet (Unterhaltungsgeräte von Bang & Olufsen, separate Dusche und Badewanne) und haben unschlagbare Aussichten. Das Angebot des Hauses reicht von einladenden Wellnesseinrichtungen bis zu gehobener Küche in insgesamt sechs Restaurants, darunter die gefeierte Enoteca, die mit zwei Michelin-Sternen ausgezeichnet ist.

W BARCELONA HOTEL €€€
Karte S. 306 (☎93 295 28 00; www.w-barcelona.com; Plaça de la Rosa del Vents 1; DZ/Suite ab 314/554 €; P ❄@📶🏊; 🚌V15, 39, Ⓜ Barceloneta) Der Glasturm in Form eines Segels ist das Werk des in Barcelona geborenen Architekten Ricardo Bofill und seit seiner Eröffnung 2009 ein Wahrzeichen der Küste. Die 473 Zimmer und 67 Suiten sind der Inbegriff modernen Schicks. Gästen stehen neben Fitnesscenter, Infinity-Pool mit angrenzender Cocktailbar und Spa auch ein Gourmetrestaurant unter Leitung des Sternekochs Carles Abellán zur Verfügung.

PULLMAN BARCELONA SKIPPER HOTEL HOTEL €€€
Karte S. 308 (☎93 221 65 65; www.pullmanhotels.com; Avinguda del Litoral 10; DZ/Suite ab 212/475 €; P ❄@📶🏊; Ⓜ Ciutadella Vila Olímpica) Vom Infinity-Pool auf dem Dach dieses Fünfsternehotels eröffnet sich ein toller Ausblick auf Frank Gehrys schimmernde

Skulptur *Peix*. Einige der 241 mit schicken Hölzern eingerichteten Zimmer blicken ebenfalls darauf – manche haben sogar eine Terrasse. Ein weiterer Swimmingpool liegt im Innenhof am Fuß der geflügelten Türme. Familien werden sich über miteinander verbundene Zimmer, Babybetten und Babysitting-Service freuen.

H10 PORT VELL BOUTIQUEHOTEL €€€
Karte S. 306 (☎93 310 30 65; www.h10hotels.com; Pas de Sota Muralla 9; DZ ab 226 €; ❄@📶🏊; Ⓜ Barceloneta) Die Lage dieses Hotels ist super, nämlich nur ein kurzes Stück zu Fuß von El Born und Barceloneta entfernt. Die 58 eleganten, modernen Zimmer mit schwarz-weißen Bädern sind klar und minimalistisch eingerichtet, die besten (nicht alle) blicken zudem auf den Jachthafen. Am schönsten ist die Dachterrasse mit Sonnenliegen, einem winzigen Pool und Cocktails am Abend.

L'Eixample

URBANY BARCELONA HOSTEL €
(☎93 245 84 14; www.urbanyhostels.com; Avinguda Meridiana 97; B/EZ/ ab 29,50/118/126 €; ❄@📶; Ⓜ Clot, Encants) Das riesige 400-Betten-Hostel in der Nähe von El Poblenou bietet mit eigener Bar, luftiger Lounge mit Graffitikunst und großer Terrasse mit Blick auf Jean Nouvels glänzenden *Torre Gloriès* gute Gelegenheit, andere Traveller kennen zu lernen. Einzel- und Zweibettzimmer haben eigene Bäder und einen kleinen Kühlschrank. Selbstversorger können sich in der Küche nach Herzenslust austoben. Ganz in der Nähe besteht Zugang zu einem Swimmingpool und Fitnessraum.

★ **PRAKTIK RAMBLA** BOUTIQUEHOTEL €€
Karte S. 310 (☎93 343 66 90; www.hotelpraktikrambla.com; Rambla de Catalunya 27; EZ/DZ/3BZ ab 119/140/165 €; ❄📶; Ⓜ Passeig de Gràcia) In dem Schmuckstück im Modernisme-Stil versteckt sich ein wundervolles kleines Boutiquehotel. Die hohen Decken und die meisten der alten Kachelböden blieben erhalten, hinzu kamen in den 43 Zimmern raffinierte Beleuchtung, moderne Kunst und kühne Keramik. Eine relaxte Leseecke und eine gemütliche Terrasse sind weitere Pluspunkte, ebenso die zentrale Lage an einem baumbestandenen Boulevard.

ANAKENA HOUSE HOTEL €€
Karte S. 310 (☎93 467 36 15; www.anakenahouse.com; Carrer del Consell de Cent 276; DZ ab 157 €; ❄📶; Ⓜ Passeig de Gràcia) Der 1. Stock des vom katalanischen Architekten Enric Sagnier i Villavecchia entworfenen Modernista-Baus ist zu einem gemütlichen, eleganten Hotel umgebaut worden. Die acht Zimmer sind mit Olivtönen, Antiquitäten und Designerbeleuchtung eingerichtet. Ein Zimmer geht zum Patio, alle anderen zur Straße.

CASA BONAY HOTEL €€
Karte S. 314 (☎93 545 80 70; www.casabonay.com; Gran Via de les Corts Catalanes 700; DZ/FZ ab 150/234 €; ❄📶; Ⓜ Tetuan) Die hippe Casa Bonay hat minimal dekorierte, stilvoll gekachelte Zimmer, teils mit verglastem Balkon, teils mit Terrasse und Freiluftdusche. Im Sommer öffnet eine Bar auf der Dachterrasse. Was das Hotel aber wirklich heraushebt, sind die sorgfältig ausgewählten „Gästeläden", Bars und Restaurants im Haus. Dazu gehören eine Kaffeebar, ein vietnamesischer Grill und eine Saftbar.

HOTEL CONSTANZA BOUTIQUEHOTEL €€
Karte S. 314 (☎93 270 19 10; www.hotelconstanza.com; Carrer del Bruc 33; EZ/DZ/FZ ab 85/135/190 €; ❄📶; Ⓜ Urquinaona) Dieses schöne Hotel hat schon viele Besucher Barcelonas betört. Designelemente und kleine Details wie Blumen im Bad verleihen den 46 Zimmern einen besonderen Charme. Auf der stilvollen Dachterrasse stehen weiße Sofas, von denen man entspannt über die Dächer von L'Eixample blicken kann. Zimmer, die zur Straße gehen, haben einen Balkon. Die Familienzimmer besitzen Klappsofas, auf Nachfrage gibt es auch Babybetten. Mehrere Zimmer sind rollstuhlgerecht eingerichtet.

HOTEL AXEL HOTEL €€
Karte S. 310 (☎93 323 93 93; www.axelhotels.com; Carrer d'Aribau 33; EZ/DZ ab 177/188 €; ❄📶🏊; Ⓜ Universitat) Diese quicklebendige und offenherzige Drehscheibe der Schwulenszene ist ein schicker Eckbau mit Schmiedeeisen und Buntglas über dem Eingang. Die 105 Designerzimmer sind schalldicht und haben Kingsize-Betten. Gäste können im Pool auf dem Dach, in der finnischen Sauna oder im Spa-Bad entspannen, von Mai bis September werden in der Skybar auf der Dachterrasse Cocktails serviert.

CAMI BED & GALLERY B&B €€
Karte S. 314 (☎93 270 17 48; www.camibedandgallery.com; Carrer de Casp 22; DZ ab 110 €, ohne Bad ab 95 €; ❄📶; Ⓜ Catalunya) Das attraktive Modernista-Gebäude in unmittelbarer Nähe der Plaça de Catalunya ist äußerst zentral gelegen. Jedes der sieben luftigen Räume weist eine hohe Decke und einen ganz eigenen Charakter auf – allerdings

haben nicht alle ein eigenes Bad. Die Gemeinschaftsküche steht allen Gästen zur Verfügung. Die von Kunstliebhabern eingerichtete Unterkunft dient auch als Galerie, in der Ausstellungen und Kulturevents stattfinden.

FIVE ROOMS BOUTIQUEHOTEL €€

Karte S. 314 (☎93 342 78 80; www.thefiverooms.com; Carrer de Pau Claris 72; EZ/DZ/Suite/Apt. ab 137/160/203/230 €; ❄🛜; Ⓜ Urquinaona) Aus den „Fünf Zimmern" in dieser umgebauten Wohnung im 1. Stock an der Grenze zwischen Eixample und Altstadt sind mittlerweile zwölf Standardzimmer und Suiten geworden. Jedes ist anders, aber alle haben große, solide Betten, teilweise unverputzte Backsteinwände, restaurierte Mosaikfliesen und eine minimalistische Einrichtung sowie eine Minibar.

HOSTAL GOYA HOSTAL €€

Karte S. 314 (☎93 302 25 65; www.hostalgoya.com; Carrer de Pau Claris 74; EZ/DZ/3BZ ab 123/145/167 €; ❄🛜; Ⓜ Urquinaona) Das Goya ist ein günstiges Juwel am noblen Ende von L'Eixample. Die lichtdurchfluteten Zimmer sind individuell eingerichtet, wobei die Mosaikböden größtenteils erhalten und in den Bädern mit modernen Designelementen kombiniert wurden. Die teureren Doppelzimmer besitzen einen Balkon.

HOSTAL OLIVA HOSTAL €€

Karte S. 314 (☎93 488 01 62; www.hostaloliva.com; Passeig de Gràcia 32; EZ/DZ ab 79/89 €, ohne Bad ab 64/74 €; ❄@🛜; Ⓜ Passeig de Gràcia) Ein romantischer alter Fahrstuhl fährt hinauf zu diesem *hostal* im 4. Stock, einer günstigen und zuverlässigen Adresse in einem der teuersten Stadtviertel von Barcelona. Einige der Einzelzimmer sind kaum groß genug für ein Bett; die Doppelzimmer sind jedoch geräumig, hell und luftig (manche haben geflieste Böden, andere Parkett).

ROOM MATE PAU HOTEL €€

Karte S. 314 (☎93 343 63 00; www.room-matehotels.com; Carrer de Fontanella 7; DZ/Suite ab 192/252 €; ❄🛜; Ⓜ Catalunya) Das gleich abseits der Plaça de Catalunya gelegene Room Mate Pau ist irgendwo zwischen einem Nobel-Hostel und einem Boutiquehotel angesiedelt. Die clevere Einrichtung der 66 Zimmer besteht aus Designermöbeln, guten Matratzen und TV mit USB-Verbindung. Die auffallende Innenterrasse mit Bar und hängendem Garten zieht ein junges, hippes Publikum an.

★ EL PALACE HISTORISCHES HOTEL €€€

Karte S. 314 (☎93 510 11 30; www.hotelpalacebarcelona.com; Gran Via de les Corts Catalanes 668; DZ/Suite ab 246/391 €; P❄@🛜🏊; Ⓜ Passeig de Gràcia) Barcelonas erstes Luxushotel wurde 1919 neben den Häusern in Paris, London und Madrid als eines von vier Ritz-Hotels eröffnet. Nun ist es wieder offen – nach einer umfassenden Runderneuerung, die in einem Blumengarten auf dem Dach mit Pool, Restaurant, Bar und Solarium sowie atemberaubendem Panoramablick ihren Höhepunkt findet. Die 120 exquisiten Zimmer und Suiten werden durch modernste Einrichtungen ergänzt, darunter eine Spa-Anlage im Maya-Stil.

COTTON HOUSE HOTEL €€€

Karte S. 314 (☎93 450 50 45; www.hotelcottonhouse.com; Gran Via de les Corts Catalanes 670; DZ/3BZ/Suite ab 240/340/490 €; ❄🛜; Ⓜ Urquinaona) Das prächtige Luxushotel befindet sich im ehemaligen Hauptsitz der Baumwollhändlerzunft. Darauf gibt es zahlreiche Hinweise, von den großen Zweigen mit Baumwollkapseln in der Lobby bis zu den Zimmernamen (Damast, Taft usw.). Es gibt sogar einen Raum hinter der Bibliothek, wo sich Gäste einen Stoff aussuchen und ein Hemd nähen lassen können. Die komplett in Weiß gehaltenen Zimmer sind nicht ganz so spannend wie die Gemeinschaftsräumlichkeiten, aber extrem komfortabel mit ihren breiten Betten, herrlich duftenden Toilettenartikeln von Ortiga und großen Regenduschen.

MANDARIN ORIENTAL DESIGNHOTEL €€€

Karte S. 314 (☎93 151 88 88; www.mandarinoriental.com/barcelona; Passeig de Gràcia 38-40; DZ/Suite ab 625/1350 €; P❄🛜🏊; Ⓜ Passeig de Gràcia) Die 98 Zimmer dieser ehemaligen Bank sind im modernen Designerstil mit geraden Kanten sowie viel Weiß und gedeckten Farben gehalten. Viele der Standardzimmer (mindestens 32 m²) haben tiefe Badewannen und alle blicken entweder auf den Passeig de Gràcia oder auf den Landschaftsgarten im Innenhof. Zur Ausstattung gehören auch ein Spa mit Schwimmbecken, ein Fitnessbereich sowie ein Michelin-gekröntes Restaurant.

MARGOT HOUSE BOUTIQUEHOTEL €€€

Karte S. 314 (☎93 272 00 76; www.margothouse.es; Passeig de Gràcia 46; DZ/Suite ab 202/310 €; ❄@🛜; Ⓜ Passeig de Gràcia) Das elegante Boutiquehotel in der Mitte des Passeig de Gràcia bietet neun Zimmer (darunter fünf Suiten), die ideal sind für alle, die gern im Zentrum des Geschehens, aber trotzdem ruhig unterkommen wollen. Den Gästen steht ein Wohnzimmer mit vielen Büchern und einer Selbstbedienungs-Bar zur Verfügung. Die Zimmer nach vorn heraus sind heller, kosten aber mehr. Im Preis inbegriffen ist ein hervorragendes Gourmetfrühstück vom Buffet.

HOTEL MAJÈSTIC HOTEL €€€
Karte S. 314 (☎93 488 17 17; www.hotelmajestic.es; Passeig de Gràcia 68; DZ/Apt./Suite ab 305/413/530 €; P ❄ 📶 ≋; M Passeig de Gràcia) Der Pool auf dem Dach des riesigen, vornehmen Hotels ist ideal zum Entspannen und bietet eine großartige Aussicht. Außerdem gibt's einen Wellnessbereich mit Fitnessraum, zwei Bars und vier Restaurants. Die Standardzimmer (keine Einzelzimmer) sind eher klein, aber gemütlich und haben Marmorbäder.

SUITES AVENUE APARTMENT €€€
Karte S. 310 (☎93 487 41 59; www.suitesavenue.com; Passeig de Gràcia 83; Apt. ab 206 €; P ❄ 📶 ≋; M Diagonal) Angesichts der erstklassigen Lage werden die Ferienwohnungen hier oft zu hervorragenden Preisen angeboten. Die 41 Selbstversorger-Apartments haben Küche und Waschmaschine sowie Zugang zu Terrasse, Fitnessraum und zwei Pools hinter der gewellten Stahlfassade des japanischen Architekten Toyo Ito. Dort befindet sich auch ein kleines Museum mit Hindu- und buddhistischer Kunst.

Gràcia

★CASA GRÀCIA HOSTEL €
Karte S. 316 (☎93 174 05 28; www.casagraciabcn.com; Passeig de Gràcia 116; B/EZ/DZ/3BZ/Apt. ab 31/106/120/147/194 €; ❄ @ 📶; M Diagonal) Die hippe Casa Gràcia ist ein Hostel der etwas anderen Art und hat den allgemeinen Standard für Budgetunterkünfte deutlich gehoben. Das Haus bietet seinen Gästen wirklich einiges, z. B. eine Terrasse, eine Bücherecke und eine kunstvoll gestaltete Lounge sowie eine voll ausgestatte Küche für Selbstversorger – nicht zu vergessen ein Restaurant und eine Bar mit DJ. Neben den Schlafsälen gibt es auch Privatzimmer und Apartments mit eigener Terrasse.

GENERATOR HOSTEL HOSTEL €
Karte S. 316 (☎93 220 03 77; www.generatorhostels.com; Carrer de Còrsega 373; B/DZ/4BZ/Penthouse ab 20/109/186/329 €; M Diagonal) Das stylische Hostel, Teil der progressiven Designmarke Generator, hat viele Pluspunkte aufzuweisen, einschließlich einer urigen Bar aus wiederverwertetem Holz und recycelten Aufzugsteilen, die mit unzähligen Papierlaternen geschmückt ist. Die Zimmer selbst sind ziemlich einfach, wenn auch angemessen ausgestattet – bis auf das Dachzimmer mit Terrasse, die einen Panoramablick über die Stadt bietet.

★HOTEL CASA FUSTER HISTORISCHES HOTEL €€€
Karte S. 316 (☎93 255 30 00; www.hotelcasafuster.com; Passeig de Gràcia 132; DZ/Suite ab 287/396 €; P ❄ @ 📶 ≋; M Diagonal) Die prächtige Modernisme-Villa (1908 bis 1911 erbaut) ist eines der luxuriösesten Hotels der Stadt. Die Standardzimmer sind feudal, wenn auch klein. Die ursprüngliche Ausstattung wurde kostspielig restauriert und durch Badewannen mit Massagestrahl, Plasma-Fernseher und riesige Betten ergänzt. Die Aussicht von der Dachterrasse mit Pool ist umwerfend.

Pedralbes & La Zona Alta

ALBERG MARE DE DÉU DE MONTSERRAT HOSTEL €
(☎93 210 51 51; www.xanascat.cat; Passeig de la Mare de Déu del Coll 41-51; B 24 €; P 📶; 🚌87, M Vallcarca) Das Hauptgebäude des Hostels ist eine herrliche ehemalige Villa mit Lobby im Mudéjar-Stil. Die 197 Zimmer haben jeweils sechs bis zwölf Betten und die Gemeinschaftsbereiche sind groß und gemütlich. Aufgrund des dicken Gemäuers ist das WLAN allerdings etwas unzuverlässig. Die Unterkunft liegt 4 km nördlich des Zentrums, von der Bushaltestelle Móra d'Ebre–Sant Eudald aus 100 m bergauf Richtung Nordosten.

★HOTEL POL & GRACE BOUTIQUEHOTEL €€
Karte S. 320 (☎93 415 40 00; www.polgracehotel.es; Carrer de Guillem Tell 49; DZ ab 150 €; P ❄ 📶; 🚆FGC Molina, Sant Gervasi) Das stilvolle, ultramoderne Hotel hat individuell eingerichtete Zimmer mit Barcelona-Motiven (Bilder und Artefakte mit Bezug zu katalanischen Festen, berühmten Gebäuden, Gastronomie usw.). Es gibt auch eine geräumige Lounge im Erdgeschoss, in der sich Gäste entspannen können, und eine Dachterrasse mit Sonnenliegen und Biogarten.

ANITA'S BED & BREAKFAST B&B €€
Karte S. 318 (☎670 064258; www.anitasbarcelona.com; Carrer d'August Font 24; DZ mit Frühstück ab 95 €; @ 📶; 🚌124) Die drei großzügigen Zimmer des B&B auf dem Hügel bieten spektakuläre Ausblicke auf die Stadt und das Mittelmeer dahinter. Jedes hat einen Wohnbereich und ein eigenes Bad. Das klei-

ne, im Preis inbegriffene Frühstück wird – falls gewünscht – auf der Gemeinschaftsterrasse (ebenfalls mit Panoramablick) serviert.

WILSON BOUTIQUEHOTEL BOUTIQUEHOTEL €€
Karte S. 320 (☎93 209 25 11; www.wilsonbcn.com; Avinguda Diagonal 568; DZ/FZ/Suite ab 165/255/264 €; ❄📶; 🚌6, 7, 27, 32, 33, 34, H8) Das achtstöckige Hotel am Rand von L'Eixample hat 54 schalldichte Zimmer – nicht unwichtig beim Verkehrslärm der Avinguda Diagonal. Die ultramodernen Zimmer wurden 2017 neu eingerichtet und in starken Farbakzenten gestrichen. Manche haben eine Terrasse. Für Reisende mit Kindern gibt es Familienzimmer für bis zu vier Personen, auf Anfrage auch Babybetten.

Montjuïc, Poble Sec & Sant Antoni

PARS TAILOR'S HOSTEL HOSTEL €
Karte S. 322 (☎93 250 56 84; www.parshostels.com; Carrer de Sepúlveda 146; B 25–33 €; ❄📶; Ⓜ Urgell) Das beliebte Hostel ist wie eine Schneiderei aus der Mitte des 20. Jhs. ausstaffiert, nämlich mit alten Nähmaschinen, liebevoll gerahmten Büstenhaltern und altem Inventar, während sich das Zimmerdesign an verschiedenen Stoffen orientiert. Gäste können an alten Billardtischen spielen, sich in der behaglichen Lounge treffen, in der gut ausgestatteten Küche kochen oder an einer der vielen angebotenen Aktivitäten teilnehmen.

PARS TEATRO HOSTEL HOSTEL €
Karte S. 322 (☎93 443 94 66; www.parshostels.com; Carrer d'Albareda 12; B 25–35 €; 📶; Ⓜ Drassanes) Das Teatro Hostel ist getreu seinem Namen theaterbezogen ausgestattet: Alte Fotos von Schauspielern der Vergangenheit hängen an den Wänden der Lounge voller altem Krempel und einer Reihe samtener Theatersitze. Die Zimmer sind weniger interessant, aber sauber und gepflegt. Die Mitarbeiter organisieren Abendessen, Strandpartys und andere Aktivitäten.

HOTEL MARKET BOUTIQUEHOTEL €€
Karte S. 322 (☎93 325 12 05; www.hotelmarketbarcelona.com; Carrer del Comte Borrell 68; DZ/Suite ab 158/186 €; ❄@📶; Ⓜ Sant Antoni) Das schicke Hotel in attraktiver Lage befindet sich in einem renovierten Gebäude, das in einer schmalen Gasse unmittelbar nördlich des prächtigen alten Marktes Sant Antoni liegt. Es bietet 68 schwarz-weiß eingerichtete Zimmer mit Dielenböden, übergroßen Schränken, kräftigen Kunstdrucken und schön gestalteten Badezimmern (Steinwaschbecken, Regenduschen). Einige Zimmer haben einen winzigen Balkon (für zwei Stühle), die Suiten eine eigene Terrasse.

★ **HOTEL BRUMMELL** BOUTIQUEHOTEL €€
Karte S. 322 (☎93 125 86 22; www.hotelbrummell.com; Carrer Nou de la Rambla 174; DZ ab 160 €; ❄📶🏊; Ⓜ Paral·lel) Seit seiner Eröffnung 2015 ist das stilvolle Hotel ein Blickfang. Es handelt sich um ein umsichtig gestaltetes Haus mit kreativem Flair und toller Atmosphäre. Die 20 hellen Zimmer sind minimalistisch eingerichtet, die besten haben eine große Terrasse mit Aussicht und sogar ein Sitzbad draußen. Die günstigsten Zimmer (die Kategorie Poolside Classic) wirken allerdings etwas beengt.

HOSTAL CÈNTRIC HOSTAL €€
Karte S. 322 (☎93 426 75 73; www.hostalcentric.com; Carrer de Casanova 13; EZ/DZ/FZ ab 114/124/144 €; ❄@📶; Ⓜ Urgell) Das Hostal in attraktiver, zentraler Lage am Rand der der Altstadt hat gepflegte Zimmer, die mit hellen Hölzern und Stoffen eingerichtet sind, manche haben einen winzigen Balkon zur Straße. Um dem Verkehrslärm zu entgehen, sollte man sich ein Zimmer in den oberen Etagen geben lassen. Die Cèntric-Mitarbeiter zeichnen sich durch besondere Hilfsbereitschaft aus.

Barcelona verstehen

Barcelona aktuell

In den Straßen von Barcelona wehen derzeit mehr als nur ein paar Esteladas. Diese Flagge mit dem einzelnen Stern (und roten und gelben Streifen) ist das Symbol für Kataloniens Streben nach Unabhängigkeit. Der Ruf nach Separatismus ist laut wie nie und hat in ganz Europa tiefe Besorgnis verursacht. Natürlich steht weitaus mehr an als nur eine autonome Regierung. Die Aufgeschlossenheit der Stadt für Innovation zeigt sich beim Ausbau des Verkehrswesens und der Telekommunikation sowie bei der Stadtsanierung.

Top-Filme

Alles über meine Mutter (1999) Einer der beliebtesten Filme Pedro Almodóvars, samt transsexuellen Prostituierten und rehäugigen Nonnen.

Vicky Cristina Barcelona (2008) Woody Allen unterzieht Barcelona der *Manhattan*-Behandlung und porträtiert eine Stadt voller Neurosen.

L'Auberge espagnole (Cédric Klapisch, 2002) Warmherzig erzählte Geschichte des Erwachsenwerdens von Austauschstudenten in Barcelona.

Barcelona (Whit Stillman, 1994) Eine geistreiche Komödie über zwei Amerikaner, die gegen Ende des Kalten Krieges in Barcelona leben.

Top-Bücher

Barcelona. Stadt der Wunder (Robert Hughes, 1992) Geistreiche Studie über 2000 Jahre Stadtgeschichte.

Der Schatten des Windes (Carlos Ruiz Zafón, 2001) Spannender Roman, der im Barcelona der Zeit nach dem Bürgerkrieg spielt.

Mein Katalonien (George Orwell, 1938) Orwells klassischer Bericht über die Anfangszeit des Spanischen Bürgerkriegs.

Auf der Plaça del Diamant (Mercè Rodoreda, 1962) Der wohl bekannteste in katalanischer Sprache verfasste Roman

Land der Innovation

Die Stadt Gaudís und der genialen Kreationen des Modernisme betritt weiterhin Neuland in anderen Bereichen. Insbesondere Barcelona wurde zum weltweiten Modell einer Smart City – einer Stadt, in der Technologie zur Schaffung einer nachhaltigeren, effizienteren und dichter vernetzten Umwelt genutzt wird. Zur Smart-City-Initiative gehören rund 120 Projekte, darunter weitreichende Innovationen im öffentlichen Verkehr, in der Telekommunikation, öffentlichen und sozialen Diensten und sogar im Tourismus.

Mit Hilfe des „Internets der Dinge" können Sensoren nun in Barcelona freie Parkplätze sowie den Schadstoffgrad aufspüren und den Verkehrsfluss regulieren. Beteiligungsverfahren für die Bevölkerung wurden verbessert und demokratische Kommunikationswege zwischen der Stadtverwaltung und den Bürgern eingerichtet.

Die Reduzierung der CO_2-Bilanz der Stadt steht an erster Stelle diverser neuer Technologien. Lampen an einem Strandabschnitt nutzen eine Kombination aus Sonnen- und Windenergie. Barcelona besitzt die saubersten Busse Europas, mit einem großen Anteil von Hybrid- und erdgasbetriebenen Fahrzeugen. Zudem hat die Stadt neue Busstrecken auf Bedarfsbasis eingeführt und damit ein neues, intuitiveres Netz geschaffen, das sich vertikal, horizontal und diagonal durch die Stadt zieht. Auch die Anzahl der Ladestationen für Elektroautos wurde erhöht, 300 gibt es derzeit, mehr sind geplant.

In Barcelona gibt es ein kostenloses und wachsendes WLAN-Netz mit über 600 Hotspots und Plänen für weitere 1500 in den nächsten Jahren – auch in Bussen und Metrostationen. Eine weitere Innovation: Intelligente Ampeln, die bei anfahrenden Rettungsfahrzeugen auf Grün schalten, damit sie schneller ans Ziel kommen.

Ein Ansporn für viele der Innovationen ist der 220 ha große Stadtteil 22@ *(vint-i-dos arroba)*. Das Viertel in Poblenou ist seit seiner Gründung im Jahr 2000 enorm gewachsen. Über 90 000 Arbeitsplätze wurden von den

8000 ansässigen Firmen geschaffen, überwiegend im Digital-, Kreativ- und Technologiegewerbe.

Der Staat Katalonien

Barcelona erlebt gerade einen historischen Moment. Die Kampagne für Unabhängigkeit ist in vollem Gang und der Wunsch, dass sich Katalonien von Spanien loslöst und eine unabhängige Republik wird, verfestigt sich immer mehr. Mit eigener Sprache, spezifischen Traditionen und der stolzen Geschichte betrachtete sich Katalonien schon immer als verschieden vom Rest des Landes. Doch bis vor Kurzem strebte nur eine kleine Randgruppe nach einer permanenten und unwiderruflichen Abspaltung von Spanien.

In den letzten Jahren jedoch schoss die Zahl der Separatisten in die Höhe. Bei den Regionalwahlen 2015 gewannen katalanische Nationalisten die Mehrheit der 135 Sitze im Regionalparlament, was sie als Befürwortung der Abspaltung werteten. Der katalanische Spitzenpolitiker Artur Mas i Gavarró versprach, die Unabhängigkeit voranzutreiben. Bald darauf wurde ein Gesetzentwurf für eine katalanische Verfassung sowie die Schaffung eines neuen Finanzministeriums und Sozialversicherungssystems vorgelegt.

Im September 2017 setzte Mas' Nachfolger Carles Puigdemont im katalanischen Parlament einen Beschluss für ein Referendum durch, das am 1. Oktober abgehalten wurde (von der Zentralregierung als illegal und verfassungswidrig erachtet). Die Wahlbeteiligung lag bei 42 %, von denen 90 % für die Abspaltung stimmten. An diesem Tag ging die Guardia Civil gewalttätig gegen Wahlwillige vor. In den folgenden angespannten Tagen kam es zu einem politischen Patt: Puigdemont hielt sich über seine Absichten bedeckt, während er auf einem Dialog mit der Zentralregierung in Madrid bestand, der spanische Ministerpräsident Mariano Rajoy hingegen verweigerte dies und drohte stattdessen, den Artikel 155 der Verfassung anzuwenden, der vorsieht, Katalonien unter Zentralgewalt zu stellen.

Die Unabhängigkeit wurde schließlich erklärt und sofort von Madrid für ungültig erklärt. Mehrere führende katalanische Politiker wurden der „Rebellion" und „Volksverhetzung" beschuldigt und verhaftet. Puigdemont floh außer Landes und hielt sich zur Zeit der Recherche in Deutschland auf, wo er gerichtlich gegen seine Auslieferung nach Spanien vorging.

Bei den katalanischen Neuwahlen im Dezember 2017 errangen die separatistischen Parteien erneut eine (knappe) Mehrheit im Regionalparlament, das im Juni 2018 seine Autonomie zurückerhielt und die Geschäfte wieder aufnahm. Der neue katalanische Präsident Quim Torra war ebenfalls ein überzeugter Separatist, aber es schien unwahrscheinlich, dass seine Regierung ebenso kämpferisch wie sein Vorgänger agieren wird. Eine neue Mittelinksregierung (der PSOE) in Madrid schien ebenfalls einen relativ versöhnlichen Weg zu beschreiten. PSOE-Chef Pedro Sánchez, strikt gegen die Unabhängigkeit Kataloniens, signalisierte Bereitschaft, mit Barcelona über andere Streitpunkte zu reden.

Von 100 Einwohnern Barcelonas sprechen ...

53 Spanisch als Muttersprache
39 Katalanisch als Muttersprache
2 Arabisch als Muttersprache
Englisch als Muttersprache
5 andere Sprachen als Muttersprachen

Religionszugehörigkeit

(% der Bevölkerung)

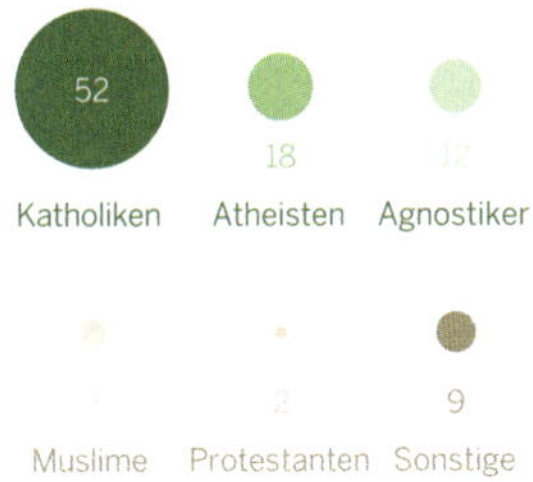

Einwohner pro km²

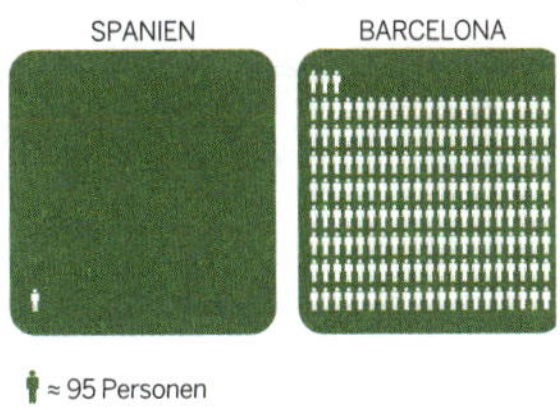

≈ 95 Personen

Geschichte

Barcelona hat im Verlauf seiner 2000-jährigen Geschichte verschiedenste Zuwanderungen und Eroberungen erlebt, darunter durch die Römer, Westgoten und Franken. Der Stadt ist es mal besser, mal schlechter ergangen, von der goldenen Ära der Fürstenmacht im 14. Jh. bis zu den dunklen Tagen der Franco-Zeit. Barcelona war stets auf Unabhängigkeit bedacht, was die Stadt oft in Konflikt mit dem Königreich Kastilien brachte. Diese Gegnerschaft setzt sich bis heute fort und drückt sich in einem Verlangen nach mehr Autonomie und zunehmend nach Unabhängigkeit von Spanien aus.

Die Römer

Barcelonas dokumentierte Geschichte beginnt eigentlich erst mit den Römern, als während der Herrschaft von Kaiser Augustus die Siedlung Barcino (das spätere Barcelona) gegründet wurde. Die Römer wählten den Ort, weil er günstig für einen Hafen war.

Das Erbe der römischen Herrschaft war gewaltig: Sie brachten ein Straßennetz, Aquädukte, Tempel und jene Religion nach Hispania (wie die Römer die Iberische Halbinsel nannten), die noch heute vorherrscht: das Christentum. Bevor sich in Rom diese monotheistische Tradition durchsetzte, kam es jedoch immer wieder zu Christenverfolgungen. Santa Eulàlia, deren Existenz bis heute ungewiss ist, war eine der großen Märtyrer-Figuren jener Zeit. Sie spielt noch immer eine Rolle in der Folklore der Stadt und wird jeden Februar mit einem großen Fest gewürdigt. Ihr Leichnam soll unter der Kathedrale begraben sein. Einige Jahre nach ihrem Tod wurden die Christenverfolgungen eingestellt, nachdem Kaiser Konstantin im Jahr 312 das Christentum zur offiziellen Religion erklärt hatte.

1991 wurden im Carrer de Sant Pau in El Raval die Überreste von 25 Leichen von etwa 4000 v. Chr. gefunden. Damals war ein großer Teil von El Raval eine Bucht und auf dem Hügel (Mont Tàber) neben der Plaça de Sant Jaume gab es vielleicht eine jungsteinzeitliche Siedlung.

Willfried der Haarige & das katalanische Goldene Zeitalter

Im 9. Jh. n. Chr., als die Mauren einen großen Teil Spaniens beherrschten, eroberte Ludwig der Fromme – Sohn Karls des Großen und zu-

ZEITACHSE

ca. 4000 v. Chr.

Jaspis-Werkzeuge, die rund um den Carrer del Paradís entdeckt wurden, weisen darauf hin, dass zu dieser Zeit an der Stelle der heutigen Plaça de Sant Jaume eine neolithische Siedlung existierte.

218 v. Chr.

Um die Nachschubwege der Karthager unter Hannibal abzuschneiden, landen römische Truppen bei Empúries, gründen Tarraco (Tarragona) und kontrollieren die katalanische Küste.

415 n. Chr.

Unter dem Westgotenkönig Athaulf wird Barcino zur Hauptstadt des Westgotenreiches, was es mit mehreren Unterbrechungen bis ins 6. Jh. bleibt.

künftiger Herrscher des Fränkischen Reichs – Barcelona und erklärte die Stadt zum Teil seines Reichs. Barcelona war in dieser Zeit eine Grenzstadt und lag in der damaligen Fränkischen bzw. Spanischen Mark – eine provisorische Pufferzone zwischen den Pyrenäen und den Mauren, die den Großteil des Landes weiter südlich erobert hatten.

Die Mark stand unter fränkischer Herrschaft, doch die wahre Macht lag in den Händen lokaler Potentaten. Einer dieser Herrscher hieß Guifré el Pelós (Wilfried der Haarige). Sein Beiname bezog sich übrigens nicht etwa auf seinen Bartwuchs, sondern auf seine ungewöhnliche Körperbehaarung. 878 gewannen er und sein Bruder die Kontrolle über fast alle katalanischen Grafschaften, wodurch Guifré zum Volkshelden avancierte.

Guifré festigte seine Macht in Katalonien und setzte eine rege Bautätigkeit in Gang. Er stiftete Kirchen und ließ in Barcelona einen neuen Palast für sich bauen (von dem heute nichts mehr übrig ist). Seine Errungenschaften wurden später von mittelalterlichen Mönchen und Dichtern der Romantik verherrlicht, die ihm den Aufstieg der Kleinstadt zum Zentrum eines Reichs zuschrieben. Für die Katalanen ist der haarige Guifré der „Vater der Nation" (sofern man Katalonien als Nation bezeichnen kann). Er begründete eine knapp fünf Jahrhunderte währende Dynastie, die sich fast völlig unabhängig von den Kriegen der Reconquista auf der restlichen Iberischen Halbinsel entwickelte.

Die erste Schutzpatronin Barcelonas, Santa Eulàlia (290–304), starb während der Christenverfolgungen unter Kaiser Diokletian den Märtyrertod. Ihren Tod führten 13 Folterarten herbei (eine für jedes ihrer Lebensjahre), u. a. wurde sie in einem mit Glas gefüllten Fass herumgerollt, ihre Brüste wurden abgeschnitten und sie wurde gekreuzigt.

Romanische Schönheiten

Zu Beginn des zweiten Jahrtausends begann ein neues blühendes Zeitalter der katalanischen Kultur. Mit den romanischen Kirchen in der Provinz etablierte sich ein neuer einflussreicher Architekturstil. Innen waren diese Bauten mit prächtigen Fresken aus feinsten Pigmenten geschmückt, die eindeutig byzantinische Einflüsse zeigten. Einige dieser Kunstwerke, die aus verfallenen Kirchen gerettet und konserviert wurden, sind heute im Museu Nacional d'Art de Catalunya (MNAC) auf dem Montjuïc zu sehen. Auch der Handel erfuhr in jener Zeit eine Blüte, dank einer neuen Gesellschaftsschicht aus Kaufleuten und Handwerkern.

Ein wachsendes Reich

Schiffsbau, Landwirtschaft (Getreide, Weintrauben) und die Herstellung von Textilien waren wichtige Wirtschaftszweige. Eine noch größere Triebfeder für das Wachstum Kataloniens war jedoch die Verlobung von Ramon Berenguer IV., des Grafen von Barcelona, mit Petronila, Thronerbin des benachbarten Aragón. Durch die Verbindung wurde

878

Wilfried der Haarige festigt seine Macht in ganz Katalonien und begründet eine lange währende Dynastie mit Barcelona als Hauptstadt.

985

Al-Mansur wütet auf katalanischem Gebiet und verwüstet Barcelona in einer Blitzaktion. Viele Einwohner werden als Sklaven nach Córdoba verschleppt.

1060

Rund 150 Jahre vor der Magna Carta bestätigt Graf Ramon Berenguer I. die „Usatges de Barcelona", nach denen alle freien Männer vor dem Gesetz gleich sind.

1137

Graf Ramon Berenguer IV. wird mit der einjährigen Prinzessin Petronila, Tochter des Königs von Aragón, verlobt. Auf diese Weise entsteht ein neues Königreich namens „Krone von Aragón".

Laut einer mittelalterlichen Legende wurde Barcelona von Herkules gegründet. Es gibt zwar verschiedene Versionen, doch sprechen alle von neun *barcas* (Booten), von denen eins in einem Sturm von den anderen weggetrieben und von Herkules an eine schöne Stelle an der Küste manövriert wird, wo er eine Stadt gründet, die er Barca Nona („neuntes Boot") nennt.

Während der Feudalherrschaft war das Rechtswesen ziemlich brachial. Ein Gesetz von 1060 sah vor: „Was die Frauen betrifft, so lass die Herrscher die Gerichtsbarkeit ausüben durch das Abschneiden der Nase, Lippen, Ohren und Brüste ... und, wenn nötig, sollen sie auf dem Scheiterhaufen verbrannt werden.

ein neuer Staat geschaffen, der das goldene Zeitalter Kataloniens einläutete. In den folgenden Jahrhunderten entwickelte sich Katalonien zu einer bedeutenden Handelsmacht. Den Mauren wurden Valencia und die Balearen abgenommen und später kamen weiter entfernte Territorien hinzu wie Sardinien, Sizilien und Teile von Griechenland.

Barcelonas Goldenes Zeitalter

Das 14. Jh. war das goldene Zeitalter Barcelonas. In der mittlerweile wohlhabenden Handelsstadt entstanden prachtvolle gotische Gebäude, die noch heute das Stadtbild prägen. Die Kathedrale, die Capella Reial de Santa Àgata (im Museu d'Història de Barcelona) und die Kirchen Santa Maria del Pi und Santa Maria del Mar wurden in jener Zeit erbaut. König Pere III. (1336–1387) schuf später die atemberaubenden Drassanes Reials (Königliche Werften) und erweiterte die Stadtmauern, um im Westen El Raval einzubeziehen.

Pest & Pogrome

Die Mühen zur Sicherung seiner Vormachtstellung zwangen Katalonien langsam in die Knie. Seeschlachten mit Genua, Widerstand in Sardinien, der Aufstieg des Osmanischen Reichs und der Verlust des Goldhandels leerten die Staatskasse. Der Handel kollabierte. Die Pest und Hungersnöte dezimierten im 14. Jh. Kataloniens Bewohner um die Hälfte. Barcelona verlor auch einige der besten Kaufleute, als 1391 ein aufgebrachter Mob jüdische Geschäfte und Wohnhäuser überfiel.

Der Bauernaufstand

Als Martí I., der letzte aus der Dynastie von Guifré el Pelós, 1410 ohne Erben starb, verblasste der Stern Barcelonas, da Katalonien nun unter der Herrschaft von Ferdinand von Aragón und Isabella, der Königin von Kastilien, praktisch dem kastilischen Staat einverleibt wurde. Im 17. Jh. kam es im verarmten und durch die stets wachsenden Geldforderungen der Krone verstimmten Katalonien zur Revolte: Katalanische Bauern versammelten sich auf der Rambla außerhalb der Stadtmauern und zogen marodierend durch die Stadt.

In der später so genannten Guerra dels Segadors (Aufstand der Schnitter) ermordeten sie den Vizekönig Dalmau de Queralt und brandschatzten die Häuser seiner Minister. Unter französischem Schutz erklärte sich Katalonien zur unabhängigen Republik. In den nächsten Jahren herrschte Anarchie, bis Barcelona schließlich von Kastilien belagert und zur Kapitulation gezwungen wurde.

1225–1229

Mit 18 Jahren wird Jaume I. König des neuen Reichs und erobert später das maurische Mallorca. Weitere Eroberungen bringen ihm den Ehrennamen El Conquerido („der Eroberer") ein.

1283

Zum ersten Mal treten die Corts Catalanes, eine gesetzgebende Versammlung für Katalonien, zusammen und beginnen, die unbeschränkte Macht des Königtums zu beschneiden.

1323

Katalanische Truppen landen in Sardinien und beginnen mit der Eroberung der Insel, die sich bis 1409 hinzieht. Ihre erbittertste Gegnerin war Eleonora de Arborea, eine Art sardische Jeanne d'Arc.

1348

Eine Pestepidemie kostet mehr als einem Viertel der Einwohner von Barcelona das Leben. Es folgen weitere Epidemien, eine Heuschreckenplage im Jahr 1358 und ein Erdbeben im Jahr 1373.

Der Aufstand zeigte kaum einen Erfolg, aber er wurde später als der erste große Schritt Kataloniens in Richtung Unabhängigkeit gewürdigt. Das Lied *Els Segadors*, niedergeschrieben im 19. Jh. (aber mit oralen Ursprüngen im 17. Jh.) wurde 1993 offiziell zur Nationalhymne Kataloniens erklärt.

Spanischer Erbfolgekrieg

Obwohl Katalonien am Ende des 17. Jhs. nur eingeschränkt unabhängig war, verschlechterte sich die Lage an der Wende zum 18. Jh. noch: Im Spanischen Erbfolgekrieg stellte sich Katalonien auf die falsche Seite. Nach 18-monatiger Belagerung gelang es den Truppen des Bourbonenkönigs Philipp V. schließlich, Barcelona, das Erzherzog Karl von Österreich stützte, am 11. September 1714 einzunehmen, und Katalonien wurde Teil eines kastilischen Einheitsstaats.

Der 11. September erinnert zwar an die tragische Niederlage Barcelonas, wird aber bis heute als Diada, der Nationalfeiertag Kataloniens, gefeiert – oft mit einer politischen Großkundgebung und Demonstrationen, bei denen die Unabhängigkeit gefordert wird.

Ein Regime der Unterdrückung

Aus Wut über den - aus seiner Sicht - Verrat der Katalanen schaffte der neue König die Generalitat ab und ließ einen ganzen Bezirk des mittelalterlichen Barcelona dem Erdboden gleichmachen, um zur Überwachung der Stadt eine riesige Festung zu bauen, die Ciutadella. Die kürzlich freigelegten Ruinen unter dem El Born Centre de Cultura i Memòria (2013 eröffnet) illustrieren die Lebensumstände der Menschen, die im 18. Jh. an dem Ort lebten, an dem später die Ciutadella entstand. Ihr Alltag änderte sich schlagartig, als ihre Wohnungen zerstört und sie in das seelenlose, geometrisch angelegte Neubaugebiet Barceloneta umgesiedelt wurden. Wie zu erwarten war, entwickelte sich die Zitadelle in der Folge für die meisten Katalanen zum verhasstesten Bau der Stadt.

Philipp V. verfolgte einen umfassenden Plan zur „Kastilisierung“, um zukünftigen Widerstand im Keim zu ersticken. Unter anderem verbot er Unterricht und Schriften auf Katalanisch. Was von den katalanischen Besitzungen übrig geblieben war, wurde an die Machthaber verteilt.

Neuer Aufschwung

Nach dem ersten Schock arrangierten sich Barcelona und seine bourbonischen Herrscher miteinander. Der große Durchbruch kam 1778, als das Handelsverbot mit den spanischen Kolonien aufgehoben wurde. In Barcelona selbst kam der Aufschwung langsam, aber stetig voran. Kleine Manufakturen brachten Arbeitsplätze und erwirtschafteten Gewinne, und die Löhne stiegen.

1383

Nach rund 50 Jahren Bautätigkeit erhebt sich über La Ribera die gewaltige Kirche Santa Maria del Mar, eines von vielen gotischen Architekturjuwelen des 14. Jhs.

1387

Während der Herrschaft Juans I. findet in Barcelona der erste urkundlich bestätigte Stierkampf der Stadt statt. An Popularität gewinnt der Stierkampf allerdings erst im 19. Jh.

1469

Die kastilische Thronerbin Isabella heiratet den aragonischen Thronfolger Ferdinand, was zwei der mächtigsten Monarchien Spaniens vereint und Katalonien praktisch dem kastilischen Staat einverleibt.

1478

Isabella und Ferdinand, die Reyes Católicos, schüren religiösen Eifer und begründen die spanische Inquisition, die bis zu ihrer Auflösung 1834 Abertausende Menschenleben forderte.

Barcelonas Wirtschaft wurde kurz durch die französische Invasion 1808 ausgebremst, erholte sich aber allmählich nach Napoleons Niederlage 1814. Der Baumwollhandel mit Amerika trug zum Aufschwung bei. In den 1830er-Jahren gingen in Barcelona die ersten dampfbetriebenen Fabriken in Betrieb. Damit wurde eine Entwicklung eingeläutet, die den Großteil des Jahrhunderts andauern sollte. Wein-, Kork- und Eisenbetriebe florierten, und ab Mitte der 1830er-Jahre liefen erste Dampfschiffe vom Stapel. Im folgenden Jahrzehnt nahm Spaniens erste Eisenbahnlinie zwischen Barcelona und Mataró den Betrieb auf.

Umgestaltung im großen Stil

Die Industrialisierung und der wirtschaftliche Aufschwung brachten nicht jedem Wohlstand. Die Arbeiter lebten in immer beengteren, katastrophalen Verhältnissen. Schlechte Ernährung, miserable sanitäre Anlagen und Krankheiten prägten den Alltag in den Arbeitervierteln. Das führte unweigerlich zu Aufständen, die gewöhnlich ohne viel Federlesens niedergeschlagen wurden – der Aufstand von 1842 wurde durch Beschuss vom Castell de Montjuïc brutal beendet.

Barcelona spielte schon immer eine Vorreiterrolle: Hier erschien die erste Tageszeitung Spaniens, gab es das erste Kino, das erste öffentliche Telefon und die erste Flugverbindung (nach Mallorca). Außerdem entstand hier die zweite Stadtbahn der Welt – nur London war schneller.

1869 setzte Barcelona seine Stadterweiterungspläne in die Tat um. Ildefons Cerdà entwarf den Eixample („die Erweiterung") als Straßenraster mit Gärten und Parks. Das Viertel schließt sich ab der Plaça de Catalunya an die Altstadt an. Der Plan war revolutionär, denn bis dahin war es verboten, das Areal zwischen Barcelona und Gràcia zu bebauen, da es ein Militärgelände war. Das Bebauungsverbot war auch der Grund für die hohe Konzentration von Fabriken im Stadtgebiet (vor allem in Barceloneta) und in den umliegenden Orten wie Gràcia, Sant Martí, Sants und Sant Andreu (alle hat die wachsende Stadt schon lange geschluckt).

Der Eixample entwickelte sich schnell zum begehrtesten Immobilienobjekt in Barcelona – auch die Parks fielen überwiegend der unersättlichen Nachfrage nach Wohnungsbau und Immobilienspekulationen zum Opfer. Das wohlhabende Bürgertum zahlte viel Geld für noble, repräsentative Wohnhäuser, viele davon entstanden im Stil des Modernisme.

Eine Renaissance im 19. Jahrhundert

In der zweiten Hälfte des 19. Jhs. lief das Leben in Barcelona relativ friedlich ab, aber keineswegs herrschte politische Einigkeit. Die relative Ruhe und der wachsende Wohlstand ebneten den Weg für das Wiederaufleben katalanischer Kultur. Die Renaixença (Renaissance) spiegelte das neu erwachte Selbstbewusstsein Barcelonas wider. Politiker und

1640–1652

Weil sie im Dreißigjährigen Krieg kastilische Truppen einquartieren müssen, erklären sich katalanische Bauern unabhängig unter französischem Protektorat. Spanien schlägt sie nieder.

1714

Nach der Kapitulation gegenüber dem Bourbonenkönig Philipp V. am 11. September bei Ende des Spanischen Erbfolgekriegs verliert Barcelona seine Unabhängigkeit vollends.

1770

Ein Sturm richtet schwere Schäden in Barcelona an, u. a. zerstört er 200 der 1500 Gaslaternen in der Stadt.

1808

In der Schlacht von Bruc besiegen katalanische Truppen die napoleonische Armee, dennoch bleiben Barcelona, Figueres und die Küste bis 1814 unter der Herrschaft Napoleons.

Akademiker forderten die Wiedereinführung ehemaliger katalanischer Institutionen und Rechtssysteme. Mittel- und Oberschicht entdeckten die katalanische Sprache neu; eine zeitgenössische katalanische Literatur entstand.

1892 forderte die Unió Catalanista (Katalanische Union) in einem Dokument, der *Bases de Manresa*, die Wiedereinsetzung der Corts Catalans. 1906 formierte sich als Antwort auf die Unterdrückung katalanischer Zeitungen die Solidaritat Catalana (Katalanische Solidarität, eine Nationalbewegung). Sie zog eine breite Schicht von Katalanen an, nicht alle davon Nationalisten. Ihren vielleicht dynamischsten Ausdruck fand die katalanische Renaissance in der Welt der Kunst. In Barcelona entwickelte sich der Modernisme, die katalanische Form des Jugendstils. Während das restliche Spanien stagnierte, bildete Barcelona den Nährboden für eine künstlerische Avantgarde, die einen engen Kontakt zu Paris pflegte. Der junge Picasso begann hier seine Weltkarriere und trank in der Künstlerkneipe Els Quatre Gats.

Ein böses Erwachen folgte dem kurzen, unsinnigen Krieg, den Spanien 1898 mit den USA führte. Dabei verlor das Land nicht nur seine gesamte Kriegsflotte, sondern auch seine letzten Kolonien (Kuba, Puerto Rico und die Philippinen). Der Verlust der Kolonien fügte Barcelonas Wirtschaft schweren Schaden zu.

Arbeiterunruhen

Barcelonas Proletariat wuchs rasch. Die Einwohnerzahl betrug im Jahr 1800 rund 115 000 und erreichte 100 Jahre später über 500 000, 1930 überschritt sie die Million. Anfang des 19. Jhs. verzeichnete die Stadt eine gewaltige Zuwanderung von armen Bewohnern aus den ländlichen Gegenden Kataloniens und später aus anderen spanischen Regionen. In Barcelona lagen Unruhen in der Luft. Die Stadt wurde zu einem explosiven Kessel aus armen Arbeitern, Republikanern, bürgerlichen Regionalisten, Gangstern, brutalen Polizisten und angeheuerten *pistoleros* (Auftragskillern). In der Unterschicht, deren Lebensbedingungen zu den grauenhaftesten Europa zählten, gärte eine tiefe Abneigung gegen das Bürgertum, den Staat und die katholische Kirche (die schon lange als Verbündete der Reichen und Mächtigen galt).

Anarchistische Bombenanschläge & die Tragische Woche

Die Idee des politischen Anarchismus, die sich in Europa verbreitete, fiel auch bei vielen Fabrikarbeitern in Barcelona auf fruchtbaren Boden, die glaubten, durch Gewalt die soziale Revolution erreichen zu

1869

Ildefons Cerdà entwirft den Eixample (die Erweiterung) mit schachbrettartig angelegten Straßen und breiten Boulevards. Hier entstehen zahlreiche modernistische Gebäude.

1873

Antoni Gaudí, 21 Jahre alt und seit 1869 in Barcelona ansässig, schreibt sich an der Architekturhochschule ein, an der er fünf Jahre später seinen Abschluss erwirbt.

1888

Bei der ersten Weltausstellung in Spanien stellt Barcelona im neuen Parc de la Ciutadella die prächtigen Errungenschaften des Modernisme (einschließlich Eixample) zur Schau.

1895

Pablo Picasso kommt 13-jährig mit seiner Familie nach Barcelona. Sein Vater ist Kunstlehrer und bekommt eine Stelle an der Kunstakademie La Llotja, in die Picasso als Schüler eintritt.

können. Bei der Detonation einer von Anarchisten gelegten Bombe im Opernhaus Liceu in der Rambla kamen in den 1890er-Jahren 22 Menschen ums Leben. Auch für die Setmana Tràgica (die „Tragische Woche") im Juli 1909 wurden Anarchisten verantwortlich gemacht: Dabei zerstörte ein tobender Mob 70 kirchliche Gebäude, nachdem die spanische Armee Reservisten für den Marokkokrieg einberufen hatte. Im Gegenzug wurden Arbeiter auf offener Straße erschossen.

Klassenkampf & der Schatten des Krieges

In der Zeit nach dem Ersten Weltkrieg breiteten sich die Gewerkschaften aus, allen voran die anarchistische Confederación Nacional del Trabajo (CNT; Nationale Union der Arbeit), die 80 % der Arbeiter Barcelonas zu ihren Mitgliedern zählte. Während der Streikwellen von 1919 und 1920 heuerten Unternehmer Killer an, um Gewerkschaftsführer zu eliminieren. Der Diktator General Miguel Primo de Rivera war gegen den bürgerlichen katalanischen Nationalismus und den Radikalismus der Arbeiterklasse, verbot in den 1920er-Jahren die CNT und ließ sogar den FC Barcelona (ein Symbol für das katalanische Nationalbewusstsein) schließen. Immerhin half er, die zweite Weltausstellung nach Barcelona zu bringen, die 1929 auf dem Montjuïc ihre Tore öffnete.

Riveras Repressionen förderten, nach seinem erzwungenen Rücktritt 1930, den Zusammenschluss radikaler Elemente in Katalonien. Kurz nachdem sich 1931 Spaniens Zweite Republik formierte, proklamierte die ERC (Esquerra Republicana de Catalunya; Republikanische Linke Kataloniens) unter Führung von Francesc Macià und Lluís Companys die „Katalanische Republik in der Iberischen Föderation". Madrid zwang die ECR, die Einheit Spaniens anzuerkennen, doch nach dem Wahlsieg der Volksfront bei den nationalen Wahlen im Februar 1936 erlangte Katalonien für kurze Zeit eine echte Autonomie. Companys ließ als Präsident Landreformen durchführen und plante, in Barcelona eine „Gegen-Olympiade" zu den Olympischen Spielen von 1936 in Berlin zu veranstalten. Doch die politischen Entwicklungen gerieten bald aus dem Ruder. In ganz Spanien bereiteten sich Linke wie Rechte auf die entscheidende Machtprobe vor.

In Barcelona hätte 1936 beinahe die Olimpíada Popular (Volksolympiade) stattgefunden, eine Alternative zu den Spielen im faschistischen Deutschland. Rund 6000 Athleten aus 23 Ländern meldeten sich an. Doch vor dem Beginn der Spiele brach der Bürgerkrieg aus. Einige Sportler, die schon angekommen waren, blieben vor Ort und schlossen sich den Milizen an, um die Republik zu verteidigen.

Ausbruch des Bürgerkriegs

Am 17. Juli 1936 löste eine Militärrevolte in Marokko den Spanischen Bürgerkrieg aus. Die Hauptakteure in dem Konflikt waren die Nationalisten und die Republikaner. Die Nationalisten hatten sich mit den Konservativen (und der Kirche) verbündet; erbost über den Linksruck in Spanien inszenierten sie unter General Francisco Franco und ande-

1898

Spanien verliert im Spanisch-Amerikanischen Krieg seine gesamte Flotte und seine letzten Kolonien Kuba, Puerto Rico und die Philippinen – ein schwerer Schlag für die Wirtschaft Barcelonas.

Juli 1909

Nach der Einberufung von Reservisten für Kämpfe in Marokko rebellieren die *barcelonins*. In der Setmana Tràgica („Tragische Woche") sterben über 100 Menschen.

1914

Im April wird unter Enric Prat de la Riba die Mancomunitat de Catalonia gebildet, ein erster Versuch der katalanischen Selbstverwaltung, die sich allerdings auf Verwaltungsaufgaben beschränkt.

Juli 1936

Von Marokko aus entfesselt General Franco den Bürgerkrieg. General Goded versucht, Barcelona unter Francos Herrschaft zu bringen, wird aber von linken Milizen, Polizei und Arbeitern besiegt.

ren Rebellen einen Putsch. Sie erhielten schnell Rückendeckung von einem Großteil der Armee. Auf der Gegenseite stand die republikanische Regierung mit Unterstützung all jener, die der demokratisch gewählten Regierung Spaniens ergeben waren. Die republikanischen Anhänger waren ein loser Zusammenschluss aus Arbeiterparteien, Sozialisten, Anarchisten, Kommunisten und anderen Linken.

Die Garnison in Barcelona versuchte, die Stadt für General Franco einzunehmen, doch Anarchisten und regierungstreue Polizisten verhinderten dies. Francos Truppen eroberten schnell den größten Teil des südlichen und westlichen Spaniens, auch Galicien und Navarra im Norden fielen ihm zu. Der Großteil des Ostens und des industrialisierten Nordens hielt zu Madrid. Anfängliche rasche Vorstöße auf Madrid verliefen im Sand – beiden Seiten standen fast drei schreckliche Jahre bevor.

Historische Stätten

Museu d'Història de Barcelona

Museu d'Història de Catalunya

Via Sepulcral Romana

Museu Marítim

Leben unter den Anarchisten

Fast ein Jahr herrschten in Barcelona Anarchisten und die trotzkistischen Milizen des Partido Obrero de Unificación Marxista (POUM; Arbeiterpartei der Marxistischen Einheit) – Companys war nur dem Namen nach Präsident. Fabrikbesitzer und Franco-Anhänger flohen aus der Stadt. Die Gewerkschaften übernahmen Fabriken und den öffentlichen Dienst; in Hotels und Villen richteten sie Krankenhäuser und Schulen ein. Jeder trug Arbeitskleidung (ein Vorgeschmack auf das, was später im China Maos geschah), Bars und Cafés gehörten dem Kollektiv, Straßenbahnen und Taxis wurden Rot und Schwarz (in den Farben der Anarchisten) gestrichen, und keiner beachtete mehr Einbahnstraßen, weil sie als Teil des alten Systems galten.

Zu den Anarchisten zählten die verschiedensten Gruppierungen, von sanften Idealisten bis zu Hardlinern, die Todeslisten aufstellten, Femegerichte abhielten, Priester, Mönche und Nonnen erschossen (über 1200 Geistliche wurden in der Provinz Barcelona während des Bürgerkriegs getötet) und Kirchen niederbrannten und zerstörten: Deshalb wirken viele der Kirchen Barcelonas im Inneren heute so kahl. Die Anarchisten wiederum mussten nach einer mörderischen Schlacht mit 1500 Toten im Mai 1937 den Kommunisten weichen, die von Stalin aus Moskau gelenkt wurden. Barcelona wurde zudem durch Fliegerangriffe italienischer Franco-Sympathisanten bombardiert. Die vernarbten Mauern um die Plaça de Sant Felip Neri zeugen noch immer von einer besonders grauenhaften Bombardierung, bei der Dutzende Zivilisten, darunter viele Kinder, ums Leben kamen.

Im Herbst 1937 wurde Barcelona zur republikanischen Hauptstadt erklärt, aber die Niederlage der republikanischen Truppen in der

März 1938

Bei dreitägigen Bombenangriffen durch faschistische italienische Kampfflugzeuge aus Mallorca werden in Barcelona 979 Menschen getötet und 1500 verletzt.

1939

Die ersten Truppen Francos rücken, unterstützt von italienischen Panzern, in Barcelona ein und ziehen über die Avinguda Diagonal. Tausende fliehen aus der Stadt Richtung Frankreich.

1940

Hitlers Handlanger und Oberbefehlshaber der SS, Heinrich Himmler, besucht Barcelona, wohnt im Hotel Ritz und genießt eine Folkloreshow im Poble Espanyol, wo ihm seine Geldbörse gestohlen wird.

1957

Der Franquist Josep Maria de Porcioles wird Oberbürgermeister Barcelonas und bleibt bis 1973 im Amt. Er ist für einen planlosen Bauboom verantwortlich.

Schlacht am Ebro in Südkatalonien im Sommer 1938 machte Barcelona nahezu wehrlos. Der republikanische Widerstand bröckelte, teils aus Erschöpfung, teils wegen interner Streitigkeiten. 1938 nahmen katalanische Nationalisten separate Verhandlungen mit Francos Falange auf. Im Januar 1939 fiel die Stadt an Francos Truppen.

Franco nimmt die Stadt ein

Francos Panzer rollten in eine ungewöhnlich stille und leere Stadt. Fast eine halbe Million Menschen waren nach Norden geflohen. Die ersten Monate der Besatzung verstrichen zunächst in einer merkwürdigen Übergangsphase, ehe die Unterdrückung voll einsetzte. Zwei Wochen nach dem Fall der Stadt hatte bereits ein Dutzend Kinos wieder geöffnet und im Monat darauf wurden Hollywood-Komödien im Wechsel mit nationalistischen Propagandafilmen gezeigt. Die Menschen wurden sogar dazu ermuntert, den katalanischen Nationaltanz Sardana öffentlich zu tanzen – eine scheinheilige Großzügigkeit der neuen Herren, um sich bei den Bewohnern von Barcelona beliebt zu machen.

Andererseits bot die Stadt ein Bild der Erschöpfung. Zwar funktionierte das Metronetz noch, aber es gab keinen Busverkehr, weil alle Busse an der Front eingesetzt wurden. Praktisch alle Tiere im städtischen Zoo waren entweder an Hunger oder Verletzungen gestorben. Jahrelang kam es ständig zu Stromausfällen.

Filme, die in Francos Spanien spielen

Pans Labyrinth (2006)

Der Geist des Bienenstocks (1973)

Willkommen Mr. Marshall! (1952)

Las 13 Rosas (Die 13 Rosen; 2007)

Massenfestnahmen & Hinrichtungen

1940, als der Zweite Weltkrieg bereits in Europa wütete, hatte sich das Franco-Regime einigermaßen stabilisiert und für viele Menschen brachen finstere Zeiten an. Katalanische Franco-Anhänger trieben Anarchisten und ehemalige republikanische Anhänger zusammen; bis zu 35 000 Menschen wurden bei Säuberungsaktionen erschossen. Zur gleichen Zeit kämpften kleine Widerstandsgruppen in den Pyrenäen noch eine Weile gegen die Falange. Im August 1940 wurde Kataloniens Präsident Lluís Companys von der Gestapo in Frankreich verhaftet, an das Franco-Regime ausgeliefert und am 15. Oktober auf dem Montjuïc erschossen. Er soll gestorben sein mit dem Ruf: „Visca Catalunya!" (Es lebe Katalonien!).

Die Hinrichtungen setzten sich bis in die 1950er-Jahre hinein fort. Die meisten Menschen versuchten, sich der Situation anzupassen, andere nutzten sie zum eigenen Vorteil, zum Beispiel, indem sie Wohnungen der geflüchteten „Roten" besetzten. Spekulanten und Unternehmer, die mit Franco verbandelt waren, verdienten sich goldene Nasen, während die meisten *barcelonins* ums blanke Überleben kämpften.

1975

Der Tod von Franco wird von den Massen bejubelt; zwei Jahre später werden Parlamentswahlen durchgeführt.

1980

Der katalanische Nationalist Jordi Pujol wird zum Präsidenten des wiedereingeführten katalanischen Regionalparlaments gewählt und leitet das Parteienbündnis CiU; er bleibt bis 2003 an der Macht.

1992

Als Austragungsort der Olympischen Sommerspiele rückt Barcelona in den Blickpunkt der Welt. Bei der Vorbereitung wird fast die ganze Stadt saniert; ein Prozess, der bis heute nicht abgeschlossen ist.

1994

Das Gran Teatre del Liceu, Barcelonas Opernhaus, brennt nieder, weil der Funke eines Schweißbrenners die Bühne in Brand setzt. Nach dem Wiederaufbau wird es 1999 neu eröffnet.

Leben unter Franco

Franco ging in Barcelona besonders rücksichtslos vor. Katalanische Denkmäler in der Stadt wurden demontiert. Katalanisch verbannte er aus allen Bereichen des öffentlichen Lebens. Auf Orts- und Straßenschildern mussten die Namen in Spanisch (Kastilisch) stehen. Für Unterricht, Radio, Fernsehen und die Tageszeitungen war fortan Spanisch vorgeschrieben. Unabhängige politische Aktivitäten waren verboten, ebenso traditionelle katalanische Feiertage.

In Barcelona übernahm der Franquist Josep Maria de Porcioles 1957 das Amt des Bürgermeisters, das er bis 1973 behielt. Noch im gleichen Jahr setzte er eine neue Verfügung in Kraft, die die Macht des Bürgermeisters und die Befugnisse der Stadt erweiterte, Steuern zu erheben und zu verwenden, die Stadtentwicklung zu bestimmen und letztlich die Stadtgrenzen ins Umland auszudehnen. Auch so monströse Betonkästen wie die Gebäude der Stadtverwaltung an der Plaça de Sant Miquel im Viertel Barri Gòtic hat er zu verantworten. Porcioles' Amtszeit war für Barcelona eine finstere Zeit.

Einwanderer in Barcelona

Unter Franco siedelten sich in den 1950er- und 1960er-Jahren 1,5 Mio. Zuwanderer aus den armen Gegenden Spaniens in Katalonien an (davon 750 000 allein in Barcelona). Sie kamen hauptsächlich aus Andalusien, der Extremadura und dem Nordwesten des Landes, um Arbeit zu suchen. Viele von ihnen lebten unter schrecklichen Bedingungen. Manche Zuwanderer lernten Katalanisch und integrierten sich so weit wie möglich in ihre neue Umgebung. Die meisten bildeten jedoch Spanisch sprechende „Gettos" in den ärmeren Arbeitervierteln der Stadt und in Trabantenstädten. Noch heute sind Lebensweise und Sprache in diesen Bezirken insgesamt eher andalusisch als katalanisch geprägt. Katalanische Nationalisten glauben, dass dies alles Teil einer franquistischen Verschwörung war, mit der die katalanische Identität unterminiert werden sollte.

Der Weg zur Demokratie

Als 1975 der Tod Francos verkündet wurde, feierten die *barcelonins* auf den Straßen. In den folgenden fünf Jahren begann die Demokratie schrittweise wieder fußzufassen. 1977 kehrte Josep Tarradellas, Kopf der katalanischen Exilregierung, nach Barcelona zurück und wurde von der spanischen Regierung offiziell als Führer einer neuen katalanischen Koalition anerkannt. Die *barcelonins*, die jene Zeiten erlebt haben, erinnern sich wahrscheinlich noch an die historischen Worte, die

2003

Der populäre einstige Bürgermeister Barcelonas, Pasqual Maragall, wird nach dem Rücktritt Pujols zugunsten von Artur Mas von der CiU mit knapper Mehrheit der erste sozialistische Präsident Kataloniens.

2006

Die katalanische Regierung handelt mit Madrid ein Autonomiestatut aus. Die beschlossenen Kompromisse verärgern viele, und Maragall scheidet daraufhin aus seinem Amt.

2010

Papst Benedikt XVI. weiht vor 6500 Zuschauern, darunter auch König Juan Carlos I. und Königin Sofia, die Basilika La Sagrada Família.

2010

Nach dem Sieg bei der Fußball-Europameisterschaft 2008 gewinnt Spanien gegen die Niederlande auch die WM in Südafrika und damit den ersten WM-Titel seiner Geschichte.

Tarradellas vom Balkon des Palau de la Generalitat sprach. Vor einer riesigen Menschenmenge auf der Plaça de Sant Jaume verkündete er: *„Ciutadans de Catalunya, ja sóc aquí!“* („Bürger Kataloniens, ich bin da!“).

Nach 20 Jahren in den Gefängnissen Francos wurde Jordi Pujol (einer der ersten, die gegen die Franquisten protestierten) 1980 bei den ersten freien Regionalwahlen seit dem Bürgerkrieg zum Präsidenten Kataloniens gewählt. Als kluger Gegenspieler der Zentralgewalt in Madrid führte er über ein Vierteljahrhundert lang einen zähen Kampf, um für Katalonien größere fiskalische und politische Autonomie zu erstreiten. Voller Engagement förderte er außerdem die „Wiedergeburt des Katalanischen in jeder Hinsicht“ – mit unterschiedlichem Erfolg.

Bücher zur Geschichte

- *Barcelona, Stadt der Wunder (Robert Hughes)*
- *Barcelona – A Thousand Years of the City's Past (Felipe Fernández Armesto)*
- *Mein Katalonien (George Orwell)*
- *Huldigung an Barcelona (Colm Tóibín)*

Barcelonas Olympiade

Abgesehen von den politischen Entwicklungen war für Barcelona das wichtigste Ereignis der Nach-Franco-Ära die erfolgreiche Austragung der Olympischen Spiele von 1992, die unter dem beliebten sozialistischen Bürgermeister Pasqual Maragall geplant worden waren. Die Spiele setzten eine hektische Bautätigkeit in Gang und brachten neues Leben in Gebiete wie den Montjuïc, wo die wichtigsten Wettbewerbe stattfanden. Die einst heruntergekommene Uferregion wurde mit Promenaden, Stränden, Jachthäfen, Freizeitattraktionen, Restaurants und neuen Wohnhäusern aufgemöbelt.

Stadterneuerung

Nach der Jahrtausendwende investierte Barcelona weiter in die Stadterneuerung, mit ambitionierten Projekten wie der Hightechzone 22@ im einstigen Industriebezirk El Poblenou, dem Bau eines neuen Messegeländes zwischen Stadt und Flughafen und dem Großbauprojekt Diagonal Mar um den Parc del Fòrum an der Nordostspitze der Stadt.

Ein Schritt Richtung Unabhängigkeit

Seit dem Tod Francos hat Spanien den Landesteilen, die offiziell *comunidades autónomas* (autonome Regionen) heißen, beträchtliche Machtbefugnisse übertragen. Die Katalanen stimmten einem neuen Estatut in einem Referendum 2006 zu, aber nach nur wenigen Monaten warnte die rechte Partido Popular vor einer „Balkanisierung“, also eines Zerbrechens Spaniens, und legte beim Verfassungsgericht Widerspruch gegen das Estatut ein, das ihrer Meinung nach zu viel Autonomie verlieh.

Nach vierjährigem Hin und Her befand das Gericht 14 der Artikel für verfassungswidrig, darunter jene bezüglich der Sprache, Steuern,

2014

Sechs Monate nachdem sich eine 400 km lange Menschenkette durch Katalonien gebildet hatte, erklären spanische Richter das geplante Unabhängigkeitsreferendum für verfassungswidrig.

2015

Nach der Wahl übernehmen die Separatisten die Regierungsmacht in Katalonien. Sie geloben, die Abspaltung fortzuführen, und legen einen Plan für die Unabhängigkeit Kataloniens in 18 Monaten vor.

2017

Kataloniens Referendum findet im Oktober statt. Die Unabhängigkeit wird erklärt, Spanien verhängt die Zentralgewalt und der katalanische Regierungschef Carles Puigdemont flieht nach Belgien.

2026

In diesem Jahr, in dem sich der Tod ihres Schöpfers Gaudí (1852–1926) zum hundertsten Mal jährt, soll die Sagrada Família fertiggestellt werden – 140 Jahre nach Baubeginn.

Justizgewalt und der Selbstbezeichnung als „Staat". Die Katalanen protestierten in Massendemonstrationen gegen die Entscheidung, die weithin als eine zusätzliche Verschlechterung in der Beziehung zwischen Barcelona und Madrid angesehen wurde.

Separatismus auf dem Vormarsch

Als 2007 die Wirtschaftskrise ausbrach, verlagerte sich das Interesse weitgehend auf eine wirtschaftliche Erholung. Hohe Arbeitslosigkeit und einschneidende Sparmaßnahmen – ganz zu schweigen von Kataloniens heftiger Steuerlast – schürten Wut und Verbitterung gegenüber der Regierung in Madrid und verstärkten den Wunsch nach Unabhängigkeit.

Der Drang zur Abspaltung hat sich in den vergangenen Jahren noch verstärkt. Jüngste Umfragen und die Regionalwahlen Ende 2017 ergaben, dass etwa die Hälfte der Katalanen dafür ist, dass die Region ein neuer europäischer Staat wird. Zum Jahresende jedoch hatte Madrid als Reaktion auf die Unabhängigkeitserklärung des katalanischen Regierungschefs Carles Puigdemont die Zentralgewalt verhängt. Spanische Gerichte hatten entschieden, dass die Unabhängigkeitserklärung ein klarer Verstoß gegen die spanische Verfassung sei. Mehrere katalanische Politiker wurden der Volksverhetzung und Rebellion angeklagt und ins Gefängnis geworfen.

Die Auswirkungen einer katalanischen Unabhängigkeit wären weitreichend. Sie könnte die finanzielle Stabilität Spaniens schwächen – und ökonomische Schockwellen in der ganzen Eurozone verursachen. Wie sich alles entwickeln wird, steht in den Sternen, aber niemand rechnet damit, dass es reibungslos verläuft.

Katalanische Kultur

Die Geschicke Kataloniens waren im Laufe der Geschichte von Höhen und Tiefen geprägt: Die einst reiche Handelsstadt Barcelona wurde unter dem Franco-Regime zur Stadt der Repressionen, dann folgten der Wirtschaftsboom um die Jahrtausendwende und schließlich die Pleite. Trotz der aktuellen finanziellen Probleme blüht die katalanische Kultur mit zahlreichen lebhaften Festen. Das stolze Selbstbewusstsein der Bürger manifestiert sich in vielen Lebensbereichen, von der eigenen Sprache bis hin zu Barcelonas geliebter Fußballmannschaft.

Oben Traditionelle katalanische *correfocs* (Feuerläufer) auf einem Fest.

Sprache

In Barcelona sprechen die alteingesessenen Einheimischen stolz Katalanisch, eine romanische Sprache, die mit Französisch, Spanisch (Kastilisch) und Italienisch verwandt ist. Aber erst seit relativ kurzer Zeit ist es „legitim“, Katalanisch zu sprechen. Seit der Unterwerfung Barcelonas 1714 im Spanischen Erbfolgekrieg war der Gebrauch der katalanischen

Sprache immer wieder verboten oder zumindest verpönt. Franco war der letzte spanische Machthaber, der ihren öffentlichen Gebrauch unterband. Erst 1980, als das erste autonome Regionalparlament zusammentrat und neue Gesetze zur *normalització lingüística* (sprachlichen Normalisierung) verabschiedete, veränderte sich die Situation.

Heute wird in Kataloniens staatlichem Bildungssystem auf Katalanisch unterrichtet, aber die meisten Absolventen sind letztendlich zweisprachig, besonders in urbanen Gebieten. In der Stadt ist Katalanisch die *lingua franca:* Werbung und Straßenschilder sind auf Katalanisch, während Zeitungen, Zeitschriften und andere Publikationen in beiden Sprachen erscheinen (allerdings gibt es doppelt soviel katalanische Druckerzeugnisse wie spanische). Radio- und Fernsehprogramme bieten ebenfalls eine Mischung aus katalanischen und spanischen Sendungen.

Literatur

Barcelona: Stadt der Wunder (Robert Hughes; 2001)

Barcelonas (Manuel Vázquez Montalbán; 1992)

Barça, oder: Die Kunst des schönen Spiels (Dietrich Schulze-Marmeling; 2013)

Volkstänze

Das ganze Jahr über treffen sich am Wochenende Freunde des Volkstanzes *sardana* vor der Kathedrale; für die Musik sorgt eine zehnköpfige Kapelle. Katalanen jeden Alters beteiligen sich an dem Tanz; in einem Kreis fassen sich die Tänzer an den Händen und bewegen sich nach rechts, zurück und nach links, hüpfen, erheben die Arme und kommen immer mehr in Fahrt, wenn das Tempo schneller wird. Jeder kann mitmachen, am besten schaut man aber erst einmal eine Weile zu.

Feste

Die besten katalanischen Feste kreisen um religiöse Feiertage. Am größten sind die Feiern für die beiden Schutzheiligen der Stadt, *Nostra Senyora de la Mercè* (Unsere Liebe Frau der Gnade) (S. 23) und Santa Eulàlia (S. 22), mit jeder Menge *sardana* und *castell*-Aufbauten. Außerdem sind *gegants* (Pappmascheeriesen: Herren, Prinzessinnen, Sultane, Fischer und historische und zeitgenössische Figuren) und *capgrossos* (von kostümierten Schauspielern getragene übergroße Köpfe) zu sehen.

Ein weiteres Merkmal katalanischer Feste ist der *correfoc* (Feuerlauf): Gehörnte Teufel treiben mit Feuer speienden Mistgabeln auf den Straßen ihr Unwesen. Manchmal werden sie von Feuer speienden Drachen oder sogar brennenden Holzwagen begleitet. Volle Bedeckung (Mütze, Handschuhe, Schutzbrille) ist unbedingt ratsam für alle, die sich das Spektakel aus der Nähe ansehen wollen.

Zu Weihnachten erscheinen einige ziemlich ungewöhnliche katalanische Figuren. Der *caganer* (Scheißer) ist ein Bursche mit heruntergelassener Hose, der über seinem unappetitlichen Haufen hockt (ein Symbol der Fruchtbarkeit für das kommende Jahr). Ähnlich derb ist der *caga tío* (Kackbalken), der am Weihnachtstag Geschenke auskacken *(cagar)* soll.

Castells

Zu den Highlights bei katalanischen Festen zählt der Aufbau menschlicher *castells* (Burgen), eine katalanische Tradition aus dem 18. Jh. Teams aus der Region liefern sich Wettkämpfe, indem sie bis zu zehn Ebenen hohe Menschentürme bauen. Auf einer Ebene stehen drei bis fünf Personen auf den Schultern der Unterleute. Andere Mitglieder des Teams bilden unten eine sichere Stütze. Um das Kastell fertigzustellen, muss ein *enxaneta, ein* kleines Kind, ganz nach oben klettern und ein Handzeichen geben.

FC Barcelona

Zu den beliebtesten Institutionen der Stadt zählt der FC Barça, der zutiefst mit der Kultur der Katalanen und sogar dem katalanischen Nationalismus verbunden ist. Die Mannschaft war von jeher ein Fixpunkt der katalanischen Identität, selbst wenn andere Teile der katalanischen Kultur unterdrückt wurden. Der Club unterstützte 1918 Kataloniens Streben nach Autonomie, und 1921 wurde die Satzung des Clubs auf Katalanisch verfasst. Die prokatalanische Haltung des Clubs und seine Parteinahme für die Republik während des Spanischen Bürgerkriegs brachten ihm Schwierigkeiten mit der Regierung ein. Der Clubpräsident Josep Sunyol wurde 1936 von Francos Soldaten ermordet und das Clubhaus 1938 bombardiert.

1968 sprach der Clubpräsident Narcís de Carreras die heute berühmten Worte: *El Barça: més que un club* („mehr als ein Club"). Sie wurden zum Motto der Mannschaft – und betonen deren Rolle als antifranquistisches Symbol und als Motivator für Veränderung in der Provinz und in ganz Spanien. Heute gehört der FC Barça zu den meistverehrten Fußballvereinen der Welt mit rund 170 000 Mitgliedern in jüngster Zeit.

Architektur

Barcelona ist aberühmt für seine architektonischen Schätze und besitzt imposante Kathedralen, phantastische Modernisme-Kreationen und Avantgardebauten aus jüngerer Zeit. Die Zeit des großen Baubooms der Stadt begann im Spätmittelalter, als Barcelona Sitz des katalanischen Reichs war. Das späte 19. Jh. war eine weitere fruchtbare Zeit, als Barcelona sich über seine mittelalterlichen Grenzen hinweg ausdehnte und kühne Denker die Stadt transformierten. Die dritte bedeutende Ära der Bauplanung in Barcelona begann Ende der 1980er-Jahre und dauert bis heute an.

Die gotische Periode

Einen ersten großen Bauboom erlebte Barcelona im Spätmittelalter, als die großartigen gotischen Kirchen, Paläste und Werften der Stadt gebaut wurden. Die gotische Altstadt gehört bis heute zu den flächenmäßig größten in ganz Europa. Die meisten dieser Meisterwerke liegen

Oben: Eine Straße im Barri Gòtic

in der Ciutat Vella (Altstadt), aber auch in anderen Stadtteilen finden sich einige Schätze wie etwa das Museu-Monestir de Pedralbes (S. 182) in Pedralbes.

Historische Wurzeln

Der himmelsstrebende Baustil nahm seinen Ausgang im Frankreich des 12. Jhs. und verbreitete sich in ganz Europa. Zur gleichen Zeit nahm Jaume I. Valencia ein und Mallorca und Ibiza wurden annektiert. In Barcelona entwickelte sich eine blühende Kaufmannsgilde mit weitreichenden Handelsbeziehungen. So deckte der stetig wachsende Reichtum der Stadt die enormen Kosten für den Bau der neuen imposanten Monumente.

Zum wahrscheinlich größten Bauboom kam es unter Pere III. (1319–1387), was insofern etwas merkwürdig ist, als seine Regierungszeit in eine ausgesprochen schwierige Periode fiel. Denn Mitte des 14. Jhs. wurde Barcelona von einer Reihe von Katastrophen heimgesucht: Hungersnöten, verheerenden Seuchen und Pogromen.

All das scheint den Regenten nicht beeindruckt zu haben: Er baute oder begann zumindest mit dem Bau der Kathedrale (S. 60), der Drassanes, der Llotja-Börse (S. 103), des **Saló del Tinell**, der Casa de la Ciutat – das heutige Rathaus (S. 64) – und zahlreicher anderer, weniger imposanter Gebäude, aber auch Teilen der Stadtmauer. Ende des 14. Jhs. wurden die Kirchen Santa Maria del Pi (S. 63) und Santa Maria del Mar (S. 97) vollendet.

Der Bauboom in Barcelona beruhte auf dem gewaltigen katalanischen Handelsimperium des 14. Jhs. Alle möglichen Güter wurden mit Sardinien, Flandern, Nordafrika und anderen Orten gehandelt und einen Großteil des Handels wickelten die katalanischen Juden ab. Die späteren Pogrome, die Inquisition und die Vertreibung der Juden aus Spanien hatten katastrophale wirtschaftliche Folgen und trugen dazu bei, dass die Einwohner Barcelonas bald am Hungertuch nagten.

Architektonische Merkmale

Der Architekturstil spiegelt die Entwicklung der Bautechniken wider. Der Einsatz von Strebepfeilern, Schwibbögen und Rippengewölben bei der Deckengestaltung ermöglichte es den Baumeistern, höhere und scheinbar leichtere Bauwerke zu errichten als jemals zuvor. Die Spitzbögen wurden zum Baustandard und große Fensterrosetten ließen mehr Licht ins riesige Kircheninnere.

Wer bedenkt, in welch dürftigen Unterkünften die damaligen Bauarbeiter lebten und welch primitive Baumaterialien ihnen zur Verfügung standen, bekommt eine Vorstellung davon, welche Ehrfurcht diese Kirchen nach ihrer Fertigstellung erweckt haben müssen. Entsprechend lang war die Bauzeit. Es dauerte über 160 Jahre – ein typischer Zeitrahmen –, bis die Kathedrale fertiggestellt war, wobei die Kirchenfassade sogar erst im 19. Jh. hinzukam. Ihre Rivalin, die Basílica de Santa Maria del Mar (S. 97), wurde dagegen in der Rekordzeit von nur 54 Jahren erbaut.

Katalanische Gotik

Die katalanische Gotik entwickelte sich anders als in Nordeuropa. Hier waren die Ausschmückungen wesentlich sparsamer. Die deutlichste Unterscheidung ist jedoch, dass die Kirchen hier breiter und weniger hoch sind. Während nordeuropäische Kathedralen förmlich in den Himmel ragen, gehen die Bauwerke der katalanischen Gotik eher in die Breite und dehnen die Gewölbe somit bis zum Äußersten aus.

Der Saló del Tinell (S. 65) mit den 15 m weit gespannten Rundbögen, die die Decke tragen (sie zählen zu den größten, die je ohne Verstärkung gebaut wurden), ist ein perfektes Beispiel für die Gotik in Katalonien, ebenso wie die Drassanes, Barcelonas mittelalterliche Werften, die heute das Museu Marítim (S. 113) beherbergen. Auch bei ihren Kirchen entschieden sich die Katalanen für eine massivere Form und eine stärkere Betonung der Breite – die Basílica de Santa Maria del Mar und

Oben: Museu del Disseny de Barcelona (S. 117)
Unten: Fischskulptur (Peix) von Frank Gehry

die Basílica de Santa Maria del Pi (S. 63) vermitteln eine gute Vorstellung davon.

Eine weitere deutliche Abweichung von der Gotik nördlich der Pyrenäen ist der Verzicht auf spitze Türme und Fialen. Glockentürme enden meist in einem flachen Dach. Ausnahmen bestätigen die Regel: So erinnert die Hauptfassade der Kathedrale (S. 60) von Barcelona mit ihren drei reich verzierten Türmen ein wenig an die Kathedrale von Chartres oder den Kölner Dom. Allerdings wurde sie der mittelalterlichen Konstruktion erst im 19. Jh. hinzugefügt.

Meisterwerke der Gotik

- *Kathedrale*
- *Basílica de Santa Maria del Mar*
- *Basílica de Santa Maria del Pi*
- *Saló del Tinell (im Museu d'Història de Barcelona)*
- *Die Drassanes (Museu Marítim)*

Spätgotik

In Barcelona blieb der gotische Baustil länger die vorherrschende Stilrichtung als in anderen europäischen Städten. Anfang des 15. Jhs. verfügte die Generalitat noch immer über kein würdiges Gebäude, und so begann der Architekt Marc Safont mit dem Bau des heutigen Parlamentsgebäudes an der Plaça de Sant Jaume. Selbst die Umbauten ein Jahrhundert später erfolgten weitgehend im gotischen Baustil, nur durchsetzt von einigen Renaissance-Elementen (wobei die Fassadengestaltung an der Plaça de Sant Jaume wenig überzeugt).

Der Carrer de Montcada in La Ribera war das Ergebnis einer noch vom Spätmittelalter geprägten Stadtplanung. Im 15. und 16. Jh. wurden dort Stadthäuser der Oberschicht erbaut. Viele davon beherbergen heute Museen und Kunstgalerien. Wirken sie von außen meist abweisend und unschön, tut sich im Inneren eine ganz andere Welt auf – mit hübsch gestalteten Innenhöfen und reich verzierten Außentreppen, die später im Barockstil umgestaltet wurden.

Modernisme

Barcelonas Modernisme-Bauten entstanden Ende des 19. Jhs., einer Epoche großer künstlerischer und politischer Aktivität, die eng mit der katalanischen Identität verbunden war und Barcelona Anfang des 20. Jhs. zu einer Vorzeigestadt der avantgardistischen Architektur machte. Antoni Gaudí und andere visionäre Architekten wollten einen neuen katalanischen Archetypus schaffen und ließen sich dabei von der Vergangenheit inspirieren, indem sie Elemente aus traditionellen spanischen Baustilen verwendeten (z. B. Formen und Details, die an die Stilformen der Mauren, der Gotik und der Renaissance erinnerten).

Meisterwerke des Modernisme

- *Casa Batlló*
- *La Sagrada Família*
- *Palau de la Música Catalana*
- *La Pedrera*
- *Palau Güell*
- *Casa Amatller*
- *Hospital de la Santa Creu i de Sant Pau*

Die *modernistas* griffen Techniken des traditionellen Handwerks auf, was am feinen Mauerwerk, den Buntglasfenstern und dem kunstvollen Einsatz von Schmiedeeisen, Keramik und Mosaiken zu erkennen ist. In Gaudís organischen Bauten spiegelten sich auch natürliche Formen wider. Schiefe, baumartige Säulen, geschwungene Wände und Pflanzenbewuchs wurden als dekorative Elemente eingesetzt, und auch in der Innengestaltung der Bauten setzen sich kunstvolles und kreatives Design fort.

Modernisme wird oft mit Gaudí (1852–1926) gleichgesetzt, aber er war keineswegs der alleinige Vertreter. Auch Lluís Domènech i Montaner (1850–1923) und Josep Puig i Cadafalch (1867–1956) hinterließen in der Stadt eine Reihe von bemerkenswerten Gebäuden. Der in Rom ausgebildete, begehrte Bildhauer Eusebi Arnau (1864–1934) war für die Verzierung von einer Reihe von Prachtbauten des Modernisme in Barcelona verantwortlich. Zu seinen Werken zählt etwa das Hospital de la Santa Creu i de Sant Pau (S. 141), auch wirkte er am Palau de la Música Catalana (S. 98) und an der Casa Amatller (S. 138) mit.

Olympische Spiele & zeitgenössische Architektur

Barcelonas jüngste architektonische Revolution begann in den 1980er-Jahren. Die Ernennung von Oriol Bohigas, der noch immer als Doyen der Architektur gilt, zum Leiter des Stadtplanungsbüros durch die regierende Sozialistische Partei läutete einen Neuanfang ein. Die Stadt begann ihre größte Phase der Erneuerung seit der aufregenden Zeit der Stadterweiterung des Eixample.

Bauboom für die Olympischen Spiele

Die größte Stadterneuerung der letzten 100 Jahre geschah im Vorfeld der Olympischen Spiele von 1992, als über 150 Architekten an fast 300 Gebäuden und anderen Projekten arbeiteten. Dabei wurde die Stadt teilweise komplett umgekrempelt, etwa durch den Bau großer Stadtautobahnen oder die Sanierung ganzer heruntergekommener Stadtviertel. Die Stadtverwaltung nutzte für diese Projekte auf clevere Weise staatliche Gelder, die sonst niemals bewilligt worden wären. Mehrere Kilometer Ödland am Meer, darunter auch der Port Vell, wurden in blitzsaubere neue Strände umgewandelt – plötzlich verfügte Barcelona über erstklassige Grundstücke und Immobilien am Wasser. Die Aufgabe, Montjuïc aufzuwerten, begann mit der Umgestaltung des Olympiastadions und spektakulären Bauwerken wie Santiago Calatravas berühmter **Torre Calatrava**.

Nach 1992 entstanden weitere herausragende Gebäude an strategischen Stellen, meist mit dem Hintergedanken, dadurch die jeweilige Umgebung mit mehr Leben zu füllen. Eines der markantesten dieser Vorhaben war das strahlend weiße Museu d'Art Contemporani de Barcelona (MACBA; S. 83), das 1995 eröffnete. Es wurde von Richard Meier entworfen und umfasst die für den amerikanischen Architekten typischen Elemente – den geometrischen Minimalismus, die durchgehende Nutzung von Weiß zusammen mit Glas und Stahl.

Das 1996 eröffnete Teatre Nacional de Catalunya (S. 127), das wie so viele Projekte des Architekten Ricardo Bofill reichlich Diskussionen entfachte, ist ein Stilmix aus Klassizismus und Moderne. Mit seinen 26 Säulen, einem einzigen Giebeldach und einer großen Eingangstreppe hat es die Form eines griechischen Tempels, doch seine gläserne Hülle verleiht ihm Helligkeit und Offenheit.

Henry Cobbs **World Trade Center**, das an der Spitze eines Kais in Port Vell aufs Wasser hinausragt, wurde von Ricardo Bofills Hotel W Barcelona (S. 228) in den Schatten gestellt. Dessen Front, die an ein Segel erinnert, blickt vom südlichen Ende des Strands von La Barceloneta aufs Meer.

Das neue Jahrtausend

Eines der ersten großen Projekte des 21. Jhs. entstand um das Diagonal Mar: In der Nordostecke der Stadt entstand auf einer Brache am Meer ein ganzes neues Viertel. Wohnblocks, Bürotürme am Wasser und 5-Sterne-Hotels – darunter das auffallende, 2008 fertiggestellte Hotel Meliá Sky Barcelona (S. 228) von Dominique Perrault – prägen den sanierten Bezirk. Zu den bemerkenswertesten Gebäuden zählen hier das blaue, dreieckige Edifici Fòrum (S. 118) der Schweizer Architekten Herzog & de Meuron, das über dem Boden zu schweben scheint, sowie eine riesige Fotovoltaikanlage, die das Viertel mit Strom versorgt.

Ein großer Bereich des Viertels wurde 2004 fertiggestellt, aber es entstehen ständig weitere Bauten. Zu den wichtigsten Neuzugängen ge-

Zwar erfanden die Araber die alte Mosaiktechnik *trencadís*, aber Gaudí war der erste Architekt, der sie wieder aufgriff. Sie besteht aus zerbrochenen Keramikfliesen oder Geschirr- und Glasfragmenten, die zu einer mosaikartigen Verkleidung von Dächern, Decken, Schornsteinen, Bänken, Skulpturen oder jeder anderen Fläche zusammengefügt werden

Niemand sehnt sich nach den Tagen vor den Olympischen Spielen zurück, als der gesamte Küstenstreifen ein gefährliches und verseuchtes Ödland war. Einige Alteingesessene vermissen jedoch die alten wackeligen Restaurantschuppen, die auf Stelzen über dem Wasser standen und völlig schnörkellose, aber köstliche Fischgerichte servierten.

hört ein 24-stöckiger, trapezförmiger Wolkenkratzer, der als Hauptsitz der nationalen Telefongesellschaft Telefónia dient. Der Bau, entworfen von Enric Massip-Bosch und als Diagonal 00 bekannt, wirkt auf den ersten Blick seltsam zweidimensional. Kurz nach Fertigstellung wurde er mit dem renommierten Preis des Leading European Architects Forum (LEAF) als bestes kommerzielles Gebäude ausgezeichnet.

Ein weiterer herausragender Neuling in der Skyline entstand im Jahr 2005. Der glänzende, gurkenförmige **Torre Agbar**, ein Werk des französischen Architekten Jean Nouvel, steht für das Bestreben der Stadt, die Hightechzone 22@ Wirklichkeit werden zu lassen.

Im Südwesten, Richtung Flughafen, wird das Messegelände **Fira M2** entlang der Gran Via de les Corts Catalanes nun von roten Zwillingstürmen geprägt, von denen einer das **Hotel Santos Porta Fira** beherbergt und der andere Büros. Entworfen wurden die Türme vom japanischen Stararchitekten und Gaudí-Fan Toyo Ito.

Das Zentrum von La Ribera erhielt mit dem renovierten Mercat de Santa Caterina (S. 100) ein neues Antlitz. Die Markthalle ist mit ihrem gewellten Keramikdach und ihrer röhrenförmigen Struktur ein beeindruckendes Gebäude. Gestaltet wurde sie von Enric Miralles (1955–2000), der leider früh verstarb. Miralles' **Edifici de Gas Natural** (Karte S. 306; Passeig de Salvat Papasseit; Ⓜ Barceloneta), ein 100 m hoher Glasturm in Ufernähe in Barceloneta, beeindruckt durch seine spiegelartige Oberfläche und die merkwürdig herausragenden Anbauten, die aussehen, als seien sie riesige Glasfelsen, die aus der Seite des Hauptturms herausbrechen.

Zeitgenössische Architektur

- *Torre Agbar*
- *Teatre Nacional de Catalunya*
- *Mercat de Santa Caterina*
- *Edifici Fòrum*
- *W Barcelona*
- *Hotel Santos Porta Fira (Llobregat)*
- *Les Arenes (Plaça d'Espanya)*

Die Stadt von morgen

Große Bauvorhaben nahmen in der Stadt langsam Form an, allerdings hat die anhaltende Wirtschaftskrise die Bautätigkeit erheblich verlangsamt. Die Sanierung der Gegend um die Plaça de les Glòries Catalanes ist eines der jüngsten vollendeten Projekte. Damit soll dem Viertel neues Leben eingehaucht werden, sodass es auch für Touristen attraktiv wird.

Kernstück ist das 2013 fertiggestellte Museu del Disseny (S. 117; Designmuseum), ein ökologisch nachhaltig gestalteter, auskragender Bau mit Metallverkleidung. Das leicht futuristische Gebilde (manche vergleichen es mit einem Tacker) dominiert mit seiner imposanten Ambossform das Stadtviertel.

Ganz in der Nähe verpasste das einheimische Architekturbüro b720 Fermín Vázquez Arquitectos dem Els Encants Vells (S. 127; Flohmarkt „alter Reize") einen dramatischen neuen Look. Die Händler verkaufen ihre Waren nun unter einem riesigen, verspiegelten Dach aus geometrischen Platten, das von langen, schlanken Pfosten gestützt wird. Die Arbeiten, den verkehrsreichen Kreisverkehr in einen Park umzuwandeln und den Verkehr unterirdisch zu leiten, schreiten rasch voran.

Der britische Architekt Richard Rogers verwandelte die ehemalige Stierkampfarena **Les Arenes** auf der Plaça d'Espanya in einen einzigartigen, kreisförmigen Freizeitkomplex, der 2011 eröffnet wurde und Geschäfte, Kinos und vieles mehr beherbergt. Die maurisch wirkende Backsteinfassade aus dem 19. Jh. blieb erhalten. Schön ist auch das Dach mit Cafés und Restaurants sowie einer offenen Promenade, die einen Rundumblick über das Viertel bietet.

El Raval in der Ciutat Vella (Altstadt) war der jüngste Schwerpunkt der Stadterneuerung. Die Filmoteca de Catalunya (S. 90) ist ein massiges, brutalistisches Gebäude mit scharfen Kanten aus Beton und Glas. Entworfen wurde es vom katalanischen Architekten Josep Lluís Mateo und war 2011 fertiggestellt. Es steht in der Nähe des von Richard Meier entworfenen MACBA, das 1995 seine Pforten öffnete.

Picasso, Miró & Dalí

Drei der größten spanischen Künstler des 20. Jhs. sind eng mit Barcelona verbunden. Picasso verbrachte seine prägenden Jahre in der Stadt und pflegte lebenslange Freundschaften mit Katalanen. Und es war Picassos eigene Idee, hier ein Museum für seine Werke zu eröffnen. Zu den berühmtesten Söhnen Barcelonas zählt Joan Miró. Sein unverwechselbarer Stil ist an vielen öffentlichen Installationen in der ganzen Stadt zu bewundern. Salvador Dalí wird zwar eher mit Figueres assoziiert, aber Barcelona war auch für ihn eine große Quelle der Inspiration, besonders die phantasievollen Bauten von Antoni Gaudí.

Pablo Picasso

Pablo Ruiz Picasso (1881–1973), geboren im andalusischen Málaga, fertigte bereits im Alter von neun Jahren Zeichnungen an. Als kleiner Junge lebte er kurzzeitig in A Coruña (Galicien), bevor es ihn 1895 nach Barcelona verschlug. Sein Vater hatte eine Stelle als Kunstlehrer an der Kunstakademie La Llotja (S. 103), damals noch im Gebäude der Börse, erhalten und seinen Sohn dort ebenfalls eingeschrieben. In Barcelona und Katalonien begannen Picassos Fähigkeiten zu reifen und er zeichnete und malte hier unablässig.

Nach einer kurzen Zeit an der Real Academia de Bellas Artes de San Fernando in Madrid 1897 verbrachte Picasso sechs Monate mit seinem Freund Manuel Pallarès im idyllischen Horta de Sant Joan im Westen Kataloniens. Später behauptete er, dass er dort all sein Können erlernt habe. In Barcelona lebte und arbeitete Picasso im Barri Gòtic und in El Raval (wo er im Barri Xinès die Schattenseiten des Lebens kennenlernte).

Als Picasso 1904 nach Frankreich zog, hatte er bereits seinen ersten sehr individuellen Stil entwickelt. In der sogenannten Blauen Periode vermitteln seine Bilder eine gewisse Melancholie, die durch die dominierenden dunklen Blautöne noch betont wird. Einige seiner Porträts und Stadtlandschaften aus dieser Periode waren inspiriert vom Stadtbild Barcelonas, wo er sie auch malte. Etliche Werke aus dieser Zeit sind heute im Museu Picasso (S. 95) ausgestellt.

Ab Mitte der 1920er-Jahre versuchte sich Picasso im Surrealismus. Zu seinen bekanntesten Werken zählt *Guernica* (im Museo Nacional Centro de Arte Reina Sofia in Madrid ausgestellt), ein komplexes Gemälde, das er nach dem deutschen Luftangriff von 1937 auf die baskische Stadt Guernica (Gernika) angefertigte und den Schrecken des Kriegs versinnbildlicht.

Im und nach dem Zweiten Weltkrieg war Picasso äußerst produktiv und bis zu seinem Tod 1973 schuf er unzählige Gemälde, Skulpturen, Keramiken und Radierungen.

Mit *Les Demoiselles d'Avignon* (Die jungen Damen von Avignon; 1907) brach Picasso mit allen traditionellen Darstellungsformen, indem er eine verzerrte Perspektive einführte, die später in den Kubismus mündete. Als Vorlage diente ihm angeblich eine Szene aus dem Carrer d'Avinyó im Barri Gòtic. Dort befanden sich in jener Zeit etliche Bordelle.

Joan Miró

Als der 13-jährige Picasso in Barelona eintraf, steckte sein Zeitgenosse Joan Miró (1893–1983) in seinem Geburtsort Barri Gòtic noch in den Windeln. Miró verbrachte ein Drittel seines Lebens in Barcelona, auch

KUNST IN DEN STRASSEN

In Barcelona gibt es zahlreiche Straßenskulpturen zu entdecken, von Mirós **Dona i Ocell** (Frau und Vogel; 1983) im Parc de Joan Miró bis hin zu Frank Gehrys schimmerndem bronzefarbenen und kopflosen **Peix** (Fisch) vor dem Port Olímpic. Auf der Plaça de la Boqueria an der Rambla spazieren die Passanten über Mirós **Mosaik** (S. 57).

Von Picasso stammen die Zeichnungen an der Fassade des Col·legi d'Arquitectes de Catalunya gegenüber der Kathedrale im Barri Gòtic. Weitere Werke im Stadtbild sind der **Cap de Barcelona** (S. 116) von Roy Lichtenstein in der Via Laietana am Port Vell und Fernando Boteros rundlicher *El Gat* in der Rambla del Raval.

An der Uferpromenade in Barceloneta lässt sich Rebecca Horns Hommage an die alten Hütten bewundern, die einst das Ufer säumten; das windschiefe Türmchen heißt **Homenatge a la Barceloneta** (Hommage an La Barceloneta; 1992). Ein Stück weiter südlich steht die **Homenatge a la Natació** (Hommage an den Schwimmsport; 2003), eine komplex geformte Darstellung von Wassersportlern aus Metall, geschaffen von Alfredo Lanz.

Bereits etwas älter (von 1983) ist die **Homenatge a Picasso** (Hommage an Picasso) am Passeig de Picasso von Antoni Tàpies; es handelt sich im Prinzip um einen Glaswürfel in einem Wasserbecken, der mit nichts weiter als altem Gerümpel gefüllt ist. Antoni Llenas *David i Goliat* (David und Goliath), eine riesige Skulptur aus Eisenblech und Metallröhren im Parc de les Cascades nahe der beiden Wolkenkratzer im Port Olímpic, sieht aus wie ein ungleichmäßiger Flugdrachen mit Kürbisgeistgesicht. Die Avinguda d'Icària dahinter säumen die sogenannten *Pergoles* – bizarre, verdrehte Metallgebilde – des Architekten Enric Miralles.

wenn er später abwechselnd in Frankreich, auf dem Land in Tarragona und auf Mallorca lebte, wo er schließlich starb.

Wie Picasso besuchte auch Miró die Escola de Belles Arts de la Llotja. Er war sich zunächst über seine Berufung als Künstler im Unklaren und absolvierte sogar eine kaufmännische Ausbildung. Ab 1920 traf er in Paris mit Picasso, Hemingway, Joyce und Freunden zusammen und nach einigen mühevollen Jahren machte er sich mit einer Ausstellung 1925 einen Namen. Als Meisterwerk seiner sogenannten Realistischen Periode gilt *La Masia* (Der Bauernhof).

> Die Fundació Joan Miró, die in einer weitläufigen Galerie auf dem Montjuïc untergebracht ist, besitzt heute die weltweit größte Sammlung von Mirós Werken.

Aber erst im Zweiten Weltkrieg, als er abgeschieden in der Normandie lebte, entstand Mirós charakteristisches Leitmotiv. Zu den wichtigsten wiederkehrenden Motiven in seinem Werk gehören Frauen, Vögel (die eine Verbindung zwischen Erde und Himmel symbolisieren), Sterne (die unerreichbare Himmelswelt, die Quelle der Inspiration) und eine Art Netz, das all diese Ebenen des Kosmos einfängt. Aus dieser Zeit stammen jene Werke Mirós, die heute am bekanntesten sind – Anordnungen von Linien und symbolischen Figuren in Primärfarben und einfachen Formen, die auf das Wesentliche reduziert sind.

Er lebte von 1956 bis zu seinem Tod 1983 auf Mallorca, der Heimat seiner Frau Pilar Juncosa.

Salvador Dalí

Der große katalanische Künstler Salvador Dalí i Domènech (1904–1989) wurde in Figueres geboren, wo er auch starb und sein größtes künstlerisches Erbe hinterließ, das Teatre-Museu Dalí (S. 215). Zwar gibt es in Barcelona nur wenige seiner berühmten Werke zu sehen, aber die Stadt war für Dalí eine unerschöpfliche Inspirationsquelle: Vor allem der surrealistisch anmutende Park Güell hatte einen enormen Einfluss auf ihn.

Produktives Genie, Showman, schamloser Selbstdarsteller oder einfach nur ein Spinner – an Dalí scheiden sich die Geister. Auf jeden Fall war er eine markante Persönlichkeit, vielleicht ein wenig zu markant für die konservativen Kleinstädter in Figueres. Hin und wieder gibt es einen entscheidenden Moment, der den Lebensverlauf eines Menschen verändert. Dalís Moment kam 1929, als der französische Dichter Paul Éluard mit seiner russischen Frau Gala nach Cadaqués reiste. Der Rest ist Geschichte. Dalí düste nach Paris, um mit Gala zu leben, und tauchte in die Welt des Surrealismus ein.

In den 1930er-Jahren kehrten Salvador und Gala zurück und ließen sich in Portlligat an der Nordküste Kataloniens nieder. Dort empfingen sie bis zu den Kriegsjahren viele bekannte Künstler – die Partys hinterließen wohl einen bleibenden Eindruck. In den 1950er-Jahren ging es weiter in Portlligat, und die Geschichten über sexuelle Techtelmechtel und Galas Appetit auf einheimische junge Männer in jener Zeit sind legendär. In den 1960er-Jahren malte Dalí großformatige Gemälde, darunter 1962 seine Neuinterpretation von Marià Fortunys *Batalla de Tetuán*. Nach seinem Tod 1989 wurde er auf eigenen Wunsch im Teatre-Museu bestattet, das er am Standort des alten Theaters im Zentrum von Figueres geschaffen hatte und das auch eine umwerfende Dalí-Sammlung besitzt.

Musik & Tanz

Barcelonas lebendige Musik- und Tanzszene ist sowohl von traditionellen als auch modernen Künstlern geprägt worden. Von der in den dunklen Jahren der Diktatur entstandenen Nova Cançó bis zur katalanischen Form der Rumba und den Rockballaden der 1970er- und 1980er-Jahre hat sich die Musikkultur der Stadt stets weiterentwickelt. Die heutigen Bands sprengen auch weiterhin die Genregrenzen, indem sie Rhythmen aus aller Welt verschmelzen. Der Flamenco hat eine kleine, aber treue Gefolgschaft, während der alte Volkstanz Sardana immer mehr Anhänger findet.

Zeitgenössische Musik

Nova Canço

Oben: Flamencotänzerin und Gitarrist

Seltsamerweise war es wahrscheinlich die Unterdrückung durch das Franco-Regime, die das Entstehen einer lebendigen katalanischen Musikszene förderte. In den dunklen 1950er-Jahren wurde die Musikströmung der Nova Cançó (Neues Lied) geboren, um der Unterdrückung der katalanischen Sprache mit Musik zu begegnen. Auch wenn es kaum möglich war, im Rundfunk dafür Sendezeiten zu bekommen, schafften einige katalanische Musiker es dennoch, in ganz Spanien groß herauszukommen, wie der in Valencia geborene Raimon.

In Katalonien fast noch beliebter war der an Bob Dylan erinnernde Protestsänger Lluis Llach wegen seiner mehr oder weniger regimekritischen Songs. Eine weitere katalanische Musiklegende ist Joan Manuel Serrat, dessen Musik mittlerweile in Buenos Aires ebenso gern gehört wird wie in Barcelona. Er stammt aus dem Viertel Poble Sec und singt seine poetischen Songs auf Katalanisch und Spanisch. Er machte immer wieder deutlich, dass ihm kommerzielle Erfolge nicht wichtig sind – 1968 weigerte er sich, beim Grand Prix Eurovision für Spanien anzutreten, wenn er dort nicht auf Katalanisch singen dürfe. Er wurde bezichtigt, antispanisch zu sein und erhielt für lange Zeit Auftrittsverbot in Spanien.

Die talentierte, auf Mallorca geborene Sängerin Maria del Mar Bonet kam 1967 nach Barcelona und begann dort ihre lange und erfolgreiche Gesangskarriere. Sie sang auf Katalanisch und viele ihrer eindringlichen Lieder waren unter der Diktatur verboten. Auf Konzertreisen im Ausland errang sie internationale Anerkennung und trat mit herausragenden Gruppen und Solisten in aller Welt auf.

Rock, Pop & ähnliche Musikstile

Nach den 1980er-Jahren hat sich eine Barcelona-typische Art von Rock entwickelt, der katalanische Rock. Er unterscheidet sich zwar nicht groß vom Rock anderswo, aber gesungen wird er auf Katalanisch. Zu den beliebtesten Bands der letzten Jahre gehören die Gruppen Sau, Els Pets, Lax'n Busto und Obrint Pas aus Valencia.

In ganz Spanien noch erfolgreicher ist die Gruppe Estopa, ein Rock-Duo aus Cornellà, einer Vorstadt von Barcelona. Die Gitarre spielenden Brüder singen spanischen Rock, manchmal mit Flamenco-Anklängen. Pastora nennt sich ein Trio aus Barcelona, das mit Erfolg eine eigene Variante spanischer Popmusik spielt und dabei elektronische und akustische Klänge mischt.

Gegen Ende der 1990er-Jahre entstand ein völlig anderer Sound in Barcelona. Typisch dafür ist die eklektische Musik von Manu Chao und Ojos de Brujo, die beide internationalen Erfolg hatten, ebenso die Band Macao aus Barcelona mit ähnlicher Richtung. Alle drei wechseln zwischen verschiedenen Sprachen – u. a. Katalanisch, Spanisch (Kastilisch), Englisch und Portugiesisch – und vermischen lateinamerikanische Rhythmen mit Flamenco, Ska, Electronica und anderen Stilfor-

Zur selben Zeit, als die Sänger der *Nova Cançó* sich auf das Franco-Regime einschossen, klagten Volkssänger in Lateinamerika ihre eigenen korrupten Militärdiktaturen an. Lieder von Victor Jara aus Chile, Mercedes Sosa aus Argentinien und Chico Buarque aus Brasilien vereinten die Menschen im Kampf gegen die Unterdrückung.

SEHNSUCHT NACH KUBA

Die älteste musikalische Tradition, die zu einem gewissen Grad in Katalonien überlebt hat, ist die der *havaneres* (aus Havanna). Es sind nostalgische und melancholische Lieder, die im 19. Jh. in Kuba lebende Katalanen zurück in ihre Heimat brachten. Selbst nachdem Spanien seine Kolonie Kuba 1898 verloren hatte, blieb die *havanera*-Tradition (eine Mischung aus kubanischen und europäischen Rhythmen) erhalten. Ein Erlebnis ganz besonderer Art ist auch heute noch die **Cantada d'Havaneres** (www.havanerescalella.cat), ein eintägiges Festival, das jedes Jahr Anfang Juli an der Costa Brava stattfindet. Ansonsten gibt es entlang der Küste oder auch in Barcelona selbst immer wieder ähnliche Veranstaltungen, allerdings ohne feste Termine.

DIE RÜCKKEHR DER RUMBA

In den 1950er-Jahren entstand unter den *gitanos* (spanische Roma) in den Bars von Gràcia und im Barri Gòtic ein neuer Sound, eine Mischung aus Flamenco, Salsa und anderen lateinamerikanischen Klängen. Einer der Gründer der Rumba catalana war Antonio González, bekannt unter dem Namen El Pescaílla. Die katalanische Rumba war zwar in der ganzen Stadt bekannt, aber erst der in Mataró geborene *gitano* Peret machte diese für Barcelona typische Musikform dann einem breiteren Publikum bekannt, schließlich auch im Ausland.

Ende der 1970er-Jahre jedoch ging der katalanischen Rumba vorübergehend die Luft aus: Peret wurde religiös, und El Pescaílla lebte im Schatten seiner Frau, der Flamenco-Tänzerin Lola Flores, in Madrid. Aber der in Buenos Aires geborene Javier Patricio „Gato" Pérez entdeckte die Rumba 1977 neu und verlieh ihr seine eigene Note mit einigen populären Platten wie zum Beispiel *Atalaya*. Danach, Anfang der 1980er-Jahre, schien die Rumba erneut am Ende. Aber weit gefehlt! Seit einigen Jahren ist der Tanz in Barcelona wieder in: Rumba-Bands wie Ai Ai Ai, Barrio Negro, El Tío Carlos und La Pegatina haben sich formiert. Andere Bands mischen die Rumba auch mit Musikstilen wie Reggae und Ragga.

men. Wenn über den „Raval Sound" gesprochen wird (nach dem immer noch etwas heruntergekommenen Altstadtviertel benannt), ist diese Art von Musik gemeint.

Noch experimenteller ist Cabo San Roque aus El Raval mit gewaltigen Klangteppichen, kräftigen Rhythmen und mechanischen Akzenten, wobei sie bei ihren avantgardistischen Performances oft unkonventionelle Instrumente à la John Cage einsetzen. Bei einem Auftritt teilte sich die fünfköpfige Band die Bühne mit einer polyphonen Waschmaschine, die mittels einer Fahrradkette angetrieben wurde.

Ein weiterer wichtiger Name in der Szene von El Raval ist 08001 – nach der Postleitzahl des Bezirks. Das sich stets wandelnde Kollektiv bringt Musiker aus aller Welt zusammen und vereint so die ungewöhnlichsten Klänge von Hip-Hop, Flamenco, Reggae und Rock bis zu Musik aus Marokko, Westafrika, der Karibik und von anderswo. Ihr letztes Album *No Pain no Gain* kam 2013 heraus, aber die Band arbeitet auch weiterhin zusammen.

Mishima aus Barcelona ist eine Indie-Popband, die Alben sowohl auf Englisch als auch Katalanisch aufgenommen hat. Vor der Veröffentlichung ihres Albums *Set tota la vida* (2007), das in Musikkreisen hochgelobt wurde, waren sie weitgehend unbekannt. Die Pinker Tones sind ein Duo aus Barcelona, das sich recht schnell mit seinem elektronischen Mix aus Tanz- und Filmmusik einen internationalen Namen gemacht hat. Auf Festivals beliebt ist auch die Electro-Band Love of Lesbian, ebenso der katalanische Techno-DJ John Talabot.

Der in Katalonien geborene Pau Casals (1876–1973) war einer der größten Cellisten des 20. Jhs. Er lebte im Exil in Südfrankreich und erklärte, er wolle nicht mehr öffentlich auftreten, solange das Franco-Regime von den demokratischen Staaten des Westens toleriert werde. 1958 wurde er für den Friedensnobelpreis vorgeschlagen.

Klassik, Oper & Barock

Spaniens Beitrag zur Welt der klassischen Musik war eher bescheiden, aber Katalonien hat immerhin einige herausragende Komponisten hervorgebracht. Der bekannteste ist der in Camprodon geborene Isaac Albéniz (1860–1909), ein begabter Pianist, der später zum Komponisten wurde. Sein bekanntestes Werk ist der *Iberia*-Zyklus.

Montserrat Caballé ist Barcelonas berühmteste Stimme. Die Sopranistin wurde 1933 in Gràcia geboren und gab ihr Debüt 1956 in Basel. Ihr erstes großes Konzert in Spanien fand 1960 im Gran Teatre del Liceu statt. 1965 erlebte sie mit einem frenetisch bejubelten Konzert in der New Yorker Carnegie Hall ihren internationalen Durchbruch. Gelegentlich tritt sie zusammen mit ihrer Tochter Montserrat Martí auf, die ebenfalls Sopranistin ist. Eine ebenso gute katalanische Sopranistin war Victoria de los Ángeles (1923–2005) und Kataloniens anderer Opernstar von Weltrang ist der berühmte Tenor Josep (José) Carreras.

Jordi Savall fiel die Aufgabe zu, ein musikalisches Erbe wiederzuentdecken, das es schon vor den großen Klassikern gab. Er und seine verstorbene Frau, die Sopranistin Montserrat Figueras, haben zusammen mit Künstlern aus anderen Ländern musikalische Schätze des Mittelalters, der Renaissance und des Barock ausgegraben. 1987 gründete Savall die Capella Reial de Catalunya und nur zwei Jahre später das Barockorchester Le Concert des Nations. Gelegentlich treten diese Ensembles u. a. im Gran Teatre del Liceu oder der Basílica de Santa Maria del Mar auf.

Tanz

Flamenco

Wer glaubt, die Leidenschaft für den Flamenco sei auf Südspanien beschränkt, irrt. Denn die *gitanos* leben eigentlich fast überall in Spanien und einige der großen Flamenco-Tänzer stammen aus Katalonien. *Gitanos* gab es hier schon lange, bevor viele von ihnen in den 1960er-Jahren massenhaft aus dem spanischen Süden zuwanderten und in Katalonien eine Flamenco-Bar nach der anderen eröffneten, um ein Stück Heimat zu schaffen.

Eine der größten *bailaoras* (Flamenco-Tänzerinnen) aller Zeiten, Carmen Amaya (1913–1963), wurde sogar in Barcelona geboren – dort, wo heute Port Olímpic liegt. Vor dem Bürgerkrieg tanzte sie zu den Gitarrenklängen ihres Vaters in den Straßen und Bars der Rambla. Sehr zur Verwirrung von Flamenco-Puristen in Südspanien haben nicht wenige der heutigen Flamenco-Stars zumindest ihre Ausbildung in einer der Flamenco-Schulen Barcelonas genossen, darunter die Tänzer Antonio Canales und Joaquín Cortés.

Weitere katalanische Flamenco-Stars sind die *cantaores* (Sänger) Juan Cortés Duquende und Miguel Poveda, der aus Badalona stammt. 2006 brachte er sogar ein Album auf Katalanisch mit dem Titel *Desglaç* heraus. Eine weitere interessante Flamenco-Künstlerin ist Ginesa Ortega Cortes, die in Frankreich geboren wurde. Sie singt einerseits sehr traditionell, liebt aber auch Experimente. So hat sie beispielsweise in ihrem 2002 erschienenen Album *Por los espejos del agua* Flamenco und Reggae miteinander verknüpft und auch Lieder von Joan Manuel Serrat und Billie Holliday im Flamenco-Stil gesungen.

Ojos de Brujo (Hexeraugen), eine Combo aus sieben Männern und einer Frau, verschmolzen Flamenco und Rumba mit Rap, Ragga und elektronischer Musik. Die Gruppe löste sich 2013 auf; die Leadsängerin Marina verfolgt nun eine ziemlich erfolgreiche Solokarriere als „Marinah".

Top-Alben

- *Barí, Ojos de Brujo*
- *Anells d'aigua, Maria del Mar Bonet*
- *Verges 50, Lluís Llach*
- *Wild animals, Pinker Tones*
- *Set tota la vida, Mishima*
- *Voràgine, 08001*
- *Rey de la rumba, Peret*
- *X anniversarium, Estopa*

Sardana

Der katalanische Tanz schlechthin ist die Sardana, deren Ursprünge in der nördlichen katalanischen Region Empordà liegen. Verglichen mit dem Flamenco ist der Tanz zweifellos eher nüchtern, unterscheidet sich aber nicht allzu sehr von anderen mediterranen Volkstänzen.

Bei diesem Tanz halten sich die im Kreis aufgestellten Tänzer an den Händen und warten zunächst darauf, dass die etwa zehn Musiker zu spielen beginnen. Das Startzeichen gibt die *flabiol,* eine kleine Holzflöte. Sobald die anderen Musiker einsetzen, beginnt der Tanz - eine Reihe von Tanzschritten nach rechts, einer zurück, und dann wieder nach links. Allmählich wird die Musik schneller und feuriger, die Tanzschritte komplizierter, die Sprünge höher, und die Tänzer reißen die Arme in die Höhe. Dann kehren sie zu den Anfangsschritten zurück und machen weiter. Wenn sich Neuankömmlinge einreihen wollen, wird ihnen Platz gemacht, während der Tanz mehr oder weniger pausenlos weitergeht.

Praktische Informationen

Verkehrsmittel & -wege

ANREISE

Die meisten Barcelona-Besucher kommen am Flughafen El Prat an. Einige Billigfluglinien fliegen die Flughäfen Girona-Costa Brava und Reus an.

Der Flug von Deutschland, Österreich und der Schweiz nach Barcelona dauert rund zwei bis drei Stunden.

Die Anreise mit der Bahn ist zwar teurer, aber sicher auch romantischer als ein Flug. Der TGV braucht von Paris nach Barcelona etwa sieben Stunden. Fernzüge kommen an der Estació Sants an, etwa 2,5 km westlich der Rambla.

Fernbusse steuern die Estació del Nord an.

Flüge, Mietwagen und Touren können online auf lonelyplanet.com/bookings gebucht werden.

Flughafen El Prat

Barcelonas **Flughafen El Prat** (☎902 404704; www.aena.es) liegt 17 km südwestlich der Plaça de Catalunya in El Prat de Llobregat. Der Flughafen hat zwei Hauptterminals – den Terminal T1 und den älteren Terminal T2. Dieser teilt sich in die drei Terminalbereiche A, B und C.

Im Terminal T1 befindet sich im 1. Stock die Hauptankunftshalle, die in separate Bereiche für Passagiere aus Schengen-Staaten, aus Nicht-EU-Ländern und Passagiere auf der Strecke Madrid–Barcelona unterteilt ist. Alle Boardingbereiche liegen im 1. und 3. Stock.

Die **Haupttouristeninformation** (www.barcelonaturisme.com; ⌚8.30–20.30 Uhr) befindet sich im Erdgeschoss im Terminal 2B; weitere Schalter gibt es im Erdgeschoss von Terminal 2A und im Terminal 1. Alle haben dieselben Öffnungszeiten.

Schließfächer (in drei Größen) befinden sich im 1. Stock von Terminal 1.

Fundbüros befinden sich bei den Gepäckkarussells im Terminal 1 und in der Ankunftshalle von Terminal 2A und Terminal 2B.

Bus

Der **A1 Aerobús** (Karte S. 322; ☎902 100104; www.aerobusbcn.com; Plaça d'Espanya; einfach/hin & zurück 5,90/10,20 €; ⌚5.05–0.35 Uhr) fährt von 6.10 bis 1.05 Uhr alle fünf bis zehn Minuten vom Terminal 1 zur Plaça de Catalunya (30–40 Min. je nach Verkehr) über die Plaça d'Espanya, die Gran Via de les Corts Catalanes (Ecke Carrer del Comte d'Urgell) und die Plaça de la Universitat. In umgekehrter Richtung fahren die Busse an der Plaça de Catalunya zwischen 5.30 und 0.30 Uhr ab und halten unterwegs an der Ecke Carrer de Sepúlveda/Carrer del Comte d'Urgell sowie an der Plaça d'Espanya.

Der **A2 Aerobús** fährt zwischen 6 und 1 Uhr vom Terminal 2 (mit Zwischenstopps in den Bereichen A, B und C), in der Regel alle 10 bis 20 Minuten. Die Strecke ist identisch mit der des A1 Aerobús.

Die Bustickets sind entweder im Bus selbst oder an der Bushaltestelle erhältlich. Die langsameren Stadtbusse (z. B. Nr. 46 von/zur Plaça d'Espanya und die zwei Nachtbuslinien N17 und N18 von/zur Plaça de Catalunya) fahren ebenfalls zu den Terminals 1 und 2.

Mon-Bus (www.monbus.cat) bietet reguläre Direktverbindungen nur vom Terminal 1 nach Sitges (7 €). In Sitges fahren die Busse in der Avinguda de Vilanova 14 ab. Die Fahrt dauert etwa 30 Minuten, der Bus verkehrt halbstündlich.

Plana (☎977 553680; www.busplana.com) unterhält Busse zwischen dem Flughafen und Tarragona (einfach/hin & zurück 13/24 €) via Reus, Port Aventura und weiteren Orten an der Südwestküste.

Taxi

Ein Taxi von einem der Terminals ins Stadtzentrum (Fahrzeit rund 30 Min., je nach Verkehr) kostet um 25 €. Die Preise sind innen in den Fahrzeugen angeschlagen. Vorsichtshalber sollte

KLIMAWANDEL & REISEN

Jede Form des Reisens, die auf Brennstoff auf Kohlenstoffbasis beruht, erzeugt CO_2, die Hauptursache des von Menschen verursachten Klimawandels. Modernes Reisen ist von Flugzeugen abhängig, die vielleicht pro Kilometer und Person weniger Kraftstoff als die meisten Autos verbrauchen, aber sehr viel weitere Strecken zurücklegen. Auch die hohen Luftschichten, in die Flugzeuge Treibhausgase (auch CO_2) und Schadstoffe ausstoßen, spielen eine wichtige Rolle beim Klimawandel. Viele Websites bieten „Emissionsrechner", mit denen Reisende die CO_2-Emissionen ihrer Reise ausrechnen und die Auswirkung dieser Treibhausgase mit einem Beitrag für klimafreundliche Projekte in der ganzen Welt ausgleichen können. Lonely Planet gleicht die CO_2-Bilanz aller Reisen der Mitarbeiter und Autoren aus.

man überprüfen, ob das Taxameter eingeschaltet wurde.

Zug

Die Linie R2 Nord der Bahngesellschaft Renfe verkehrt alle 30 Minuten vom Flughafen (5.42–23.38 Uhr) mit mehreren Zwischenstopps zum Hauptbahnhof **Estació Sants** (www.adif.es; Plaça dels Països Catalans; Ⓜ Sants Estació) und zum Passeig de Gràcia im Zentrum, danach verlässt sie die Stadt Richtung Nordwesten. Der erste Zug vom Passeig de Gràcia startet um 5.08 Uhr, der letzte um 23.07 Uhr, um rund fünf Minuten später die Estació Sants zu erreichen. Die Fahrt zwischen Flughafen und Passeig de Gràcia dauert 25 Minuten. Das einfache Ticket kostet 2,50 €.

Der Bahnhof des Flughafens liegt fünf Minuten zu Fuß vom Terminal 2 entfernt. Regelmäßig fahren Shuttlebusse zwischen dem Bahnhof und den Terminals 2 und 1 – für die Fahrt sollte man zusätzliche 15 bis 20 Minuten einkalkulieren.

Flughafen Girona-Costa Brava

Der **Flughafen Girona-Costa Brava** (www.aena.es) liegt 12 km südlich von Girona und 92 km nordöstlich von Barcelona. Die Touristeninformation, Geldautomaten und das Fundbüro befinden sich im Erdgeschoss.

Bus

Sagalés (☎902 130014; www.sagales.com) schickt stündlich Busse vom Flughafen Girona-Costa Brava zum Hauptbahnhof/Busbahnhof von Girona (2,75 €; 30 Min.); die Abfahrtszeiten richten sich nach den Ankunftszeiten der Flüge. Der Anbieter betreibt auch den **Barcelona Bus** (Karte S. 314; ☎902 130014; www.sagalesairportline.com; Ⓜ Arc de Triomf) vom Flughafen zum Busbahnhof Estació del Nord in Barcelona und zurück (einfach/hin & zurück 16/25 €, 75 Min.).

Taxi

Eine Taxifahrt vom Flughafen nach Girona kostet 20 bis 26 €. Nach Barcelona zahlt man etwa 140 €.

Zug

Züge der **Renfe** (☎91 232 03 20; www.renfe.es) verkehren regelmäßig zwischen Girona und Barcelona (8,40–12,25 €, ca. 1¼ Std.). Die schnelleren Avant-Züge brauchen 38 Minuten (einfach 10–17 €).

Flughafen Reus

Der **Flughafen Reus** (☎902 404704; www.aena.es) liegt 13 km westlich von Tarragona und 108 km südwestlich von Barcelona. Die Touristeninformation und der Schalter für verlorenes Gepäck befinden sich im Hauptterminal.

Bus

Die Busse der **Hispano-Igualadina** (Karte S. 322; ☎93 339 79 29; www.igualadina.com; Carrer de Viriat; Ⓜ Sants Estació) verkehren zwischen dem Flughafen Reus und der **Estació d'Autobusos de Sants** (Karte S. 322; ☎902 432343; www.adif.es; Carrer de Viriat; Ⓜ Sants Estació) entsprechend dem Flugplan (einfach 16 €, 1½ Std.).

Buslinie 50 (www.reustransport.cat) fährt ins Zentrum von Reus (3 €, 20 Min.), weitere Busse fahren zu Küstenorten der Umgebung.

UNTERWEGS VOR ORT

Metro & Zug

Das Netz der nutzerfreundlichen **Transports Metropolitans de Barcelona** (TMB Metro; ☎93 298 70 00; www.tmb.net) besteht aus elf durchnummerierten und farbcodierten Linien. Die Züge fahren von Sonntag bis Donnerstag sowie an Feiertagen von 5 Uhr früh bis Mitternacht, freitags und

EINZEL- & MEHRFAHRTENKARTEN

Metro, FGC-Züge, *rodalies/cercanías* (Nahverkehrszüge der Renfe) und Busse unterliegen alle dem gleichen Tarifsystem. Ein Einzelticket in der Zone 1 für alle üblichen Verkehrsmittel kostet 2,20 €.

Targetes sind Mehrfahrtenkarten. Sie werden in sämtlichen Metrostationen im Stadtzentrum verkauft. Die hier aufgeführten Preise gelten für Fahrten in der Zone 1. Kinder unter vier Jahren fahren umsonst. Folgende Varianten stehen zur Auswahl:

➡ Targeta T-10 (10,20 €) – zehn Fahrten (jeweils maximal 1¼ Std.) mit Metro, Bus, FGC-Zügen und *rodalies*. Umsteigen zwischen allen vier Verkehrsmitteln ist möglich.

➡ Targeta T-DIA (8,60 €) – unbegrenzte Fahrten mit allen öffentlichen Verkehrsmitteln für einen Tag.

➡ Fahrkarten für 2/3/4/5 Tage (15/22/28,50/35 €) – unbegrenzte Fahrten mit allen öffentlichen Verkehrsmitteln außer dem Aerobús; erhältlich in Metrostationen und Touristeninformationen.

➡ T-Mes (54 €) – 30 Tage unbegrenzte Fahrten mit allen öffentlichen Verkehrsmitteln.

➡ Targeta T-50/30 (43,50 €) – 50 Fahrten innerhalb von 30 Tagen mit allen Verkehrsmitteln.

➡ T-Trimestre (145,50 €) – 90 Tage unbegrenzte Nutzung aller öffentlichen Verkehrsmittel.

Seit einiger Zeit beschäftigt sich der Ajuntament damit, die verschiedenen Fahrkartenoptionen unter dem Projektnamen T-Mobilitat zu optimieren. Die aktuellen Mehrfachfahrkarten sind heftig subventioniert (54 % der Kosten einer T-10 trägt die Stadt), daher wird überlegt, Besucher mehr zahlen zu lassen als Einwohner. Der Vorschlag könnte 2019 in die Tat umgesetzt werden.

an Tagen unmittelbar vor Feiertagen von 5 bis 2 Uhr früh und samstags rund um die Uhr.

Das Metronetz wird auf mehreren Strecken weiter ausgebaut. Die Línea 9 fährt zum Flughafen.

Ferrocarrils de la Generalitat de Catalunya (FGC; ☎012; www.fgc.net) betreibt Vorortzüge, aber auch mehrere praktische Stadtlinien. Züge aller Linien, die von der Plaça de Catalunya nach Norden fahren, halten am Carrer de Provença und der Station Gràcia. Eine der Linien (L7) fuhrt bis zum Tibidabo, eine andere (L6 zur Reina Elisenda) hat ihre Endhaltestelle in der Nähe vom Monestir de Pedralbes. Die meisten Züge von der Plaça de Catalunya fahren über Barcelona hinaus nach Sant Cugat, Sabadell und Terrassa. Andere FGC-Linien starten von der Plaça d'Espanya Richtung Westen. Die Linie nach Manresa ist praktisch für einen Besuch im Kloster Montserrat.

Je nach Linie verkehren die Züge Sonntag bis Donnerstag von etwa 5 Uhr (ein bis zwei Fahrten vor 6 Uhr) bis 23/24 Uhr und freitags und samstags von 5 bis etwa 1 Uhr.

Bus

Busse von **TMB Metro** (☎93 298 70 00; www.tmb.net) verkehren von morgens (ca. 5–6.30 Uhr) bis abends (ca. 22–23 Uhr) alle paar Minuten auf den wichtigsten Strecken der Stadt. Viele Strecken führen über die Plaça de Catalunya und/oder die Plaça de la Universitat. Nach 23 Uhr sind – weniger häufig – die gelben *nitbusos* (Nachtbusse) bis 3 oder 5 Uhr früh unterwegs. Alle *nitbus*-Linien passieren die Plaça de Catalunya, in der Regel alle 30 bis 45 Minuten.

Taxi

Taxis kosten 2,10 € Grundgebühr und 1,10 € pro Kilometer (von 20 bis 8 Uhr und am Wochenende 1,30 € pro Kilometer). Für Fahrten zum Flughafen werden zusätzlich 3,10 € verlangt, für Gepäckstücke über 55 cm x 35 cm x 35 cm 1 € extra. Eine Taxifahrt vom Bahnhof Estació Sants zur Plaça de Catalunya (rund 3 km) kostet ca. 11 €. Taxis können in den Straßen angehalten oder telefonisch bestellt werden:

Fonotaxi (☎93 300 11 00; www.fonotaxi.net)

Radio Taxi 033 (☎93 303 30 33; www.radiotaxi033.com)

Für die telefonische Bestellung werden zusätzlich 3,40 € (nachts und an Wochenenden 4,20 €) fällig. In vielen Taxis ist die Bezahlung per Kreditkarte möglich. Wer eine örtliche Festnetznummer angibt, kann für die Reservierung den Online-

Dienst T033 Ràdio taxi (www.radiotaxi033.com) nutzen. Ebenfalls online buchen kann man über die Seite https://catalunya taxi.com.

Taxi Amic (☎93 420 80 88; www.taxi-amic-adaptat.com) hat sich auf Taxifahrten für Behinderte und auf Sondertransporte spezialisiert (z. B. den Transport von sperrigen Gepäckstücken). Die Fahrten sollten aber mindestens 24 Stunden im Voraus gebucht werden.

Straßenbahn

In der Stadt gibt es ein paar **Straßenbahnlinien** (☎900 701181; www.tram.cat). Alle üblichen Mehrfahrtenkarten gelten auch auf diesen Linien. Eine landschaftlich reizvolle Möglichkeit ist die *tramvia blau* (blaue Straßenbahn), die zum Fuß des Tibidabo fährt.

T1, T2 und T3 fahren von der Plaça de Francesc Macià in die Vororte des Großraums Barcelona und sind daher für ausländische Besucher eher uninteressant.

T4 fährt hinter dem Zoo (in der Nähe der Metrostation Ciutadella Vila Olímpica) nach Sant Adrià, und zwar über Glòries und das Fòrum.

T5 fährt von Glòries nach Badalona (Haltestelle Gorg).

T6 fährt zwischen Glòries und Sant Adrià.

Seilbahn

In Barcelona gibt es mehrere Seilbahnstrecken mit tollen Ausblicken über die Stadt. Der **Teleférico del Puerto** (Karte S. 306; www.telefericodebarcelona.com; Passeig de Joan de Borbó; einfach/hin & zurück 11/16,50 €; ⏲Juni–Anfang Sept. 10.30–20 Uhr, Anfang Sept.–Mai kürzer; 🚌V15, 39, Ⓜ Barceloneta) verkehrt zwischen der Küste südwestlich von Barceloneta und dem Montjuïc. Der **Telefèric de Montjuïc** (www.telefericdemontjuic.cat; hin & zurück Erw./4–12 J./unter 4 J. 12,50/9 €/frei; ⏲Juni–Sept. 10–21 Uhr, sonst kürzer) gondelt zwischen der Estació Parc Montjuïc und dem Castell de Montjuïc.

Fahrrad

Barcelona hat inzwischen über 180 km Fahrradwege gebaut, sodass Besucher die Stadt auf sehr umweltfreundliche Art erkunden können. Ein Radweg entlang der Küste führt z. B. nach Nordosten vom Port Olímpic Richtung Riu Besòs. Landschaftlich schöne Strecken bietet außerdem der Park von Collserola. Die *ronda verda* ist ein lückenhafter, 75 km langer Radweg rund um den Stadtrand. Ein gut ausgeschilderter, 22 km langer Rundradweg (Teil der *ronda verda*) folgt dem Küstenradweg nordöstlich von Barceloneta.

An Werktagen dürfen Räder mit Ausnahme der Hauptverkehrszeiten zwischen 7 und 9.30 und 17 und 20.30 Uhr in der Metro mitgenommen werden. Am Wochenende und an Feiertagen sowie im Juli und August gibt es keinerlei Einschränkung. Auch in den Zügen von FGC sind Räder zugelassen, in den *rodalies* von Renfe sind Räder von 10 bis 15 Uhr (Mo–Fr) und an Wochenenden und Feiertagen rund um die Uhr erlaubt.

Zahlreiche Firmen in der Stadt verleihen Fahrräder (und alles, was entfernt danach aussieht, vom Tandem bis zum Dreiradtransporter). Eine Auswahl:

BarcelonaBiking.com (Karte S. 296; ☎656 356300; www.barcelonabiking.com; Baixada de Sant Miquel 6; Rad 1/24 Std. 5/15 €, Tour 21 €; ⏲10–20 Uhr, Tour 11 Uhr; Ⓜ Jaume I, Liceu)

Biciclot (Karte S. 306; ☎93 221 97 78; www.bikinginbarcelona.net; Passeig Marítim de la Barceloneta 33; Rad 1/24 Std. 5/17 €; ⏲10–20 Uhr; Ⓜ Ciutadella Vila Olímpica)

Fat Tire Bike Tours (Karte S. 296; ☎93 342 92 75; http://barcelona.fattirebiketours.com; Carrer de Marlet 7; Erw./erm./Kind ab 26/24/21 €; ⏲Touren 11 & 16 Uhr; Ⓜ Jaume I, Liceu)

My Beautiful Parking (Karte S. 304; ☎93 510 8724; www.mybeautifulparking.com; Carrer de la Bòria 17; Rad 2/24 Std. 5/14 €; ⏲Mo–Sa 10.30–20 Uhr, April–Sept. auch So; Ⓜ Jaume I)

Rent Electric (☎902 47 44 74; www.rentelectric.com; Plaça del Mar 1; Elektrorad 1/24 Std. ab 10/35 €; ⏲10–19 Uhr; Ⓜ Barceloneta)

Auto & Motorrad

Angesichts der öffentlichen Verkehrsmittel und der hohen Parkgebühren in der Stadt ergibt es wenig Sinn, mit dem Auto in Barcelona herumzufahren. Für Ausflüge außerhalb der Stadt ist ein Auto jedoch praktisch.

Avis, Europcar, National/Atesa und Hertz haben Schalter am Flughafen El Prat, an der Estació Sants und der Estació del Nord. Mietwagenfirmen in Barcelona findet man unter folgenden Adressen:

Avis (☎902 110275; www.avis.com; Carrer de Còrsega 293-295; ⏲Mo–Fr 8–21, Sa bis 17, So bis 13 Uhr; Ⓜ Diagonal)

Cooltra (☎93 221 40 70; www.cooltra.com; Via Laietana 6; Motorroller pro Tag 28–35 €; ⏲10–20 Uhr; Ⓜ Barceloneta) Verleiht Motorroller und bietet Rollertouren an.

Enterprise (☎93 323 07 01; www.enterprise.es; Carrer de

Muntaner 45; ⌚Mo–Fr 8–20, Sa 9–13 Uhr; Ⓜ Universitat)

Europcar (☎93 302 05 43; www.europcar.es; Gran Via de les Corts Catalanes 680; ⌚Mo–Fr 8–14 & 15.30–19.30, Sa 9–14 Uhr; Ⓜ Girona)

Hertz (☎902 998707; www.hertz.com; Carrer de Viriat 45; ⌚Mo–Fr 7–22, Sa & So bis 21 Uhr; Ⓜ Sants Estació)

MondoRent (☎93 295 32 68; www.mondorent.com; Passeig de Joan de Borbó 80-84; Motorroller pro Tag ab 35 €; ⌚10–20 Uhr; Ⓜ Barceloneta) Verleiht Motorroller und Elektroräder.

GEFÜHRTE TOUREN

Es gibt viele Möglichkeiten, einen tieferen Einblick in die Stadt zu erhalten, ob auf einer spezialisierten Stadtführung durch die *ciutat vella* (Altstadt), auf einer Fahrradtour durch das Stadtzentrum oder auf einer Rundfahrt mit dem Hop-on-Hop-off-Bus durch die ganze Stadt.

Stadtrundgänge

Die **Oficina d'Informació de Turisme de Barcelona** (☎93 285 38 34; www.barcelonaturisme.com; Plaça de Catalunya 17-S, Unterführung; ⌚8.30–21 Uhr; Ⓜ Catalunya) bietet mehrere Stadtführungen an. Eine erkundet das Barri Gòtic (Erw./Kind 16 €/frei), eine andere folgt den Spuren Picassos und endet im Museu Picasso, dessen Eintritt im Preis enthalten ist (Erw./Kind 22/7 €), und eine dritte führt zu den wichtigsten Bauten des Modernisme (Erw./Kind 16 €/frei). Hinzu kommt eine „Gourmet-Tour" zu den traditionellen Feinkostgeschäften in der Ciutat Vella (Erw./Kind 22/7 €). Die aktuellen Termine sind direkt in der Touristeninformation oder online zu erfahren. Die Führungen dauern in der Regel zwei Stunden und beginnen an der Touristeninformation. Bei Online-Buchung gibt es auf alle Führungen 10 % Ermäßigung.

Führungen zu speziellen Themen können ebenfalls über die Touristeninformation gebucht werden, z. B. Joggen, Shoppen, literarisches Barcelona, Tapastouren, Bürgerkriegstouren, das gotische Viertel bei Nacht, Park Güell und ein halbes Dutzend andere Schwerpunkte.

➜ **Barcelona Metro Walks** Besteht aus sieben eigenständigen Routen durch die Stadt in einer Kombination aus Fahrten mit der Metro und anderen öffentlichen Verkehrsmitteln sowie Strecken zu Fuß. Die Touristeninformationen an der Plaça de Catalunya und Plaça de Sant Jaume verkaufen für 16 € das Paket, das einen Streckenführer, einen zwei Tage gültigen Pass für die Verkehrsmittel und einen Stadtplan enthält.

My Favourite Things (☎637 265405; www.myft.net; Führungen ab 26 €) Bietet Führungen für bis zu zehn Teilnehmer zu unterschiedlichen Themen an, von Design bis Essen. Zu den weiteren Aktivitäten zählen Flamenco- und Salsakurse sowie Fahrradtouren in und um Barcelona.

Runner Bean Tours (Karte S. 300; ☎636 108776; www.runnerbeantours.com; Carrer del Carme 44; ⌚Führungen April–Sept. 11 & 16.30 Uhr, Okt.–März 11 & 15 Uhr; Ⓜ Liceu) Hat täglich mehrere thematische Touren, die je nach Gutdünken bezahlt werden, wenn am Ende für den Führer gesammelt wird. Die Führung durchs Barri Gòtic geht auf die römische und mittelalterliche Geschichte Barcelonas ein, einschließlich Besichtigung der Highlights in der Ciutat Vella. Die Gaudí-Tour führt zu den großen Werken des modernistischen Barcelona und erfordert zwei Fahrten mit der Metro. Es gibt auch abendliche Geistertouren und Rundgänge für Kinder und Familien; die Termine stehen auf der Website.

Fahrradtouren

In Barcelona gibt es unzählige Angebote für Fahrradtouren. Sie dauern meist zwei bis vier Stunden und beinhalten in der Regel die Sagrada Família, die Ciutat Vella und die Strände. Eine Auswahl von Anbietern:

Bike Tours Barcelona (Karte S. 304; ☎93 268 21 05; www.biketoursbarcelona.com; Carrer de l'Esparteria 3; pro Pers. 25 €; ⌚10–19 Uhr; Ⓜ Jaume I)

Barcelona Biking (Karte S. 296; ☎656 356300; www.barcelonabiking.com; Baixada de Sant Miquel 6; Rad 1/24 Std. 5/15 €, Tour 21 €; ⌚10–20 Uhr, Tour 11 Uhr; Ⓜ Jaume I, Liceu)

Barcelona By Bike (Karte S. 308; ☎671 307 325; www.barcelonabybike.com; Carrer de la Marina 13; Touren ab 24 €; Ⓜ Ciutadella Vila Olímpica)

CicloTour (Karte S. 300; ☎93 317 19 70; www.barcelonaciclotour.com; Carrer dels Tallers 45; Touren 22 €; ⌚Mai–Okt. tgl. 11, 14 & 16.30 Uhr, Nov. Mo–Fr 11, Sa & So 11 & 16.30 Uhr, Juni–Sept. Do–So auch 19.30 Uhr; Ⓜ Universitat)

Fat Tire Bike Tours (Karte S. 296; ☎93 342 92 75; http://barcelona.fattirebiketours.com; Carrer de Marlet 7; Erw./erm./Kind ab 26/24/21 €; ⌚Touren 11 & 16 Uhr; Ⓜ Jaume I, Liceu)

Terra BikeTours (Karte S. 314; ☎93 416 08 05; www.terrabiketours.com; Carrer de València 337; selbstständige Tour ab 29 €, eintägige geführte Tour ab 57 €; Ⓜ Verdaguer) Überwiegend Mountainbiketouren außerhalb der Stadt.

Bootstouren

Mehrere Unternehmen bieten kurze Ausflüge aufs Wasser an. Die Boote legen mehrmals täglich (im Sommer sehr oft) am Moll de las Drassanes am Südende der Rambla ab. **Las Golondrinas** (Karte S. 306; ☎93 442 31 06; www.lasgolondrinas.com; Moll de las Drassanes; Erw./Kind Hafenrundfahrt 7,50/2,80 €, Katamarantour 15/5,50 €; Ⓜ Drassanes), **BC Naval Tours** (Karte S. 306; ☎93 443 60 50; www.barcelonanavaltours.com; Moll de las Drassanes; Rundfahrt 40/75 Min. 7,50/20 €; Ⓜ Drassanes) und andere Unternehmen haben auch Katamaranausflüge im Hafen und auf dem offenen Meer im Angebot. Bootstouren an windigen Tagen sind nicht zu empfehlen, da das Meer dann meist ziemlich rau ist.

Allgemeine Informationen

Ermäßigungen

Die ISIC (International Student Identity Card; www.isic.org) und die European Youth Card (www.euro26.org) werden von den meisten nationalen Studentenorganisationen ausgegeben; sie berechtigen zu ermäßigten Eintrittspreisen bei manchen Sehenswürdigkeiten. Studenten bezahlen generell nur etwas mehr als den halben Preis, Gleiches gilt für Kinder unter zwölf Jahren und Senioren über 65 Jahren mit entsprechendem Nachweis.

Auch die **Bus-Turístic-Karte** (☎93 298 70 00; www.barcelonabusturistic.cat; Erw./Kind 1 Tag 29/16 €, 2 Tage 39/16 €; ⏲9–20 Uhr) garantiert in einigen Museen ermäßigten Eintritt.

Mit dem **Articket** (www.articketbcn.org) lassen sich sechs Sehenswürdigkeiten für einen Gesamtpreis von 30 € besuchen – das Ticket ist sechs Monate gültig. Erhältlich ist es in den Touristeninformationen an der Plaça de Catalunya, der Plaça de Sant Jaume und in der Estació Sants sowie in den Museen selbst. Die sechs Sehenswürdigkeiten sind:

- Museu Picasso
- Museu Nacional d'Art de Catalunya (MNAC)
- Museu d'Art Contemporani de Barcelona (MACBA)
- Fundació Antoni Tàpies
- Centre de Cultura Contemporània de Barcelona (CCCB)
- Fundació Joan Miró
- Das **Arqueoticket** ist für all jene Besucher gedacht, die sich für Archäologie und Geschichte interessieren. Das Ticket (14,50 €) ist in den beteiligten Museen und den Touristeninformationen erhältlich und ermöglicht freien Eintritt zu den folgenden Museen:
- Museu d'Arqueologia de Catalunya
- Museu Egipci
- Museu d'Història de Barcelona
- Born Centre de Cultura i Memòria

Wer in kurzer Zeit möglichst viel sehen möchte, für den ist die **Barcelona Card** (www.barcelonacard.com) interessant: Sie kostet für 2/3/4/5 Tage 20/45/55/60 €. Mit der Karte fährt man kostenlos in den öffentlichen Verkehrsmitteln, erhält in vielen Museen und Sehenswürdigkeiten ermäßigten (bis zu 60 %) oder freien Eintritt und etwas günstigere Preise in einigen Läden, Restaurants und Bars. Die Karte kostet für Kinder zwischen vier und zwölf Jahren die Hälfte. Sie ist in Touristeninformationen und online erhältlich (online ist sie um 5 % günstiger).

Das Paket der **Ruta del Modernisme** (www.rutadelmodernisme.com) kostet 12 € und ermöglicht die Besichtigungen von Modernisme-Stätten zu ermäßigten Preisen.

Feiertage

Neujahr (Any Nou/Año Nuevo) 1. Januar

Epiphanias/Heilige Drei Könige (Epifanía oder El Dia dels Reis/Día de los Reyes Magos) 6. Januar

Karfreitag (Divendres Sant/Viernes Santo) März/April

Ostermontag (Dilluns de Pasqua Florida) März/April

Tag der Arbeit (Dia del Treball/Fiesta del Trabajo) 1. Mai

Pfingstmontag (Dilluns de Pasqua Granda) Mai/Juni

Fest Johannes des Täufers (Dia de Sant Joan/Día de San Juan Bautista) 24. Juni

Mariä Himmelfahrt (L'Assumpció/La Asunción) 15. August

Katalanischer Nationalfeiertag (Diada Nacional de Catalunya) 11. September

Festes de la Mercè 24. September

Spanischer Nationalfeiertag (Festa de la Hispanitat/Día de la Hispanidad) 12. Oktober

Allerheiligen (Dia de Tots

Sants/Día de Todos los Santos) 1. November

Verfassungstag (Día de la Constitución) 6. Dezember

Mariä Empfängnis (La Immaculada Concepció/ La Inmaculada Concepción) 8. Dezember

Weihnachten (Nadal/Navidad) 25. Dezember

2. Weihnachtstag/Stefanstag (El Dia de Sant Esteve) 26. Dezember

Geld

Geldautomaten

Geldautomaten sind weit verbreitet (viele an der Rambla).

Kreditkarten

Die gängigsten Karten wie Visa, MasterCard, Maestro und Cirrus werden in vielen Hotels, Restaurants und Läden akzeptiert; der Rechnungsbetrag muss allerdings meist mindestens 5 oder 10 € ausmachen.

Oft muss bei Zahlung mit der Kreditkarte ein Lichtbildausweis vorgelegt werden, selbst bei Chipkarten mit PIN-Eingabe.

Im Fall eines Verlusts oder Diebstahls lassen sich Kreditkarten über folgende gebührenfreie Nummern umgehend sperren:

Amex (☎900 814500)

Diners Club (☎902 401112)

MasterCard (☎900 971231)

Visa (☎900 991124)

Notfall & wichtige Telefonnummern

Krankenwagen	061
Landesvorwahl	34
Standardnotruf der EU	112
Internationale Vorwahl	00
Touristenpolizei	93 256 24 30

Öffnungszeiten

Übliche Öffnungszeiten:

Restaurants 13–16 & 20.30–24 Uhr

Läden Mo–Sa 9 oder 10 bis 13.30 oder 14 Uhr und 16 oder 16.30 bis 20 oder 20.30 Uhr

Kaufhäuser Mo–Sa 10–22 Uhr

Bars 18–2 Uhr (am Wochenende bis 3 Uhr)

Clubs Do–Sa 24–6 Uhr

Banken Mo–Fr 8.30–14 Uhr; einige auch Do 16–19 oder Sa 9–13 Uhr

Museen & Galerien Variieren stark; in der Regel 10–20 Uhr (manche schließen mittags von ca. 14 bis 16 Uhr). Viele sind montags ganztägig und sonntags ab 14 Uhr geschlossen.

Reisen mit Behinderung

Die meisten Hotels und öffentliche Einrichtungen verfügen über Rollstuhlzugänge. Alle Busse der Stadt besitzen rollstuhlgerechte Einstiegsbereiche, und eine wachsende Zahl an Metrostationen ist (zumindest theoretisch) mit einem Rollstuhl zugänglich (in der Regel über einen Lift; allerdings gab es Klagen, dass diese eigentlich nur für Leute mit Kinderwagen tauglich seien). Von den 156 Stationen sind bis auf 15 alle komplett barrierefrei (welche das sind, ist auf dem Streckenplan auf www.tmb.cat/en/transport-accessible verzeichnet. Die Fahrkartenautomaten der Metrostationen wurden ebenfalls für Behinderte umgerüstet und sind mittels Brailleschrift auch für Blinde nutzbar.

Mehrere Taxiunternehmen haben ihre Fahrzeuge behindertengerecht umgerüstet, darunter **Taxi Amic** (☎93 420 80 88; www.taxi-amic-adaptat.com) und **Green Taxi** (☎900 827900; www.greentaxi.es).

Die meisten Straßenübergänge im Zentrum sind ebenfalls rollstuhlgerecht.

Steuern & Rückerstattungen

Die Mehrwertsteuer – IVA (*impuesto sobre el valor añadido*, ausgesprochen „ih-ba") beträgt 10 % und wird auf den Übernachtungspreis und die Restaurantrechnung aufgeschlagen, in der Regel (aber nicht immer) ist sie im angegebenen Preis schon enthalten. Für viele sonstige Artikel gilt ein IVA-Satz von 21 %. Mehrwertsteuerfreie Artikel findet man in den Duty-Free-Läden am Flughafen.

Schweizer und andere Nicht-EU-Bürger können sich die IVA in Höhe von 21 % bei Waren ab einem Wert von 90 € zurückerstatten lassen, wenn die Waren innerhalb von drei Monaten in ein Nicht-EU-Land ausgeführt werden. Man muss sich dafür im Laden ein Rückerstattungsformular geben

PRAKTISCH & KONKRET

- **Rauchen:** In Restaurants und Bars verboten
- **Währung:** Euro (€)
- **Zeitungen:** Die wichtigsten Tageszeitungen in Barcelona sind *La Vanguardia* und *El Periódico*, sie erscheinen auf Spanisch und Katalanisch. *El País* veröffentlicht online eine Beilage auf Englisch (elpais.com/elpais/inenglish.html).

lassen, auf dem der Einkaufspreis und die Höhe der IVA für jede einzelne Ware ausgewiesen sind. Käufer und Verkäufer müssen ebenfalls genannt sein. Bei Vorlage der ausgefüllten Formulare wird direkt vor dem Abflug aus Spanien beim Zoll die IVA zurückerstattet. Erforderlich sind der Personalausweis bzw. Reisepass und die Bordkarte, mit der die Ausreise aus der EU nachgewiesen werden kann, sowie das Gepäck – deshalb vor dem Aufgeben der Gepäckstücke beim Zoll vorbeischauen. Der Zollbeamte stempelt die Papiere ab, mit denen man dann bei einer Bank im Abflugbereich die IVA zurückerstattet bekommt.

Strom

Die Stromspannung liegt wie im übrigen Kontinentaleuropa bei 230 V, 50 Hz.

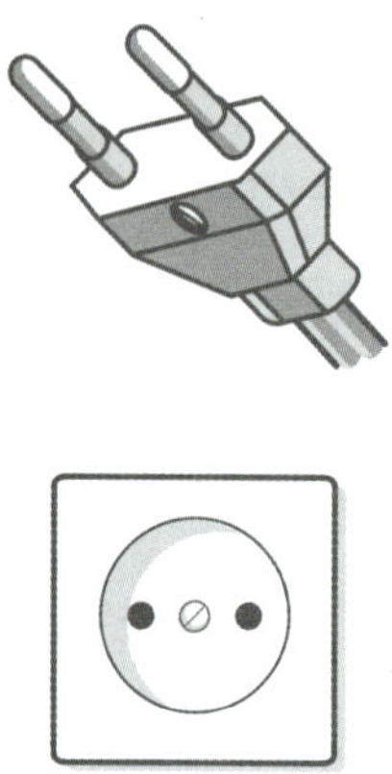

Typ C
220-230 V / 50 Hz

Telefon

Blaue Münzfernsprecher für internationale und nationale Gespräche sind schwer zu finden, aber leicht zu bedienen. Sie funktionieren mit Münzen, *tarjetas telefónicas* (Telefonkarten) der landesweiten Telefongesellschaft Telefónica und manche auch mit Kreditkarten. *Tarjetas telefónicas* sind in Postämtern und Tabakläden erhältlich.

Verschiedene *locutorios* (Telefonzentren), die gleichzeitig auch Internetzentren sind, befinden sich in der Altstadt, besonders in El Raval und Sant Pere. Vor einem Anruf sollten die Preise erfragt werden.

Wer von außerhalb des Landes in Barcelona anrufen will, wählt die internationale Landesvorwahl von Spanien (0034), dann die Ortsvorwahl von Barcelona (93) und schließlich die Teilnehmernummer. Von Spanien aus wählt man nach Deutschland die 0049, nach Österreich die 0043 und in die Schweiz die 0041. Anschließend folgen die jeweilige Ortsvorwahl (ohne 0) und die Teilnehmernummer.

WLAN-HOTSPOTS

Die meisten Hotels, Hostels, Pensionen und Ferienwohnungen haben WLAN (meist kostenlos). Auch die Anzahl an Bars und Restaurants, die ihren Gästen WLAN zur Verfügung stellen, wächst stetig – man erkennt sie am schwarz-weißen WLAN-Zeichen.

Auch in der Stadt gibt es Dutzende kostenlose öffentliche WLAN-Hotspots, allerdings ist das Signal generell schwach. Sie sind mit einem kleinen blauen „W" gekennzeichnet. Ein komplettes Verzeichnis findet sich unter www.bcn.cat/barcelonawifi/en.

Handys

- Handynummern beginnen alle mit einer 6 oder 7.
- Spanien verwendet GSM 900/1800 und ist damit mit den Netzen im restlichen Europa kompatibel.
- Im Land kann man SIM-Karten und Prepaid-Karten kaufen, die dann ins mitgebrachte eigene Handy eingelegt werden (sofern das eigene Gerät dafür freigeschaltet ist).
- Wer ein spanisches Handy mit Vertrag oder Prepaid-Karte erwerben will, muss dafür seinen Personalausweis vorlegen.

Touristeninformation

In Barcelona gibt es mehrere Touristeninformationen. Sehr nützlich für ganz allgemeine Infos sind die Telefonnummern 010 (mit Infos über Barcelona) und 012 (Generalitat mit Informationen über Katalonien). Mit etwas Glück erwischt man einen Mitarbeiter, der auch Englisch spricht, die meisten sprechen allerdings nur Katalanisch und/oder Spanisch. Neben den Touristeninformationen gibt es auch Infoschalter am Busbahnhof Estació del Nord sowie am Fuß des Mirador de Colom (Portal de la Pau am hafenseitigen Ende der Rambla). In den Sommermonaten sind zusätzliche Infoschalter an diversen Punkten des Stadtzentrums geöffnet.

Plaça de Catalunya (☎93 285 38 34; www.barcelonaturisme.com; Plaça de Catalunya 17-S, Unterführung; ⌚8.30–21 Uhr; Ⓜ Catalunya)

Plaça Sant Jaume (Karte S. 296; ☎93 285 38 34; www.barcelonaturisme.com; Plaça Catalunya 17; ⌚8.30–20.30 Uhr; Ⓜ Catalunya)

Estació Sants (Karte S. 322; ☎93 285 38 34; www.barce

lonaturisme.com; Barcelona Sants; ⌚8.30–20.30 Uhr; 🚉Sants Estació)

El Prat Airport (www.barcelonaturisme.com; ⌚8.30–20.30 Uhr)

Regionale Touristeninformation Palau Robert (Karte S. 310; ☎93 238 80 91; www.palaurobert.gencat.cat; Passeig de Gràcia 107; ⌚Mo–Sa 10–20, So bis 14.30 Uhr; Ⓜ Diagonal) Jede Menge Material zu Katalonien, audiovisuelle Medien, Buchladen und eine Filiale des Turisme Juvenil de Catalunya (für Jugendreisen).

Visa

Spanien ist eines der EU-Länder, die dem Schengener Abkommen beigetreten sind. EU-Bürger und Schweizer brauchen daher nur ihren Personalausweis zur Grenzüberschreitung. Nicht-EU-Bürger mit Aufenthaltsrecht in einem Schengen-Land brauchen kein Visum zur Einreise in ein anderes Schengen-Land.

Zeit

➡ In Spanien gilt die mitteleuropäische Zeit, einschließlich der Umstellung auf die europäische Sommerzeit.

Sprache

Katalanisch *(català)* und Spanisch (*español*, korrekter *castellano* oder Kastilisch) sind die beiden Amtssprachen in Katalonien. Aranesisch *(aranés)*, ein Dialekt des Gascognischen, gilt zumindest im Val d'Aran ebenfalls als Amtssprache. In Barcelona hört man genauso viel Spanisch wie Katalanisch, deshalb bieten wir hier zum Einstieg ein spanisches Sprachkapitel und ein paar Brocken Katalanisch.

Die Aussprache wird kaum Probleme bereiten, da die meisten Laute des Spanischen auch in der deutschen Sprache vorkommen. Wer die farbig unterlegte Lautschrift in diesem Kapitel benutzt, wird sich leicht verständlich machen können.

Zu beachten ist, dass ch als Kehllaut (wie in Loch) gesprochen wird, s scharf wie ß, th etwa wie im englischen Wort *thing* und das r gerollt wird. In unserer Lautschrift ist die jeweils betonte Silbe kursiv gedruckt.

Wo nötig, werden maskuline und feminine Formen für die Wörter und Sätze in diesem Kapitel angegeben, getrennt durch einen Schrägstrich und beginnend mit der maskulinen Form, also *perdido/a* (m/f).

GRUNDLAGEN

Hallo/Guten Tag.	*Hola.*	o·la
Auf Wiedersehen.	*Adiós.*	a·*djos*
Wie geht's?	*¿Qué tal?*	*ke tal*
Danke, gut.	*Bien, gracias.*	bjen *gra*·thjas
Entschuldigung.	*Perdón.*	per·*don*
Tut mir leid.	*Lo siento.*	lo *sjen*·to
Ja./Nein.	*Sí./No.*	si/no
Bitte.	*Por favor.*	por fa·*vor*
Danke.	*Gracias.*	*gra*·thjas
Gern geschehen.	*De nada.*	de *na*·da

Ich heiße ...
Me llamo ... me *ja*·mo ...

Wie heißen Sie/heißt du?
¿Cómo se llama Usted? *ko*·mo se *ja*·ma u·*ste*
¿Cómo te llamas? *ko*·mo te *ja*·mas

Sprechen Sie/Sprichst du (Englisch/Deutsch)?
¿Habla (inglés)? *a*·bla (in·*gles*)
¿Hablas (alemán)? *a*·blas (a·le·*man*)

Ich verstehe (nicht).
Yo (no) entiendo. jo (no) en·*tjen*·do

NOCH MEHR SPANISCH?

Zusätzliche Informationen zur Sprache und nützliche Wendungen gibt's im *Sprachführer Spanisch* von Lonely Planet. Er kann im Buchhandel oder online auf **shop.lonelyplanet.de** erworben werden.

UNTERKUNFT

Ich möchte ein Zimmer reservieren.
Quisiera reservar una habitación. ki·*sje*·ra re·ser·*war u*·na a·bi·ta·*thjon*

Wie viel kostet es pro Nacht/Person?
¿Cuánto cuesta por noche/persona? *kuan*·to *kues*·ta por *no*·tsche/per·*so*·na

Ist ein Frühstück enthalten?
¿Incluye el desayuno? in·*klu*·je el de·sa·*ju*·no

Hotel	*hotel*	o·*tel*
Pension	*pensión*	pen·*sjon*
Jugendherberge	*albergue juvenil*	al·*ber*·ge chu·we·*nil*
Ich möchte ein ... Zimmer.	*Quisiera una habitación ...*	ki·*sje*·ra *u*·na a·bi·ta·*thjon* ...
Einzel-	*individual*	in·di·wi·*dual*
Doppel-	*doble*	*do*·ble
Klimaanlage	*aire acondicionado*	*ai*·re a·kon·di·thjo·*na*·do
Bad	*baño*	*ba*·njo
Fenster	*ventana*	wen·*ta*·na

WEGWEISER

Wo ist ...?
¿Dónde está ...? — don·de es·ta ...

Wie lautet die Adresse?
¿Cuál es la dirección? — kual es la di·rek·thjon

Könnten Sie das bitte aufschreiben?
¿Puede escribirlo, por favor? — pue·de es·kri·bir·lo por fa·wor

Können Sie mir das (auf der Karte) zeigen?
¿Me lo puede indicar (en el mapa)? — me lo pue·de in·di·kar (en el ma·pa)

an der Ampel	*en el semáforo*	en el se·ma·fo·ro
an der Ecke	*en la esquina*	en la es·ki·na
gegenüber	*frente a*	fren·te a
geradeaus	*todo recto*	to·do rek·to
hinter	*detrás de*	de·tras de
links	*izquierda*	ith·kjer·da
nahe	*cerca*	ther·ka
neben	*al lado de*	al la·do de
rechts	*derecha*	de·re·tscha
vor	*enfrente de*	en·fren·te de
weit (weg)	*lejos*	le·chos

ESSEN & TRINKEN

Ich möchte einen Tisch für ... reservieren	*Quisiera reservar una mesa para ...*	ki·sje·ra re·ser·war u·na me·sa pa·ra ...
(acht) Uhr	*las (ocho)*	las (o·tscho)
(zwei) Personen	*(dos) personas*	(dos) per·so·nas

Was empfehlen Sie?
¿Qué recomienda? — ke re·ko·mjen·da

Was ist in diesem Gericht enthalten?
¿Que lleva ese plato? — ke je·wa e·se pla·to

Ich esse kein/e/n ...
No como ... — no ko·mo ...

Prosit!
¡Salud! — sa·lu

Das war köstlich!
¡Estaba buenísimo! — es·ta·ba bue·ni·si·mo

Bitte bringen Sie die Rechnung.
Por favor nos trae la cuenta. — por fa·wor nos tra·e la kuen·ta

Grundbegriffe

Abendessen	*cena*	the·na
Bar	*bar*	bar
Café	*café*	ka·fe
Essen	*comida*	ko·mi·da
Flasche	*botella*	bo·te·ja
Frühstück	*desayuno*	de·sa·ju·no
Gabel	*tenedor*	te·ne·dor
Glas	*vaso*	wa·so
Hauptgericht	*segundo plato*	se·gun·do pla·to
heiß (warm)	*caliente*	ka·jen·te
(zu/sehr) kalt	*(muy) frío*	(mui) fri·o
Kinderstuhl	*trona*	tro·na
Kinderteller	*menú infantil*	me·nu in·fan·til
Löffel	*cuchara*	ku·tscha·ra
Markt	*mercado*	mer·ka·do
Messer	*cuchillo*	ku·tschi·jo
mit/ohne	*con/sin*	kon/sin
Mittagessen	*comida*	ko·mi·da
Restaurant	*restaurante*	res·tau·ran·te
Schale	*bol*	bol

SPRACHBAUKASTEN

Hier ein paar Standardsätze zum freien Kombinieren, mit denen typische Situationen auf Spanisch zu bewältigen sind:

Wann geht (der nächste Flug)?
¿Cuándo sale (el próximo vuelo)? — kuan·do sa·le (el pro·xi·mo wue·lo)

Wo ist (der Bahnhof)?
¿Dónde está (la estación)? — don·de es·ta (la es·ta·thjon)

Wo kann ich (ein Ticket kaufen)?
¿Dónde puedo (comprar un billete)? — don·de pue·do (kom·prar un bi·je·te)

Haben Sie (eine Karte)?
¿Tiene (un mapa)? — tje·ne (un ma·pa)

Gibt es hier (eine Toilette)?
¿Hay (servicios)? — ai (ser·wi·thjos)

Ich hätte gern (einen Kaffee).
Quisiera (un café). — ki·sje·ra (un ka·fe)

Ich möchte (ein Auto mieten).
Quisiera (alquilar un coche). — ki·sje·ra (al·ki·lar un ko·tsche)

Kann ich (reinkommen)?
¿Se puede (entrar)? — se pue·de (en·trar)

Können Sie (mir) bitte (helfen)?
¿Puede (ayudarme), por favor? — pue·de (a·ju·dar·me) por fa·vor

Brauche ich (einen Parkschein)?
¿Necesito (obtener un ticket)? — ne·the·si·to (ob·te·ner un·ti·ket)

Schilder

Abierto	Geöffnet
Cerrado	Geschlossen
Entrada	Eingang
Hombres	Männer
Mujeres	Frauen
Prohibido	Verboten
Salida	Ausgang
Servicios/Aseos	Toiletten

Speisekarte (auf Englisch)	*menú (en inglés)*	un me·nu (en in·gles)
Supermarkt	*supermercado*	su·per·mer·ka·do
Teller	*plato*	pla·to
vegetarisches Gericht	*comida vegetariana*	ko·mi·da ve·che·ta·ri·a·na
Vorspeisen	*aperitivos*	a·pe·ri·ti·wos

Fleisch & Fisch

Ente	*pato*	pa·to
Garnelen	*camarones*	ka·ma·ro·nes
Huhn	*pollo*	po·jo
Hummer	*langosta*	lan·gos·ta
Kalbfleisch	*ternera*	ter·ne·ra
Lammfleisch	*cordero*	kor·de·ro
Pute	*pavo*	pa·vo
Rindfleisch	*carne de vaca*	kar·ne de wa·ka
Schweinefleisch	*cerdo*	ther·do
Thunfisch	*atún*	a·tun

Obst & Gemüse

Ananas	*piña*	pi·nja
Apfel	*manzana*	man·tha·na
Aprikose	*albaricoque*	al·ba·ri·ko·ke
Artischocke	*alcachofa*	al·ka·tscho·fa
Banane	*plátano*	pla·ta·no
Blattsalat	*lechuga*	le·tschu·ga
Bohnen	*judías*	chu·di·as
Champignon	*champiñón*	tscham·pi·njon
Erbsen	*guisantes*	gi·san·tes
Erdbeere	*fresa*	fre·sa
Gemüse	*verdura*	ver·du·ra
Gurke	*pepino*	pe·pi·no
Kartoffel	*patata*	pa·ta·ta
Kirsche	*cereza*	the·re·tha
Kohl	*col*	kol
Kürbis	*calabaza*	ka·la·ba·tha
Linsen	*lentejas*	len·te·chas
Mais	*maíz*	ma·ith
Mohrrübe	*zanahoria*	tha·na·o·ri·a
Nüsse	*nueces*	nue·thes
Obst	*fruta*	fru·ta
Orange	*naranja*	na·ran·cha
(rote/grüne) Paprika	*pimiento (rojo/verde)*	pi·mjen·to (ro·cho/ver·de)
Pfirsich	*melocotón*	me·lo·ko·ton
Pflaume	*ciruela*	thi·ru·e·la
Rote Bete	*remolacha*	re·mo·la·cha
Sellerie	*apio*	a·pjo
Spargel	*espárragos*	es·pa·ra·gos
Spinat	*espinacas*	es·pi·na·kas
Tomate	*tomate*	to·ma·te
Trauben	*uvas*	u·was
Wassermelone	*sandía*	san·di·a
Zitrone	*limón*	li·mon
Zwiebel	*cebolla*	the·bo·ja

Sonstiges

Brot	*pan*	pan
Butter	*mantequilla*	man·te·ki·ja
Ei	*huevo*	ue·wo
Essig	*vinagre*	wi·na·gre
Honig	*miel*	mjel
Käse	*queso*	ke·so
Marmelade	*mermelada*	mer·me·la·da
Öl	*aceite*	a·they·te
Pasta	*pasta*	pas·ta
Pfeffer	*pimienta*	pi·mjen·ta
Reis	*arroz*	a·roth
Salz	*sal*	sal
Zucker	*azúcar*	a·thu·kar

Getränke

Bier	*cerveza*	ther·we·tha
Kaffee	*café*	ka·fe
Milch	*leche*	le·tsche
Rotwein	*vino tinto*	wi·no tin·to
(Orangen-) Saft	*zumo (de naranja)*	thu·mo (de na·ran·cha)
Tee	*té*	te
(Mineral-) Wasser	*agua (mineral)*	a·gua (mi·ne·ral)
Weißwein	*vino blanco*	wi·no blan·ko

KATALANISCH

Die Anerkennung des Katalanischen als Amtssprache ist das Ergebnis einer Kampagne der Regionalregierung, die einsetzte, als die Provinz Ende der 1970er-Jahre die Autonomie errungen hatte. Vor der Niederlage in der Schlacht von Muret im Jahr 1213 erstreckte sich das Gebiet Kataloniens bis weit nach Südfrankreich hinein, über das ganze Roussillon und bis in die Provence. In all diesen Regionen, im heutigen Catalunya und in Andorra wurde einst Katalanisch gesprochen oder zumindest verstanden. In den folgenden Jahrhunderten drang das Katalanische südlich bis nach Valencia, westlich nach Aragón und östlich auf die Balearen vor. Die Sprache erreichte sogar Sizilien und Neapel; die sardische Hafenstadt Alghero ist noch immer ein Außenposten des Katalanischen. In Spanien wird Katalanisch von bis zu 10 Millionen Menschen geprochen.

In Barcelona hört man heute ebenso viel Spanisch wie Katalanisch. Auch stehen die Chancen gar nicht schlecht, auf jemanden zu treffen, der Englisch spricht. In der Provinz außerhalb der Stadt sollten Reisende sich aber nicht wundern, wenn ihre spanischen Fragen auf Katalanisch beantwortet werden. Allerdings wird man auch feststellen, dass die meisten Katalanen bereitwillig ins Spanische wechseln, wenn sie merken, dass sie es mit einem Ausländer zu tun haben. Wer versucht, ein paar Brocken Katalanisch einzubauen, wird aber sicher auf großes Wohlwollen treffen.

Hallo/Guten Tag.	*Hola.*
Auf Wiedersehen.	*Adéu.*
Ja.	*Sí.*
Nein.	*No.*
Bitte.	*Sisplau./Si us plau.*
Danke (sehr).	*(Moltes) gràcies.*
Gern geschehen.	*De res.*
Entschuldigung.	*Perdoni.*
Darf ich?	*Puc?/Em permet?*
Es tut mir leid.	*Ho sento./Perdoni.*
Wie heißen Sie?	*Com et dius?* (informell)
	Com es diu? (höflich)
Ich heiße …	*Em dic …*
Woher kommen Sie?	*D'on ets?*
Sprechen Sie Englisch?	*Parla anglès?*
Ich verstehe.	*Ho entenc.*
Ich verstehe nicht.	*No ho entenc.*
Könnten Sie bitte Kastilisch sprechen?	*Pot parlar castellà sisplau?*
Wie sagt man … auf Katalanisch?	*Com es diu … en català?*
Ich suche …	*Estic buscant …*
Wie komme ich nach …?	*Com puc arribar a …?*
Biegen Sie links ab.	*Giri a mà esquerra.*
Biegen Sie rechts ab.	*Giri a mà dreta.*
nahe bei	*a prop de*
weit entfernt von	*a lluny de*

Montag	*dilluns*
Dienstag	*dimarts*
Mittwoch	*dimecres*
Donnerstag	*dijous*
Freitag	*divendres*
Samstag	*dissabte*
Sonntag	*diumenge*
1	*un/una* (m/f)
2	*dos/dues* (m/f)
3	*tres*
4	*quatre*
5	*cinc*
6	*sis*
7	*set*
8	*vuit*
9	*nou*
10	*deu*
11	*onze*
12	*dotze*
13	*tretze*
14	*catorze*
15	*quinze*
16	*setze*
17	*disset*
18	*divuit*
19	*dinou*
20	*vint*
100	*cent*

IM NOTFALL

Hilfe!	*¡Socorro!*	so·*ko*·ro
Hau ab!	*¡Vete!*	*we*·te

Rufen Sie ...!	*¡Llame a ...!*	*ja*·me a ...
einen Arzt	*un médico*	un *me*·di·ko
die Polizei	*la policía*	la po·li·*thi*·a

Ich habe mich verirrt.
Estoy perdido/a. es·*toy* per·*di*·do/a (m/f)

Ich hatte einen Unfall.
He tenido un accidente. e te·*ni*·do un ak·thi·*den*·te

Ich bin krank.
Estoy enfermo/a. es·*toy* en·*fer*·mo/a (m/f)

Es tut hier weh.
Me duele aquí. me *due*·le a·*ki*

Ich bin allergisch gegen (Antibiotika).
Soy alérgico/a a (los antibióticos). soy a·*ler*·chi·ko/a a (los an·ti·*bjo*·ti·kos) (m/f)

SHOPPEN & SERVICES

Ich möchte ... kaufen
Quisiera comprar ... ki·*sje*·ra kom·*prar* ...

Ich schau mich nur um.
Sólo estoy mirando. *so*·lo es·*toi* mi·*ran*·do

Kann ich es mal ansehen?
¿Puedo verlo? *pue*·do *wer*·lo

Es gefällt mir nicht.
No me gusta. no me *gus*·ta

Wie viel kostet das?
¿Cuánto cuesta? *kuan*·to *kues*·ta

Das ist zu teuer.
Es muy caro. es mui *ka*·ro

Können Sie mit dem Preis etwas runtergehen?
¿Podría bajar un poco el precio? po·*dri*·a ba·*char* un *po*·ko el *pre*·thjo

Da ist ein Fehler in der Rechnung.
Hay un error en la cuenta. ai un e·*ror* en la *kuen*·ta

Geldautomat	*cajero automático*	ka·*che*·ro au·to·*ma*·ti·ko
Internetcafé	*cibercafé*	thi·ber·ka·*fe*
Post	*correos*	ko·*re*·os
Touristeninformation	*oficina de turismo*	o·fi·*thi*·na de tu·*ris*·mo

ZEIT & DATUM

Wie spät ist es?
¿Qué hora es? ke *o*·ra es

Es ist (10) Uhr.
Son (las diez). son (las djeth)

Es ist halb (zwei).
Es (la una) y media. es (la *u*·na) i *me*·dja

Morgen	*mañana*	ma·*nja*·na
Nachmittag	*tarde*	*tar*·de
Abend	*noche*	*no*·tsche
gestern	*ayer*	a·*jer*
heute	*hoy*	oi
morgen	*mañana*	ma·*nja*·na

Montag	*lunes*	*lu*·nes
Dienstag	*martes*	*mar*·tes
Mittwoch	*miércoles*	*mjer*·ko·les
Donnerstag	*jueves*	*chue*·wes
Freitag	*viernes*	*wier*·nes
Samstag	*sábado*	*sa*·ba·do
Sonntag	*domingo*	do·*min*·go

Januar	*enero*	e·*ne*·ro
Februar	*febrero*	fe·*bre*·ro
März	*marzo*	*mar*·tho
April	*abril*	a·*bril*
Mai	*mayo*	*ma*·jo
Juni	*junio*	*chu*·njo
Juli	*julio*	*chu*·ljo
August	*agosto*	a·*gos*·to
September	*septiembre*	sep·*tjem*·bre
Oktober	*octubre*	ok·*tu*·bre
November	*noviembre*	no·*wjem*·bre
Dezember	*diciembre*	di·*thjem*·bre

VERKEHRSMITTEL

Boot	*barco*	*bar*·ko
Bus	*autobús*	au·to·*bus*
Flugzeug	*avión*	a·*wjon*
Zug	*tren*	tren

erste	*primer*	pri·*mer*
letzte	*último*	*ul*·ti·mo
nächste	*próximo*	*pro*·xi·mo

Fragewörter

Was?	*¿Qué?*	ke
Wann?	*¿Cuándo?*	*kuan*·do
Wo?	*¿Dónde?*	*don*·de
Wer?	*¿Quién?*	kjen
Warum?	*¿Por qué?*	por ke

Ich möchte nach ... fahren
Quisiera ir a ... ki·sje·ra ir a ...

Wann kommt er/sie/es an/fährt er/sie/es ab?
¿A qué hora llega/sale? a ke o·ra je·ga/sa·le

Hält er/sie/es in ...?
¿Para en ...? pa·ra en ...

Können Sie mir Bescheid sagen, wenn wir in ... sind?
¿Puede avisarme cuando lleguemos a ...? pue·de a·wi·sar·me kuan·do je·ge·mos a ...

Welche Haltestelle ist das hier?
¿Cuál es esta parada? kual es es·ta pa·ra·da

Ich möchte hier aussteigen.
Quiero bajarme aquí. kje·ro ba·char·me a·ki

eine ... Fahrkarte	*un billete de ...*	un bi·je·te de ...
1. Klasse	*primera clase*	pri·me·ra kla·se
2. Klasse	*segunda clase*	se·gun·da kla·se
einfach	*ida*	i·da
hin und zurück	*ida y vuelta*	i·da i wuel·ta

Bahnhof	*estación de trenes*	es·ta·thjon de tre·nes
Bahnsteig	*plataforma*	pla·ta·for·ma
Fahrplan	*horario*	o·ra·rio
gestrichen	*cancelado*	kan·the·la·do
Platz am Fenster	*asiento junto a la ventana*	a·sjen·to chun·to a la wen·ta·na
Platz am Gang	*asiento de pasillo*	a·sien·to de pa·si·jo
Schalter	*taquilla*	ta·ki·ja
verspätet	*retrasado*	re·tra·sa·do

Ich möchte ein ... leihen	*Quisiera alquilar ...*	ki·sje·ra al·ki·lar ...
Fahrrad	*una bicicleta*	u·na bi·thi·kle·ta
Auto	*un coche*	un ko·tsche
Motorrad	*una moto*	u·na mo·to

Zahlen

1	*uno*	u·no
2	*dos*	dos
3	*tres*	tres
4	*cuatro*	kua·tro
5	*cinco*	thin·ko
6	*seis*	seys
7	*siete*	sje·te
8	*ocho*	o·tscho
9	*nueve*	nue·we
10	*diez*	djeth
20	*veinte*	veyn·te
30	*treinta*	treyn·ta
40	*cuarenta*	kua·ren·ta
50	*cincuenta*	thin·kuen·ta
60	*sesenta*	se·sen·ta
70	*setenta*	se·ten·ta
80	*ochenta*	o·tschen·ta
90	*noventa*	no·wen·ta
100	*cien*	thjen
1000	*mil*	mil

Benzin	*gasolina*	ga·so·li·na
Diesel	*gasóleo*	ga·so·leo
Helm	*casco*	kas·ko
Mechaniker	*mecánico*	me·ka·ni·ko
Tankstelle	*gasolinera*	ga·so·li·ne·ra

(Wie lange) Kann ich hier parken?
¿(Por cuánto tiempo) Puedo aparcar aquí? (por kuan·to tjem·po) pue·do a·par·kar a·ki

Das Auto ist liegen geblieben.
El coche se ha averiado. el ko·tsche se a a·we·ri·a·do

Ich habe einen Platten.
Tengo un pinchazo. ten·go un pin·tscha·tho

Mir ist das Benzin ausgegangen.
Me he quedado sin gasolina. me e ke·da·do sin ga·so·li·na

GLOSSAR

Die folgenden Einträge sind in Katalanisch/Spanisch (Kastilisch) aufgeführt, wenn sie mit dem gleichen Buchstaben anfangen. Beginnen zwei Wörter mit unterschiedlichen Buchstaben oder ist nur das katalanische bzw. spanische Wort angegeben, steht (K) für Katalanisch und (S) für Spanisch. Fehlt eine solche Angabe in Klammern, ist das Wort in beiden Sprachen gleich.

ajuntament/ayuntamiento – Rathaus

artesonado (S) – Kassettendecke im Mudéjar-Stil

avinguda (K) – Chaussee

barcelonin (K) – Einwohner von Barcelona

Barcino – römischer Name für Barcelona

barri/barrio – Stadtviertel von Barcelona

caganer (K) – „der Scheißer", eine in katalanischen Weihnachtskrippen erscheinende Figur

capella/capilla – Kapelle

carrer/calle – Straße

casa – Haus

castellers (K) – „Erbauer" von Menschenpyramiden

cercanías (S) – Regionalzüge, die den Flughafen, die Vororte und einige nahe gelegene Orte bedienen

comte/conde – Graf

correfoc (K) – Auftritt Feuerwerk sprühender Teufel bei festlichen Anlässen; wörtlich „Feuerläufe"

El Call (K) – jüdisches Viertel in der Altstadt von Barcelona

església (K) – Kirche

farmàcia/farmacia – Apotheke

festa/fiesta – Fest, Feiertag oder Party

FGC (K) – Ferrocarrils de la Generalitat de Catalunya; Vorortzüge, die neben der U-Bahn in Barcelona betrieben werden

fundació/fundación – Stiftung

garum – würzige Soße aus Fischinnereien, im gesamten Römischen Reich verbreitet

gegants – riesige Figuren, die bei *festes* durch die Straßen getragen werden

Generalitat (K) – katalanische Regionalregierung

guiri – Fremder (etwas verächtlich)

hostal – Unterkunft in 1- bis 3-Sterne-Qualität

iglesia (S) – Kirche

IVA – *impost sobre el valor afegit/impuesto sobre el valor añadido*, Mehrwertsteuer

masia – katalanisches Bauernhaus

mercat/mercado – Markt

Modernisme (K) – Kunstrichtung zu Beginn des 20. Jhs., vom Art Nouveau bzw. Jugendstil beeinflusst, der Hauptvertreter in Katalonien war Antoni Gaudí

Modernista – ein Vertreter des Modernisme

Mudéjar (S) – ein Muslim, der im mittelalterlichen Spanien unter christlicher Herrschaft lebte; auch deren dekorativer Baustil

palau (K) – Palast

passatge (K) – Passage

pensió/pensión – Pension, 1- bis 3-Sterne-Unterkunft

plaça/plaza – Platz

platja/playa – Strand

Renaixença – Wiedererwachen des Interesses an katalanischer Literatur, Kultur und Sprache in der zweiten Hälfte des 19. Jhs.

rodalies (K) – siehe *cercanías*

saló (K) – Halle

sardana – traditioneller katalanischer Volkstanz

s/n (S) – *sin número* (ohne Nummer)

tablao – Restaurant, in dem Flamenco aufgeführt wird

teatre – Theater

terrassa/terazza – Terrasse; Open-Air-Bereich von Cafés

trencadís – Mosaikstil des Modernisme unter Verwendung zerbrochener Kacheln

turista – 2. Klasse; Economy Class

Hinter den Kulissen

WIR FREUEN UNS ÜBER EIN FEEDBACK

Post von Travellern zu bekommen ist für uns ungemein hilfreich – Kritik und Anregungen halten uns auf dem Laufenden und helfen, unsere Bücher zu verbessern. Unser reiseerfahrenes Team liest alle Zuschriften genau durch, um zu erfahren, was an unseren Reiseführern gut und was schlecht ist. Wir können solche Post zwar nicht individuell beantworten, aber jedes Feedback wird garantiert schnurstracks an die jeweiligen Autoren weitergeleitet, rechtzeitig vor der nächsten Auflage.

Wer Ideen, Erfahrungen und Korrekturhinweise zum Reiseführer mitteilen möchte, hat die Möglichkeit dazu auf www.lonelyplanet.com/contact/guidebook_feedback/new. Anmerkungen speziell zur deutschen Ausgabe erreichen uns über www.lonelyplanet.de/kontakt.

Hinweis: Da wir Beiträge möglicherweise in Lonely Planet Produkten (Reiseführer, Websites, digitale Medien) veröffentlichen, ggf. auch in gekürzter Form, bitten wir um Mitteilung, falls ein Kommentar nicht veröffentlicht oder ein Name nicht genannt werden soll. Wer Näheres über unsere Datenschutzpolitik wissen will, erfährt das unter www.lonelyplanet.com/privacy.

DANK DER AUTOREN

Sally Davies

Danke an all diejenigen vor Ort, die mir meine Fragen beantwortet haben – in keiner bestimmten Reihenfolge: Maria Parrilla, Dolors Bas, Vera de Frutos, Stefanie Roth, Mónica Homedes, Enrichetta Cardinale, Cristina Rodenas, Gustavo Sánchez und Vanessa Ferrer. Dank an Mary-Ann Gallagher für Vorschläge, an Tom Stainer für seine Geduld und am allermeisten an meine unverdrossene Recherchebegleitung, Tess O'Donovan.

Catherine Le Nevez

Moltes gràcies/muchas gracias/merci beaucoup zuallererst an Julian, und an all die Einheimischen, Tourismusprofis und Mitreisenden, die mir Einblicke gewährt und die mich inspiriert haben und mit denen ich schöne Stunden verlebt habe. Riesendank auch an Titelredakteur Tom Stainer, meine Koautorin Sally Davies und alle bei Lonely Planet. Und wie immer, *merci encore* an meine Eltern und meinen Bruder samt *belle-sœur, neveu* und *nièce*.

Isabella Noble

Dank an Sally, Damien, Javi und Olga in Girona, Josep und Ana in Espot, Llucia in Deltebre und an das Team, das in Begur die Bremsen meines Autos repariert hat.

QUELLENNACHWEIS

Verwendung der Fotos der Casa Batlló mit freundlicher Genehmigung der CASA BATLLÓ S.L.U.

Titelfoto: Das Innere der Sagrada Família. Wendy Rauw Photography/Getty ©

Illustrationen S. 58-59, S. 136-137, und S. 164-165 von Javier Zarracina

Die Autoren

Sally Davies

La Rambla & Barri Gòtic, El Raval, La Ribera

Sally landete 1992 mit einer Handvoll Peseten und fünf Wörtern Spanisch in Sevilla, und obwohl sie kaum in der Lage war, sich zu verständigen, zog sie gleich einen lukrativen Job an Land: Flyer verteilen bei der Expo '92. 2001 zog sie nach Barcelona, wo ihr Alltag darin besteht, *nose-to-tail*-Küche zu probieren, sich in Museen zu verlaufen und zu versuchen, die Schönheit dieser spektakulären Stadt angemessen in Worte zu fassen. Sally schrieb auch die Abschnitte Reiseplanung, Barcelona verstehen, Transport und Allgemeine Informationen.

Catherine Le Nevez

Barceloneta & die Uferpromenade, Sagrada Família & Eixample, Gràcia & Park Güell, Camp Nou, Pedralbes & Zona Alta, Montjuïc, Poble Sec & Sant Antoni

Catherines Reiselust setzte ein, als sie mit vier Jahren von ihrem Zuhause in Paris aus durch Europa tourte. Seitdem ist sie unterwegs, sobald sich die Gelegenheit bietet, und hat um die 60 Länder bereist. Zwischenzeitlich hat sie einen Doktor im Kreativen Schreiben und einen Master im Professionellen Schreiben gemacht und weitere Qualifikationen in Redaktion und Verlagswesen erworben. Über die letzten 15 Jahre hat sie zig Lonely Planet Reiseführer und Artikel über Paris, Frankreich, Europa und andere Destinationen geschrieben und ihre Texte sind in zahlreichen Online- und Printpublikationen erschienen. Catherines wichtigster Reisetipp ist, ohne irgendwelche Erwartungen loszufahren.

Isabella Noble

Ausflüge

Englisch-Australisch auf dem Papier, aber Spanisch im Herzen, bereist Isabella den Globus seit ihrer ersten Weltreise als Einjährige. Die Reisejournalistin wuchs in einem weißgetünchten andalusischen Dorf auf und ist auf Spanien spezialisiert, schreibt jedoch für Lonely Planet, den *Daily Telegraph* und andere Publikationen auch ausgiebig über Indien, Thailand, Großbritannien und andere Reiseziele. Isabella ist unter @isabellamnoble auf Twitter und Instagram zu finden.

ÜBER DIESES BUCH

Dies ist die 7 deutsche Auflage von Barcelona. Sie basiert auf der 11. englischen Auflage von Sally Davies, Catherine Le Nevez und Isabella Noble. Die vorige Auflage schrieben Regis St. Louis und Sally Davies. Dieser Reiseführer wurde produziert von:

Titelredaktion Tom Stainer
Leitung Produktredaktion Genna Patterson
Produktredaktion Will Allen
Regionale Leitung Kartografie Anthony Phelan
Kartografie Mark Griffiths, Mick Garrett, Hunor Csutoros
Layout Michael Weldon
Redaktionsassistenz Bruce Evans, Samantha Forge, Emma Gibbs, Carly Hall, Jodie Martire, Sarah Reid, Gabrielle Stefanos
Titelbildrecherche Naomi Parker
Dank an Joe Bindloss, Josep Maria Braut, Kiko Cisneros, Grace Dobell, Fiona Flores Watson, Nacho Garcia, Gemma Graham, JT Mokko, Virginia Moreno, Jenna Myers, Tanya Parker, Wibowo Rusli

siehe auch gesonderte Register für:
- **ESSEN S. 288**
- **AUSGEHEN & NACHTLEBEN S. 289**
- **UNTERHALTUNG S. 290**
- **SHOPPEN S. 290**
- **SPORT & AKTIVITÄTEN S. 291**
- **SCHLAFEN S. 291**

Register

Sehenswertes 000
Kartenverweise **000**
Fotoverweise **000**

Sehenswertes 000
Kartenverweise **000**
Fotoverweise **000**

ESSEN

AUSGEHEN & NACHTLEBEN

SPORT & AKTIVITÄTEN

SCHLAFEN

Cityatlas

Sehenswertes

- Strand
- Vogelschutzgebiet
- buddhistisch
- Burg/Schloss/Palast
- christlich
- konfuzianisch
- hinduistisch
- islamisch
- jainistisch
- jüdisch
- Denkmal
- Museum/Galerie/histor. Gebäude
- Ruine
- Sento/Onsen
- shintoistisch
- Sikh
- taoistisch
- Weingut/Weinberg
- Zoo/Wildschutzgebiet
- sonstige Sehenswürdigkeit

Aktivitäten, Kurse & Touren

- bodysurfen
- tauchen
- Kanu/Kajak fahren
- Kurs/Tour
- Ski fahren
- schnorcheln
- surfen
- Swimmingpool
- wandern
- windsurfen
- sonstige Aktivität

Schlafen

- Hotel/Pension/Hostel
- Camping

Essen

- Restaurant

Ausgehen & Nachtleben

- Bar/Kneipe/Club
- Café

Unterhaltung

- Unterhaltung

Shoppen

- Shoppen

Praktisches

- Bank
- Botschaft/Konsulat
- Krankenhaus/Arzt
- Internet
- Polizei
- Post
- Telefon
- Toilette
- Touristeninformation
- sonstige Informationen

Geografie

- Strand
- Hütte/Unterstand
- Leuchtturm
- Aussichtspunkt
- Berg/Vulkan
- Oase
- Park
- Pass
- Rastplatz
- Wasserfall

Städte

- Hauptstadt (Staat)
- Hauptstadt (Provinz)
- Großstadt
- Stadt/Ort

Transport

- Flughafen
- Grenzübergang
- Bus
- Seilbahn/Standseilbahn
- Radweg
- Fähre
- Metrostation
- Schwebebahn
- Parkplatz
- Tankstelle
- S-Bahnstation
- Taxi
- T-bane/Tunnelbana-Station
- Bahnhof/Bahnlinie
- Straßenbahn
- Tube Station
- U-Bahnstation
- sonstiger Transport

Hinweis: Nicht alle in der Legende aufgeführten Symbole sind Bestandteil der Karten dieses Buches

Verkehrswege

- Mautstraße
- Autobahn
- Hauptstraße
- Landstraße
- Verbindungsstraße
- sonstige Straße
- unbefestigte Straße
- Straße im Bau
- Platz, Promenade
- Treppe
- Tunnel
- Fußgängerbrücke
- Spaziergang
- Abstecher vom Spaziergang
- Weg/Pfad

Grenzen

- Staatsgrenze
- Provinzgrenze
- umstrittene Grenze
- Regional-/Bezirksgrenze
- Meeresschutzgebiet
- Kliff
- Mauer

Gewässer

- Fluss, Bach
- periodischer Fluss
- Kanal
- Gewässer
- Salzsee/trockener/periodischer See
- Riff

Gebietsform

- Flughafen/Flugplatz
- Strand/Wüste
- christlicher Friedhof
- sonstiger Friedhof
- Gletscher
- Watt
- Park/Wald
- Sehenswertes (Gebäude)
- Sportplatz
- Sumpf/Mangroven

KARTENINDEX

LA RAMBLA & BARRI GÒTIC

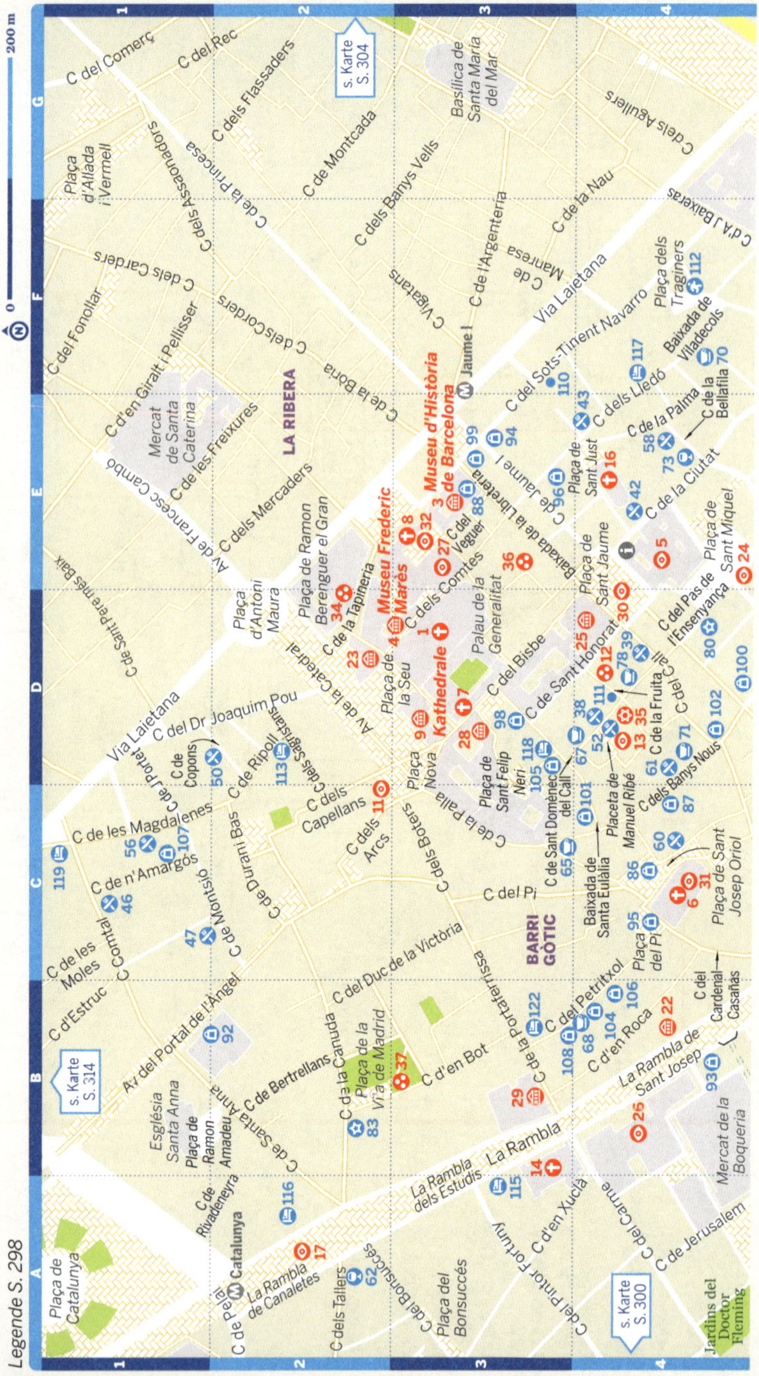

LA RAMBLA & BARRI GÒTIC

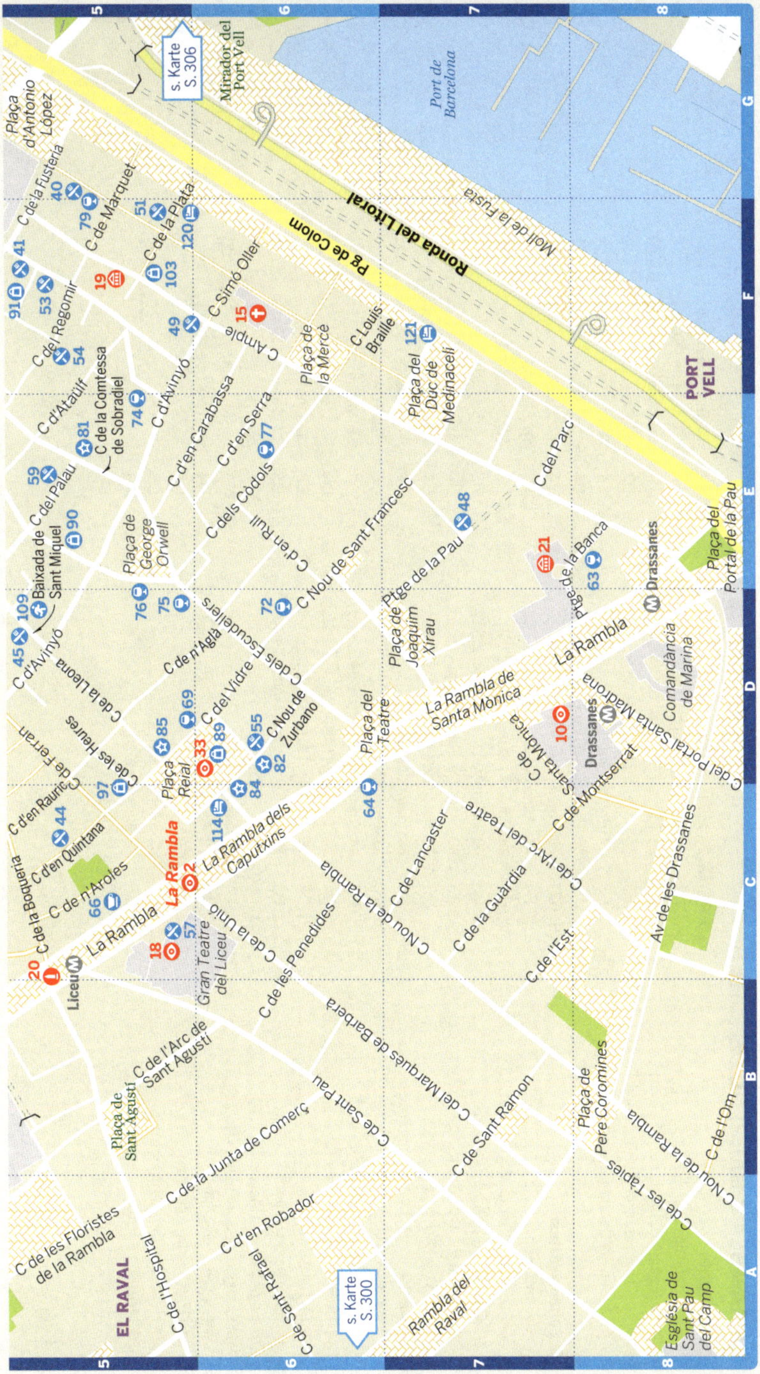

LA RAMBLA & BARRI GÒTIC *Karte S. 296*

Ausgehen & Nachtleben **(S. 73)**

62 Boadas ... A2
63 Bosc de les Fades ... E8
64 Boulevard ... C6
65 Caelum ... C3
66 Cafè de l'Òpera ... C5
67 Čaj Chai ... D4
68 Granja La Pallaresa ... B4
69 Karma ... D5
70 La Clandestina ... F4
71 La Granja ... D4
72 La Macarena ... D6
73 L'Ascensor ... E4
74 Manchester ... E5
75 Marula Café ... D5
76 Oviso ... D5
77 Polaroid ... E6
78 Salterio ... D4
79 Sor Rita ... F5
82 Jamboree ... D6
83 L'Ateneu ... B2
84 Sala Tarantos ... C6
85 Sidecar Factory Club ... D5

Unterhaltung **(S. 75)**

80 El Paraigua ... D4
Gran Teatre del Liceu ... (s. 18)
81 Harlem Jazz Club ... E5

Shoppen **(S. 76)**

86 Kunsthandwerksmarkt ... C4
87 Artesania Catalunya ... C4
88 Cereria Subirà ... E3
89 Münzen- & Briefmarkenmarkt ... D6
90 Cómplices ... E5
91 Drap-Art ... F5
92 El Corte Inglés ... B2
93 Escribà ... B4
94 FC Botiga ... E3
95 Fira Alimentació ... C4
96 Formatgeria La Seu ... E3
97 Herboristeria del Rei ... C5
98 La Basilica Galeria ... D3
99 La Colmena ... E3
100 La Manual Alpargatera ... D4
101 L'Arca ... C4
102 Obach ... D4
103 Papabubble ... F5
104 Petritxol Xocoa ... B4
105 Sabater Hermanos ... D3
106 Sala Parés ... B4
107 Taller de Marionetas Travi ... C1
108 Torrons Vicens ... B3

Sport & Aktivitäten **(S. 78)**

109 Barcelona Biking ... D5
110 Barcelona Segway Fun ... F3
111 Fat Tire Bike Tours ... D4
112 Trixi ... F4

Schlafen **(S. 226)**

113 Alberg Hostel Itaca ... D2
114 DO Reial ... C6
115 Hotel 1898 ... A3
116 Hotel Continental ... A2
117 Hotel Mercer ... F4
118 Hotel Neri ... D3
119 Ohla Hotel ... C1
120 Serras Hotel ... F5
121 Soho House ... F7
122 Vrabac ... B3

EL RAVAL

Legende S. 302

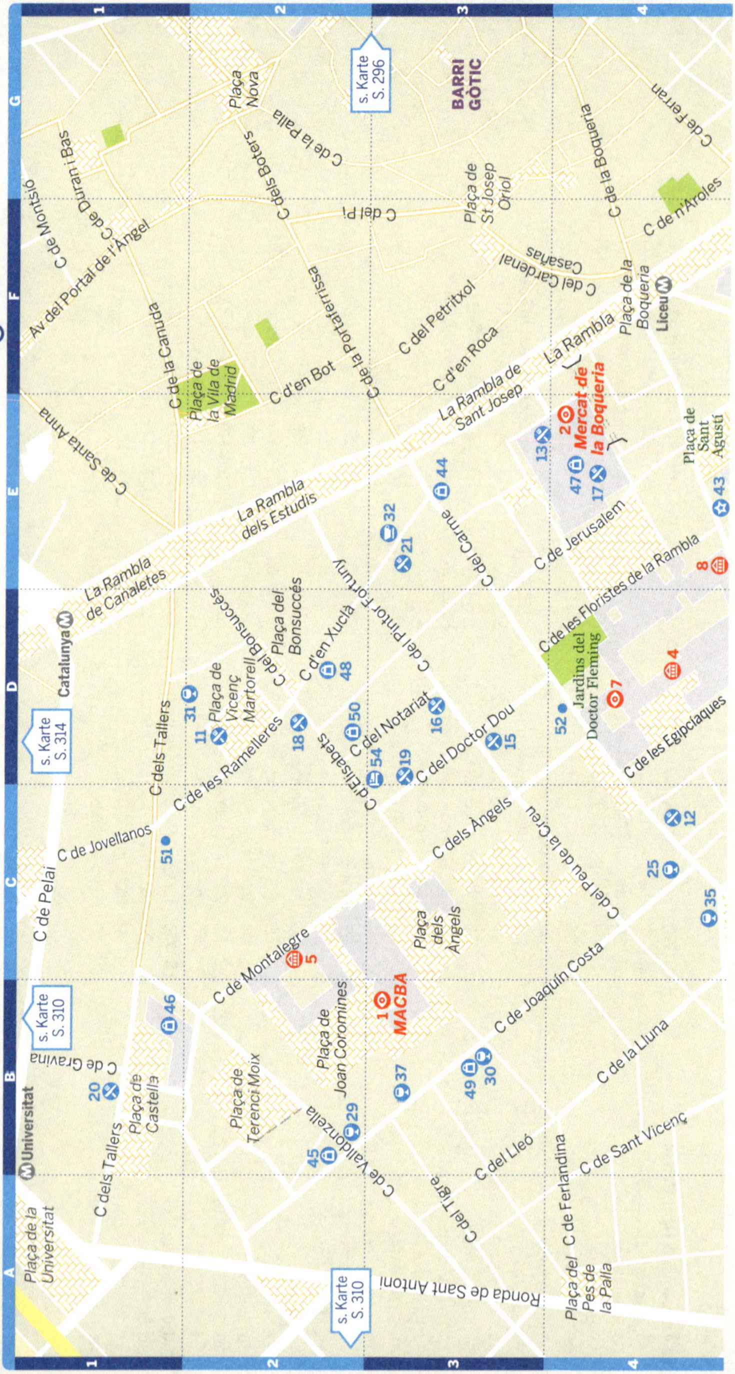

EL RAVAL

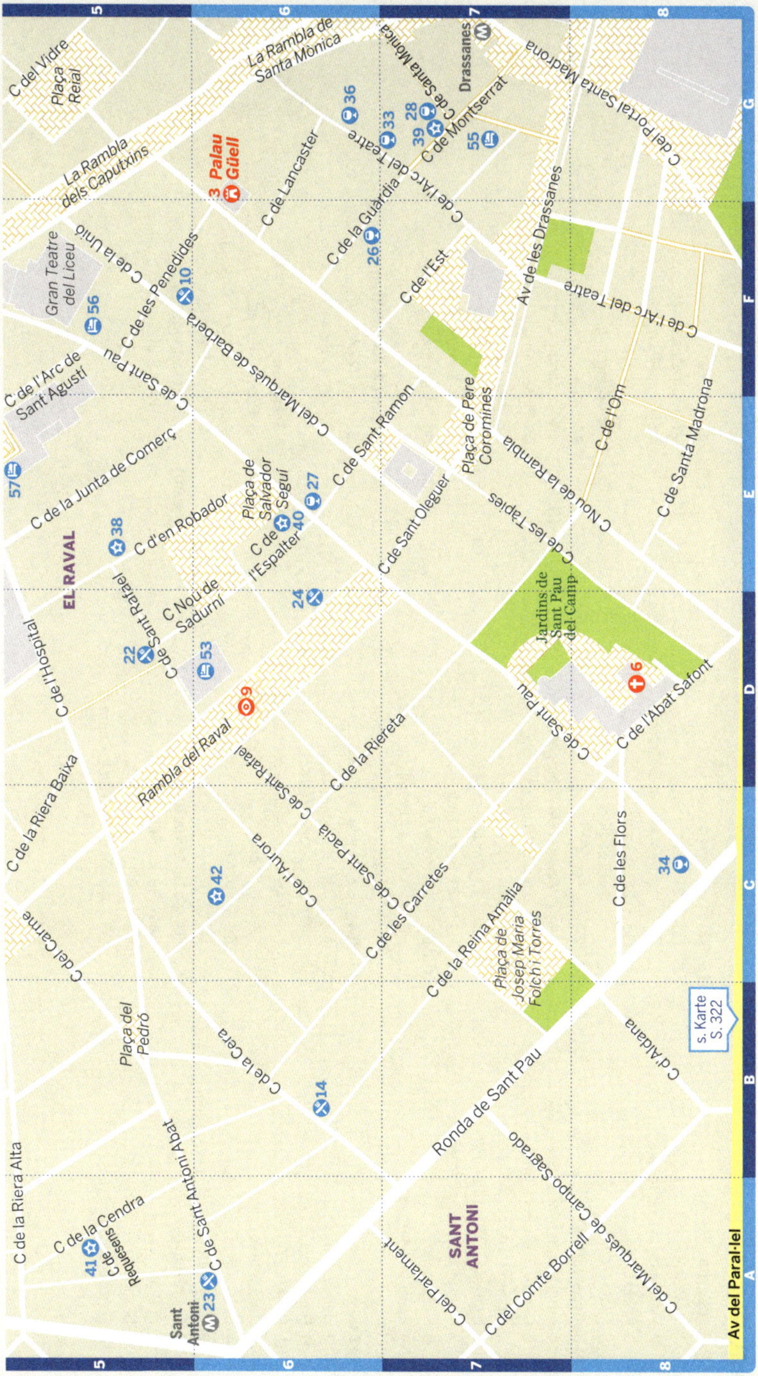

EL RAVAL
SANT ANTONI
Plaça Reial
C del Vidre
La Rambla dels Caputxins
La Rambla de Santa Mònica
Palau Güell
Gran Teatre del Liceu
C de la Unió
C de l'Arc de Sant Agustí
C de Sant Pau
C de les Penedides
C del Marquès de Barberà
C de Lancaster
C de la Guàrdia
C de Santa Mònica
C de l'Arc del Teatre
C de Montserrat
Drassanes
C del Portal Santa Madrona
Av de les Drassanes
C de l'Est
C de Sant Ramon
Plaça de Pere Coromines
C Nou de la Rambla
C de l'Om
C de Santa Madrona
C de la Junta de Comerç
C d'en Robador
Plaça de Salvador Seguí
C de l'Espalter
C de Sant Oleguer
C de les Tàpies
Jardins de Sant Pau del Camp
C de Sant Rafael
C Nou de Sadurní
C de l'Hospital
Rambla del Raval
C de la Riereta
C de l'Abat Safont
C de la Riera Baixa
C de l'Aurora
C de Sant Pacià
C de les Carretes
C de les Flors
C de la Reina Amàlia
Plaça de Josep Maria Folch i Torres
C del Carme
Plaça del Pedró
C de la Cera
Ronda de Sant Pau
C d'Aldana
s. Karte S. 322
C de la Riera Alta
C de la Cendra
C de Reguesens
C de Sant Antoni Abat
Sant Antoni
C del Parlament
C del Comte Borrell
C del Marquès de Campo Sagrado
Av del Paral·lel

EL RAVAL *Karte S. 300*

Highlights **(S. 82)**
1 MACBA ... B3
2 Mercat de la Boqueria ... E4
3 Palau Güell ... G6

Sehenswertes **(S. 85)**
4 Antic Hospital de la Santa Creu ... D4
5 Centre de Cultura Contemporània de Barcelona ... C2
6 Església de Sant Pau del Camp ... D8
7 Institut d'Estudis Catalans ... D4
8 La Capella ... E4
9 Rambla del Raval ... D6

Essen **(S. 86)**
10 Bar Cañete ... F5
11 Bar Kasparo ... D2
12 Bar Muy Buenas ... C4
13 Bar Pinotxo ... E3
14 Can Lluís ... B6
15 Caravelle ... D3
16 El Colectivo ... D3
17 El Quim ... E4
18 Elisabets ... D2
19 En Ville ... D3
20 Flax & Kale ... B1
21 Gats ... E3
22 Restaurant el Cafetí ... D5
23 Sésamo ... A6
24 Suculent ... D6

Ausgehen & Nachtleben **(S. 88)**
25 33|45 ... C4
26 Bar La Concha ... F6
27 Bar Marsella ... E6
28 Bar Pastís ... G7
29 Betty Ford's ... B2
30 Casa Almirall ... B3
31 El Drapaire ... D2
32 Granja M Viader ... E3
33 Kentucky ... G7
34 La Confitería ... C8
35 Marmalade ... C4
36 Moog ... G6
37 Negroni ... B3

Unterhaltung **(S. 90)**
38 23 Robadors ... E5
39 El Cangrejo ... G7
40 Filmoteca de Catalunya ... E6
41 Jazz Sí Club ... A5
42 Teatre Llantiol ... C6
43 Teatre Romea ... E4

Shoppen **(S. 91)**
44 Chök ... E3
45 Fantastik ... B2
46 Holala! Plaza ... B1
47 Joan La Llar del Pernil ... E4
48 La Portorriqueña ... D2
49 Les Topettes ... B3
50 Teranyina ... D2

Sport & Aktivitäten **(S. 178)**
51 CicloTour ... C1
52 Runner Bean Tours ... D4

Schlafen **(S. 227)**
53 Barceló Raval ... D6
54 Casa Camper ... D3
55 Chic & Basic Ramblas ... G7
56 Hotel España ... F5
57 Hotel Sant Agustí ... E5

LA RIBERA *Karte S. 304*

Legende S. 303

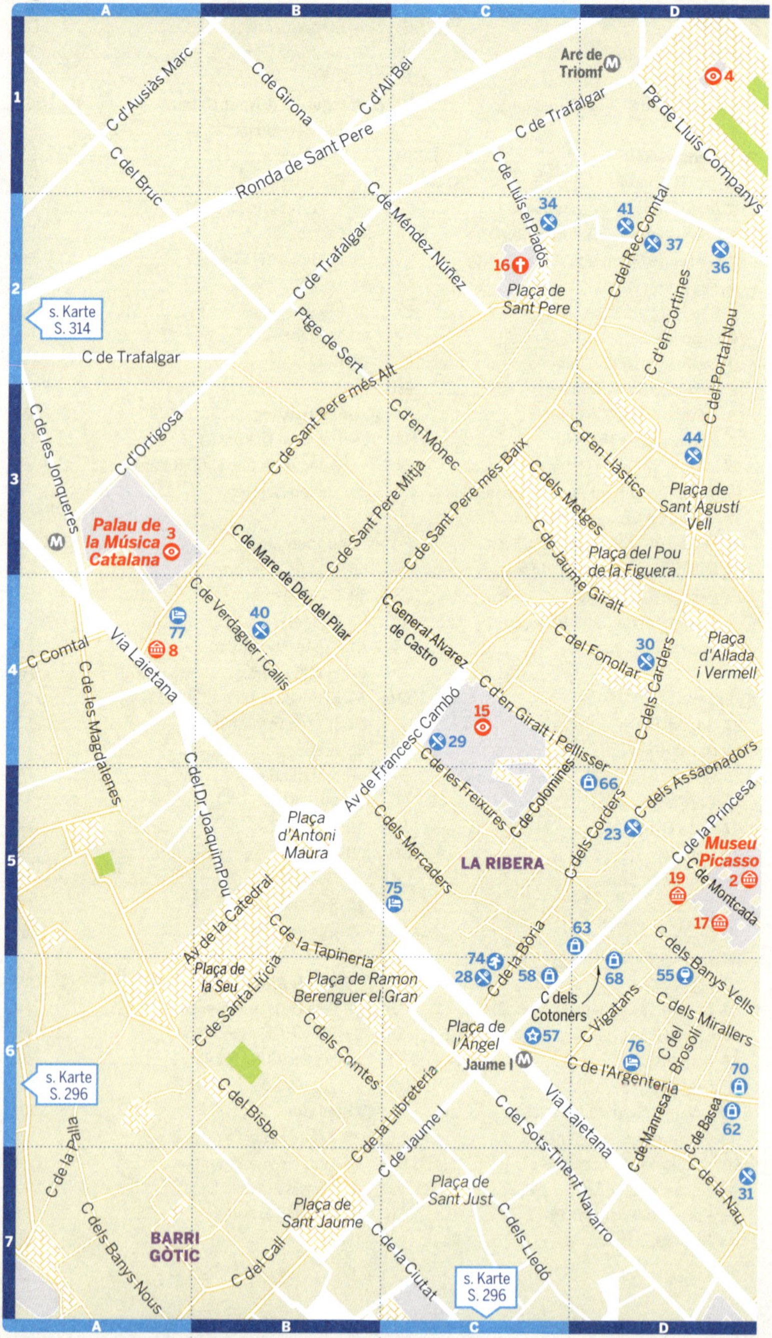

0 200 m
s. Karte S. 314
EL FORT PIENC
C de Nàpols
C de Wellington
Universitat Pompeu Fabra
LA RIBERA
C de Roger de Flor
Pg de Lluís Companys
Pg de Pujades
Pg de Joaquim Renart
Cascada
10
s. Karte S. 308
Plaça del Comerç
Parc de la Ciutadella
43
C del Comerç
11
20
21
13
Former Convent de Sant Agustí
5
18
33
72
45
46
Pg de Picasso
C de la Fusina
14
22
Zoo de Barcelona
C Comercial
6
C del Rec
24
C dels Flassaders
52
Born Centre de Cultura i Memòria
C de la Ribera
Plaça Comercial
65
64
27
50
C del Comerç
47
60
C Antic de Sant Joan
38
Pg de Circumval·lació
7
32
53
56
35
Pg del Born
48
49
C del Rec
Av del Marquès de l'Argentera
59
C de la Vidrieria
54
39
26
Estació de França
Basílica de Santa Maria del Mar
73
61
C Rera Palau
12
Plaça de les Olles
78
1
42
51
C de l'Espaseria
Plaça de Santa Maria del Mar
C d'Ocata
25
C dels Canvis Vells
C de les Caputxes
C de la Marquesa
C del Doctor Aiguader
Ronda del Litoral
Pla del Palau
67
69
71
9
Barceloneta
s. Karte S. 306
LA BARCELONETA
E
F
G
H
1
2
3
4
5
6
7

0
500 m
A
B
C
D
1
2
3
4
5
6
7
s. Karte S. 304
s. Karte S. 308
s. Karte S. 296
Zoo de Barcelona
LA RIBERA
BARRI GÒTIC
LA BARCELONETA
PORT VELL
C de la Princesa
C del Comerç
Av del Marquès de l'Argentera
Estació de França
Pg de Circumval·lació
Ronda del Litoral
C del Doctor Aiguader
C del Gasòmetre
Jaume I
C de Jaume I
Via Laietana
C d'Ocata
Barceloneta
Parc de la Barceloneta
Pg d'Isabel II
C Pizarro
C de Balboa
C de Ginebra
Plaça de Pau Vila
C de la Maquinista
C d'Andrea Dòria
C d'Avinyó
C dels Escudellers
C Ample
C de la Mercè
Mirador del Port Vell
Pg de Colom
Moll de la Fusta
C de Sant Carles
Plaça del Duc de Medinaceli
Marina
Moll de la Barceloneta
Pg de Joan de Borbó
C del Mar
C de Pepe Rubianes
Platja de Sant Sebastià
La Rambla
Plaça del Ictinio
C del Almirall Aixada
C del Judici
Plaça del Portal de la Pau
Moll de les Drassanes
Rambla de Mar
Moll d'Espanya
C de l'Escar
Museu Marítim
Plaça del Mar
Port Vell
Moll de Balears
Moll de Barcelona
Platja de Sant Miquel
Moll de Sant Beltran
Port de Barcelona
Moll de Ponent
1
2
3
4
5
6
7
8
10
11
12
13
14
15
16
17
18
19
20
21
22
23
24
25
26
27
28
29
30
31
32
33
34
35
36
37
38
39
40
41
42
43
44
46
47
48
49
50
51
52

E
Av del Litoral
C de Ramon Trias Fargas
1
45
Pg Marítim de la Barceloneta
Platja de la Barceloneta
2
9
3
4
5
6
MITTELMEER
7
E

PORT OLÍMPIC, EL POBLENOU & EL FÒRUM

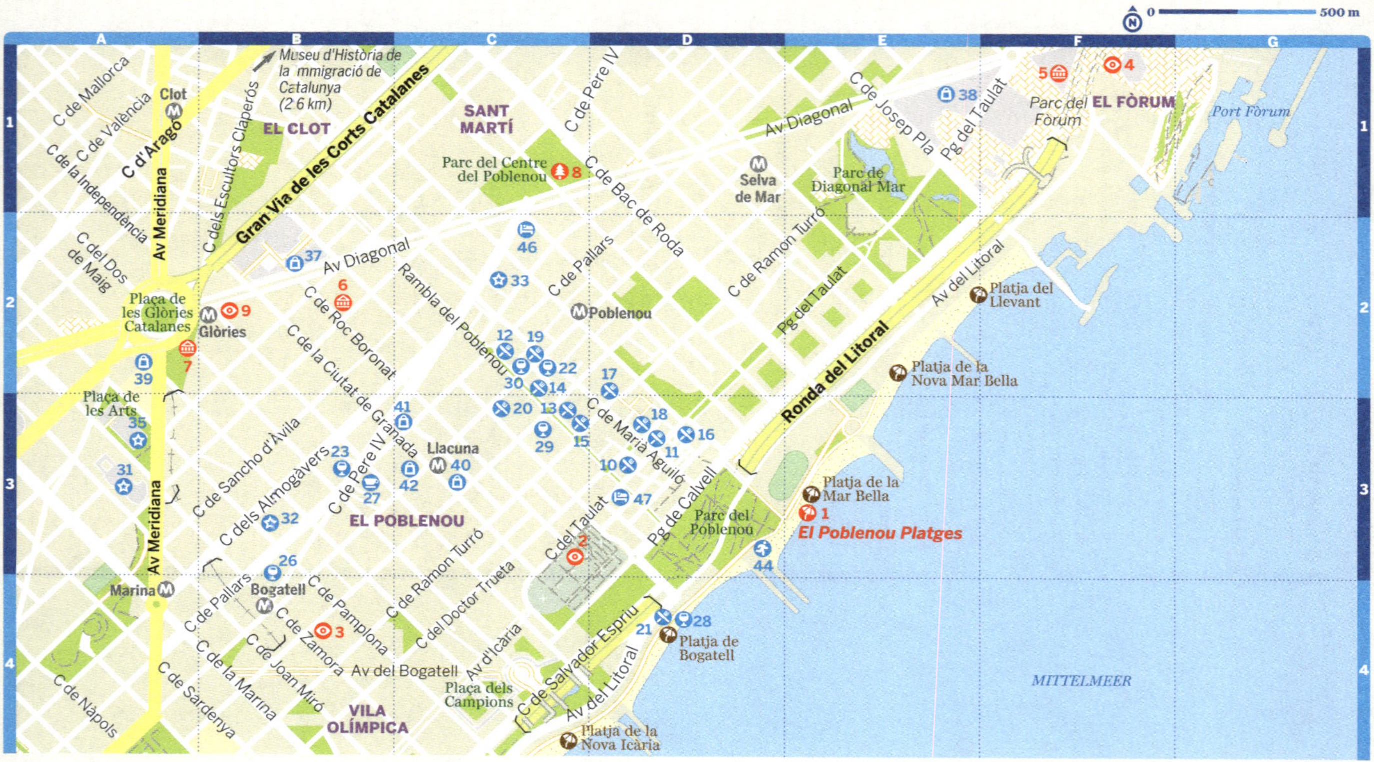

Highlights **(S. 114)**
1 El Poblenou Platges ... E3

Sehenswertes **(S. 116)**
2 Cementiri del Poblenou ... C3
3 Edge Brewing ... B4
4 El Fòrum ... F1
5 Museu Blau ... F1
6 Museu Can Framis ... B2
Museu de la Música ... (s. 31)
7 Museu del Disseny de Barcelona ... A2
8 Parc del Centre del Poblenou ... C1
9 Torre Glòries ... B2

Essen **(S. 122)**
10 Aguaribay ... D3
11 Cal Cuc ... D3
Can Dendê ... (s. 40)
12 Can Recasens ... C2
13 El 58 ... C3
14 El Caliu del Poblenou ... C2
15 El Tío Ché ... C3
16 Els Pescadors ... D3
17 L'Atelier by Amis ... D2
18 Més De Vi ... D3
19 Minyam ... C2
20 Timesburg Poblenou ... C3
21 Xiringuito Escribà ... D4

Ausgehen & Nachtleben **(S. 126)**
22 Balius ... C2
23 Bharma ... B3
24 Catwalk ... C5
25 CDLC ... C5
26 D9 al Poblenou ... B3
27 Espai Joliu ... B3
28 Guingueta del Bogatell ... D4
29 La Cervecita Nuestra de Cada Día ... C3
30 Madame George ... C2
Opium ... (s. 25)

Unterhaltung **(S. 127)**
31 L'Auditori ... A3
32 Razzmatazz ... B3
33 Sala Beckett ... C2
34 Sala Monasterio ... C5
35 Teatre Nacional de Catalunya ... A3
36 Yelmo Cines Icària ... C5

Shoppen **(S. 127)**
37 Centre Comercial de les Glòries ... B2
38 Centre Comercial Diagonal Mar ... E1
39 Els Encants Vells ... A2
40 La Bazart ... C3
41 System Action ... C3
42 Ultra-Local Records ... C3

Sport & Aktivitäten **(S. 129)**
43 Barcelona By Bike ... C5
44 Base Nautica Municipal ... D3

Schlafen **(S. 228)**
45 Hotel Arts Barcelona ... C5
46 Meliá Sky Barcelona ... C2
47 Poblenou Bed & Breakfast ... D3
48 Pullman Barcelona Skipper Hotel ... B5

Legende S. 312

L'ESQUERRA DE L'EIXAMPLE

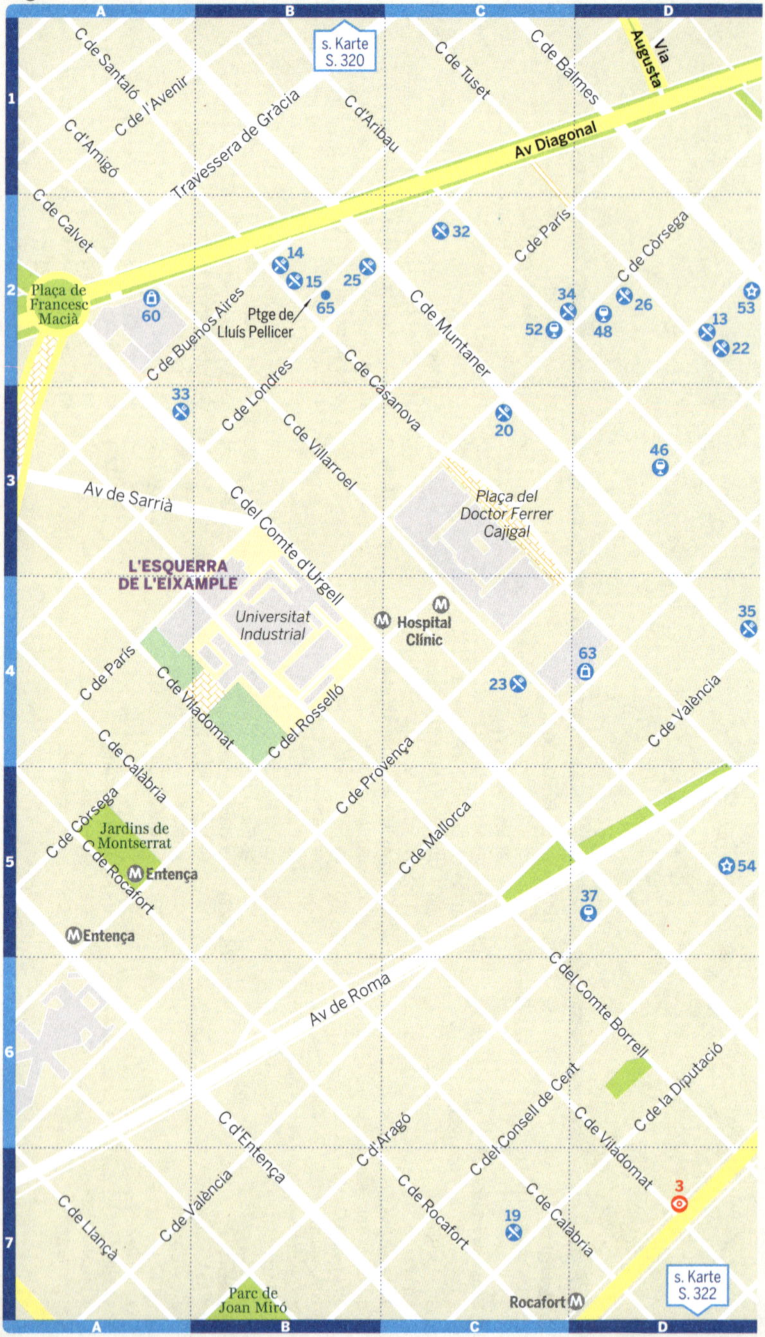

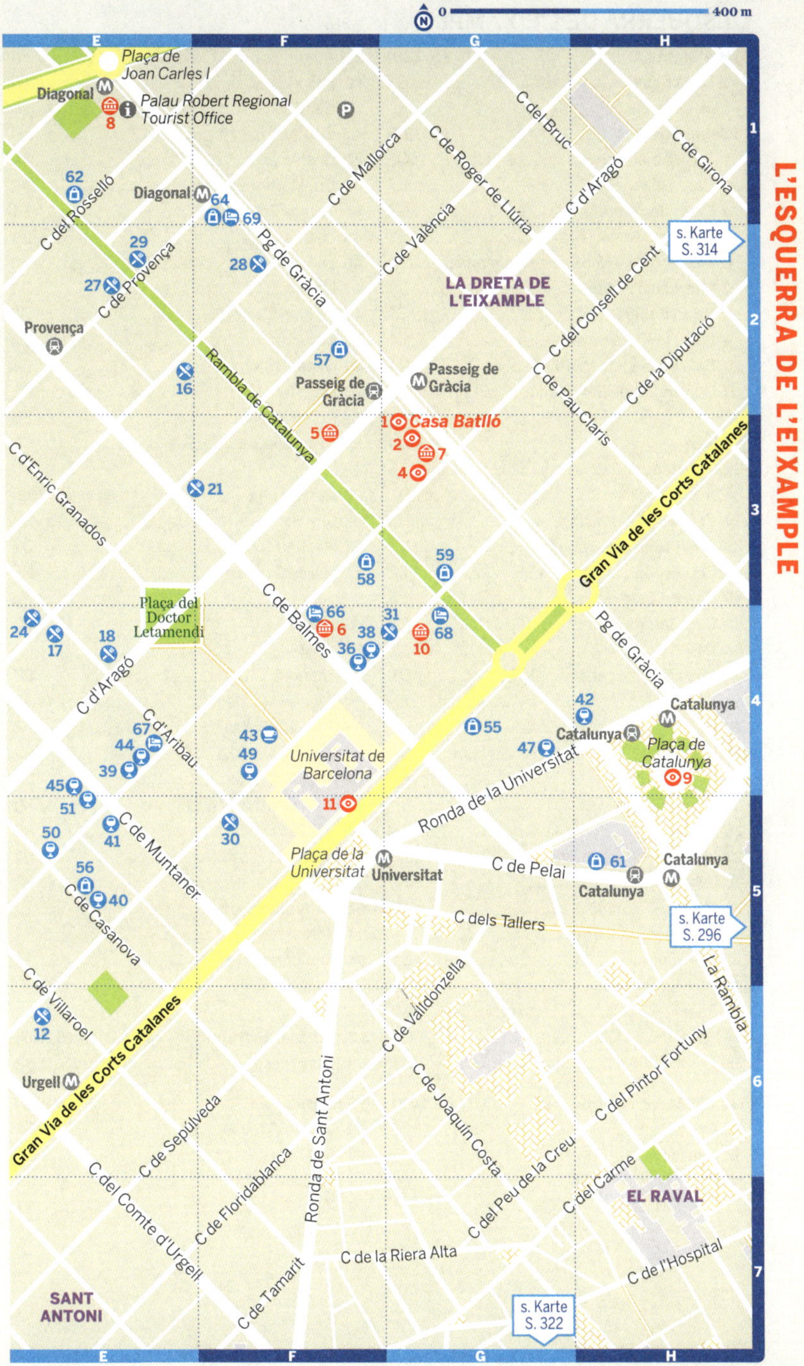
L'ESQUERRA DE L'EIXAMPLE
0
400 m
Plaça de Joan Carles I
Diagonal
Palau Robert Regional Tourist Office
8
C del Rosselló
Diagonal
64
69
62
29
28
27
C de Provença
Pg de Gràcia
C de Mallorca
C de València
C de Roger de Llúria
C del Bruc
C d'Aragó
C de Girona
s. Karte S. 314
LA DRETA DE L'EIXAMPLE
C del Consell de Cent
C de la Diputació
C de Pau Claris
Provença
57
16
Passeig de Gràcia
Passeig de Gràcia
Rambla de Catalunya
1 Casa Batlló
2
7
4
5
C d'Enric Granados
21
Gran Via de les Corts Catalanes
58
59
Plaça del Doctor Letamendi
C de Balmes
66
6
31
38
36
68
10
24
17
18
C d'Aragó
Pg de Gràcia
42
Catalunya
Catalunya
Plaça de Catalunya
9
55
47
67
C d'Aribau
44
39
43
49
Universitat de Barcelona
Ronda de la Universitat
45
51
11
50
41
C de Muntaner
30
Plaça de la Universitat
Universitat
C de Pelai
61
Catalunya
Catalunya
56
40
C de Casanova
C dels Tallers
s. Karte S. 296
La Rambla
C de Villaroel
12
C de Valldonzella
Urgell
Ronda de Sant Antoni
C de Joaquín Costa
C del Pintor Fortuny
C de Sepúlveda
C del Peu de la Creu
C del Carme
EL RAVAL
C del Comte d'Urgell
C de Floridablanca
C de la Riera Alta
C de l'Hospital
C de Tamarit
SANT ANTONI
s. Karte S. 322

L'ESQUERRA DE L'EIXAMPLE *Karte S. 310*

Highlights **(S. 139)**

1 Casa Batlló ... G3

Sehenswertes **(S. 138)**

2 Casa Amatller ... G3
3 Casa Golferichs ... D7
4 Casa Lleó Morera ... G3
5 Fundació Antoni Tàpies ... F3
6 Museu del Modernisme Barcelona ... F4
7 Museu del Perfum ... G3
8 Palau Robert ... E1
9 Plaça de Catalunya ... H4
10 Sala Fundación MAPFRE ... G4
11 Universitat de Barcelona ... F5

Essen **(S. 142)**

12 Amaltea ... E6
13 Auto Rosellon ... D2
14 Café San Telmo ... B2
15 Cerveseria Brasseria Gallega ... B2
16 Cerveseria Catalana ... E2
17 Charlot Cafè ... E4
18 Cinc Sentits ... E4
19 Copasetic ... C7
20 Cremeria Toscana ... C3
21 Crusto ... F3
22 Cu-Cut! ... D2
23 Disfrutar ... C4
24 El Rincón Maya ... E4
25 El Velódromo ... B2
26 Koyuki ... D2
27 La Bodegueta Provença ... E2
28 Lasarte ... F2
29 Mauri ... E2
30 Mont Bar ... F5
31 Monvínic ... G4
32 Parking Pizza ... C2
33 Shibui ... A3
34 Speakeasy ... C2
35 Taktika Berri ... D4

Ausgehen & Nachtleben **(S. 149)**

36 Aire ... F4
37 Antilla BCN ... D5
38 Arena Classic ... F4
Arena Madre ... (s. 36)
39 Átame ... E4
40 Bacon Bear ... E5
41 BierCaB ... E5
42 City Hall ... H4
43 Cosmo ... F4
Dry Martini ... (s. 34)
44 Garage Beer Co ... E4
45 La Chapelle ... E4
46 La Fira ... D3
47 Milano ... G4
48 Monkey Factory ... D2
Monvínic ... (s. 31)
49 Napar BCN ... F4
50 Plata Bar ... E5
51 Punto BCN ... E5
52 Quilombo ... C2

Unterhaltung **(S. 152)**

City Hall ... (s. 42)
53 Mediterráneo ... D2
54 Méliès Cinemes ... D5

Shoppen **(S. 153)**

55 Altaïr ... G4
56 Antinous ... E5
Bagués-Masriera ... (s. 2)
57 Bulevard Rosa ... F2
58 Cacao Sampaka ... F3
59 Dr Bloom ... G3
El Bulevard dels Antiquaris ... (s. 57)
60 El Corte Inglés ... A2
61 FNAC ... H5
Loewe ... (s. 4)
62 Lurdes Bergada ... E1
63 Mercat del Ninot ... D4
64 Purificación García ... F1
Regia ... (s. 7)

Sport & Aktivitäten **(S. 157)**

65 Espai Boisà ... B2

Schlafen **(S. 229)**

66 Anakena House ... F4
67 Hotel Axel ... E4
68 Praktik Rambla ... G4
69 Suites Avenue ... F1

LA DRETA DE L'EIXAMPLE *Karte S. 314*

LA DRETA DE L'EIXAMPLE

Legende S. 313

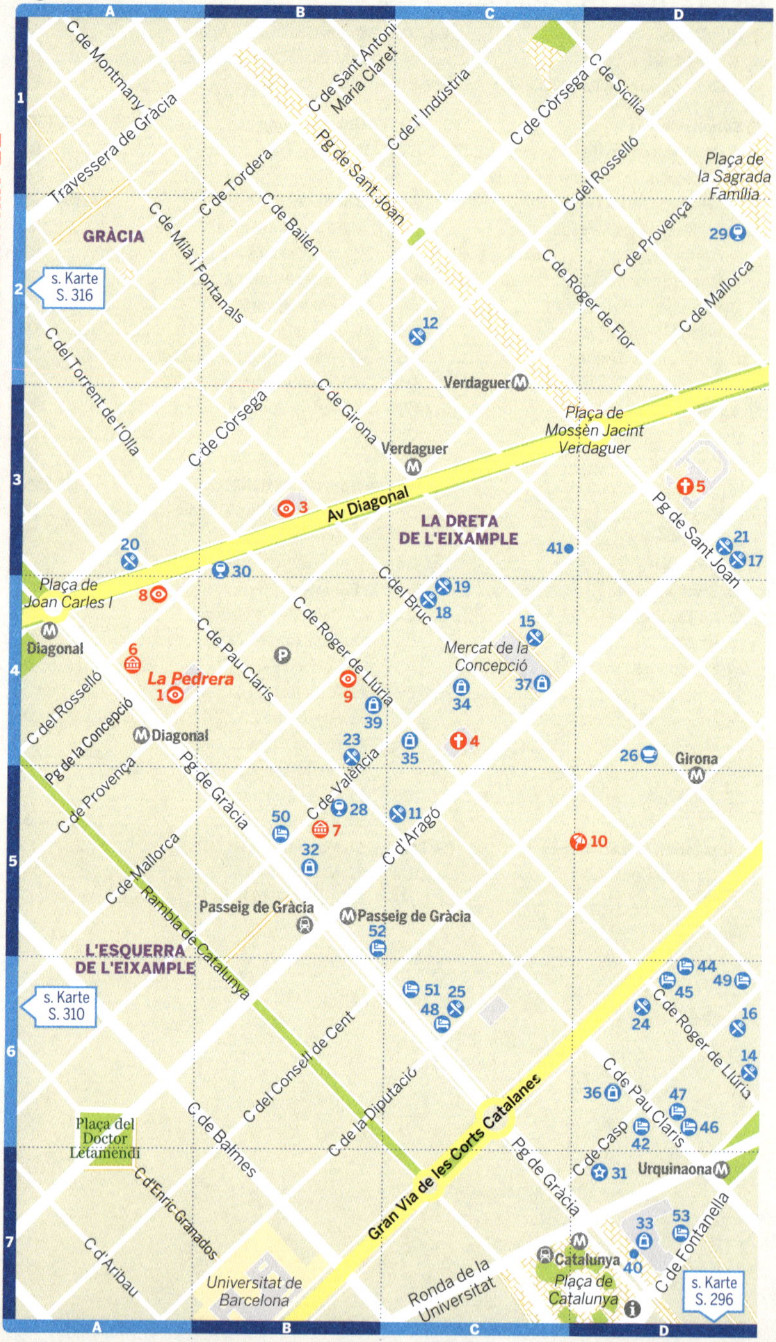

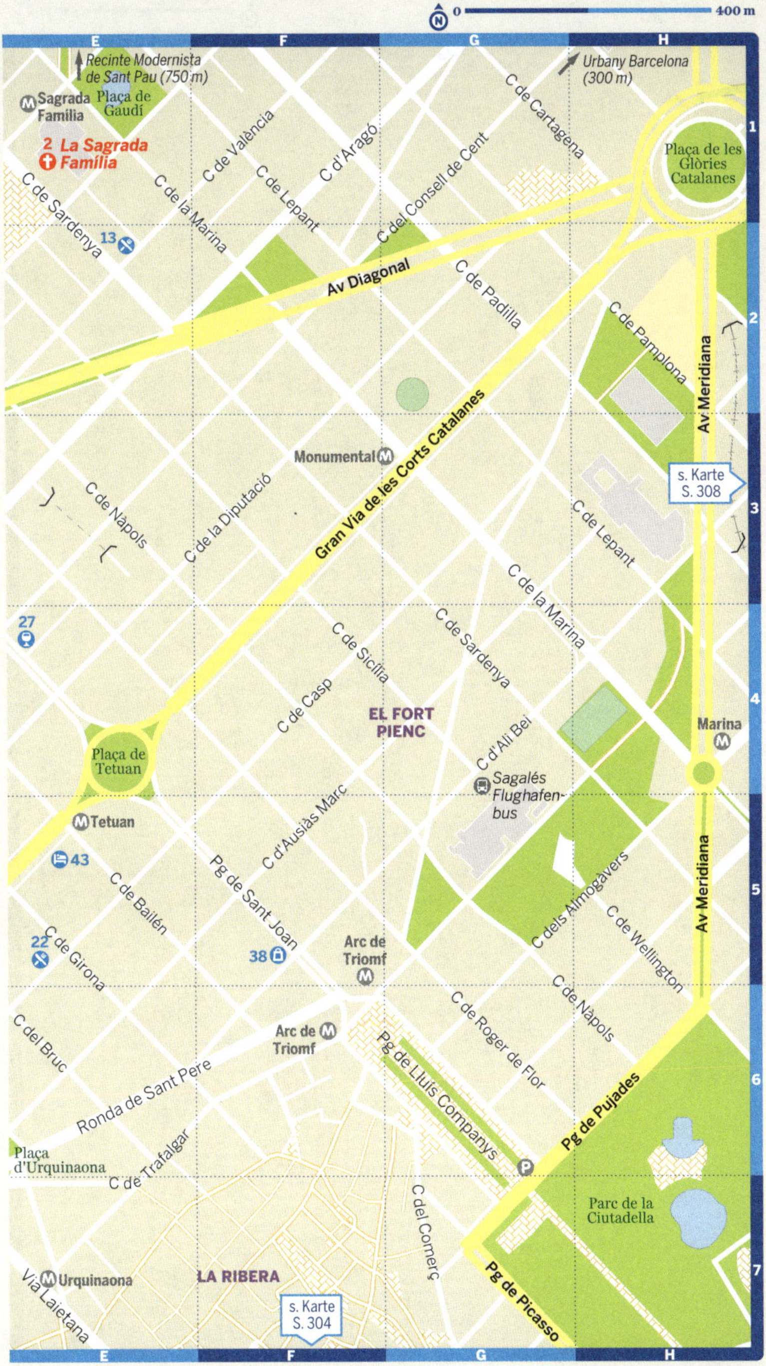
0
400 m
Recinte Modernista de Sant Pau (750 m)
Urbany Barcelona (300 m)
Sagrada Família
Plaça de Gaudí
2 La Sagrada Família
Plaça de les Glòries Catalanes
C de València
C d'Aragó
C de Cartagena
C del Consell de Cent
C de Lepant
C de la Marina
C de Sardenya
13
Av Diagonal
C de Padilla
C de Pamplona
Av Meridiana
Monumental
Gran Via de les Corts Catalanes
s. Karte S. 308
C de Nàpols
C de la Diputació
C de Lepant
C de la Marina
27
C de Sardenya
C de Sicília
C de Casp
EL FORT PIENC
C d'Alí Bei
Marina
Plaça de Tetuan
Sagalés Flughafen-bus
Tetuan
C d'Ausiàs Marc
43
C de Bailén
Pg de Sant Joan
C dels Almogàvers
C de Wellington
Av Meridiana
22
C de Girona
38
Arc de Triomf
C de Nàpols
C de Roger de Flor
C del Bruc
Arc de Triomf
Pg de Lluís Companys
Ronda de Sant Pere
Pg de Pujades
Plaça d'Urquinaona
C de Trafalgar
Parc de la Ciutadella
C del Comerç
Urquinaona
LA RIBERA
Via Laietana
Pg de Picasso
s. Karte S. 304

Legende S. 317

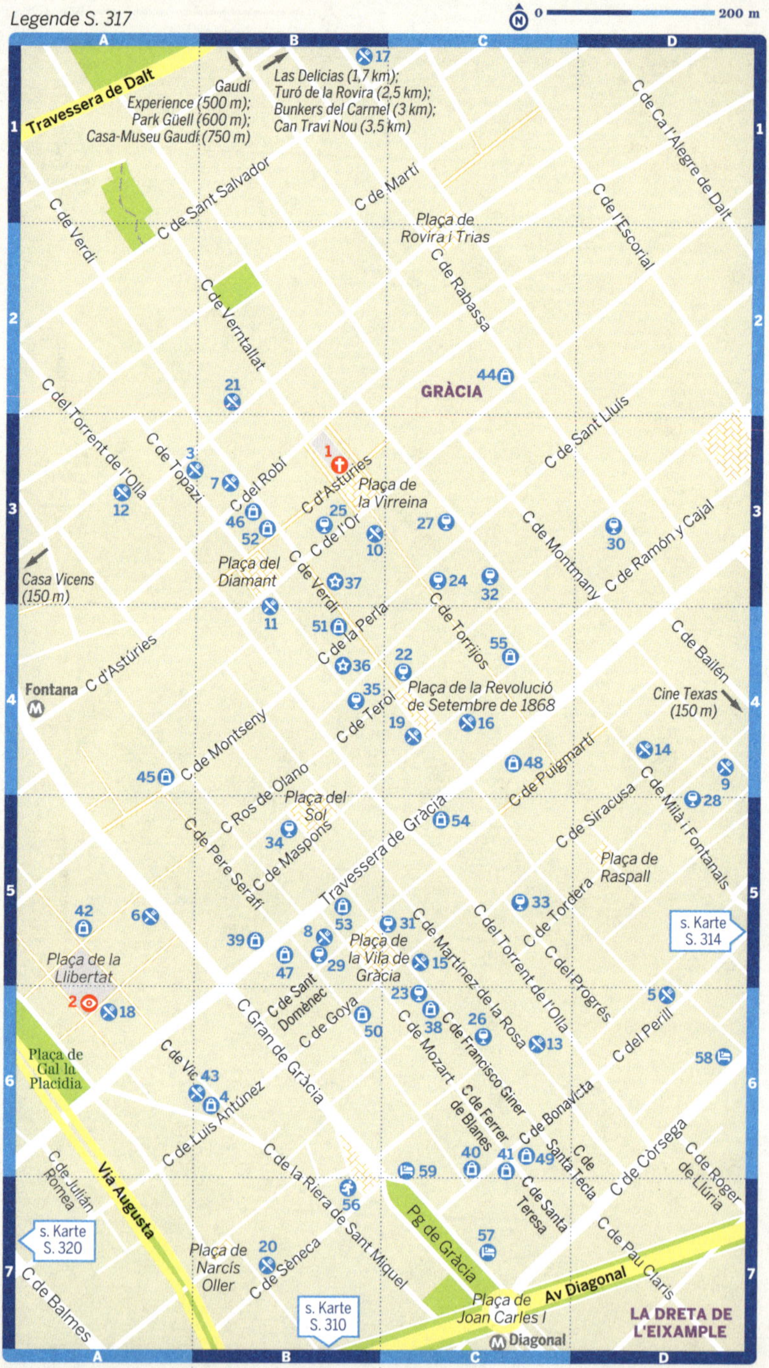

GRÀCIA *Karte S. 316*

ZONA ALTA

Highlights (S. 181)

1	Camp Nou	C8
2	CosmoCaixa	D2
3	Museu-Monestir de Pedralbes	B5

Sehenswertes (S. 183)

4	Basílica del Sagrat Cor de Jesús	C2
5	Bellesguard	D3
	Camp Nou Experience	(s. 1)
6	Centre Cívic Can Deu	E7
7	Col·legi de les Teresianes	E4
8	Jardins del Palau de Pedralbes	B7
9	Observatori Fabra	C1
10	Parc d'Atraccions	C2
11	Parc de Collserola	B1
12	Pavellons Güell	C7
13	Torre de Collserola	B1

Essen (S. 184)

14	5º Pino	C4
15	ABaC	E2
16	Acontraluz	D5
17	Bangkok Cafe	E8
18	Bar Tomàs	C5
19	Comaxurros	E3
20	El Asador de Aranda	E2
21	Foix de Sarrià	C4
22	La Balsa	D2
23	La Burg	D5

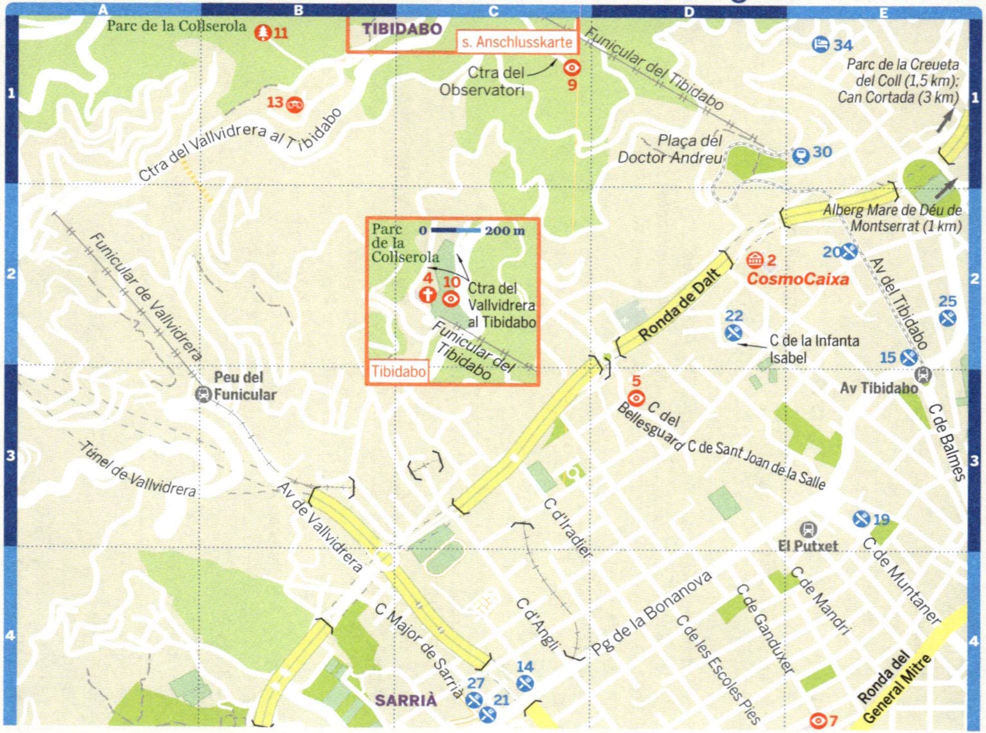

24	La Fermata de Sarrià	D5
25	La Molina	E2
26	Santamasa	C5
	Sopars amb Estrelles	(s. 9)
27	Vivanda	C4

Ausgehen & Nachtleben (S. 189)

28	Bikini	E6
	El Maravillas	(s. 6)
29	Lizarran	D8
30	Mirablau	E1

Shoppen (S. 190)

31	El Corte Inglés	D7
32	FC Botiga Megastore	C8
33	L'Illa Diagonal	E6

Schlafen (S. 231)

34	Anita's Bed & Breakfast	E1

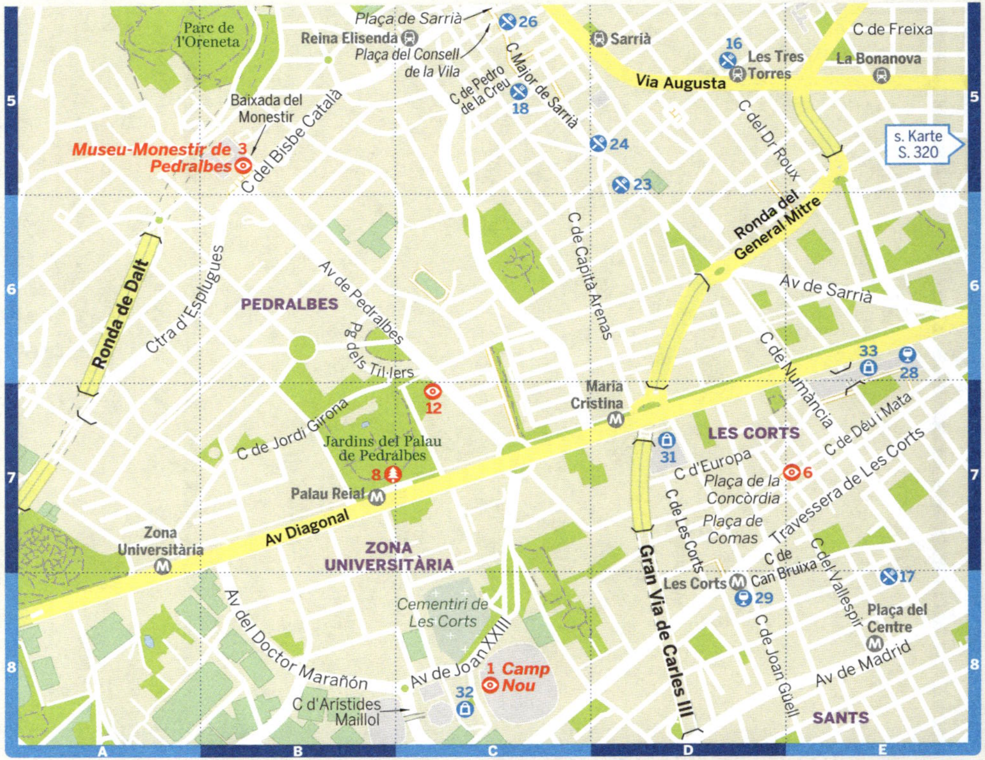

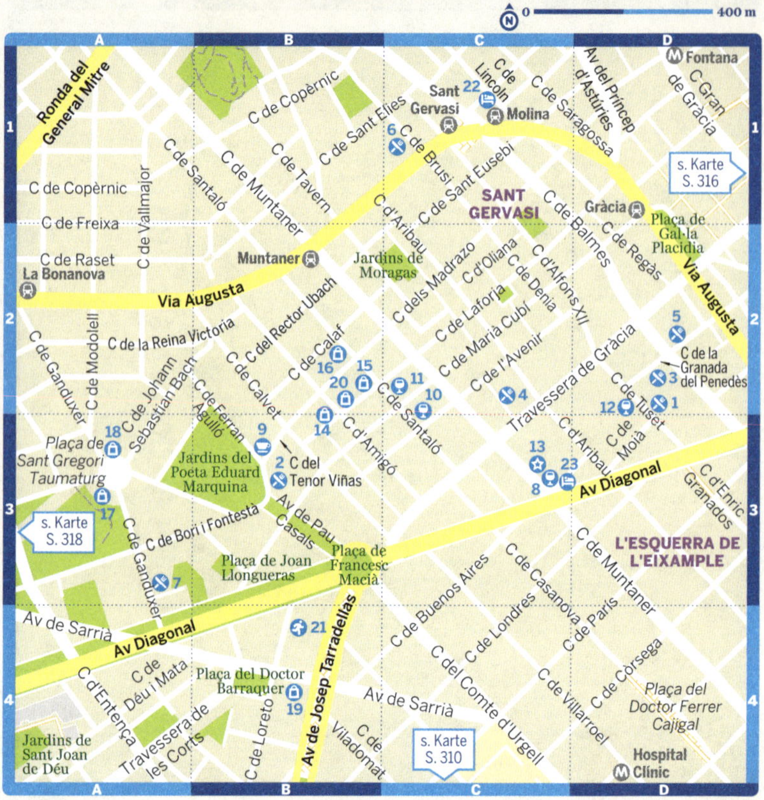

Essen (S. 185)

1 Ajoblanco D2
2 Aspic B3
3 Flash Flash D2
4 Hisop C2
5 Hofmann D2
6 Mitja Vida C1
7 Via Veneto A3

Ausgehen & Nachtleben (S. 189)

8 Berlin C3
9 Cafe Turó B3
10 Dō Bar C2
11 Marcel C2
12 Sutton Club D2

Unterhaltung (S. 190)

13 Luz de Gas C3

Shoppen (S. 190)

14 Catalina House B3
15 Labperfum B2
16 Mercat de Galvany B2
17 Normandie A3
18 Oriol Balaguer A3
19 Pastisseria Natcha B4
20 Ukka B2

Sport & Aktivitäten (S. 191)

21 Rituels d'Orient B4

Schlafen (S. 231)

22 Hotel Pol & Grace C1
23 Wilson Boutique Hotel C3

MONTJUÏC, POBLE SEC & SANT ANTONI *Karte S. 322*

Legende S. 321

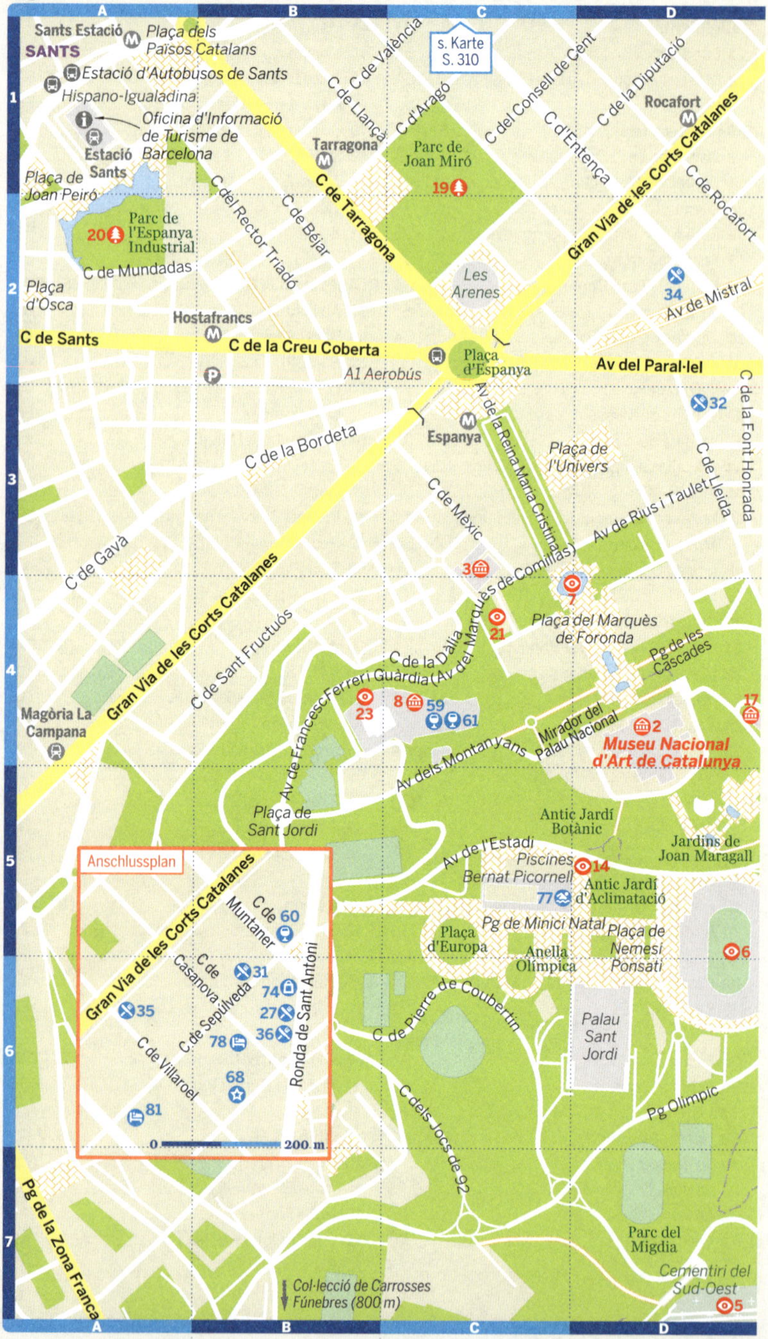

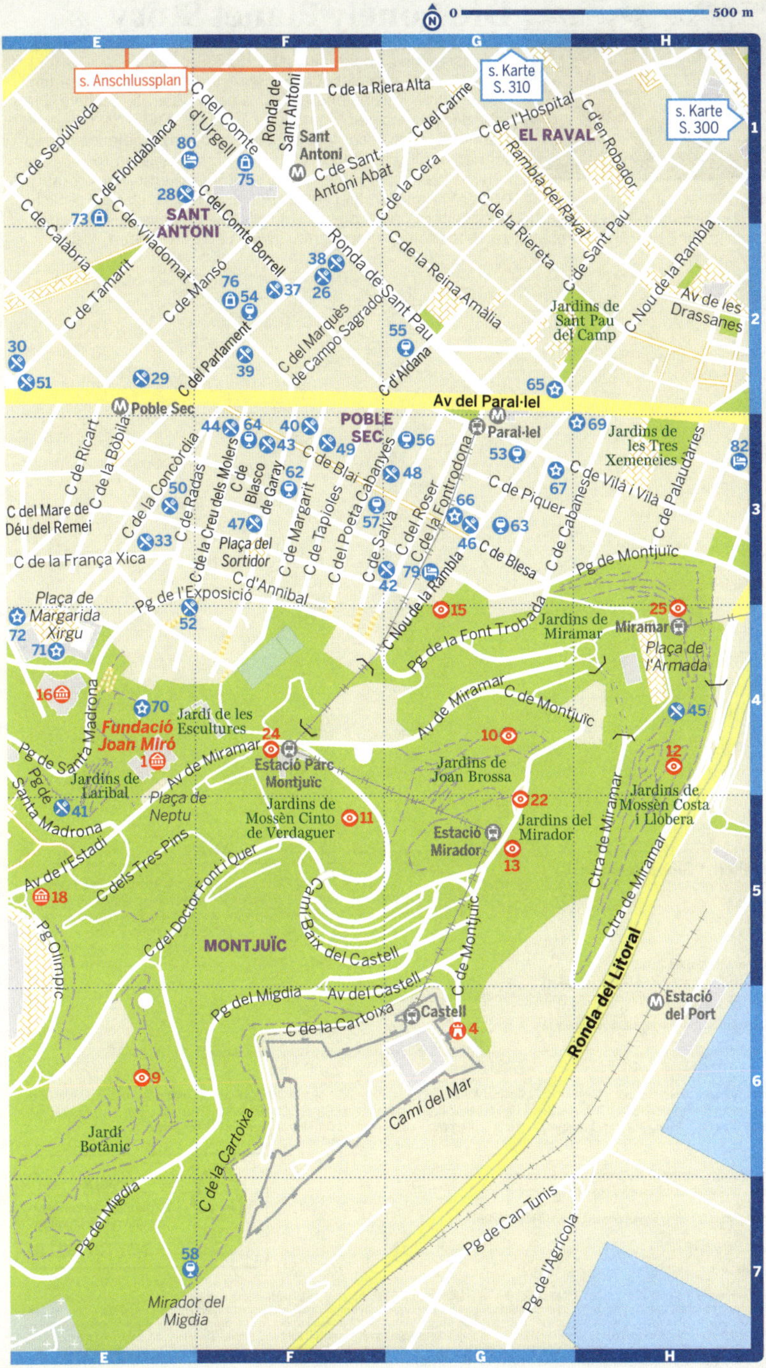

MONTJUÏC, POBLE SEC & SANT ANTONI
0 500 m
s. Anschlussplan
s. Karte S. 310
s. Karte S. 300
SANT ANTONI
EL RAVAL
POBLE SEC
MONTJUÏC
Sant Antoni
Poble Sec
Paral·lel
Av del Paral·lel
C de Sepúlveda
C de Floridablanca
C del Comte d'Urgell
Ronda de Sant Antoni
C de la Riera Alta
C del Carme
C de l'Hospital
C d'en Robador
Rambla del Raval
C de Sant Antoni Abat
C de la Cera
C de la Riereta
C de Sant Pau
C Nou de la Rambla
Av de les Drassanes
C de Calàbria
C de Viladomat
C del Comte Borrell
Ronda de Sant Pau
C de la Reina Amàlia
Jardins de Sant Pau del Camp
C de Tamarit
C de Mansó
C del Marquès de Campo Sagrado
C d'Aldana
C del Parlament
C de Ricart
C de la Bòbila
C de la Concòrdia
C de Radas
C de la Creu dels Molers
C de Blasco de Garay
C de Margarit
C de Tapioles
C del Poeta Cabanyes
C de Salvà
C del Roser
C de la Fontrodona
C de Blai
C de Piquer
C de Cabanes
C de Vilà i Vilà
C de Palaudàries
Jardins de les Tres Xemeneies
C del Mare de Déu del Remei
C de la França Xica
Plaça del Sortidor
C d'Annibal
C de Blesa
Pg de Montjuïc
Pg de l'Exposició
Plaça de Margarida Xirgu
Pg de la Font Trobada
Jardins de Miramar
Miramar
Plaça de l'Armada
Av de Miramar
C de Montjuïc
Jardí de les Escultures
Fundació Joan Miró
Estació Parc Montjuïc
Jardins de Joan Brossa
Jardins de Mossèn Costa i Llobera
Pg de Santa Madrona
Jardins de Laribal
Plaça de Neptu
Jardins de Mossèn Cinto de Verdaguer
Jardins del Mirador
Estació Mirador
Ctra de Miramar
Av de l'Estadi
C dels Tres Pins
C del Doctor Font i Quer
Camí Baix del Castell
Pg Olímpic
Ronda del Litoral
Pg del Migdia
Av del Castell
C de la Cartoixa
Castell
Estació del Port
Camí del Mar
Jardí Botànic
Pg de Can Tunis
Pg de l'Agrícola
Mirador del Migdia

Die Lonely Planet Story

Ein ziemlich mitgenommenes, altes Auto, ein paar Dollar in der Tasche und Abenteuerlust – 1972 war das alles, was Tony und Maureen Wheeler für die Reise ihres Lebens brauchten, die sie durch Europa und Asien bis nach Australien führte. Die Tour dauerte einige Monate, und am Ende saßen die beiden – erschöpft, aber voller Inspiration – an ihrem Küchentisch und schrieben ihren ersten Reiseführer *Across Asia on the Cheap*. Innerhalb einer Woche hatten sie 1500 Exemplare verkauft. Lonely Planet war geboren. Heute hat der Verlag Büros in Melbourne, London, Oakland, Franklin, Delhi und Beijing mit mehr als 600 Mitarbeitern und Autoren. Und alle teilen Tonys Überzeugung, dass ein guter Reiseführer drei Dinge erfüllen sollte: informieren, bilden und unterhalten.

Lonely Planet Global Limited
Digital Depot
The Digital Hub
Dublin D08 TCV4
Ireland

Verlag der deutschen Ausgabe:
MAIRDUMONT, Marco-Polo-Str. 1, 73760 Ostfildern,
www.lonelyplanet.de, www.mairdumont.com, lonelyplanet-online@mairdumont.com

Chefredakteurin deutsche Ausgabe: Birgit Borowski

Redaktion: Bintang Buchservice GmbH, www.bintang-berlin.de (Gritta Deutschmann, Katharina Grimm, Silvia Mayer)
Übersetzung: Petra Dubilski, Kathrin Schnellbächer, Inga-Brita Thiele

An früheren Auflagen haben außerdem mitgewirkt: Dr. Dagmar Ahrens-Thiele, Dr. Birgit Beile-Meister, Mayela Gerhardt, Marion Gieseke, Dr. Martin Goch, Katharina Grimm, Christiane Gsänger, Dr. Ulrike Jamin, Christel Klink, Raphaela Moczynski, Gunter Mühl, Uli Nickel, Dr. Thomas Pago, Dorothea Raspe, Jutta Ressel, Daniela Schetar, Cristoforo Scheeger, Jürgen Scheunemann, Beatrix Thunich, Dr. Heinz Vestner, Renate Weinberger

Barcelona
7. deutsche Auflage Februar 2019, übersetzt von *Barcelona, 11th edition*, November 2018, Lonely Planet Global Limited

Printed in Poland

MIX
Papier aus verantwortungsvollen Quellen
FSC® C018236
www.fsc.org